Administración
del Estado

Organización Pública

Temario Volumen 1

Cuerpo General Auxiliar

Administración del Estado

eRodio
ediciones

Autores

Tomás Jesús Robledo de Dios

Licenciado en Derecho.
ICADE, Cuerpo de Interventores-Tesoreros Administración Local categoría Superior, Cuerpo de Secretarios-Interventores Administración Local-Excedente

Noelia Díez Herrero

Licenciada en Derecho

Odette Ochoa Guerra

Licenciada en Psicología

Quinta edición, febrero 2018
Revisada agosto 2019 (792 páginas)
Diseño de portada: Ediciones Rodio, S. Coop. And
Edita: Ediciones Rodio, S. Coop. And
C/ José Jesús García Díaz, 2. Edificio Henares I, módulo 6. 41020-Sevilla
Teléfono: 955 28 74 84
Fax: 955 09 38 48
www.edicionesrodio.com
info@edicionesrodio.com
ISBN: 978-84-17287-76-4

Índice

Gracias por confiarnos tu preparación

Ediciones RODIO Sociedad Cooperativa, es una joven empresa constituida por un grupo de profesionales que atesoran más de veinte años de experiencia en el sector editorial.

El libro que tienes entre tus manos ha sido cuidadosamente elaborado por un equipo de autores, de reconocida competencia en el ámbito normativo.

El volumen desarrolla quince temas del Programa oficial correspondientes al bloque "Organización Pública", convenientemente desarrollados y actualizados, del Programa para el acceso al Cuerpo General Auxiliar de la Administración del Estado, acceso libre, tal y como aparecen publicados en la Resolución de 25 de enero de 2018, de la Secretaría de Estado de Función Pública, por la que se convoca el proceso selectivo para el ingreso en este Cuerpo. El resto de temas del programa aparecen recogidos en el volumen 2, publicados por Ediciones Rodio.

Ediciones Rodio ofrece los siguientes manuales para la preparación de este Cuerpo de la Administración del Estado:

- Cuerpo General Auxiliar de la Administración del Estado. Temario. Vol 1: Organización pública.
- Cuerpo General Auxiliar de la Administración del Estado. Temario. Vol 2: Actividad administrativa y ofimática.
- Cuerpo General Auxiliar de la Administración del Estado. Test del Temario.
- Cuerpo General Auxiliar de la Administración del Estado. Psicotécnico.
- Cuerpo General Auxiliar de la Administración del Estado. Ejercicio Práctico. Procesador de Textos, Hoja de Cálculo y Ortografía.

Ahora que ya dispones del mejor material que puedes encontrar en el mercado para afrontar los exámenes, estamos convencidos que, sumado a tu determinación y constancia, alcanzarás con éxito los objetivos de empleo propuestos.

Gracias por elegir RODIO.

El aval de tu confianza es nuestra mayor garantía.

Queremos felicitarte por el paso que has dado. Sabemos que afrontar unas oposiciones es una decisión importante, una tarea que precisa, entre otras cualidades, de grandes dosis de constancia y determinación. Pero no solo eso, también es importante poder contar con ayuda.

La colaboración es nuestra piedra angular, porque la razón de ser del cooperativismo está en la persecución de un beneficio común, aunando voluntades, afianzando recursos y mejorando la situación de quienes forman parte de un mismo proyecto.

Fieles a nuestros principios fundacionales, las cooperativas mantenemos un compromiso ético en aras de una sociedad más justa, a través de valores como la democracia, la transparencia, la responsabilidad social, la equidad o la solidaridad. Así como la Igualdad de género, y la sostenibilidad empresarial y medioambiental, que tienen carácter transversal al resto de principios.

Porque nosotros mismos hemos adoptado la fórmula del emprendimiento cooperativista, apreciamos el valor de contar con el apoyo de quienes confían en un mismo proyecto. Por eso, en nuestro compromiso con el empleo, queremos decirte que no estás solo en tu propósito. Desde este momento formamos contigo un equipo, y estamos convencidos que, con los recursos que ponemos a tu disposición, podrás obtener el máximo provecho al esfuerzo invertido y alcanzar con éxito tus objetivos de empleo.

Tema 1

La Constitución Española de 1978: características. Los principios constitucionales y los valores superiores. Derechos y deberes fundamentales. Su garantía y suspensión

eRodio ediciones

Índice esquemático

1. La Constitución española de 1978: características

1.1. Concepto de Constitución

Una Constitución, se puede definir desde dos puntos de vista: formal y material.

Desde el punto de vista formal, tratamos de definir su esencia tomando como referencia su manifestación normativa, así, la Constitución se define como la norma suprema del ordenamiento jurídico elaborada por el poder constituyente, el pueblo, en el ejercicio de su soberanía.

Desde el punto de vista material, la conceptualización de la Constitución se basa en su contenido, y no en su forma como en el caso anterior; según esta visión una Constitución establece los principios fundamentales que deben regir el orden social, político y económico de la sociedad en la que se aplica. Contiene pues, "las reglas de funcionamiento básicas" de una sociedad que se dota a sí misma de una norma superior bajo la que se articule toda la estructura política, social y económica.

1.2. Antecedentes

La historia del constitucionalismo español es relativamente breve, comienza en 1812 con la Constitución aprobada por las Cortes de Cádiz, una norma progresista que no obstante tuvo una corta y no constante vigencia.

A partir de ese momento hubo otros textos de corte progresista (1837, la de la Primera República aprobada en 1869) o conservador (Estatuto de 1834, 1845, 1876, leyes fundamentales) pero es la **Constitución republicana de 1931** la que más ha influido en la Constitución de 1978, norma que culmina nuestra historia constitucional.

Posteriormente, durante los años que abarcan desde 1936, comienzo de la guerra civil, hasta la muerte de F. Franco, en noviembre de 1975, no podemos establecer la existencia de una verdadera Constitución sino de normas estatales, denominadas "Leyes Fundamentales", que establecían las bases de ordenación del Estado.

El punto de partida de la Constitución de 1978 es la **Ley para la Reforma Política** de 4 de enero de 1977, que fija como uno de los objetivos de la transición, la celebración de unas elecciones democráticas, que tiene lugar el 15 de junio de 1977 y de las que surgen las Cortes Constituyentes que comienzan un laborioso proceso de elaboración que finaliza con la aprobación del texto que ha de convertirse en nuestra carta magna. De este proceso debemos destacar las siguientes fechas:

31 de octubre de 1978. Aprobación de las Cortes en sesión separada aunque simultánea de ambas Cámaras.

6 de diciembre de 1978. Aprobación en referéndum popular.

27 de diciembre de 1978. El Rey sanciona y promulga (esta es la que se considera fecha de la Constitución).

29 de diciembre de 1978. Publicación en el BOE y entrada en vigor (disposición final).

1.3. Influencias

Al margen de las influencias recibidas por los textos constitucionales españoles, ya analizados.

Las principales influencias, las sistematizamos de la siguiente forma:

- Constitución italiana de 1947.
- La ley fundamental de Bonn 1949
- Constitución francesa de 1958.
- Constitución portuguesa de 1976.
- Las Constituciones de las Monarquías históricas europeas.
- Textos jurídicos internacionales,

1.4. Características generales

Destacamos las notas en las que la doctrina jurídica ha realizado mayor hincapié.

Son las siguientes:

- Define un **régimen político democrático parlamentario clásico** o democracia occidental.
- Es una Constitución **rígida** en cuanto a su procedimiento de reforma.
- Es una Constitución **extensa,** sólo superada por la de 1812, con 169 artículos y más de 17.000 palabras. Porque había una intención de incluir el mayor número posible de temas para que quedaran blindados por la supremacía jerárquica de la CE.

- Es una Constitución **inacabada y ambigua** que se remite en demasiadas ocasiones a normas de desarrollo.
- Posee aplicabilidad **directa e inmediata.**
- Es **fruto de la conciliación y el compromiso ideológico**. No obstante todas las Constituciones democráticas son fruto de una conciliación o pacto previo. La característica en el caso español se concreta en que en la voluntad de esa negociación estuvo el hacer una nueva Constitución de nueva planta y no en reformar las leyes del régimen anterior; en aspectos concretos de la regulación contenida como la monarquía parlamentaria o la descentralización territorial y por último, adoptó algunas formulas abiertas, cuando no era posible seguir el consenso, optándose por dejar el texto abierto.
- Es una Constitución **derivada** por las influencias recibidas en su redacción.

1.5. Sistemática y estructura

Estructura

La estructura de la Constitución española de 1978, **consta de 169 artículos.**

Su estructura esquemática es la siguiente:

- Preámbulo (sin fuerza jurídica)
- Título Preliminar
- 10 Títulos
- 4 Disposiciones Adicionales
- 9 Disposiciones Transitorias
- 1 Disposición Derogatoria
- 1 Disposición Final

La doctrina jurídica, establece que esa estructura se ha ido consolidando en los textos constitucionales democrático-liberales, en los siguientes bloques:

- **Preámbulo**.
- **Parte Dogmática**: incluye el Título Preliminar, el Título Primero y la declaración de los valores primarios del Estado y de los derechos y libertades.
- **Parte Orgánica**: abarca los Títulos del II al IX, dedicándolos a la organización de los poderes del Estado y la parte reformista del Título X, aunque hemos de advertir, que una parte de la doctrina considera que este último forma parte independiente de las demás.

El contenido y estructura de cada uno de ellos, es el siguiente:

Preámbulo: es la única parte de la Constitución que no tiene fuerza jurídica. Recoge los motivos que impulsan la norma constitucional y los objetivos que con ella se pretenden alcanzar. Tiene, por tanto, valor declarativo pero no preceptivo.

Parte Dogmática

TÍTULO PRELIMINAR (Artículos 1 a 9)

TÍTULO I. De los derechos y deberes fundamentales (Artículo 10)

Capítulo Primero. De los españoles y los extranjeros (Artículos 11 a 13).

Capítulo Segundo. Derechos y libertades (Artículo 14).

Sección 1ª. De los derechos fundamentales y de las libertades públicas (Artículos 15 a 29).

Sección 2ª. De los derechos y deberes de los ciudadanos (Artículos 30 a 38).

Capítulo Tercero. De los principios rectores de la política social y económica (Artículos 39 a 52).

Capítulo Cuarto. De las garantías de las libertades y derechos fundamentales (Artículos 53 a 54).

Capítulo Quinto. De la suspensión de los derechos y libertades (Artículo 55).

Parte Orgánica

TITULO II. De la Corona (Artículos 56 a 65).

TITULO III. De las Cortes Generales.

Capítulo Primero. De las Cámaras (Artículos 66 a 80).

Capítulo Segundo. De la elaboración de las leyes (Artículos 81 a 92).

Capítulo Tercero. De los Tratados Internacionales (Artículos 93 a 96).

TITULO IV. Del Gobierno y de la Administración (Artículos 97 a 107).

TITULO V. De las relaciones entre el Gobierno y las Cortes Generales (Artículos 108 a 116).

TITULO VI. Del Poder Judicial (Artículos 117 a 127).

TÍTULO VII. Economía y Hacienda (Artículos 128 a 136).

TÍTULO VIII. De la Organización Territorial del Estado.

Capítulo Primero. Principios generales (Artículos 137 a 139).

Capítulo Segundo. De la Administración Local (Artículos 140 a 142).

Capítulo Tercero. De las Comunidades Autónomas (Artículos 143 a 158).

TITULO IX. Del Tribunal Constitucional (Artículos 159 a 165).

TITULO X. De la reforma constitucional (Artículos 166 a 169).

4 Disposiciones Adicionales y 9 Disposiciones Transitorias: entre otras materias cabe destacar la regulación del acceso a la autonomía de Navarra, Ceuta y Melilla hablan de los Derechos Históricos forales etc.

1 Disposición Derogatoria: Esta disposición deja sin vigor la ley para la Reforma Política de 4 de enero de 1977, otras leyes que se oponen a la Constitución.

1 Disposición Final: que establece la entrada en vigor de la Constitución el mismo día de la publicación del texto en el BOE. Publicándose en todas las lenguas de España.

Modificaciones

La Constitución Española ha sufrido a día de hoy dos modificaciones que pasamos a señalar:

Del artículo 13.2: el 28 de agosto de 1992, en la que se produjo la reforma con la finalidad de adaptar el derecho de sufragio de los extranjeros en las elecciones municipales al contenido del Tratado de la Unión Europea suscrito el 7 de febrero de 1992. Consistió en añadir el inciso "y pasivo" en el artículo.

Del artículo 135: reforma de 2011, consistió en sustituir íntegramente el artículo 135, estableciendo en el texto el concepto de "estabilidad presupuestaria".

2. Principios Constitucionales y los valores superiores

El Título Preliminar recoge una serie de valores y principios que serán respetados y desarrollados en los demás títulos de la Constitución, por ello vamos a exponer lo que dicen tal cual, los artículos, empezando por lo que nos señala el preámbulo.

Constitución Española

Don Juan Carlos I, Rey de España, a todos los que la presente vieren y entendieren, sabed: Que las Cortes han aprobado y el pueblo español ratificado la siguiente Constitución:

Preámbulo

La Nación española, deseando establecer la justicia, la libertad y la seguridad y promover el bien de cuantos la integran, en uso de su soberanía, proclama su voluntad de:

- Garantizar la convivencia democrática dentro de la Constitución y de las leyes conforme a un orden económico y social justo.
- Consolidar un Estado de Derecho que asegure el imperio de la ley como expresión de la voluntad popular.
- Proteger a todos los españoles y pueblos de España en el ejercicio de los derechos humanos, sus culturas y tradiciones, lenguas e instituciones.
- Promover el progreso de la cultura y de la economía para asegurar a todos una digna calidad de vida.
- Establecer una sociedad democrática avanzada.
- Colaborar en el fortalecimiento de unas relaciones pacíficas y de eficaz cooperación entre todos los pueblos de la Tierra.

En consecuencia, las Cortes aprueban y el pueblo español ratifica la siguiente.

CONSTITUCIÓN

TÍTULO PRELIMINAR

Artículo 1

1. España se constituye en un Estado social y democrático de Derecho, que propugna como **valores superiores** de su ordenamiento jurídico la libertad, la justicia, la igualdad y el pluralismo político.

2. La soberanía nacional reside en el pueblo español, del que emanan los poderes del Estado.

3. La forma política del Estado español es la **Monarquía parlamentaria**.

Artículo 2

La Constitución se fundamenta en la **indisoluble unidad de la Nación española**, patria común e indivisible de todos los españoles, y reconoce y garantiza el derecho a la autonomía de las nacionalidades y regiones que la integran y la solidaridad entre todas ellas.

Artículo 3

1. El **castellano es la lengua española oficial del Estado**. Todos los españoles tienen el deber de conocerla y el derecho a usarla.

2. Las demás lenguas españolas serán también oficiales en las respectivas Comunidades Autónomas de acuerdo con sus Estatutos.

3. La riqueza de las distintas modalidades lingüísticas de España es un patrimonio cultural que será objeto de especial respeto y protección.

Artículo 4

1. La **bandera de España** está formada por tres franjas horizontales, ro-ja, amarilla y roja, siendo la amarilla de doble anchura que cada una de las rojas.

2. Los Estatutos podrán reconocer banderas y enseñas propias de las Comunidades Autónomas. Estas se utilizarán junto a la bandera de España en sus edificios públicos y en sus actos oficiales.

Artículo 5

La capital del Estado es **la Villa de Madrid.**

Artículo 6

Los partidos políticos expresan el pluralismo político, concurren a la formación y manifestación de la voluntad popular y son instrumento fundamental para la participación política. Su creación y el ejercicio de su actividad son libres dentro del respeto a la Constitución y a la ley. Su estructura interna y funcionamiento deberán ser democráticos.

Artículo 7

Los sindicatos de trabajadores y las asociaciones empresariales contribuyen a la defensa y promoción de los intereses económicos y sociales que les son propios. Su creación y el ejercicio de su actividad son libres dentro del respeto a la Constitución y a la ley. Su estructura interna y funcionamiento deberán ser democráticos.

Artículo 8

1. **Las Fuerzas Armadas**, constituidas por el Ejército de Tierra, la Armada y el Ejército del Aire, tienen como misión garantizar la soberanía e independencia de España, defender su integridad territorial y el ordenamiento constitucional.

2. Una ley orgánica regulará las bases de la organización militar conforme a los principios de la presente Constitución.

Artículo 9

1. Los ciudadanos y los poderes públicos están sujetos a la Constitución y al resto del ordenamiento jurídico.

2. Corresponde a los poderes públicos promover las condiciones para que la libertad y la igualdad del individuo y de los grupos en que se integra sean reales y efectivas; remover los obstáculos que impidan o dificulten su plenitud y facilitar la participación de todos los ciudadanos en la vida política, económica, cultural y social.

3. **La Constitución garantiza** el principio de legalidad, la jerarquía normativa, la publicidad de las normas, la irretroactividad de las disposiciones sancionadoras no favorables o restrictivas de derechos individuales, la seguridad jurídica, la responsabilidad y la interdicción de la arbitrariedad de los poderes públicos.

3. Derechos y deberes fundamentales. Su garantía y suspensión

El Título I, (denominado "De los Derechos y Deberes Fundamentales") de la Constitución española de 1978 comprende los artículos del 10 al 55, ambos incluidos.

TÍTULO I
DE LOS DERECHOS Y DEBERES FUNDAMENTALES

Artículo 10

1. La dignidad de la persona, los derechos inviolables que le son inherentes, el libre desarrollo de la personalidad, el respeto a la ley y a los derechos de los demás son fundamento del orden político y de la paz social.

2. Las normas relativas a los derechos fundamentales y a las libertades que la Constitución reconoce se interpretarán de conformidad con la Declaración Universal de Derechos Humanos y los tratados y acuerdos internacionales sobre las mismas materias ratificados por España.

CAPÍTULO PRIMERO
DE LOS ESPAÑOLES Y LOS EXTRANJEROS

Artículo 11

1. La nacionalidad española se adquiere, se conserva y se pierde de acuerdo con lo establecido por la ley.

2. Ningún español de origen podrá ser privado de su nacionalidad.

3. El Estado podrá concertar tratados de doble nacionalidad con los países iberoamericanos o con aquellos que hayan tenido o tengan una particular vinculación con España. En estos mismos países, aun cuando no reconozcan a sus ciudadanos un derecho recíproco, podrán naturalizarse los españoles sin perder su nacionalidad de origen.

Artículo 12

Los españoles son mayores de edad a los dieciocho años.

Artículo 13

1. **Los extranjeros** gozarán en España de las libertades públicas que garantiza el presente Título en los términos que establezcan los tratados y la ley.

2. Solamente los españoles serán titulares de los derechos reconocidos en el artículo 23, salvo lo que, atendiendo a criterios de reciprocidad, pueda establecerse por tratado o ley para el derecho de sufragio activo y pasivo en las elecciones municipales.

3. La extradición sólo se concederá en cumplimiento de un tratado o de la ley, atendiendo al principio de reciprocidad. Quedan excluidos de la extradición los delitos políticos, no considerándose como tales los actos de terrorismo.

4. La ley establecerá los términos en que los ciudadanos de otros países y los apátridas podrán gozar del derecho de asilo en España.

CAPÍTULO SEGUNDO
DERECHOS Y LIBERTADES

Artículo 14

Los españoles son iguales ante la ley, sin que pueda prevalecer discriminación alguna por razón de nacimiento, raza, sexo, religión, opinión o cualquier otra condición o circunstancia personal o social.

SECCIÓN 1ª
DE LOS DERECHOS FUNDAMENTALES Y DE LAS LIBERTADES PÚBLICAS

Artículo 15

Todos tienen **derecho a la vida y a la integridad física y moral**, sin que, en ningún caso, puedan ser sometidos a tortura ni a penas o tratos inhumanos o degradantes. Queda abolida la pena de muerte, salvo lo que puedan disponer las leyes penales militares para tiempos de guerra.

Artículo 16

1. Se garantiza **la libertad ideológica, religiosa y de culto** de los individuos y las comunidades sin más limitación, en sus manifestaciones, que la necesaria para el mantenimiento del orden público protegido por la ley.

2. Nadie podrá ser obligado a declarar sobre su ideología, religión o creencias.

3. Ninguna confesión tendrá carácter estatal. Los poderes públicos tendrán en cuenta las creencias religiosas de la sociedad española y mantendrán las consiguientes relaciones de cooperación con la Iglesia Católica y las demás confesiones.

Artículo 17

1. Toda persona tiene **derecho a la libertad y a la seguridad**. Nadie puede ser privado de su libertad, sino con la observancia de lo establecido en este artículo y en los casos y en la forma previstos en la ley.

2. **La detención preventiva** no podrá durar más del tiempo estrictamente necesario para la realización de las averiguaciones tendentes al esclarecimiento de los hechos, y, en todo caso, en el plazo máximo de **setenta y dos horas**, el detenido deberá ser puesto en libertad o a disposición de la autoridad judicial.

3. Toda persona detenida debe ser informada de forma inmediata, y de modo que le sea comprensible, de sus derechos y de las razones de su detención, no pudiendo ser obligada a declarar. Se garantiza la asistencia de abogado al detenido en las diligencias policiales y judiciales, en los términos que la ley establezca.

4. La ley regulará un procedimiento de «***habeas corpus***» para producir la inmediata puesta a disposición judicial de toda persona detenida ilegalmente. Asimismo, por ley se determinará el plazo máximo de duración de la **prisión provisional.**

Artículo 18

1. Se garantiza **el derecho al honor, a la intimidad personal y familiar y a la propia imagen.**

2. El **domicilio es inviolable**. Ninguna entrada o registro podrá hacerse en él sin consentimiento del titular o resolución judicial, salvo en caso de flagrante delito.

3. Se garantiza el **secreto de las comunicaciones** y, en especial, de las postales, telegráficas y telefónicas, salvo resolución judicial.

4. La ley limitará el uso de la informática para garantizar el honor y la intimidad personal y familiar de los ciudadanos y el pleno ejercicio de sus derechos.

Artículo 19

Los españoles tienen **derecho a elegir libremente su residencia y a circular por el territorio nacional.**

Asimismo, tienen derecho a entrar y salir libremente de España en los términos que la ley establezca. Este derecho no podrá ser limitado por motivos políticos o ideológicos.

Artículo 20

1. Se reconocen y protegen los derechos:

a) A expresar y difundir libremente los pensamientos, ideas y opiniones mediante la palabra, el escrito o cualquier otro medio de reproducción.

b) A la producción y creación literaria, artística, científica y técnica.

c) A la libertad de cátedra.

d) A comunicar o recibir libremente información veraz por cualquier medio de difusión. La ley regulará el derecho a la cláusula de conciencia y al secreto profesional en el ejercicio de estas libertades.

2. El ejercicio de estos derechos no puede restringirse mediante ningún tipo de censura previa.

3. La ley regulará la organización y el control parlamentario de los medios de comunicación social dependientes del Estado o de cualquier ente público y garantizará el acceso a dichos medios de los grupos sociales y políticos significativos, respetando el pluralismo de la sociedad y de las diversas lenguas de España.

4. Estas libertades tienen su límite en el respeto a los derechos reconocidos en este Título, en los preceptos de las leyes que lo desarrollen y, especialmente, en el derecho al honor, a la intimidad, a la propia imagen y a la protección de la juventud y de la infancia.

5. Sólo podrá acordarse el secuestro de publicaciones, grabaciones y otros medios de información en virtud de resolución judicial.

Artículo 21

1. Se reconoce el derecho de reunión pacífica y sin armas. El ejercicio de este derecho **no necesitará autorización previa**.

2. En los casos de reuniones en lugares de tránsito público y manifestaciones **se dará comunicación previa** a la autoridad, que sólo podrá prohibirlas cuando existan razones fundadas de alteración del orden público, con peligro para personas o bienes.

Artículo 22

1. Se reconoce el **derecho de asociación**.

2. Las asociaciones que persigan fines o utilicen medios tipificados como delito son ilegales.

3. Las asociaciones constituidas al amparo de este artículo deberán inscribirse en un registro a los solos efectos de publicidad.

4. Las asociaciones sólo podrán ser disueltas o suspendidas en sus actividades en virtud de resolución judicial motivada.

5. **Se prohíben** las asociaciones secretas y las de carácter paramilitar.

Artículo 23

1. Los ciudadanos tiene el derecho a participar en los asuntos públicos, directamente o por medio de representantes, libremente elegidos en elecciones periódicas por sufragio universal.

2. Asimismo, tienen derecho a acceder en condiciones de igualdad a las funciones y cargos públicos, con los requisitos que señalen las leyes.

Artículo 24

1. Todas las personas tienen derecho a obtener la tutela efectiva de los jueces y tribunales en el ejercicio de sus derechos e intereses legítimos, sin que, en ningún caso, pueda producirse indefensión.

2. Asimismo, todos tienen derecho al Juez ordinario predeterminado por la ley, a la defensa y a la asistencia de letrado, a ser informados de la acusación formulada contra ellos, a un proceso público sin dilaciones indebidas y con todas las garantías, a utilizar los medios de prueba pertinentes para su defensa, a no declarar contra sí mismos, a no confesarse culpables y a la presunción de inocencia.

La ley regulará los casos en que, por razón de parentesco o de secreto profesional, no se estará obligado a declarar sobre hechos presuntamente delictivos.

Artículo 25

1. Nadie puede ser condenado o sancionado por acciones u omisiones que en el momento de producirse no constituyan delito, falta o infracción administrativa, según la legislación vigente en aquel momento.

2. Las **penas privativas de libertad y las medidas de seguridad estarán orientadas hacia la reeducación y reinserción social** y no podrán consistir en trabajos forzados. El condenado a pena de prisión que estuviere cumpliendo la misma gozará de los derechos fundamentales de este Capítulo, a excepción de los que se vean expresamente limitados por el contenido del fallo condenatorio, el sentido de la pena y la ley penitenciaria. En todo caso, tendrá derecho a un trabajo remunerado y a los beneficios correspondientes de la Seguridad Social, así como al acceso a la cultura y al desarrollo integral de su personalidad.

3. La Administración civil no podrá imponer sanciones que, directa o subsidiariamente, impliquen privación de libertad.

Artículo 26

Se prohíben **los Tribunales de Honor** en el ámbito de la Administración civil y de las organizaciones profesionales.

Artículo 27

1. Todos tienen el **derecho a la educación**. Se reconoce la libertad de enseñanza.

2. La educación tendrá por objeto el pleno desarrollo de la personalidad humana en el respeto a los principios democráticos de convivencia y a los derechos y libertades fundamentales.

3. Los poderes públicos garantizan el derecho que asiste a los padres para que sus hijos reciban la formación religiosa y moral que esté de acuerdo con sus propias convicciones.

4. La enseñanza básica es obligatoria y gratuita.

5. Los poderes públicos garantizan el derecho de todos a la educación, mediante una programación general de la enseñanza, con participación efectiva de todos los sectores afectados y la creación de centros docentes.

6. Se reconoce a las personas físicas y jurídicas la libertad de creación de centros docentes, dentro del respeto a los principios constitucionales.

7. Los profesores, los padres y, en su caso, los alumnos intervendrán en el control y gestión de todos los centros sostenidos por la Administración con fondos públicos, en los términos que la ley establezca.

8. Los poderes públicos inspeccionarán y homologarán el sistema educativo para garantizar el cumplimiento de las leyes.

9. Los poderes públicos ayudarán a los centros docentes que reúnan los requisitos que la ley establezca.

10. Se reconoce la autonomía de las Universidades, en los términos que la ley establezca.

Artículo 28

1. Todos tienen **derecho a sindicarse libremente**. La ley podrá limitar o exceptuar el ejercicio de este derecho a las Fuerzas o Institutos armados o a los demás Cuerpos sometidos a disciplina militar y regulará las peculiaridades de su ejercicio para los funcionarios públicos. **La libertad sindical** comprende el derecho a fundar sindicatos y a afiliarse al de su elección, así como el derecho de los sindicatos a formar confederaciones y a formar organizaciones sindicales internacionales o a afiliarse a las mismas. Nadie podrá ser obligado a afiliarse a un sindicato.

2. Se reconoce **el derecho a la huelga** de los trabajadores para la defensa de sus intereses. La ley que regule el ejercicio de este derecho establecerá las garantías precisas para asegurar el mantenimiento de los servicios esenciales de la comunidad.

Artículo 29

1. Todos los españoles tendrán **el derecho de petición individual y colectiva**, por escrito, en la forma y con los efectos que determine la ley.

2. Los miembros de las Fuerzas o Institutos armados o de los Cuerpos sometidos a disciplina militar podrán ejercer este derecho sólo individualmente y con arreglo a lo dispuesto en su legislación específica.

SECCIÓN 2ª
DE LOS DERECHOS Y DEBERES DE LOS CIUDADANOS

Artículo 30

1. Los españoles tienen el **derecho y el deber de defender a España**.

2. La ley fijará las obligaciones militares de los españoles y regulará, con las debidas garantías, la objeción de conciencia, así como las demás causas de exención del servicio militar obligatorio, pudiendo imponer, en su caso, una prestación social sustitutoria.

3. Podrá establecerse un servicio civil para el cumplimiento de fines de interés general.

4. Mediante ley podrán regularse los deberes de los ciudadanos en los casos de grave riesgo, catástrofe o calamidad pública.

Artículo 31

1. Todos contribuirán al sostenimiento de los gastos públicos de acuerdo con su capacidad económica mediante un sistema tributario justo inspirado en los principios de igualdad y progresividad que, en ningún caso, tendrá alcance confiscatorio.

2. El gasto público realizará una asignación equitativa de los recursos públicos, y su programación y ejecución responderán a los criterios de eficiencia y economía.

3. Sólo podrán establecerse prestaciones personales o patrimoniales de carácter público con arreglo a la ley.

Artículo 32

1. El hombre y la mujer tienen **derecho a contraer matrimonio** con plena igualdad jurídica.

2. La ley regulará las formas de matrimonio, la edad y capacidad para contraerlo, los derechos y deberes de los cónyuges, las causas de separación y disolución y sus efectos.

Artículo 33

1. Se reconoce el **derecho a la propiedad privada y a la herencia.**

2. La función social de estos derechos delimitará su contenido, de acuerdo con las leyes.

3. Nadie podrá ser privado de sus bienes y derechos sino por causa justificada de utilidad pública o interés social, mediante la correspondiente indemnización y de conformidad con lo dispuesto por las leyes.

Artículo 34

1. Se reconoce **el derecho de fundación** para fines de interés general, con arreglo a la ley.

2. Regirá también para las fundaciones lo dispuesto en los apartados 2 y 4 del artículo 22.

Artículo 35

1. Todos los españoles tienen **el deber de trabajar y el derecho al trabajo**, a la libre elección de profesión u oficio, a la promoción a través del trabajo y a una remuneración suficiente para satisfacer sus necesidades y las de su familia, sin que en ningún caso pueda hacerse discriminación por razón de sexo.

2. La ley regulará un estatuto de los trabajadores.

Artículo 36

La ley regulará las peculiaridades propias del régimen jurídico de los Colegios Profesionales y el ejercicio de las profesiones tituladas. La estructura interna y el funcionamiento de los Colegios deberán ser democráticos.

Artículo 37

La ley garantizará el **derecho a la negociación colectiva laboral** entre los representantes de los trabajadores y empresarios, así como la fuerza vinculante de los convenios.

2. Se reconoce el derecho de los trabajadores y empresarios a adoptar **medidas de conflicto colectivo**. La ley que regule el ejercicio de este derecho, sin perjuicio de las limitaciones que puedan establecer, incluirá las garantías precisas para asegurar el funcionamiento de los servicios esenciales de la comunidad.

Artículo 38

Se reconoce **la libertad de empresa** en el marco de la economía de mercado. Los poderes públicos garantizan y protegen su ejercicio y la defensa de la productividad, de acuerdo con las exigencias de la economía general y, en su caso, de la planificación.

CAPÍTULO TERCERO

DE LOS PRINCIPIOS RECTORES DE LA POLÍTICA SOCIAL Y ECONÓMICA

Artículo 39

1. Los poderes públicos aseguran **la protección social, económica y jurídica de la familia.**

2. Los poderes públicos aseguran, asimismo, la protección integral de los hijos, iguales éstos ante la ley con independencia de su filiación, y de las madres, cualquiera que sea su estado civil. La ley posibilitará la investigación de la paternidad.

3. Los padres deben prestar asistencia de todo orden a los hijos habidos dentro o fuera del matrimonio, durante su minoría de edad y en los demás casos en que legalmente proceda.

4. Los niños gozarán de la protección prevista en los acuerdos internacionales que velan por sus derechos.

Artículo 40

1. Los poderes públicos promoverán las condiciones favorables para el progreso social y económico y para una distribución de la renta regional y personal más equitativa, en el marco de una política de estabilidad económica. De manera especial realizarán una política orientada al pleno empleo.

2. Asimismo, los poderes públicos fomentarán una política que garantice la formación y readaptación profesionales; velarán por la seguridad e higiene en el trabajo y garantizarán el descanso necesario, mediante la limitación de la jornada laboral, las vacaciones periódicas retribuidas y la promoción de centros adecuados.

Artículo 41

Los poderes públicos mantendrán un **régimen público de Seguridad Social para todos los ciudadanos**, que garantice la asistencia y prestaciones sociales suficientes ante situaciones de necesidad, especialmente en caso de desempleo. La asistencia y prestaciones complementarias serán libres.

Artículo 42

El Estado velará especialmente por la salvaguardia de los derechos económicos y sociales de los **trabajadores españoles en el extranjero y orientará su política hacia su retorno.**

Artículo 43

1. Se reconoce el **derecho a la protección de la salud.**

2. Compete a los poderes públicos organizar y tutelar la salud pública a través de medidas preventivas y de las prestaciones y servicios necesarios. La ley establecerá los derechos y deberes de todos al respecto.

3. Los poderes públicos fomentarán la educación sanitaria, la educación física y el deporte.

Asimismo facilitarán la adecuada utilización del ocio.

Artículo 44

1. Los poderes públicos promoverán y tutelarán **el acceso a la cultura,** a la que todos tienen derecho.

2. Los poderes públicos promoverán la ciencia y la investigación científica y técnica en beneficio del interés general.

Artículo 45

1. Todos tienen el **derecho a disfrutar de un medio ambiente** adecuado para el desarrollo de la persona, así como el deber de conservarlo.

2. Los poderes públicos velarán por la utilización racional de todos los recursos naturales, con el fin de proteger y mejorar la calidad de la vida y defender y restaurar el medio ambiente, apoyándose en la indispensable solidaridad colectiva.

3. Para quienes violen lo dispuesto en el apartado anterior, en los términos que la ley fije se establecerán sanciones penales o, en su caso, administrativas, así como la obligación de reparar el daño causado.

Artículo 46

Los poderes públicos **garantizarán la conservación y promoverán el enriquecimiento del patrimonio histórico, cultural y artístico de los pueblos de España** y de los bienes que lo integran, cualquiera que sea su régimen jurídico y su titularidad. La ley penal sancionará los atentados contra este patrimonio.

Artículo 47

Todos los españoles tienen **derecho a disfrutar de una vivienda digna y adecuada**. Los poderes públicos promoverán las condiciones necesarias y establecerán las normas pertinentes para hacer efectivo este derecho, regulando la utilización del suelo de acuerdo con el interés general para impedir la especulación. La comunidad participará en las plusvalías que genere la acción urbanística de los entes públicos.

Artículo 48

Los poderes públicos promoverán las condiciones para la participación libre y eficaz de la juventud en el desarrollo político, social, económico y cultural.

Artículo 49

Los poderes públicos realizarán una política de previsión, tratamiento, rehabilitación e integración de los disminuidos físicos, sensoriales y psíquicos, a los que prestarán la atención especializada que requieran y los ampararán especialmente para el disfrute de los derechos que este Título otorga a todos los ciudadanos.

Artículo 50

Los poderes públicos garantizarán, mediante pensiones adecuadas y periódicamente actualizadas, la suficiencia económica a los ciudadanos durante la tercera edad. Asimismo, y con independencia de las obligaciones familiares, promoverán su bienestar mediante un sistema de servicios sociales que atenderán sus problemas específicos de salud, vivienda, cultura y ocio.

Artículo 51

1. Los poderes públicos garantizarán **la defensa de los consumidores y usuarios**, protegiendo, mediante procedimientos eficaces, la seguridad, la salud y los legítimos intereses económicos de los mismos.

2. Los poderes públicos promoverán la información y la educación de los consumidores y usuarios, fomentarán sus organizaciones y oirán a éstas en las cuestiones que puedan afectar a aquéllos, en los términos que la ley establezca.

3. En el marco de lo dispuesto por los apartados anteriores, la ley regulará el comercio interior y el régimen de autorización de productos comerciales.

Artículo 52

La ley regulará las organizaciones profesionales que contribuyan a la defensa de los intereses económicos que les sean propios. Su estructura interna y funcionamiento deberán ser democráticos.

SU GARANTÍA Y SUSPENSIÓN

Garantía

La garantía de las libertades y derechos fundamentales recogen en el Capítulo IV del Título I, artículos 53 y 54 de la Constitución española de 1978.

El artículo 53, establece un triple sistema de protección, que analizamos a continuación.

CAPÍTULO CUARTO

DE LAS GARANTÍAS DE LAS LIBERTADES Y DERECHOS FUNDAMENTALES

Artículo 53

1. Los derechos y libertades reconocidos en el Capítulo segundo (**artículos 14 a 38**) del presente Título vinculan a todos los poderes públicos. Sólo por ley, que en todo caso deberá respetar su contenido esencial, podrá regularse el ejercicio de tales derechos y libertades, que se tutelarán de acuerdo con lo previsto en el artículo 161, 1, a). (Es decir a través del RECURSO DE INCONSTITUCIONALIDAD).

2. Cualquier ciudadano podrá recabar la tutela de las libertades y derechos reconocidos en el artículo **14** y la Sección primera del Capítulo segundo **(artí-**

culos 15 a 29) ante los Tribunales ordinarios por un procedimiento basado en los principios de preferencia y sumariedad (Recogido en los artículo 114 a 122 de la Ley 29/1998 de 13 de julio Reguladora de la Jurisdicción Contencioso Administrativa) y, en su caso, a través del RECURSO DE AMPARO ante el Tribunal Constitucional. Este último recurso será aplicable a la objeción de conciencia reconocida en el artículo **30**.

3. El reconocimiento, el respeto y la protección de los principios reconocidos en el Capítulo tercero (**artículos 39 a 52**) informarán la legislación positiva, la práctica judicial y la actuación de los poderes públicos. Sólo podrán ser alegados ante la Jurisdicción ordinaria de acuerdo con lo que dispongan las leyes que los desarrollen.

Además el **artículo 54 dispone sobre Defensor del Pueblo que**.

Una ley orgánica, la LO 3/ 1981 de 6 de abril, regulará **la institución del Defensor del Pueblo**, como alto comisionado de las Cortes Generales, designado por éstas para la defensa de los derechos comprendidos en este Título, a cuyo efecto podrá supervisar la actividad de la Administración, dando cuenta a las Cortes Generales.

Suspensión de los derechos y libertades

Es Capitulo Quinto del título I es el que nos habla de la suspensión de los derechos y libertades así el artículo 55.1 de la Constitución en relación con el artículo 116 de la misma, señala que en los estados de excepción y de sitio podrán suspenderse derechos y libertades de la siguiente forma:

1. Los derechos reconocidos en los artículos 17, 18, apartados 2 y 3, artículos 19, 20, apartados 1, a) y d), y 5, artículos 21, 28, apartado 2, y artículo 37, apartado 2, podrán ser suspendidos cuando se acuerde la declaración del estado de excepción o de sitio en los términos previstos en la Constitución. Se exceptúa de lo establecido anteriormente el apartado 3 del artículo 17 para el supuesto de declaración de estado de excepción.

2. Una ley orgánica podrá determinar la forma y los casos en los que, de forma individual y con la necesaria intervención judicial y el adecuado control parlamentario, los derechos reconocidos en los artículos 17, apartado 2, y 18, apartados 2 y 3, pueden ser suspendidos para personas determinadas, en relación con las investigaciones correspondientes a la actuación de bandas armadas o elementos terroristas.

La utilización injustificada o abusiva de las facultades reconocidas en dicha ley orgánica producirá responsabilidad penal, como violación de los derechos y libertades reconocidos por las leyes.

NORMAS	CLASES	SUPUESTOS	DECLARACIÓN	DURACIÓN	DERECHOS QUE SE PUEDEN SUSPENDER ART. 55.1
No disolución del Congreso (si del Senado. Cámaras automática mente convocadas si no estuviesen en periodo de sesiones. Las competencias del Congreso serán asumidas por la Comisión Permanente si está disuelto o expirado su mandato. No modifican el principio de responsabilidad del Gobierno y sus agentes.	SUSPENSIÓN GENERAL art. 116 LO 4/81 de 1 de junio Se procede a la declaración de uno de estos estados cuando circunstancias extraordinarias hagan imposible el mantenimiento de la normalidad mediante poderes ordinarios de las Autoridades competentes.	**ESTADO DE ALARMA** Terrorismo, incendios graves…	Mediante Decreto del Consejo de Ministros Dando cuenta al Congreso de los Diputados.	Máx. 15 días. Prorrogable con autorización del Congreso	NINGUNO
		ESTADO DE EXCEPCIÓN Terremoto importante, epidemia grave	Mediante Decreto del Consejo de Ministros previa autorización del Congreso de los Diputados (mayoría simple)	Max 30 días. Prorrogable 30 días también con autorización del Congreso de los Diputados.	17.1: Toda persona tiene derecho a la libertad y a la seguridad. 17.2 plazo de detención preventiva 72 horas. Max 10 días. 17.4 la ley regulará un procedimiento de Habeas Corpus. 18.2 Inviolabilidad del domicilio 18.3 Secreto comunicaciones 19 libertad de residencia y circulación dentro y fuera de España 20.1 a) libertad de prensa. 20.1 d) información veraz 20.5 secuestro de publicaciones 21 Reunión pacífica y sin armas. 28. 2 Derecho de Huelga. 37.2 Medidas de Conflicto colectivo.
		ESTADO DE SITIO Situaciones próximas a un estado de guerra	Congreso de los Diputados por mayoría Absoluta a propuesta exclusiva del Gobierno	Lo que señale el Congreso	Se suspenden todos los derechos señalados anteriormente para el estado de excepción pero ADEMAS EL 17.3 que señala que toda persona detenida debe ser informada de forma inmediata y el derecho de Abogado.
SUSPENSIÓN INDIVIDUAL Art. 55.2	- En relación con bandas armadas o elementos terroristas- Con necesaria intervención judicial Con control parlamentario		Ley Orgánica determinará forma y casos		17.2 detención preventiva máx. 72 h. Se amplia máximo 5 días. 18.2 Inviolabilidad del domicilio. 18.3 Secreto de comunicaciones.

Tema 2

El Tribunal Constitucional. La reforma de la Constitución. La Corona. Funciones constitucionales del Rey. Sucesión y Regencia

eRodio
ediciones

Índice esquemático

1. El Tribunal Constitucional

1.1. Concepto y naturaleza

El **Tribunal Constitucional** (**TC**) es el órgano constitucional español que ejerce la función de supremo intérprete de la Constitución.

Está regulado en el «Título IX» —artículos 159 a 165— y en la Disposición Transitoria Novena de la carta magna, así como en la Ley 2/1979, de 3 de octubre, del Tribunal Constitucional (LOTC) cuya última modificación se produce por Ley Orgánica 15/2015, de 16 de octubre, de reforma de la L.O. 2/1979, de 3 de octubre, del Tribunal Constitucional, para la ejecución de las resoluciones del Tribunal Constitucional como garantía del Estado de Derecho tal como dispone el artículo **165 de la Constitución.** Una ley orgánica regulará el funcionamiento del Tribunal Constitucional, el estatuto de sus miembros, el procedimiento ante el mismo y las condiciones para el ejercicio de las acciones.

Según el artículo 1 de la LOTC, el Tribunal Constitucional es **independiente** en su función como intérprete supremo de la Constitución y está sometido sólo a la Constitución y a dicha ley. Además, es único en su orden y extiende su jurisdicción a todo el territorio nacional.

1.2. Elección de sus miembros y composición

Tanto el artículo 159 y 160 de la Constitución Española al igual que el artículo 5 de la LOTC señalan que:

El Tribunal Constitucional se compone de 12 **miembros nombrados por el** Rey; de ellos:

- Cuatro a propuesta del Congreso por mayoría de tres quintos de sus miembros; cuatro a propuesta del Senado, con idéntica mayoría; **Poder Legislativo.**

- Dos a propuesta del Gobierno, **Poder Ejecutivo**.
- Y dos a propuesta del Consejo General del Poder Judicial. **Poder Judicial**.

Los miembros del Tribunal Constitucional deberán ser nombrados entre Magistrados y Fiscales, Profesores de Universidad, funcionarios públicos y Abogados, todos ellos juristas de reconocida competencia **con más de quince años de ejercicio profesional.**

Los miembros del Tribunal Constitucional serán designados **por un período de nueve años y se renovarán por terceras partes cada tres.**

La condición de miembro del Tribunal Constitucional **es incompatible**: con todo mandato representativo; con los cargos políticos o administrativos; con el desempeño de funciones directivas en un partido político o en un sindicato y con el empleo al servicio de los mismos; con el ejercicio de las carreras judicial y fiscal, y con cualquier actividad profesional o mercantil.

En lo demás, los miembros del Tribunal Constitucional tendrán las incompatibilidades propias de los miembros del poder judicial.

Los miembros del Tribunal Constitucional serán independientes e inamovibles en el ejercicio de su mandato.

La responsabilidad criminal de los Magistrados del Tribunal Constitucional sólo será exigible ante la Sala de lo Penal del Tribunal Supremo.

El Presidente del TC

El Presidente del Tribunal Constitucional ejerce la representación del Tribunal, convoca y preside el Tribunal en Pleno y convoca las Salas; adopta las medidas precisas para el funcionamiento del Tribunal, de las Salas y de las Secciones; comunica a las Cámaras, al Gobierno o al Consejo General del Poder Judicial, en cada caso, las vacantes; nombra a los letrados, convoca los concursos para cubrir las plazas de funcionarios y los puestos de personal laboral, y ejerce las potestades administrativas sobre el personal del Tribunal.

El Presidente del Tribunal Constitucional será nombrado entre sus miembros por el Rey, a propuesta del mismo Tribunal en pleno y por un **período de tres años**.

Por su parte el artículo **9 de la LOTC** estable que el Tribunal en Pleno elige de entre sus miembros por votación secreta a su Presidente y propone al Rey su nombramiento.

En primera votación se requerirá la mayoría absoluta. Si ésta no se alcanzase se procederá a una segunda votación, en la que resultará elegido quien obtuviese mayor número de votos. En caso de empate se efectuará una última votación y si éste se repitiese, será propuesto el de mayor antigüedad en el cargo y en el caso de igualdad el de mayor edad.

El nombre del elegido se elevará al Rey para su nombramiento por un período de tres años, expirado el cual podrá ser reelegido por una sola vez.

El Tribunal en Pleno elegirá entre sus miembros, y por el mismo período de tres años, un **Vicepresidente**, al que incumbe sustituir al Presidente en caso de vacante, ausencia u otro motivo legal y presidir la Sala Segunda.

El Tribunal Constitucional actúa en **Pleno, en Sala o en Sección**.

El Pleno

El Pleno está integrado por todos los Magistrados del Tribunal. Lo preside el Presidente del Tribunal y, en su defecto, el Vicepresidente y, a falta de ambos, el Magistrado más antiguo en el cargo y, en caso de igual antigüedad, el de mayor edad.

El Tribunal en Pleno elige de entre sus miembros por votación secreta a su Presidente y propone al Rey su nombramiento.

En primera votación se requerirá la mayoría absoluta. Si ésta no se alcanzase se procederá a una segunda votación, en la que resultará elegido quien obtuviese mayor número de votos. En caso de empate se efectuará una última votación y si éste se repitiese, será propuesto el de mayor antigüedad en el cargo y en el caso de igualdad el de mayor edad.

El nombre del elegido se elevará al Rey para su nombramiento por un período de tres años, expirado el cual podrá ser reelegido por una sola vez.

El Tribunal en Pleno elegirá entre sus miembros, por el procedimiento señalado en el apartado 2 de este artículo y por el mismo período de tres años, un Vicepresidente, al que incumbe sustituir al Presidente en caso de vacante, ausencia u otro motivo legal y presidir la Sala Segunda.

El Tribunal en Pleno conoce de los siguientes asuntos:

a) De la constitucionalidad o inconstitucionalidad de los tratados internacionales.

b) De los recursos de inconstitucionalidad contra las leyes y demás disposiciones con valor de ley, excepto los de mera aplicación de doctrina, cuyo conocimiento podrá atribuirse a las Salas en el trámite de admisión. Al atribuir a la Sala el conocimiento del recurso, el Pleno deberá señalar la doctrina constitucional de aplicación.

c) De las cuestiones de constitucionalidad que reserve para sí; las demás deberán deferirse a las Salas según un turno objetivo.

d) De los conflictos constitucionales de competencia entre el Estado y las Comunidades Autónomas o de los de éstas entre sí.

d) bis De los recursos previos de inconstitucionalidad contra Proyectos de Estatutos de Autonomía y contra Propuestas de Reforma de los Estatutos de Autonomía. Letra d) bis del número 1 del artículo 10 introducida por el apartado dos del artículo único de la L.O. 12/2015, de 22 de septiembre, de modificación de la L.O. 2/1979, de 3 de octubre, del Tribunal Constitucional, para el establecimiento del recurso previo de inconstitucionalidad para los Proyectos de L.O. de Estatuto de Autonomía o de su modificación («B.O.E.» 23 septiembre).

e) De las impugnaciones previstas en el apartado 2 del artículo 161 de la Constitución.

f) De los conflictos en defensa de la autonomía local.

g) De los conflictos entre los órganos constitucionales del Estado.

h) De las anulaciones en defensa de la jurisdicción del Tribunal previstas en el artículo 4.3.

i) De la verificación del cumplimiento de los requisitos exigidos para el nombramiento de Magistrado del Tribunal Constitucional.

j) Del nombramiento de los Magistrados que han de integrar cada una de las Salas.

k) De la recusación de los Magistrados del Tribunal Constitucional.

l) Del cese de los Magistrados del Tribunal Constitucional en los casos previstos en el artículo 23.

m) De la aprobación y modificación de los reglamentos del Tribunal.

n) De cualquier otro asunto que sea competencia del Tribunal pero recabe para sí el Pleno, a propuesta del Presidente o de tres Magistrados, así como de los demás asuntos que le puedan ser atribuidos expresamente por una ley orgánica.

En los casos previstos en los párrafos d), e) y f) del apartado anterior, en el trámite de admisión la decisión de fondo podrá atribuirse a la Sala que corresponda según un turno objetivo, lo que se comunicará a las partes.

El Tribunal en Pleno, en ejercicio de su autonomía como órgano constitucional, elabora su presupuesto, que se integra como una sección independiente dentro de los Presupuestos Generales del Estado.

El Tribunal en Pleno puede adoptar acuerdos cuando estén presentes, al menos, dos tercios de los miembros que en cada momento lo compongan.

Las Salas

El Tribunal Constitucional consta de dos Salas. Cada Sala está compuesta por seis Magistrados nombrados por el Tribunal en Pleno.

- El Presidente del Tribunal lo es también de la Sala Primera, que presidirá en su defecto, el Magistrado más antiguo y, en caso de igual antigüedad, el de mayor edad.
- El Vicepresidente del Tribunal presidirá en la Sala Segunda y, en su defecto, el Magistrado más antiguo y, en caso de igual antigüedad, el de mayor edad.

Las Salas del Tribunal Constitucional conocerán de los asuntos que, atribuidos a la justicia constitucional, no sean de la competencia del Pleno.

También conocerán las Salas de aquellas cuestiones que, habiendo sido atribuidas al conocimiento de las Secciones, entiendan que por su importancia deba resolver la propia Sala.

La distribución de asuntos entre las Salas del Tribunal se efectuará según un turno establecido por el Pleno a propuesta de su Presidente.

Cuando una Sala considere necesario apartarse en cualquier punto de la doctrina constitucional precedente sentada por el Tribunal, la cuestión se someterá a la decisión del Pleno.

Los acuerdos de las Salas requerirán asimismo la presencia de dos tercios de los miembros que en cada momento las compongan. En las Secciones se requerirá la presencia de dos miembros, salvo que haya discrepancia, requiriéndose entonces la de sus tres miembros.

Las Secciones

Para el despacho ordinario y la decisión o propuesta, según proceda, **sobre la admisibilidad o inadmisibilidad de procesos constitucionales**, el Pleno y las Salas constituirán Secciones compuestas por el respectivo Presidente o quien le sustituya y dos Magistrados.

En las Secciones se requerirá la presencia de dos miembros, salvo que haya discrepancia, requiriéndose entonces la de sus tres miembros.

1.3. Competencias

El Artículo **161 de la Constitución** manifiesta que:

1. El Tribunal Constitucional tiene jurisdicción en todo el territorio español y es competente para conocer:

a) Del recurso de inconstitucionalidad contra leyes y disposiciones normativas con fuerza de ley. La declaración de inconstitucionalidad de una norma jurídica con rango de ley, interpretada por la jurisprudencia, afectará a ésta, si bien la sentencia o sentencias recaídas no perderán el valor de cosa juzgada.

b) Del recurso de amparo por violación de los derechos y libertades referidos en el artículo 53,2, de esta Constitución, en los casos y formas que la ley establezca.

c) De los conflictos de competencia entre el Estado y las Comunidades Autónomas o de los de éstas entre sí.

d) De las demás materias que le atribuyan la Constitución o las leyes orgánicas.

2. El Gobierno podrá impugnar ante el Tribunal Constitucional las disposiciones y resoluciones adoptadas por los órganos de las Comunidades Autónomas. La impugnación producirá la suspensión de la disposición o resolución recurrida, pero el Tribunal, en su caso, deberá ratificarla o levantarla en un plazo no superior a cinco meses.

Por su parte, la **Ley Orgánica del TC** establece en su **artículo 2** que el Tribunal Constitucional tiene jurisdicción en todo el territorio español y es competente para conocer:

1. El Tribunal Constitucional conocerá en los casos y en la forma que esta Ley determina:

a) Del recurso y de la cuestión de inconstitucionalidad contra Leyes, disposiciones normativas o actos con fuerza de Ley.

b) Del recurso de amparo por violación de los derechos y libertades públicos relacionados en el artículo 53.2 de la Constitución.

c) De los conflictos constitucionales de competencia entre el Estado y las Comunidades Autónomas o de los de éstas entre sí.

d) De los conflictos entre los órganos constitucionales del Estado.

d) bis De los conflictos en defensa de la autonomía local.

e) De la declaración sobre la constitucionalidad de los Tratados Internacionales.

e) bis Del control previo de inconstitucionalidad en el supuesto previsto en el artículo setenta y nueve de la presente Ley.

f) De las impugnaciones previstas en el número 2 del artículo 161 de la Constitución.

g) De la verificación de los nombramientos de los Magistrados del Tribunal Constitucional, para juzgar si los mismos reúnen los requisitos requeridos por la Constitución y la presente Ley.

h) De las demás materias que le atribuyen la Constitución y las Leyes orgánicas.

2. El Tribunal Constitucional podrá dictar reglamentos sobre su propio funcionamiento y organización, así como sobre el régimen de su personal y servicios, dentro del ámbito de la presente Ley. Estos reglamentos, que deberán ser **aprobados** por el Tribunal en Pleno, se publicarán en el «Boletín Oficial del Estado», **autorizados** por su Presidente.

La competencia del Tribunal Constitucional se extiende al conocimiento y decisión de las cuestiones prejudiciales e incidentales no pertenecientes al orden constitucional, directamente relacionadas con la materia de que conoce, a los solos efectos del enjuiciamiento constitucional de ésta.

En ningún caso se podrá promover cuestión de jurisdicción o competencia al Tribunal Constitucional. El Tribunal Constitucional delimitará el ámbito de su jurisdicción y adoptará cuantas medidas sean necesarias para preservarla, incluyendo la declaración de nulidad de aquellos actos o resoluciones que la menoscaben; asimismo podrá apreciar de oficio o a instancia de parte su competencia o incompetencia.

Las resoluciones del Tribunal Constitucional no podrán ser enjuiciadas por ningún órgano jurisdiccional del Estado.

Cuando el Tribunal Constitucional anule un acto o resolución que contravenga lo dispuesto en los dos apartados anteriores lo ha de hacer motivadamente y previa audiencia al Ministerio Fiscal y al órgano autor del acto o resolución.

El Tribunal Constitucional apreciará, de oficio o a instancia de parte, su falta de jurisdicción o de competencia.

Recurso de inconstitucionalidad

Finalidad

Mediante los procedimientos de declaración de inconstitucionalidad, el Tribunal Constitucional garantiza la primacía de la Constitución y enjuicia la conformidad o disconformidad con ella de las leyes, disposiciones o actos impugnados. Es la función básica del Tribunal como defensor del ordenamiento constitucional.

Actos impugnables

El recurso de inconstitucionalidad contra las Leyes, disposiciones normativas o actos con fuerza de Ley podrá promoverse a partir de su publicación oficial. Es decir, pueden ser impugnados mediante recurso de inconstitucionalidad las siguientes normas:

- Leyes Orgánicas.
- Leyes Ordinarias.
- Leyes de Bases.
- Tratados Internacionales.
- Reales Decretos-Leyes.
- Reales Decretos-Legislativos.
- Disposiciones normativas con fuerza de Ley de las Comunidades Autónomas.
- Reglamentos de las Cámaras y de las Cortes Generales y los reglamentos de las Asambleas legislativas de las Comunidades Autónomas.

Legitimación

Podrán interponer el recurso de inconstitucionalidad:

- El Presidente del Gobierno.
- El Defensor del Pueblo.
- 50 Diputados.
- 50 Senadores.
- Los órganos colegiados ejecutivos de las Comunidades Autónomas y las

Asambleas de las mismas. (Cuando se trate de normas estatales que puedan afectar a su propio ámbito de autonomía).

Plazo para la interposición

El recurso de inconstitucionalidad se formulará dentro del plazo de tres meses a partir de la publicación de la Ley, disposición o acto con fuerza de Ley impugnado mediante demanda presentada ante el Tribunal Constitucional, en la que deberán expresarse las circunstancias de identidad de las personas u órganos que ejercitan la acción y, en su caso, de sus comisionados, concretar la Ley, disposición o acto impugnado, en todo o en parte, y precisar el precepto constitucional que se entiende infringido.

No obstante lo dispuesto en el apartado anterior, el Presidente del Gobierno y los órganos colegiados ejecutivos de las Comunidades Autónomas podrán interponer el recurso de inconstitucionalidad en el plazo de nueve meses contra leyes, disposiciones o actos con fuerza de Ley en relación con las cuales, y con la finalidad de evitar la interposición del recurso, se cumplan los siguientes requisitos:

a) Que se reúna la Comisión Bilateral de Cooperación entre la Administración General del Estado y la respectiva Comunidad Autónoma, pudiendo solicitar su convocatoria cualquiera de las dos Administraciones.
b) Que en el seno de la mencionada Comisión Bilateral se haya adoptado un acuerdo sobre iniciación de negociaciones para resolver las discrepancias, pudiendo instar, en su caso, la modificación del texto normativo. Este acuerdo podrá hacer referencia a la invocación o no de la suspensión de la norma en el caso de presentarse el recurso en el plazo previsto en este apartado.
c) Que el acuerdo sea puesto en conocimiento del Tribunal Constitucional por los órganos anteriormente mencionados dentro de los tres meses siguientes a la publicación de la Ley, disposición o acto con fuerza de Ley, y se inserte en el «Boletín Oficial del Estado» y en el «Diario Oficial» de la Comunidad Autónoma correspondiente.

Admitida a trámite la demanda, el Tribunal Constitucional dará traslado de la misma al Congreso de los Diputados y al Senado por conducto de sus Presidentes, al Gobierno por conducto del Ministerio de Justicia y, en caso de que el objeto del recurso fuera una Ley o disposición con fuerza de ley dictada por una Comunidad autónoma, a los órganos legislativo y ejecutivo de la misma a fin de que puedan personarse en el procedimiento y formular las alegaciones que estimen oportunas.

La personación y la formulación de alegaciones deberán hacerse en el plazo de quince días, transcurrido el cual el Tribunal dictará sentencia en el de diez, salvo que, mediante resolución motivada, el propio Tribunal estime necesario un plazo más amplio que, en ningún caso, podrá exceder de treinta días.

Su interposición no suspenderá la vigencia de la norma recurrida salvo cuando se trate de una norma autonómica impugnada por el Presidente del Gobierno y cuya suspensión haya sido solicitada por éste, en este caso dicha suspensión debe ser ratificada o levantada en un plazo **no superior a cinco meses**.

Cuestión de inconstitucionalidad

El artículo 163 de la Constitución española establece que cuando un órgano judicial considere, en algún proceso, que una norma con rango de ley, aplicable al caso, de cuya validez dependa el fallo, pueda ser contraria a la Constitución, planteará la cuestión ante el Tribunal Constitucional en los supuestos, en la forma y con los efectos que establezca la ley, que en ningún caso serán suspensivos.

La LOTC respecto a la cuestión de inconstitucionalidad dispone que cuando un Juez o Tribunal, de oficio o a instancia de parte, considere que una norma con rango de Ley aplicable al caso y de cuya validez dependa el fallo pueda ser contraria a la Constitución, planteará la cuestión al Tribunal Constitucional con sujeción a lo dispuesto en esta Ley.

El órgano **judicial sólo podrá plantear la cuestión una vez concluso el procedimiento y dentro del plazo para dictar sentencia**, o la resolución jurisdiccional que procediese, y deberá concretar la ley o norma con fuerza de ley cuya constitucionalidad se cuestiona, el precepto constitucional que se supone infringido y especificar o justificar en qué medida la decisión del proceso depende de la validez de la norma en cuestión. Antes de adoptar mediante auto su decisión definitiva, **el órgano judicial oirá a las partes y al Ministerio Fiscal para que en el plazo común e improrrogable de 10 DÍAS puedan alegar lo que deseen sobre la pertinencia de plantear la cuestión de inconstitucionalidad**, o sobre el fondo de ésta; seguidamente y sin más trámite, el juez resolverá en el plazo de tres días. Dicho auto no será susceptible de recurso de ninguna clase. No obstante, la cuestión de inconstitucionalidad podrá ser intentada de nuevo en las sucesivas instancias o grados en tanto no se llegue a sentencia firme.

El planteamiento de la cuestión de inconstitucionalidad **originará la suspensión provisional de las actuaciones en el proceso judicial** hasta que el Tribunal Constitucional se pronuncie sobre su admisión. Producida ésta el proceso judicial permanecerá suspendido hasta que el Tribunal Constitucional resuelva definitivamente sobre la cuestión.

El órgano judicial elevará al Tribunal Constitucional la cuestión de inconstitucionalidad junto con testimonio de los autos principales y de las alegaciones previstas en el artículo anterior, si las hubiere.

Recibidas en el Tribunal Constitucional las actuaciones, el procedimiento se sustanciará por los trámites del apartado 2 de este artículo. No obstante, podrá el Tribunal rechazar, en trámite de admisión, mediante auto y sin otra audiencia que la del Fiscal General del Estado, la cuestión de inconstitucionalidad cuando faltaren las condiciones procesales o fuere notoriamente infundada la cuestión suscitada. Esta decisión será motivada.

Publicada en el "Boletín Oficial del Estado" la admisión a trámite de la cuestión de inconstitucionalidad, quienes sean parte en el procedimiento judicial podrán personarse ante el Tribunal Constitucional dentro de los **15 días siguientes** a su publicación, para formular alegaciones, en el plazo de otros 15 días.

El Tribunal Constitucional dará traslado de la cuestión al Congreso de los Diputados y al Senado por conducto de sus Presidentes, al Fiscal General del Estado, al Gobierno, por conducto del Ministerio de Justicia, y, en caso de afectar a una Ley o a otra disposición normativa con fuerza de Ley dictadas por una Comunidad autónoma, a los órganos legislativo y ejecutivo de la misma, todos los cuales podrán personarse y formular alegaciones sobre la cuestión planteada en plazo común improrrogable de quince días. Concluido éste, el Tribunal dictará sentencia en el plazo de quince días, salvo que estime necesario, mediante resolución motivada, un plazo más amplio, que no podrá exceder de treinta días.

Recurso de amparo

Actos impugnables

Los derechos y libertades reconocidos en los artículos 14 a 29 de la Constitución serán susceptibles de amparo constitucional, en los casos y formas que esta ley establece, sin perjuicio de su tutela general encomendada a los Tribunales de Justicia. Igual protección será aplicable a la objeción de conciencia reconocida en el artículo 30 de la Constitución.

El recurso de amparo constitucional protege, frente a las violaciones de los derechos y libertades a que se refiere el apartado anterior, originadas por las disposiciones, actos jurídicos, omisiones o simple vía de hecho de los poderes públicos del Estado, las Comunidades Autónomas y demás entes públicos de carácter territorial, corporativo o institucional, así como de sus funcionarios o agentes.

En el amparo constitucional no pueden hacerse valer otras pretensiones que las dirigidas a restablecer o preservar los derechos o libertades por razón de los cuales se formuló el recurso.

Las decisiones o actos sin valor de Ley, emanados de las Cortes o de cualquiera de sus órganos, o de las Asambleas legislativas de las Comunidades Autónomas, o de sus órganos, que violen los derechos y libertades susceptibles de amparo constitucional, podrán ser recurridos dentro del plazo de tres meses desde que, con arreglo a las normas internas de las Cámaras o Asambleas, sean firmes.

Las violaciones de los derechos y libertades antes referidos originadas por disposiciones, actos jurídicos, omisiones o simple vía de hecho del Gobierno o de sus autoridades o funcionarios, o de los órganos ejecutivos colegiados de las comunidades autónomas o de sus autoridades o funcionarios o agentes, podrán dar lugar al recurso de amparo una vez que se haya agotado la vía judicial procedente.

El plazo para interponer el recurso de amparo constitucional será el de los veinte días siguientes a la notificación de la resolución recaída en el previo proceso judicial.

El recurso sólo podrá fundarse en la infracción por una resolución firme de los preceptos constitucionales que reconocen los derechos o libertades susceptibles de amparo.

Las violaciones de los derechos y libertades susceptibles de amparo constitucional, que tuvieran su origen inmediato y directo en un acto u omisión de un órgano judicial, podrán dar lugar a este recurso siempre que se cumplan los requisitos siguientes:

a) Que se hayan agotado todos los medios de impugnación previstos por las normas procesales para el caso concreto dentro de la vía judicial.

b) Que la violación del derecho o libertad sea imputable de modo inmediato y directo a una acción u omisión del órgano judicial con independencia de los hechos que dieron lugar al proceso en que aquellas se produjeron, acerca de los que, en ningún caso, entrará a conocer el Tribunal Constitucional.

c) Que se haya denunciado formalmente en el proceso, si hubo oportunidad, la vulneración del derecho constitucional tan pronto como, una vez conocida, hubiera lugar para ello.

El plazo para interponer el recurso de amparo será de 30 días, a partir de la notificación de la resolución recaída en el proceso judicial.

Legitimación

Podrán interponer el recurso de amparo:

- Las personas naturales o jurídicas que invoquen un interés legítimo.
- El Defensor del Pueblo.
- El Ministerio Fiscal.

Plazo para su interposición

Hay que distinguir, a efectos de interposición de los oportunos recursos, los siguientes tipos de amparo:

Amparo para impugnar decisiones o actos sin valor de ley, emanados de las Cortes o de cualquiera de sus órganos, o de las Asambleas legislativas de las Comunidades Autónomas, o de sus órganos, que violen los derechos y libertades susceptibles de amparo constitucional: en este supuesto, el plazo previsto por el artículo 42 de la Ley Orgánica del TC para interponer el recurso, es de tres meses desde que dichas decisiones o actos, con arreglo a las normas internas de las Cámaras, sean firmes.

Cuando el recurso de amparo se interponga frente a violaciones de los derechos y libertades originadas por disposiciones, actos jurídicos o simple vía de hecho del Gobierno o de sus autoridades o funcionarios, o de los órganos ejecutivos colegiados de las Comunidades Autónomas o de sus autoridades o funcionarios o agentes, una vez agotada la vía judicial previa, se establece en el art. 43 de la Ley Orgánica del Tribunal Constitucional un plazo de veinte días desde la notificación de la resolución recaída en el previo proceso judicial.

Si el recurso se interpone frente a violaciones de derechos y libertades que tuvieran como origen inmediato y directo un acto u omisión de un órgano judicial. El plazo es, de treinta días desde la notificación de la sentencia que agote la vía judicial previa.

Conocer del recurso de amparo corresponde a las Salas del Tribunal Constitucional, y en su caso, a las Secciones.

Conflictos de competencias

El Tribunal Constitucional entenderá de los conflictos que se susciten sobre las competencias o atribuciones asignadas directamente por la Constitución, los Estatutos de Autonomía o las leyes orgánicas u ordinarias dictadas para delimitar los ámbitos propios del Estado y las Comunidades Autónomas y que opongan:

a) Al Estado con una o más Comunidades Autónomas.

b) A dos o más Comunidades Autónomas entre sí.

c) Al Gobierno con el Congreso de los Diputados, el Senado o el Consejo General del Poder Judicial; o a cualquiera de estos órganos constitucionales entre sí.

Los conflictos pueden ser positivos o negativos:

- Cuando ambas partes en conflicto quieren esta competencia el conflicto será positivo. Mientras que si ambas partes renuncian a esa competencia se trata de un conflicto negativo.

Los conflictos de competencia que opongan al Estado con una Comunidad Autónoma o a éstas entre sí, podrán ser suscitados por el Gobierno o por los órganos colegiados ejecutivos de las Comunidades Autónomas, en la forma que determinan los artículos siguientes. Los conflictos negativos podrán ser instados también por las personas físicas o jurídicas interesadas.

El Tribunal Constitucional entenderá también de los conflictos en defensa de la autonomía local que planteen los municipios y provincias frente al Estado o a una Comunidad Autónoma.

Conflictos en defensa de la Autonomía Local

Finalidad: preservar la autonomía local reconocida en la Constitución.

Actos impugnables

- Leyes y disposiciones con fuerza de ley emanadas del Estado y que vulneren la autonomía local.
- Leyes y disposiciones con fuerza de ley emanadas de las Comunidades Autónomas y que vulneren la autonomía local.

Legitimación

- El Municipio o Provincia destinatario único de la ley.
- Una séptima parte de los Municipios del territorio afectado, que representen como mínimo un sexto de la población legal del territorio correspondiente.
- La mitad de las Provincias afectadas, que representen como mínimo la mitad de la población afectada (en Baleares y Canarias, las Islas).

Trámites previos a la interposición

1. Acuerdo de los Plenos de las Corporaciones Locales (mayoría absoluta).
2. Dictamen preceptivo y no vinculante del Consejo de Estado o del órgano consultivo de la Comunidad Autónoma (dependiendo del ámbito territorial afectado).

Plazo

- Para la solicitud del dictamen: dentro de los 3 meses siguientes a la publicación de la Ley.
- Para plantear el conflicto: dentro del mes siguiente a la recepción del dictamen.

Impugnación de disposiciones sin rango de Ley y resoluciones de las CC.AA.

Se trata de un procedimiento semejante al recurso de inconstitucionalidad, con las siguientes particularidades:

Sólo el Gobierno está legitimado para presentarlo. El plazo de interposición es de dos meses desde la publicación a la norma u acto objeto de impugnación.

La ejecución de la norma u acto impugnado quedará suspendida durante un plazo de 5 meses.

La declaración sobre la constitucionalidad de los tratados internacionales

El Gobierno o cualquiera de las Cámaras pueden requerir al Tribunal Constitucional sobre la posible contradicción o no de un Tratado -que aún no ha recibido el consentimiento del Estado- con la Constitución.

El órgano que pide el requerimiento emite su proceder en el plazo de un mes y en el mes siguiente a aquel, el Tribunal emite su declaración.

Del recurso previo de inconstitucionalidad contra proyectos de Estatutos de Autonomía y contra propuestas de Reforma de Estatutos de Autonomía

La Ley Orgánica 12/2015 de 22 de septiembre de modificación de la L.O. 2/1979, de 3 de octubre, del Tribunal Constitucional, para el establecimiento del recurso previo de inconstitucionalidad para los Proyectos de L.O. de Estatuto de Autonomía o de su modificación ha introducido el Título VI bis compuesto solamente por el artículo 79 el cual trascribimos:

Uno. Son susceptibles de recurso de inconstitucionalidad, con carácter previo, los Proyectos de Estatutos de Autonomía y las propuestas de reforma de los mismos.

Dos. El recurso tendrá por objeto la impugnación del texto definitivo del Proyecto de Estatuto o de la Propuesta de Reforma de un Estatuto, una vez aprobado por las Cortes Generales.

Tres. Están legitimados para interponer el recurso previo de inconstitucionalidad quienes, de acuerdo con la Constitución y con esta Ley Orgánica, están legitimados para interponer recursos de inconstitucionalidad contra Estatutos de Autonomía.

Cuatro. El plazo para la interposición del recurso será de tres días desde la publicación del texto aprobado en el «Boletín Oficial de las Cortes Generales». La interposición del recurso suspenderá automáticamente todos los trámites subsiguientes.

Cinco. Cuando la aprobación del Proyecto de Estatuto o de la Propuesta de reforma haya de ser sometida a referéndum en el territorio de la respectiva Comunidad Autónoma, el mismo no podrá convocarse hasta que haya resuelto el Tribunal Constitucional y, en su caso, se hayan suprimido o modificado por las Cortes Generales los preceptos declarados inconstitucionales.

Seis. El recurso previo de inconstitucionalidad se sustanciará en la forma prevista en el capítulo II del título II de esta Ley y deberá ser resuelto por el Tribunal Constitucional en el plazo improrrogable de seis meses desde su interposición. El Tribunal dispondrá lo necesario para dar cumplimiento efectivo a esta previsión, reduciendo los plazos ordinarios y dando en todo caso preferencia a la resolución de estos recursos sobre el resto de asuntos en tramitación.

Siete. Cuando el pronunciamiento del Tribunal declare la inexistencia de la inconstitucionalidad alegada, seguirán su curso los trámites conducentes a su entrada en vigor, incluido, en su caso, el correspondiente procedimiento de convocatoria y celebración de referéndum.

Ocho. Si, por el contrario, declara la inconstitucionalidad del texto impugnado, deberá concretar los preceptos a los que alcanza, aquellos que por conexión o consecuencia quedan afectados por tal declaración y el precepto o preceptos constitucionales infringidos. En este supuesto, la tramitación no podrá proseguir sin que tales preceptos hayan sido suprimidos o modificados por las Cortes Generales.

Nueve. El pronunciamiento en el recurso previo no prejuzga la decisión del Tribunal en los recursos o cuestiones de inconstitucionalidad que pudieren interponerse tras la entrada en vigor con fuerza de ley del texto impugnado en la vía previa.

1.4. Sentencias del Tribunal Constitucional

Respecto de las sentencias del Tribunal Constitucional el artículo 164 de la Constitución Española manifiesta.

1. Las sentencias del Tribunal Constitucional se publicarán en el Boletín Oficial del Estado con los votos particulares, si los hubiere. Tienen el valor de cosa juzgada a partir del día siguiente de su publicación y no cabe recurso alguno contra ellas. Las que declaren la inconstitucionalidad de una ley o de una norma con fuerza de ley y todas las que no se limiten a la estimación subjetiva de un derecho, tienen plenos efectos frente a todos.

2. Salvo que en el fallo se disponga otra cosa, subsistirá la vigencia de la ley en la parte no afectada por la inconstitucionalidad.

2. La Reforma Constitucional

Regulación

Es el Título X de la Constitución, el último, el que recoge de la reforma de la misma, en los artículos 166 a 169.

También regulan esta materia el Reglamento del Congreso y el Reglamento del Senado.

Iniciativa de reforma

Según el art. 166 de la Constitución que remite al art. 87 1 y 2 (iniciativa legislativa), la iniciativa de la reforma constitucional se ejercerá por:

- Gobierno.
- Congreso (2 Grupos parlamentarios o 1/5 de los Diputados).
- Senado (50 Senadores que no pertenezcan al mismo Grupo parlamentario).
- Asambleas legislativas de la CC. AA.

La Constitución excluye la iniciativa popular para su reforma

También señalamos que según el artículo 169 de la Constitución, no puede iniciarse la reforma constitucional en tiempo de guerra o durante la vigencia de los estados de alarma, excepción o sitio (art. 169).

Procedimiento ordinario de reforma

De acuerdo con el artículo 167 de la Constitución, este procedimiento exige para la aprobación de la reforma:

1. Una mayoría **de 3/5 de cada Cámara**.
2. Si no hay acuerdo entre las Cámaras, se intentará obtenerlo mediante la creación de una **Comisión de composición paritaria de Diputados y Senadores**, que presentará un texto que será votado por el Congreso y el Senado.
3. De no lograrse la aprobación mediante el procedimiento anterior, y siempre que el texto hubiese obtenido el voto favorable de **la mayoría absoluta del Senado, el Congreso por mayoría de dos tercios podrá aprobar la reforma.**
4. Aprobada la reforma por las Cortes Generales, será sometida a **referéndum** para su ratificación cuando así lo soliciten, dentro de **quince días**

siguientes a su aprobación, una décima parte de los miembros de cualquiera de las Cámaras.

Este procedimiento general ha sido utilizado para las dos reformas que hasta día de hoy ha sufrido la Constitución, en el año 1992 y 2011.

Procedimiento extraordinario de reforma

El art. 168 de la Constitución establece un sistema especial de rigidez constitucional que dificulta, singularmente, la posibilidad de una **reforma total de la Constitución** o de una **reforma parcial que afecte** a las siguientes cuestiones esenciales:

- **Título preliminar**: «Principios básicos de la Constitución».
- **Sección 1ª del capítulo 2º del Título I**: «De los derechos fundamentales y de las libertades públicas».
- **Título II:** «De la Corona».

En estos supuestos, el procedimiento de reforma comprende las siguientes fases:

e) Aprobación del principio de reforma (manifestación sobre su oportunidad y características generales) por mayoría de **dos tercios de cada Cámara**.

f) **Disolución inmediata** de las Cortes.

g) Las Cámaras elegidas deben ratificar la decisión y proceder al estudio del nuevo texto constitucional, que deberá ser aprobado por mayoría de **dos tercios de ambas Cámaras**.

8. Aprobada la reforma por las Cortes Generales, será sometida a **referéndum** para su ratificación.

3. La Corona. Funciones constitucionales del Rey. Sucesión y regencia

3.1. Normativa

Además del Título II de la Constitución Española, la Corona está regulada en las siguientes normas:

- Real Decreto 434/1988 de 6 de mayo sobre reestructuración de la Casa de S. M. el Rey. Modificado en 2010.

- Real Decreto1368/1987 de noviembre, sobre régimen de títulos, tratamientos y honores de la Familia Real y de los Regentes. **Modificado en 2014 que añade:**

  Don Juan Carlos de Borbón, padre del Rey Don Felipe VI, continuará vitaliciamente en el uso con carácter honorífico del título de Rey, con tratamiento de Majestad y honores análogos a los establecidos para el Heredero de la Corona, Príncipe o Princesa de Asturias, en el Real Decreto 684/2010, de 20 de mayo, por el que se aprueba el Reglamento de Honores Militares.

  Doña Sofía de Grecia, madre del Rey Don Felipe VI, continuará vitaliciamente en el uso con carácter honorífico del título de Reina, con tratamiento de Majestad y honores análogos a los establecidos para la Princesa o el Príncipe de Asturias consortes en dicho Real Decreto.

  El orden de precedencia de los Reyes Don Juan Carlos y Doña Sofía en el Ordenamiento General de Precedencias del Estado, aprobado por el Real Decreto 2099/1983, de 4 de agosto, será el inmediatamente posterior a los descendientes del Rey Don Felipe VI.

- Real Decreto 2099/1983 de agosto, por el que se aprueba el Reglamento General de Precedencias en el Estado.
- Real Decreto 2917/1981 de 27 de noviembre sobre registro civil de la familia Real.

3.2. Rasgos caracterizadores de la Monarquía

El Título II "De la Corona", de la Constitución empieza con el artículo 56 "artículo marco" o definitorio de los rasgos caracterizadores de la Monarquía, consta de tres párrafos. En el primero de ellos se califica al Rey como Jefe del Estado y se le atribuyen las tres grandes funciones de la institución; en el segundo se hace referencia a los títulos del Rey, y, en fin, en el último, se consagran dos privilegios del Monarca: la inviolabilidad y la irresponsabilidad, que se hacen posibles en virtud del instituto del refrendo, (expresamente regulado en el artículo 64 de la Constitución). El artículo 56 manifiesta que:

1. El Rey es el Jefe del Estado, símbolo de su unidad y permanencia, arbitra y modera el funcionamiento regular de las instituciones, asume la más alta representación del Estado español en las relaciones internacionales, especialmente con las naciones de su comunidad histórica, y ejerce las funciones que le atribuyen expresamente la Constitución y las leyes.
2. Su título es el de Rey de España y podrá utilizar los demás que correspondan a la Corona.

3. La persona del Rey es inviolable y no está sujeta a responsabilidad. Sus actos estarán siempre refrendados en la forma establecida en el artículo 64, careciendo de validez sin dicho refrendo, salvo lo dispuesto en el artículo 65.2.

3.3. Régimen de la sucesión a la Corona

El artículo 57 dispone que:

La Corona de España **es hereditaria en los sucesores de S. M. Don Juan Carlos I** de Borbón, legítimo heredero de la dinastía histórica. La sucesión en el trono seguirá el orden regular de **primogenitura y representación**, siendo preferida siempre la **línea anterior a las posteriores**; en la misma línea, **el grado más próximo al más remoto**; en el mismo grado, **el varón a la mujer**, y en el mismo sexo, la persona **de más edad a la de menos**.

El Príncipe heredero, desde su nacimiento o desde que se produzca el hecho que origine el llamamiento, tendrá la dignidad de Príncipe de Asturias y los demás títulos vinculados tradicionalmente al sucesor de la Corona de España.

Extinguidas todas las líneas llamadas en Derecho, las Cortes Generales proveerán a la sucesión en la Corona en la forma que más convenga a los intereses de España.

Aquellas personas que teniendo derecho a la sucesión en el trono **contrajeren matrimonio contra la expresa prohibición del Rey y de las Cortes Generales**, quedarán excluidas en la sucesión a la Corona por sí y sus descendientes.

Las abdicaciones y renuncias y cualquier duda de hecho o de derecho que ocurra en el orden de sucesión a la Corona se resolverán por UNA LEY ORGÁNICA.

(Es la Ley Orgánica 3/2014, de 18 de junio, por la que se hace efectiva la abdicación de Su Majestad el Rey Don Juan Carlos I de Borbón.)

3.4. Reina consorte y el consorte de la Reina

El artículo 58 señala que:

La Reina consorte o el consorte de la Reina **no podrán asumir funciones constitucionales**, salvo lo dispuesto para **la Regencia**.

3.5. La institución de la Regencia

La institución de la Regencia se activa cuando las funciones regias, por distintos motivos, no pueden cumplirse directamente por el titular de la Corona. De ahí que se considere la Regencia como una magistratura extraordinaria, temporal, y caracterizada, ante todo, por su provisionalidad.

Así el artículo 59 señala que:

1. Cuando el Rey fuere MENOR DE EDAD, **el padre o la madre del Rey** y, en su defecto, el **pariente mayor de edad más próximo** a suceder en la Corona, según el orden establecido en la Constitución, entrará a ejercer inmediatamente la Regencia y la ejercerá durante el tiempo de la minoría de edad del Rey.
2. Si el Rey SE INHABILITARE para el ejercicio de su autoridad y la imposibilidad fuere reconocida por las Cortes Generales, entrará a ejercer inmediatamente la Regencia el **Príncipe heredero de la Corona**, si fuere mayor de edad. Si no lo fuere, se procederá de la manera prevista en el apartado anterior, hasta que el Príncipe heredero alcance la mayoría de edad.
3. **Si no hubiere ninguna persona a quien corresponda la Regen**cia, ésta será nombrada por las Cortes Generales, y se compondrá de **una, tres o cinco personas.**
4. Para ejercer la Regencia es preciso ser español y mayor de edad.
5. La Regencia se ejercerá por mandato constitucional y siempre en nombre del Rey.

3.6. La tutela del Rey menor

El artículo 60 de la Constitución Española señala que:

1. Será tutor del Rey menor la **persona que en su testamento hubiese nombrado el Rey** difunto, siempre que sea **mayor de edad y español de nacimiento**; si no lo hubiese nombrado, será tutor **el padre o la madre mientras permanezcan viudos**. En su defecto, lo nombrarán las Cortes Generales, pero no podrán acumularse los cargos de Regente y de tutor sino en el padre, madre o ascendientes directos del Rey.
2. El ejercicio de la tutela es también incompatible con el de todo cargo o representación política.

3.7. Juramento y proclamación del Rey y del Príncipe heredero

La vigente Constitución incorpora en su artículo 61.1 no sólo el juramento, sino la proclamación ante las Cortes Generales "El Rey, al ser proclamado ante las Cortes Generales, prestará juramento de desempeñar fielmente sus funciones, guardar y hacer guardar la Constitución y las leyes y respetar los derechos de los ciudadanos y de las Comunidades Autónomas.

Además el artículo 61.2 manifiesta que el Príncipe heredero, al alcanzar la mayoría de edad, y el Regente o Regentes al hacerse cargo de sus funciones, prestarán el mismo juramento, así como el de fidelidad al Rey.

3.8. Funciones Constitucionales del Rey

El artículo 62 dispone que corresponde al Rey:

a) Sancionar y promulgar las leyes.

b) Convocar y disolver las Cortes Generales y convocar elecciones en los términos previstos en la Constitución.

c) Convocar a referéndum en los casos previstos en la Constitución.

d) Proponer el candidato a Presidente del Gobierno y, en su caso, nombrarlo, así como poner fin a sus funciones en los términos previstos en la Constitución.

e) Nombrar y separar a los miembros del Gobierno, a propuesta de su Presidente.

f) Expedir los decretos acordados en el Consejo de Ministros, conferir los empleos civiles y militares y conceder honores y distinciones con arreglo a las leyes.

g) Ser informado de los asuntos de Estado y 38os, las sesiones del Consejo de Ministros, cuando lo estime oportuno, a petición del Presidente del Gobierno.

h) El mando supremo de las Fuerzas Armadas.

i) Ejercer el derecho de gracia con arreglo a la ley, que no podrá autorizar indultos generales.

j) El Alto Patronazgo de las Reales Academias.

Además el artículo 63 manifiesta que:

1. El Rey acredita a los embajadores y otros representantes diplomáticos. Los representantes extranjeros en España están acreditados ante él.

2. Al Rey corresponde manifestar el consentimiento del Estado para obligarse internacionalmente por medio de tratados, de conformidad con la Constitución y las leyes.
3. Al Rey corresponde, previa autorización de las Cortes Generales, declarar la guerra y hacer la paz.

3.9. Refrendo del Rey

En relación al refrendo el artículo 64 dispone que los actos del Rey serán refrendados por el Presidente del Gobierno y, en su caso, por los Ministros competentes. La propuesta y el nombramiento del Presidente del Gobierno, y la disolución prevista en el artículo 99, serán refrendados por el Presidente del Congreso.

De los actos del Rey serán responsables las personas que los refrenden.

No será necesario refrendo, como veremos a continuación, ni en la distribución del dinero que recibe el Rey de los Presupuestos Generales del Estado, ni para el nombramiento de los miembros civiles y militares de su Casa.

3.10. Casa real. Dotación presupuestaria

La dotación del Rey no se fija al principio de su reinado, sino anualmente en los Presupuestos Generales. La cantidad incluida en los Presupuestos Generales tiene carácter global: no está sujeta a justificación y el Rey la administra y distribuye libremente.

También señala el artículo 65 de la Constitución que el nombramiento de los miembros civiles y militares de la Casa del Rey constituye un acto libre y por tanto no sujeto a refrendo.

Así el artículo 65 de la Constitución Española dispone que:

1. El Rey recibe de los Presupuestos del Estado una cantidad global para el sostenimiento de su Familia y Casa, y distribuye libremente la misma.
2. El Rey nombra y releva libremente a los miembros civiles y militares de su Casa.

Tema 3

Las Cortes Generales: composición, atribuciones y funcionamiento del Congreso de los Diputados y Senado. El Defensor del Pueblo

eRodio ediciones

Índice esquemático

1. Las Cortes Generales: composición, atribuciones y funcionamiento

1.1. Normativa básica y concepto

Para comenzar a estudiar las Cortes generales, empezamos señalando la normativa que regula la materia y que vamos a utilizar, para desarrollar el tema:

- Constitución de 1978, Título III, (art. 66 a 96)
- Ley Orgánica 5/1985, de 19 de junio, de Régimen Electoral General (LOREG) cuya última modificación es la L.O. 3/2015, de 30 de marzo, de control de la actividad económico-financiera de los Partidos Políticos, por la que se modifican la L.O. 8/2007, de 4 de julio, sobre financiación de los Partidos Políticos, la L.O. 6/2002, de 27 de junio, de Partidos Políticos y la L.O. 2/1982, de 12 de mayo, del Tribunal de Cuentas.
- Reglamento del Congreso de los Diputados, de 10 de febrero de 1982.
- Reglamento del Senado, de 3 de mayo 1994.

El artículo 66 de la Constitución española manifiesta que las Cortes Generales:

- **Representan al pueblo español** y
- Están formadas por **el Congreso de los Diputados y el Senado.** (Son un órgano bicameral al contrario de lo que ocurre en las Comunidades Autónomas en la que el poder legislativo es unicameral).

Las Cortes Generales ejercen:

- La POTESTAD LEGISLATIVA del Estado.
- APRUEBAN SUS PRESUPUESTOS.

- CONTROLAN LA ACCIÓN DEL GOBIERNO y tienen las demás competencias que les atribuya la Constitución.

Las Cortes Generales son inviolables.

Hay que mencionar también como caracteres más importantes de las Cortes Generales que:

- **Son un órgano de poder político.** Por lo que sus actos escapan a la jurisdicción de los tribunales ordinarios, pudiendo únicamente ser revisados (en cuanto sea contrarios a la Constitución) por el Tribunal Constitucional.
- Las Cortes son un órgano **deliberante**.
- Las Cortes son un órgano permanente. Aún en período de vacaciones o, en caso de disolución, las Cortes continúan a algunos efectos a través de las Diputaciones Permanentes.
- Las Cortes son un órgano de publicidad. Según el art. 80 de la Constitución "las sesiones plenarias de las Cámaras serán públicas, salvo acuerdo en contrario de cada Cámara, adoptado por mayoría absoluta o con arreglo al Reglamento".

1.2. El Congreso de los Diputados

El **Congreso de los Diputados** es la Cámara Baja de las Cortes Generales; el órgano constitucional que representa al Pueblo Español.

Se reúne para sesiones en el Palacio de las Cortes, ubicado en la Plaza de las Cortes de Madrid.

Composición y sistema electoral

El Congreso (Cámara de representación poblacional), se compone de un mínimo de 300 y un máximo de 400 Diputados, según el artículo 68 de la Constitución y, **de 350** según el artículo 162.1 de la LOREG.

Para la elección de los 350 miembros que a día de hoy componen esta Cámara se seguirán las siguientes reglas:

- La circunscripción electoral será **la provincia**, efectuándose el reparto de Diputados entre las distintas circunscripciones del siguiente modo:

  1. A cada provincia se le asignará un mínimo inicial de Diputados que, según la LOREG, será de 2.

2. Ceuta y Melilla elegirán un Diputado cada una.
3. El resto (248 Diputados) se repartirán entre todas las provincias en base a un sistema de representación proporcional, conocida por sistema D'Hont.

Para la elección de los Diputados se utilizará el sufragio universal, libre, igual, directo y secreto, siendo electores y elegibles todos los españoles que estén en pleno disfrute de sus derechos políticos.

Los diputados serán elegidos por un periodo de 4 años.

Las elecciones tendrán lugar entre **los 30 y 60 días desde la terminación del mandato parlamentario.**

Las elecciones serán convocadas por el Rey mediante **Real Decreto** en el que constará:

- La fecha de las elecciones.
- La duración de la campaña electoral, que en ningún caso podrá rebasar los 15 días.
- El número de Diputados que corresponde elegir a cada circunscripción electoral.
- La fecha en la que se celebrará la sesión constitutiva de la Cámara que, en todo caso, habrá de llevarse a cabo dentro de los **25 días siguientes a la celebración de las elecciones.**

Funciones específicas del Congreso

Además de las funciones generales atribuidas a esta Cámara como parte que es de las Cortes, corresponde específicamente al Congreso:

- Según el artículo 99 de la Constitución aprobar o rechazar el candidato propuesto por el Rey para Presidente del Gobierno.
- Según los artículos 112 y 114 de la Constitución votar la cuestión de confianza o adoptar una moción de censura contra el Gobierno.
- Según el artículo 86, convalidar o derogar los Decretos-ley que el Gobierno haya adoptado como disposiciones Legislativas provisionales en los casos autorizados por la Constitución (extraordinaria y Urgente necesidad).
- Según el artículo 116 Autorizar al Gobierno para la prórroga del estado de alarma y para la declaración y prórroga del estado de excepción. Así como declarar el estado de sitio.

- Según el artículo 102.2 de la Constitución, plantear la iniciativa para acusar al Presidente del Gobierno y a los demás miembros del Gobierno por traición o por cualquier delito contra la seguridad del Estado.
- Según el artículo 92 de la misma, autorizar la convocatoria de referéndum consultivo.

1.3. El Senado

Composición y sistema electoral

El **Senado** es la Cámara alta de las Cortes Generales y un órgano constitucional que representa al Pueblo. Es la Cámara de representación territorial, si bien no puede decirse que el Senado haya podido convertirse en una Cámara de representación autonómica y, quizás por esa razón, en la actualidad ha quedado relegada a una segunda Cámara de reflexión.

De tal modo que ciertas cuestiones no han sido reguladas de modo específico para el Senado (plazo para la celebración de las elecciones y de la sesión constitutiva) por lo que se le aplica, por analogía, lo establecido para el Congreso.

La Constitución presenta al Senado así, en el artículo 69:

1. El Senado es la Cámara de representación territorial.
2. En cada provincia se elegirán cuatro Senadores por sufragio universal, libre, igual, directo y secreto por los votantes de cada una de ellas, en los términos que señale una ley orgánica.
3. En las provincias insulares, cada isla o agrupación de ellas, con Cabildo o Consejo Insular, constituirá una circunscripción a efectos de elección de Senadores, correspondiendo tres a cada una de las islas mayores –Gran Canaria, Mallorca y Tenerife– y uno a cada una de las siguientes islas o agrupaciones: Ibiza-Formentera, Menorca, Fuerteventura, Gomera, Hierro, Lanzarote y La Palma.
4. Las poblaciones de Ceuta y Melilla elegirán cada una de ellas dos Senadores.
5. Las Comunidades Autónomas designarán además un Senador y otro más por cada millón de habitantes de su respectivo territorio. La designación corresponderá a la Asamblea legislativa o, en su defecto, al órgano colegiado superior de la Comunidad Autónoma, de acuerdo con lo que establezcan los Estatutos, que asegurarán, en todo caso, la adecuada representación proporcional.
6. El Senado es elegido por cuatro años. El mandato de los Senadores termina cuatro años después de su elección o el día de la disolución de la Cámara.

Como se observa, el número de miembros que lo componen, no está establecido de antemano ya que ésta varía en función de los habitantes que, en cada momento, tengan las CC.AA.

En resumidas cuentas sus miembros serán elegidos del siguiente modo:

La mayoría se elegirán por sufragio universal, libre, igual, directo y secreto, conforme al siguiente reparto:

- Cada provincia peninsular elegirá **4.**
- Cada Isla Mayor (Gran Canaria, Mallorca y Tenerife) elegirá **3.**
- Ceuta y Melilla **2**
- Las Islas Menores (Ibiza-Formentera, Menorca, Fuerteventura, Gomera, El Hierro, Lanzarote y La Palma) elegirán uno cada **una.**

El resto, serán designados por las CC.AA., bien por la Asamblea Legislativa o, en su defecto, por el órgano colegiado superior de la Comunidad Autónoma (Consejo de Gobierno), del siguiente modo:

- Uno por ser CC.AA.
- Uno más por cada millón de habitantes de dicha Comunidad.

Funciones de las Cortes que empiezan a tomarse en el Senado

- Según el artículo 158 de la Constitución y el 140 del Reglamento del Senado autorizar los acuerdos de cooperación entre las Comunidades Autónomas.
- Según el artículo 158 de la Constitución y el 140 del Reglamento del Senado aprobar los proyectos de distribución del Fondo de Compensación

El procedimiento a seguir para tomar las decisiones citadas en los puntos anteriores, se encuentra recogido en el artículo 74 de la Constitución.

Funciones específicas del Senado

En realidad el Senado sólo lleva a cabo una función en la que no participa el Congreso la cual, una vez más, tiene que ver con las CC.AA. afianzando así su papel de Cámara de representación territorial.

Dicha función prevista en el artículo 155 de la CE, consiste en aprobar por mayoría absoluta las medidas propuestas por el Gobierno para obligar a las Comunidades Autónomas a cumplir sus obligaciones o para reprimir actuaciones que atenten gravemente contra el interés de España.

Artículo 155

Si una Comunidad Autónoma no cumpliere las obligaciones que la Constitución u otras leyes le impongan, o actuare de forma que atente gravemente al interés general de España, el Gobierno, previo requerimiento al Presidente de la Comunidad Autónoma y, en el caso de no ser atendido, con la aprobación por mayoría absoluta del Senado, podrá adoptar las medidas necesarias para obligar a aquélla al cumplimiento forzoso de dichas obligaciones o para la protección del mencionado interés general.

Para la ejecución de las medidas previstas en el apartado anterior, el Gobierno podrá dar instrucciones a todas las autoridades de las Comunidades Autónomas.

1.4. Cuestiones comunes a ambas Cámaras

Causas de disolución

La Constitución prevé dos tipos de disolución:

- **AUTOMÁTICA**. Esta puede producirse por tres motivos:
  - ▹ La finalización del mandato parlamentario (transcurso de los 4 años).
  - ▹ Como consecuencia de la aplicación de la denominada cláusula de salvaguarda del art. 99 de la Constitución (disolución de ambas Cámaras si el Congreso, en dos meses no elige al Presidente del Gobierno).
  - ▹ Cuando se acepte por las Cámaras (por mayoría de 2/3) una propuesta de revisión total o de partes esenciales de la Constitución (art. 168).

  En cualquiera de los tres casos la disolución será llevada a cabo por el Rey mediante Real Decreto y con refrendo del Presidente del Gobierno (salvo en disolución prevista en el art. 99 que será refrendada por el presidente del Congreso).
- **DISCRECIONAL**. Prevista en el art. 115, CE: la iniciativa corresponde exclusivamente al Presidente del Gobierno, previa deliberación del Consejo de Ministros, no requiriéndose sin embargo la aprobación de éste. Cumplido este requisito, la decisión se comunica al Rey, el cual debe necesariamente proceder a la disolución solicitada en los términos de la petición. El presidente podrá solicitar la disolución de ambas Cámaras conjunta o separadamente.

  Sin embargo no cabe, la disolución de las Cámaras cuando:
  - ▹ Se halle en trámite una moción de censura.
  - ▹ En el término de un año a contar desde la anterior disolución. (Sólo en el caso de que la nueva disolución sea discrecional)

No procede la disolución del Congreso: durante la vigencia de los estados excepcionales del art. 116 (alarma, excepción y sitio).

Los miembros de las Cortes Generales. Prerrogativas de los parlamentarios

La condición de parlamentario, es decir, de miembro integrante de cada una de las Cámaras (Senador o Diputado) comporta una serie de peculiaridades jurisdiccionales, que hace de los Parlamentarios un colectivo protegido por un fuero especial.

Los derechos de los parlamentarios pueden concretarse así:

- El artículo 67.2 CE manifiesta que en cuanto las Cortes Generales representan al pueblo español, sus miembros no están ligados por mandato imperativo.
- El artículo 66 CE dispone que los Diputados y Senadores gozan de inviolabilidad por las opiniones manifestadas y los votos emitidos en el ejercicio de sus funciones.
- El artículo 71 de la CE dice que durante el período de su mandato gozan de inmunidad, por lo que sólo pueden ser detenidos en caso de flagrante delito; no pueden ser inculpados ni procesados sin la previa autorización de las Cámaras y, tiene fuero especial ante la Sala de lo Penal del Tribunal Supremo.
- Los Diputados y Senadores tienen además todos los derechos que les reconoce la Constitución y que les puedan ser reconocidos por los Reglamentos. Entre ellos citemos: derecho de voto, derecho a plantear preguntas e interpelaciones al Gobierno, derecho formar parte de comisiones y grupos parlamentarios, derechos a asignación que fije la respectiva Cámara, etc.

Deberes e incompatibilidades

Los deberes de Diputados y Senadores los deducimos de la Constitución, y serían:

- El deber de asistencia.
- Deber de aceptar la autoridad del Presidente.
- Deber de no divulgar aquellas actuaciones que tengan carácter secreto.
- Deber de efectuar, tanto en el momento de tomar acta de Diputado como cuando finaliza su mandato, una declaración notarial de sus bienes y actividades.

En cuanto a las incompatibilidades el **artículo 70** dispone que:

La Ley electoral determinará las causas de inelegibilidad e incompatibilidad de los Diputados y Senadores, que comprenderán, en todo caso:

a) A los componentes del Tribunal Constitucional.

b) A los altos cargos de la Administración del Estado que determine la ley, con la excepción de los miembros del Gobierno.

c) Al Defensor del Pueblo.

d) A los Magistrados, Jueces y Fiscales en activo.

e) A los militares profesionales y miembros de las Fuerzas y Cuerpos de Seguridad y Policía en activo.

f) A los miembros de las Juntas Electorales.

La validez de las actas y credenciales de los miembros de ambas Cámaras estará sometida al control judicial, en los términos que establezca la ley electoral.

Además según el **art. 67**:

- Los parlamentarios no pueden ser miembros simultáneamente de las dos Cámaras.
- Los Diputados no pueden ser simultáneamente miembros de una Asamblea de una Comunidad Autónoma (sin embargo los Senadores si pueden ser miembros de una de estas Asambleas).

Las incompatibilidades anteriores, se suman con las recogidas en los artículo 6 (causas de inelegibilidad) y 155 (causas de incompatibilidad) de la LOREG, las cuales no se incluyen en el tema por su escasa importancia a efectos de examen.

Como requisito previo a la adquisición de la condición de parlamentario deberán realizar una declaración de las actividades que les reporten ingresos y de los bienes que posean y, en su caso, deberán optar entre el desempeño de una actividad incompatible y su condición de parlamentario.

Las actas y credenciales de los parlamentarios estarán sometidas al oportuno control judicial.

Principios de funcionamiento de las Cortes

El **artículo 72** de la Constitución dispone que:

Las Cámaras establecen sus propios Reglamentos, aprueban autónomamente sus presupuestos (por mayoría simple) y, de común acuerdo, regulan el

Estatuto del Personal de las Cortes Generales. Los Reglamentos y su reforma serán sometidos a una votación final sobre su totalidad, que requerirá la mayoría absoluta.

Las Cámaras eligen sus respectivos Presidentes y los demás miembros de sus Mesas. Las sesiones conjuntas serán presididas por el Presidente del Congreso y se regirán por un Reglamento de las Cortes Generales aprobado por mayoría absoluta de cada Cámara (para regular las sesiones conjuntas de las Cámaras).

(El Reglamento del Congreso de los Diputados fue aprobado por el Pleno el 10 de febrero de 1982, el Texto Refundido del Reglamento del Senado ha sido aprobado por la Mesa del Senado en sesión de 3 de mayo de 1994 y, el Reglamento de las Cortes aun no ha sido aprobado.)

Los Presidentes de las Cámaras ejercen en nombre de las mismas todos los poderes administrativos y facultades de policía en el interior de sus respectivas sedes.

Sesiones ordinarias y extraordinarias

Según el **artículo 73** las Cámaras se reunirán anualmente en dos PERÍODOS ORDINARIOS DE SESIONES:

- El primero, de septiembre a diciembre
- Y el segundo, de febrero a junio.

Las Cámaras podrán reunirse EN SESIONES EXTRAORDINARIAS a petición:

- del Gobierno,
- de la Diputación Permanente
- o de la mayoría absoluta de los miembros de cualquiera de las Cámaras.

Las sesiones extraordinarias deberán convocarse sobre un orden del día determinado y serán clausuradas una vez que éste haya sido agotado.

Normalmente Congreso y Senado se reúnen por separado y trabajan de forma separada aunque la decisión deba ser tomada por ambas, pero el artículo 74 dispone que las Cámaras se reunirán en sesión conjunta para ejercer las competencias no legislativas que el Título II (De la Corona) atribuye expresamente a las Cortes Generales. Las sesiones conjuntas de las Cámaras son presididas y convocadas por el Presidente del Congreso.

2. Organización interna de las Cámaras

Como cualquier órgano colegiado las Cortes cuentan con una serie de órganos internos que le permiten llevar a cabo sus funciones con la mayor rapidez y eficacia posible. Aunque la Constitución apenas alude a dicha organización es necesario citar, al menos, ciertas cuestiones fundamentales respecto de la naturaleza, funciones y composición de los órganos internos de las cámaras.

Para un estudio más pormenorizado del tema, de acuerdo con la doctrina mayoritaria, dividiremos dichos órganos en administrativos y políticos.

2.1. Órganos Administrativos

Presidente (art. 72)

Es el órgano que ostenta la **representación unipersonal** de la Cámara y ejerce, dentro de ella, las facultades de policía.

Su elección se llevará a cabo en la sesión constitutiva de la cámara respectiva conforme al siguiente procedimiento:

- Todos los miembros de la cámara son considerados candidatos a presidente de la misma.
- La votación será secreta.
- Se considerará elegido presidente el miembro de la Cámara que obtenga mayoría absoluta, si ninguno obtuviese dicha mayoría se celebrará una segunda votación entre los dos que hubiesen obtenido más votos en la primera vuelta y, de ellos resultará elegido el que obtenga más votos que el otro (mayoría relativa).

Mesa (art. 72)

Es el órgano rector de la Cámara.

La composición de la Mesa del Congreso es la siguiente:

- Presidente.
- Cuatro Vicepresidentes.
- Cuatro Secretarios.

La composición de la Mesa del Senado es idéntica a la del Congreso, a excepción del número de Vicepresidentes que son sólo dos.

La elección de todos los miembros de la Mesa se lleva a cabo conforme a las normas anteriormente citadas para la elección del Presidente.

Pleno

Su composición y normas de funcionamiento se han estudiado al estudiar los miembros.

Comisiones (art. 74 A 76)

La Comisiones son los órganos de las Cámaras en los que se desarrolla todo el trabajo parlamentario.

Están compuestas por un número de miembros elegidos por los Grupos Parlamentarios en proporción a su importancia numérica (cada Grupo Parlamentario contará, al menos, con un miembro en cada comisión).

Los miembros del Gobierno podrán asistir con voz a las comisiones pero sólo podrán votar en aquellas de las que formen parte.

Existen los siguientes tipos de comisiones:

Comisiones permanentes legislativas

Cuya función consiste en participar en la elaboración de todas las leyes. El art. 75 permite que el Pleno de la Cámara pueda delegar en estas comisiones la aprobación de determinadas leyes de las que exceptúa, en todo caso las siguientes:

- Leyes de bases.
- Leyes orgánicas.
- Leyes relativas a cuestiones internacionales.
- Reformas de la Constitución.
- Presupuestos Generales del Estado.

Comisiones permanentes no legislativas

Las cuales tienen atribuidas determinadas funciones concretas que llevan a cabo de forma permanente, por ejemplo en el Congreso existen algunas como la de Reglamento, la de Estatuto de los Diputados, la de Peticiones... y, en el Senado alguna como la de Asuntos Iberoamericanos, la de Peticiones, la de Suplicatorio...

Comisiones no permanentes

Son aquellas creadas por el Pleno de una de las cámaras para hacerse cargo de un asunto concreto. Su desaparición está ligada a la finalización del trabajo que se les había atribuido o a la finalización del mandato de la Cámara en la que fueron creadas. Entre ellas nos interesa destacar las Comisiones de Investigación (art. 76) a las que se les atribuye la investigación de un asunto de interés público, sus averiguaciones no vinculan a los Tribunales de Justicia pero pueden dar cuenta de ellas al Ministerio Fiscal.

Comisiones mixtas

Son aquellas que están formadas por miembros de ambas cámaras en igual número. Existen distintos tipos, entre ellos las más importantes son:

- Aquellas que se constituyen cuando Congreso y Senado deben decidir sobre un asunto concreto pero no se ponen de acuerdo al respecto, es entonces cuando se crea la Comisión Mixta para intentar acercar las posiciones de ambas Cámaras. La Constitución las cita en los siguientes casos: reforma de partes no esenciales de la Constitución (art. 167), autorización de acuerdo entre CC.AA. (art. 74 y 145), distribución del Fondo de Compensación Internacional (art. 74 y 158) y, autorización de determinados tratados internacionales (art. 74 y 94).
- Aquellas que se constituyen para que las Cámaras estén en permanente contacto con determinados órganos o instituciones o, para hacer frente a determinados problemas de carácter social. Por ejemplo, Comisión Mixta para el Estudio del Problema de las Drogas o, Comisión Mixta de Relaciones con el Defensor del Pueblo.

Diputación permanente

Según el artículo 78 Es el órgano encargado de velar por los poderes de las Cámaras mientras éstas están fuera del periodo ordinario de sesiones o cuando se hayan disuelto. La Diputación Permanente continuará funcionando hasta la constitución de las nuevas Cámaras.

En cada Cámara habrá una Diputación Permanente **compuesta por un mínimo de veintiún miembro**s, que representarán a los grupos parlamentarios, en proporción a su importancia numérica.

Las Diputaciones Permanentes estarán presididas por el Presidente de la Cámara respectiva y tendrán como funciones más importantes:

- La prevista en el artículo 73 (Solicitar que la Cámara correspondiente se reúna en sesión extraordinaria.),
- Llevar a cabo las funciones que el Congreso tiene atribuidas con respecto a los estados del art. 116 (sólo en el caso de que éste esté disuelto).
- Llevar a cabo la función del Congreso de convalidad Decretos-ley (art. 86 Sólo en caso de que éste esté disuelto).

Expirado el mandato o en caso de disolución, las Diputaciones Permanentes seguirán ejerciendo sus funciones hasta la constitución de las nuevas Cortes Generales.

Reunida la Cámara correspondiente, la Diputación Permanente dará cuenta de los asuntos tratados y de sus decisiones.

2.2. Órganos políticos

Grupos Parlamentarios

Están compuestos por todos los miembros de la Cámara que pertenecen al mismo partido o coalición política.

Para que un partido o coalición pueda formar un grupo independiente es necesario que cuente como mínimo, en el Senado con 10 escaños y, en el Congreso con 15.

Podrá también constituirse en Grupo Parlamentario los Diputados de una o varias formaciones políticas que, aun sin reunir dicho mínimo, hubieren obtenido un número de escaños no inferior a cinco y, al menos, el quince por ciento, de los votos correspondientes a las circunscripciones en que hubieren presentado candidatura o el cinco por ciento de los emitidos en el conjunto de la Nación.

La constitución de Grupos Parlamentarios se hará, dentro de los cinco días siguientes a la sesión constitutiva.

Los miembros de la Cámara que pertenezca a partidos o coaliciones que no hayan alcanzado el citado mínimo de escaños pasarán a integrar el grupo mixto.

Junta de portavoces

Está compuesta por el presidente de la Cámara respectiva y los portavoces de todos los grupos parlamentarios de dicha Cámara.

Adopta sus decisiones utilizando el voto ponderado.

3. Funciones de las Cortes

3.1. Funciones generales

Como hemos señalado al principio de tema, según el artículo 66 de la Constitución española como funciones generales señalamos:

- Representar al pueblo español.
- Ejercer la potestad legislativa del Estado.
- Aprueban sus Presupuestos (también los Presupuestos Generales del Estado).
- Controlan la acción del Gobierno.

3.2. Funciones relacionadas con la Corona

Serían las siguientes:

- Prohibir la celebración de matrimonio de aquellas personas que tengan derecho a la sucesión de la Corona (art. 57.4).
- Proclamar al Rey y tomar juramento a éste, al Príncipe Heredero y al Regente o Regentes.
- Reconocer la inhabilitación del Rey para el ejercicio de su autoridad (art. 59.2).
- Nombrar Regente (una, tres o cinco personas), si no hubiere ninguna persona a quien corresponda la Regencia (art. 59.3).
- Resolver, a través de ley orgánica, las abdicaciones, renuncias y las dudas que puedan surgir en el orden de sucesión a la Corona.
- Nombramiento del tutor del Rey, en su caso (art. 60.1).

3.3. Funciones de control de la acción política del Gobierno

Están reguladas en el Título V de la CE.

Según el artículo 66 son las Cortes (es decir, ambas Cámaras) las que controlan la acción del Gobierno, si bien sólo el Congreso es competente para exigirle responsabilidad política a través de fórmulas que, no sólo sirven para ejercer un mero control, sino que pueden dar lugar al cese del Gobierno: la moción de censura y la cuestión de confianza.

La cuestión de confianza (art. 112)

La razón de ser de la cuestión de confianza, es la necesidad que puede sentir el Gobierno, en determinadas circunstancias, de contar con el apoyo de la mayor proporción posible de miembros del Congreso de Diputados a efectos de la adopción de medidas políticas o decisiones administrativas especialmente trascendentales.

El Régimen jurídico del voto de confianza es el siguiente:

- Iniciativa. De acuerdo con el art. 112 de la Constitución, corresponde al Presidente del Gobierno, previa deliberación del Consejo de Ministros.
- Contenido de la moción. La moción puede versar indistintamente sobre un programa o sobre una declaración de política general
- Votación. Para su aprobación se exige mayoría simple de los diputados. El voto de confianza no se puede plantear ante le Senado.
- Efectos:
  - ▷ La aprobación supone la continuidad y reforzamiento de la posición del Gobierno.
  - ▷ La no aprobación de la cuestión obliga al presidente del Gobierno a presentar su dimisión provocando así el cese del Gobierno.
  - ▷ El Congreso procederá a la elección de un nuevo presidente del Gobierno por el procedimiento general previsto en el artículo 99, iniciando así el proceso de formación de un nuevo Gobierno.

La moción de censura (art. 113)

La moción de censura consiste en que un número determinado de diputados piden que el Congreso decida por votación si el Gobierno debe de continuar o no.

El régimen de la moción de censura es el siguiente:

- Iniciativa. Corresponde exclusivamente a los miembros del Congreso. La moción debe ser firmada por lo menos la décima parte de los diputados.
- Plazo de enfriamiento. La votación no puede efectuarse hasta pasado cinco días de la presentación, con el fin de evitar la obtención de aprobaciones por sorpresa y posibilitar la reacción del Gobierno. Durante los dos primeros días de éste plazo podrán presentarse mociones alternativas que contengan los mismos requisitos que la principal.
- Contenido de la moción. Debe incluir un texto en el que se exprese que el Gobierno ha dejado de contar con la confianza de la Cámara así como, un candidato alternativo a la Presidencia del Gobierno.

- Debate y votación. Para la adopción por el Congreso de la moción, se exige mayoría absoluta.
- Efectos:
  - ▷ La aprobación de una moción de cesura supone, en primer lugar, la caída del Gobierno y, en segundo lugar, la investidura automática del candidato alternativo.
  - ▷ Si la moción no prospera, los proponentes no pueden presentar otra durante el mismo período de sesiones.

Otras fórmulas de control en las que pueden participar ambas cámaras

Solicitud de información al Gobierno (art. 109). Las Cámaras o sus comisiones, a través de sus Presidentes, podrán solicitar información al Gobierno, a cualquiera de sus Departamentos o a cualquier autoridad estatal o autonómica.

Las Cámaras o sus comisiones pueden solicitar la presencia de los miembros del Gobierno (art. 110).

Preguntas al Gobierno (art. 111).

Interpelaciones (art. 111). Las diferencias entre preguntas e interpelaciones pueden concretarse así:

- Las preguntas versan sobre cuestiones administrativas; las interpelaciones sobre cuestiones de naturaleza política, y pueden dar lugar a mociones.

Comisiones de investigación. Pueden ser creadas para cualquier asunto de interés público por el Congreso de los Diputados, por el Senado o por ambas Cámaras conjuntamente. Interesa resaltar que, de acuerdo con el art. 76 de la Constitución, las conclusiones de las Comisiones de investigación no son vinculantes para los Tribunales ni afectarán a las resoluciones judiciales, sin perjuicio de que el resultado de la investigación sea comunicado al Ministerio Fiscal para el ejercicio, cuando proceda, de las acciones oportunas.

3.4. Funciones de orden interno

El artículo 72 de la constitución puede concretarse en los siguientes puntos.

- Aprobar sus propios Reglamentos por mayoría absoluta.
- Aprueban sus presupuestos (por mayoría simple).

- Eligen a sus respectivos Presidentes y miembros de las Mesas.
- Regulan (los dos Cámaras de común acuerdo) el Estatuto del Personal de las Cortes Generales.

3.5. Funciones de carácter financiero

La planificación, mediante ley (dictada a propuesta del Gobierno), de la actividad económica general (art. 131).

La distribución de los recursos del Fondo de Compensación (art. 158).

El examen, enmienda y aprobación de los Presupuestos Generales (art. 134).

La autorización mediante ley de la emisión de deuda pública (art. 135).

Así mismo de las Cortes depende el Tribunal de Cuentas, órgano fiscalizador de todas las cuentas del Estado (art. 136).

3.6. Los Tratados Internacionales (Capítulo III del Título III)

Cuestiones previas

Los Tratados son la forma que tiene el Estado español para obligarse internacionalmente.

Su celebración es competencia exclusiva del Estado (en concreto su firma corresponde al Gobierno), las Comunidades Autónomas sólo podrán, si sus Estatutos así lo establecen, solicitar del Estado la firma de determinados Tratados relacionados con sus competencias.

Los Tratados Internacionales válidamente celebrados, una vez publicados oficialmente en España, forman parte del ordenamiento interno. En consecuencia, sus disposiciones sólo pueden ser derogadas, modificadas o suspendidas en la forma prevista en los propios tratados o de acuerdo conos normas generales del Derecho Internacional. Para la denuncia de un Tratado requerirá el mismo procedimiento que se haya utilizado para su ratificación.

No hay excepción alguna a la necesidad de publicación oficial en el BOE de los Tratados, para así formar parte del Derecho interno.

Tipos de tratados y procedimiento para su ratificación

- **Tratados ordinarios:** son aquellos que, por referirse a materias no señaladas expresamente por la Constitución como de especial importancia, pueden ser concluidos por el Gobierno sin más trámite que la inmediata información al Congreso y al Senado.
- **Tratados de especial importancia**. Son los siguientes:
    1. Tratados de carácter político.
    2. Tratados o convenios de carácter militar.
    3. Tratados o convenios que afecten a la integridad territorial del Estado o a los derechos y deberes fundamentales establecidos en el Título I de la Constitución.
    4. Tratados o convenios que impliquen obligaciones financieras para la Hacienda Pública.
    5. Tratados o convenios que supongan modificación o derogación de alguna ley o exijan medidas legislativas para su ejecución.

    En estos casos se requiere la previa autorización de las Cortes para su ratificación, autorización que se prestará utilizando el procedimiento previsto en el art. 74 de la CE:

    1. En primer lugar decide el Congreso por mayoría simple.
    2. Después el Senado por igual mayoría.
    3. Si no hubiese acuerdo entre las Cámaras, intentará obtenerse mediante la creación de una comisión mixta que elaborará un texto alternativo.
    4. En última instancia, si no se consiguiese acuerdo, decidirá el Congreso por mayoría absoluta
- **Tratados excepcionales o extraordinarios**. Son aquellos por los que se atribuyen a una organización o institución internacional el ejercicio de competencias derivadas de la Constitución. La autorización de las Cortes ha de hacerse mediante ley orgánica.

Aquellos tratados internacionales en los que se presuman estipulaciones contrarias a la Constitución antes de proceder a su ratificación por el procedimiento pertinente según el tipo de tratado, se exige la previa revisión constitucional por parte del Tribunal Constitucional a petición del Gobierno o de cualquiera de las Cámaras.

4. LA ELABORACIÓN DE LAS LEYES

4.1. Leyes formales

La elaboración de las leyes es la competencia esencial de las Cortes Generales. La función legislativa de las Cortes Generales se realiza a través de las actuaciones independientes, aunque coordinadas, de ambas Cámaras.

Todas las leyes requieren la aprobación de ambas Cámaras, salvo en el caso de que el Senado opte por el veto (art. 90.2 de la Constitución), en la que la ley podría aprobarse tan sólo por el Congreso.

Se denomina leyes formales a aquellas que son elaboradas y aprobadas por las Cortes Generales, siguiendo el procedimiento formal de elaboración marcado, por otro lado están las leyes materiales que incluyen aquellas elaboradas por el ejecutivo conforme procedimientos especiales que la propia Constitución prevé.

El proceso legislativo ordinario comprende el conjunto de procedimientos y trámites que impulsan y acompañan a la ley, desde la presentación del proyecto o proposición hasta la aprobación del texto definitivo.

El proceso legislativo puede dividirse en tres fases:

1. Fase de iniciación.
2. Fase de tramitación parlamentaria.
3. Fase integradora de la eficacia.

Iniciación

Según el artículo 87 de la Constitución (artículo 87.1), los legitimados para iniciar el proceso legislativo son:

1. La iniciativa legislativa corresponde al **Gobierno, al Congreso** (1 Diputado con la firma de otros 14, o un grupos parlamentario). y **al Senado** (1 Senador con la firma de otros 24, o un grupo parlamentario), de acuerdo con la Constitución y los Reglamentos de las Cámaras.

2. Las **Asambleas de las Comunidades Autónomas** podrán solicitar del Gobierno la adopción de un proyecto de ley o remitir a la Mesa del Congreso una proposición de ley, delegando ante dicha Cámara un máximo de tres miembros de la Asamblea encargados de su defensa.

3. Una ley orgánica regulará las formas de ejercicio y requisitos de la **iniciativa popular** para la presentación de proposiciones de ley. En todo caso se exigirán no menos de 500.000 firmas acreditadas. No procederá dicha iniciativa en materias propias de ley orgánica, tributarias o de carácter internacional, ni en lo relativo a la prerrogativa de gracia.

Dependiendo entonces de dónde se origine el impulso tendremos cuatro formas de iniciativa legislativa:

Proyectos de Ley

Cuando el texto presentado tiene su origen en el Consejo de Ministro se denominará proyecto de ley. (art. 88).

Los proyectos de ley serán aprobados en Consejo de Ministros, que los someterá al Congreso, acompañados de una exposición de motivos y de los antecedentes necesarios para pronunciarse sobre ellos.

Se presentarán obligatoriamente a través del Congreso, acompañados de una exposición de motivos y de los antecedentes necesarios para pronunciarse sobre ellos. Todos los anteproyectos de ley deberán estar informados por la Secretaría General Técnica del departamento ministerial en el que surja la iniciativa.

Según el artículo 89.1 de la Constitución la iniciativa gubernamental, es decir los PROYECTOS DE LEY goza de preferencia en la tramitación parlamentaria respecto de la iniciativa del resto de los titulares de la misma mediante PROPOSICIÓN DE LEY.

Proposiciones de Ley

La iniciativa de las Cámaras puede surgir tanto el Congreso, como del Senado. En caso de iniciativa parlamentaria el texto presentado se denomina proposición de ley.

Como se puede observar del Art. 87.2, las Asambleas Legislativas de las Comunidades Autónomas tiene una doble vía para presentar la iniciativa:

- solicitar del Gobierno la adopción de un proyecto de ley,
- o remitir a la Mesa del Congreso una proposición de ley, delegando ante dicha Cámara un máximo de 3 miembros de la Asamblea Comunitaria para la defensa de dicha proposición.

La iniciativa popular se encuentra regulada en el art. 87.3 de la Constitución y desarrollada en la LO 3/1984, de 26 de marzo, reguladora de la iniciativa legislativa popular. Para su tramitación se exige la presentación por la Comisión promotora de la iniciativa de una proposición de ley ante el Congreso.

Una vez admitida por el Congreso, la Comisión Promotora deberá obtener un mínimo de 500.000 firmas que avalen la iniciativa. Deben recogerse en un plazo máximo de 9 meses, con posible prórroga de 3 meses más si se aprecia causa mayor.

Recibida la notificación que acredite haberse reunido el número de firmas exigido, la Mesa ordenará la publicación de la Proposición, que deberá ser incluida en el orden del día del Pleno en el plazo máximo de seis meses para su toma en consideración.

La tramitación parlamentaria se efectuará conforme a lo que dispongan los Reglamentos de las Cámaras. En todo caso, la persona designada por la Comisión Promotora será llamada a comparecer en la Comisión del Congreso de los Diputados competente por razón de la materia, con carácter previo al debate de toma en consideración por el Pleno, para que exponga los motivos que justifican la presentación de la iniciativa legislativa popular. Modificación de la Ley en 2015.

La Constitución y la LO 3/1984 excluyen de la iniciativa legislativa popular:

- Materias propias de ley orgánica.
- Materias de naturaleza tributaria.
- Asuntos relativos a la prerrogativa de gracia.
- Materias de carácter internacional.
- Materias del art. 131 de la Constitución (planificación económica).
- Materias del art. 134.1 de la Constitución (cuestiones presupuestarias).

Tramitación parlamentaria

Es la fase que comprende los trámites en los que se desarrolla la elaboración y aprobación del texto presentado.

El procedimiento es esencialmente el mismo en ambas Cámaras y podríamos resumirlo del siguiente modo:

Cuando la iniciativa llega a la Mesa del Congreso, ésta ordena su publicación en el Boletín Oficial de las Cortes y, así envía al Pleno para su toma en consideración, trámite en el cual se decidirá la oportunidad y necesidad de tramitación de la correspondiente iniciativa. Es importante hacer constar que los proyectos de ley no serán tomados en consideración ya que para las Cámaras es obligatorio iniciar su tramitación; en el caso de las proposiciones de ley presentadas por los Senadores, serán tomadas en consideración por el Pleno, no pudiendo el Congreso negarse a su tramitación.

Una vez presentada la iniciativa legislativa la Mesa de la Cámara abre un plazo (15 días) para la presentación de enmiendas, es decir, para la presentación de modificaciones al texto original. Las enmiendas pueden ser:

- **A la totalidad**: las que versen sobre la oportunidad, los principios o el espíritu del proyecto de ley y postulen la devolución de aquél al Gobierno o las que propongan un texto completo alternativo al del proyecto. Sólo podrán ser presentadas por los Grupos Parlamentarios.
- **Enmiendas parciales**: que pueden ser de adición, de supresión o de modificación.

Las enmiendas a la totalidad se debatirán en el Pleno. Si estas enmiendas se rechazan, el proyecto original pasará a la Comisión para el debate de las enmiendas parciales.

Si alguna de las enmiendas a la totalidad va acompañada de un texto alternativo y es aprobada, el proyecto o proposición se devuelve al iniciador, aceptándose el texto alternativo, que se trasladará a la Comisión para su ulterior debate y tramitación.

Una vez concluido el debate de totalidad en el Pleno tendrá lugar el debate de las enmiendas parciales en la Comisión. La Comisión a la que corresponde el proyecto o proposición nombrará una ponencia, que redactará un informe que servirá de base para el debate en la Comisión.

Finalmente el Pleno del Congreso procederá a la aprobación de la iniciativa por mayoría simple (mayoría absoluta si la ley fuese orgánica) si bien, el art. 75 de la Constitución prevé la posibilidad de que el Pleno delegue en las Comisiones la aprobación de proyectos o proposiciones de ley salvo los relativos a cuestiones internacionales, leyes orgánicas, leyes de bases y presupuestos generales del Estado.

Concluida la deliberación y debate del Pleno, el texto finalmente aprobado se remitirá al Senado a través de los Presidentes de las Cámaras.

Esta cámara deberá en el plazo de **dos meses** a partir de la recepción del texto (salvo que el proyecto de ley sea declarado urgente por el Gobierno o el Congreso, en cuyo caso dispondrá solamente de **20 días naturales**) optar entre:

Vetar (rechazar), por mayoría absoluta, el proyecto o proposición de ley enviado.

En este caso, la iniciativa volverá al Congreso que podrá:

- Ratificar, inmediatamente, por mayoría absoluta el texto rechazado por el Senado.
- Esperar 2 meses a partir de la recepción del veto del Senado y volver a aprobar el texto rechazado por el Senado por mayoría simple (absoluta si la ley es orgánica).

Enmendar, por mayoría simple, el proyecto o proposición enviado, en cuyo caso las enmiendas del Senado se debatirán en el Congreso y quedarán incorporadas al proyecto las que obtengan mayoría simple. Después de ello, si la Ley es orgánica el texto se somete a una votación de conjunto en la que se debe obtener mayoría absoluta.

Aprobar, por mayoría simple, la ley.

El resto de trámites, de eficacia a la ley aprobada por las Cortes Generales y que corresponde llevar a cabo al Rey.

Estos trámites son:

- Sanción de las leyes: es un acto obligado del Monarca, que dispone de un plazo de 15 días para sancionar las leyes (art. 91 de la Constitución). La sanción es un acto por el que el Rey autentifica la Ley.
- Promulgación de leyes (art. 91 de la Constitución): es la proclamación de la facultad de obligar que posee la ley debidamente sancionada.
- Publicación de las leyes (art. 91 de la Constitución): con ello se da cumplimiento de la exigencia de conocimiento de la ley por parte de aquellos que quedan obligados a ella.
- Una vez publicadas las leyes entran en vigor a los 20 días salvo que la propia ley establezca otra cosa.

4.2. Normas con fuerza de Ley

Como ya citamos al comienzo de este punto, las leyes en sentido material incluyen aquellas que por una u otra razón emanan del Gobierno en lugar de hacerlo de las Cortes, este tipo de normas se dividen a su vez en dos: Decretos legislativos y Decretos leyes.

Decretos legislativos

Caben dos modalidades:

- Para la formación de textos articulados, deberá otorgarse mediante una ley de bases que delimitará con precisión el objeto y alcance de la delegación legislativa y los principios y criterios que han de seguirse en su ejercicio. Las leyes de bases no podrán en ningún caso: autorizar la modificación de la propia ley de bases ni facultar para dictar normas con carácter retroactivo.

- Para la formación de textos refundidos, deberá otorgarse mediante una ley ordinaria que determinará el ámbito normativo a que se refiere el contenido de la delegación, especificando si se circunscribe a la mera formulación de un texto único o si se incluye la de regularizar, aclarar y armonizar los textos legales que han de ser refundidos.

El **articulo 82** lo expresa del siguiente modo:

Las Cortes Generales **podrán delegar en el Gobierno** la potestad de dictar normas con rango de ley sobre materias determinadas no incluidas en el artículo anterior.

La delegación legislativa deberá otorgarse mediante **una ley de bases** cuando su objeto sea la formación de textos articulados o por una **ley ordinaria** cuando se trate de refundir varios textos legales en uno solo.

La delegación legislativa habrá de otorgarse al Gobierno de forma expresa para materia concreta y con fijación del plazo para su ejercicio. La delegación se agota por el uso que de ella haga el Gobierno mediante la publicación de la norma correspondiente. No podrá entenderse concedida de modo implícito o por tiempo indeterminado. Tampoco podrá permitir la subdelegación a autoridades distintas del propio Gobierno.

Las leyes de bases delimitarán con precisión el objeto y alcance de la delegación legislativa y los principios y criterios que han de seguirse en su ejercicio.

La autorización para refundir textos legales determinará el ámbito normativo a que se refiere el contenido de la delegación, especificando si se circunscribe a la mera formulación de un texto único o si se incluye la de regularizar, aclarar y armonizar los textos legales que han de ser refundidos.

Sin perjuicio de la competencia propia de los Tribunales, las leyes de delegación podrán establecer en cada caso fórmulas adicionales de control.

Además **el artículo 83** establece que las leyes de bases no podrán en ningún caso:

- Autorizar la modificación de la propia ley de bases.
- Facultar para dictar normas con carácter retroactivo.

El articulo 84 por su parte manifiesta que cuando una proposición de ley o una enmienda fuere contraria a una delegación legislativa en vigor, el Gobierno está facultado para oponerse a su tramitación. En tal supuesto, podrá presentarse una proposición de ley para la derogación total o parcial de la ley de delegación. Para terminar el **artículo 85 dice que l**as disposiciones del Gobierno que contengan legislación delegada **recibirán el título de Decretos Legislativos**.

Decretos-leyes

El art. 86 de la Constitución establece que "en caso de extraordinaria y urgente necesidad, el Gobierno podrá dictar disposiciones legislativas provisionales que tomarán la forma de Decretos-leyes y que no podrán afectar al ordenamiento de las instituciones básicas del Estado, a los derechos, deberes y libertades de los ciudadanos regulados en el Título I, al régimen de las Comunidades Autónomas ni al Derecho electoral general". (Un supuesto de extraordinaria y urgente necesidad ha de ser inusual, imprevisible y no susceptible de resolución por otros procedimientos, incluido el de urgencia legislativa).

Los Decretos-leyes deberán ser inmediatamente sometidos a debate y votación de totalidad al Congreso de los Diputados, convocado al efecto si no estuviere reunido, e**n el plazo de los treinta días siguientes a su promulgación**. (No publicación) El Congreso habrá de pronunciarse expresamente dentro de dicho plazo sobre su convalidación o derogación, para lo cual el Reglamento establecerá un procedimiento especial y sumario.

Durante el plazo establecido en el apartado anterior, las Cortes podrán tramitarlos como proyectos de ley por el procedimiento de urgencia.

4.3. Leyes especiales

Dentro de este epígrafe podríamos incluir diversas normas que poseen ciertas especialidades en lo que a su elaboración y aprobación se refiere, tales como las leyes de presupuesto (sólo pueden ser iniciadas por el Gobierno, son obligatoriamente leyes formales, se aprueban todos los años,...), los Estatutos de Autonomía (su iniciativa es totalmente distinta a la establecida en el art. 87, su aprobación requiere, en ocasiones referéndum,...), pero vamos a centrarnos únicamente en una serie de leyes que se diferencian de las leyes comunes no sólo en la elaboración sino también en el contenido y, que aparecen reguladas en el art. 150 de la Constitución:

Leyes Marco

Con ellas las Cortes permiten que una o varias Comunidades Autónomas puedan dictar leyes, sobre materias de titularidad estatal y en el ámbito territorial de la propia CA, respetando los principios fijados en la propia ley Marco.

Se trata de leyes ordinarias y, por tanto se aprueban por mayoría simple. Las leyes que en virtud de una ley Marco emanen de las CC.AA. serán controladas por los tribunales y, por las Cortes Generales.

Leyes de Transferencia o Delegación

Son leyes orgánicas a través de las cuales el Estado transfiere o delega a las comunidades Autónomas competencias sobre materias que son de titularizas estatal pero que se consideran susceptibles de transferencia o delegación. Además de la materia, en la ley de transferencias se incluirán las formas de control que el Estado se reserva y, la transferencia de los medios económicos y financieros para el sostenimiento de la competencia transferida.

Leyes de Armonización

Su existencia responde a una hipotética necesidad de armonizar (hacer que respondan a los mismos principios básicos) la legislación dictada por las distintas CC.AA. (incluso sobre materias de su propia competencia). Para que pueda dictarse una norma de esta naturaleza es necesario que el interés general lo exija, apreciación que será llevada a cabo por las Cortes y por mayoría absoluta de cada Cámara. Son leyes ordinarias.

5. El Defensor del Pueblo

5.1. Normativa y concepto

El art. 54 CE, que establece que: «Una Ley Orgánica regulará la institución del Defensor del Pueblo, **como Alto Comisionado de las Cortes Generales**, designado por éstas para la defensa de los derechos comprendidos en este **Título I**, a cuyo efecto podrá supervisar la actividad de la Administración, dando cuenta a las Cortes Generales».

La Ley Orgánica reguladora del Defensor del Pueblo es la Ley Orgánica 3/1981, de 6 de abril.

También señalamos en este apartado, que existen instituciones similares en el ámbito de algunas Comunidades Autónomas, como, por ejemplo, es el caso del Valedor do Pobo en Galicia, Justicia Mayor de Aragón, el Síndic de Greuges de Cataluña y de las Islas Baleares, Procurador del Común en Castilla y León; Defensor del Pueblo Andaluz; Diputado del Común en Canarias; Ararteko, en el País Vasco.

La Ley 36/1985, de 6 de noviembre, regula las relaciones entre las Institución del Defensor del Pueblo y las figuras similares de las distintas Comunidades Autónomas.

5.2. Nombramiento, cese y condiciones

El Defensor del Pueblo como el **Alto Comisionado** de las Cortes Generales podrá supervisar la actividad de la Administración, dando cuenta a las Cortes Generales. Ejercerá las funciones que le encomienda la Constitución y la Ley Orgánica 3/1981, de 6 de abril.

El Defensor del Pueblo será elegido por las Cortes Generales para un período de **cinco años**, y se dirigirá a las mismas a través de los Presidentes del Congreso y del Senado, respectivamente.

Se designará en las Cortes Generales una **Comisión Mixta Congreso-Senado** encargada de relacionarse con el Defensor del Pueblo e informar a los respectivos Plenos en cuantas ocasiones sea necesario.

Dicha Comisión se reunirá cuando así lo acuerden conjuntamente el Presidente del Congreso y del Senado, y en todo caso, para proponer a los Plenos de las Cámaras el candidato o candidatos a Defensor del Pueblo. Los acuerdos de la Comisión se adoptarán por **mayoría simple**.

PROPUESTO EL CANDIDATO O CANDIDATOS, se convocará en término **no inferior a diez días** al Pleno del Congreso para que proceda a su elección. Será designado quien obtuviese una votación favorable de **las tres quintas partes** de los miembros del Congreso y posteriormente, **en un plazo máximo de veinte días**, fuese ratificado por esta **misma mayoría** del Senado.

Caso de no alcanzarse las mencionadas mayorías, se procederá en nueva sesión de la Comisión, y en **el plazo máximo de un mes,** a formular sucesivas propuestas. En tales casos, una vez conseguida la mayoría de los tres quintos en el Congreso, la designación quedará realizada al alcanzarse **la mayoría absoluta** del Senado.

DESIGNADO EL DEFENSOR DEL PUEBLO se reunirá de nuevo la Comisión Mixta Congreso-Senado para otorgar su conformidad previa al nombramiento de los adjuntos que le sean propuestos por aquél.

Podrá ser elegido Defensor del Pueblo cualquier español mayor de edad que se encuentre en el pleno disfrute de sus derechos civiles y políticos.

Los **Presidentes del Congreso y del Senado acreditarán conjuntamente** con sus firmas el nombramiento del Defensor del Pueblo, que se publicará en el «Boletín Oficial del Estado».

El Defensor del Pueblo TOMARÁ POSESIÓN de su cargo ante las Mesas de ambas Cámaras reunidas conjuntamente, prestando juramento o promesa de fiel desempeño de su función.

El Defensor del Pueblo cesará por alguna de las siguientes causas:

1. Por renuncia.
2. Por expiración del plazo de su nombramiento.
3. Por muerte o por incapacidad sobrevenida.
4. Por actuar con notoria negligencia en el cumplimiento de las obligaciones y deberes del cargo.
5. Por haber sido condenado, mediante sentencia firme, por delito doloso.

La vacante en el cargo se declarará por el Presidente del Congreso en los casos de **muerte, renuncia y expiración** del plazo del mandato. En los demás casos se decidirá, por mayoría de **las tres quintas partes de los componentes** de cada Cámara, mediante debate y previa audiencia del interesado.

Vacante el cargo se iniciará el procedimiento para el nombramiento de nuevo Defensor del Pueblo en plazo **no superior a un mes**.

En los casos de muerte, cese o incapacidad temporal o definitiva del Defensor del Pueblo y en tanto no procedan las Cortes Generales a una nueva designación, desempeñarán sus funciones, interinamente, en su propio orden, los Adjuntos al Defensor del Pueblo.

5.3. Prerrogativas e incompatibilidades

El Defensor del Pueblo **no estará sujeto a mandato imperativo** alguno. **No recibirá instrucciones de ninguna Autoridad**. Desempeñará sus funciones con autonomía y según su criterio.

El Defensor del Pueblo gozará de **inviolabilidad**. No podrá ser detenido, expedientado, multado, perseguido o juzgado en razón a las opiniones que formule o a los actos que realice en el ejercicio de las competencias propias de su cargo.

En los demás casos, y mientras permanezca en el ejercicio de sus funciones, el Defensor del Pueblo no podrá ser detenido ni retenido sino en caso de flagrante delito, correspondiendo la decisión sobre su inculpación, prisión, procesamiento y juicio exclusivamente a la **Sala de lo Penal del Tribunal Supremo**.

Las anteriores reglas serán aplicables a los Adjuntos del Defensor del Pueblo en el cumplimiento de sus funciones.

Incompatibilidades

La condición de Defensor del Pueblo es incompatible con todo mandato representativo; con todo cargo político o actividad de propaganda política; con la permanencia en el servicio activo de cualquier Administración pública; con la afiliación a un partido político o el desempeño de funciones directivas en un partido político o en un sindicato, asociación o fundación, y con el empleo al servicio de los mismos; con el ejercicio de las carreras judicial y fiscal, y con cualquier actividad profesional, liberal, mercantil o laboral.

El Defensor del Pueblo deberá cesar, **dentro de los diez días siguientes** a su nombramiento y antes de tomar posesión, en toda situación de incompatibilidad que pudiere afectarle, entendiéndose en caso contrario que no acepta el nombramiento.

Si la incompatibilidad fuere sobrevenida una vez posesionado del cargo, se **entenderá que renuncia al mismo** en la fecha en que aquélla se hubiere producido.

5.4. Los adjuntos del Defensor del Pueblo

El Defensor del Pueblo estará auxiliado por un **Adjunto Primero y un Adjunto Segundo**, en los que podrá delegar sus funciones y que le sustituirán por su orden, en el ejercicio de las mismas, en los supuestos de imposibilidad temporal y en los de cese.

El Defensor del Pueblo nombrará y separará a sus Adjuntos previa conformidad de las Cámaras en la forma que determinen sus Reglamentos.

El nombramiento de los Adjuntos será publicado en el «Boletín Oficial del Estado».

5.5. Procedimiento ante el Defensor del Pueblo

5.5.1. Iniciación y contenido de la investigación

El Defensor del Pueblo podrá iniciar y proseguir **de oficio o a petición de parte**, cualquier investigación conducente al esclarecimiento de los actos y resoluciones de la Administración pública y sus agentes, en relación con los ciudadanos, a la luz de lo dispuesto en el art. 103. 1, de la Constitución y el respeto debido a los Derechos proclamados en su Título primero.

Las atribuciones del Defensor del Pueblo se extienden a la actividad de los Ministros, autoridades administrativas, funcionarios y cualquier persona que actúe al servicio de las Administraciones públicas.

Podrá dirigirse al Defensor del Pueblo toda persona natural o jurídica que invoque un interés legítimo, sin restricción alguna. No podrán constituir impedimento para ello la nacionalidad, residencia, sexo, minoría de edad, la incapacidad legal del sujeto, el internamiento en un centro penitenciario o de reclusión o, en general, cualquier relación especial de sujeción o dependencia de una Administración o Poder público.

Los Diputados y Senadores individualmente, las Comisiones de investigación o relacionadas con la defensa general o parcial de los derechos y libertades públicas y, principalmente, la Comisión Mixta Congreso-Senado de relaciones con el Defensor del Pueblo, **podrán solicitar mediante escrito motivado la intervención del Defensor del Pueblo para la investigación o esclarecimiento de actos, resoluciones y conductas concretas producidas en las Administraciones públicas**, que afecten a un ciudadano o grupo de ciudadanos, en el ámbito de sus competencias.

No podrá presentar quejas ante el Defensor del Pueblo ninguna autoridad administrativa en asuntos de su competencia.

La actividad del Defensor del Pueblo **no se verá interrumpida** en los casos en que las Cortes Generales no se encuentren reunidas, hubieren sido disueltas o hubiere expirado su mandato.

En las situaciones previstas en el apartado anterior, el Defensor del Pueblo se dirigirá a las Diputaciones Permanentes de las Cámaras.

La declaración de los estados de excepción o de sitio no interrumpirán la actividad del Defensor del Pueblo, ni el derecho de los ciudadanos de acceder al mismo, sin perjuicio de lo dispuesto en el art. 55 de la Constitución.

5.5.2. Ámbito de competencias

El Defensor del Pueblo podrá, en todo caso, de oficio o a instancia de parte, supervisar por sí mismo la actividad de la Comunidad Autónoma en el ámbito de competencias definido por esta Ley. Los órganos similares de las Comunidades Autónomas coordinarán sus funciones con las del Defensor del Pueblo y éste podrá solicitar su cooperación.

Cuando el Defensor del Pueblo reciba QUEJAS REFERIDAS AL FUNCIONAMIENTO DE LA ADMINISTRACIÓN DE JUSTICIA, deberá dirigirlas al Ministerio Fiscal para que éste investigue su realidad y adopte las medidas oportunas con arreglo a la ley, o bien de traslado de las mismas al Consejo General del Poder Judicial, según el tipo de reclamación de que se trate; todo ello sin perjuicio de la referencia que en su informe general a las Cortes Generales pueda hacer al tema.

El Defensor del Pueblo velará por el respeto de los derechos proclamados en el título primero de la Constitución, en el ámbito de la Administración Militar, sin que ello pueda entrañar una interferencia en el mando de la Defensa Nacional.

5.5.3. Tramitación de las quejas

Toda queja se presentará **firmada por el interesado**, con indicación de su nombre, apellidos y domicilio, en escrito razonado, en papel común y en el **plazo máximo de un año**, contado a partir del momento en que tuviera conocimiento de los hechos objeto de la misma.

Todas las actuaciones del Defensor del Pueblo **son gratuitas para el interesado y NO será preceptiva la asistencia de Letrado ni de Procurador**. De toda queja se acusará recibo.

La correspondencia dirigida al Defensor del Pueblo y que sea remitida desde cualquier centro de detención, internamiento o custodia de las personas no podrá ser objeto de censura de ningún tipo.

Tampoco podrán ser objeto de escucha o interferencia las conversaciones que se produzcan entre el Defensor del Pueblo o sus delegados y cualquier otra persona de las enumeradas en el apartado anterior.

El Defensor del Pueblo registrará y acusará **recibo de las quejas** que se formulen, que tramitará o rechazará. En este último caso lo hará en escrito motivado, pudiendo informar al interesado sobre las vías más oportunas para ejercitar su acción, caso de que a su entender hubiese alguna y sin perjuicio de que el interesado pueda utilizar las que considere más pertinentes.

El Defensor del Pueblo no entrará en el examen individual de aquellas quejas sobre las que esté pendiente resolución judicial y lo suspenderá si, iniciada su actuación, se interpusiere por persona interesada demanda o recurso ante los Tribunales ordinarios o el Tribunal Constitucional. Ello no impedirá, sin embargo, la investigación sobre los problemas generales planteados en las quejas presentadas. En cualquier caso velará por que la Administración resuelva expresamente, en tiempo y forma, las peticiones y recursos que le hayan sido formulados.

El Defensor del Pueblo **rechazará las quejas anónimas y podrá rechazar aquellas en las que advierta mala fe, carencia de fundamento, inexistencia de pretensión, así como aquellas otras cuya tramitación irrogue perjuicio al legítimo derecho de tercera persona.** Sus decisiones no serán susceptibles de recurso.

Admitida la queja, el Defensor del Pueblo promoverá la oportuna investigación sumaria e informal para el esclarecimiento de los supuestos de la misma. En todo caso dará cuenta del contenido sustancial de la solicitud al Organismo o a la Dependencia administrativa procedente con el fin de que por su Jefe, **en el plazo máximo de quince días, se remita informe escrito**. Tal plazo será ampliable cuando concurran circunstancias que lo aconsejen a juicio del Defensor del Pueblo.

La negativa o negligencia del funcionario o de sus superiores responsables al envío del informe inicial solicitado podrá ser considerada por el Defensor del Pueblo como hostil y entorpecedora de sus funciones, haciéndola pública de inmediato y destacando tal calificación en su informe anual o especial, en su caso, a las Cortes Generales.

5.6. Obligación de colaboración de los organismos requeridos

Todos los poderes públicos están obligados a auxiliar, con carácter preferente y urgente, al Defensor del Pueblo en sus investigaciones e inspecciones.

En la fase de comprobación e investigación de una queja o en expediente iniciado de oficio, el Defensor del Pueblo, su Adjunto, o la persona en quien él delegue, podrán personarse en cualquier centro de la Administración pública, dependientes de la misma o afectos a un servicio público, para comprobar cuantos datos fueren menester, hacer las entrevistas personales pertinentes o proceder al estudio de los expedientes y documentación necesaria.

A estos efectos no podrá negársele el acceso a ningún expediente o documentación administrativa o que se encuentre relacionada con la actividad o servicio objeto de la investigación, sin perjuicio de lo que se dispone en el art. 22 de esta Ley.

Cuando la queja a investigar **afectare a la conducta de las personas al servicio de la Administración**, en relación con la función que desempeñan, el Defensor del Pueblo dará cuenta de la misma al afectado y a su inmediato superior u Organismo de quien aquél dependiera.

El afectado **responderá por escrito, y con la aportación de cuantos documentos y testimonios considere oportunos**, en el plazo que se le haya fijado, que en **ningún caso será inferior a diez días**, pudiendo ser prorrogado, a instancia de parte, por la mitad del concedido.

El Defensor del Pueblo podrá comprobar la veracidad de los mismos y proponer al funcionario afectado una entrevista ampliatoria de datos. Los funcionarios que se negaren a ello podrán ser requeridos por aquél para que manifiesten por escrito las razones que justifiquen tal decisión.

La información que en el curso de una investigación pueda aportar un funcionario a través de su testimonio personal tendrá el carácter de reservada, sin perjuicio de lo dispuesto en la Ley de Enjuiciamiento Criminal sobre la denuncia de hechos que pudiesen revestir carácter delictivo.

El superior jerárquico u Organismo que prohíba al funcionario a sus órdenes o servicio responder a la requisitoria del Defensor del Pueblo o entrevistarse con él, deberá manifestarlo por escrito, debidamente motivado, dirigido al funcionario y al propio Defensor del Pueblo. El Defensor del Pueblo dirigirá en adelante cuantas actuaciones investigadoras sean necesarias al referido superior jerárquico.

5.7. Documentos reservados

El Defensor del Pueblo podrá solicitar a los poderes públicos todos los documentos que considere necesarios para el desarrollo de su función, incluidos aquellos clasificados con el carácter de secretos de acuerdo con la Ley. En este último supuesto la no remisión de dichos documentos deberá ser acordada por el Consejo de Ministros y se acompañará una certificación acreditativa del acuerdo denegatorio.

Las investigaciones que realice el Defensor del Pueblo y el personal dependiente del mismo, así como los trámites procedimentales, se verificarán dentro de la más absoluta reserva, tanto con respecto a los particulares como a las dependencias y demás Organismos públicos, sin perjuicio de las consideraciones que el Defensor del Pueblo considere oportuno incluir en sus informes a las Cortes Generales. Se dispondrán medidas especiales de protección en relación con los documentos clasificados como secretos.

Cuando entienda que un documento declarado secreto y no remitido por la Administración pudiera afectar de forma decisiva a la buena marcha de su investigación, lo pondrá en conocimiento de la Comisión Mixta Congreso-Senado prevista anteriormente.

5.8. Responsabilidades de las autoridades y funcionarios

Cuando las actuaciones practicadas revelen que la queja ha sido originada presumiblemente por el abuso, arbitrariedad, discriminación, error, negligencia u omisión de un funcionario, el Defensor del Pueblo podrá dirigirse al afectado haciéndole constar su criterio al respecto. Con la misma fecha dará traslado de dicho escrito al superior jerárquico, formulando las sugerencias que considere.

La persistencia en una actitud hostil o entorpecedora de la labor de investigación del Defensor del Pueblo por parte de cualquier Organismo, funcionario, directivo o persona al servicio de la Administración pública **podrá ser objeto de un informe especial, además de destacarlo en la sección correspondiente de su informe anual**.

Cuando el Defensor del Pueblo, en razón del ejercicio de las funciones propias de su cargo, tenga conocimiento de una conducta o hechos presumiblemente delictivos lo pondrá de inmediato en conocimiento **del Fiscal General del Estado**.

En cualquier caso, el Fiscal General del Estado informará periódicamente al Defensor del Pueblo, o cuando éste lo solicite, del trámite en que se hallen las actuaciones iniciadas a su instancia.

El Fiscal General del Estado pondrá en conocimiento del Defensor del Pueblo todas aquellas posibles irregularidades administrativas de que tenga conocimiento el Ministerio Fiscal en el ejercicio de sus funciones.

El Defensor del Pueblo podrá, de oficio, ejercitar la acción de responsabilidad contra todas las autoridades, funcionarios y agentes civiles del orden gubernativo o administrativo, incluso local, sin que sea necesaria en ningún caso la previa reclamación por escrito.

5.9. Los gastos causados a particulares

Los gastos efectuados o perjuicios materiales causados a los particulares que NO hayan promovido la queja, al ser llamados a informar por el Defensor del Pueblo, serán compensados con cargo a su presupuesto una vez justificados debidamente.

5.10. Las resoluciones

5.10.1. Contenido de las resoluciones

El Defensor del Pueblo, aun no siendo competente para modificar o anular los actos y resoluciones de la Administración Pública, podrá, sin embargo, sugerir la modificación de los criterios utilizados para la producción de aquéllos.

Si como consecuencia de sus investigaciones llegase al convencimiento de que el cumplimiento riguroso de la norma puede provocar situaciones injustas o perjudiciales para los administrados, podrá sugerir al órgano legislativo competente o a la Administración la modificación de la misma.

Si las actuaciones se hubiesen realizado con ocasión de servicios prestados por particulares en virtud de acto administrativo habilitante, el Defensor del Pueblo podrá instar de las autoridades administrativas competentes el ejercicio de sus potestades de inspección y sanción.

El Defensor del Pueblo está legitimado para interponer los recursos de inconstitucionalidad y de amparo, de acuerdo con lo dispuesto en la Constitución y en la Ley Orgánica del Tribunal Constitucional.

El Defensor del Pueblo, con ocasión de sus investigaciones, podrá formular a las autoridades y funcionarios de las Administraciones Públicas advertencias, recomendaciones, recordatorios de sus deberes legales y sugerencias para la adopción de nuevas medidas. En todos los casos, las autoridades y los funcionarios vendrán obligados a responder por escrito en término **no superior al de un mes**.

Si formuladas sus recomendaciones dentro de un plazo razonable no se produce una medida adecuada en tal sentido por la autoridad administrativa afectada o ésta no informa al Defensor del Pueblo de las razones que estime para no adoptarlas, el Defensor del Pueblo podrá poner en conocimiento del **Ministro del Departamento afectado, o sobre la máxima autoridad de la Administración afectada,** los antecedentes del asunto y las recomendaciones presentadas. Si tampoco obtuviera una justificación adecuada, incluirá tal asunto en su informe anual o especial con mención de los nombres de las autoridades o funcionarios que hayan adoptado tal actitud, entre los casos en que considerando el Defensor del Pueblo que era posible una solución positiva, ésta no se ha conseguido.

5.10.2. Notificaciones y comunicaciones

El Defensor del Pueblo informará al interesado del resultado de sus investigaciones y gestión, así como de la respuesta que hubiese dado la Administración o funcionario implicados, salvo en el caso de que éstas, por su naturaleza, fuesen consideradas como de carácter reservado o declaradas secretas.

Cuando su intervención se hubiere iniciado de acuerdo por Los Diputados y Senadores individualmente, las Comisiones de investigación o relacionadas con la defensa general o parcial de los derechos y libertades públicas y, principalmente, la Comisión Mixta Congreso-Senado de relaciones con el Defensor del Pueblo, el Defensor del Pueblo informará al parlamentario o Comisión competente que lo hubiese solicitado y al término de sus investigaciones, de los resultados alcanzados. Igualmente, cuando decida no intervenir informará razonando su desestimación.

El Defensor del Pueblo comunicará el resultado positivo o negativo de sus investigaciones a la autoridad, funcionario o dependencia administrativa acerca de la cual se haya suscitado.

5.10.3. *Informe a las cortes*

El Defensor del Pueblo **dará cuenta anualmente a las Cortes Generales** de la gestión realizada en un informe que presentará ante las mismas cuando se hallen reunidas en período ordinario de sesiones.

Cuando la gravedad o urgencia de los hechos lo aconsejen podrá presentar un informe extraordinario que dirigirá a las Diputaciones Permanentes de las Cámaras si éstas no se encontraran reunidas.

Los informes anuales y, en su caso, los extraordinarios, serán publicados.

El Defensor del Pueblo en su informe anual dará cuenta del número y tipo de quejas presentadas; de aquellas que hubiesen sido rechazadas y sus causas, así como de las que fueron objeto de investigación y el resultado de la misma, con especificación de las sugerencias o recomendaciones admitidas por las Administraciones Públicas.

En el informe no constarán datos personales que permitan la pública identificación de los interesados en el procedimiento investigador, sin perjuicio de lo dispuesto en el art. 24.1. (La persistencia en una actitud hostil o entorpecedora de la labor de investigación del Defensor del Pueblo por parte de cualquier Organismo, funcionario, directivo o persona al servicio de la Administración pública podrá ser objeto de un informe especial, además de destacarlo en la sección correspondiente de su informe anual)

El informe contendrá igualmente un anexo, cuyo destinatario serán las Cortes Generales, en el que se hará constar la liquidación del presupuesto de la institución en el período que corresponda.

Un resumen del informe será expuesto oralmente por el Defensor del Pueblo ante los Plenos de ambas Cámaras, pudiendo intervenir los grupos parlamentarios a efectos de fijar su postura.

5.11. Medios personales y materiales

5.11.1. *Personal*

El Defensor del Pueblo **podrá designar libremente los asesores necesarios** para el ejercicio de sus funciones, de acuerdo con el Reglamento y dentro de los límites presupuestarios.

Las personas que se encuentren al servicio del Defensor del Pueblo, y mientras permanezcan en el mismo, se considerarán como personal al servicio de las Cortes.

En los casos de funcionarios provenientes de la Administración pública se les reservará la plaza y destino que ocupasen con anterioridad a su adscripción a la oficina del Defensor del Pueblo, y se les computará, a todos los efectos, el tiempo transcurrido en esta situación.

Los adjuntos y asesores cesarán automáticamente en el momento de la toma de posesión de un nuevo Defensor del Pueblo designado por las Cortes.

5.11.2. Dotación económica

La dotación económica necesaria para el funcionamiento de la institución constituirá **una partida dentro de los Presupuestos de las Cortes Generales**.

Nota

MECANISMO NACIONAL DE PREVENCIÓN DE LA TORTURA DE CONFORMIDAD CON LA CONSTITUCIÓN, LA PRESENTE LEY Y EL PROTOCOLO FACULTATIVO DE LA CONVENCIÓN CONTRA LA TORTURA U OTROS TRATOS O PENAS CRUELES, INHUMANOS O DEGRADANTES.

El artículo tercero de la L.O. 1/2009, de 3 de noviembre, complementaria de la Ley de reforma de la legislación procesal para la implantación de la nueva Oficina judicial, por la que se modifica la L.O. 6/1985, de 1 de julio, del Poder Judicial introdujo una Disposición final única.

Primero. El Defensor del Pueblo ejercerá las funciones del Mecanismo Nacional de Prevención de la Tortura de conformidad con la Constitución, la presente Ley y el Protocolo facultativo de la Convención contra la tortura u otros tratos o penas crueles, inhumanos o degradantes.

Segundo. Se crea un Consejo Asesor como órgano de cooperación técnica y jurídica en el ejercicio de las funciones propias del Mecanismo Nacional de Prevención, que será presidido por el Adjunto en el que el Defensor del Pueblo delegue las funciones previstas en esta disposición. El Reglamento determinará su estructura, composición y funcionamiento.

Tema 4

El Poder Judicial. El Consejo General del Poder Judicial. El Tribunal Supremo. La organización judicial española

eRodio ediciones

Índice esquemático

1. Introducción

Como manifiesta la Exposición de motivos de la Ley Orgánica 6/1985 de 1 de julio del Poder judicial, nuestro texto constitucional arranca proclamando en su artículo 1 que "España se constituye en un Estado social, democrático y de derecho".

El Estado de Derecho, al implicar fundamentalmente separación de poderes (ejecutivo, legislativo y judicial), imperio de la ley como expresión de la soberanía popular, sujeción de todos los poderes públicos a la Constitución y al resto del ordenamiento jurídico y garantía procesal efectiva de los derechos fundamentales y las libertades públicas, requiere la existencia de unos órganos que, institucionalmente caracterizados por su independencia, tengan un emplazamiento constitucional que les permita ejecutar y aplicar imparcialmente las normas que expresan la voluntad popular, someter a todos los poderes públicos al cumplimiento de la ley, controlar la legalidad de la actuación administrativa o ofrecer a todas las personas la tutela efectiva en el ejercicio de sus derechos legítimos.

El conjunto de órganos que desarrollan esta función constituyen el Poder Judicial, al que la Constitución Española, encomienda en exclusiva el ejercicio de la potestad jurisdiccional.

2. El Poder Judicial en la Constitución

El Título VI de la Constitución, artículos 117 a 127, denominado "Poder Judicial" manifiesta lo siguiente:

Título VI del Poder Judicial

Artículo 117

Independencia de la justicia

1. La justicia emana del pueblo y se administra en nombre del Rey por Jueces y Magistrados integrantes del Poder Judicial, independientes, inamovibles, responsables y sometidos únicamente al imperio de la ley.

Inamovilidad de los Jueces y Magistrados

2. Los Jueces y Magistrados no podrán ser separados, suspendidos, trasladados ni jubilados, sino por alguna de las causas y con las garantías previstas en la ley.

3. El ejercicio de la potestad jurisdiccional en todo tipo de procesos, juzgando y haciendo ejecutar lo juzgado, corresponde exclusivamente a los Juzgados y Tribunales determinados por las leyes, según las normas de competencia y procedimiento que las mismas establezcan.

4. Los Juzgados y Tribunales no ejercerán más funciones que las señaladas en el apartado anterior y las que expresamente les sean atribuidas por ley en garantía de cualquier derecho.

Unidad jurisdiccional

5. El principio de unidad jurisdiccional es la base de la organización y funcionamiento de los Tribunales. La ley regulará el ejercicio de la jurisdicción militar en el ámbito estrictamente castrense y en los supuestos de estado de sitio, de acuerdo con los principios de la Constitución.

6. Se prohíben los Tribunales de excepción.

Artículo 118

Colaboración con la justicia

Es obligado cumplir las sentencias y demás resoluciones firmes de los Jueces y Tribunales, así como prestar la colaboración requerida por éstos en el curso del proceso y en la ejecución de lo resuelto.

Artículo 119

Gratuidad de la justicia

La justicia será gratuita cuando así lo disponga la ley y, en todo caso, respecto de quienes acrediten insuficiencia de recursos para litigar.

Artículo 120

Publicidad de las actuaciones judiciales

1. Las actuaciones judiciales serán públicas, con las excepciones que prevean las leyes de procedimiento.

2. El procedimiento será predominantemente oral, sobre todo en materia criminal.

3. Las sentencias serán siempre motivadas y se pronunciarán en audiencia pública.

Artículo 121

Indemnización por errores judiciales

Los daños causados por error judicial, así como los que sean consecuencia del funcionamiento anormal de la Administración de Justicia, darán derecho a una indemnización a cargo del Estado, conforme a la Ley.

Artículo 122

Juzgados y Tribunales

1. La ley orgánica del poder judicial determinará la constitución, funcionamiento y gobierno de los Juzgados y Tribunales, así como el estatuto jurídico de los Jueces y Magistrados de carrera, que formarán un Cuerpo único, y del personal al servicio de la Administración de Justicia. Consejo General del Poder Judicial

2. El Consejo General del Poder Judicial es el órgano de gobierno del mismo. La ley orgánica establecerá su estatuto y el régimen de incompatibilidades de sus miembros y sus funciones, en particular, en materia de nombramientos, ascensos, inspección y régimen disciplinario

3. El Consejo General del Poder Judicial estará integrado por el Presidente del Tribunal Supremo, que lo presidirá, y por veinte miembros nombrados por el Rey por un período de cinco años. De éstos, doce entre Jueces y Magistrados de todas las categorías judiciales, en los términos que establezca la ley orgánica; cuatro a propuesta del Congreso de los Diputados, y cuatro a propuesta del Senado, elegidos en ambos casos por mayoría de tres quintos de sus miembros, entre abogados y otros juristas, todos ellos de reconocida competencia y con más de quince años de ejercicio en su profesión.

Artículo 123

El Tribunal Supremo

1. El Tribunal Supremo, con jurisdicción en toda España, es el órgano jurisdiccional superior en todos los órdenes, salvo lo dispuesto en materia de garantías constitucionales. Constitución Española

2. El Presidente del Tribunal Supremo será nombrado por el Rey, a propuesta del Consejo General del Poder Judicial, en la forma que determine la ley.

Artículo 124

El Ministerio Fiscal

1. El Ministerio Fiscal, sin perjuicio de las funciones encomendadas a otros órganos, tiene por misión promover la acción de la justicia en defensa de la legalidad, de los derechos de los ciudadanos y del interés público tutelado por la ley, de oficio o a petición de los interesados, así como velar por la independencia de los Tribunales y procurar ante éstos la satisfacción del interés social.

2. El Ministerio Fiscal ejerce sus funciones por medio de órganos propios conforme a los principios de unidad de actuación y dependencia jerárquica y con sujeción, en todo caso, a los de legalidad e imparcialidad.

3. La ley regulará el estatuto orgánico del Ministerio Fiscal. El Fiscal General del Estado 4. El Fiscal General del Estado será nombrado por el Rey, a propuesta del Gobierno, oído el Consejo General del Poder Judicial.

Artículo 125

Institución del Jurado

Los ciudadanos podrán ejercer la acción popular y participar en la Administración de Justicia mediante la institución del Jurado, en la forma y con respecto a aquellos procesos penales que la ley determine, así como en los Tribunales consuetudinarios y tradicionales. (El de las Aguas de la Vega Valenciana y de los Hombres Buenos de Murcia)

Artículo 126

Policía judicial

La policía judicial depende de los Jueces, de los Tribunales y del Ministerio Fiscal en sus funciones de averiguación del delito y descubrimiento y aseguramiento del delincuente, en los términos que la ley establezca.

Artículo 127

Incompatibilidades de Jueces, Magistrados y Fiscales

1. Los Jueces y Magistrados, así como los Fiscales, mientras se hallen en activo, no podrán desempeñar otros cargos públicos, ni pertenecer a partidos políticos o sindicatos. La ley establecerá el sistema y modalidades de asociación profesional de los Jueces, Magistrados y Fiscales.

2. La ley establecerá el régimen de incompatibilidades de los miembros del poder judicial, que deberá asegurar la total independencia de los mismos.

A lo largo de este tema profundizaremos en algunas de las temáticas de este Título VI.

3. Consejo General del Poder Judicial

Como antes hemos visto, el Artículo 122 de la Constitución española de 1978 establece, que el Consejo General del Poder Judicial es el órgano de gobierno de los jueces y magistrados. Los Presidentes y demás órganos de gobierno de Juzgados y Tribunales, en el ejercicio de sus funciones gubernativas, le están subordinados.

Ejerce sus competencias en todo el territorio nacional de acuerdo con la Constitución y la presente Ley Orgánica, y tiene su sede en la villa de Madrid.

La regulación del Consejo General del Poder Judicial más en profundidad, se recoge en el LIBRO VIII de la Ley Orgánica 6/1985 de 1 de julio del Poder Judicial, aprobado mediante la Ley Orgánica 4/2013, de 28 de junio, de reforma del Consejo General del Poder Judicial, por la que se modifica la Ley Orgánica 6/1985, de 1 de julio, del Poder Judicial.

3.1. Atribuciones

El gobierno del Poder Judicial corresponde al Consejo General del Poder Judicial, que ejerce sus competencias en todo el territorio nacional de acuerdo con la Constitución y la presente Ley Orgánica.

El Consejo General del Poder Judicial tiene su sede en la villa de Madrid.

Los Presidentes y demás órganos de gobierno de Juzgados y Tribunales, en el ejercicio de sus funciones gubernativas, están subordinados al Consejo General del Poder Judicial.

La principal función del Consejo es la gestión de la administración de Justicia junto con la salvaguardia o la garantía de la independencia de los Jueces y Tribunales, cuando ejercen su función judicial, respecto al resto de poderes del Estado y frente a todos, incluso respecto a los demás órganos judiciales y los del propio gobierno del Poder Judicial.

El Consejo realiza cometidos de naturaleza administrativa-gubernativa y de régimen interior del Poder Judicial. El gobierno interno de los Juzgados y Tribunales corresponde a las salas de gobierno del Tribunal Supremo, la Audiencia Nacional y los distintos Tribunales Superiores de Justicia, sin perjuicio de las funciones que corresponden a los Presidentes de dichos Tribunales y a los titulares de los restantes órganos jurisdiccionales con respecto a su propio ámbito orgánico. No obstante el Consejo ejerce la función revisora de las actuaciones llevadas a cabo por estos órganos de gobierno.

Las funciones y competencias del Consejo se distribuyen en nueve grandes áreas:

1. Nombramientos reglados y discrecionales
2. Inspección de los Juzgados y Tribunales.
3. Régimen disciplinario judicial
4. Formación judicial.
5. Potestad reglamentaria.
6. Publicación de las sentencias.
7. Función consultiva.
8. Mejora de la calidad de la Justicia.
9. Relaciones internacionales.

También como órgano constitucional de autogobierno, el Consejo está legitimado para plantear conflictos ante el Tribunal Constitucional en defensa de sus competencias. Asimismo propone dos de los miembros que componen el Tribunal Constitucional.

3.2. Composición

El Consejo General del Poder Judicial estará integrado por el Presidente del Tribunal Supremo, que lo presidirá, y por veinte Vocales, de los cuales DOCE serán Jueces o Magistrados en servicio activo en la carrera judicial y OCHO juristas de reconocida competencia.

Cada una de las Cámaras elegirá, por mayoría de tres quintos de sus miembros, a diez Vocales, **cuatro entre juristas** de reconocida competencia con más de quince años de ejercicio en su profesión y **seis correspondientes al turno judicial**.

El nuevo sistema de elección se articulará sobre tres premisas básicas:

La designación de los Vocales del Consejo General del Poder Judicial se realizará con arreglo a exclusivos criterios de mérito y capacidad de los candidatos.

Podrán ser designados como Vocales la totalidad de los miembros de la carrera judicial que cuenten con un número mínimo de avales de otros Jueces y Magistrados de alguna asociación.

Además, se prevé que los Vocales designados puedan ser Jueces y Magistrados de todas las categorías.

En ningún caso podrá recaer la designación de Vocales del Consejo General del Poder Judicial en Vocales del Consejo saliente.

El Consejo General del Poder Judicial se renovará en su totalidad **cada cinco años,** contados desde la fecha de su constitución. Los Presidentes del Congreso de los Diputados y del Senado deberán adoptar las medidas necesarias para que la renovación del Consejo se produzca en plazo.

COMPOSICIÓN

Vocales propuestos por el Congreso:

- Entre jueces y magistrados 6
- Entre juristas de reconocida competencia 4

Vocales propuestos por el Senado:

- Entre jueces y magistrados 6
- Entre juristas de reconocida competencia 4

Total vocales:

- Entre jueces y magistrados 12
- Entre juristas de reconocida competencia 8

Vocales 20, más el Presidente (Elegido por el Pleno del CGPJ entre miembros de la carrera judicial o juristas de reconocida competencia)

TOTAL MIEMBROS DEL CONSEJO GENERAL DEL PODER JUDICIAL 21

3.3. Órganos

Además de las funciones encomendadas a la Presidencia, el Consejo General del Poder Judicial ejerce sus atribuciones en Pleno o a través de las Comisiones previstas en esta Ley Orgánica. En el Consejo General del Poder Judicial existirán las siguientes Comisiones: Permanente, Disciplinaria, De Asuntos Económicos y De Igualdad.

Los acuerdos de los órganos colegiados del Consejo General del Poder Judicial serán adoptados salvo cuando la Ley disponga otra cosa por **mayoría de los miembros presentes**.

3.3.1. Presidencia

La Presidencia del Tribunal Supremo y del Consejo General del Poder Judicial es una función inherente al cargo de Presidente del Tribunal Supremo.

Corresponde a la Presidencia del Consejo General del Poder Judicial (artículo 598 LOPJ):

- Ostentar la representación del Consejo General del Poder Judicial.
- Convocar y presidir las sesiones del Pleno y de la Comisión Permanente, decidiendo los empates con voto de calidad.
- Fijar el orden del día de las sesiones del Pleno y de la Comisión Permanente.
- Proponer al Pleno y a la Comisión Permanente las cuestiones que estime oportunas en materia de la competencia de éstos.
- Proponer el nombramiento de ponencias para preparar la resolución o despacho de un asunto.
- Autorizar con su firma los acuerdos del Pleno y de la Comisión Permanente.
- Ejercer la superior dirección de las actividades de los órganos técnicos del Consejo General del Poder Judicial.
- Dirigir la comunicación institucional.
- Realizar la propuesta del Magistrado, de las Salas Segunda o Tercera del Tribunal Supremo, competente para conocer de la autorización de las actividades del Centro Nacional de Inteligencia que afecten a los derechos fundamentales reconocidos en el artículo 18.2 y 3 de la Constitución, así como del Magistrado de dichas Salas del Tribunal Supremo que le sustituya en caso de vacancia, ausencia o imposibilidad.

- Nombrar y cesar al Director del Gabinete de la Presidencia y al Director de la Oficina de Comunicación, así como al personal eventual al servicio del Presidente.
- Proponer al Pleno el nombramiento del Vicepresidente del Tribunal Supremo, del Secretario General y del Vicesecretario General, así como, en los dos últimos casos, acordar su cese.
- Podrá encargar cometidos a vocales concretos o a grupos de trabajo siempre que este encargo no tenga carácter permanente ni indefinido.
- Las demás previstas en la Ley Orgánica del Poder Judicial.

3.3.2. El Pleno

Está compuesto por todos los miembros del Consejo General del Poder Judicial. Los vocales son nombrados por un período de mandato de cinco años, a partir de la fecha de la sesión constitutiva. El CGPJ se renueva en su totalidad, una vez transcurridos los cinco años de mandato, aunque el Consejo saliente continúa en funciones hasta la toma de posesión del nuevo.

El Pleno se reunirá en sesión ordinaria, a convocatoria del Presidente, una vez al mes. Deberá celebrarse sesión extraordinaria si lo considerare oportuno el Presidente o si lo solicitaren cinco Vocales, para el ejercicio de alguna de las competencias referidas en el artículo anterior. De igual forma, deberá celebrarse sesión extraordinaria si así fuese necesario para dar cumplimiento en plazo a alguna de las competencias atribuidas al Pleno.

En la sesión en la que se tenga que proceder a la elección del Presidente del Tribunal Supremo y del Consejo General del Poder Judicial será necesaria, para la válida constitución del Pleno, al menos la presencia de doce de sus miembros. En los demás casos, para la válida constitución del Pleno será siempre necesaria, como mínimo, la presencia de diez Vocales y el Presidente

3.3.3. La Comisión Permanente

El Pleno del Consejo General del Poder Judicial elegirá anualmente a los Vocales integrantes de la Comisión Permanente. La Comisión Permanente estará compuesta por el Presidente del Tribunal Supremo y del Consejo General del Poder Judicial, que la presidirá, y otros cinco Vocales: tres de los nombrados por el turno judicial y dos de los designados por el turno de juristas de reconocida competencia. Con excepción de los miembros de la Comisión Disciplinaria, se procurará la rotación anual del resto de los Vocales en la composición anual de la Comisión Permanente.

3.3.4. Otras comisiones

- Comisión Disciplinaria.
- Comisión de Asuntos económicos.
- Comisión de Igualdad.

3.3.5. Otros órganos técnicos

También existen otros órganos técnicos como, la Secretaría General, el Servicio de Inspección, el Gabinete Técnico, la Escuela Judicial y el Centro de Documentación Judicial.

Los acuerdos de los órganos colegiados del Consejo General del Poder Judicial serán adoptados salvo cuando la Ley disponga otra cosa por **mayoría de los miembros presentes**.

4. El Tribunal Supremo. La organización judicial española

El Tribunal Supremo, con sede en la villa de Madrid, es el órgano jurisdiccional superior en todos los órdenes, salvo lo dispuesto en materia de garantías constitucionales. Tendrá jurisdicción en toda España y ningún otro podrá tener el título de Supremo.

El Tribunal Supremo se compondrá de su Presidente, los Presidentes de Sala y los Magistrados que determine la ley para cada una de las Salas y, en su caso, Secciones en que las mismas puedan articularse.

El Tribunal Supremo estará integrado por las siguientes Salas:

- **Ordinarias**
  1. Sala Primera, de lo Civil.
  2. Sala Segunda, de lo Penal.
  3. Sala Tercera, de lo Contencioso- administrativo.
  4. Sala Cuarta, de lo Social.
  5. Sala Quinta, de lo Militar, que se regirá por su legislación específica y supletoriamente por la presente Ley y por el ordenamiento común a las demás Salas del Tribunal Supremo.

Nota: La L.O. 4/2014, de 11 de julio, complementaria de la Ley de racionalización del sector público y otras medidas de reforma administrativa por la que se modifica la L.O. 6/1985, de 1 de julio, del Poder Judicial señala que las Salas de lo Civil y de lo Penal del Tribunal Supremo en los artículos 56 y 57 además de las atribuciones que la LOPJ les atribuye, conocerán de la tramitación y enjuiciamiento de las acciones civiles y penales, respectivamente, dirigidas contra la Reina consorte o el consorte de la Reina, la Princesa o Príncipe de Asturias y su consorte, así como contra el Rey o Reina que hubiere abdicado y su consorte.

- **Especiales**

1. Tribunal de Conflictos de Jurisdicción (art. 38).

   Los conflictos de jurisdicción entre los Juzgados o Tribunales y la Administración serán resueltos por un órgano colegiado constituido por el Presidente del Tribunal Supremo, que lo presidirá, y por cinco vocales, de los que dos serán Magistrados de la Sala de lo Contencioso-administrativo del Tribunal Supremo, designados por el Pleno del Consejo General del Poder Judicial , y los otros tres serán Consejeros Permanentes de Estado, actuando como Secretario el de Gobierno del Tribunal Supremo.

   El Presidente tendrá siempre voto de calidad en caso de empate.

2. Sala de conflictos de Jurisdicción (art. 39).

   Los conflictos de jurisdicción entre los Juzgados o Tribunales de cualquier orden jurisdiccional de la jurisdicción ordinaria y los órganos judiciales militares, serán resueltos por la Sala de Conflictos de Jurisdicción, compuesta por el Presidente del Tribunal Supremo, que la presidirá, dos Magistrados de la Sala del Tribunal Supremo del orden jurisdiccional en conflicto y dos Magistrados de la Sala de lo Militar, todos ellos designados por el Pleno del Consejo General del Poder Judicial. Actuará como Secretario de esta Sala el de Gobierno del Tribunal Supremo.

   El Presidente tendrá siempre voto de calidad en caso de empate.

3. Sala de Conflictos de competencia (art. 42 LOPJ):

   "Los conflictos de competencia que puedan producirse entre Juzgados o Tribunales de distinto orden jurisdiccional, integrados en el Poder Judicial, se resolverán por una Sala especial del Tribunal Supremo, presidida por el Presidente y compuesta por dos Magistrados, uno por cada orden jurisdiccional en conflicto, que serán designados anualmente por la Sala de Gobierno. Actuará como Secretario de esta Sala especial el de Gobierno del Tribunal Supremo".

4. Sala Especial conocerá (art. 61 LOPJ):

"1. Una Sala formada por el Presidente del Tribunal Supremo, los Presidentes de Sala y el Magistrado más antiguo y el más moderno de cada una de ellas conocerá:

1. De los recursos de revisión contra las sentencias dictadas en única instancia por la Sala de lo Contencioso-administrativo de dicho Tribunal.

2. De los incidentes de recusación del Presidente del Tribunal Supremo, o de los Presidentes de Sala, o de más de dos Magistrados de una Sala.

   En este caso, los afectados directamente por la recusación serán sustituidos por quienes corresponda.

3. De las demandas de responsabilidad civil que se dirijan contra los Presidentes de Sala o contra todos o la mayor parte de los Magistrados de una Sala de dicho Tribunal por hechos realizados en el ejercicio de su cargo.

4. De la instrucción y enjuiciamiento de las causas contra los Presidentes de Sala o contra los Magistrados de una Sala, cuando sean juzgados todos o la mayor parte de los que la constituyen.

5. Del conocimiento de las pretensiones de declaración de error judicial cuando éste se impute a una Sala del Tribunal Supremo.

6. De los procesos de declaración de ilegalidad y consecuente disolución de los partidos políticos, conforme a lo dispuesto en la Ley Orgánica 6/2002, de 27 de junio, de Partidos Políticos.

2. En las causas a que se refiere el número 4 del apartado anterior se designará de entre los miembros de la Sala, conforme a un turno preestablecido, un instructor que no formará parte de la misma para enjuiciarlos.

3. Una Sección, formada por el Presidente del Tribunal Supremo, el de la Sala de lo Contencioso-administrativo y cinco Magistrados de esta misma Sala, que serán los dos más antiguos y los tres más modernos, conocerá del recurso de casación para la unificación de doctrina cuando la contradicción se produzca entre sentencias dictadas en única instancia por Secciones distintas de dicha Sala."

Al servicio del Tribunal Supremo existirá un Gabinete Técnico, que asistirá a la Presidencia y a sus diferentes Salas en los procesos de admisión de los asuntos de que conozcan y mediante la elaboración de estudios e informes que se le soliciten. También prestará apoyo a las Salas especiales en el despacho de asuntos que les estén atribuidos.

2. El Gabinete Técnico estará integrado por un Director y por miembros de la Carrera judicial y otros juristas que ostentarán la denominación de Letrados del Gabinete Técnico.

3. A los efectos anteriores, en el Gabinete Técnico existirán tantas áreas como órdenes jurisdiccionales. Dentro de cada área podrá existir una sección de Admisión y otra sección de Estudios e Informes. En la Sala Quinta de lo Militar podrá haber un Letrado del Gabinete Técnico.

Los Letrados prestarán sus servicios en las diferentes áreas atendiendo a su especialización profesional.

5. La Audiencia Nacional

La Audiencia Nacional, con sede en la villa de Madrid, tiene jurisdicción en toda España.

Se compondrá de su Presidente, los Presidentes de Sala y los magistrados que determine la ley para cada una de sus Salas y Secciones.

El Presidente de la Audiencia Nacional, que tendrá la consideración de Presidente de Sala del Tribunal Supremo, es el Presidente nato de todas sus Salas.

La Audiencia Nacional estará integrada por las siguientes Salas:

- De Apelación.
- De lo Penal.
- De lo Contencioso-Administrativo.
- De lo Social.

En el caso de que el número de asuntos lo aconseje, podrán crearse dos o más Secciones dentro de una Sala.

6. Los Tribunales Superiores de Justicia

El Tribunal Superior de Justicia de la Comunidad Autónoma **culminará la organización judicial en el ámbito territorial de aquélla**, sin perjuicio de la jurisdicción que corresponde al Tribunal Supremo.

El Tribunal Superior de Justicia tomará el nombre de la Comunidad Autónoma y extenderá su **jurisdicción al ámbito territorial de ésta**.

El Tribunal Superior de Justicia estará integrado por las siguientes Salas:

- De lo Civil y Penal (es una sola).
- De lo Contencioso-administrativo.
- De lo Social.

7. Las Audiencias Provinciales

Las Audiencias Provinciales, que tendrán su sede en la capital de la provincia, de la que tomarán su nombre, extenderán su **jurisdicción a toda ella**. Podrán crearse Secciones de la Audiencia Provincial fuera de la capital de la provincia, a las que quedarán adscritos uno o varios partidos judiciales.

Tendrán competencia tanto en el orden civil como el penal en los términos que establece la LOPJ en primera o única instancia. **El juicio del Jurado se celebrará en el ámbito de la Audiencia Provincial u otros Tribunales y en la forma que establezca la ley. Esta institución se basa en el derecho a participar en la administración de justicia del artículo 125 de la Constitución.**

De esta institución del jurado señalamos que la composición y competencia del Jurado es la regulada en la Ley Orgánica del Tribunal del Jurado. Así como que intervendrá en los delitos que la ley establezca en asuntos penales. Por otro lado la función del Jurado será obligatoria aunque la ley regulará los supuestos de incompatibilidad recusación y abstención y será remunerada para su desempeño.

8. Los Juzgados de Primera Instancia e Instrucción, de lo Mercantil, de lo Penal, de Violencia sobre la Mujer, de lo Contencioso-Administrativo, de lo Social, de Vigilancia Penitenciaria y de Menores

8.1. Juzgados de Primera Instancia e Instrucción

En cada partido habrá uno o más **Juzgados de Primera Instancia e Instrucción** con sede en la capital de aquél y jurisdicción en todo su ámbito territorial. Tomarán su designación del municipio de su sede. Los juzgados de Primera instancia conocerán en el orden civil, el Registro Civil y por delegación suya los Jueces de Paz. Mientras que los Juzgados de Instrucción tendrá competencia en el orden penal en los términos manifestados en la LOPJ

Juzgados Centrales de Instrucción

En la villa de Madrid podrá haber uno o más **Juzgados Centrales de instrucción**, con **jurisdicción en toda España**, que instruirán las causas cuyo enjuiciamiento corresponda a la Sala de lo Penal de la Audiencia Nacional o, en su caso, a los Juzgados Centrales de lo Penal y tramitarán los expedientes de ejecución de las órdenes europeas de detención y entrega, los procedimientos de extradición pasiva, los relativos a la emisión y la ejecución de otros instrumentos de reconocimiento mutuo de resoluciones penales en la Unión Europea que les atribuya la ley, así como las solicitudes de información entre los servicios de seguridad de los Estados miembros de la Unión Europea cuando requieran autorización judicial, en los términos previstos en la ley.

8.2. Juzgados de lo mercantil

En cada provincia, con jurisdicción en toda ella y sede en su capital, habrá uno o varios **juzgados de lo mercantil**.

También podrán establecerse en poblaciones distintas de la capital de provincia cuando, atendidas la población, la existencia de núcleos industriales o mercantiles y la actividad económica, lo aconsejen, delimitándose en cada caso el ámbito de su jurisdicción.

Podrán establecerse juzgados de lo mercantil que extiendan su jurisdicción a dos o más provincias de la misma comunidad autónoma

Los juzgados de lo mercantil **de Alicante** tendrán competencia, además, para conocer, en primera instancia y de forma exclusiva, de todos aquellos litigios que se promuevan al amparo de lo previsto en los Reglamentos números 40/94, del Consejo de la Unión Europea, de 20 de diciembre de 1993, **sobre la marca comunitaria**, y 6/2002, del Consejo de la Unión Europea, de 12 de diciembre de 2001, sobre los dibujos y modelos comunitarios. En el ejercicio de esta competencia dichos Juzgados extenderán su jurisdicción a **todo el territorio nacional**, y a estos solos efectos se denominarán **JUZGADOS DE MARCA COMUNITARIA**.

8.3. Juzgados de Violencia sobre la Mujer

En cada partido habrá uno o más **Juzgados de Violencia sobre la mujer**, con sede en la capital de aquél y jurisdicción en todo su ámbito territorial. Tomarán su designación del municipio de su sede.

Sin perjuicio de lo previsto en la legislación vigente sobre demarcación y planta judicial, el Gobierno, a propuesta del Consejo General del Poder Judicial y en su caso, con informe de la Comunidad Autónoma con competencias en materia de Justicia, podrá establecer mediante real decreto que los Juzgados de Violencia sobre la Mujer que se determinen extiendan su jurisdicción a dos o más partidos dentro de la misma provincia.

Los Juzgados de Violencia sobre la Mujer conocerán, **en el orden penal y civil**. Cuando el Juez apreciara que los actos puestos en su conocimiento, de forma notoria, no constituyen expresión de violencia de género, podrá inadmitir la pretensión, remitiéndola al órgano judicial competente. En todos estos casos está vedada la mediación.

8.4. Los Juzgados de lo Penal

En cada provincia, y con sede en su capital, habrá uno o varios Juzgados de lo Penal. Podrán establecerse Juzgados de lo Penal cuya jurisdicción se extienda a uno o varios partidos de la misma provincia, conforme a lo que disponga la legislación sobre demarcación y planta judicial, que fijará la ciudad donde tendrá su sede. Los Juzgados de lo Penal tomarán su denominación de la población donde tengan su sede. Conocerán de los delitos que la ley determine.

Juzgados Centrales de lo Penal

En la Villa de Madrid, con jurisdicción en toda España, habrá uno o varios **Juzgados Centrales de lo penal** que conocerán, en los casos en que así lo establezcan las leyes procesales, de las causas por los delitos que señalen las leyes.

8.5. Juzgados de lo Contencioso Administrativo

En cada provincia, con jurisdicción en toda ella y sede en su capital, habrá uno o más Juzgados de lo Contencioso-Administrativo. Cuando el volumen de asuntos lo requiera, se podrán establecer uno o más Juzgados de lo Contencioso-Administrativo en las poblaciones que por ley se determine.

Tomarán la denominación del municipio de su sede, y extenderán su jurisdicción al partido correspondiente.

También pondrán crearse excepcionalmente Juzgados de lo Contencioso-Administrativo que extiendan su jurisdicción a más de una provincia dentro de la misma Comunidad Autónoma.

Entre sus competencias más destacadas señalamos autorizar por AUTO la entrada en domicilios y restantes edificios y lugares cuyo acceso requiera el consentimiento del titular, y no lo dé, y deba procederse a la ejecución forzosa. Ej. Desahucio.

Juzgados Centrales de lo Contencioso Administrativo

En la villa de Madrid, **con jurisdicción en toda España**, habrá **Juzgados Centrales de lo Contencioso-Administrativo** que conocerán, en primera o única instancia, de los recursos contencioso-administrativos contra disposiciones y actos emanados de autoridades, organismos, órganos y entidades públicas con competencia en todo el territorio nacional, en los términos que la Ley establezca.

8.6. Juzgados de lo Social

En cada provincia, con jurisdicción en toda ella y sede en su capital, habrá uno o más **Juzgados de lo social**. También podrán establecerse en poblaciones distintas de la capital de provincia cuando las necesidades del servicio o la proximidad a determinados núcleos de trabajo lo aconsejen, delimitándose, en tal caso, el ámbito de su jurisdicción.

Los Juzgados de lo Social podrán excepcionalmente extender su jurisdicción a dos o más provincias dentro de la misma Comunidad Autónoma. Los Juzgados de lo Social conocerán, en primera o única instancia, de los procesos sobre materias propias de este orden jurisdiccional que no estén atribuidos a órganos del mismo.

8.7. Juzgados de Vigilancia Penitenciaria

En cada provincia, y dentro del orden jurisdiccional penal, habrá uno o varios **Juzgados de Vigilancia Penitenciaria,** que tendrán las funciones jurisdiccionales previstas en la Ley General Penitenciaria en materia de ejecución de penas privativas de libertad y medidas de seguridad, emisión y ejecución de los instrumentos de reconocimiento mutuo de resoluciones penales en la Unión Europea que les atribuya la ley, control jurisdiccional de la potestad disciplinaria de las autoridades penitenciarias, amparo de los derechos y beneficios de los internos en los establecimientos penitenciarios y demás que señale la ley.

Podrán establecerse Juzgados de Vigilancia penitenciaria que extiendan su jurisdicción a dos o más provincias de la misma Comunidad Autónoma.

También podrán crearse Juzgados de Vigilancia penitenciaria cuya jurisdicción no se extienda a toda la provincia.

Juzgados Centrales de Vigilancia Penitenciaria

En la villa de Madrid, **con jurisdicción en toda España**, habrá uno o varios **Juzgados Centrales de Vigilancia Penitenciaria** que tendrán las funciones jurisdiccionales previstas en la Ley General Penitenciaria, descritas en el apartado 1 de este artículo, y demás que señale la ley, en relación con los delitos competencia de la Audiencia Nacional. En todo caso, la competencia de estos Juzgados Centrales será preferente y excluyente cuando el penado cumpla también otras condenas que no hubiesen sido impuestas por la Audiencia Nacional.

El cargo de Juez de Vigilancia penitenciaria será compatible con el desempeño de un órgano del orden jurisdiccional penal.

El Gobierno establecerá la sede de estos Juzgados, previa audiencia de la Comunidad Autónoma afectada y del Consejo General del Poder Judicial.

8.8. Juzgados de Menores

En cada provincia, con jurisdicción en toda ella y sede en su capital, habrá uno o más Juzgados de menores no obstante, cuando el volumen de trabajo lo aconseje, podrán establecerse Juzgados de Menores cuya jurisdicción se extienda o bien a un partido determinado o agrupación de partidos, o bien a dos o más provincias de la misma Comunidad Autónoma. Tomarán su nombre de la población donde radique su sede.

Corresponde a los Jueces de Menores el ejercicio de las funciones que establezcan las leyes para con los menores que hubieren incurrido en conductas tipificadas por la ley como delito o falta y aquellas otras que, en relación con los menores de edad, les atribuyan las leyes así como de la emisión y la ejecución de los instrumentos de reconocimiento mutuo de resoluciones penales en la Unión Europea que les atribuya la ley.

8.9. Juzgados Centrales de Menores

En la villa de Madrid, **con jurisdicción en toda España**, habrá **un Juzgado Central de Menores**, que conocerá de las causas que le atribuya la legislación reguladora de la responsabilidad penal de los menores, así como de la emisión y la ejecución de los instrumentos de reconocimiento mutuo de resoluciones penales en la Unión Europea que le atribuya la ley.

8.10. Los Juzgados de Paz

En cada municipio donde no exista Juzgado de Primera Instancia e Instrucción, y con jurisdicción en el término correspondiente, habrá un Juzgado de Paz. Podrá existir una sola Oficina judicial para varios juzgados.

Los Juzgados de Paz conocerán, en el orden civil, de la sustanciación en primera instancia, fallo y ejecución de los procesos que la ley determine y cumplirán también las demás funciones que la ley les atribuya.

En el orden penal, conocerán en primera instancia de los procesos por faltas que les atribuya la ley. Podrán intervenir, igualmente, en actuaciones penales de prevención, o por delegación, y en aquellas otras que señalen las leyes.

Los Jueces de Paz y sus sustitutos serán nombrados para un período de cuatro años por la Sala de Gobierno del Tribunal Superior de Justicia correspondiente. El nombramiento recaerá en las personas elegidas por el respectivo Ayuntamiento.

9. El Ministerio Fiscal

9.1. El Ministerio Fiscal: órgano Constitucional

La Constitución contempla al Ministerio Fiscal en su art. 124, reservando a la ley el desarrollo de su régimen jurídico y de sus competencias.

1. El Ministerio Fiscal, sin perjuicio de las funciones encomendadas a otros órganos, tiene por misión **promover la acción de la justicia en defensa de la legalidad, de los derechos de los ciudadanos y del interés público tutelado por la ley**, de oficio o a petición de los interesados, así como velar por la independencia de los Tribunales y procurar ante éstos la satisfacción del interés social.
2. El Ministerio Fiscal ejerce sus funciones por medio de órganos propios conforme a los principios **de unidad de actuación y dependencia jerárquica y con sujeción, en todo caso, a los de legalidad e imparcialidad.**
3. La ley regulará el estatuto orgánico del Ministerio Fiscal.
4. El Fiscal General del Estado será nombrado por el Rey, a propuesta del Gobierno, oído el Consejo General del Poder Judicial.

La norma básica que regula el Ministerio Fiscal español es el Estatuto Orgánico del Ministerio Fiscal, aprobado por Ley 50/81 de 30 de diciembre, en el se contiene la regulación básica de las funciones, la organización, estructura y principios, normas de actuación, formas de acceso y pérdida de la condición de Fiscal, los derechos y deberes de los Fiscales y el régimen disciplinario.

Por tanto el Ministerio Fiscal se trata de un órgano de relevancia constitucional con personalidad jurídica propia, integrado con autonomía funcional en el Poder Judicial, y ejerce su misión por medio de órganos propios, conforme a los principios de unidad de actuación y dependencia jerárquica y con sujeción, en todo caso, a los de legalidad e imparcialidad.

Corresponde al Ministerio Fiscal esta denominación con carácter exclusivo.

9.2. Los principios de legalidad e imparcialidad

Por el principio de legalidad el Ministerio Fiscal actuará con sujeción a la Constitución, a las leyes y demás normas que integran el ordenamiento jurídico vigente, dictaminando, informando y ejercitando, en su caso, las acciones procedentes u oponiéndose a las indebidamente actuadas en la medida y forma en que las leyes lo establezcan.

Por el principio de imparcialidad el Ministerio Fiscal actuará con plena objetividad e independencia en defensa de los intereses que le estén encomendados.

Bajo los principios de legalidad e imparcialidad, el Ministerio Fiscal ejerce sus funciones en las áreas que le señalan su norma reguladora y el ordenamiento jurídico estatal. Como ello se hace con la intención de dar satisfacción al interés social a través de la defensa de la legalidad y del interés público tutelado por la ley, ello tiene lugar, en la mayoría de las ocasiones, actuando ante los Tribunales de Justicia en los distintos órdenes jurisdiccionales del ámbito penal, civil, contencioso-administrativo y social.

9.3. Funciones

El artículo 3 del Estatuto de Ministerio Fiscal define en dieciséis apartados las funciones del Ministerio Fiscal que son, entre otras, las siguientes:

1. Velar por que la función jurisdiccional se ejerza eficazmente conforme a las leyes y en los plazos y términos en ellas señalados, ejercitando, en su caso, las acciones, recursos y actuaciones pertinentes.
2. Ejercer cuantas funciones le atribuya la ley en defensa de la independencia de los jueces y tribunales.

3. Velar por el respeto de las instituciones constitucionales y de los derechos fundamentales y libertades públicas con cuantas actuaciones exija su defensa.
4. Ejercitar las acciones penales y civiles dimanantes de delitos y faltas u oponerse a las ejercitadas por otros, cuando proceda.
5. Intervenir en el proceso penal, instando de la autoridad judicial la adopción de las medidas cautelares que procedan y la práctica de las diligencias encaminadas al esclarecimiento de los hechos o instruyendo directamente el procedimiento en el ámbito de lo dispuesto en la Ley Orgánica reguladora de la responsabilidad penal de los menores, pudiendo ordenar a la Policía Judicial aquellas diligencias que estime oportunas.
6. Tomar parte, en defensa de la legalidad y del interés público o social, en los procesos relativos al estado civil y en los demás que establezca la ley.
7. Velar por la protección procesal de las víctimas y por la protección de testigos y peritos, promoviendo los mecanismos previstos para que reciban la ayuda y asistencia efectivas.
8. En materia de responsabilidad penal de menores las funciones que le encomiende la legislación específica, debiendo orientar su actuación a la satisfacción del interés superior del menor.
9. Promover o, en su caso, prestar el auxilio judicial internacional previsto en las leyes, tratados y convenios internacionales.

Son órganos del Ministerio Fiscal:

a) El Fiscal General del Estado.
b) El Consejo Fiscal.
c) La Junta de Fiscales de Sala.
d) La Junta de Fiscales Superiores de las Comunidades Autónomas.
e) La Fiscalía del Tribunal Supremo.
f) La Fiscalía ante el Tribunal Constitucional.
g) La Fiscalía de la Audiencia Nacional.
h) Las Fiscalías Especiales.
i) La Fiscalía del Tribunal de Cuentas, que se regirá por lo dispuesto en la Ley Orgánica de dicho Tribunal.
j) La Fiscalía Jurídico Militar.
k) Las Fiscalías de las Comunidades Autónomas.
l) Las Fiscalías Provinciales.
m) Las Fiscalías de Área.

9.4. Fiscal General del Estado

El Fiscal General del Estado **será nombrado por el Rey, a propuesta del Gobierno, oído previamente el Consejo General del Poder Judicial**, eligiéndolo entre **juristas españoles de reconocido prestigio con más de quince años de ejercicio efectivo de su profesión**.

Recibido el informe del Consejo General del Poder Judicial, el Gobierno comunicará su propuesta al Congreso de los Diputados, a fin de que pueda disponer la comparecencia de la persona elegida ante la Comisión correspondiente de la Cámara, en los términos que prevea su reglamento a los efectos de que se puedan valorar los méritos e idoneidad del candidato propuesto.

Una vez nombrado, el Fiscal General del Estado prestará ante el Rey el juramento o promesa que previene la Ley y tomará posesión del cargo ante el Pleno del Tribunal Supremo.

El Fiscal General del Estado tendrá carácter de autoridad en todo el territorio español y se le guardará y hará guardar el respeto y las consideraciones debidos a su alto cargo. En los actos oficiales ocupará el lugar inmediato siguiente al del Presidente del Tribunal Supremo.

El mandato del Fiscal General del Estado tendrá una duración **de cuatro años.**

Antes de que concluya dicho mandato únicamente podrá cesar por los siguientes motivos:

a) A petición propia.
b) Por incurrir en alguna de las incompatibilidades o prohibiciones establecidas en esta Ley.
c) En caso de incapacidad o enfermedad que lo inhabilite para el cargo.
d) Por incumplimiento grave o reiterado de sus funciones.
e) Cuando cese el Gobierno que lo hubiera propuesto.

El mandato del Fiscal General del Estado no podrá ser renovado, excepto en los supuestos en que el titular hubiera ostentado el cargo durante un periodo inferior a dos años.

La existencia de las causas de cese mencionadas en los apartados a), b), c) y d) del apartado anterior será apreciada por el Consejo de Ministros.

Serán aplicables al Fiscal General del Estado las incompatibilidades establecidas para los restantes miembros del Ministerio Fiscal, sin perjuicio de las facultades o funciones que le encomienden otras disposiciones del mismo rango.

Su régimen retributivo será idéntico al del Presidente del Tribunal Supremo.

Si el nombramiento de Fiscal General recayese sobre un miembro de la Carrera Fiscal quedará en situación de servicios especiales.

La Fiscal General imparte las órdenes e instrucciones convenientes al servicio, al orden interno de la Institución y al ejercicio de las funciones fiscales, pudiendo ser éstas tanto de carácter general como referidas a asuntos específicos. Las directrices generales son esenciales para mantener el principio de unidad de actuación y se concretan fundamentalmente a través de tres instrumentos: las Circulares, las Instrucciones y las Consultas.

- **Circulares**: Contienen criterios generales de actuación e interpretación de normas. También marcan pautas para definir la estructura y funcionamiento de los órganos del Ministerio Fiscal.
- **Instrucciones**: Contienen disposiciones generales sobre actuación y organización en cuestiones más concretas y de menor entidad que las Circulares.
- **Consultas**: En ellas se resuelven las cuestiones dudosas que cualquier Fiscalía puede plantear al Fiscal General sobre interpretación de alguna norma.

9.5. La carrera Fiscal

La Carrera Fiscal está integrada por las diversas categorías de Fiscales que forman un Cuerpo único, organizado jerárquicamente.

Los miembros de la Carrera Fiscal están equiparados en honores, categorías y retribuciones a los de la Carrera Judicial.

El ingreso en la Carrera Fiscal se hace por oposición libre entre licenciados en Derecho y que reúnan las condiciones de capacidad exigidas. La oposición para el ingreso en las Carreras Judicial y Fiscal es conjunta. Tras superar las pruebas teóricas, los aspirantes eligen el ingreso en una u otra Carrera. Quienes eligen la Carrera Fiscal deben superar en el Centro de Estudios Jurídicos un curso de formación, produciéndose tras ello el ingreso en la Carrera Fiscal con el correspondiente juramento y toma de posesión de la plaza de destino.

En cuanto a la adquisición y pérdida de la condición de miembro de la Carrera Fiscal, incapacidades, situaciones administrativas, deberes y derechos, incompatibilidades, prohibiciones y responsabilidades de los mismos, cuando no está expresamente regulado en el Estatuto Orgánico, es aplicable supletoriamente lo dispuesto para Jueces y Magistrados en la Ley Orgánica del Poder Judicial, lo que atribuye a los miembros del ministerio Fiscal un estatuto asimilado al de Magistrado, salvo las peculiaridades propias de la Institución.

Las categorías de la carrera Fiscal serán las siguientes:

1. Fiscales de Sala del Tribunal Supremo, equiparados a Magistrados del Alto Tribunal. El Teniente Fiscal del Tribunal Supremo tendrá la consideración de Presidente de Sala.
2. Fiscales, equiparados a Magistrados.
3. Abogados-Fiscales, equiparados a Jueces.

Para acceder a la primera categoría es necesario contar con al menos veinte años en la carrera y pertenecer a la segunda categoría. Para el caso de la segunda categoría, las vacantes se cubrirán por orden de antigüedad entre los pertenecientes a la categoría tercera. El nombramiento de las dos primeras categorías será por Real Decreto. En la tercera se efectuará por Orden del Ministerio de Justicia (arts. 37 y 38 del Estatuto Orgánico del Ministerio Fiscal modificados por Ley 14/2003).

Tema 5

El Gobierno y la Administración. El Presidente del Gobierno. El Consejo de Ministros. Designación, causas de cese y responsabilidad del Gobierno

eRodio ediciones

Índice esquemático

1. Introducción

La teoría de la separación de poderes propugna la existencia y separación de los tres grandes poderes del Estado: Ejecutivo, Legislativo y Judicial. Pues bien, en este tema vamos a proceder al análisis y estudio del poder Ejecutivo.

El poder Ejecutivo hay que examinarlo desde una doble perspectiva, como si fuesen las dos caras de una misma moneda: de un lado, su faceta política, como Gobierno propiamente dicho; de otra, su faceta administrativa, como Administración. Por eso, algunas figuras (por ejemplo, los Ministros) las estudiaremos dos veces, en dos lugares diferentes: primero, en el presente tema, dedicado al Gobierno; y segundo, en el tema dedicado a la Administración.

Para el estudio del Gobierno, entre otras normas que reseñaremos en su momento, nos detendremos fundamentalmente en la regulación establecida por:

Los Títulos IV y V de la Constitución Española (CE).

La Ley 50/1997, de 27 de noviembre, del Gobierno.

2. El Gobierno

En este epígrafe vamos a estudiar el Gobierno, tal y como lo regulan la Constitución y la Ley 50/1997, de 27 de noviembre, del Gobierno.

2.1. Principios constitucionales

2.1.1. Potestades y composición

El Gobierno dirige la política interior y exterior, la Administración civil y militar y la defensa del Estado. Ejerce la función ejecutiva y la potestad reglamentaria de acuerdo con la Constitución y las leyes.

La Constitución establece que el Gobierno se compone del Presidente, de los Vicepresidentes, en su caso, de los Ministros y de los demás miembros que establezca la ley. Por su parte, la Ley del Gobierno matiza que el Gobierno se compone del Presidente, del Vicepresidente o Vicepresidentes, en su caso, y de los Ministros.

Los miembros del Gobierno se reúnen en Consejo de Ministros y en Comisiones Delegadas del Gobierno.

2.1.2. Responsabilidad criminal

La responsabilidad criminal del Presidente y los demás miembros del Gobierno será exigible, en su caso, ante la Sala de lo Penal del Tribunal Supremo.

Si la acusación fuere por traición o por cualquier delito contra la seguridad del Estado en el ejercicio de sus funciones, sólo podrá ser planteada por iniciativa de la cuarta parte de los miembros del Congreso, y con la aprobación de la mayoría absoluta del mismo.

La prerrogativa real de gracia no será aplicable a ninguno de los supuestos de este epígrafe.

2.1.3. Relaciones entre el Gobierno y las Cortes Generales

A) Control político del Gobierno

El Gobierno responde solidariamente en su gestión política ante el Congreso de los Diputados.

Las Cámaras y sus Comisiones podrán recabar, a través de los Presidentes de aquéllas, la información y ayuda que precisen del Gobierno y de sus Departamentos y de cualesquiera autoridades del Estado y de las Comunidades Autónomas.

Las Cámaras y sus Comisiones pueden reclamar la presencia de los miembros del Gobierno.

Los miembros del Gobierno tienen acceso a las sesiones de las Cámaras y a sus Comisiones y la facultad de hacerse oír en ellas, y podrán solicitar que informen ante las mismas funcionarios de sus Departamentos.

El Gobierno y cada uno de sus miembros están sometidos a las interpelaciones y preguntas que se le formulen en las Cámaras. Para esta clase de debate los Reglamentos establecerán un tiempo mínimo semanal.

Toda interpelación podrá dar lugar a una moción en la que la Cámara manifieste su posición.

B) Cuestión de confianza y moción de censura

a) **Cuestión de confianza**

El Presidente del Gobierno, previa deliberación del Consejo de Ministros, puede plantear ante el Congreso de los Diputados la cuestión de confianza sobre su programa o sobre una declaración de política general. La confianza se entenderá otorgada cuando vote a favor de la misma la mayoría simple de los Diputados.

b) **Moción de censura**

El Congreso de los Diputados puede exigir la responsabilidad política del Gobierno mediante la adopción por mayoría absoluta de la moción de censura.

La moción de censura deberá ser propuesta al menos por la décima parte de los Diputados, y habrá de incluir un candidato a la Presidencia del Gobierno (por eso se habla de moción de censura constructiva).

La moción de censura no podrá ser votada hasta que transcurran cinco días desde su presentación. En los dos primeros días de dicho plazo podrán presentarse mociones alternativas.

Si la moción de censura no fuere aprobada por el Congreso, sus signatarios no podrán presentar otra durante el mismo período de sesiones.

c) **Efectos de la cuestión de confianza y de la moción de censura**

Si el Congreso niega su confianza al Gobierno, éste presentará su dimisión al Rey, procediéndose a continuación a la designación de Presidente del Gobierno, según lo examinado más arriba (*vid.* "Nombramiento del Presidente y demás miembros del Gobierno").

Si el Congreso adopta una moción de censura, el Gobierno presentará su dimisión al Rey y el candidato incluido en aquélla se entenderá investido de la confianza de la Cámara. El Rey le nombrará Presidente del Gobierno.

C) Disolución de las Cámaras por el Gobierno

El Presidente del Gobierno, previa deliberación del Consejo de Ministros, y bajo su exclusiva responsabilidad, podrá proponer la disolución del Congreso, del Senado o de las Cortes Generales, que será decretada por el Rey. El decreto de disolución fijará la fecha de las elecciones.

La propuesta de disolución no podrá presentarse cuando esté en trámite una moción de censura.

No procederá nueva disolución antes de que transcurra un año desde la anterior, salvo el caso ya examinado (*vid.* "Nombramiento del Presidente y demás miembros del Gobierno"), según el cual, si transcurrido el plazo de dos meses a partir de la primera votación de investidura, ningún candidato hubiere obtenido la confianza del Congreso, el Rey disolverá ambas Cámaras y convocará nuevas elecciones con el refrendo del Presidente del Congreso.

D) Estados de alarma, de excepción y de sitio

Una ley orgánica (Ley Orgánica 4/1981, de 1 de junio, de los estados de alarma, excepción y sitio) regula los estados de alarma, de excepción y de sitio, y las competencias y limitaciones correspondientes.

El estado de alarma será declarado por el Gobierno mediante decreto acordado en Consejo de Ministros por un plazo máximo de quince días, dando cuenta al Congreso de los Diputados, reunido inmediatamente al efecto y sin cuya autorización no podrá ser prorrogado dicho plazo. El decreto determinará el ámbito territorial a que se extienden los efectos de la declaración.

El estado de excepción será declarado por el Gobierno mediante decreto acordado en Consejo de Ministros, previa autorización del Congreso de los Diputados. La autorización y proclamación del estado de excepción deberá determinar expresamente los efectos del mismo, el ámbito territorial a que se extiende y su duración, que no podrá exceder de treinta días, prorrogables por otro plazo igual, con los mismos requisitos.

El estado de sitio será declarado por la mayoría absoluta del Congreso de los Diputados, a propuesta exclusiva del Gobierno. El Congreso determinará su ámbito territorial, duración y condiciones.

No podrá procederse a la disolución del Congreso mientras estén declarados algunos de estos estados, quedando automáticamente convocadas las Cámaras si no estuvieren en período de sesiones. Su funcionamiento, así como el de los demás poderes constitucionales del Estado, no podrán interrumpirse durante la vigencia de estos estados.

Disuelto el Congreso o expirado su mandato, si se produjere alguna de las situaciones que dan lugar a cualquiera de dichos estados, las competencias del Congreso serán asumidas por su Diputación Permanente.

La declaración de los estados de alarma, de excepción y de sitio no modificarán el principio de responsabilidad del Gobierno y de sus agentes reconocidos en la Constitución y en las leyes.

2.2. Organización y funciones del Gobierno (Ley 50/1997, de 27 de noviembre, del Gobierno)

2.2.1. *El Presidente del Gobierno*

El Presidente dirige la acción del Gobierno y coordina las funciones de los demás miembros del mismo, sin perjuicio de la competencia y responsabilidad directa de éstos en su gestión.

En todo caso, corresponde al Presidente del Gobierno:

a) Representar al Gobierno.

b) Establecer el programa político del Gobierno y determinar las directrices de la política interior y exterior y velar por su cumplimiento.

c) Proponer al Rey, previa deliberación del Consejo de Ministros, la disolución del Congreso, del Senado o de las Cortes Generales.

d) Plantear ante el Congreso de los Diputados, previa deliberación del Consejo de Ministros, la cuestión de confianza.

e) Proponer al Rey la convocatoria de un referéndum consultivo, previa autorización del Congreso de los Diputados.

f) Dirigir la política de defensa y ejercer respecto de las Fuerzas Armadas las funciones previstas en la legislación reguladora de la defensa nacional y de la organización militar.

g) Convocar, presidir y fijar el orden del día de las reuniones del Consejo de Ministros, sin perjuicio de que corresponde al Rey presidir las sesiones del Consejo de Ministros, cuando lo estime oportuno, a petición del Presidente del Gobierno.

h) Refrendar, en su caso, los actos del Rey y someterle, para su sanción, las leyes y demás normas con rango de ley.

i) Interponer el recurso de inconstitucionalidad.

j) Crear, modificar y suprimir, por Real Decreto, los Departamentos Ministeriales, así como las Secretarías de Estado, Asimismo, le corresponde la aprobación de la estructura orgánica de la Presidencia del Gobierno.

k) Proponer al Rey el nombramiento y separación de los Vicepresidentes y de los Ministros.

l) Resolver los conflictos de atribuciones que puedan surgir entre los diferentes Ministerios.

m) Impartir instrucciones a los demás miembros del Gobierno.

n) Ejercer cuantas otras atribuciones le confieran la Constitución y las leyes.

2.2.2. Vicepresidente o Vicepresidentes del Gobierno

Al Vicepresidente o Vicepresidentes, cuando existan, les corresponderá el ejercicio de las funciones que les encomiende el Presidente.

El Vicepresidente que asuma la titularidad de un Departamento Ministerial, ostentará, además, la condición de Ministro.

El Real Decreto 1824/2011, de 21 de diciembre, sobre la Vicepresidencia del Gobierno, establece que corresponde a la Vicepresidencia del Gobierno la presidencia de la Comisión General de Secretarios de Estado y Subsecretarios, así como aquellas otras funciones que le encomiende el Presidente del Gobierno.

2.2.3. Ministros

Los Ministros, como titulares de sus Departamentos, tienen competencia y responsabilidad en la esfera específica de su actuación, y les corresponde el ejercicio de las siguientes funciones:

a) Desarrollar la acción del Gobierno en el ámbito de su Departamento, de conformidad con los acuerdos adoptados en Consejo de Ministros o con las directrices del Presidente del Gobierno.

b) Ejercer la potestad reglamentaria en las materias propias de su Departamento.

c) Ejercer cuantas otras competencias les atribuyan las leyes, las normas de organización y funcionamiento del Gobierno y cualesquiera otras disposiciones.

d) Refrendar, en su caso, los actos del Rey en materia de su competencia.

Además de los Ministros titulares de un Departamento, podrán existir Ministros sin cartera, a los que se les atribuirá la responsabilidad de determinadas funciones gubernamentales. En caso de que existan Ministros sin cartera, por Real Decreto se determinará el ámbito de sus competencias, la estructura administrativa, así como los medios materiales y personales que queden adscritos al mismo.

El Real Decreto 355/2018, de 6 de junio, por el que se reestructuran los departamentos ministeriales, señala que la Administración General del Estado se estructura en los siguientes departamentos ministeriales (a fecha de edición del presente volumen):

- Ministerio de Asuntos Exteriores, Unión Europea y Cooperación.
- Ministerio de Justicia.
- Ministerio de Defensa.
- Ministerio de Hacienda.
- Ministerio del Interior.
- Ministerio de Fomento.
- Ministerio de Educación y Formación Profesional.
- Ministerio de Trabajo, Migraciones y Seguridad Social.

- Ministerio de Industria, Comercio y Turismo.
- Ministerio de Agricultura, Pesca y Alimentación.
- Ministerio de la Presidencia, Relaciones con las Cortes e Igualdad.
- Ministerio de Política Territorial y Función Pública.
- Ministerio para la Transición Ecológica.
- Ministerio de Cultura y Deporte.
- Ministerio de Economía y Empresa.
- Ministerio de Sanidad, Consumo y Bienestar Social.
- Ministerio de Ciencia, Innovación y Universidades.

2.2.4. Consejo de Ministros

Al Consejo de Ministros, como organo colegiado del Gobierno, le corresponde el ejercicio de las siguientes funciones:

a) Aprobar los proyectos de ley y su remisión al Congreso de los Diputados o, en su caso, al Senado.

b) Aprobar el Proyecto de Ley de Presupuestos Generales del Estado.

c) Aprobar los Reales Decretos-leyes y los Reales Decretos Legislativos.

d) Acordar la negociación y firma de Tratados internacionales, así como su aplicación provisional.

e) Remitir los Tratados internacionales a las Cortes Generales en los términos previstos en los artículos 94 y 96.2 de la Constitución (la prestación del consentimiento del Estado para obligarse por medio de tratados o convenios requerirá la previa autorización de las Cortes Generales, en los casos que se enumeran en el primero de los citados preceptos, sin perjuicio de que el Congreso y el Senado sean inmediatamente informados de la conclusión de los restantes tratados o convenios).

f) Declarar los estados de alarma y de excepción y proponer al Congreso de los Diputados la declaración del estado de sitio.

g) Disponer la emisión de Deuda Pública o contraer crédito, cuando haya sido autorizado por una Ley.

h) Aprobar los reglamentos para el desarrollo y la ejecución de las leyes, previo dictamen del Consejo de Estado, así como las demás disposiciones reglamentarias que procedan.

i) Crear, modificar y suprimir los órganos directivos de los Departamentos Ministeriales.

j) Adoptar programas, planes y directrices vinculantes para todos los órganos de la Administración General del Estado.

k) Ejercer cuantas otras atribuciones le confieran la Constitución, las leyes y cualquier otra disposición.

A las reuniones del Consejo de Ministros podrán asistir los Secretarios de Estado y excepcionalmente otros altos cargos, cuando sean convocados para ello.

Las deliberaciones del Consejo de Ministros serán secretas.

2.2.5. Comisiones Delegadas del Gobierno

La creación, modificación y supresión de las Comisiones Delegadas del Gobierno será acordada por el Consejo de Ministros mediante Real Decreto, a propuesta del Presidente del Gobierno.

El Real Decreto de creación de una Comisión Delegada deberá especificar, en todo caso:

a) El miembro del Gobierno que asume la presidencia de la Comisión.

b) Los miembros del Gobierno y, en su caso, Secretarios de Estado que la integran.

c) Las funciones que se atribuyen a la Comisión.

d) El miembro de la Comisión al que corresponde la Secretaría de la misma.

e) El régimen interno de funcionamiento y en particular el de convocatorias y suplencias.

No obstante lo dispuesto en el párrafo anterior, podrán ser convocados a las reuniones de las Comisiones Delegadas los titulares de aquellos otros órganos superiores y directivos de la Administración General del Estado que se estime conveniente.

Corresponde a las Comisiones Delegadas, como órganos colegiados del Gobierno:

a) Examinar las cuestiones de carácter general que tengan relación con varios de los Departamentos Ministeriales que integren la Comisión.

b) Estudiar aquellos asuntos que, afectando a varios Ministerios, requieran la elaboración de una propuesta conjunta previa a su resolución por el Consejo de Ministros.

c) Resolver los asuntos que, afectando a más de un Ministerio, no requieran ser elevados al Consejo de Ministros.

d) Ejercer cualquier otra atribución que les confiera el ordenamiento jurídico o que les delegue el Consejo de Ministros.

Las deliberaciones de las Comisiones Delegadas del Gobierno serán secretas.

El Real Decreto 1886/2011, de 30 de diciembre, por el que se establecen las Comisiones Delegadas del Gobierno, establece que, además de los que se constituyan por ley, los órganos colegiados del Gobierno con categoría de Comisión Delegada del Gobierno serán los siguientes:

a) Comisión Delegada del Gobierno para Asuntos Económicos.

b) Consejo de Seguridad Nacional en su condición de Comisión Delegada del Gobierno para la Seguridad Nacional.

c) Comisión Delegada del Gobierno para Asuntos de Inteligencia.

d) Comisión Delegada del Gobierno para Política Científica, Tecnológica y de Innovación.

e) Comisión Delegada del Gobierno para Política de Igualdad.

f) Comisión Delegada del Gobierno para Asuntos Culturales.

g) Comisión Delegada del Gobierno para Asuntos Migratorios.

Corresponde a las Comisiones Delegadas del Gobierno el ejercicio de las funciones previstas en el artículo 6.4 de la Ley 50/1997, de 27 de noviembre, del Gobierno, en relación con los asuntos atribuidos a cada una de ellas.

Se modifica el apartado 1 por el art. único.1 del Real Decreto 1396/2018, de 23 de noviembre, por el art. único.1 del Real Decreto 694/2018, de 29 de junio y por el art. único.1 del Real Decreto 385/2013, de 31 de mayo.

2.3. Órganos de colaboración y apoyo del Gobierno

2.3.1. Secretarios de Estado

Los Secretarios de Estado son órganos superiores de la Administración General del Estado, directamente responsables de la ejecución de la acción del Gobierno en un sector de actividad específica de un Departamento o de la Presidencia del Gobierno. Actúan bajo la dirección del titular del Departamento al que pertenezcan y cuando estén adscritos a la Presidencia del Gobierno, actúan bajo la dirección del Presidente.

Las competencias de los Secretarios de Estado son las que se determinan en la Ley 40/2015, de 1 de octubre, de Régimen Jurídico del Sector Público.

2.3.2. Comisión General de Secretarios de Estado y Subsecretarios

La Comisión General de Secretarios de Estado y Subsecretarios estará integrada por los titulares de las Secretarías de Estado y por los Subsecretarios de los distintos Departamentos Ministeriales.

Asistirá igualmente el Abogado General del Estado y aquellos altos cargos con rango de Secretario de Estado o Subsecretario que sean convocados por el Presidente por razón de la materia de que se trate.

La Presidencia de la Comisión General de Secretarios de Estado y Subsecretarios corresponde a un Vicepresidente del Gobierno o, en su defecto, al Ministro de la Presidencia. En caso de ausencia del Presidente de la Comisión, la presidencia recaerá en el Ministro que corresponda según el orden de precedencia de los Departamentos ministeriales. No se entenderá por ausencia la interrupción transitoria en la asistencia a la reunión de la Comisión. En ese caso, las funciones que pudieran corresponder al Presidente serán ejercidas por la siguiente autoridad en rango presente, de conformidad con el orden de precedencia de los distintos Departamentos ministeriales.

La Secretaría de la Comisión General de Secretarios de Estado y Subsecretarios será ejercida por el Subsecretario de la Presidencia. En caso de ausencia, vacante o enfermedad, actuará como Secretario el Director del Secretariado del Gobierno.

Las deliberaciones de la Comisión General de Secretarios de Estado y Subsecretarios serán reservadas. En ningún caso la Comisión podrá adoptar decisiones o acuerdos por delegación del Gobierno.

Corresponde a la Comisión General de Secretarios de Estado y Subsecretarios:

a) El examen de todos los asuntos que vayan a someterse a aprobación del Consejo de Ministros, excepto los nombramientos, ceses, ascensos a cualquiera de los empleos de la categoría de oficiales generales y aquéllos que, excepcionalmente y por razones de urgencia, deban ser sometidos directamente al Consejo de Ministros.

b) El análisis o discusión de aquellos asuntos que, sin ser competencia del Consejo de Ministros o sus Comisiones Delegadas, afecten a varios Ministerios y sean sometidos a la Comisión por su presidente.

2.3.3. Secretariado del Gobierno

El Secretariado del Gobierno, como órgano de apoyo del Consejo de Ministros, de las Comisiones Delegadas del Gobierno y de la Comisión General de Secretarios de Estado y Subsecretarios, ejercerá las siguientes funciones:

a) La asistencia al Ministro-Secretario del Consejo de Ministros.

b) La remisión de las convocatorias a los diferentes miembros de los órganos colegiados anteriormente enumerados.

c) La colaboración con las Secretarías Técnicas de las Comisiones Delegadas del Gobierno.

d) El archivo y custodia de las convocatorias, órdenes del día y actas de las reuniones.

e) Velar por el cumplimiento de los principios de buena regulación aplicables a las iniciativas normativas y contribuir a la mejora de la calidad técnica de las disposiciones aprobadas por el Gobierno.

f) Velar por la correcta y fiel publicación de las disposiciones y normas emanadas del Gobierno que deban insertarse en el "Boletín Oficial del Estado".

Asimismo, el Secretariado del Gobierno, como órgano de asistencia al Ministro de la Presidencia, ejercerá las siguientes funciones:

a) Los trámites relativos a la sanción y promulgación real de las leyes aprobadas por las Cortes Generales y la expedición de los Reales Decretos.

b) La tramitación de los actos y disposiciones del Rey cuyo refrendo corresponde al Presidente del Gobierno.

c) La tramitación de los actos y disposiciones que el ordenamiento jurídico atribuye a la competencia del Presidente del Gobierno.

El Secretariado del Gobierno se integra en la estructura orgánica del Ministerio de la Presidencia, tal como se prevea en el Real Decreto de estructura de ese Ministerio. El Director del Secretariado del Gobierno ejercerá la secretaría adjunta de la Comisión General de Secretarios de Estado y Subsecretarios.

De conformidad con las funciones que tiene atribuidas y de acuerdo con las normas que rigen la elaboración de las disposiciones de carácter general, el Secretariado del Gobierno propondrá al Ministro de la Presidencia la aprobación de las instrucciones que han de seguirse para la tramitación de asuntos ante los órganos colegiados del Gobierno y los demás que acabamos de enumerar. Las instrucciones preverán expresamente la forma de documentar las propuestas y acuerdos adoptados por medios electrónicos, que deberán asegurar la identidad de los órganos intervinientes y la fehaciencia del contenido.

2.3.4. Gabinetes

Los Gabinetes son órganos de apoyo político y técnico del Presidente del Gobierno, de los Vicepresidentes, de los Ministros y de los Secretarios de Estado. Los miembros de los Gabinetes realizan tareas de confianza y asesoramiento especial sin que en ningún caso puedan adoptar actos o resoluciones que correspondan legalmente a los órganos de la Administración General del Estado o de las organizaciones adscritas a ella, sin perjuicio de su asistencia o pertenencia a órganos colegiados que adopten decisiones administrativas. Asimismo, los directores de los gabinetes podrán dictar los actos administrativos propios de la jefatura de la unidad que dirigen.

Particularmente, los Gabinetes prestan su apoyo a los miembros del Gobierno y Secretarios de Estado en el desarrollo de su labor política, en el cumplimiento de las tareas de carácter parlamentario y en sus relaciones con las instituciones y la organización administrativa.

El Gabinete de la Presidencia del Gobierno se regulará por Real Decreto del Presidente en el que se determinará, entre otros aspectos, su estructura y funciones. El resto de Gabinetes se regulará por lo dispuesto en la ley.

Los Directores de Gabinete tendrán el nivel orgánico que se determine reglamentariamente. El resto de miembros del Gabinete tendrán la situación y grado administrativo que les corresponda en virtud de la legislación correspondiente.

Las retribuciones de los miembros de los Gabinetes se determinan por el Consejo de Ministros dentro de las consignaciones presupuestarias establecidas al efecto adecuándose, en todo caso, a las retribuciones de la Administración General del Estado.

2.4. Estatuto de los miembros del Gobierno, de los Secretarios de Estado y de los Directores de los Gabinetes

2.4.1. Estatuto de los miembros del Gobierno

A) Requisitos de acceso al cargo

De los requisitos de acceso al cargo.

Para ser miembro del Gobierno se requiere ser español, mayor de edad, disfrutar de los derechos de sufragio activo y pasivo, así como no estar inhabilitado para ejercer empleo o cargo público por sentencia judicial firme y reunir el resto de requisitos de idoneidad previstos en la Ley 3/2015, de 30 de marzo, reguladora del ejercicio del alto cargo de la Administración General del Estado.

B) Nombramiento y cese

a. Regulación constitucional del nombramiento y cese del Gobierno (arts. 99-101 CE)

a.1. Nombramiento

Después de cada renovación del Congreso de los Diputados, y en los demás supuestos constitucionales en que así proceda, el Rey, previa consulta con los representantes designados por los Grupos políticos con representación parlamentaria, y a través del Presidente del Congreso, propondrá un candidato a la Presidencia del Gobierno.

El candidato propuesto conforme a lo previsto en el párrafo anterior expondrá ante el Congreso de los Diputados el programa político del Gobierno que pretenda formar y solicitará la confianza de la Cámara.

Si el Congreso de los Diputados, por el voto de la mayoría absoluta de sus miembros, otorgare su confianza a dicho candidato, el Rey le nombrará Presidente. De no alcanzarse dicha mayoría, se someterá la misma propuesta a nueva votación cuarenta y ocho horas después de la anterior, y la confianza se entenderá otorgada si obtuviere la mayoría simple.

Si efectuadas las citadas votaciones no se otorgase la confianza para la investidura, se tramitarán sucesivas propuestas en la forma prevista anteriormente.

Si transcurrido el plazo de dos meses, a partir de la primera votación de investidura, ningún candidato hubiere obtenido la confianza del Congreso, el Rey disolverá ambas Cámaras y convocará nuevas elecciones con el refrendo del Presidente del Congreso.

Los demás miembros del Gobierno serán nombrados y separados por el Rey, a propuesta de su Presidente.

a.2. Cese

El Gobierno cesa tras la celebración de elecciones generales, en los casos de pérdida de la confianza parlamentaria previstos en la Constitución, o por dimisión o fallecimiento de su Presidente.

El Gobierno cesante continuará en funciones hasta la toma de posesión del nuevo Gobierno.

b. Nombramiento y cese en la Ley 50/1997, de 27 de noviembre, del Gobierno (art. 12)

El nombramiento y cese del Presidente del Gobierno se producirá en los términos previstos en la Constitución.

Los Vicepresidentes y Ministros serán nombrados y separados por el Rey, a propuesta del Presidente del Gobierno. El nombramiento conllevará el cese en el puesto que, en su caso, se estuviera desempeñando, salvo cuando en el caso de los Vicepresidentes, se designe como tal a un Ministro que conserve la titularidad del Departamento. Cuando el cese en el anterior cargo correspondiera al Consejo de Ministros, se dejará constancia de esta circunstancia en el nombramiento del nuevo titular. La separación de los Ministros sin cartera llevará aparejada la extinción de dichos órganos.

La separación de los Vicepresidentes del Gobierno llevará aparejada la extinción de dichos órganos, salvo el caso en que simultáneamente se designe otro vicepresidente en sustitución del separado.

Por Real Decreto se regulará el estatuto que fuera aplicable a los Presidentes del Gobierno tras su cese.

C) Suplencia

En los casos de vacante, ausencia o enfermedad, las funciones del Presidente del Gobierno serán asumidas por los Vicepresidentes, de acuerdo con el correspondiente orden de prelación, y, en defecto de ellos, por los Ministros, según el orden de precedencia de los Departamentos.

La suplencia de los Ministros, para el despacho ordinario de los asuntos de su competencia, será determinada por Real Decreto del Presidente del Gobierno, debiendo recaer, en todo caso, en otro miembro del Gobierno. El Real Decreto expresará entre otras cuestiones la causa y el carácter de la suplencia. No se entenderá por ausencia la interrupción transitoria de la asistencia a la reunión de un órgano colegiado. En tales casos, las funciones que pudieran corresponder al miembro del gobierno durante esa situación serán ejercidas por la siguiente autoridad en rango presente.

D) Régimen de incompatibilidades de los miembros del Gobierno

Los miembros del Gobierno no podrán ejercer otras funciones representativas que las propias del mandato parlamentario, ni cualquier otra función pública que no derive de su cargo, ni actividad profesional o mercantil alguna.

Será de aplicación, asimismo, a los miembros del Gobierno el régimen de incompatibilidades de los altos cargos de la Administración General del Estado.

2.4.2. Estatuto de los Secretarios de Estado

Los Secretarios de Estado son nombrados y separados por Real Decreto del Consejo de Ministros, aprobado a propuesta del Presidente del Gobierno o del miembro del Gobierno a cuyo Departamento pertenezcan.

La suplencia de los Secretarios de Estado del mismo Departamento se determinará según el orden de precedencia que se derive del Real Decreto de estructura orgánica del Ministerio.

Los Secretarios de Estado dependientes directamente de la Presidencia del Gobierno serán suplidos por quien designe el Presidente.

Es de aplicación a los Secretarios de Estado el régimen de incompatibilidades previsto para los altos cargos de la Administración General del Estado.

2.4.3. Estatuto de los Directores de los Gabinetes de Presidente, Vicepresidentes, Ministros y Secretarios de Estado

Los Directores de los Gabinetes del Presidente, de los Vicepresidentes y de los Ministros serán nombrados y separados por Real Decreto aprobado en Consejo de Ministros.

Los Directores de Gabinete de los Secretarios de Estado serán nombrados por Orden Ministerial, previo conocimiento del Consejo de Ministros y cesarán automáticamente cuando cese el titular del cargo del que dependen. En el supuesto del Gobierno en funciones continuarán hasta la formación del nuevo Gobierno.

Los funcionarios que se incorporen a los Gabinetes pasarán a la situación de servicios especiales, salvo que opten por permanecer en la situación de servicio activo en su Administración de origen.

Del mismo modo, el personal no funcionario que se incorpore a estos Gabinetes tendrá derecho a la reserva del puesto y antigüedad, conforme a lo dispuesto en su legislación específica.

2.5. Normas de funcionamiento del Gobierno. Delegación de competencias

2.5.1. Normas aplicables al funcionamiento del Gobierno

El Gobierno se rige, en su organización y funcionamiento, por la Ley 50/1997, de 27 de noviembre, del Gobierno y por:

a) Los Reales Decretos del Presidente del Gobierno sobre la composición y organización del Gobierno, así como de sus órganos de colaboración y apoyo.

b) Las disposiciones organizativas internas, de funcionamiento y actuación emanadas del Presidente del Gobierno o del Consejo de Ministros.

2.5.2. Funcionamiento del Consejo de Ministros

El Presidente del Gobierno convoca y preside las reuniones del Consejo de Ministros, actuando como Secretario el Ministro de la Presidencia.

Las reuniones del Consejo de Ministros podrán tener carácter decisorio o deliberante.

El orden del día de las reuniones del Consejo de Ministros se fijará por el Presidente del Gobierno.

De las sesiones del Consejo de Ministros se levantará acta en la que figurarán, exclusivamente, las circunstancias relativas al tiempo y lugar de su celebración, la relación de asistentes, los acuerdos adoptados y los informes presentados.

2.5.3. Actas de las Comisiones Delegadas del Gobierno y de la Comisión General de Secretarios de Estado y Subsecretarios

A las Comisiones Delegadas del Gobierno y a la Comisión General de Secretarios de Estado y Subsecretarios les será de aplicación lo dispuesto para el Consejo de Ministros, en relación con las actas de dichos órganos colegiados.

2.5.4. Delegación y avocación de competencias

Pueden delegar el ejercicio de competencias propias:

a) El Presidente del Gobierno en favor del Vicepresidente o Vicepresidentes y de los Ministros.

b) Los Ministros en favor de los Secretarios de Estado y de los Subsecretarios dependientes de ellos, de los Delegados del Gobierno en las Comunidades Autónomas y de los demás órganos directivos del Ministerio.

Asimismo, son delegables a propuesta del Presidente del Gobierno las funciones administrativas del Consejo de Ministros en las Comisiones Delegadas del Gobierno. Sin embargo, no son en ningún caso delegables las siguientes competencias:

a) Las atribuidas directamente por la Constitución.

b) Las relativas al nombramiento y separación de los altos cargos atribuidas al Consejo de Ministros.

c) Las atribuidas a los órganos colegiados del Gobierno, con la excepción prevista en el párrafo anterior.

d) Las atribuidas por una ley que prohíba expresamente la delegación.

El Consejo de Ministros podrá avocar para sí, a propuesta del Presidente del Gobierno, el conocimiento de un asunto cuya decisión corresponda a las Comisiones Delegadas del Gobierno. La avocación se realizará mediante acuerdo motivado al efecto, del que se hará mención expresa en la decisión que se adopte en el ejercicio de la avocación. Contra el acuerdo de avocación no cabrá recurso, aunque podrá impugnarse en el que, en su caso, se interponga contra la decisión adoptada.

2.6. Gobierno en funciones

El Gobierno cesa tras la celebración de elecciones generales, en los casos de pérdida de confianza parlamentaria previstos en la Constitución, o por dimisión o fallecimiento de su Presidente.

El Gobierno cesante continúa en funciones hasta la toma de posesión del nuevo Gobierno, con las limitaciones establecidas en la Ley del Gobierno.

El Gobierno en funciones facilitará el normal desarrollo del proceso de formación del nuevo Gobierno y el traspaso de poderes al mismo y limitará su gestión al despacho ordinario de los asuntos públicos, absteniéndose de adoptar, salvo casos de urgencia debidamente acreditados o por razones de interés general cuya acreditación expresa así lo justifique, cualesquiera otras medidas.

El Presidente del Gobierno en funciones no podrá ejercer las siguientes facultades:

a) Proponer al Rey la disolución de alguna de las Cámaras, o de las Cortes Generales.

b) Plantear la cuestión de confianza.

c) Proponer al Rey la convocatoria de un referéndum consultivo.

El Gobierno en funciones no podrá ejercer las siguientes facultades:

a) Aprobar el Proyecto de Ley de Presupuestos Generales del Estado.

b) Presentar proyectos de ley al Congreso de los Diputados o, en su caso, al Senado.

Las delegaciones legislativas otorgadas por las Cortes Generales quedarán en suspenso durante todo el tiempo que el Gobierno esté en funciones como consecuencia de la celebración de elecciones generales.

2.7. Iniciativa legislativa y potestad reglamentaria del Gobierno

El Gobierno ejercerá la iniciativa y la potestad reglamentaria de conformidad con los principios y reglas establecidos en el Título VI de la Ley 39/2015, de 1 de octubre, del Procedimiento Administrativo Común de las Administraciones Públicas y en el Título V de la Ley 50/1997, de 27 de noviembre, del Gobierno.

2.7.1. Disposiciones de entrada en vigor

Sin perjuicio de lo establecido en el artículo 2.1 del Código Civil (las leyes entrarán en vigor a los veinte días de su completa publicación en el «Boletín Oficial del Estado», si en ellas no se dispone otra cosa), las disposiciones de entrada en vigor de las leyes o reglamentos, cuya aprobación o propuesta corresponda al Gobierno o a sus miembros, y que impongan nuevas obligaciones a las personas físicas o jurídicas que desempeñen una actividad económica o profesional como consecuencia del ejercicio de ésta, preverán el comienzo de su vigencia el 2 de enero o el 1 de julio siguientes a su aprobación.

Lo previsto anteriormente no será de aplicación a los reales decretos-leyes, ni cuando el cumplimiento del plazo de transposición de directivas europeas u otras razones justificadas así lo aconsejen, debiendo quedar este hecho debidamente acreditado en la respectiva Memoria.

2.7.2. Forma y jerarquía de las disposiciones y resoluciones del Gobierno de la Nación y de sus miembros

Las decisiones del Gobierno de la Nación y de sus miembros revisten las formas siguientes:

a) Reales Decretos Legislativos y Reales Decretos-leyes, las decisiones que aprueban, respectivamente, las normas previstas en los artículos 82 y 86 de la Constitución.

b) Reales Decretos del Presidente del Gobierno, las disposiciones y actos cuya adopción venga atribuida al Presidente.

c) Reales Decretos acordados en Consejo de Ministros, las decisiones que aprueben normas reglamentarias de la competencia de éste y las resoluciones que deban adoptar dicha forma jurídica.

d) Acuerdos del Consejo de Ministros, las decisiones de dicho órgano colegiado que no deban adoptar la forma de Real Decreto.

e) Acuerdos adoptados en Comisiones Delegadas del Gobierno, las disposiciones y resoluciones de tales órganos colegiados. Tales acuerdos revestirán la forma de Orden del Ministro competente o del Ministro de la Presidencia, cuando la competencia corresponda a distintos Ministros.

f) Órdenes Ministeriales, las disposiciones y resoluciones de los Ministros. Cuando la disposición o resolución afecte a varios Departamentos revestirá la forma de Orden del Ministro de la Presidencia, dictada a propuesta de los Ministros interesados.

Los reglamentos se ordenarán según la siguiente jerarquía:

1. Disposiciones aprobadas por Real Decreto del Presidente del Gobierno o acordado en el Consejo de Ministros.
2. Disposiciones aprobadas por Orden Ministerial.

2.7.3. Plan Anual Normativo

El Gobierno aprobará anualmente un Plan Normativo que contendrá las iniciativas legislativas o reglamentarias que vayan a ser elevadas para su aprobación en el año siguiente.

El Plan Anual Normativo identificará, con arreglo a los criterios que se establezcan reglamentariamente, las normas que habrán de someterse a un análisis sobre los resultados de su aplicación, atendiendo fundamentalmente al coste que suponen para la Administración o los destinatarios y las cargas administrativas impuestas a estos últimos.

Cuando se eleve para su aprobación por el órgano competente una propuesta normativa que no figurara en el Plan Anual Normativo al que se refiere el presente epígrafe será necesario justificar este hecho en la correspondiente Memoria del Análisis de Impacto Normativo.

El Plan Anual Normativo estará coordinado por el Ministerio de la Presidencia, con el objeto de asegurar la congruencia de todas las iniciativas que se tramiten y de evitar sucesivas modificaciones del régimen legal aplicable a un determinado sector o área de actividad en un corto espacio de tiempo. El Ministro de la Presidencia elevará el Plan al Consejo de Ministros para su aprobación antes del 30 de abril.

Por orden del Ministerio de la Presidencia se aprobarán los modelos que contengan la información a remitir sobre cada iniciativa normativa para su inclusión en el Plan.

2.7.4. Procedimiento de elaboración de normas con rango de Ley y reglamentos

La elaboración de los anteproyectos de ley, de los proyectos de real decreto legislativo y de normas reglamentarias se ajustará al siguiente procedimiento:

Su redacción estará precedida de cuantos estudios y consultas se estimen convenientes para garantizar el acierto y la legalidad de la norma y se sustanciará una consulta pública, a través del portal web del departamento competente, con carácter previo a la elaboración del texto, en la que se recabará opinión de los sujetos potencialmente afectados por la futura norma y de las organizaciones más representativas acerca de:

a) Los problemas que se pretenden solucionar con la nueva norma.
b) La necesidad y oportunidad de su aprobación.
c) Los objetivos de la norma.
d) Las posibles soluciones alternativas regulatorias y no regulatorias.

Podrá prescindirse del trámite de consulta pública previsto anteriormente en el caso de la elaboración de normas presupuestarias u organizativas de la Administración General del Estado o de las organizaciones dependientes o vinculadas a éstas, cuando concurran razones graves de interés público que lo justifiquen, o cuando la propuesta normativa no tenga un impacto significativo en la actividad económica, no imponga obligaciones relevantes a los destinatarios o regule aspectos parciales de una materia. También podrá prescindirse de este trámite de consulta en el caso de tramitación urgente de iniciativas normativas, tal y como veremos en el epígrafe siguiente (*vid.* "Tramitación urgente de iniciativas normativas en el ámbito de la Administración General del Estado"). La concurrencia de alguna o varias de estas razones, debidamente motivadas, se justificarán en la Memoria del Análisis de Impacto Normativo.

La consulta pública deberá realizarse de tal forma que todos los potenciales destinatarios de la norma tengan la posibilidad de emitir su opinión, para lo cual deberá proporcionarse un tiempo suficiente, que en ningún caso será inferior a quince días naturales.

El centro directivo competente elaborará con carácter preceptivo una Memoria del Análisis de Impacto Normativo, que deberá contener los siguientes apartados:

a) Oportunidad de la propuesta y alternativas de regulación estudiadas, lo que deberá incluir una justificación de la necesidad de la nueva norma frente a la alternativa de no aprobar ninguna regulación.

b) Contenido y análisis jurídico, con referencia al Derecho nacional y de la Unión Europea, que incluirá el listado pormenorizado de las normas que quedarán derogadas como consecuencia de la entrada en vigor de la norma.

c) Análisis sobre la adecuación de la norma propuesta al orden de distribución de competencias.

d) Impacto económico y presupuestario, que evaluará las consecuencias de su aplicación sobre los sectores, colectivos o agentes afectados por la norma, incluido el efecto sobre la competencia, la unidad de mercado y la competitividad y su encaje con la legislación vigente en cada momento sobre estas materias. Este análisis incluirá la realización del test Pyme de acuerdo con la práctica de la Comisión Europea.

e) Asimismo, se identificarán las cargas administrativas que conlleva la propuesta, se cuantificará el coste de su cumplimiento para la Administración y para los obligados a soportarlas con especial referencia al impacto sobre las pequeñas y medianas empresas.

f) Impacto por razón de género, que analizará y valorará los resultados que se puedan seguir de la aprobación de la norma desde la perspectiva de la eliminación de desigualdades y de su contribución a la consecución de los objetivos de igualdad de oportunidades y de trato entre mujeres y hombres, a partir de los indicadores de situación de partida, de previsión de resultados y de previsión de impacto.

g) Un resumen de las principales aportaciones recibidas en el trámite de consulta pública referido anteriormente.

La Memoria del Análisis de Impacto Normativo incluirá cualquier otro extremo que pudiera ser relevante a criterio del órgano proponente.

Cuando la disposición normativa sea un anteproyecto de ley o un proyecto de real decreto legislativo, cumplidos los trámites anteriores, el titular o titulares de los Departamentos proponentes lo elevarán, previo sometimiento a la Comisión General de Secretarios de Estado y Subsecretarios, al Consejo de Ministros, a fin de que éste decida sobre los ulteriores trámites y, en particular, sobre las consultas, dictámenes e informes que resulten convenientes, así como sobre los términos de su realización, sin perjuicio de los legalmente preceptivos.

Cuando razones de urgencia así lo aconsejen, y siempre que se hayan cumplimentado los trámites de carácter preceptivo, el Consejo de Ministros podrá prescindir de este y acordar la aprobación del anteproyecto de ley o proyecto de real decreto legislativo y su remisión, en su caso, al Congreso de los Diputados o al Senado, según corresponda.

A lo largo del procedimiento de elaboración de la norma, el centro directivo competente recabará, además de los informes y dictámenes que resulten preceptivos, cuantos estudios y consultas se estimen convenientes para garantizar el acierto y la legalidad del texto.

Salvo que normativamente se establezca otra cosa, los informes preceptivos se emitirán en un plazo de diez días, o de un mes cuando el informe se solicite a otra Administración o a un órgano u Organismo dotado de espacial independencia o autonomía.

El centro directivo competente podrá solicitar motivadamente la emisión urgente de los informes, estudios y consultas solicitados, debiendo éstos ser emitidos en un plazo no superior a la mitad de la duración de los indicados en el párrafo anterior.

En todo caso, los anteproyectos de ley, los proyectos de real decreto legislativo y los proyectos de disposiciones reglamentarias, deberán ser informados por la Secretaría General Técnica del Ministerio o Ministerios proponentes.

Asimismo, cuando la propuesta normativa afectara a la organización administrativa de la Administración General del Estado, a su régimen de personal, a los procedimientos y a la inspección de los servicios, será necesario recabar la aprobación previa del Ministerio de Hacienda y Administraciones Públicas antes de ser sometidas al órgano competente para promulgarlos. Si transcurridos 15 días desde la recepción de la solicitud de aprobación por parte del citado Ministerio no se hubiera formulado ninguna objeción, se entenderá concedida la aprobación.

Será además necesario informe previo del Ministerio de Hacienda y Administraciones Públicas cuando la norma pudiera afectar a la distribución de las competencias entre el Estado y las Comunidades Autónomas.

Sin perjuicio de la consulta previa a la redacción del texto de la iniciativa, cuando la norma afecte a los derechos e intereses legítimos de las personas, el centro directivo competente publicará el texto en el portal web correspondiente, con el objeto de dar audiencia a los ciudadanos afectados y obtener cuantas aportaciones adicionales puedan hacerse por otras personas o entidades. Asimismo, podrá recabarse directamente la opinión de las organizaciones o asociaciones reconocidas por ley que agrupen o representen a las personas cuyos derechos o intereses legítimos se vieren afectados por la norma y cuyos fines guarden relación directa con su objeto.

El plazo mínimo de esta audiencia e información públicas será de 15 días hábiles, y podrá ser reducido hasta un mínimo de siete días hábiles cuando razones debidamente motivadas así lo justifiquen; así como cuando se aplique la tramitación urgente de iniciativas normativas. De ello deberá dejarse constancia en la Memoria del Análisis de Impacto Normativo.

El trámite de audiencia e información pública sólo podrá omitirse cuando existan graves razones de interés público, que deberán justificarse en la Memoria del Análisis de Impacto Normativo. Asimismo, no será de aplicación a las disposiciones presupuestarias o que regulen los órganos, cargos y autoridades del Gobierno o de las organizaciones dependientes o vinculadas a éstas.

Se recabará el dictamen del Consejo de Estado u órgano consultivo equivalente cuando fuera preceptivo o se considere conveniente.

Cumplidos los trámites anteriores, la propuesta se someterá a la Comisión General de Secretarios de Estado y Subsecretarios y se elevará al Consejo de Ministros para su aprobación y, en caso de proyectos de ley, su remisión al Congreso de los Diputados o, en su caso, al Senado, acompañándolo de una Exposición de Motivos y de la documentación propia del procedimiento de elaboración a que se refieren las letras b) y d) del artículo 7 de la Ley 19/2013, de 9 de diciembre, de transparencia, acceso a la información pública y buen gobierno y su normativa de desarrollo. La letra b) se refiere a los Anteproyectos de Ley y los proyectos de Decretos Legislativos cuya iniciativa les corresponda, cuando se soliciten los dictámenes a los órganos consultivos correspondientes; y la d), a las memorias e informes que conformen los expedientes de elaboración de los textos normativos, en particular, la memoria del análisis de impacto normativo regulada por el Real Decreto 1083/2009, de 3 de julio.

El Ministerio de la Presidencia, con el objeto de asegurar la coordinación y la calidad de la actividad normativa del Gobierno analizará los siguientes aspectos:

a) La calidad técnica y el rango de la propuesta normativa.

b) La congruencia de la iniciativa con el resto del ordenamiento jurídico, nacional y de la Unión Europea, con otras que se estén elaborando en los distintos Ministerios o que vayan a hacerlo de acuerdo con el Plan Anual Normativo, así como con las que se estén tramitando en las Cortes Generales.

c) La necesidad de incluir la derogación expresa de otras normas, así como de refundir en la nueva otras existentes en el mismo ámbito.

d) El contenido preceptivo de la Memoria del Análisis de Impacto Normativo y, en particular, la inclusión de una sistemática de evaluación posterior de la aplicación de la norma cuando fuere preceptivo.

e) El cumplimiento de los principios y reglas establecidos en el Título V de la Ley del Gobierno.

f) El cumplimiento o congruencia de la iniciativa con los proyectos de reducción de cargas administrativas o buena regulación que se hayan aprobado en disposiciones o acuerdos de carácter general para la Administración General del Estado.

g) La posible extralimitación de la iniciativa normativa respecto del contenido de la norma comunitaria que se trasponga al derecho interno.

Reglamentariamente se determinará la composición del órgano encargado de la realización de esta función así como su modo de intervención en el procedimiento.

Se conservarán en el correspondiente expediente administrativo, en formato electrónico, la Memoria del Análisis de Impacto Normativo, los informes y dictámenes recabados para su tramitación, así como todos los estudios y consultas emitidas y demás actuaciones practicadas.

Lo dispuesto en este artículo y en el siguiente no será de aplicación para la tramitación y aprobación de decretos-leyes, salvo excepciones.

2.7.5. Tramitación urgente de iniciativas normativas en el ámbito de la Administración General del Estado

El Consejo de Ministros, a propuesta del titular del departamento al que corresponda la iniciativa normativa, podrá acordar la tramitación urgente del procedimiento de elaboración y aprobación de anteproyectos de ley, reales decretos legislativos y de reales decretos, en alguno de los siguientes casos:

a) Cuando fuere necesario para que la norma entre en vigor en el plazo exigido para la transposición de directivas comunitarias o el establecido en otras leyes o normas de Derecho de la Unión Europea.

b) Cuando concurran otras circunstancias extraordinarias que, no habiendo podido preverse con anterioridad, exijan la aprobación urgente de la norma.

La Memoria del Análisis de Impacto Normativo que acompañe al proyecto mencionará la existencia del acuerdo de tramitación urgente, así como las circunstancias que le sirven de fundamento.

La tramitación por vía de urgencia implicará que:

a) Los plazos previstos para la realización de los trámites del procedimiento de elaboración, establecidos en ésta o en otra norma, se reducirán a la mitad de su duración. Si, en aplicación de la normativa reguladora de los órganos consultivos que hubieran de emitir dictamen, fuera necesario un acuerdo para requerirlo en dicho plazo, se adoptará por el órgano competente; y si fuera el Consejo de Ministros, se recogerá en el acuerdo que se adopte.

b) No será preciso el trámite de consulta pública, sin perjuicio de la realización de los trámites de audiencia pública o de información pública sobre el texto, cuyo plazo de realización será de siete días.

c) La falta de emisión de un dictamen o informe preceptivo en plazo no impedirá la continuación del procedimiento, sin perjuicio de su eventual incorporación y consideración cuando se reciba.

2.7.6. Informe anual de evaluación

El Consejo de Ministros, a propuesta del Ministerio de la Presidencia, aprobará, antes del 30 de abril de cada año, un informe anual en el que se refleje el grado de cumplimiento del Plan Anual Normativo del año anterior, las iniciativas adoptadas que no estaban inicialmente incluidas en el citado Plan, así como las incluidas en anteriores informes de evaluación con objetivos plurianuales que hayan producido al menos parte de sus efectos en el año que se evalúa.

En el informe se incluirán las conclusiones del análisis de la aplicación de las normas, que, de acuerdo con lo previsto en su respectiva Memoria, hayan tenido que ser evaluadas en el ejercicio anterior. La evaluación se realizará en los términos y plazos previstos en la Memoria del Análisis de Impacto Normativo y deberá comprender, en todo caso:

a) La eficacia de la norma, entendiendo por tal la medida en que ha conseguido los fines pretendidos con su aprobación.

b) La eficiencia de la norma, identificando las cargas administrativas que podrían no haber sido necesarias.

c) La sostenibilidad de la disposición.

El informe podrá contener recomendaciones específicas de modificación y, en su caso, derogación de las normas evaluadas, cuando así lo aconsejase el resultado del análisis.

2.8. Control de los actos del Gobierno

El Gobierno está sujeto a la Constitución y al resto del ordenamiento jurídico en toda su actuación. Todos sus actos y omisiones están sometidos al control político de las Cortes Generales.

Los actos, la inactividad y las actuaciones materiales que constituyan una vía de hecho del Gobierno y de los órganos y autoridades regulados en la Ley del Gobierno son impugnables ante la jurisdicción contencioso-administrativa, de conformidad con lo dispuesto en su Ley reguladora.

La actuación del Gobierno es impugnable ante el Tribunal Constitucional en los términos de la Ley Orgánica reguladora del mismo.

Tema 6

El Gobierno Abierto. Concepto y principios informadores: colaboración, participación, transparencia y rendición de cuentas. La Ley 19/2013, de 9 de diciembre, de transparencia, acceso a la información pública y buen gobierno. El Consejo de Transparencia y Buen Gobierno: funciones. La Agenda 2030 y los Objetivos de Desarrollo Sostenible

eRodio ediciones

Índice esquemático

1. **Introducción**
2. **La transparencia de la actividad pública**
   2.1. De la publicidad activa
   2.2. Del derecho de acceso a la información pública
3. **Del buen gobierno**
4. **Consejo de Transparencia y Buen Gobierno**
5. **La Agenda 2030 y los Objetivos de Desarrollo Sostenible**

1. Introducción

La exposición de motivos de **la Ley 19/2013 de Transparencia acceso a la Información y buen gobierno**, establece que **la transparencia, el acceso a la información pública y las normas de buen gobierno deben ser los ejes fundamentales de toda acción política**. Sólo cuando la acción de los responsables públicos se somete a escrutinio, cuando los ciudadanos pueden conocer cómo se toman las decisiones que les afectan, cómo se manejan los fondos públicos o bajo qué criterios actúan nuestras instituciones podremos hablar del inicio de un proceso en el que los poderes públicos comienzan a responder a una sociedad que es crítica, exigente y que demanda participación de los poderes públicos.

Los países con mayores niveles en materia de transparencia y normas de buen gobierno cuentan con instituciones más fuertes, que favorecen el crecimiento económico y el desarrollo social. En estos países, los ciudadanos pueden juzgar mejor y con más criterio la capacidad de sus responsables públicos y decidir en consecuencia. Permitiendo una mejor fiscalización de la actividad pública se contribuye a la necesaria regeneración democrática, se promueve la eficiencia y eficacia del Estado y se favorece el crecimiento económico.

La presente Ley tiene un triple alcance:

a) Incrementa y refuerza la transparencia en la actividad pública –que se articula a través de obligaciones de publicidad activa para todas las Administraciones y entidades públicas–.

b) Reconoce y garantiza el acceso a la información –regulado como un derecho de amplio ámbito subjetivo y objetivo–.

c) Establece las obligaciones de buen gobierno que deben cumplir los responsables públicos así como las consecuencias jurídicas derivadas de su incumplimiento –lo que se convierte en una exigencia de responsabilidad para todos los que desarrollan actividades de relevancia pública–.

En estas tres vertientes, la Ley supone un importante avance en la materia y establece unos estándares homologables al del resto de democracias consolidadas. En definitiva, constituye un paso fundamental y necesario que se verá acompañado en el futuro con el impulso y adhesión por parte del Estado tanto a iniciativas multilaterales en este ámbito como con la firma de los instrumentos internacionales ya existentes en esta materia.

En el ordenamiento jurídico español ya existen normas sectoriales que contienen obligaciones concretas de publicidad activa para determinados sujetos. Así, por ejemplo, en materia de contratos, subvenciones, presupuestos o actividades de altos cargos nuestro país cuenta con un destacado nivel de transparencia. Sin embargo, esta regulación resulta insuficiente en la actualidad y no satisface las exigencias sociales y políticas del momento. Por ello, con esta Ley se avanza y se profundiza en la configuración de obligaciones de publicidad activa que, se entiende, han de vincular a un amplio número de sujetos entre los que se encuentran todas las Administraciones Públicas, los órganos del Poder Legislativo y Judicial en lo que se refiere a sus actividades sujetas a Derecho Administrativo, así como otros órganos constitucionales y estatutarios. Asimismo, la Ley se aplicará a determinadas entidades que, por su especial relevancia pública, o por su condición de perceptores de fondos públicos, vendrán obligados a reforzar la transparencia de su actividad.

La Ley amplía y refuerza las obligaciones de publicidad activa en distintos ámbitos. En materia de información institucional, organizativa y de planificación exige a los sujetos comprendidos en su ámbito de aplicación la publicación de información relativa a las funciones que desarrollan, la normativa que les resulta de aplicación y su estructura organizativa, además de sus instrumentos de planificación y la evaluación de su grado de cumplimiento. En materia de información de relevancia jurídica y que afecte directamente al ámbito de las relaciones entre la Administración y los ciudadanos, la ley contiene un amplio repertorio de documentos que, al ser publicados, proporcionarán una mayor seguridad jurídica. Igualmente, en el ámbito de la información de relevancia económica, presupuestaria y estadística, se establece un amplio catálogo que debe ser accesible y entendible para los ciudadanos, dado su carácter de instrumento óptimo para el control de la gestión y utilización de los recursos públicos. Por último, se establece la obligación de publicar toda la información que con mayor frecuencia sea objeto de una solicitud de acceso, de modo que las obligaciones de transparencia se cohonesten con los intereses de la ciudadanía.

Para canalizar la publicación de tan ingente cantidad de información y facilitar el cumplimiento de estas obligaciones de publicidad activa y, desde la perspectiva de que no se puede, por un lado, hablar de transparencia y, por otro, no poner los medios adecuados para facilitar el acceso a la información divulgada, la Ley contempla la creación y desarrollo de un Portal de la Transparencia. Las nuevas tecnologías nos permiten hoy día desarrollar herramientas de extraordinaria utilidad para el cumplimiento de las disposiciones de la Ley cuyo uso permita que, a través de un único punto de acceso, el ciudadano pueda obtener toda la información disponible.

La Ley también regula el derecho de acceso a la información pública que, no obstante, ya ha sido desarrollado en otras disposiciones de nuestro ordenamiento. En efecto, partiendo de la previsión contenida en el artículo 105.b) de nuestro texto constitucional, la Ley del Procedimiento Administrativo Común, desarrollael derecho de los ciudadanos a acceder a los registros y documentos que se encuentren en los archivos administrativos. Pero esta regulación adolece de una serie de deficiencias que han sido puestas de manifiesto de forma reiterada al no ser claro el objeto del derecho de acceso, al estar limitado a documentos contenidos en procedimientos administrativos ya terminados y al resultar su ejercicio extraordinariamente limitado en su articulación práctica.

Igualmente, pero con un alcance sectorial y derivado de sendas Directivas comunitarias, otras normas contemplan el acceso a la información pública. Es el caso de la Ley 27/2006, de 18 de julio, por la que se regulan los derechos de acceso a la información, de participación pública y de acceso a la justicia en materia de medio ambiente y de la Ley 37/2007, de 16 de noviembre, sobre reutilización de la información del sector público, que regula el uso privado de documentos en poder de Administraciones y organismos del sector público.

La Ley, por lo tanto, no parte de la nada ni colma un vacío absoluto, sino que ahonda en lo ya conseguido, supliendo sus carencias, subsanando sus deficiencias y creando un marco jurídico acorde con los tiempos y los intereses ciudadanos.

Desde la perspectiva del Derecho comparado, tanto la Unión Europea como la mayoría de sus Estados miembros cuentan ya en sus ordenamientos jurídicos con una legislación específica que regula la transparencia y el derecho de acceso a la información pública. España no podía permanecer por más tiempo al margen y, tomando como ejemplo los modelos que nos proporcionan los países de nuestro entorno, adopta esta nueva regulación.

En lo que respecta a buen gobierno, la Ley supone un avance de extraordinaria importancia. Principios meramente programáticos y sin fuerza jurídica se incorporan a una norma con rango de ley y pasan a informar la interpretación y aplicación de un régimen sancionador al que se encuentran sujetos todos los responsables públicos entendidos en sentido amplio que, con independencia del Gobierno del que formen parte o de la Administración en la que presten sus servicios y, precisamente por las funciones que realizan, deben ser un modelo de ejemplaridad en su conducta.

El título I de la Ley regula e incrementa la transparencia de la actividad de todos los sujetos que prestan servicios públicos o ejercen potestades administrativas mediante un conjunto de previsiones que se recogen en dos capítulos diferenciados y desde una doble perspectiva: la publicidad activa y el derecho de acceso a la información pública.

El ámbito subjetivo de aplicación de este título, recogido en su capítulo I, es muy amplio e incluye a todas las Administraciones Públicas, organismos autónomos, agencias estatales, entidades públicas empresariales y entidades de derecho público, en la medida en que tengan atribuidas funciones de regulación o control sobre un determinado sector o actividad, así como a las entidades de Derecho Público con personalidad jurídica propia, vinculadas o dependientes de cualquiera de las Administraciones Públicas, incluidas las Universidades públicas. En relación con sus actividades sujetas a Derecho Administrativo, la Ley se aplica también a las Corporaciones de Derecho Público, a la Casa de Su Majestad el Rey, al Congreso de los Diputados, al Senado, al Tribunal Constitucional y al Consejo General del Poder Judicial, así como al Banco de España, Consejo de Estado, al Defensor del Pueblo, al Tribunal de Cuentas, al Consejo Económico y Social y las instituciones autonómicas análogas. También se aplica a las sociedades mercantiles en cuyo capital social la participación directa o indirecta de las entidades mencionadas sea superior al cincuenta por ciento, a las fundaciones del sector público y a las asociaciones constituidas por las Administraciones, organismos y entidades a las que se ha hecho referencia. Asimismo, se aplicará a los partidos políticos, organizaciones sindicales y organizaciones empresariales y a todas las entidades privadas que perciban una determinada cantidad de ayudas o subvenciones públicas. Por último, las personas que presten servicios públicos o ejerzan potestades administrativas también están obligadas a suministrar a la Administración a la que se encuentren vinculadas, previo requerimiento, toda la información necesaria para el cumplimiento por aquélla de las obligaciones de esta Ley. Esta obligación es igualmente aplicable a los adjudicatarios de contratos del sector público.

El capítulo II, dedicado a la publicidad activa, establece una serie de obligaciones para los sujetos incluidos en el ámbito de aplicación del título I, que habrán de difundir determinada información sin esperar una solicitud concreta de los administrados. En este punto se incluyen datos sobre información institucional, organizativa y de planificación, de relevancia jurídica y de naturaleza económica, presupuestaria y estadística.

Para favorecer de forma decidida el acceso de todos a la información que se difunda se creará el Portal de la Transparencia, que incluirá, además de la información sobre la que existe una obligación de publicidad activa, aquella cuyo acceso se solicite con mayor frecuencia. El Portal será un punto de encuentro y de difusión, que muestra una nueva forma de entender el derecho de los ciudadanos a acceder a la información pública. Se prevé además en este punto que la Administración General del Estado, las Administraciones de las Comunidades Autónomas y las entidades que integran la Administración Local puedan adoptar medidas de colaboración para el cumplimiento de sus obligaciones de publicidad activa.

El capítulo III configura de forma amplia el derecho de acceso a la información pública, del que son titulares todas las personas y que podrá ejercerse sin necesidad de motivar la solicitud. Este derecho solamente se verá limitado en aquellos casos en que así sea necesario por la propia naturaleza de la información –derivado de lo dispuesto en la Constitución Española– o por su entrada en conflicto con otros intereses protegidos. En todo caso, los límites previstos se aplicarán atendiendo a un test de daño (del interés que se salvaguarda con el límite) y de interés público en la divulgación (que en el caso concreto no prevalezca el interés público en la divulgación de la información) y de forma proporcionada y limitada por su objeto y finalidad. Asimismo, dado que el acceso a la información puede afectar de forma directa a la protección de los datos personales, la Ley aclara la relación entre ambos derechos estableciendo los mecanismos de equilibrio necesarios. Así, por un lado, en la medida en que la información afecte directamente a la organización o actividad pública del órgano prevalecerá el acceso, mientras que, por otro, se protegen –como no puede ser de otra manera– los datos que la normativa califica como especialmente protegidos, para cuyo acceso se requerirá, con carácter general, el consentimiento de su titular.

Con objeto de facilitar el ejercicio del derecho de acceso a la información pública la Ley establece un procedimiento ágil, con un breve plazo de respuesta, y dispone la creación de unidades de información en la Administración General del Estado, lo que facilita el conocimiento por parte del ciudadano del órgano ante el que deba presentarse la solicitud así como del competente para la tramitación.

En materia de impugnaciones se crea una reclamación potestativa y previa a la vía judicial de la que conocerá el Consejo de Transparencia y Buen Gobierno, organismo de naturaleza independiente de nueva creación, y que sustituye a los recursos administrativos.

El título II otorga rango de Ley a los principios éticos y de actuación que deben regir la labor de los miembros del Gobierno y altos cargos y asimilados de la Administración del Estado, de las Comunidades Autónomas y de las Entidades Locales. Igualmente, se clarifica y refuerza el régimen sancionador que les resulta de aplicación, en consonancia con la responsabilidad a la que están sujetos.

Este sistema busca que los ciudadanos cuenten con servidores públicos que ajusten sus actuaciones a los principios de eficacia, austeridad, imparcialidad y, sobre todo, de responsabilidad. Para cumplir este objetivo, la Ley consagra un régimen sancionador estructurado en tres ámbitos: infracciones en materia de conflicto de intereses, en materia de gestión económico-presupuestaria y en el ámbito disciplinario. Además, se incorporan infracciones derivadas del incumplimiento de la Ley Orgánica 2/2012, de 27 de abril, de Estabilidad Presupuestaria y Sostenibilidad Financiera. En el ámbito económico-presupuestario resulta destacable que se impondrán sanciones a quienes comprometan gastos, liquiden obligaciones y ordenen pagos sin crédito suficiente para realizarlos o con infracción de lo dispuesto en la normativa presupuestaria, o no justifiquen la inversión de los fondos a los que se refieren la normativa presupuestaria equivalente. De esta manera se introduce un mecanismo de control fundamental que evitará comportamientos irresponsables y que resultan inaceptables en un Estado de Derecho.

La comisión de las infracciones previstas dará lugar a la imposición de sanciones como la destitución en los cargos públicos que ocupe el infractor, la no percepción de pensiones indemnizatorias, la obligación de restituir las cantidades indebidamente percibidas y la obligación de indemnizar a la Hacienda Pública.

Debe señalarse que estas sanciones se inspiran en las ya previstas en la Ley 5/2006, de 10 de abril, de conflictos de intereses de miembros del Gobierno y de los altos cargos de la Administración General del Estado.

Además, se establece la previsión de que los autores de infracciones muy graves no puedan ser nombrados para ocupar determinados cargos públicos durante un periodo de entre 5 y 10 años.

El título III de la Ley crea y regula el Consejo de Transparencia y Buen Gobierno, un órgano independiente al que se le otorgan competencias de promoción de la cultura de transparencia en la actividad de la Administración Pública, de control del cumplimiento de las obligaciones de publicidad activa, así como de garantía del derecho de acceso a la información pública y de la observancia de las disposiciones de buen gobierno. Se crea, por lo tanto, un órgano de supervisión y control para garantizar la correcta aplicación de la Ley.

El Consejo de Transparencia y Buen Gobierno se configura como un órgano independiente, con plena capacidad jurídica y de obrar y cuenta con una estructura sencilla que, a la vez que garantiza su especialización y operatividad, evita crear grandes estructuras administrativas. La independencia y autonomía en el ejercicio de sus funciones vendrá garantizada, asimismo, por el respaldo parlamentario con el que deberá contar el nombramiento de su Presidente.

Para respetar al máximo las competencias autonómicas, expresamente se prevé que el Consejo de Transparencia y Buen Gobierno sólo tendrá competencias en aquellas Comunidades Autónomas con las que haya firmado Convenio al efecto, quedando, en otro caso, en manos del órgano autonómico que haya sido designado las competencias que a nivel estatal asume el Consejo.

Las disposiciones adicionales abordan diversas cuestiones como la aplicación de regulaciones especiales del derecho de acceso, la revisión y simplificación normativa –en el entendido de que también es un ejercicio de buen gobierno y una manifestación más de la transparencia el clarificar la normativa que está vigente y es de aplicación– y la colaboración entre el Consejo de Transparencia y Buen Gobierno y la Agencia Española de Protección de Datos en la determinación de criterios para la aplicación de los preceptos de la ley en lo relativo a la protección de datos personales.

Las disposiciones finales, entre otras cuestiones, modifican la regulación del derecho de acceso a los archivos y registros administrativos contenida en la Ley 30/1992, de 26 de noviembre, amplían la publicidad de determinada información que figura en el Registro de bienes y derechos patrimoniales de los altos cargos de la Administración General del Estado y la obligación de publicidad prevista en el apartado 4 del artículo 136 de la Ley 47/2003, de 26 de noviembre, General Presupuestaria.

Por último, la Ley prevé una entrada en vigor escalonada atendiendo a las especiales circunstancias que conllevará la aplicación de sus diversas disposiciones.

En consecuencia esta Ley tiene por objeto conforme establece su artículo 1º: Esta Ley tiene por objeto ampliar y reforzar la transparencia de la actividad pública, regular y garantizar el derecho de acceso a la información relativa a aquella actividad y establecer las obligaciones de buen gobierno que deben cumplir los responsables públicos así como las consecuencias derivadas de su incumplimiento.

2. La transparencia de la actividad pública

Como hemos visto en la introducción, se incluye en el Titulo I de la Ley artículos 2 y siguientes que establecen:

Artículo 2. Ámbito subjetivo de aplicación

1. Las disposiciones de este título **se aplicarán a:**

a) **La Administración General del Estado, las Administraciones de las Comunidades Autónomas y de las Ciudades de Ceuta y Melilla y las entidades que integran la Administración Local**.

b) Las entidades gestoras y los servicios comunes de la Seguridad Social así como las mutuas de accidentes de trabajo y enfermedades profesionales colaboradoras de la Seguridad Social.

c) Los organismos autónomos, las Agencias Estatales, las entidades públicas empresariales y las entidades de Derecho Público que, con independencia funcional o con una especial autonomía reconocida por la Ley, tengan atribuidas funciones de regulación o supervisión de carácter externo sobre un determinado sector o actividad.

d) Las entidades de Derecho Público con personalidad jurídica propia, vinculadas a cualquiera de las Administraciones Públicas o dependientes de ellas, incluidas las Universidades públicas.

e) Las corporaciones de Derecho Público, en lo relativo a sus actividades sujetas a Derecho Administrativo.

f) La Casa de su Majestad el Rey, el Congreso de los Diputados, el Senado, el Tribunal Constitucional y el Consejo General del Poder Judicial, así como el Banco de España, el Consejo de Estado, el Defensor del Pueblo, el Tribunal de Cuentas, el Consejo Económico y Social y las instituciones autonómicas análogas, en relación con sus actividades sujetas a Derecho Administrativo.

g) Las sociedades mercantiles en cuyo capital social la participación, directa o indirecta, de las entidades previstas en este artículo sea superior al 50 por 100.

h) Las fundaciones del sector público previstas en la legislación en materia de fundaciones.

i) Las asociaciones constituidas por las Administraciones, organismos y entidades previstos en este artículo. Se incluyen los órganos de cooperación previstos en el artículo 5 de la Ley 30/1992, de 26 de noviembre, de Régimen Jurídico de las Administraciones Públicas y del Procedimiento Administrativo Común, en la medida en que, por su peculiar naturaleza y por carecer de una estructura administrativa propia, le resulten aplicables las disposiciones de este título. En estos casos, el cumplimiento de las obligaciones derivadas de la presente Ley serán llevadas a cabo por la Administración que ostente la Secretaría del órgano de cooperación.

2. A los efectos de lo previsto en este título, se entiende por Administraciones Públicas los organismos y entidades incluidos en las letras a) a d) del apartado anterior.

Artículo 3. Otros sujetos obligados

Las disposiciones del capítulo II de este título serán también aplicables a:

a) Los partidos políticos, organizaciones sindicales y organizaciones empresariales.

b) Las entidades privadas que perciban durante el período de un año ayudas o subvenciones públicas en una cuantía superior a 100.000 euros o cuando al menos el 40 % del total de sus ingresos anuales tengan carácter de ayuda o subvención pública, siempre que alcancen como mínimo la cantidad de 5.000 euros.

Artículo 4. Obligación de suministrar información

Las personas físicas y jurídicas distintas de las referidas en los artículos anteriores que presten servicios públicos o ejerzan potestades administrativas estarán obligadas a suministrar a la Administración, organismo o entidad de las previstas en el artículo 2.1 a la que se encuentren vinculadas, previo requerimiento, toda la información necesaria para el cumplimiento por aquéllos de las obligaciones previstas en este título. Esta obligación se extenderá a los adjudicatarios de contratos del sector público en los términos previstos en el respectivo contrato.

2.1. De la publicidad activa

La Ley de Transparencia crea este concepto de Publicidad Activa, exigiendo en su artículo 5º que **Los sujetos enumerados en el artículo 2.1 publicarán de forma periódica y actualizada la información cuyo conocimiento sea relevante para garantizar la transparencia de su actividad relacionada con el funcionamiento y control de la actuación pública.**

Las obligaciones de transparencia contenidas en este capítulo se entienden sin perjuicio de la aplicación de la normativa autonómica correspondiente o de otras disposiciones específicas que prevean un régimen más amplio en materia de publicidad.

Serán de aplicación, en su caso, los límites al derecho de acceso a la información pública previstos en el artículo 14 y, especialmente, el derivado de la protección de datos de carácter personal, regulado en el artículo 15. A este respecto, cuando la información contuviera datos especialmente protegidos, la publicidad sólo se llevará a cabo previa disociación de los mismos.

La información sujeta a las obligaciones de transparencia será publicada en las correspondientes sedes electrónicas o páginas web y de una manera clara, estructurada y entendible para los interesados y, preferiblemente, en formatos reutilizables. Se establecerán los mecanismos adecuados para facilitar la accesibilidad, la interoperabilidad, la calidad y la reutilización de la información publicada así como su identificación y localización.

Cuando se trate de entidades sin ánimo de lucro que persigan exclusivamente fines de interés social o cultural y cuyo presupuesto sea inferior a 50.000 euros, el cumplimiento de las obligaciones derivadas de esta Ley podrá realizarse utilizando los medios electrónicos puestos a su disposición por la Administración Pública de la que provenga la mayor parte de las ayudas o subvenciones públicas percibidas.

Toda la información será comprensible, de acceso fácil y gratuito y estará a disposición de las personas con discapacidad en una modalidad suministrada por medios o en formatos adecuados de manera que resulten accesibles y comprensibles, conforme al principio de accesibilidad universal y diseño para todos.

Artículo 6. Información institucional, organizativa y de planificación

1. Los sujetos comprendidos en el ámbito de aplicación de este título publicarán información relativa a las funciones que desarrollan, la normativa que les sea de aplicación así como a su estructura organizativa. A estos efectos, incluirán un organigrama actualizado que identifique a los responsables de los diferentes órganos y su perfil y trayectoria profesional.

2. Las Administraciones Públicas publicarán los planes y programas anuales y plurianuales en los que se fijen objetivos concretos, así como las actividades, medios y tiempo previsto para su consecución. Su grado de cumplimiento y resultados deberán ser objeto de evaluación y publicación periódica junto con los indicadores de medida y valoración, en la forma en que se determine por cada Administración competente.

En el ámbito de la Administración General del Estado corresponde a las inspecciones generales de servicios la evaluación del cumplimiento de estos planes y programas.

Artículo 7. Información de relevancia jurídica

Las Administraciones Públicas, en el ámbito de sus competencias, publicarán:

a) Las directrices, instrucciones, acuerdos, circulares o respuestas a consultas planteadas por los particulares u otros órganos en la medida en que supongan una interpretación del Derecho o tengan efectos jurídicos.

b) Los Anteproyectos de Ley y los proyectos de Decretos Legislativos cuya iniciativa les corresponda, cuando se soliciten los dictámenes a los órganos consultivos correspondientes. En el caso en que no sea preceptivo ningún dictamen la publicación se realizará en el momento de su aprobación.

c) Los proyectos de Reglamentos cuya iniciativa les corresponda. Cuando sea preceptiva la solicitud de dictámenes, la publicación se producirá una vez que estos hayan sido solicitados a los órganos consultivos correspondientes sin que ello suponga, necesariamente, la apertura de un trámite de audiencia pública.

d) Las memorias e informes que conformen los expedientes de elaboración de los textos normativos, en particular, la memoria del análisis de impacto normativo regulada por el Real Decreto 1083/2009, de 3 de julio.

e) Los documentos que, conforme a la legislación sectorial vigente, deban ser sometidos a un período de información pública durante su tramitación.

Artículo 8. Información económica, presupuestaria y estadística

1. Los sujetos incluidos en el ámbito de aplicación de este título deberán hacer pública, como mínimo, la información relativa a los actos de gestión administrativa con repercusión económica o presupuestaria que se indican a continuación:

a) **Todos los contratos,** con indicación del objeto, duración, el importe de licitación y de adjudicación, el procedimiento utilizado para su celebración, los instrumentos a través de los que, en su caso, se ha publicitado, el número de licitadores participantes en el procedimiento y la identidad del adjudicatario, así como las modificaciones del contrato. Igualmente serán objeto de publicación las decisiones de desistimiento y renuncia de los contratos. La publicación de la información relativa a los contratos menores podrá realizarse trimestralmente.

Asimismo, se publicarán datos estadísticos sobre el porcentaje en volumen presupuestario de contratos adjudicados a través de cada uno de los procedimientos previstos en la legislación de contratos del sector público.

b) **La relación de los convenios suscritos,** con mención de las partes firmantes, su objeto, plazo de duración, modificaciones realizadas, obligados a la realización de las prestaciones y, en su caso, las obligaciones económicas convenidas. Igualmente, se publicarán las encomiendas de gestión que se firmen, con indicación de su objeto, presupuesto, duración, obligaciones económicas y las subcontrataciones que se realicen con mención de los adjudicatarios, procedimiento seguido para la adjudicación e importe de la misma.

c) **Las subvenciones y ayudas públicas** concedidas con indicación de su importe, objetivo o finalidad y beneficiarios.

d) **Los presupuestos** con descripción de las principales partidas presupuestarias e información actualizada y comprensible sobre su estado de ejecución y sobre el cumplimiento de los objetivos de estabilidad presupuestaria y sostenibilidad financiera de las Administraciones Públicas.

e) **Las cuentas anuales** que deban rendirse y los informes de auditoría de cuentas y de fiscalización por parte de los órganos de control externo que sobre ellos se emitan.

f) **Las retribuciones percibidas anualmente por los altos cargos** y máximos responsables de las entidades incluidas en el ámbito de la aplicación de este título. Igualmente, se harán públicas las indemnizaciones percibidas, en su caso, con ocasión del abandono del cargo.

g) **Las resoluciones de autorización o reconocimiento de compatibilidad**_que afecten a los empleados públicos así como las que autoricen el ejercicio de actividad privada al cese de los altos cargos de la Administración General del Estado o asimilados según la normativa autonómica o local.

h) **Las declaraciones anuales de bienes y actividades** de los representantes locales, en los términos previstos en la Ley 7/1985, de 2 de abril, Reguladora de las Bases del Régimen Local. Cuando el reglamento no fije los términos en que han de hacerse públicas estas declaraciones se aplicará lo dispuesto en la normativa de conflictos de intereses en el ámbito de la Administración General del Estado. En todo caso, se omitirán los datos relativos a la localización concreta de los bienes inmuebles y se garantizará la privacidad y seguridad de sus titulares.

i) **La información estadística necesaria** para valorar el grado de cumplimiento y calidad de los servicios públicos que sean de su competencia, en los términos que defina cada administración competente.

2. Los sujetos mencionados en el artículo 3 deberán publicar la información a la que se refieren las letras a) y b) del apartado primero de este artículo cuando se trate de contratos o convenios celebrados con una Administración Pública. Asimismo, habrán de publicar la información prevista en la letra c) en relación a las subvenciones que reciban cuando el órgano concedente sea una Administración Pública.

3. Las Administraciones Públicas publicarán la relación de los bienes inmuebles que sean de su propiedad o sobre los que ostenten algún derecho real.

Artículo 9. Control

1. El cumplimiento por la Administración General del Estado de las obligaciones contenidas en este capítulo será objeto de control por parte del Consejo de Transparencia y Buen Gobierno.

2. En ejercicio de la competencia prevista en el apartado anterior, el Consejo de Transparencia y Buen Gobierno, de acuerdo con el procedimiento que se prevea reglamentariamente, podrá dictar resoluciones en las que se establezcan las medidas que sea necesario adoptar para el cese del incumplimiento y el inicio de las actuaciones disciplinarias que procedan.

3. El incumplimiento reiterado de las obligaciones de publicidad activa reguladas en este capítulo tendrá la consideración de infracción grave a los efectos de aplicación a sus responsables del régimen disciplinario previsto en la correspondiente normativa reguladora.

Artículo 10. Portal de la Transparencia

1. La Administración General del Estado desarrollará un Portal de la Transparencia, dependiente del Ministerio de la Presidencia, que facilitará el acceso de los ciudadanos a toda la información a la que se refieren los artículos anteriores relativa a su ámbito de actuación.

2. El Portal de la Transparencia incluirá, en los términos que se establezcan reglamentariamente, la información de la Administración General del Estado, cuyo acceso se solicite con mayor frecuencia.

3. La Administración General del Estado, las Administraciones de las Comunidades Autónomas y de las Ciudades de Ceuta y Melilla y las entidades que integran la Administración Local podrán adoptar otras medidas complementarias y de colaboración para el cumplimiento de las obligaciones de transparencia recogidas en este capítulo.

Artículo 11. Principios técnicos

El Portal de la Transparencia contendrá información publicada de acuerdo con las prescripciones técnicas que se establezcan reglamentariamente que deberán adecuarse a los siguientes principios:

a) **Accesibilidad**: se proporcionará información estructurada sobre los documentos y recursos de información con vistas a facilitar la identificación y búsqueda de la información.

b) **Interoperabilidad**: la información publicada será conforme al Esquema Nacional de Interoperabilidad, aprobado por el Real Decreto 4/2010, de 8 enero, así como a las normas técnicas de interoperabilidad.

c) **Reutilización**: se fomentará que la información sea publicada en formatos que permita su reutilización, de acuerdo con lo previsto en la Ley 37/2007, de 16 de noviembre, sobre reutilización de la información del sector público y en su normativa de desarrollo.

2.2. Del derecho de acceso a la información pública

Artículo 12. Derecho de acceso a la información pública

Todas las personas tienen derecho a acceder a la información pública, en los términos previstos en el artículo 105.b) de la Constitución Española, desarrollados por esta Ley.

Asimismo, y en el ámbito de sus respectivas competencias, será de aplicación la correspondiente normativa autonómica.

Artículo 13. Información pública

Se entiende por información pública los contenidos o documentos, cualquiera que sea su formato o soporte, que obren en poder de alguno de los sujetos incluidos en el ámbito de aplicación de este título y que hayan sido elaborados o adquiridos en el ejercicio de sus funciones.

Artículo 14. Límites al derecho de acceso

1. El derecho de acceso podrá ser limitado cuando acceder a la información suponga un perjuicio para:

a) La seguridad nacional.

b) La defensa.

c) Las relaciones exteriores.

d) La seguridad pública.

e) La prevención, investigación y sanción de los ilícitos penales, administrativos o disciplinarios.

f) La igualdad de las partes en los procesos judiciales y la tutela judicial efectiva.

g) Las funciones administrativas de vigilancia, inspección y control.

h) Los intereses económicos y comerciales.

i) La política económica y monetaria.

j) El secreto profesional y la propiedad intelectual e industrial.

k) La garantía de la confidencialidad o el secreto requerido en procesos de toma de decisión.

l) La protección del medio ambiente.

2. La aplicación de los límites será justificada y proporcionada a su objeto y finalidad de protección y atenderá a las circunstancias del caso concreto, especialmente a la concurrencia de un interés público o privado superior que justifique el acceso.

3. Las resoluciones que de conformidad con lo previsto en la sección 2.ª se dicten en aplicación de este artículo serán objeto de publicidad previa disociación de los datos de carácter personal que contuvieran y sin perjuicio de lo dispuesto en el apartado 3 del artículo 20, una vez hayan sido notificadas a los interesados.

Artículo 15. Protección de datos personales

1. Si la información solicitada contuviera datos especialmente protegidos a los que se refiere el apartado 2 del artículo 7 de la Ley Orgánica 15/1999, de 13 de diciembre, de Protección de Datos de Carácter Personal, el acceso únicamente se podrá autorizar en caso de que se contase con el consentimiento expreso y por escrito del afectado, a menos que dicho afectado hubiese hecho manifiestamente públicos los datos con anterioridad a que se solicitase el acceso.

Si la información incluyese datos especialmente protegidos a los que se refiere el apartado 3 del artículo 7 de la Ley Orgánica 15/1999, de 13 de diciembre, o datos relativos a la comisión de infracciones penales o administrativas que no conllevasen la amonestación pública al infractor, el acceso sólo se podrá autorizar en caso de que se cuente con el consentimiento expreso del afectado o si aquél estuviera amparado por una norma con rango de Ley.

2. Con carácter general, y salvo que en el caso concreto prevalezca la protección de datos personales u otros derechos constitucionalmente protegidos sobre el interés público en la divulgación que lo impida, se concederá el acceso a información que contenga datos meramente identificativos relacionados con la organización, funcionamiento o actividad pública del órgano.

3. Cuando la información solicitada no contuviera datos especialmente protegidos, el órgano al que se dirija la solicitud concederá el acceso previa ponderación suficientemente razonada del interés público en la divulgación de la información y los derechos de los afectados cuyos datos aparezcan en la información solicitada, en particular su derecho fundamental a la protección de datos de carácter personal.

Para la realización de la citada ponderación, dicho órgano tomará particularmente en consideración los siguientes criterios:

a) El menor perjuicio a los afectados derivado del transcurso de los plazos establecidos en el artículo 57 de la Ley 16/1985, de 25 de junio, del Patrimonio Histórico Español.
b) La justificación por los solicitantes de su petición en el ejercicio de un derecho o el hecho de que tengan la condición de investigadores y motiven el acceso en fines históricos, científicos o estadísticos.
c) El menor perjuicio de los derechos de los afectados en caso de que los documentos únicamente contuviesen datos de carácter meramente identificativo de aquéllos.
d) La mayor garantía de los derechos de los afectados en caso de que los datos contenidos en el documento puedan afectar a su intimidad o a su seguridad, o se refieran a menores de edad.

4. No será aplicable lo establecido en los apartados anteriores si el acceso se efectúa previa disociación de los datos de carácter personal de modo que se impida la identificación de las personas afectadas.

5. La normativa de protección de datos personales será de aplicación al tratamiento posterior de los obtenidos a través del ejercicio del derecho de acceso.

Artículo 16. Acceso parcial

En los casos en que la aplicación de alguno de los límites previstos en el artículo 14 no afecte a la totalidad de la información, se concederá el acceso parcial previa omisión de la información afectada por el límite salvo que de ello resulte una información distorsionada o que carezca de sentido. En este caso, deberá indicarse al solicitante que parte de la información ha sido omitida.

Ejercicio del derecho de acceso a la información pública: Artículo 17. Solicitud de acceso a la información

1. El procedimiento para el ejercicio del derecho de acceso se iniciará con la presentación de la correspondiente solicitud, que deberá dirigirse al titular del órgano administrativo o entidad que posea la información. Cuando se trate de información en posesión de personas físicas o jurídicas que presten servicios públicos o ejerzan potestades administrativas, la solicitud se dirigirá a la Administración, organismo o entidad de las previstas en el artículo 2.1 a las que se encuentren vinculadas.

2. La solicitud podrá presentarse por cualquier medio que permita tener constancia de:

a) La identidad del solicitante.

b) La información que se solicita.

c) Una dirección de contacto, preferentemente electrónica, a efectos de comunicaciones.

d) En su caso, la modalidad que se prefiera para acceder a la información solicitada.

3. El solicitante no está obligado a motivar su solicitud de acceso a la información. Sin embargo, podrá exponer los motivos por los que solicita la información y que podrán ser tenidos en cuenta cuando se dicte la resolución. No obstante, la ausencia de motivación no será por si sola causa de rechazo de la solicitud.

4. Los solicitantes de información podrán dirigirse a las Administraciones Públicas en cualquiera de las lenguas cooficiales del Estado en el territorio en el que radique la Administración en cuestión.

Artículo 18. Causas de inadmisión

1. Se inadmitirán a trámite, mediante resolución motivada, las solicitudes:

a) Que se refieran a información que esté en curso de elaboración o de publicación general.

b) Referidas a información que tenga carácter auxiliar o de apoyo como la contenida en notas, borradores, opiniones, resúmenes, comunicaciones e informes internos o entre órganos o entidades administrativas.

c) Relativas a información para cuya divulgación sea necesaria una acción previa de reelaboración.

d) Dirigidas a un órgano en cuyo poder no obre la información cuando se desconozca el competente.

e) Que sean manifiestamente repetitivas o tengan un carácter abusivo no justificado con la finalidad de transparencia de esta Ley.

2. En el caso en que se inadmita la solicitud por concurrir la causa prevista en la letra d) del apartado anterior, el órgano que acuerde la inadmisión deberá indicar en la resolución el órgano que, a su juicio, es competente para conocer de la solicitud.

Artículo 19. Tramitación

1. Si la solicitud se refiere a información que no obre en poder del sujeto al que se dirige, éste la remitirá al competente, si lo conociera, e informará de esta circunstancia al solicitante.

2. Cuando la solicitud no identifique de forma suficiente la información, se pedirá al solicitante que la concrete en un plazo de diez días, con indicación de que, en caso de no hacerlo, se le tendrá por desistido, así como de la suspensión del plazo para dictar resolución.

3. Si la información solicitada pudiera afectar a derechos o intereses de terceros, debidamente identificados, se les concederá un plazo de quince días para que puedan realizar las alegaciones que estimen oportunas. El solicitante deberá ser informado de esta circunstancia, así como de la suspensión del plazo para dictar resolución hasta que se hayan recibido las alegaciones o haya transcurrido el plazo para su presentación.

4. Cuando la información objeto de la solicitud, aun obrando en poder del sujeto al que se dirige, haya sido elaborada o generada en su integridad o parte principal por otro, se le remitirá la solicitud a éste para que decida sobre el acceso.

Artículo 20. Resolución

1. La resolución en la que se conceda o deniegue el acceso deberá notificarse al solicitante y a los terceros afectados que así lo hayan solicitado en el plazo máximo de un mes desde la recepción de la solicitud por el órgano competente para resolver.

Este plazo podrá ampliarse por otro mes en el caso de que el volumen o la complejidad de la información que se solicita así lo hagan necesario y previa notificación al solicitante.

2. Serán motivadas las resoluciones que denieguen el acceso, las que concedan el acceso parcial o a través de una modalidad distinta a la solicitada y las que

permitan el acceso cuando haya habido oposición de un tercero. En este último supuesto, se indicará expresamente al interesado que el acceso sólo tendrá lugar cuando haya transcurrido el plazo del artículo 22.2.

3. Cuando la mera indicación de la existencia o no de la información supusiera la vulneración de alguno de los límites al acceso se indicará esta circunstancia al desestimarse la solicitud.

4. Transcurrido el plazo máximo para resolver sin que se haya dictado y notificado resolución expresa se entenderá que la solicitud ha sido desestimada.

5. Las resoluciones dictadas en materia de acceso a la información pública son recurribles directamente ante la Jurisdicción Contencioso-administrativa, sin perjuicio de la posibilidad de interposición de la reclamación potestativa prevista en el artículo 24.

6. El incumplimiento reiterado de la obligación de resolver en plazo tendrá la consideración de infracción grave a los efectos de la aplicación a sus responsables del régimen disciplinario previsto en la correspondiente normativa reguladora.

Artículo 21. Unidades de información

1. Las Administraciones Públicas incluidas en el ámbito de aplicación de este título establecerán sistemas para integrar la gestión de solicitudes de información de los ciudadanos en el funcionamiento de su organización interna.

2. En el ámbito de la Administración General del Estado, existirán unidades especializadas que tendrán las siguientes funciones:

a) Recabar y difundir la información a la que se refiere el capítulo II del título I de esta Ley.

b) Recibir y dar tramitación a las solicitudes de acceso a la información.

c) Realizar los trámites internos necesarios para dar acceso a la información solicitada.

d) Realizar el seguimiento y control de la correcta tramitación de las solicitudes de acceso a la información.

e) Llevar un registro de las solicitudes de acceso a la información.

f) Asegurar la disponibilidad en la respectiva página web o sede electrónica de la información cuyo acceso se solicita con más frecuencia.

g) Mantener actualizado un mapa de contenidos en el que queden identificados los distintos tipos de información que obre en poder del órgano.

h) Todas aquellas que sean necesarias para asegurar una correcta aplicación de las disposiciones de esta Ley.

3. El resto de las entidades incluidas en el ámbito de aplicación de este título identificarán claramente el órgano competente para conocer de las solicitudes de acceso.

Artículo 22. Formalización del acceso

1. El acceso a la información se realizará preferentemente por vía electrónica, salvo cuando no sea posible o el solicitante haya señalado expresamente otro medio. Cuando no pueda darse el acceso en el momento de la notificación de la resolución deberá otorgarse, en cualquier caso, en un plazo no superior a diez días.

2. Si ha existido oposición de tercero, el acceso sólo tendrá lugar cuando, habiéndose concedido dicho acceso, haya transcurrido el plazo para interponer recurso contencioso administrativo sin que se haya formalizado o haya sido resuelto confirmando el derecho a recibir la información.

3. Si la información ya ha sido publicada, la resolución podrá limitarse a indicar al solicitante cómo puede acceder a ella.

4. El acceso a la información será gratuito. No obstante, la expedición de copias o la trasposición de la información a un formato diferente al original podrá dar lugar a la exigencia de exacciones en los términos previstos en la Ley 8/1989, de 13 de abril, de Tasas y Precios Públicos, o, en su caso, conforme a la normativa autonómica o local que resulte aplicable.

Régimen de impugnaciones: Artículo 23. Recursos

1. La reclamación prevista en el artículo siguiente tendrá la consideración de sustitutiva de los recursos administrativos de conformidad con lo dispuesto en el artículo 107.2 de la Ley 30/1992, de 26 de noviembre, de Régimen Jurídico de las Administraciones Públicas y del Procedimiento Administrativo Común.

2. No obstante lo dispuesto en el apartado anterior, contra las resoluciones dictadas por los órganos previstos en el artículo 2.1.f) sólo cabrá la interposición de recurso contencioso-administrativo.

Artículo 24. Reclamación ante el Consejo de Transparencia y Buen Gobierno

1. Frente a toda resolución expresa o presunta en materia de acceso podrá interponerse una reclamación ante el Consejo de Transparencia y Buen Gobierno, con carácter potestativo y previo a su impugnación en vía contencioso-administrativa.

2. La reclamación se interpondrá en el plazo de un mes a contar desde el día siguiente al de la notificación del acto impugnado o desde el día siguiente a aquel en que se produzcan los efectos del silencio administrativo.

3. La tramitación de la reclamación se ajustará a lo dispuesto en materia de recursos en la Ley 30/1992, de 26 de noviembre, de Régimen Jurídico de las Administraciones Públicas y del Procedimiento Administrativo Común.

Cuando la denegación del acceso a la información se fundamente en la protección de derechos o intereses de terceros se otorgará, previamente a la resolución de la reclamación, trámite de audiencia a las personas que pudieran resultar afectadas para que aleguen lo que a su derecho convenga.

4. El plazo máximo para resolver y notificar la resolución será de tres meses, transcurrido el cual, la reclamación se entenderá desestimada.

5. Las resoluciones del Consejo de Transparencia y Buen Gobierno se publicarán, previa disociación de los datos de carácter personal que contuvieran, por medios electrónicos y en los términos en que se establezca reglamentariamente, una vez se hayan notificado a los interesados.

El Presidente del Consejo de Transparencia y Buen Gobierno comunicará al Defensor del Pueblo las resoluciones que dicte en aplicación de este artículo.

6. La competencia para conocer de dichas reclamaciones corresponderá al Consejo de Transparencia y Buen Gobierno, salvo en aquellos supuestos en que las Comunidades Autónomas atribuyan dicha competencia a un órgano específico, de acuerdo con lo establecido en la disposición adicional cuarta de esta Ley.

3. Del buen gobierno

Artículo 25. Ámbito de aplicación

1. En el ámbito de la Administración General del Estado las disposiciones de este título se aplicarán a los miembros del Gobierno, a los Secretarios de Estado y al resto de los altos cargos de la Administración General del Estado y de las entidades del sector público estatal, de Derecho público o privado, vinculadas o dependientes de aquella.

A estos efectos, **se considerarán altos cargos** los que tengan tal consideración en aplicación de la normativa en materia de conflictos de intereses.

2. Este título será de aplicación a los altos cargos o asimilados que, de acuerdo con la normativa autonómica o local que sea de aplicación, tengan tal consideración, incluidos los miembros de las Juntas de Gobierno de las Entidades Locales.

3. La aplicación a los sujetos mencionados en los apartados anteriores de las disposiciones contenidas en este título no afectará, en ningún caso, a la condición de cargo electo que pudieran ostentar.

Artículo 26. Principios de buen gobierno

1. Las personas comprendidas en el ámbito de aplicación de este título observarán en el ejercicio de sus funciones lo dispuesto en la Constitución Española y en el resto del ordenamiento jurídico y promoverán el respeto a los derechos fundamentales y a las libertades públicas.

2. Asimismo, adecuarán su actividad a los siguientes:

a) **Principios generales**:

1. Actuarán con transparencia en la gestión de los asuntos públicos, de acuerdo con los principios de eficacia, economía y eficiencia y con el objetivo de satisfacer el interés general.
2. Ejercerán sus funciones con dedicación al servicio público, absteniéndose de cualquier conducta que sea contraria a estos principios.
3. Respetarán el principio de imparcialidad, de modo que mantengan un criterio independiente y ajeno a todo interés particular.
4. Asegurarán un trato igual y sin discriminaciones de ningún tipo en el ejercicio de sus funciones.
5. Actuarán con la diligencia debida en el cumplimiento de sus obligaciones y fomentarán la calidad en la prestación de servicios públicos.
6. Mantendrán una conducta digna y tratarán a los ciudadanos con esmerada corrección.
7. Asumirán la responsabilidad de las decisiones y actuaciones propias y de los organismos que dirigen, sin perjuicio de otras que fueran exigibles legalmente.

b) **Principios de actuación**:

1. Desempeñarán su actividad con plena dedicación y con pleno respeto a la normativa reguladora de las incompatibilidades y los conflictos de intereses.
2. Guardarán la debida reserva respecto a los hechos o informaciones conocidos con motivo u ocasión del ejercicio de sus competencias.
3. Pondrán en conocimiento de los órganos competentes cualquier actuación irregular de la cual tengan conocimiento.
4. Ejercerán los poderes que les atribuye la normativa vigente con la finalidad exclusiva para la que fueron otorgados y evitarán toda acción que pueda poner en riesgo el interés público o el patrimonio de las Administraciones.
5. No se implicarán en situaciones, actividades o intereses incompatibles con sus funciones y se abstendrán de intervenir en los asuntos en que concurra alguna causa que pueda afectar a su objetividad.

6. No aceptarán para sí regalos que superen los usos habituales, sociales o de cortesía, ni favores o servicios en condiciones ventajosas que puedan condicionar el desarrollo de sus funciones. En el caso de obsequios de una mayor relevancia institucional se procederá a su incorporación al patrimonio de la Administración Pública correspondiente.
7. Desempeñarán sus funciones con transparencia.
8. Gestionarán, protegerán y conservarán adecuadamente los recursos públicos, que no podrán ser utilizados para actividades que no sean las permitidas por la normativa que sea de aplicación.
9. No se valdrán de su posición en la Administración para obtener ventajas personales o materiales.

3. Los principios establecidos en este artículo informarán la interpretación y aplicación del régimen sancionador regulado en este título.

Artículo 27. Infracciones y sanciones en materia de conflicto de intereses

El incumplimiento de las normas de incompatibilidades o de las que regulan las declaraciones que han de realizar las personas comprendidas en el ámbito de este título será sancionado de conformidad con lo dispuesto en la normativa en materia de conflictos de intereses de la Administración General del Estado y para el resto de Administraciones de acuerdo con su propia normativa que resulte de aplicación.

Artículo 28. Infracciones en materia de gestión económico-presupuestaria

Constituyen infracciones muy graves las siguientes conductas cuando sean culpables:

a) La incursión en alcance en la administración de los fondos públicos cuando la conducta no sea subsumible en ninguno de los tipos que se contemplan en las letras siguientes.
b) La administración de los recursos y demás derechos de la Hacienda Pública sin sujeción a las disposiciones que regulan su liquidación, recaudación o ingreso en el Tesoro.
c) Los compromisos de gastos, reconocimiento de obligaciones y ordenación de pagos sin crédito suficiente para realizarlos o con infracción de lo dispuesto en la Ley 47/2003, de 26 de noviembre, General Presupuestaria, o en la de Presupuestos u otra normativa presupuestaria que sea aplicable.
d) La omisión del trámite de intervención previa de los gastos, obligaciones o pagos, cuando ésta resulte preceptiva o del procedimiento de resolución de discrepancias frente a los reparos suspensivos de la intervención, regulado en la normativa presupuestaria.

e) La ausencia de justificación de la inversión de los fondos a los que se refieren los artículos 78 y 79 de la Ley 47/2003, de 26 de noviembre, General Presupuestaria, o, en su caso, la normativa presupuestaria equivalente de las administraciones distintas de la General del Estado.

f) El incumplimiento de la obligación de destinar íntegramente los ingresos obtenidos por encima de los previstos en el presupuesto a la reducción del nivel de deuda pública de conformidad con lo previsto en el artículo 12.5 de la Ley Orgánica 2/2012, de 27 de abril, de Estabilidad Presupuestaria y Sostenibilidad Financiera y el incumplimiento de la obligación del destino del superávit presupuestario a la reducción del nivel de endeudamiento neto en los términos previstos en el artículo 32 y la disposición adicional sexta de la citada Ley.

g) La realización de operaciones de crédito y emisiones de deudas que no cuenten con la preceptiva autorización o, habiéndola obtenido, no se cumpla con lo en ella previsto o se superen los límites previstos en la Ley Orgánica 2/2012, de 27 de abril, la Ley Orgánica 8/1980, de 22 de septiembre, de Financiación de las Comunidades Autónomas, y en el Texto Refundido de la Ley Reguladora de las Haciendas Locales, aprobado por el Real Decreto Legislativo 2/2004, de 5 de marzo.

h) La no adopción en plazo de las medidas necesarias para evitar el riesgo de incumplimiento, cuando se haya formulado la advertencia prevista en el artículo 19 de la Ley Orgánica 2/2012, de 27 de abril.

i) La suscripción de un Convenio de colaboración o concesión de una subvención a una Administración Pública que no cuente con el informe favorable del Ministerio de Hacienda y Administraciones Públicas previsto en el artículo 20.3 de la Ley Orgánica 2/2012, de 27 de abril.

j) La no presentación o la falta de puesta en marcha en plazo del plan económico-financiero o del plan de reequilibrio de conformidad con el artículo 23 de la Ley Orgánica 2/2012, de 27 de abril.

k) El incumplimiento de las obligaciones de publicación o de suministro de información previstas en la normativa presupuestaria y económico-financiera, siempre que en este último caso se hubiera formulado requerimiento.

l) La falta de justificación de la desviación, o cuando así se le haya requerido la falta de inclusión de nuevas medidas en el plan económico-financiero o en el plan de reequilibrio de acuerdo con el artículo 24.3 de la Ley Orgánica 2/2012, de 27 de abril.

m) La no adopción de las medidas previstas en los planes económico-financieros y de reequilibrio, según corresponda, previstos en los artículos 21 y 22 de la Ley Orgánica 2/2012, de 27 de abril.

n) La no adopción en el plazo previsto del acuerdo de no disponibilidad al que se refieren los artículos 20.5.a) y 25 de la Ley Orgánica 2/2012, de

27 de abril, así como la no constitución del depósito previsto en el citado artículo 25 de la misma Ley, cuando así se haya solicitado.

ñ) La no adopción de un acuerdo de no disponibilidad, la no constitución del depósito que se hubiere solicitado o la falta de ejecución de las medidas propuestas por la Comisión de Expertos cuando se hubiere formulado el requerimiento del Gobierno previsto en el artículo 26.1 de la Ley Orgánica 2/2012, de 27 de abril.

o) El incumplimiento de las instrucciones dadas por el Gobierno para ejecutar las medidas previstas en el artículo 26.1 de la Ley Orgánica 2/2012, de 27 de abril.

p) El incumplimiento de la obligación de rendir cuentas regulada en el artículo 137 de la Ley 47/2003, de 26 de noviembre, General Presupuestaria u otra normativa presupuestaria que sea aplicable.

Artículo 29. Infracciones disciplinarias

1. Son infracciones muy graves:

a) El incumplimiento del deber de respeto a la Constitución y a los respectivos Estatutos de Autonomía de las Comunidades Autónomas y Ciudades de Ceuta y Melilla, en el ejercicio de sus funciones.

b) Toda actuación que suponga discriminación por razón de origen racial o étnico, religión o convicciones, discapacidad, edad u orientación sexual, lengua, opinión, lugar de nacimiento o vecindad, sexo o cualquier otra condición o circunstancia personal o social, así como el acoso por razón de origen racial o étnico, religión o convicciones, discapacidad, edad u orientación sexual y el acoso moral, sexual y por razón de sexo.

c) La adopción de acuerdos manifiestamente ilegales que causen perjuicio grave a la Administración o a los ciudadanos.

d) La publicación o utilización indebida de la documentación o información a que tengan o hayan tenido acceso por razón de su cargo o función.

e) La negligencia en la custodia de secretos oficiales, declarados así por Ley o clasificados como tales, que sea causa de su publicación o que provoque su difusión o conocimiento indebido.

f) El notorio incumplimiento de las funciones esenciales inherentes al puesto de trabajo o funciones encomendadas.

g) La violación de la imparcialidad, utilizando las facultades atribuidas para influir en procesos electorales de cualquier naturaleza y ámbito.

h) La prevalencia de la condición de alto cargo para obtener un beneficio indebido para sí o para otro.

i) La obstaculización al ejercicio de las libertades públicas y derechos sindicales.
j) La realización de actos encaminados a coartar el libre ejercicio del derecho de huelga.
k) El acoso laboral.
l) La comisión de una infracción grave cuando el autor hubiera sido sancionado por dos infracciones graves a lo largo del año anterior contra las que no quepa recurso en la vía administrativa.

2. Son infracciones graves:

a) El abuso de autoridad en el ejercicio del cargo.
b) La intervención en un procedimiento administrativo cuando se dé alguna de las causas de abstención legalmente señaladas.
c) La emisión de informes y la adopción de acuerdos manifiestamente ilegales cuando causen perjuicio a la Administración o a los ciudadanos y no constituyan infracción muy grave.
d) No guardar el debido sigilo respecto a los asuntos que se conozcan por razón del cargo, cuando causen perjuicio a la Administración o se utilice en provecho propio.
e) El incumplimiento de los plazos u otras disposiciones de procedimiento en materia de incompatibilidades, cuando no suponga el mantenimiento de una situación de incompatibilidad.
f) La comisión de una infracción leve cuando el autor hubiera sido sancionado por dos infracciones leves a lo largo del año anterior contra las que no quepa recurso en la vía administrativa.

3. Son infracciones leves:

a) La incorrección con los superiores, compañeros o subordinados.
b) El descuido o negligencia en el ejercicio de sus funciones y el incumplimiento de los principios de actuación del artículo 26.2.b) cuando ello no constituya infracción grave o muy grave o la conducta no se encuentre tipificada en otra norma.

Artículo 30. Sanciones

1. Las infracciones leves serán sancionadas con una amonestación.

2. Por la comisión de una infracción grave se impondrán al infractor algunas de las siguientes sanciones:

a) La declaración del incumplimiento y su publicación en el «Boletín Oficial del Estado» o diario oficial que corresponda.

b) La no percepción, en el caso de que la llevara aparejada, de la correspondiente indemnización para el caso de cese en el cargo.

3. En el caso de las infracciones muy graves, se impondrán en todo caso las sanciones previstas en el apartado anterior.

4. Los sancionados por la comisión de una infracción muy grave serán destituidos del cargo que ocupen salvo que ya hubiesen cesado y no podrán ser nombrados para ocupar ningún puesto de alto cargo o asimilado durante un periodo de entre cinco y diez años con arreglo a los criterios previstos en el apartado siguiente.

5. La comisión de infracciones muy graves, graves o leves se sancionará de acuerdo con los criterios recogidos en el artículo 131.3 de la Ley 30/1992, de 26 de noviembre, de Régimen Jurídico de las Administraciones Públicas y del Procedimiento Administrativo Común, y los siguientes:

a) La naturaleza y entidad de la infracción.
b) La gravedad del peligro ocasionado o del perjuicio causado.
c) Las ganancias obtenidas, en su caso, como consecuencia de los actos u omisiones constitutivos de la infracción.
d) Las consecuencias desfavorables de los hechos para la Hacienda Pública respectiva.
e) La circunstancia de haber procedido a la subsanación de la infracción por propia iniciativa.
f) La reparación de los daños o perjuicios causados.

En la graduación de las sanciones se valorará la existencia de perjuicios para el interés público, la repercusión de la conducta en los ciudadanos, y, en su caso, la percepción indebida de cantidades por el desempeño de actividades públicas incompatibles.

6. Cuando las infracciones pudieran ser constitutivas de delito, la Administración pondrá los hechos en conocimiento del Fiscal General del Estado y se abstendrá de seguir el procedimiento mientras la autoridad judicial no dicte una resolución que ponga fin al proceso penal.

7. Cuando los hechos estén tipificados como infracción en una norma administrativa especial, se dará cuenta de los mismos a la Administración competente para la instrucción del correspondiente procedimiento sancionador, suspendiéndose las actuaciones hasta la terminación de aquel. No se considerará normativa especial la Ley 47/2003, de 26 de noviembre, General Presupuestaria, respecto de las infracciones previstas en el artículo 28, pudiéndose tramitar el procedimiento de responsabilidad patrimonial simultáneamente al procedimiento sancionador.

8. En todo caso la comisión de las infracciones previstas en el artículo 28 conllevará las siguientes consecuencias:

a) La obligación de restituir, en su caso, las cantidades percibidas o satisfechas indebidamente.
b) La obligación de indemnizar a la Hacienda Pública en los términos del artículo 176 de la Ley 47/2003, de 26 de noviembre, General Presupuestaria.

Artículo 31. Órgano competente y procedimiento

1. El procedimiento sancionador se iniciará de oficio, por acuerdo del órgano competente, bien por propia iniciativa o como consecuencia de orden superior, petición razonada de otros órganos o denuncia de los ciudadanos.

La responsabilidad será exigida en procedimiento administrativo instruido al efecto, sin perjuicio de dar conocimiento de los hechos al Tribunal de Cuentas por si procediese, en su caso, la incoación del oportuno procedimiento de responsabilidad contable.

2. El órgano competente para ordenar la incoación será:

a) Cuando el alto cargo tenga la condición de miembro del Gobierno o de Secretario de Estado, el Consejo de Ministros a propuesta del Ministro de Hacienda y Administraciones Públicas.
b) Cuando los presuntos responsables sean personas al servicio de la Administración General del Estado distintas de los anteriores, el Ministro de Hacienda y Administraciones Públicas.
c) Cuando los presuntos responsables sean personas al servicio de la Administración autonómica o local, la orden de incoación del procedimiento se dará por los órganos que tengan atribuidas estas funciones en aplicación del régimen disciplinario propio de las Comunidades Autónomas o Entidades Locales en las que presten servicios los cargos contra los que se dirige el procedimiento.

3. En los supuestos previstos en las letras a) y b) del apartado anterior, la instrucción de los correspondientes procedimientos corresponderá a la Oficina de Conflictos de Intereses. En el supuesto contemplado en el apartado c) la instrucción corresponderá al órgano competente en aplicación del régimen disciplinario propio de la Comunidad Autónoma o Entidad Local correspondiente.

4. La competencia para la imposición de sanciones corresponderá:

a) Al Consejo de Ministros cuando el alto cargo tenga la condición de miembro del Gobierno o Secretario de Estado.

b) Al Ministro de Hacienda y Administraciones Públicas cuando el responsable sea un alto cargo de la Administración General del Estado.

c) Cuando el procedimiento se dirija contra altos cargos de las Comunidades Autónomas o Entidades Locales, los órganos que tengan atribuidas estas funciones en aplicación del régimen disciplinario propio de Administraciones en las que presten servicios los cargos contra los que se dirige el procedimiento o, en su caso, el Consejo de Gobierno de la Comunidad Autónoma o el Pleno de la Junta de Gobierno de la Entidad Local de que se trate.

5. Las resoluciones que se dicten en aplicación del procedimiento sancionador regulado en este título serán recurribles ante el orden jurisdiccional contencioso-administrativo.

Artículo 32. Prescripción

1. El plazo de prescripción de las infracciones previstas en este título será de cinco años para las infracciones muy graves, tres años para las graves y un año para las leves.

2. Las sanciones impuestas por la comisión de infracciones muy graves prescribirán a los cinco años, las impuestas por infracciones graves a los tres años y las que sean consecuencia de la comisión de infracciones leves prescribirán en el plazo de un año.

3. Para el cómputo de los plazos de prescripción regulados en los dos apartados anteriores, así como para las causas de su interrupción, se estará a lo dispuesto en el artículo 132 de la Ley 30/1992, de 30 de noviembre, de Régimen Jurídico de las Administraciones Públicas y del Procedimiento Administrativo Común.

4. Consejo de Transparencia y Buen Gobierno

Artículo 33. Consejo de Transparencia y Buen Gobierno

1. Se crea el Consejo de Transparencia y Buen Gobierno como organismo público de los previstos en la disposición adicional décima de la Ley 6/1997, de 14 de abril, de Organización y Funcionamiento de la Administración General del Estado. Estará adscrito al Ministerio de Hacienda y Administraciones Públicas.

2. El Consejo de Transparencia y Buen Gobierno tiene personalidad jurídica propia y plena capacidad de obrar. Actúa con autonomía y plena independencia en el cumplimiento de sus fines.

Artículo 34. Fines

El Consejo de Transparencia y Buen Gobierno tiene por finalidad promover la transparencia de la actividad pública, velar por el cumplimiento de las obligaciones de publicidad, salvaguardar el ejercicio de derecho de acceso a la información pública y garantizar la observancia de las disposiciones de buen gobierno.

Artículo 35. Composición

El Consejo de Transparencia y Buen Gobierno estará compuesto por los siguientes órganos:

a) La Comisión de Transparencia y Buen Gobierno.

b) El Presidente del Consejo de Transparencia y Buen Gobierno que lo será también de su Comisión.

Artículo 36. Comisión de Transparencia y Buen Gobierno

1. La Comisión de Transparencia y Buen Gobierno ejercerá todas las competencias que le asigna esta Ley, así como aquellas que les sean atribuidas en su normativa de desarrollo.

2. Dicha Comisión estará compuesta por:

a) El Presidente.

b) Un Diputado.

c) Un Senador.

d) Un representante del Tribunal de Cuentas.

e) Un representante del Defensor del Pueblo.

f) Un representante de la Agencia Española de Protección de Datos.

g) Un representante de la Secretaría de Estado de Administraciones Públicas.

h) Un representante de la Autoridad Independiente de Responsabilidad Fiscal.

3. La condición de miembro de la Comisión del Consejo de Transparencia y Buen Gobierno no exigirá dedicación exclusiva ni dará derecho a remuneración con excepción de lo previsto en el artículo siguiente.

4. Al menos una vez al año, la Comisión de Transparencia y Buen Gobierno convocará a los representantes de los organismos que, con funciones similares a las desarrolladas por ella, hayan sido creados por las Comunidades Autónomas en ejercicio de sus competencias. A esta reunión podrá ser convocado un representante de la Administración Local propuesto por la Federación Española de Municipios y Provincias.

Artículo 37. Presidente del Consejo de Transparencia y Buen Gobierno

1. El Presidente del Consejo de Transparencia y Buen Gobierno será nombrado por un período no renovable de cinco años mediante Real Decreto, a propuesta del titular del Ministerio de Hacienda y Administraciones Públicas, entre personas de reconocido prestigio y competencia profesional previa comparecencia de la persona propuesta para el cargo ante la Comisión correspondiente del Congreso de los Diputados. El Congreso, a través de la Comisión competente y por acuerdo adoptado por mayoría absoluta, deberá refrendar el nombramiento del candidato propuesto en el plazo de un mes natural desde la recepción de la correspondiente comunicación.

2. El Presidente del Consejo de Transparencia y Buen Gobierno cesará en su cargo por la expiración de su mandato, a petición propia o por separación acordada por el Gobierno, previa instrucción del correspondiente procedimiento por el titular del Ministerio de Hacienda y Administraciones Públicas, por incumplimiento grave de sus obligaciones, incapacidad permanente para el ejercicio de su función, incompatibilidad sobrevenida o condena por delito doloso.

3. El Presidente del Consejo de Transparencia y Buen Gobierno percibirá las retribuciones fijadas de acuerdo con el Real Decreto 451/2012, de 5 de marzo, por el que se regula el régimen retributivo de los máximos responsables y directivos en el sector público empresarial y otras entidades.

Artículo 38. Funciones

1. Para la consecución de sus objetivos, el Consejo de Transparencia y Buen Gobierno tiene encomendadas las siguientes funciones:

a) Adoptar recomendaciones para el mejor cumplimiento de las obligaciones contenidas en esta Ley.

b) Asesorar en materia de transparencia, acceso a la información pública y buen gobierno.

c) Informar preceptivamente los proyectos normativos de carácter estatal que desarrollen esta Ley o que estén relacionados con su objeto.

d) Evaluar el grado de aplicación de esta Ley. Para ello, elaborará anualmente una memoria en la que se incluirá información sobre el cumplimiento de las obligaciones previstas y que será presentada ante las Cortes Generales.

e) Promover la elaboración de borradores de recomendaciones y de directrices y normas de desarrollo de buenas prácticas en materia de transparencia, acceso a la información pública y buen gobierno.

f) Promover actividades de formación y sensibilización para un mejor conocimiento de las materias reguladas por esta Ley.

g) Colaborar, en las materias que le son propias, con órganos de naturaleza análoga.
h) Aquellas otras que le sean atribuidas por norma de rango legal o reglamentario.

2. El Presidente del Consejo de Transparencia y Buen Gobierno ejercerá las siguientes funciones:

a) Adoptar criterios de interpretación uniforme de las obligaciones contenidas en esta Ley.
b) Velar por el cumplimiento de las obligaciones de publicidad contenidas en el capítulo II del título I de acuerdo con lo previsto en el artículo 9 de esta Ley.
c) Conocer de las reclamaciones que se presenten en aplicación del artículo 24 de esta Ley.
d) Responder las consultas que, con carácter facultativo, le planteen los órganos encargados de tramitar y resolver las solicitudes de acceso a la información.
e) Instar el inicio del procedimiento sancionador previsto en el título II de esta Ley. El órgano competente deberá motivar, en su caso, su decisión de no incoar el procedimiento.
f) Aprobar el anteproyecto de presupuesto.
g) Aquellas otras que le sean atribuidas por norma de rango legal o reglamentario.

Artículo 39. Régimen jurídico

1. El Consejo de Transparencia y Buen Gobierno se regirá, además de por lo dispuesto en esta Ley, por:

a) Las disposiciones de la Ley 47/2003, de 26 de noviembre, General Presupuestaria, que le sean de aplicación. Anualmente elaborará un anteproyecto de presupuesto con la estructura que establezca el Ministerio de Hacienda y Administraciones Públicas para su elevación al Gobierno y su posterior integración en los Presupuestos Generales del Estado.
b) El Real Decreto Legislativo 3/2011, de 14 de noviembre, por el que se aprueba el Texto Refundido de la Ley de Contratos del Sector Público (actualmente derogado por la Ley 9/2017, de 8 de noviembre, de Contratos del Sector Público, por la que se transponen al ordenamiento jurídico español las Directivas del Parlamento Europeo y del Consejo 2014/23/UE y 2014/24/UE, de 26 de febrero de 2014).

c) La Ley 33/2003, de 3 de noviembre, del Patrimonio de las Administraciones Públicas, y, en lo no previsto en ella, por el Derecho privado en sus adquisiciones patrimoniales.

d) La Ley 7/2007, de 12 de abril, del Estatuto Básico del Empleado Público, y las demás normas aplicables al personal funcionario de la Administración General del Estado, en materia de medios personales (actualmente derogada por el Real Decreto Legislativo 5/2015, de 30 de octubre, por el que se aprueba el texto refundido de la Ley del Estatuto Básico del Empleado Público).

e) La Ley 30/1992, de 26 de noviembre, de Régimen Jurídico de las Administraciones Públicas y del Procedimiento Administrativo Común (actualmente derogada por la Ley 39/2015, de 1 de octubre, del Procedimiento Administrativo Común de las Administraciones Públicas), y por la normativa que le sea de aplicación, en lo no dispuesto por esta Ley, cuando desarrolle sus funciones públicas.

2. El Consejo de Ministros aprobará mediante Real Decreto el Estatuto del Consejo de Transparencia y Buen Gobierno, en el que se establecerá su organización, estructura, funcionamiento, así como todos los aspectos que sean necesarios para el cumplimiento de sus funciones.

3. Con carácter general, los puestos de trabajo del Consejo de Transparencia y Buen Gobierno serán desempeñados por funcionarios públicos de acuerdo con lo establecido en el Real Decreto Legislativo 5/2015, de 30 de octubre, por el que se aprueba el texto refundido de la Ley del Estatuto Básico del Empleado Público, y las normas de función pública aplicables al personal funcionario de la Administración General del Estado. El personal laboral podrá desempeñar puestos de trabajo que se ajusten a la normativa de función pública de la Administración General del Estado. Asimismo, el personal que pase a prestar servicios en el Consejo de Transparencia y Buen Gobierno mediante los procedimientos de provisión previstos en la Administración General del Estado mantendrá la condición de personal funcionario o laboral, de acuerdo con la legislación aplicable.

4. El Consejo de Transparencia y Buen Gobierno contará para el cumplimiento de sus fines con los siguientes bienes y medios económicos:

a) Las asignaciones que se establezcan anualmente con cargos a los Presupuestos Generales del Estado.

b) Los bienes y valores que constituyan su patrimonio, así como los productos y rentas del mismo.

c) Cualesquiera otros que legalmente puedan serle atribuidos.

Artículo 40. Relaciones con las Cortes Generales

El Consejo de Transparencia y Buen Gobierno elevará anualmente a las Cortes Generales una memoria sobre el desarrollo de sus actividades y sobre el grado de cumplimiento de las disposiciones establecidas en esta Ley. El Presidente del Consejo de Transparencia y Buen Gobierno comparecerá ante la Comisión correspondiente para dar cuenta de tal memoria, así como cuantas veces sea requerido para ello.

5. La Agenda 2030 y los Objetivos de Desarrollo Sostenible

La Asamblea General de las Naciones Unidas adoptó en septiembre de 2015 la Agenda 2030 para el Desarrollo Sostenible, un plan de acción a favor de las personas, el planeta y la prosperidad, que también tiene la intención de fortalecer la paz universal y el acceso a la justicia.

Los Estados miembros de las Naciones Unidas aprobaron una resolución en la que reconocen que el mayor desafío del mundo actual es la erradicación de la pobreza y afirman que sin lograrla no puede haber desarrollo sostenible.

La Agenda 2030 para el Desarrollo Sostenible plantea 17 Objetivos de Desarrollo Sostenible con 169 metas de carácter integrado e indivisible que abarcan las esferas económica, social y ambiental.

Los Objetivos de Desarrollo Sostenible (ODS) son:

1. Erradicar la pobreza en todas sus formas en todo el mundo.
2. Poner fin al hambre, conseguir la seguridad alimentaria y una mejor nutrición, y promover la agricultura sostenible.
3. Garantizar una vida saludable y promover el bienestar para todos y todas en todas las edades.
4. Garantizar una educación de calidad inclusiva y equitativa, y promover las oportunidades de aprendizaje permanente para todos.
5. Alcanzar la igualdad entre los géneros y empoderar a todas las mujeres y niñas.
6. Garantizar la disponibilidad y la gestión sostenible del agua y el saneamiento para todos.
7. Asegurar el acceso a energías asequibles, fiables, sostenibles y modernas para todos.

8. Fomentar el crecimiento económico sostenido, inclusivo y sostenible, el empleo pleno y productivo, y el trabajo decente para todos.
9. Desarrollar infraestructuras resilientes, promover la industrialización inclusiva y sostenible, y fomentar la innovación.
10. Reducir las desigualdades entre países y dentro de ellos.
11. Conseguir que las ciudades y los asentamientos humanos sean inclusivos, seguros, resilientes y sostenibles.
12. Garantizar las pautas de consumo y de producción sostenibles.
13. Tomar medidas urgentes para combatir el cambio climático y sus efectos.
14. Conservar y utilizar de forma sostenible los océanos, mares y recursos marinos para lograr el desarrollo sostenible.
15. Proteger, restaurar y promover la utilización sostenible de los ecosistemas terrestres, gestionar de manera sostenible los bosques, combatir la desertificación y detener y revertir la degradación de la tierra, y frenar la pérdida de diversidad biológica.
16. Promover sociedades pacíficas e inclusivas para el desarrollo sostenible, facilitar acceso a la justicia para todos y crear instituciones eficaces, responsables e inclusivas a todos los niveles.
17. Fortalecer los medios de ejecución y reavivar la alianza mundial para el desarrollo sostenible.

La nueva estrategia regirá los programas de desarrollo mundiales durante los próximos quince años. Al adoptarla, los estados se comprometieron a movilizar los medios necesarios para su implementación mediante alianzas centradas especialmente en las necesidades de los más pobres y vulnerables.

Los 17 ODS de la Agenda 2030 se elaboraron durante más de dos años de consultas públicas, interacción con la sociedad civil y negociaciones entre los países. La Agenda implica un compromiso común y universal, no obstante, puesto que cada país enfrenta retos específicos en su búsqueda del desarrollo sostenible, los estados tienen soberanía plena sobre su riqueza, recursos y actividad económica, y cada uno fijará sus propias metas nacionales en consonancia con la Agenda.

La Agenda 2030 incluye también un capítulo de Medios de Implementación que vincula de manera integral el acuerdo de la Agenda de Acción de Addis Abeba para la financiación del Desarrollo.

El Gobierno de España ha trabajado activamente en la elaboración de esta agenda universal y transformadora. La posición española se definió a través de un proceso participativo que incluyó el trabajo de académicos, expertos, y representantes de la Administración General del Estado y de las Comunidades Autónomas. Este trabajo cristalizó en dos consultas nacionales, que se celebraron en el Instituto Cervantes en el año 2013, y en el propio Congreso de los Diputados al año siguiente, dando lugar a una postura española común.

Este compromiso fue plasmado por Su Majestad el Rey Felipe VI durante su intervención en la Cumbre de las Naciones Unidas para la Adopción de la Agenda 2030. Frente a más de un centenar de jefes de Estado y 80 jefes de Gobierno pidió a los países representados en la Asamblea General "actuar como un solo mundo" para hacer realidad los compromisos de la Agenda 2030 de Desarrollo Sostenible dirigidos a "transformar el mundo en los próximos 15 años" para "librarlo de la pobreza extrema y del hambre que todavía hoy afligen a buena parte de la Humanidad".

Tema 7

La Administración General del Estado. Los Ministros. Los Secretarios de Estado. Los Subsecretarios. La Administración Periférica del Estado. Órganos y competencias. Otros órganos administrativos

eRodio ediciones

Índice esquemático

1. La Administración General del Estado

Viene desarrollada en la Ley 40/2015, de 1 de octubre, de Régimen Jurídico del Sector Público.

1.1. Principios y competencias

La Administración General del Estado actúa y se organiza de acuerdo con los principios de eficacia, jerarquía, descentralización, desconcentración y coordinación, con sometimiento pleno a la Constitución, a la Ley y al Derecho.

Deberán respetar en su actuación y relaciones los siguientes principios:

a) Servicio efectivo a los ciudadanos.
b) Simplicidad, claridad y proximidad a los ciudadanos.
c) Participación, objetividad y transparencia de la actuación administrativa.
d) Racionalización y agilidad de los procedimientos administrativos y de las actividades materiales de gestión.
e) Buena fe, confianza legítima y lealtad institucional.
f) Responsabilidad por la gestión pública.
g) Planificación y dirección por objetivos y control de la gestión y evaluación de los resultados de las políticas públicas.
h) Eficacia en el cumplimiento de los objetivos fijados.
i) Economía, suficiencia y adecuación estricta de los medios a los fines institucionales.
j) Eficiencia en la asignación y utilización de los recursos públicos.
k) Cooperación, colaboración y coordinación entre las Administraciones Públicas.

Las competencias en materia de organización administrativa, régimen de personal, procedimientos e inspección de servicios, no atribuidas específicamente conforme a una Ley a ningún otro órgano de la Administración General del Estado, ni al Gobierno, corresponderán al Ministerio de Hacienda y Administraciones Públicas.

1.2. Estructura

La organización de la Administración General del Estado responde a los principios de división funcional en Departamentos ministeriales y de gestión territorial integrada en Delegaciones del Gobierno en las Comunidades Autónomas, salvo las excepciones previstas por esta Ley.

La Administración General del Estado comprende:

a) La Organización Central, que integra los Ministerios y los servicios comunes.

b) La Organización Territorial.

c) La Administración General del Estado en el exterior.

En la organización central son órganos superiores y órganos directivos:

a) Órganos superiores:

1. Los Ministros.
2. Los Secretarios de Estado.

b) Órganos directivos:

1. Los Subsecretarios y Secretarios generales.
2. Los Secretarios generales técnicos y Directores generales.
3. Los Subdirectores generales.

En la organización territorial de la Administración General del Estado son órganos directivos tanto los Delegados del Gobierno en las Comunidades Autónomas, que tendrán rango de Subsecretario, como los Subdelegados del Gobierno en las provincias, los cuales tendrán nivel de Subdirector general.

En la Administración General del Estado en el exterior son órganos directivos los embajadores y representantes permanentes ante Organizaciones internacionales.

Los órganos superiores y directivos tienen además la condición de alto cargo, excepto los Subdirectores generales y asimilados, de acuerdo con lo previsto en la Ley 3/2015, de 30 de marzo, reguladora del ejercicio del alto cargo de la Administración General del Estado.

Todos los demás órganos de la Administración General del Estado se encuentran bajo la dependencia o dirección de un órgano superior o directivo y los estatutos de los Organismos públicos determinarán sus respectivos órganos directivos.

Corresponde a los órganos superiores establecer los planes de actuación de la organización situada bajo su responsabilidad y a los órganos directivos su desarrollo y ejecución.

Los Ministros y Secretarios de Estado son nombrados de acuerdo con lo establecido en la Ley 50/1997, de 27 de noviembre, del Gobierno y en la Ley 3/2015, de 30 de marzo, reguladora del ejercicio del alto cargo de la Administración General del Estado. Sin perjuicio de lo previsto en esta última, los titulares de los órganos superiores y directivos son nombrados, atendiendo a criterios de competencia profesional y experiencia, en la forma establecida en la Ley 40/2015, siendo de aplicación al desempeño de sus funciones:

a) La responsabilidad profesional, personal y directa por la gestión desarrollada.

b) La sujeción al control y evaluación de la gestión por el órgano superior o directivo competente, sin perjuicio del control establecido por la Ley General Presupuestaria.

1.3. Elementos organizativos básicos

Las unidades administrativas son los elementos organizativos básicos de las estructuras orgánicas. Las unidades comprenden puestos de trabajo o dotaciones de plantilla vinculados funcionalmente por razón de sus cometidos y orgánicamente por una jefatura común. Pueden existir unidades administrativas complejas, que agrupen dos o más unidades menores.

Los jefes de las unidades administrativas son responsables del correcto funcionamiento de la unidad y de la adecuada ejecución de las tareas asignadas a la misma.

Las unidades administrativas se establecen mediante las relaciones de puestos de trabajo, que se aprobarán de acuerdo con su regulación específica, y se integran en un determinado órgano.

2. Los Ministros. Los Secretarios de Estado. Los Subsecretarios

En este apartado completamos lo ya expuesto al respecto en el tema 5.

2.1. Los Ministerios

La Administración General del Estado se organiza en Presidencia del Gobierno y en Ministerios, comprendiendo a cada uno de ellos uno o varios sectores funcionalmente homogéneos de actividad administrativa.

La organización en Departamentos ministeriales no obsta a la existencia de órganos superiores o directivos u Organismos públicos no integrados o dependientes, respectivamente, en la estructura general del Ministerio que con carácter excepcional se adscriban directamente al Ministro.

La determinación del número, la denominación y el ámbito de competencia respectivo de los Ministerios y las Secretarías de Estado se establecen mediante Real Decreto del Presidente del Gobierno.

2.2. Organización interna de los Ministerios

En los Ministerios pueden existir Secretarías de Estado, y Secretarías Generales, para la gestión de un sector de actividad administrativa. De ellas dependerán jerárquicamente los órganos directivos que se les adscriban.

Los Ministerios contarán, en todo caso, con una Subsecretaría, y dependiendo de ella una Secretaría General Técnica, para la gestión de los servicios comunes previstos en el Título I de la Ley 40/2015.

Las Direcciones Generales son los órganos de gestión de una o varias áreas funcionalmente homogéneas.

Las Direcciones Generales se organizan en Subdirecciones Generales para la distribución de las competencias encomendadas a aquéllas, la realización de las actividades que les son propias y la asignación de objetivos y responsabilidades. Sin perjuicio de lo anterior, podrán adscribirse directamente Subdirecciones Generales a otros órganos directivos de mayor nivel o a órganos superiores del Ministerio.

2.3. Creación, modificación y supresión de órganos y unidades administrativas

Las Subsecretarías, las Secretarías Generales, las Secretarías Generales Técnicas, las Direcciones Generales, las Subdirecciones Generales, y órganos similares a los anteriores se crean, modifican y suprimen por Real Decreto del Consejo de Ministros, a iniciativa del Ministro interesado y a propuesta del Ministro de Hacienda y Administraciones Públicas.

Los órganos de nivel inferior a Subdirección General se crean, modifican y suprimen por orden del Ministro respectivo, previa autorización del Ministro de Hacienda y Administraciones Públicas.

Las unidades que no tengan la consideración de órganos se crean, modifican y suprimen a través de las relaciones de puestos de trabajo.

2.4. Ordenación jerárquica de los órganos ministeriales

Los Ministros son los jefes superiores del Departamento y superiores jerárquicos directos de los Secretarios de Estado y Subsecretarios.

Los órganos directivos dependen de alguno de los anteriores y se ordenan jerárquicamente entre sí de la siguiente forma: Subsecretario, Director general y Subdirector general.

Los Secretarios generales tienen categoría de Subsecretario y los Secretarios Generales Técnicos tienen categoría de Director general.

2.5. Los Ministros

Los Ministros, como titulares del departamento sobre el que ejercen su competencia, dirigen los sectores de actividad administrativa integrados en su Ministerio, y asumen la responsabilidad inherente a dicha dirección. A tal fin, les corresponden las siguientes funciones:

a) Ejercer la potestad reglamentaria en las materias propias de su Departamento.

b) Fijar los objetivos del Ministerio, aprobar los planes de actuación del mismo y asignar los recursos necesarios para su ejecución, dentro de los límites de las dotaciones presupuestarias correspondientes.

c) Aprobar las propuestas de los estados de gastos del Ministerio, y de los presupuestos de los Organismos públicos dependientes y remitirlas al Ministerio de Hacienda y Administraciones Públicas.

d) Determinar y, en su caso, proponer la organización interna de su Ministerio, de acuerdo con las competencias que le atribuye esta Ley.

e) Evaluar la realización de los planes de actuación del Ministerio por parte de los órganos superiores y órganos directivos y ejercer el control de eficacia respecto de la actuación de dichos órganos y de los Organismos públicos dependientes, sin perjuicio de lo dispuesto en la Ley 47/2003, de 26 de noviembre, General Presupuestaria.

f) Nombrar y separar a los titulares de los órganos directivos del Ministerio y de los Organismos públicos o entidades de derecho público dependientes del mismo, cuando la competencia no esté atribuida al Consejo de Ministros a otro órgano o al propio organismo, así como elevar a aquél las propuestas de nombramientos que le estén reservadas de órganos directivos del Ministerio y de los Organismos Públicos dependientes del mismo.

g) Autorizar las comisiones de servicio con derecho a indemnización por cuantía exacta para altos cargos dependientes del Ministro.

h) Mantener las relaciones con las Comunidades Autónomas y convocar las Conferencias sectoriales y los órganos de cooperación en el ámbito de las competencias atribuidas a su Departamento.

i) Dirigir la actuación de los titulares de los órganos superiores y directivos del Ministerio, impartirles instrucciones concretas y delegarles competencias propias.

j) Revisar de oficio los actos administrativos y resolver los conflictos de atribuciones cuando les corresponda, así como plantear los que procedan con otros Ministerios.

k) Celebrar en el ámbito de su competencia, contratos y convenios, sin perjuicio de la autorización del Consejo de Ministros cuando sea preceptiva.

l) Administrar los créditos para gastos de los presupuestos del Ministerio, aprobar y comprometer los gastos que no sean de la competencia del Consejo de Ministros, aprobar las modificaciones presupuestarias que sean de su competencia, reconocer las obligaciones económicas y proponer su pago en el marco del plan de disposición de fondos del Tesoro Público, así como fijar los límites por debajo de los cuales estas competencias corresponderán, en su ámbito respectivo, a los Secretarios de Estado y Subsecretario del departamento. Corresponderá al Ministro elevar al Consejo de Ministros, para su aprobación, las modificaciones presupuestarias que sean de la competencia de éste.

m) Decidir la representación del Ministerio en los órganos colegiados o grupos de trabajo en los que no esté previamente determinado el titular del órgano superior o directivo que deba representar al Departamento.

n) Remitir la documentación a su Departamento necesaria para la elaboración de la Cuenta General del Estado, en los términos previstos en la Ley 47/2003, 26 de noviembre.

ñ) Resolver de los recursos administrativos y declarar la lesividad de los actos administrativos cuando les corresponda.

o) Otorgar premios y recompensas propios del Departamento y proponer las que corresponda según sus normas reguladoras.

p) Conceder subvenciones y ayudas con cargo a los créditos de gasto propios del Departamento, así como fijar los límites por debajo de los cuales podrán ser otorgadas por los Secretarios de Estado o el Subsecretario del Departamento.

q) Proponer y ejecutar, en el ámbito de su competencia, los Planes de Empleo del Departamento y de los organismos públicos de él dependientes.

r) Modificar las Relaciones de Puestos de Trabajo en los casos en que esa competencia esté delegada en el propio departamento o proponer al Ministerio de Hacienda y Administraciones Públicas las que sean de competencia de este último.

s) Imponer la sanción de separación del servicio por faltas muy graves.

t) Ejercer cuantas otras competencias les atribuyan las leyes, las normas de organización y funcionamiento del Gobierno y cualesquiera otras disposiciones.

2.6. Los Secretarios de Estado

Los Secretarios de Estado son directamente responsables de la ejecución de la acción del Gobierno en un sector de actividad específica. Asimismo, podrán ostentar por delegación expresa de sus respectivos Ministros la representación de estos en materias propias de su competencia, incluidas aquellas con proyección internacional, sin perjuicio, en todo caso, de las normas que rigen las relaciones de España con otros Estados y con las Organizaciones internacionales.

Los Secretarios de Estado dirigen y coordinan las Secretarías y las Direcciones Generales situadas bajo su dependencia, y responden ante el Ministro de la ejecución de los objetivos fijados para la Secretaría de Estado. A tal fin les corresponde:

a) Ejercer las competencias sobre el sector de actividad administrativa asignado que les atribuya la norma de creación del órgano o que les delegue el Ministro y desempeñar las relaciones externas de la Secretaría de Estado, salvo en los casos legalmente reservados al Ministro.

b) Ejercer las competencias inherentes a su responsabilidad de dirección y, en particular, impulsar la consecución de los objetivos y la ejecución de los proyectos de su organización, controlando su cumplimiento, supervisando la actividad de los órganos directivos adscritos e impartiendo instrucciones a sus titulares.

c) Nombrar y separar a los Subdirectores Generales de la Secretaría de Estado.

d) Mantener las relaciones con los órganos de las Comunidades Autónomas competentes por razón de la materia.

e) La autorización previa para contratar a los Organismos Autónomos adscritos a la Secretaría de Estado, por encima de una cuantía determinada, según lo previsto en el Real Decreto Legislativo 3/2011, de 14 de noviembre por el que se aprueba el Texto Refundido de la Ley de Contratos del Sector Público.

f) Autorizar las comisiones de servicio con derecho a indemnización por cuantía exacta para los altos cargos dependientes de la Secretaría de Estado.

g) Celebrar contratos relativos a asuntos de su Secretaría de Estado y los convenios no reservados al Ministro del que dependan, sin perjuicio de la correspondiente autorización cuando sea preceptiva.

h) Conceder subvenciones y ayudas con cargo a los créditos de gasto propios de la Secretaría de Estado, con los límites establecidos por el titular del Departamento.

i) Resolver los recursos que se interpongan contra las resoluciones de los órganos directivos que dependan directamente de él y cuyos actos no agoten la vía administrativa, así como los conflictos de atribuciones que se susciten entre dichos órganos.

j) Administrar los créditos para gastos de los presupuestos del Ministerio por su materia propios de la Secretaría de Estado, aprobar las modificaciones presupuestarias de los mismos, aprobar y comprometer los gastos con cargo a aquellos créditos y reconocer las obligaciones económicas y proponer su pago en el marco del plan de disposición de fondos del Tesoro Público. Todo ello dentro de la cuantía que, en su caso, establezca el Ministro al efecto y siempre que los referidos actos no sean competencia del Consejo de Ministros.

k) Cualesquiera otras competencias que les atribuya la legislación en vigor.

2.7. Los Subsecretarios

Los Subsecretarios ostentan la representación ordinaria del Ministerio, dirigen los servicios comunes, ejercen las competencias correspondientes a dichos servicios comunes y, en todo caso, las siguientes:

a) Apoyar a los órganos superiores en la planificación de la actividad del Ministerio, a través del correspondiente asesoramiento técnico.

b) Asistir al Ministro en el control de eficacia del Ministerio y sus Organismos públicos.

c) Establecer los programas de inspección de los servicios del Ministerio, así como determinar las actuaciones precisas para la mejora de los sistemas de planificación, dirección y organización y para la racionalización y simplificación de los procedimientos y métodos de trabajo, en el marco definido por el Ministerio de Hacienda y Administraciones Públicas.

d) Proponer las medidas de organización del Ministerio y dirigir el funcionamiento de los servicios comunes a través de las correspondientes instrucciones u órdenes de servicio.

e) Asistir a los órganos superiores en materia de relaciones de puestos de trabajo, planes de empleo y política de directivos del Ministerio y sus Organismos públicos, así como en la elaboración, ejecución y seguimiento de los presupuestos y la planificación de los sistemas de información y comunicación.

f) Desempeñar la jefatura superior de todo el personal del Departamento.

g) Responsabilizarse del asesoramiento jurídico al Ministro en el desarrollo de las funciones que a éste le corresponden y, en particular, en el ejercicio de su potestad normativa y en la producción de los actos administrativos de la competencia de aquél, así como a los demás órganos del Ministerio.

   En los mismos términos del párrafo anterior, informar las propuestas o proyectos de normas y actos de otros Ministerios, cuando reglamentariamente proceda.

A tales efectos, el Subsecretario será responsable de coordinar las actuaciones correspondientes dentro del Ministerio, y en relación con los demás Ministerios que hayan de intervenir en el procedimiento.

h) Ejercer las facultades de dirección, impulso y supervisión de la Secretaría General Técnica y los restantes órganos directivos que dependan directamente de él.

i) Administrar los créditos para gastos de los presupuestos del Ministerio por su materia propios de la Subsecretaría, aprobar las modificaciones presupuestarias de los mismos, aprobar y comprometer los gastos con cargo a aquellos créditos y reconocer las obligaciones económicas y proponer su pago en el marco del plan de disposición de fondos del Tesoro Público. Todo ello dentro de la cuantía que, en su caso, establezca el Ministro al efecto y siempre que los referidos actos no sean competencia del Consejo de Ministros.

j) Conceder subvenciones y ayudas con cargo a los créditos de gasto propios del Ministerio con los límites establecidos por el titular del Departamento.

k) Solicitar del Ministerio de Hacienda y Administraciones Públicas la afectación o el arrendamiento de los inmuebles necesarios para el cumplimiento de los fines de los servicios a cargo del Departamento.

l) Nombrar y cesar a los Subdirectores y asimilados dependientes de la Subsecretaría, al resto de personal de libre designación y al personal eventual del Departamento.

m) Convocar y resolver pruebas selectivas de personal funcionario y laboral.

n) Convocar y resolver los concursos de personal funcionario.

ñ) Ejercer la potestad disciplinaria del personal del Departamento por faltas graves o muy graves, salvo la separación del servicio.

o) Adoptar e impulsar, bajo la dirección del Ministro, las medidas tendentes a la gestión centralizada de recursos humanos y medios materiales en el ámbito de su Departamento Ministerial.

p) Autorizar las comisiones de servicio con derecho a indemnización por cuantía exacta para altos cargos dependientes del Subsecretario.

q) Cualesquiera otras que sean inherentes a los servicios comunes del Ministerio y a la representación ordinaria del mismo y las que les atribuyan la legislación en vigor.

La Subsecretaría del Ministerio de la Presidencia, en coordinación con la Secretaría General de la Presidencia del Gobierno, ejercerá las competencias propias de los servicios comunes de los Departamentos en relación con el área de la Presidencia del Gobierno.

Los Subsecretarios serán nombrados y separados por Real Decreto del Consejo de Ministros a propuesta del titular del Ministerio.

Los nombramientos habrán de efectuarse entre funcionarios de carrera del Estado, de las Comunidades Autónomas o de las Entidades locales, pertenecientes al Subgrupo A1, a que se refiere el Estatuto Básico del Empleado Público. En todo caso, habrán de reunir los requisitos de idoneidad establecidos en la Ley 3/2015, de 30 de marzo, reguladora del ejercicio del alto cargo de la Administración General del Estado.

2.8. Los Secretarios generales

Cuando las normas que regulan la estructura de un Ministerio prevean la existencia de un Secretario general, deberán determinar las competencias que le correspondan sobre un sector de actividad administrativa determinado.

Los Secretarios generales ejercen las competencias inherentes a su responsabilidad de dirección sobre los órganos dependientes y, en particular, impulsar la consecución de los objetivos y la ejecución de los proyectos de su organización, controlando su cumplimiento, supervisando la actividad de los órganos directivos adscritos e impartiendo instrucciones a sus titulares, así como todas aquellas que les asigne expresamente el Real Decreto de estructura del Ministerio.

Los Secretarios generales, con categoría de Subsecretario, serán nombrados y separados por Real Decreto del Consejo de Ministros, a propuesta del titular del Ministerio o del Presidente del Gobierno.

Los nombramientos habrán de efectuarse entre personas con cualificación y experiencia en el desempeño de puestos de responsabilidad en la gestión pública o privada. En todo caso, habrán de reunir los requisitos de idoneidad establecidos en la Ley 3/2015, de 30 de marzo, reguladora del ejercicio del alto cargo de la Administración General del Estado.

2.9. Los Secretarios generales técnicos

Los Secretarios generales técnicos, bajo la inmediata dependencia del Subsecretario, tendrán las competencias sobre servicios comunes que les atribuya el Real Decreto de estructura del Departamento y, en todo caso, las relativas a producción normativa, asistencia jurídica y publicaciones.

Los Secretarios generales técnicos tienen a todos los efectos la categoría de Director General y ejercen sobre sus órganos dependientes las facultades que estudiaremos en el epígrafe siguiente. Serán nombrados y separados por Real Decreto del Consejo de Ministros a propuesta del titular del Ministerio.

Los nombramientos habrán de efectuarse entre funcionarios de carrera del Estado, de las Comunidades Autónomas o de las Entidades locales, pertenecientes al Subgrupo A1, a que se refiere el Estatuto Básico del Empleado Público. En todo caso, habrán de reunir los requisitos de idoneidad establecidos en la Ley 3/2015, de 30 de marzo, reguladora del ejercicio de alto cargo de la Administración General del Estado.

2.10. Los Directores generales

Los Directores generales son los titulares de los órganos directivos encargados de la gestión de una o varias áreas funcionalmente homogéneas del Ministerio. A tal efecto, les corresponde:

a) Proponer los proyectos de su Dirección general para alcanzar los objetivos establecidos por el Ministro, dirigir su ejecución y controlar su adecuado cumplimiento.
b) Ejercer las competencias atribuidas a la Dirección general y las que le sean desconcentradas o delegadas.
c) Proponer, en los restantes casos, al Ministro o al titular del órgano del que dependa, la resolución que estime procedente sobre los asuntos que afectan al órgano directivo.
d) Impulsar y supervisar las actividades que forman parte de la gestión ordinaria del órgano directivo y velar por el buen funcionamiento de los órganos y unidades dependientes y del personal integrado en los mismos.
e) Las demás atribuciones que le confieran las leyes y reglamentos.

Los Directores generales serán nombrados y separados por Real Decreto del Consejo de Ministros, a propuesta del titular del Departamento o del Presidente del Gobierno.

Los nombramientos habrán de efectuarse entre funcionarios de carrera del Estado, de las Comunidades Autónomas o de las Entidades locales, pertenecientes al Subgrupo A1, a que se refiere el Estatuto Básico del Empleado Público, salvo que el Real Decreto de estructura permita que, en atención a las características específicas de las funciones de la Dirección General, su titular no reúna dicha condición de funcionario, debiendo motivarse mediante memoria razonada la concurrencia de las especiales características que justifiquen esa circunstancia excepcional. En todo caso, habrán de reunir los requisitos de idoneidad establecidos en la Ley 3/2015, de 30 de marzo, reguladora del ejercicio del alto cargo de la Administración General del Estado.

2.11. Los Subdirectores generales

Los Subdirectores generales son los responsables inmediatos, bajo la supervisión del Director general o del titular del órgano del que dependan, de la ejecución de aquellos proyectos, objetivos o actividades que les sean asignados, así como de la gestión ordinaria de los asuntos de la competencia de la Subdirección General. Serán nombrados, respetando los principios de igualdad, mérito y capacidad, y cesados por el Ministro, Secretario de Estado o Subsecretario del que dependan.

Los nombramientos habrán de efectuarse entre funcionarios de carrera del Estado, o de otras Administraciones, cuando así lo prevean las normas de aplicación, pertenecientes al Subgrupo A1, a que se refiere el Estatuto Básico del Empleado Público.

2.12. Los servicios comunes de los Ministerios

Los órganos directivos encargados de los servicios comunes, prestan a los órganos superiores y directivos del resto del Ministerio la asistencia precisa para el más eficaz cumplimiento de sus cometidos y, en particular, la eficiente utilización de los medios y recursos materiales, económicos y personales que tengan asignados.

Corresponde a los servicios comunes el asesoramiento, el apoyo técnico y, en su caso, la gestión directa en relación con las funciones de planificación, programación y presupuestación, cooperación internacional, acción en el exterior, organización y recursos humanos, sistemas de información y comunicación, producción normativa, asistencia jurídica, gestión financiera, gestión de medios materiales y servicios auxiliares, seguimiento, control e inspección de servicios, estadística para fines estatales y publicaciones.

Los servicios comunes funcionan en cada Departamento de acuerdo con las disposiciones y directrices adoptadas por los Ministerios con competencia sobre dichas funciones comunes en la Administración General del Estado. Todo ello, sin perjuicio de que determinados órganos con competencia sobre algunos servicios comunes sigan dependiendo funcional o jerárquicamente de alguno de los referidos Ministerios.

Mediante Real Decreto podrá preverse la gestión compartida de algunos de los servicios comunes que podrá realizarse de las formas siguientes:

a) Mediante su coordinación directa por el Ministerio de Hacienda y Administraciones Públicas o por un organismo autónomo vinculado o dependiente del mismo, que prestarán algunos de estos servicios comunes a otros Ministerios.

b) Mediante su coordinación directa por la Subsecretaría de cada Ministerio o por un organismo autónomo vinculado o dependiente de la misma que prestará algunos de estos servicios comunes a todo el Ministerio. El Real Decreto que determine la gestión compartida de algunos de los servicios comunes concretará el régimen de dependencia orgánica y funcional del personal que viniera prestando el servicio respectivo en cada unidad.

3. La Administración Periférica del Estado. Órganos y competencias. Otros órganos administrativos

3.1. Organización territorial de la Administración General del Estado

A) Las Delegaciones y las Subdelegaciones del Gobierno

Existirá una Delegación del Gobierno en cada una de las Comunidades Autónomas. Tendrán su sede en la localidad donde radique el Consejo de Gobierno de la Comunidad Autónoma, salvo que el Consejo de Ministros acuerde ubicarla en otra distinta y sin perjuicio de lo que disponga expresamente el Estatuto de Autonomía.

Las Delegaciones del Gobierno están adscritas orgánicamente al Ministerio de Hacienda y Administraciones Públicas.

En cada una de las provincias de las Comunidades Autónomas pluriprovinciales, existirá un Subdelegado del Gobierno, que estará bajo la inmediata dependencia del Delegado del Gobierno.

Podrán crearse por Real Decreto Subdelegaciones del Gobierno en las Comunidades Autónomas uniprovinciales, cuando circunstancias tales como la población del territorio, el volumen de gestión o sus singularidades geográficas, sociales o económicas así lo justifiquen.

B) Los Directores Insulares de la Administración General del Estado

Reglamentariamente se determinarán las islas en las que existirá un Director Insular de la Administración General del Estado, con el nivel que se determine en la relación de puestos de trabajo. Serán nombrados por el Delegado del Gobierno mediante el procedimiento de libre designación entre funcionarios de carrera del Estado, de las Comunidades Autónomas o de las Entidades Locales, pertenecientes a Cuerpos o Escalas clasificados como Subgrupo A1.

Los Directores Insulares dependen jerárquicamente del Delegado del Gobierno en la Comunidad Autónoma o del Subdelegado del Gobierno en la provincia, cuando este cargo exista, y ejercen, en su ámbito territorial, las competencias atribuidas por la Ley 40/2015 a los Subdelegados del Gobierno en las provincias.

C) Los servicios territoriales

Los servicios territoriales de la Administración General del Estado en la Comunidad Autónoma se organizarán atendiendo al mejor cumplimiento de sus fines, en servicios integrados y no integrados en las Delegaciones del Gobierno.

La organización de los servicios territoriales no integrados en las Delegaciones del Gobierno se establecerá mediante Real Decreto a propuesta conjunta del titular del Ministerio del que dependan y del titular del Ministerio que tenga atribuida la competencia para la racionalización, análisis y evaluación de las estructuras organizativas de la Administración General del Estado y sus organismos públicos, cuando contemple unidades con nivel de Subdirección General o equivalentes, o por Orden conjunta cuando afecte a órganos inferiores.

Los servicios territoriales no integrados dependerán del órgano central competente sobre el sector de actividad en el que aquéllos operen, el cual les fijará los objetivos concretos de actuación y controlará su ejecución, así como el funcionamiento de los servicios.

Los servicios territoriales integrados dependerán del Delegado del Gobierno, o en su caso Subdelegado del Gobierno, a través de la Secretaría General, y actuarán de acuerdo con las instrucciones técnicas y criterios operativos establecidos por el Ministerio competente por razón de la materia.

3.2. Los Delegados del Gobierno en las Comunidades Autónomas

A) Concepto

Los Delegados del Gobierno representan al Gobierno de la Nación en el territorio de la respectiva Comunidad Autónoma, sin perjuicio de la representación ordinaria del Estado en las mismas a través de sus respectivos Presidentes.

Los Delegados del Gobierno dirigirán y supervisarán la Administración General del Estado en el territorio de las respectivas Comunidades Autónomas y la coordinarán, internamente y cuando proceda, con la administración propia de cada una de ellas y con la de las Entidades Locales radicadas en la Comunidad.

Los Delegados del Gobierno son órganos directivos con rango de Subsecretario que dependen orgánicamente del Presidente del Gobierno y funcionalmente del Ministerio competente por razón de la materia. Serán nombrados y separados por Real Decreto del Consejo de Ministros, a propuesta del Presidente del Gobierno. Su nombramiento atenderá a criterios de competencia profesional y experiencia. En todo caso, deberá reunir los requisitos de idoneidad establecidos en la Ley 3/2015, de 30 de marzo, reguladora del ejercicio del alto cargo de la Administración General del Estado.

En caso de ausencia, vacante o enfermedad del titular de la Delegación del Gobierno, será suplido por el Subdelegado del Gobierno que el Delegado designe y, en su defecto, al de la provincia en que tenga su sede. En las Comunidades Autónomas uniprovinciales en las que no exista Subdelegado la suplencia corresponderá al Secretario General.

B) Competencias

Los Delegados del Gobierno en las Comunidades Autónomas son los titulares de las correspondientes Delegaciones del Gobierno y tienen, las siguientes competencias:

a) **Dirección y coordinación de la Administración General del Estado y sus Organismos públicos**:

1. Impulsar, coordinar y supervisar con carácter general su actividad en el territorio de la Comunidad Autónoma, y, cuando se trate de servicios integrados, dirigirla, directamente o a través de los subdelegados del gobierno, de acuerdo con los objetivos y, en su caso, instrucciones de los órganos superiores de los respectivos ministerios.
2. Nombrar a los Subdelegados del Gobierno en las provincias de su ámbito de actuación y, en su caso, a los Directores Insulares, y como superior jerárquico, dirigir y coordinar su actividad.
3. Informar, con carácter preceptivo, las propuestas de nombramiento de los titulares de órganos territoriales de la Administración General del Estado y los Organismos públicos estatales de ámbito autonómico y provincial en la Delegación del Gobierno.

b) **Información de la acción del Gobierno e información a los ciudadanos**:

1. Coordinar la información sobre los programas y actividades del Gobierno y la Administración General del Estado y sus Organismos públicos en la Comunidad Autónoma.
2. Promover la colaboración con las restantes Administraciones Públicas en materia de información al ciudadano.

3. Recibir información de los distintos Ministerios de los planes y programas que hayan de ejecutar sus respectivos servicios territoriales y Organismos públicos en su ámbito territorial.
4. Elevar al Gobierno, con carácter anual, a través del titular del Ministerio de Hacienda y Administraciones Públicas, un informe sobre el funcionamiento de los servicios públicos estatales en el ámbito autonómico.

c) **Coordinación y colaboración con otras Administraciones Públicas**:
1. Comunicar y recibir cuanta información precisen el Gobierno y el órgano de Gobierno de la Comunidad Autónoma. Realizará también estas funciones con las Entidades Locales en su ámbito territorial, a través de sus respectivos Presidentes.
2. Mantener las necesarias relaciones de coordinación y cooperación de la Administración General del Estado y sus Organismos públicos con la de la Comunidad Autónoma y con las correspondientes Entidades Locales. A tal fin, promoverá la celebración de convenios con la Comunidad Autónoma y con las Entidades Locales, en particular, en relación a los programas de financiación estatal, participando en el seguimiento de la ejecución y cumplimiento de los mismos.
3. Participar en las Comisiones mixtas de transferencias y en las Comisiones bilaterales de cooperación, así como en otros órganos de cooperación de naturaleza similar cuando se determine.

d) **Control de legalidad**:
1. Resolver los recursos en vía administrativa interpuestos contra las resoluciones y actos dictados por los órganos de la Delegación, previo informe, en todo caso, del Ministerio competente por razón de la materia.

   Las impugnaciones de resoluciones y actos del Delegado del Gobierno susceptibles de recurso administrativo y que no pongan fin a la vía administrativa, serán resueltas por los órganos correspondientes del Ministerio competente por razón de la materia.

   Las reclamaciones por responsabilidad patrimonial de las Administraciones Públicas se tramitarán por el Ministerio competente por razón de la materia y se resolverán por el titular de dicho Departamento.
2. Suspender la ejecución de los actos impugnados dictados por los órganos de la Delegación del Gobierno, cuando le corresponda resolver el recurso, y proponer la suspensión en los restantes casos, así como respecto de los actos impugnados dictados por los servicios no integrados en la Delegación del Gobierno.
3. Velar por el cumplimiento de las competencias atribuidas constitucionalmente al Estado y por la correcta aplicación de su normativa, promoviendo o interponiendo, según corresponda, conflictos de ju-

risdicción, conflictos de atribuciones, recursos y demás acciones legalmente procedentes.

e) Políticas públicas:

1. Formular a los Ministerios competentes, en cada caso, las propuestas que estime convenientes sobre los objetivos contenidos en los planes y programas que hayan de ejecutar los servicios territoriales y los de los Organismos públicos, e informar, regular y periódicamente, a los Ministerios competentes sobre la gestión de sus servicios territoriales.
2. Proponer ante el Ministro de Hacienda y Administraciones Públicas las medidas precisas para evitar la duplicidad de estructuras administrativas, tanto en la propia Administración General del Estado como con otras Administraciones Públicas, conforme a los principios de eficacia y eficiencia.
3. Proponer al Ministerio de Hacienda y Administraciones Públicas medidas para incluir en los planes de recursos humanos de la Administración General del Estado.
4. Informar las medidas de optimización de recursos humanos y materiales en su ámbito territorial, especialmente las que afecten a más de un Departamento. En particular, corresponde a los Delegados del Gobierno, en los términos establecidos en la Ley 33/2003, de 3 de noviembre, del Patrimonio de las Administraciones Públicas, la coordinación de la utilización de los edificios de uso administrativo por la organización territorial de la Administración General del Estado y de los organismos públicos de ella dependientes en su ámbito territorial, de acuerdo con las directrices establecidas por el Ministerio de Hacienda y Administraciones Públicas y la Dirección General del Patrimonio del Estado.

Asimismo, los Delegados del Gobierno ejercerán la potestad sancionadora, expropiatoria y cualesquiera otras que les confieran las normas o que les sean desconcentradas o delegadas.

Corresponde a los Delegados del Gobierno proteger el libre ejercicio de los derechos y libertades y garantizar la seguridad ciudadana, a través de los Subdelegados del Gobierno y de las Fuerzas y Cuerpos de seguridad del Estado, cuya jefatura corresponderá al Delegado del Gobierno, quien ejercerá las competencias del Estado en esta materia bajo la dependencia funcional del Ministerio del Interior.

En relación con los servicios territoriales, los Delegados del Gobierno, para el ejercicio de las competencias recogidas en este artículo, podrán recabar de los titulares de dichos servicios toda la información relativa a su actividad, estructuras organizativas, recursos humanos, inventarios de bienes muebles e inmuebles o a cualquier otra materia o asunto que consideren oportuno al objeto de garantizar una gestión coordinada y eficaz de los servicios estatales en el territorio.

3.3. Los Subdelegados del Gobierno en las provincias

A) Concepto

En cada provincia y bajo la inmediata dependencia del Delegado del Gobierno en la respectiva Comunidad Autónoma, existirá un Subdelegado del Gobierno, con nivel de Subdirector General, que será nombrado por aquél mediante el procedimiento de libre designación entre funcionarios de carrera del Estado, de las Comunidades Autónomas o de las Entidades Locales, pertenecientes a Cuerpos o Escalas clasificados como Subgrupo A1.

En las Comunidades Autónomas uniprovinciales en las que no exista Subdelegado, el Delegado del Gobierno asumirá las competencias que la Ley atribuye a los Subdelegados del Gobierno en las provincias.

B) Competencias

A los Subdelegados del Gobierno les corresponde:

a) Desempeñar las funciones de comunicación, colaboración y cooperación con la respectiva Comunidad Autónoma y con las Entidades Locales y, en particular, informar sobre la incidencia en el territorio de los programas de financiación estatal. En concreto les corresponde:

   1. Mantener las necesarias relaciones de cooperación y coordinación de la Administración General del Estado y sus Organismos públicos con la de la Comunidad Autónoma y con las correspondientes Entidades locales en el ámbito de la provincia.
   2. Comunicar y recibir cuanta información precisen el Gobierno y el órgano de Gobierno de la Comunidad Autónoma. Realizará también estas funciones con las Entidades locales en su ámbito territorial, a través de sus respectivos Presidentes.

b) Proteger el libre ejercicio de los derechos y libertades, garantizando la seguridad ciudadana, todo ello dentro de las competencias estatales en la materia. A estos efectos, dirigirá las Fuerzas y Cuerpos de Seguridad del Estado en la provincia.

c) Dirigir y coordinar la protección civil en el ámbito de la provincia.

d) Dirigir, en su caso, los servicios integrados de la Administración General del Estado, de acuerdo con las instrucciones del Delegado del Gobierno y de los Ministerios correspondientes; e impulsar, supervisar e inspeccionar los servicios no integrados.

e) Coordinar la utilización de los medios materiales y, en particular, de los edificios administrativos en el ámbito territorial de su competencia.

f) Ejercer la potestad sancionadora y cualquier otra que les confiera las normas o que les sea desconcentrada o delegada.

3.4. Estructura de las Delegaciones del Gobierno

A) Estructura de las Delegaciones y Subdelegaciones del Gobierno

La estructura de las Delegaciones y Subdelegaciones del Gobierno se fijará por Real Decreto del Consejo de Ministros a propuesta del Ministerio de Hacienda y Administraciones Públicas, en razón de la dependencia orgánica de las Delegaciones del Gobierno, y contarán, en todo caso, con una Secretaría General, dependiente de los Delegados o, en su caso, de los Subdelegados del Gobierno, como órgano de gestión de los servicios comunes, y de la que dependerán los distintos servicios integrados en la misma, así como aquellos otros servicios y unidades que se determine en la relación de puestos de trabajo.

La integración de nuevos servicios territoriales o la desintegración de servicios territoriales ya integrados en las Delegaciones del Gobierno, se llevará a cabo mediante Real Decreto de Consejo de Ministros, a propuesta del Ministerio de Hacienda y Administraciones Públicas, en razón de la dependencia orgánica de las Delegaciones del Gobierno, y del Ministerio competente del área de actividad.

B) Asistencia jurídica y control económico financiero de las Delegaciones y Subdelegaciones del Gobierno

La asistencia jurídica y las funciones de intervención y control económico financiero en relación con las Delegaciones y Subdelegaciones del Gobierno se ejercerán por la Abogacía del Estado y la Intervención General de la Administración del Estado respectivamente, de acuerdo con su normativa específica.

3.5. Órganos colegiados

A) La Comisión interministerial de coordinación de la Administración periférica del Estado

La Comisión interministerial de coordinación de la Administración periférica del Estado es un órgano colegiado, adscrito al Ministerio de Hacienda y Administraciones Públicas. Se encargará de coordinar la actuación de la Administración periférica del Estado con los distintos Departamentos ministeriales. Mediante Real Decreto se regularán sus atribuciones, composición y funcionamiento.

B) Los órganos colegiados de asistencia al Delegado y al Subdelegado del Gobierno

En cada una de las Comunidades Autónomas pluriprovinciales existirá una Comisión territorial de asistencia al Delegado del Gobierno, con las siguientes características:

a) Estará presidida por el Delegado del Gobierno en la Comunidad Autónoma e integrada por los Subdelegados del Gobierno en las provincias comprendidas en el territorio de ésta.

b) A sus sesiones deberán asistir los titulares de los órganos y servicios territoriales, tanto integrados como no integrados, que el Delegado del Gobierno considere oportuno.

c) Esta Comisión desarrollará, en todo caso, las siguientes funciones:

1. Coordinar las actuaciones que hayan de ejecutarse de forma homogénea en el ámbito de la Comunidad Autónoma, para asegurar el cumplimiento de los objetivos generales fijados por el Gobierno a los servicios territoriales.
2. Homogeneizar el desarrollo de las políticas públicas en su ámbito territorial, a través del establecimiento de criterios comunes de actuación que habrán de ser compatibles con las instrucciones y objetivos de los respectivos departamentos ministeriales.
3. Asesorar al Delegado del Gobierno en la Comunidad Autónoma en la elaboración de las propuestas de simplificación administrativa y racionalización en la utilización de los recursos.
4. Cualesquiera otras que a juicio del Delegado del Gobierno en la Comunidad Autónoma resulten adecuadas para que la Comisión territorial cumpla la finalidad de apoyo y asesoramiento en el ejercicio de las competencias que la Ley 40/2015 le asigna.

En las Comunidades Autónomas uniprovinciales existirá una Comisión de asistencia al Delegado del Gobierno, presidida por él mismo e integrada por el Secretario General y los titulares de los órganos y servicios territoriales, tanto integrados como no integrados, que el Delegado del Gobierno considere oportuno, con las funciones señaladas en la ley 40/2015.

En cada Subdelegación del Gobierno existirá una Comisión de asistencia al Subdelegado del Gobierno presidida por él mismo e integrada por el Secretario General y los titulares de los órganos y servicios territoriales, tanto integrados como no integrados, que el Subdelegado del Gobierno considere oportuno, con las funciones correspondientes referidas al ámbito provincial.

Tema 8

La Organización territorial del Estado: las Comunidades Autónomas: constitución y distribución de competencias entre el Estado y las Comunidades Autónomas. La Administración Local: entidades que la integran. La provincia, el municipio y la Isla

eRodio ediciones

Índice esquemático

1. La Organización territorial del Estado

Uno de los problemas más complicados a los que se enfrentaron los denominados padres de la Constitución Española de 1978, sin duda fue la organización territorial del Estado.

Ya el **artículo 2**, nos da una idea de lo difícil que fue cuando dice:

> La Constitución se fundamenta en la indisoluble **unidad de la Nación española,** patria común e indivisible de todos los españoles, y reconoce y garantiza **el derecho a la autonomía de las nacionalidades y regiones** que la integran **y la solidaridad entre todas ellas.**

(Distingue entre nacionalidades y regiones sin embargo el artículo 3 ya nos habla de Comunidades Autónomas.)

El Estado Español ha sido calificado por el Tribunal Constitucional en numerosas sentencias, como de Estado compuesto.

España se divide en tres niveles de poder territorial, que no están no ordenados jerárquicamente, sino que se relacionan en virtud de las competencias que tengan atribuidas:

- Estado.
- Comunidades Autónomas.
- Entidades locales.

La organización territorial del Estado está regulada por la Constitución en su Título VIII, "De la organización Territorial del Estado", este se desarrolla en los artículos 137 a 158.

El Título VIII está dividido en tres Capítulos:

- Capítulo Primero. Principios Generales.
- Capítulo Segundo. De la Administración Local.
- Capítulo Tercero. De las Comunidades Autónomas.

Es precisamente en el capítulo Primero del Título VIII, el que establece los principios básicos por los que se rige la organización territorial del Estado, serían los siguientes.

- El **principio de autonomía** (artículo 137)

  El Estado se organiza territorialmente en municipios, en provincias y en las Comunidades Autónomas que se constituyan.

Todas estas entidades gozan de autonomía para la gestión de sus respectivos intereses.

- El **principio de solidaridad** (artículo 138.1)

  El Estado garantiza la realización efectiva del principio de solidaridad, consagrado en el artículo 2 de la Constitución, velando por el establecimiento de un equilibrio económico, adecuado y justo, entre las diversas partes del territorio español, y atendiendo en particular a las circunstancias del hecho insular.

- El **principio de igualdad** (artículo 138.2)

  Las diferencias entre los Estatutos de las distintas Comunidades Autónomas no podrán implicar, en ningún caso, privilegios económicos o sociales.

El **artículo 139** con la misma intención, sigue diciendo que:

1. Todos los españoles tienen los mismos derechos y obligaciones en cualquier parte del territorio del Estado.

2. Ninguna autoridad podrá adoptar medidas que directa o indirectamente obstaculicen la libertad de circulación y establecimiento de las personas y la libre circulación de bienes en todo el territorio español.

2. Las Comunidades Autónomas: constitución, distribución de competencias entre el Estado y las Comunidades Autónomas

2.1. La constitución de las Comunidades Autónomas

2.1.1. Territorios con derecho a constituirse en Comunidades Autónomas

Podrán acceder a su autogobierno y constituirse en Comunidades Autónomas de acuerdo con los artículos 143 y 144:

- Las provincias limítrofes con características históricas, culturales y económicas comunes.
- Los territorios insulares.
- Las provincias con entidad regional histórica con arreglo a lo previsto en el Título VIII y en los respectivos Estatutos.

Y el **artículo 144** dispone que:

Las Cortes Generales, mediante **Ley Orgánica**, podrán, por motivos de interés nacional:

a) Autorizar la constitución de una comunidad autónoma cuando su ámbito territorial **no supere el de una provincia y carezcan de entidad regional histórica** (Madrid).

b) Autorizar o acordar, en su caso, un Estatuto de autonomía para territorios que **no estén integrados en la organización provincial** (este supuesto se refiere a Ceuta y Melilla).

2.1.2. *Vías de acceso a la autonomía*

Los procedimientos para acceder a la autonomía que vamos a distinguir son:

La vía ordinaria. Art. 143

La que siguieron las Provincias limítrofes con características históricas culturales y económicas comunes, los territorios insulares y las provincias con entidad regional histórica.

Hay que distinguir entre:

a) Territorios sin régimen provisional de autonomía

   La iniciativa del proceso autonómico corresponde a todas las Diputaciones interesadas o al órgano interinsular correspondiente y a las dos terceras partes de los municipios cuya población represente, al menos, la mayoría del censo electoral de cada provincia o isla. (El artículo 144 c) dispone que las Cortes Generales, mediante Ley Orgánica, podrán, por motivos de interés nacional: Sustituir la iniciativa de las Corporaciones locales).

   Estos requisitos deberán ser cumplidos en el plazo de seis meses desde el primer acuerdo adoptado al respecto por alguna de las Corporaciones locales interesadas. La iniciativa, en caso de no prosperar, solamente podrá reiterarse pasados cinco años.

b) Territorios con régimen provisional de autonomía:

   A tenor de la Disposición Transitoria Primera de la Constitución.

   En los territorios dotados de un régimen provisional de autonomía, sus órganos colegiados superiores, mediante acuerdo adoptado por la mayoría absoluta de sus miembros, podrán sustituir la iniciativa atribuida anteriormente las Diputaciones Provinciales o a los órganos interinsulares correspondientes.

La vía especial o vía rápida del art. 151

Las Comunidades autónomas que accedan por la vía ordinaria solo podrán según el art. 148.2 "Transcurridos cinco años, y mediante la reforma de sus Estatutos, las Comunidades Autónomas ampliar sucesivamente sus competencias dentro del marco establecido en el artículo 149."

Sin embargo el art. 151.1 prevé un procedimiento especial de acceso a la autonomía, en virtud del cual se podía obtener, inicialmente, un mayor nivel de autogobierno, cumpliendo con unos requisitos más gravosos que los establecidos en el procedimiento común, no siendo preciso dejar transcurrir el plazo de cinco años a que se refiere el art. 148.2 para obtener más competencias y autogobierno.

Puede ser de dos formas:

- **Vía agravada del 151**

  *Para terri*torios que en el pasado no plebiscitaron estatutos de autonomía:

  Cuando la iniciativa del proceso autonómico sea acordada dentro del plazo del artículo 143. 2, además de por las Diputaciones o los órganos interinsulares correspondientes, por las tres cuartas partes de los municipios de cada una de las provincias afectadas que representen, al menos, la mayoría del censo electoral de cada una de ellas y dicha iniciativa sea ratificada mediante referéndum por el voto afirmativo de la mayoría absoluta de los electores de cada provincia en los términos que establezca una ley orgánica. Esta vía es la que utilizó Andalucía.

- **Vía privilegiada del art. 151 y disposición transitoria segunda**

  Los territorios que en el pasado hubiesen plebiscitado afirmativamente proyectos de estatuto de autonomía y cuenten, al tiempo de promulgarse esta constitución, con regímenes provisionales de autonomía podrán acceder inmediatamente a la autonomía plena cuando así lo acordaren, por mayoría absoluta, sus órganos preautonómicos colegiados superiores, comunicándolo al Gobierno. Así asumieron competencias, desde un primer momento, en el marco del art. 149. (Por esta vía se constituyeron las actuales Comunidades Catalana, Vasca y Gallega)

Vías excepcionales

- **Vía del art. 144**

  Las Cortes Generales, mediante **Ley Orgánica**, podrán, por motivos de interés nacional autorizar la constitución de una comunidad autónoma cuando su ámbito territorial **no supere el de una provincia y carez-**

can de entidad regional histórica siguiéndose la vía ordinaria del 143. (Así se constituyó la Comunidad de Madrid)

- **Vía del art. 144**

  Las Cortes Generales, mediante **Ley Orgánica**, podrán, por motivos de interés nacional autorizar o acordar, en su caso, un Estatuto de autonomía para territorios que no estén integrados en la organización provincial. (Como Ceuta y Melilla).

Vías singulares

- *Artículo 144 y disposición transitoria quinta: Ceuta y Melilla*

  Las ciudades de Ceuta y Melilla podrán constituirse en Comunidades Autónomas si así lo deciden sus respectivos Ayuntamientos, mediante acuerdo adoptado por la mayoría absoluta de sus miembros y así lo autorizan las Cortes Generales, mediante una ley orgánica, en los términos previstos en el artículo 144.

  (Ceuta y Melilla no usaron esta vía y se constituyeron en Ciudades Autónomas por la vía del artículo 144.b).

Vía peculiar especial de la disposición transitoria cuarta: Navarra.

En el caso de Navarra, y a efectos de su incorporación al Consejo General Vasco o al régimen autonómico vasco que le sustituya, en lugar de lo que establece el artículo 143 de la Constitución, la iniciativa corresponde al Órgano Foral competente, el cual adoptará su decisión por mayoría de los miembros que lo componen. Para la validez de dicha iniciativa será preciso, además, que la decisión del Órgano Foral competente sea ratificada por referéndum expresamente convocado al efecto, y aprobada por mayoría de los votos válidos emitidos.

Si la iniciativa no prosperase, solamente se podrá reproducir la misma en distinto período del mandato del Órgano Foral competente, y en todo caso, cuando haya transcurrido el plazo mínimo que establece el artículo 143. (Cinco años desde la primera iniciativa).

(Navarra se constituyó en Comunidad Autónoma por la vía del art. 143; otra cuestión es la vía prevista para su incorporación en la Comunidad Autónoma vasca).

Para terminar señalar que el artículo 145 dispone que, en ningún caso se admitirá la federación de Comunidades Autónomas.

Los Estatutos podrán prever los supuestos, requisitos y términos en que las Comunidades Autónomas podrán celebrar **Convenios** entre sí para la gestión y prestación de servicios propios de las mismas, así como el carácter y efectos de la correspondiente comunicación a las Cortes Generales. En los demás supuestos, los **Acuerdos de cooperación** entre las Comunidades Autónomas necesitarán la autorización de las Cortes Generales.

2.1.3. Los Estatutos de Autonomía: significado y contenido mínimo de los Estatutos

Según el artículo 147, los Estatutos serán la **norma institucional básica** de cada Comunidad Autónoma y el Estado los reconocerá y amparará como parte integrante de su ordenamiento jurídico.

El artículo 81 de la CE dispone que **son leyes orgánicas**, las que aprueben los Estatutos de Autonomía

Por tanto son como una Constitución de cada Comunidad Autónoma, pero al ser una Ley Orgánica jerárquicamente está subordinada a la Constitución Española.

Los Estatutos de autonomía **deberán contener**:

a) La denominación de la Comunidad que mejor corresponda a su identidad histórica.

b) La delimitación de su territorio.

c) La denominación, organización y sede de las instituciones autónomas propias.

d) Las competencias asumidas dentro del marco establecido en la Constitución y las bases para el traspaso de los servicios correspondientes a las mismas.

La reforma de los Estatutos se ajustará al procedimiento establecido en los mismos y requerirá, en todo caso, la aprobación por las Cortes Generales, mediante ley orgánica.

2.1.3.1. Procedimientos de aprobación de los Estatutos

Existen dos procedimientos distintos de aprobación de los Estatutos de Autonomía, requisito imprescindible para que la autonomía sea completa.

Ambos procedimientos son:

Procedimiento de elaboración de los Estatutos en la vía común

El común ordinario, previsto en el artículo 146, a cuyo tenor: "El proyecto de Estatuto será elaborado por una asamblea compuesta por los miembros de la Diputación u órgano interinsular de las provincias afectadas y por los Diputados y Senadores elegidos en ellas y será elevado a las Cortes Generales para su tramitación como ley." Que según el art. 81. 1 deberá ser Ley Orgánica.

Procedimiento de elaboración de los Estatutos de la vía especial

El especial, que diseña el artículo 151.2, y es el siguiente:

El Gobierno convocará a todos los Diputados y Senadores elegidos en las circunscripciones comprendidas en el ámbito territorial que pretenda acceder al autogobierno, para que se constituyan en Asamblea, a los solos efectos de elaborar el correspondiente proyecto de Estatuto de Autonomía, mediante el acuerdo con la mayoría absoluta de sus miembros.

Aprobado el proyecto de Estatuto por la Asamblea de Parlamentarios, se remitirá a la Comisión Constitucional del Congreso, la cual, dentro del plazo de dos meses, la examinará con el concurso y asistencia de una delegación de la Asamblea proponente para determinar de común acuerdo su formulación definitiva.

Si se alcanzase dicho acuerdo, el texto resultante será sometido a referéndum del cuerpo electoral de las provincias comprendidas en el ámbito territorial del proyectado Estatuto.

Si el proyecto de Estatuto es aprobado en cada provincia por mayoría de los votos válidamente emitidos, será elevado a las Cortes Generales. Los Plenos de ambas Cámaras decidirán sobre el texto mediante un voto de ratificación. Aprobado el Estatuto, el Rey lo sancionará y lo promulgará como ley.

De no alcanzarse el acuerdo, el proyecto de Estatuto será tramitado como proyecto de ley ante las Cortes Generales.

El texto aprobado por éstas será sometido a referéndum del cuerpo electoral de las provincias comprendidas en el ámbito territorial del proyectado Estatuto. En caso de ser aprobado por la mayoría de los votos válidamente emitidos en cada provincia, procederá su promulgación en los términos del párrafo anterior".

La principal diferencia de uno y otro procedimiento se encuentra en que el procedimiento del articulo 146 obliga a esperar cinco años a las Comunidades Autónomas para aumentar las competencias traspasando los límites del artículo 148, mientras que las Comunidades Autónomas que se basaron en el procedimiento del artículo 151.2 permite que puedan asumir desde el primer momento todos los poderes y competencias que se permiten por la combinación de los artículos 148 y 149.

2.1.4. Instituciones de autogobierno

Uno de los contenidos más importantes de los **Estatutos de Autonomías** es, precisamente, la **regulación de las instituciones de autogobierno** de la Comunidad Autónoma (art. 147.2.c CE). Sin embargo, la Constitución en su artículo 152, solo establece un esquema institucional básico para los Estatutos de Autonomía de las Comunidades Autónomas que se constituyeron por la "vía rápida".

El **artículo 152** dice así:

1. En los Estatutos aprobados por el procedimiento a que se refiere el artículo anterior (los que acceden por la vía rápida), la organización institucional autonómica se basará:

- En una **Asamblea Legislativa**, elegida por sufragio universal, con arreglo a un sistema de representación proporcional que asegure, además, la representación de las diversas zonas del territorio;

  Dicha Asamblea está constituida por una única cámara. Recibe diversas denominaciones en los distintos Estatutos, Parlamento, Junta, Cortes o Asamblea entre otras. La duración de la legislatura, en todos los casos es de 4 años. Sus funciones son semejantes a las realizadas por las Cortes Generales:

  - Función legislativa: Ejerce la iniciativa legislativa y le corresponde la tramitación y en su caso aprobación de las leyes autonómicas.
  - Función de control del Consejo de Gobierno: A través de distintos mecanismos como la investidura del Presidente, la moción de censura y la cuestión de confianza.
  - Función presupuestaria: Aprueba los presupuestos de la CCAA.
  - Otras funciones: Podrá remitir al congreso una proposición de ley, delegando ante dicha cámara un máximo de tres miembros encargados de su defensa. Interponer recursos de inconstitucionalidad, elegir a los Senadores autonómicos, a los miembros de los Tribunales de Cuentas autonómicos etc.

- Un **Consejo de Gobierno** con funciones ejecutivas y administrativas y un Presidente, elegido por la Asamblea, de entre sus miembros, y nombrado por el Rey, al que corresponde la dirección del Consejo de Gobierno, la suprema representación de la respectiva Comunidad y la ordinaria del Estado en aquélla. El Presidente y los miembros del Consejo de Gobierno serán políticamente responsables ante la Asamblea.

- Se compone del **Presidente** y los **Consejeros**. En algunos Estatutos se preven también la figura del Vicepresidente. Sus funciones son semejantes a las del Gobierno de la nación:
  - ▹ Dirige la política y administración de la CCAA, y ejerce la función ejecutiva y la potestad reglamentaria (de desarrollo de las leyes autonómicas). Aprueba proyectos de ley y elabora los prepuestos de la CCAA. Así mismo, algunos Estatutos preven la posibilidad de que los respectivos ejecutivos dicten Decretos Legislativos, en virtud de delegación acordada por la asamblea legislativa. En relación con los Decretos leyes, la generalidad de los Estatutos de Autonomía no ha recogido esta posibilidad. También puede interponer el recurso de inconstitucionalidad.
  - ▹ Recibe distintas denominaciones, tales como Gobierno, Consejo Ejecutivo, Junta, Diputación General, Diputación Regional y Diputación Foral.
  - ▹ Un **Presidente**, elegido por la Asamblea de entre sus miembros, y nombrado por el Rey, al que corresponde la dirección del Consejo de Gobierno, la suprema representación de la respectiva Comunidad y la ordinaria del Estado en aquélla. El Presidente y los miembros del Consejo de Gobierno serán políticamente responsables ante la Asamblea.
  - ▹ Además también le corresponde el nombramiento y separación de los miembros del Consejo de Gobierno, disolver la asamblea legislativa (en aquellos casos en que así lo recoja el Estatuto de Autonomía) y plantear la cuestión de confianza.
- Un **Tribunal Superior de Justicia**, sin perjuicio de la jurisdicción que corresponde al Tribunal Supremo, culminará la organización judicial en el ámbito territorial de la Comunidad Autónoma. En los Estatutos de las Comunidades Autónomas podrán establecerse los supuestos y las formas de participación de aquéllas en la organización de las demarcaciones judiciales del territorio. Todo ello de conformidad con lo previsto en la ley orgánica del poder judicial y dentro de la unidad e independencia de éste.

  Sin embargo hay que tener en cuenta que, a diferencia de lo que sucede con los poderes legislativo y ejecutivo, las **CCAA no disponen de un poder judicial propio**, dado que los Tribunales Superiores de Justicia, se integran dentro de la organización judicial estatal. En efecto la Constitución en su artículo 149.1.5 establece que el Estado tiene competencia exclusiva sobre la Administración de Justicia. A este respecto, el Tribunal Constitucional en sentencias 56 y 62/90 ha declarado que hay que distinguir entre lo que es la Administración de Justicia en sentido estricto (que consistente en la función jurisdiccional de juzgar y hacer ejecutar lo juzgado) que es competencia exclusiva del Estado, y lo que es la administración de la Administración de Justicia que comprende los medios materiales y personales necesarios para el funcionamiento Administración de Justicia, que si puede ser asumida por las CCAA a través de sus respectivos Estatutos.

La Constitución no dice más limitándose a especificar que los Estatutos de Autonomía deberán contener "la denominación, organización y sede de las instituciones autónomas propias" artículo 147 por tanto las Comunidades que han accedido por la vía normal o las que han accedido por la vía excepcional, en la práctica lo que han hecho es copiar el esquema organizativo de las Comunidades Autónomas de régimen especial.

Por tanto, señalar, que esta organización básica de las instituciones autonómicas, prevista para las CCAA de "vía rápida", ha sido asumida por la totalidad de CCAA a través de sus Estatutos de Autonomía.

La principal característica de esta organización institucional autonómica es su **similitud con el modelo estatal**. Se adopta por lo tanto, un **modelo parlamentario**, en el corresponde a la Asamblea elegir de entre sus miembros al Presidente, que debe contar con su confianza para seguir en el cargo. El presidente, a su vez designa y cesa libremente a los demás miembros del Consejo de Gobierno. Todos los miembros del Consejo de Gobierno son políticamente responsables ante la asamblea que ejerce el control sobre la actividad ejecutiva.

2.2. Distribución de competencias entre el Estado y las Comunidades Autónomas

La Constitución Española se limita en sus artículos 148 y 149 a establecer un listado sobre las competencias que pueden asumir los Estatutos de autonomía y las que son exclusivas del Estado. Los cuales son reproducidos a continuación por su importancia en la preparación de este tema.

Artículo 148

1. Las Comunidades Autónomas podrán asumir competencias en las siguientes materias:
2. Organización de sus instituciones de autogobierno.
3. Las alteraciones de los términos municipales comprendidos en su territorio y, en general, las funciones que correspondan a la Administración del Estado sobre las Corporaciones locales y cuya transferencia autorice la legislación sobre Régimen Local.
4. Ordenación del territorio, urbanismo y vivienda.

5. Las obras públicas de interés de la Comunidad Autónoma en su propio territorio.
6. Los ferrocarriles y carreteras cuyo itinerario se desarrolle íntegramente en el territorio de la Comunidad Autónoma y, en los mismos términos, el transporte desarrollado por estos medios o por cable.
7. Los puertos de refugio, los puertos y aeropuertos deportivos y, en general, los que no desarrollen actividades comerciales.
8. La agricultura y ganadería, de acuerdo con la ordenación general de la economía.
9. Los montes y aprovechamientos forestales.
10. La gestión en materia de protección del medio ambiente.
11. Los proyectos, construcción y explotación de los aprovechamientos hidráulicos, canales y regadíos de interés de la Comunidad Autónoma; las aguas minerales y termales.
12. La pesca en aguas interiores, el marisqueo y la acuicultura, la caza y la pesca fluvial.
13. Ferias interiores.
14. El fomento del desarrollo económico de la Comunidad Autónoma dentro de los objetivos marcados por la política económica nacional.
15. La artesanía.
16. Museos, bibliotecas y conservatorios de música de interés para la Comunidad Autónoma.
17. Patrimonio monumental de interés de la Comunidad Autónoma.
18. El fomento de la cultura, de la investigación y, en su caso, de la enseñanza de la lengua de la Comunidad Autónoma.
19. Promoción y ordenación del turismo en su ámbito territorial.
20. Promoción del deporte y de la adecuada utilización del ocio.
21. Asistencia social.
22. Sanidad e higiene.
23. La vigilancia y protección de sus edificios e instalaciones. La coordinación y demás facultades en relación con las policías locales en los términos que establezca una ley orgánica.

Transcurridos cinco años, y mediante la reforma de sus Estatutos, las Comunidades Autónomas podrán ampliar sucesivamente sus competencias dentro del marco establecido en el artículo 149.

Artículo 149

El Estado tiene competencia exclusiva sobre las siguientes materias:

1. La regulación de las condiciones básicas que garanticen la igualdad de todos los españoles en el ejercicio de los derechos y en el cumplimiento de los deberes constitucionales.
2. Nacionalidad, inmigración, emigración, extranjería y derecho de asilo.
3. Relaciones internacionales.
4. Defensa y Fuerzas Armadas.
5. Administración de Justicia.
6. Legislación mercantil, penal y penitenciaria; legislación procesal, sin perjuicio de las necesarias especialidades que en este orden se deriven de las particularidades del derecho sustantivo de las Comunidades Autónomas.
7. Legislación laboral, sin perjuicio de su ejecución por los órganos de las Comunidades Autónomas.
8. Legislación civil, sin perjuicio de la conservación, modificación y desarrollo por las Comunidades Autónomas de los derechos civiles, forales o especiales, allí donde existan. En todo caso, las reglas relativas a la aplicación y eficacia de las normas jurídicas, relaciones jurídico-civiles relativas a las formas de matrimonio, ordenación de los registros e instrumentos públicos, bases de las obligaciones contractuales, normas para resolver los conflictos de leyes y determinación de las fuentes del derecho, con respeto, en este último caso, a las normas de derecho foral o especial.
9. Legislación sobre propiedad intelectual e industrial.
10. Régimen aduanero y arancelario; comercio exterior.
11. Sistema monetario: divisas, cambio y convertibilidad; bases de la ordenación de crédito, banca y seguros.
12. Legislación sobre pesas y medidas, determinación de la hora oficial.
13. Bases y coordinación de la planificación general de la actividad económica.
14. Hacienda general y Deuda del Estado.
15. Fomento y coordinación general de la investigación científica y técnica.
16. Sanidad exterior. Bases y coordinación general de la sanidad. Legislación sobre productos farmacéuticos.
17. Legislación básica y régimen económico de la Seguridad Social, sin perjuicio de la ejecución de sus servicios por las Comunidades Autónomas.
18. Las bases del régimen jurídico de las Administraciones públicas y del régimen estatutario de los funcionarios que, en todo caso, garantizarán a los ad-

ministrados un tratamiento común ante ellas; el procedimiento administrativo común, sin perjuicio de las especialidades derivadas de la organización propia de las Comunidades Autónomas; legislación sobre expropiación forzosa; legislación básica sobre contratos y concesiones administrativas y el sistema de responsabilidad de todas las Administraciones públicas.

19. Pesca marítima, sin perjuicio de las competencias que en la ordenación del sector se atribuyan a las Comunidades Autónomas.
20. Marina mercante y abanderamiento de buques; iluminación de costas y señales marítimas; puertos de interés general; aeropuertos de interés general; control del espacio aéreo, tránsito y transporte aéreo, servicio meteorológico y matriculación de aeronaves.
21. Ferrocarriles y transportes terrestres que transcurran por el territorio de más de una Comunidad Autónoma; régimen general de comunicaciones; tráfico y circulación de vehículos a motor; correos y telecomunicaciones; cables aéreos, submarinos y radiocomunicación.
22. La legislación, ordenación y concesión de recursos y aprovechamientos hidráulicos cuando las aguas discurran por más de una Comunidad Autónoma, y la autorización de las instalaciones eléctricas cuando su aprovechamiento afecte a otra Comunidad o el transporte de energía salga de su ámbito territorial.
23. Legislación básica sobre protección del medio ambiente, sin perjuicio de las facultades de las Comunidades Autónomas de establecer normas adicionales de protección. La legislación básica sobre montes, aprovechamientos forestales y vías pecuarias.
24. Obras públicas de interés general o cuya realización afecte a más de una Comunidad Autónoma.
25. Bases del régimen minero y energético.
26. Régimen de producción, comercio, tenencia y uso de armas y explosivos.
27. Normas básicas del régimen de prensa, radio y televisión y, en general, de todos los medios de comunicación social, sin perjuicio de las facultades que en su desarrollo y ejecución correspondan a las Comunidades Autónomas.
28. Defensa del patrimonio cultural, artístico y monumental español contra la exportación y la expoliación; museos, bibliotecas y archivos de titularidad estatal, sin perjuicio de su gestión por parte de las Comunidades Autónomas.
29. Seguridad pública, sin perjuicio de la posibilidad de creación de policías por las Comunidades Autónomas en la forma que se establezca en los respectivos Estatutos en el marco de lo que disponga una ley orgánica.

30. Regulación de las condiciones de obtención, expedición y homologación de títulos académicos y profesionales y normas básicas para el desarrollo del artículo 27 de la Constitución, a fin de garantizar el cumplimiento de las obligaciones de los poderes públicos en esta materia.
31. Estadística para fines estatales.
32. Autorización para la convocatoria de consultas populares por vía de referéndum.

Sin perjuicio de las competencias que podrán asumir las Comunidades Autónomas, el Estado considerará el servicio de la cultura como deber y atribución esencial y facilitará la comunicación cultural entre las Comunidades Autónomas, de acuerdo con ellas.

Las materias no atribuidas expresamente al Estado por esta Constitución podrán corresponder a las Comunidades Autónomas, en virtud de sus respectivos Estatutos. La competencia sobre las materias que no se hayan asumido por los Estatutos de Autonomía corresponderá al Estado, cuyas normas prevalecerán, en caso de conflicto, sobre las de las Comunidades Autónomas en todo lo que no esté atribuido a la exclusiva competencia de éstas. El derecho estatal será, en todo caso, supletorio del derecho de las Comunidades Autónomas.

En relación al artículo 150, el contenido de los tres apartados de este precepto constitucional no es homogéneo. Los dos primeros prevén sendas posibilidades de atribución de competencias a las Comunidades Autónomas al margen de sus Estatutos de Autonomía (ya sea por medio de leyes marco, ya sea por medio de leyes orgánicas de transferencia o delegación), mientras que el tercero permite al Estado incidir en el ejercicio por las Comunidades Autónomas de sus competencias propias a través de leyes de armonización.

Leyes marco

Las Cortes Generales, en materia de competencia estatal, podrán atribuir a todas o a alguna de las Comunidades Autónomas la facultad de dictar, para sí mismas, normas legislativas en el marco de los principios, bases y directrices fijados por una ley estatal. Sin perjuicio de la competencia de los Tribunales, en cada ley marco se establecerá la modalidad del control de las Cortes Generales sobre estas normas legislativas de las Comunidades Autónomas.

Leyes de transferencia y delegación

El Estado podrá transferir o delegar en las Comunidades Autónomas, mediante ley orgánica, facultades correspondientes a materia de titularidad estatal que por su propia naturaleza sean susceptibles de transferencia o delegación. La ley preverá en cada caso la correspondiente transferencia de medios financieros, así como las formas de control que se reserve el Estado.

Leyes de armonización

El Estado podrá dictar leyes que establezcan los principios necesarios para armonizar las disposiciones normativas de las Comunidades Autónomas, aun en el caso de materias atribuidas a la competencia de éstas, cuando así lo exija el interés general. Corresponde a las Cortes Generales, por mayoría absoluta de cada Cámara, la apreciación de esta necesidad.

2.3. Control de las Comunidades Autónomas

El **artículo 153** señala, que el control de la actividad de los órganos de las Comunidades Autónomas se ejercerá:

a) Por el **Tribunal Constitucional**, el relativo a la constitucionalidad de sus disposiciones normativas con fuerza de ley.

b) Por el **Gobierno**, previo dictamen del Consejo de Estado, el del ejercicio de funciones delegadas a que se refiere el apartado 2 del artículo 150.

c) Por la **jurisdicción contencioso-administrativa**, el de la administración autónoma y sus normas reglamentarias.

d) Por el **Tribunal de Cuentas**, el económico y presupuestario.

También el artículo 154 dispone que un Delegado nombrado por el Gobierno dirigirá la Administración del Estado en el territorio de la Comunidad Autónoma y la coordinará, cuando proceda, con la administración propia de la Comunidad.

Por su parte el **artículo 155**:

1. Si una Comunidad Autónoma no cumpliere las obligaciones que la Constitución u otras leyes le impongan, o actuare de forma que atente gravemente al interés general de España, el Gobierno, previo requerimiento al Presidente de la Comunidad Autónoma y, en el caso de no ser atendido, con la aprobación por mayoría absoluta del Senado, podrá adoptar las medidas necesarias para obligar a aquélla al cumplimiento forzoso de dichas obligaciones o para la protección del mencionado interés general.
2. Para la ejecución de las medidas previstas en el apartado anterior, el Gobierno podrá dar instrucciones a todas las autoridades de las Comunidades Autónomas.

2.4. Financiación de las Comunidades Autónomas

El artículo 156 dispone que las Comunidades Autónomas gozarán de autonomía financiera para el desarrollo y ejecución de sus competencias con arreglo a los principios de coordinación con la Hacienda estatal y de solidaridad entre todos los españoles.

Las Comunidades Autónomas podrán actuar como delegados o colaboradores del Estado para la recaudación, la gestión y la liquidación de los recursos tributarios de aquél, de acuerdo con las leyes y los Estatutos.

Así el artículo 157 establece que Los recursos de las Comunidades Autónomas estarán constituidos por:

a) Impuestos cedidos total o parcialmente por el Estado; recargos sobre impuestos estatales y otras participaciones en los ingresos del Estado.
b) Sus propios impuestos, tasas y contribuciones especiales.
c) Transferencias de un Fondo de Compensación interterritorial y otras asignaciones con cargo a los Presupuestos Generales del Estado.
d) Rendimientos procedentes de su patrimonio e ingresos de derecho privado.
e) El producto de las operaciones de crédito.

Las Comunidades Autónomas no podrán en ningún caso adoptar medidas tributarias sobre bienes situados fuera de su territorio o que supongan obstáculo para la libre circulación de mercancías o servicios.

Mediante ley orgánica podrá regularse el ejercicio de las competencias financieras enumeradas en el precedente apartado 1, las normas para resolver los conflictos que pudieran surgir y las posibles formas de colaboración financiera entre las Comunidades Autónomas y el Estado.

En relación a los Presupuestos Generales del Estado el artículo 158 dice que podrá establecerse una asignación a las Comunidades Autónomas en función del volumen de los servicios y actividades estatales que hayan asumido y de la garantía de un nivel mínimo en la prestación de los servicios públicos fundamentales en todo el territorio español.

Con el fin de corregir desequilibrios económicos interterritoriales y hacer efectivo el principio de solidaridad, se constituirá un Fondo de Compensación con destino a gastos de inversión, cuyos recursos serán distribuidos por las Cortes Generales entre las Comunidades Autónomas y provincias, en su caso.

3. La Administración Local: entidades que la integran. La provincia, el municipio y la Isla

3.1. Principios constitucionales

La Administración Local se regula constitucionalmente en el Capítulo II "De la Administración Local", Título VIII "La Organización Territorial del Estado" y en concreto en los artículos 140, 141 y 142.

Ya en el artículo 137, la Constitución reconoce la autonomía a municipios y provincias cuando dice, que: "El Estado se organiza territorialmente en municipios, en provincias y en las Comunidades Autónomas que se constituyan. Todas estas entidades gozan de autonomía para la gestión de sus intereses."

Como antes se ha dicho, el Capítulo II, Título VIII de la Constitución Española, de manera más específica, trata, "De la Administración local" y su contenido en es siguiente:

El municipio

Artículo 140

La Constitución garantiza la autonomía de los municipios. Estos gozarán de personalidad jurídica plena. Su gobierno y administración corresponde a sus respectivos Ayuntamientos, integrados por los Alcaldes y los Concejales. Los Concejales serán elegidos por los vecinos del municipio mediante sufragio universal, igual, libre, directo, secreto, en la forma establecida por la ley.

Los Alcaldes serán elegidos por los Concejales o por los vecinos. La ley regulará las condiciones en las que proceda el régimen del concejo abierto.

La provincia

Artículo 141

La provincia es una entidad local con personalidad jurídica propia, determinada por la agrupación de municipios y división territorial para el cumplimiento de las actividades del Estado. Cualquier alteración de los límites provinciales habrá de ser aprobada por las Cortes Generales mediante ley orgánica.

El gobierno y la administración autónoma de las provincias estarán encomendados a Diputaciones u otras Corporaciones de carácter representativo.

Otras agrupaciones diferentes

Se podrán crear agrupaciones de municipios diferentes de la provincia. (El ejemplo más común es la Comarca).

Las islas

En los archipiélagos, las islas tendrán además su administración propia en forma de Cabildos o Consejos.

Haciendas locales

A las Haciendas locales dedica la Constitución Española el **artículo 142**, que establece lo siguiente:

> "Las Haciendas locales deberán disponer de los medios suficientes para el desempeño de las funciones que la ley atribuye a las Corporaciones respectivas y se nutrirán fundamentalmente de tributos propios y de participación en los del Estado y de las Comunidades Autónomas."

De todo lo expuesto anteriormente se extraen, como los principios fundamentales del Régimen local:

a) Autonomía de las Corporaciones Locales en la gestión de sus intereses.

b) El carácter democrático y representativo de sus órganos de gobierno.

c) La suficiencia de las Haciendas Locales.

Además de lo señalado anteriormente en la Constitución española, existen otros artículos que son aplicables a todas las Administraciones públicas y como tales, también a la Administración local, ponemos como ejemplo, los artículos 103 y 106 de la CE entre otros, cuando disponen

Artículo 103

La Administración Pública sirve con objetividad los intereses generales y actúa de acuerdo con los principios de eficacia, jerarquía, descentralización, desconcentración y coordinación, con sometimiento pleno a la ley y al Derecho.

Los órganos de la Administración del Estado son creados, regidos y coordinados de acuerdo con la ley.

La ley regulará el estatuto de los funcionarios públicos, el acceso a la función pública de acuerdo con los principios de mérito y capacidad, las peculiaridades del ejercicio de su derecho a sindicación, el sistema de incompatibilidades y las garantías para la imparcialidad en el ejercicio de sus funciones.

Por su parte el **artículo 106** establece:

> "Los Tribunales controlan la potestad reglamentaria y la legalidad de la actuación administrativa, así como el sometimiento de ésta a los fines que la justifican.
>
> Los particulares, en los términos establecidos por la ley, tendrán derecho a ser indemnizados por toda lesión que sufran en cualquiera de sus bienes y derechos, salvo en los casos de fuerza mayor, siempre que la lesión sea consecuencia del funcionamiento de los servicios públicos."

3.2. Concepto y características de las Entidades Locales

Los **Entes Locales** son, sujetos de Derecho territoriales (por tanto no órganos), que tienen personalidad jurídica de obrar para el cumplimiento de sus fines.

ENTRENA CUESTA define la Administración Local como "aquel sector de la Administración Pública integrado por Entes Públicos menores de carácter territorial".

De la definición dada, podemos señalar que la Administración local tiene las siguientes características:

- La Administración Local, como toda Administración Pública está investida de prerrogativas y potestades, aunque al ser entes públicos menores no les corresponde con carácter originario sino derivado, es decir los Entes Locales existen, por que el Estado los crea o reconoce.
- La Administración local está integrada principalmente por entes territoriales cuyo ámbito de actuación se limita a una parte del territorio nacional. **El territorio constituye un elemento esencial en ellos.**
- A diferencia del Estado, y de la Administración Autonómica que está integrada no por Entes sino por órganos.
- Gozan de autonomía para la gestión de sus propios intereses.

3.3. Entidades Locales existentes

El art. 3 de la Ley 7/85, de 2 de abril, Reguladora de las Bases de Régimen Local (LRBRL) redactado por el número dos del artículo primero de la Ley 27/2013, 27 diciembre, de racionalización y sostenibilidad de la Administración Local) **distingue entre entidades locales territoriales y otras entidades locales, cuando establece:**

1. Son entidades locales territoriales:
    a) El Municipio.
    b) La Provincia.
    c) La isla en los archipiélagos balear y canario.
2. Gozan, asimismo, de la condición de Entidades Locales:
    a) Las Comarcas u otras entidades que agrupen varios Municipios, instituidas por las Comunidades Autónomas de conformidad con esta Ley y los correspondientes Estatutos de Autonomía.
    b) Las Áreas Metropolitanas.
    c) Las Mancomunidades de Municipios.

Entidades Locales Territoriales

El Municipio

Según el artículo 1.1 de la LBRL son entidades básicas de la organización territorial del Estado y cauces inmediatos de participación ciudadana en los asuntos públicos, que institucionalizan y gestionan con autonomía los intereses propios de las correspondientes colectividades. Además el artículo 11 de LRBRL le confiere personalidad jurídica y plena capacidad para el cumplimiento de sus fines.

La Provincia

Definida por el artículo 31 LRBRL como una entidad local determinada por la agrupación de Municipios, con personalidad jurídica propia y plena capacidad para el cumplimiento de sus fines.

El artículo 1.2 le reconoce autonomía para la gestión de sus intereses, y el artículo 141 CE le reconoce el carácter de división territorial para el cumplimiento de las actividades del Estado

La Isla en los archipiélagos balear y canario

Al igual que en los casos anteriores el artículo 1.2 les reconoce autonomía para la gestión de sus intereses. Y según el artículo 41 están gobernadas, administradas y representadas por los Cabildos y Consejos Insulares.

En el archipiélago balear y canario, la ISLA se configura como Entidad Local Territorial. Sus órganos de gobierno son: el Presidente y el Cabildo (Canarias) o el Consejo Insular (Baleares); en el archipiélago balear la provincia a desaparecido como entidad local, y sus competencias no han sido integradas en la Comunidad Autónoma, sino en los Consejos Insulares. Por el contrario, en el archipiélago Canario, subsisten las dos provincias de Santa Cruz de Tenerife y Las Palmas, cada una con su Mancomunidad provincial interinsular, pero las Provincias Canarias no tienen Diputación, sino un órgano colegiado de representación indirecta de los Cabildos como "representación y expresión de los intereses provinciales".

Otras Entidades Locales (de existencia opcional)

a) **Las Comarcas u otras entidades que agrupen varios Municipios**, instituidas por las Comunidades Autónomas (Mediante ley de su asamblea legislativa) de conformidad con esta Ley y los correspondientes Estatutos de Autonomía.

   Las Comunidades Autónomas, de acuerdo con lo dispuesto en sus respectivos Estatutos, podrán crear en su territorio Comarcas u otras Entidades que agrupen varios Municipios, cuyas características determinen intereses comunes precisados de una gestión propia o demanden la prestación de servicios de dicho ámbito.

   La iniciativa para la creación de una Comarca podrá partir de los propios Municipios interesados

b) **Las Áreas Metropolitanas.** Definidas en el artículo 43.2 LRBRL como Entidades Locales integradas por Municipios de grandes aglomeraciones urbanas entre cuyos núcleos de población existan vinculaciones económicas y sociales que hagan necesaria la planificación conjunta y la coordinación de determinados servicios y obras. Su creación se efectúa por Ley de la Asamblea Legislativa de la Comunidad Autónoma.

c) **Las Mancomunidades de Municipios**. El artículo 44 .1° establece que se crean para la ejecución común de obras y servicios de su competencia. Se crean por acuerdo de los propios Municipios que se mancomunan.

Modificaciones de la ley 27/2013 de 27 de diciembre

El número 2 del artículo 3 de la LBRL redactado por el número dos del artículo primero de la Ley 27/2013, 27 diciembre, de racionalización y sostenibilidad de la Administración Local ha sufrido una importante modificación, como podemos observar las **Entidades de ámbito inferior pierden así la condición de Entidades Locales, pasando a ser órganos descentralizados de los municipios, así la LRSAL introduce un art. el 24 bis en la LRBRL que dispone lo siguiente:**

"1. Las leyes de las Comunidades Autónomas sobre régimen local regularán los entes de ámbito territorial inferior al Municipio, que carecerán de personalidad jurídica, como forma de organización desconcentrada del mismo para la administración de núcleos de población separados, bajo su denominación tradicional de caseríos, parroquias, aldeas, barrios, anteiglesias, concejos, pedanías, lugares anejos y otros análogos, o aquella que establezcan las leyes.

2. La iniciativa corresponderá indistintamente a la población interesada o al Ayuntamiento correspondiente. Este último debe ser oído en todo caso.

3. Solo podrán crearse este tipo de entes si resulta una opción más eficiente para la administración desconcentrada de núcleos de población separados de acuerdo con los principios previstos en la Ley Orgánica 2/2012, de 27 de abril, de Estabilidad Presupuestaria y Sostenibilidad Financiera."

3.4. La Provincia

3.4.1. Elementos

Como para cualquier ente territorial, los elementos constitutivos de la Provincia son tres:

a) **Población.** Sobre la que, la legislación de régimen local no dispone nada, a diferencia del tratamiento expreso que dan a la del Municipio. La razón es que en la Provincia, población no puede ser otra que la comprensiva precisamente de los Municipios que la integran.

b) **Territorio.** Sobre el que cabe argumentar lo mismo que respecto a la población, en cuanto está conformado por el territorio de los Municipios que comprende. Sobre este elemento provincial, ya se ha señalado la alusión que al respecto efectúa el art. 141 C.E., en cuanto división territorial, o la que realiza el art. 137 C.E., señalando el Estado se organiza territorialmente en Municipios, Provincias y las Comunidades Autónomas que se constituyan. En este supuesto si cabe señalar que a diferencia del Municipio, sólo por ley orgánica pueden alterarse los límites provinciales.

c) **Organización**. Elemento al que se dedica el epígrafe siguiente.

3.4.2. Organización provincial

Empezando por la Constitución Española, como hemos visto anteriormente, el **artículo 141.2** establece que:

> "El gobierno y la administración autónoma de las provincias estarán encomendados a Diputaciones u otras Corporaciones de carácter representativo."

Por tanto el órgano típico de la Administración Local en la provincia es la Diputación Provincial.

Al respecto el **artículo 55** del Real Decreto 2568/1986, de 28 de noviembre, por el que se aprueba el Reglamento de Organización, Funcionamiento y Régimen Jurídico de las Entidades Locales (ROFRJEL) dice:

> "La Diputación es el órgano de gobierno y administración de la provincia, como entidad local, con carácter de Corporación de Derecho Público".

La organización provincial viene regulada en el Título III Capítulo I (art. del 31 al 35) de la Ley de Bases de Régimen Local, el artículo 31 ya se expuso anteriormente, por lo que empezamos con lo establecido en el *artículo 32 (redactado por el apartado 1 del artículo primero de la Ley 57/2003, de 16 de diciembre, de medidas para la modernización del gobierno local).*

La organización provincial responde a las siguientes reglas:

1. El Presidente, los Vicepresidentes, la Junta de Gobierno y el Pleno existen en todas las Diputaciones.
2. Asimismo, existirán en todas las Diputaciones *órganos que tengan por objeto el estudio, informe o consulta de los asuntos que han de ser sometidos a la decisión del Pleno, así como el seguimiento de la gestión del Presidente, la Junta de Gobierno y los Diputados que ostenten delegaciones*, siempre que la respectiva legislación autonómica no prevea una forma organizativa distinta en este ámbito y sin perjuicio de las competencias de control que corresponden al Pleno.

   Todos los grupos políticos integrantes de la corporación tendrán derecho a participar en dichos órganos, mediante la presencia de Diputados pertenecientes a los mismos, en proporción al número de Diputados que tengan en el Pleno.
3. El resto de los órganos complementarios de los anteriores se establece y regula por las propias Diputaciones. No obstante las leyes de las comunidades autónomas sobre régimen local podrán establecer una organización provincial complementaria de la prevista en este texto legal.

En relación con los órganos complementarios que establece el punto 3 del art. 32, el ROFRJEL en su **art. 119** señala:

"Son órganos complementarios de las entidades locales territoriales:

En todas ellas:

a) Los Concejales y Diputados delegados.

b) Las Comisiones informativas.

c) La Comisión Especial de Cuentas.

d) Los Consejos Sectoriales.

e) Los órganos desconcentrados y descentralizados para la gestión de servicios."

A continuación, pasamos a estudiar estos órganos necesarios y complementarios de la Provincia de manera más detallada.

Presidente de la Diputación

Elección

La elección y destitución del Presidente de la Diputación se rige por lo dispuesto en la Ley Orgánica 5/1985, de 19 de junio, del Régimen Electoral General (LOREG en lo sucesivo) sin perjuicio de la aplicación de las normas relativas al régimen de sesiones plenarias de la Diputación.

Quien resulte proclamado Presidente tomará posesión ante el Pleno de la Corporación, de acuerdo con la forma general establecida para la toma de posesión de los cargos públicos.

La Diputación Provincial se reúne en sesión constitutiva presidida por una Mesa de Edad, integrada por los Diputados de mayor y menor edad presentes en el acto, y actuando como Secretario el que lo sea de la Corporación, para elegir al Presidente de entre sus miembros.

Para la elección de Presidente el candidato debe obtener mayoría absoluta en la primera votación y simple en la segunda.

Causas de cese

El mandato del Presidente es de 4 años, sin embargo podrá ser destituido de su cargo mediante una moción de censura, al respecto el **artículo 197** de la LOREG establece:

"El Presidente de la Diputación puede ser destituido mediante **Moción de Censura**, cuya presentación, tramitación y votación se regirá por las siguientes normas:

a) La moción de censura deberá ser propuesta, al menos, por la mayoría absoluta del número legal de miembros de la Corporación y habrá de incluir un candidato a la Presidencia, pudiendo serlo cualquier Diputado Provincial cuya aceptación expresa conste en el escrito de proposición de la moción.

   En el caso de que alguno de los proponentes de la moción de censura formara o haya formado parte del grupo político municipal al que pertenece el Presidente cuya censura se propone, la mayoría exigida en el párrafo anterior se verá incrementada en el mismo número de Diputados que se encuentren en tales circunstancias.

   Este mismo supuesto será de aplicación cuando alguno de los Diputados Provinciales proponentes de la moción haya dejado de pertenecer, por cualquier causa, al grupo político municipal al que se adscribió al inicio de su mandato.

b) El escrito en el que se proponga la moción de censura deberá incluir las firmas debidamente autenticadas por Notario o por el Secretario general de la Corporación y deberá presentarse ante éste por cualquiera de sus firmantes. El Secretario general comprobará que la moción de censura reúne los requisitos exigidos en este artículo y extenderá en el mismo acto la correspondiente diligencia acreditativa.

c) El documento así diligenciado se presentará en el Registro General de la Corporación por cualquiera de los firmantes de la moción, quedando el Pleno automáticamente convocado para las doce horas del décimo día hábil siguiente al de su registro. El Secretario de la Corporación deberá remitir notificación indicativa de tal circunstancia a todos los miembros de la misma en el plazo máximo de un día, a contar desde la presentación del documento en el Registro, a los efectos de su asistencia a la sesión, especificando la fecha y hora de la misma.

d) El Pleno será presidido por una Mesa de edad, integrada por los Diputados Provinciales de mayor y menor edad de los presentes, excluidos el Presidente y el candidato a la Presidencia, actuando como Secretario el que lo sea de la Corporación, quien acreditará tal circunstancia.

e) La Mesa se limitará a dar lectura a la moción de censura, constatando para poder seguir con su tramitación que en ese mismo momento se mantienen los requisitos exigidos en los tres párrafos del apartado a), dando la palabra, en su caso, durante un breve tiempo, si estuvieren presentes, al candidato a la Presidencia, al Presidente y a los Portavoces de los grupos políticos, y a someter a votación la moción de censura.

Ningún Diputado provincial puede firmar durante su mandato más de una moción de censura. A dichos efectos no se tomarán en consideración aquellas mociones que no hubiesen sido tramitadas por no reunir los requisitos previstos en la letra b) del apartado 1 de este artículo.

La dimisión sobrevenida del Presidente no suspenderá la tramitación y votación de la moción de censura.

...

El Presidente en el ejercicio de sus competencias, está obligado a impedir cualquier acto que perturbe, obstaculice o impida el derecho de los miembros de la Corporación a asistir a la sesión plenaria en que se vote la moción de censura y a ejercer su derecho al voto en la misma. En especial, no son de aplicación a la moción de censura las causas de abstención y recusación previstas en la legislación de procedimiento administrativo.

Además el **artículo 197 bis de la LOREG** en cuanto al planteamiento de una **Cuestión de Confianza** señala:

"El Presidente podrá plantear al Pleno una cuestión de confianza, vinculada a la aprobación o modificación de cualquiera de los siguientes asuntos:

a) Los presupuestos anuales.
b) El reglamento orgánico.
c) Las ordenanzas fiscales.
d) La aprobación que ponga fin a la tramitación de los instrumentos de planeamiento general de ámbito municipal.

La presentación de la cuestión de confianza vinculada al acuerdo sobre alguno de los asuntos señalados en el número anterior figurará expresamente en el correspondiente punto del orden del día del Pleno, requiriéndose para la adopción de dichos acuerdos el «quórum» de votación exigido en la Ley 7/1985 de 2 de abril, reguladora de las Bases del Régimen Local, para cada uno de ellos. La votación se efectuará, en todo caso, mediante el sistema nominal de llamamiento público.

Para la presentación de la cuestión de confianza será requisito previo que el acuerdo correspondiente haya sido debatido en el Pleno y que éste no hubiera obtenido la mayoría necesaria para su aprobación.

En el caso de que la cuestión de confianza no obtuviera el número necesario de votos favorables para la aprobación del acuerdo, el Presidente cesará automáticamente, quedando en funciones hasta la toma de posesión de quien hubiere de sucederle en el cargo. La elección del nuevo Presidente se realizará en sesión plenaria convocada automáticamente para las doce horas del décimo día hábil siguiente al de la votación del acuerdo al que se vinculase la cuestión de confianza.

La previsión contenida en el número anterior no será aplicable cuando la cuestión de confianza se vincule a la aprobación o modificación de los presupuestos anuales. En este caso se entenderá otorgada la confianza y aprobado el proyecto si en el plazo de un mes desde que se votara el rechazo de la cuestión de confianza no se presenta una moción de censura con candidato alternativo a Presidente, o si ésta no prospera.

A estos efectos, no rige la limitación establecida en el apartado 2 del artículo anterior.

Cada Presidente no podrá plantear más de una cuestión de confianza en cada año, contado desde el inicio de su mandato, ni más de dos durante la duración total del mismo. No se podrá plantear una cuestión de confianza en el último año de mandato de cada Corporación.

No se podrá plantear una cuestión de confianza desde la presentación de una moción de censura hasta la votación de esta última.

Los Diputados Provinciales que votasen a favor de la aprobación de un asunto al que se hubiese vinculado una cuestión de confianza no podrán firmar una moción de censura contra el Presidente que lo hubiese planteado hasta que transcurra un plazo de seis meses, contado a partir de la fecha de votación del mismo.

Asimismo, durante el indicado plazo, tampoco dichos Diputados provinciales podrán emitir un voto contrario al asunto al que se hubiese vinculado la cuestión de confianza, siempre que sea sometido a votación en los mismos términos que en tal ocasión. Caso de emitir dicho voto contrario, éste será considerado nulo."

En caso de **fallecimiento, incapacidad, renuncia o pérdida de la condición de Concejal de un Diputado Provincial**, su vacante se cubrirá ocupando su puesto uno de los suplentes elegidos en el partido judicial correspondiente, conforme al orden establecido entre ellos. Sin embargo hay que señalar que el Presidente podrá renunciar a su cargo sin perder por ello su condición de Diputado. La renuncia deberá hacerse efectiva por escrito ante el Pleno de la Diputación, que deberá adoptar acuerdo de conocimiento dentro de los diez días siguientes.

Funciones:

El **artículo 34** de la Ley de Bases de Régimen Local establece que:

Corresponde en todo caso al Presidente de la Diputación:

a) Dirigir el gobierno y la administración de la provincia.

b) Representar a la Diputación.

c) Convocar y presidir las sesiones del Pleno, salvo los supuestos previstos en la presente Ley y en la legislación electoral general, de la Junta de

Gobierno y cualquier otro órgano de la Diputación, y decidir los empates con voto de calidad.

d) Dirigir, inspeccionar e impulsar los servicios y obras cuya titularidad o ejercicio corresponde a la Diputación Provincial.

e) Asegurar la gestión de los servicios propios de la Comunidad Autónoma cuya gestión ordinaria esté encomendada a la Diputación.

f) El desarrollo de la gestión económica de acuerdo con el Presupuesto aprobado, disponer gastos dentro de los límites de su competencia, concertar operaciones de crédito, con exclusión de las contempladas en el artículo 158.5 de la Ley 39/1988, de 28 de diciembre, Reguladora de las Haciendas Locales, siempre que aquéllas estén previstas en el Presupuesto y su importe acumulado dentro de cada ejercicio económico no supere el 10 por 100 de sus recursos ordinarios, salvo las de tesorería que le corresponderán cuando el importe acumulado de las operaciones vivas en cada momento no supere el 15 por 100 de los ingresos corrientes liquidados en el ejercicio anterior, ordenar pagos y rendir cuentas; todo ello de conformidad con lo dispuesto en la Ley Reguladora de las Haciendas Locales. (La referencia al 158.5 se refiere a los créditos extraordinarios y suplementos de crédito hay que entenderla hecha al 177.5 de la Ley Reguladora de Haciendas Locales, aprobado por el Real Decreto Legislativo 2/2004 de 5 de marzo).

g) Aprobar la oferta de empleo público de acuerdo con el Presupuesto y la plantilla aprobados por el Pleno, aprobar las bases de las pruebas para la selección del personal y para los concursos de provisión de puestos de trabajo y distribuir las retribuciones complementarias que no sean fijas y periódicas.

h) Desempeñar la jefatura superior de todo el personal, y acordar su nombramiento y sanciones, incluida la separación del servicio de los funcionarios de la Corporación y el despido del personal laboral, dando cuenta al Pleno en la primera sesión que celebre. Esta atribución se entenderá sin perjuicio de lo previsto en el artículo 99.1 y 3 de esta Ley.

i) El ejercicio de las acciones judiciales y administrativas y la defensa de la Diputación en las materias de su competencia, incluso cuando las hubiere delegado en otro órgano, y, en caso de urgencia, en materias de la competencia del Pleno, en este último supuesto dando cuenta al mismo en la primera sesión que celebre para su ratificación.

j) La iniciativa para proponer al Pleno la declaración de lesividad en materia de la competencia del Presidente.

k) ... Letra k) del número 1 del artículo 34 derogada por la Ley de Contratos del Sector Público.

l) La aprobación de los proyectos de obras y de servicios cuando sea competente para su contratación o concesión y estén previstos en el Presupuesto.

m) ... Letra m) del número 1 del artículo 34 derogada por la Ley de Contratos del Sector Público.

n) Ordenar la publicación y ejecución y hacer cumplir los acuerdos de la Diputación.

ñ) Las demás que expresamente les atribuyan las leyes.

o) El ejercicio de aquellas otras atribuciones que la legislación del Estado o de las Comunidades Autónomas asigne a la Diputación y no estén expresamente atribuidas a otros órganos.

El Presidente puede delegar el ejercicio de sus atribuciones, salvo la de convocar y presidir las sesiones del Pleno y de la Junta de Gobierno, decidir los empates con el voto de calidad, concertar operaciones de crédito, la jefatura superior de todo el personal, la separación del servicio de funcionarios y el despido del personal laboral, y las enunciadas en los párrafos a), i) y j) del número anterior.

Corresponde, asimismo, al Presidente el nombramiento de los Vicepresidentes.

Los Vicepresidentes

Según los artículos 55.4 LRBRL y el artículo 66 ROFRJEL, los Vicepresidentes sustituyen, por el orden de su nombramiento y en los casos de vacante, ausencia o enfermedad, al Presidente, siendo libremente designados por éste, entre los miembros de la Junta de Gobierno.

Los nombramientos y los ceses se harán mediante resolución del Presidente, de la que dará cuenta al Pleno en la primera sesión que se celebre, notificándose, además, personalmente a los designados y se publicarán en el «Boletín Oficial» de Provincia, sin perjuicio de su efectividad desde el día siguiente al de la firma de la resolución por el Presidente, si en ella no se dispone otra cosa.

La condición de Vicepresidente se pierde, además de por el cese, por renuncia expresa manifestada por escrito y por pérdida de la condición de miembro de la Junta de Gobierno.

Competencias

Corresponde a los Vicepresidentes, en cuanto tales, sustituir en la totalidad de sus funciones y por el orden de su nombramiento, al Presidente, en los casos de ausencia, enfermedad o impedimento que imposibilite a éste para el ejercicio de sus atribuciones, así como desempeñar las funciones del Presidente en los supuestos de vacante en la Presidencia, hasta que tome posesión el nuevo Presidente.

Cuando durante la celebración de una sesión hubiere de abstenerse de intervenir el Presidente en relación a algún punto concreto de la misma, conforme a lo previsto en el artículo 76 LBRL (incompatibilidad), le sustituirá automáticamente en la presidencia de la misma el Vicepresidente a quien corresponda.

En los supuestos de sustitución del Presidente por razones de ausencia o enfermedad, el Vicepresidente que asuma sus funciones no podrá revocar las delegaciones que hubiera otorgado el primero.

La Junta de Gobierno

La Junta de Gobierno está regulada en los **Art. 35 LRBRL y 72 ROFRJEL** que establecen al respecto que:

1. La Junta de Gobierno se integra por el Presidente y un número de Diputados no superior al tercio del número legal de los mismos, nombrados y separados libremente por aquél, dando cuenta al Pleno.
2. Corresponde a la Junta de Gobierno:
    a) La asistencia al Presidente en el ejercicio de sus atribuciones.
    b) Las atribuciones que el Presidente le delegue o le atribuyan las leyes.
3. El Presidente puede delegar el ejercicio de determinadas atribuciones en los miembros de la Junta de Gobierno, sin perjuicio de las delegaciones especiales que para cometidos específicos pueda realizar a favor de cualesquiera Diputados, aunque no perteneciera a la Junta de Gobierno."

El Presidente puede cesar libremente, en todo momento, a cualesquiera miembros de la Junta de Gobierno.

El Pleno

Composición

En cuanto a la **composición del Pleno** de la Diputación Provincial, los artículos 33 y 69 del ROFRJEL, establecen que el Pleno de la Diputación está constituido por el Presidente y todos los Diputados.

El **artículo 204 de la LOREG** establece que:

El número de Diputados correspondiente a cada Diputación Provincial se determina, según el número de residentes de cada provincia, conforme al siguiente baremo:

- Hasta 500.000 residentes .... 25 Diputados.
- De 500.001 a 1.000.000 .... 27 Diputados.
- De 1.000.001 a 3.500.000 .... 31 Diputados.
- De 3.500.001 en adelante .... 51 Diputados.

Distribución territorial

Las Juntas Electorales Provinciales reparten, proporcionalmente y atendiendo al número de residentes, los puestos correspondientes a cada partido judicial, en el décimo día posterior a la convocatoria de elecciones atendiendo a la siguiente regla:

a) Todos los partidos judiciales cuentan, al menos, con un Diputado.

b) Ningún partido judicial puede contar con más de tres quintos del número total de Diputados Provinciales.

c) Las fracciones iguales o superiores a 0,50 que resulten del reparto proporcional se corrigen por exceso y las inferiores por defecto.

Los Diputados se repartirán entre los partidos Judiciales de la correspondiente Provincia, mediante el sistema de asignar un diputado a cada Partido Judicial y los restantes proporcionalmente a la población de los mismos, sin que algún Partido Judicial pueda contar con más de tres quintos del número total de Diputados Provinciales.

Elección interna de Diputados

Realizada la asignación de puestos de Diputados, conforme a lo señalado anteriormente, la Junta Electoral convocará por separado dentro de los cinco días siguientes, a los Concejales de los partidos políticos, coaliciones, federaciones y agrupaciones, que hayan obtenido puestos de Diputados, para que elijan de entre las listas de candidatos avaladas, al menos, por un tercio de dichos Concejales a quienes hayan de ser proclamados Diputados, eligiendo además, tres suplentes, para cubrir por su orden las eventuales vacantes.

Efectuada la elección, la Junta de Zona proclama los Diputados electos y los suplentes, expide las credenciales correspondientes y remite a la Junta Provincial y a la Diputación certificaciones de los diputados electos en el partido judicial.

La duración del mandato de los Diputados provinciales será de cuatro años.

Competencias del Pleno

El **artículo 33** apartados dos (redactado por Ley 11/1999, 21 abril («B.O.E.» 22 abril), de modificación de la Ley 7/1985, de 2 de abril, Reguladora de las Bases de Régimen Local, y otras medidas para el desarrollo del Gobierno Local, en materia de tráfico, circulación de vehículos a motor y seguridad vial y en materia de aguas) y tres establecen que:

Corresponde en todo caso al Pleno:

a) La organización de la Diputación.

b) La aprobación de las ordenanzas.

c) La aprobación y modificación de los Presupuestos, la disposición de gastos dentro de los límites de su competencia y la aprobación provisional de las cuentas; todo ello de acuerdo con lo dispuesto en la Ley Reguladora de las Haciendas Locales.

d) La aprobación de los planes de carácter provincial.

e) El control y la fiscalización de los órganos de gobierno.

f) La aprobación de la plantilla de personal, la relación de puestos de trabajo, la fijación de la cuantía de las retribuciones complementarias fijas y periódicas de los funcionarios, y el número y régimen del personal eventual.

g) La alteración de la calificación jurídica de los bienes de dominio público.

h) El planteamiento de conflictos de competencias a otras Entidades locales y demás Administraciones públicas.

i) El ejercicio de acciones judiciales y administrativas y la defensa de la Corporación en materias de competencia plenaria.

j) La declaración de lesividad de los actos de la Diputación.

k) La concertación de las operaciones de crédito cuya cuantía acumulada en el ejercicio económico exceda del 10 por 100 de los recursos ordinarios, salvo las de tesorería, que le corresponderán cuando el importe acumulado de las operaciones vivas en cada momento supere el 15 por 100 de los ingresos corrientes liquidados en el ejercicio anterior, todo ello de conformidad con lo dispuesto en la Ley Reguladora de las Haciendas Locales.

l) Letra l) del número 2 del artículo 33 derogada por la Ley de Contratos del Sector Público.

m) La aprobación de los proyectos de obra y de servicios cuando sea competente para su contratación o concesión y cuando aún no estén previstos en los Presupuestos.

n) ... Letra n) del número 2 del artículo 33 derogada por la Ley de Contratos del Sector Público.

ñ) Aquellas atribuciones que deban corresponder al Pleno por exigir su aprobación una mayoría especial.

o) Las demás que expresamente la atribuyan las leyes.

Corresponde, igualmente, al Pleno la votación sobre la moción de censura al Presidente y sobre la cuestión de confianza planteada por el mismo, que serán públicas y se realizarán mediante llamamiento nominal en todo caso, y se rigen por lo dispuesto en la legislación electoral general.

Número 3 del artículo 33 redactado por el apartado 1 del artículo primero de la Ley 57/2003, de 16 de diciembre, de medidas para la modernización del gobierno local.

El Pleno puede delegar el ejercicio de sus atribuciones en el Presidente y en la Comisión de Gobierno, salvo las enunciadas en el número 2, letras a), b), c), d), e), f), h) y ñ), y número 3 de este artículo.

Número 4 del artículo 33 introducido por Ley 11/1999, 21 abril («B.O.E.» 22 abril), de modificación de la Ley 7/1985, de 2 de abril, Reguladora de las Bases de Régimen Local, y otras medidas para el desarrollo del Gobierno Local, en materia de tráfico, circulación de vehículos a motor y seguridad vial y en materia de aguas.

Las Comisiones informativas

Hay que tener en cuenta que tras la modificación de la Ley 7/1985 efectuada por la Ley 11/1999, las Comisiones Informativas pasan a ser consideradas órganos necesarios. El ROFRJEL las llama Comisiones informativas y determina que son órganos complementarios.

Pero la LBRL en su art. 20 enumera los órganos necesarios y entre ellos la comisión especial de cuentas y los órganos que tengan por objeto el estudio, informe o consulta de los asuntos que han de ser sometidos a la decisión del Pleno. (Es decir, las comisiones informativas del ROFRJEL). Lo que determine la LBRL prevalece sobre lo que establece el ROFRJEL ya que este es un reglamento de desarrollo.

Por tanto los órganos que tengan por objeto el estudio, informe o consulta de los asuntos que han de ser sometidos a la decisión del Pleno, son órganos NECESARIOS, que existirán en los municipios de más de 5.000 habitantes, y en los de menos en que así lo disponga su reglamento orgánico o lo acuerde el Pleno, si su legislación autonómica no prevé en este ámbito otra forma organizativa.

La Comisión de Cuentas es un órgano **necesario** que existirá siempre.

Las Comisiones Informativas, integradas exclusivamente por miembros de la Corporación, son órganos sin atribuciones resolutorias que tienen por función el estudio, informe o consulta de los asuntos que hayan de ser sometidos a la decisión del Pleno y de la Junta de Gobierno cuando ésta actúe con competencias delegadas por el Pleno, salvo cuando hayan de adoptarse acuerdos declarados urgentes.

Igualmente informarán aquellos asuntos de la competencia propia de la Junta de Gobierno, y del Presidente, que les sean sometidos a su conocimiento por expresa decisión de aquéllos.

Clases

Las Comisiones informativas pueden ser permanentes y especiales:

- Son **Comisiones informativas permanentes** las que se constituyen con carácter general, distribuyendo entre ellas las materias que han de someterse al Pleno. Su número y denominación inicial, así como cualquier variación de las mismas durante el mandato corporativo, se decidirá mediante acuerdo adoptado por el Pleno a propuesta del Alcalde o Presidente, procurando, en lo posible, su correspondencia con el número y denominación de las grandes áreas en que se estructuren los servicios corporativos.
- Son **Comisiones informativas especiales** las que el Pleno acuerde constituir para un asunto concreto, en consideración a sus características especiales de cualquier tipo. Estas Comisiones se extinguen automáticamente una vez que hayan dictaminado o informado sobre el asunto que constituye su objeto, salvo que el acuerdo plenario que las creó dispusiera otra cosa.

Composición

En el acuerdo de creación de las Comisiones informativas, se determinará la composición concreta de las mismas, teniendo en cuenta las siguientes reglas:

a) El Alcalde o Presidente de la Corporación es el Presidente nato de todas ellas; sin embargo, la presidencia efectiva podrá delegarla en cualquier miembro de la Corporación, a propuesta de la propia Comisión, tras la correspondiente elección efectuada en su seno.

b) Cada Comisión estará integrada de forma que su composición se acomode a la proporcionalidad existente entre los distintos grupos políticos representados en la Corporación.

c) La adscripción concreta a cada Comisión de los miembros de la Corporación que deban formar parte de la misma en representación de cada grupo, se realizará mediante escrito del Portavoz del mismo dirigido al Alcalde o Presidente, y del que se dará cuenta al Pleno. Podrá designarse, de igual forma, un suplente por cada titular.

En cuanto a su funcionamiento, viene regulado en los artículos 134 a 138 ROFRJEL, con carácter general.

Los dictámenes de las Comisiones informativas tienen carácter preceptivo y no vinculante.

En supuestos de urgencia, el Pleno o la Junta de Gobierno podrá adoptar acuerdos sobre asuntos no dictaminados por la correspondiente Comisión Informativa, pero, en estos casos, del acuerdo adoptado deberá darse cuenta a la Comisión Informativa en la primera sesión que se celebre. A propuesta de cualquiera de los miembros de la Comisión Informativa, el asunto deberá ser incluido en el orden del día del siguiente Pleno con objeto de que éste delibere sobre la urgencia acordada, en ejercicio de sus atribuciones de control y fiscalización.

La Comisión Especial de Cuentas

La Comisión Especial de Cuentas es de existencia **preceptiva**, según dispone el artículo 116 LRBRL, y su constitución, composición e integración y funcionamiento se ajusta a lo establecido para las demás Comisiones Informativas.

A la Comisión Especial de cuentas le corresponde el examen, estudio e informe de todas las cuentas, presupuestarias y extrapresupuestarias, que deba aprobar el Pleno de la Corporación de acuerdo con lo establecido en la legislación reguladora de la contabilidad de las entidades locales.

Bien a través del Reglamento Orgánico o mediante acuerdo adoptado por el Pleno de la Corporación, la Comisión Especial de Cuentas podrá actuar como Comisión informativa permanente para los asuntos relativos a economía y hacienda de la entidad.

Por su parte el **artículo 116** LBRL establece que:

"Las cuentas anuales se someterán antes del 1 de junio a informe de la Comisión Especial de Cuentas de la entidad local, la cual estará constituida por miembros de los distintos grupos políticos integrantes de la Corporación, y serán asimismo, objeto de información pública antes de someterse a la aprobación del Pleno, a fin de que puedan formularse contra las mismas reclamaciones, reparos u observaciones. Todo ello sin perjuicio de que pueda denunciarse ante el Tribunal de Cuentas la existencia de irregularidades en la gestión económica y en las cuentas aprobadas."

Órganos complementarios

Se consideran órganos complementarios, según la LBRL "El resto de los órganos complementarios de los anteriores (los necesarios) se establece y regula por las propias Diputaciones. No obstante, las leyes de las Comunidades Autónomas sobre régimen local podrán establecer una organización provincial complementaria de la prevista en este texto legal."

Pero según lo dispuesto en el art. 119 del Reglamento de Organización y Funcionamiento de las Entidades Locales se consideran órganos complementarios:

- Los Diputados delegados.
- Los Consejos sectoriales.
- Los órganos desconcentrados y descentralizados para la gestión de servicios.

Para el estudio de este tema partimos de esta división.

Los Diputados Delegados

Los Diputados Delegados son aquellos Diputados que ostentan algunas de las delegaciones de atribuciones Presidente, con las atribuciones que se especifiquen en el Decreto de delegación. Si delegación se refiere genéricamente a una materia o sector de actividad sin especificación de potestades, se entenderá que comprende todas aquellas facultades, derechos y deberes referidos a la materia delegada que corresponden al órgano que tiene asignadas originariamente las atribuciones con la sola excepción de las que según la LBRL, no sean delegables.

Se pierde la condición de Diputado-Delegado:

a) Por renuncia expresa, que habrá de ser formalizada por escrito ante la Presidencia.
b) Por revocación de la delegación, adoptada por Presidente con las mismas formalidades previstas para otorgarla.
c) Por pérdida de la condición de miembros de la Junta de Gobierno

Los Consejos Sectoriales

Su finalidad será la de canalizar la participación de los ciudadanos y de sus asociaciones en los asuntos municipales. Los Consejos Sectoriales desarrollarán exclusivamente funciones de informe y, en su caso, propuesta, en relación con las iniciativas municipales relativas al sector de actividad al que corresponda cada Consejo.

La composición, organización y ámbito de actuación de los Consejos Sectoriales serán establecidos en el correspondiente Acuerdo plenario.

En todo caso, cada Consejo **estará presidido** por un miembro de la Corporación, nombrado y separado libremente por el Presidente, que actuará como enlace entre aquélla y el Consejo.

El ROFRJEL, los menciona como órganos complementarios de todas las Entidades Locales territoriales, por eso se mencionan en este tema; pero hay que tener presente que en la realidad estos órganos donde desarrollan más ampliamente sus funciones es en el ámbito municipal, en los ayuntamientos.

Los órganos desconcentrados y descentralizados para la gestión de los servicios

El Pleno podrá establecer:

a) Órganos desconcentrados.

b) Y podrá acordar el establecimiento de entes descentralizados con personalidad jurídica propia, estos últimos.

Cuando así lo aconsejen la necesidad de una mayor eficacia en la gestión, la complejidad de la misma, la agilización de los procedimientos, la expectativa de aumentar o mejorar la financiación o la conveniencia de obtener un mayor grado de participación ciudadana en la actividad de prestación de los servicios.

El número de estos órganos debe ser el menor posible inspirándose en el principio de economía organizativa, en atención a la correcta prestación de los mismos.

Conflictos de atribuciones entre órganos:

Según los artículos 50 LBRL y 222 ROFRJEL los conflictos de atribuciones que surjan entre órganos y Entidades dependientes de una misma Corporación local se resolverán:

a) Por el Pleno, cuando se trate de conflictos que afecten a órganos colegiados, miembros de éstos o entidades locales.

b) Por el Presidente de la Corporación, en el resto de los supuestos.

3.5. El Municipio y la Isla

3.5.1. Elementos del Municipio el territorio, la población y la organización

Conforme al **artículo 11.2** de la LRL son elementos del Municipio (al igual que la provincia y la isla):

- El territorio.
- La población.
- La organización.

En los siguientes epígrafes del tema lo tratamos de forma extensa.

EL Término municipal

Según el artículo 12 LBRL, redactado por el apartado 1 del artículo primero de la Ley 57/2003, de 16 de diciembre, de medidas para la modernización del gobierno local, el término municipal es el territorio en que el ayuntamiento ejerce sus competencias y cada municipio pertenecerá a una sola provincia.

Sin embargo hay que tener en cuenta que el término municipal puede estar compuesto por uno o varios conjuntos singulares de población, uno de ellos es donde está el ayuntamiento, y que se considera la capital del municipio; y que según la zona reciben el nombre de pedanías, anteiglesias, parroquias...

Así, el artículo 1 del Real Decreto 1690/1986, de 11 de julio, por el que se aprueba el Reglamento de Población y Demarcación Territorial de las Entidades Locales dispone:

1. El término municipal es el territorio en que el Ayuntamiento ejerce sus competencias.
2. Todo municipio pertenecerá a una sola provincia. (También lo manifiesta así el Real Decreto Legislativo 781/1986, de 18 de abril, por el que se aprueba el Texto Refundido de las disposiciones legales vigentes en materia de Régimen Local. TR 86 en adelante).
3. El término municipal está formado por territorios continuos, pero podrán mantenerse las situaciones de discontinuidad que estén reconocidas actualmente.
4. Es competencia del Ayuntamiento la división del término municipal en distritos y en barrios y las variaciones de los mismos.

La población: especial referencia al empadronamiento

El artículo 15 LBRL, establece que toda persona que viva en España está obligada a inscribirse en el Padrón del Municipio en el que resida habitualmente. Quien viva en varios municipios deberá inscribirse en el que habite durante **más tiempo al año**.

El conjunto de personas inscritas en el Padrón municipal constituye la población del municipio.

Los inscritos en el Padrón municipal son los vecinos del municipio.

La condición de vecino se adquiere en el mismo momento de su inscripción en el Padrón.

Además el artículo 54. 2 y 3 del RPDT establece que los menores de edad no emancipados y los mayores incapacitados tendrán la misma vecindad que los padres que tengan su guarda o custodia o, en su defecto, de sus representantes legales, salvo autorización por escrito de éstos para residir en otro municipio. En todo caso, respecto a los mayores incapacitados se estará a lo dispuesto en la legislación civil.

La inscripción en el padrón municipal de personas que residiendo en el municipio carezcan de domicilio en el mismo sólo se podrá llevar a cabo después de haber puesto el hecho en conocimiento de los servicios sociales competentes en el ámbito geográfico donde esa persona resida.

La organización

Como anteriormente se ha expuesto, la organización es otro de los elementos del Municipio, junto con el territorio y la población.

Según el artículo 140 de la Constitución Española el gobierno y administración de los Municipios, corresponde a sus respectivos Ayuntamientos, integrados por los Alcaldes y los Concejales. Los Concejales serán elegidos por los vecinos del municipio mediante sufragio universal, igual, libre, directo y secreto, en la forma establecida por la ley. Los Alcaldes serán elegidos por los Concejales o por los vecinos. La ley regulará las condiciones en las que proceda el régimen del Concejo Abierto.

Siguiendo así a la Constitución, el artículo 19 de la LBRL redactado por el apartado 1 del artículo primero de la Ley 57/2003, de 16 de diciembre, de medidas para la modernización del gobierno local, manifiesta en términos similares que:

1. El Gobierno y la administración municipal, salvo en aquellos municipios que legalmente funcionen en régimen de Concejo Abierto, corresponde al Ayuntamiento, integrado por el Alcalde y los Concejales.

2. Los Concejales son elegidos mediante sufragio universal, igual, libre, directo y secreto, y el Alcalde es elegido por los Concejales o por los vecinos; todo ello en los términos que establezca la legislación electoral general.
3. El régimen de organización de los municipios señalados en el título X de esta ley (Es decir los municipios de Gran población que se verán después) se ajustará a lo dispuesto en el mismo. En lo no previsto por dicho título, será de aplicación el régimen común regulado en los artículos siguientes. (Que regulan los municipios de régimen común).

(Con la aprobación de la Ley 57/2003 de medidas para la Modernización del Gobierno Local, que modificó de forma sustancial la LBRL, se establece para los Municipios de Gran Población un sistema de gobierno parecido al Gobierno de la Nación, en el que el Pleno hará las veces de Congreso y el Alcalde y Junta de Gobierno Local, las funciones del Gobierno. Y que veremos en profundidad en este tema.)

¿Pero a qué se refiere la Constitución y la LBRL cuando hablan de Concejo Abierto?

A esta pregunta responde el artículo 29 de la LBRL redactado por el número 1 de la disposición final primera de la L.O. 2/2011, de 28 de enero, por la que se modifica la L.O. 5/1985, de 19 de junio, del Régimen Electoral General, cuando dispone que:

Funcionan en Concejo Abierto:

a) Los municipios que tradicional y voluntariamente cuenten con ese singular régimen de gobierno y administración.
b) Aquellos otros en los que por su localización geográfica, la mejor gestión de los intereses municipales u otras circunstancias lo hagan aconsejable.

La constitución en concejo abierto de los municipios a que se refiere el apartado b) del número anterior, requiere petición de la mayoría de los vecinos, decisión favorable por mayoría de dos tercios de los miembros del Ayuntamiento y aprobación por la Comunidad Autónoma.

En el régimen de Concejo Abierto, **el gobierno y la administración municipales corresponden a un Alcalde y una asamblea vecinal de la que forman parte todos los electores**. Ajustan su funcionamiento a los usos, costumbres y tradiciones locales y, en su defecto, a lo establecido en esta Ley y las leyes de las Comunidades Autónomas sobre régimen local.

No obstante lo anterior, los alcaldes de las corporaciones de municipios de menos de 100 residentes podrán convocar a sus vecinos a Concejo Abierto para decisiones de especial trascendencia para el municipio. Si así lo hicieren deberán someterse obligatoriamente al criterio de la Asamblea vecinal constituida al efecto.

Los municipios que con anterioridad venían obligados por Ley en función del número de residentes a funcionar en Concejo Abierto, podrán continuar con ese régimen especial de gobierno y administración si tras la sesión constitutiva de la Corporación, convocada la Asamblea Vecinal, así lo acordaran por unanimidad los tres miembros electos y la mayoría de los vecinos.

3.5.2. Reglas de la organización municipal (Régimen Común)

Según el tenor literal del **artículo 20** de la LRBRL redactado por el apartado 1 del artículo primero de la Ley 57/2003, de 16 de diciembre, de medidas para la modernización del gobierno local:

1. La organización municipal responde a las siguientes reglas:
    a) El **Alcalde, los Tenientes de Alcalde y el Pleno** existen en todos los ayuntamientos.
    b) La **Junta de Gobierno Local** existe en todos los municipios con población superior a 5.000 habitantes y en los de menos, cuando así lo disponga su reglamento orgánico o así lo acuerde el Pleno de su ayuntamiento.
    c) En los municipios de más de 5.000 habitantes, y en los de menos en que así lo disponga su reglamento orgánico o lo acuerde el Pleno, existirán, si su legislación autonómica no prevé en este ámbito otra forma organizativa, órganos que tengan por objeto el estudio, informe o consulta de los asuntos que han de ser sometidos a la decisión del Pleno, así como el seguimiento de la gestión del Alcalde, la Junta de Gobierno Local y los concejales que ostenten delegaciones, sin perjuicio de las competencias de control que corresponden al Pleno. Todos los grupos políticos integrantes de la corporación tendrán derecho a participar en dichos órganos, mediante la presencia de concejales pertenecientes a los mismos en proporción al número de Concejales que tengan en el Pleno.
    d) **La Comisión Especial de Sugerencias y Reclamaciones** existe en los municipios señalados en el título X (De Gran Población), y en aquellos otros en que el Pleno así lo acuerde, por el voto favorable de la mayoría absoluta del número legal de sus miembros, o así lo disponga su Reglamento orgánico.
    e) **La Comisión Especial de Cuentas** existe en todos los municipios, de acuerdo con la estructura prevista en el artículo 116.
2. Las leyes de las comunidades autónomas sobre el régimen local podrán establecer una organización municipal complementaria a la prevista en el número anterior.

3. Los propios municipios, en los reglamentos orgánicos, podrán establecer y regular otros órganos complementarios, de conformidad con lo previsto en este artículo y en las leyes de las comunidades autónomas a las que se refiere el número anterior.

En relación a los órganos complementarios el **artículo 119** del Real Decreto 2.568/1986, de 28 de noviembre, por el que se aprueba el Reglamento de Organización, Funcionamiento y Régimen Jurídico de las Entidades Locales (en lo sucesivo ROFRJEL) dice que:

Son órganos complementarios de las entidades locales territoriales:

En todas ellas:

a) Los Concejales y Diputados delegados.
b) Las Comisiones informativas.
c) La Comisión Especial de Cuentas.
d) Los Consejos Sectoriales.
e) Los órganos desconcentrados y descentralizados para la gestión de servicios.

En los Municipios, además:

a) Los representantes personales del Alcalde en los poblados y barriadas.
b) Las Juntas Municipales de Distrito.

A continuación, pasamos a estudiar estos órganos necesarios y complementarios del Municipio de manera más detallada.

El Alcalde

Nombramiento

El alcalde es elegido por los concejales o por los vecinos a través del procedimiento regulado en los artículos 196 y siguientes de la LOREG.

La elección directa por los vecinos se produce en aquellos municipios que funcionan en régimen de concejo abierto.

Pueden ser candidatos los concejales que encabecen cada lista. Si alguno de ellos obtiene la mayoría absoluta de los votos de los Concejales, es proclamado electo. Si ninguno obtiene la mayoría absoluta, es proclamado alcalde el cabeza de lista cuya candidatura hubiera obtenido mayor número de votos en las elecciones del municipio.

En los municipios entre 100 y 250 habitantes pueden ser candidatos todos los concejales. Si, producida la votación, alguno de ellos obtiene la mayoría absoluta es proclamado alcalde. Si ninguno obtiene la mayoría absoluta es proclamado alcalde el que hubiera obtenido mayor número de votos en las elecciones de concejales.

El alcalde tomará posesión en la misma sesión en que sea elegido salvo que no estuviera presente, en cuyo caso será requerido para que tome posesión ante el Pleno en el plazo de 48 horas.

Dentro de los treinta días siguientes a la constitución, el alcalde convocará sesión extraordinaria para fijar la periodicidad de las sesiones del pleno; establecer las Comisiones Informativas así como su composición; proceder al nombramiento de representantes de la corporación en órganos colegiados y conocer de las resoluciones del alcalde en materia de nombramientos de Tenientes de alcalde, miembros de la Junta de Gobierno Local, Presidentes de Comisiones informativas y delegaciones del alcalde. (Art. 38 del ROFRJEL).

Cese

La normativa de régimen local remite también a la legislación electoral, en los casos en que se pierde la condición de alcalde. Así distinguimos:

A) Moción de censura

El artículo 197 de la LOREG la regula de la siguiente forma:

El alcalde puede ser destituido mediante moción de censura, cuya presentación, tramitación y votación se regirá por las siguientes normas:

La moción de censura deberá ser propuesta, al menos, por la mayoría absoluta del número legal de miembros de la Corporación y habrá de incluir un candidato a la Alcaldía, pudiendo serlo cualquier concejal, cuya aceptación expresa conste en el escrito de proposición de la moción.

En el caso de que alguno de los proponentes de la moción de censura formara o haya formado parte del grupo político municipal al que pertenece el Alcalde cuya censura se propone, la mayoría exigida en el párrafo anterior se verá incrementada en el mismo número de concejales que se encuentren en tales circunstancias.

Este mismo supuesto será de aplicación cuando alguno de los concejales proponentes de la moción haya dejado de pertenecer, por cualquier causa, al grupo político municipal al que se adscribió al inicio de su mandato.

El escrito en el que se proponga la moción censura deberá incluir las firmas debidamente autenticadas por notario o por el secretario general de la Corporación y deberá presentarse ante éste por cualquiera de sus firmantes. El secretario general comprobará que la moción de censura reúne los requisitos exigidos en este artículo y extenderá en el mismo acto la correspondiente diligencia acreditativa.

El documento así diligenciado se presentará en el Registro General de la Corporación por cualquiera de los firmantes de la moción, quedando el Pleno automáticamente convocado para las **doce horas del décimo día hábil siguiente** al de su registro. El secretario de la Corporación deberá remitir notificación indicativa de tal circunstancia a todos los miembros de la misma en el plazo máximo de un día, a contar desde la presentación del documento en el Registro, a los efectos de su asistencia a la sesión, especificando la fecha y hora de la misma.

El Pleno será presidido por una Mesa de edad, integrada por los concejales de mayor y menor edad de los presentes, excluidos el alcalde y el candidato a la Alcaldía, actuando como secretario el que lo sea de la Corporación, quien acreditará tal circunstancia.

La Mesa se limitará a dar lectura a la moción de censura, constatando para poder seguir con su tramitación que en ese mismo momento se mantienen los requisitos exigidos en los tres párrafos del apartado a), dando la palabra, en su caso, durante breve tiempo, si estuvieren presentes, al candidato a la Alcaldía, al alcalde y a los portavoces de los grupos municipales, y a someter a votación la moción de censura.

El candidato incluido en la moción de censura quedará proclamado alcalde si ésta prosperase con el voto favorable de la mayoría absoluta del número de concejales que legalmente componen la Corporación.

Ningún concejal puede firmar durante su mandato más de una moción de censura.

A dichos efectos no se tomarán en consideración aquellas mociones que no hubiesen sido tramitadas por no reunir los requisitos previstos en segundo punto.

La dimisión sobrevenida del alcalde no suspenderá la tramitación y votación de la moción de censura.

El alcalde, en el ejercicio de sus competencias, está obligado a impedir cualquier acto que perturbe, obstaculice o impida el derecho de los miembros de la Corporación a asistir a la sesión plenaria en que se vote la moción de censura y a ejercer su derecho a voto en la misma. En especial, no son de aplicación a la moción de censura las causas de abstención y recusación previstas en la legislación de procedimiento administrativo.

B) Cuestión de confianza

Otro mecanismo que puede llevar al cese del alcalde es la cuestión de confianza. Su regulación viene recogida en el artículo 197 bis de la LOREG en los siguientes términos:

El alcalde podrá plantear al Pleno una cuestión de confianza, vinculada a la aprobación o modificación de cualquiera de los siguientes asuntos:

- Los presupuestos anuales.
- El reglamento orgánico.
- Las ordenanzas fiscales
- La aprobación que ponga fin a la tramitación de los instrumentos de planeamiento general de ámbito municipal.

La presentación de la cuestión de confianza vinculada al acuerdo sobre alguno de los asuntos señalados en el número anterior figurara expresamente en el correspondiente punto del orden del día del Pleno, requiriéndose para la adopción de dichos acuerdos el «quórum» de votación exigido en la Ley 7/1985, de 2 de abril, reguladora de las Bases del Régimen Local, para cada uno de ellos. La votación se efectuará, en todo caso, mediante el sistema nominal de llamamiento público.

Para la presentación de la cuestión de confianza será requisito previo que el acuerdo correspondiente haya sido debatido en el Pleno y que éste no hubiera obtenido la mayoría necesaria para su aprobación.

En el caso de que la cuestión de confianza no obtuviera el número necesario de votos favorables para la aprobación del acuerdo, el alcalde cesará automáticamente, quedando en funciones hasta la toma de posesión de quien hubiere de sucederle en el cargo. La elección del nuevo alcalde se realizará en sesión plenaria convocada automáticamente para las doce horas del décimo día hábil siguiente al de la votación del acuerdo al que se vinculase la cuestión de confianza, rigiéndose por las reglas contenidas en el artículo 196, con las siguientes especialidades:

En los municipios de más de 250 habitantes, el alcalde cesante quedará excluido de la cabeza de lista a efectos de la elección, ocupando su lugar el segundo de la misma, tanto a efectos de la presentación de candidaturas a la Alcaldía como de designación automática del alcalde, en caso de pertenecer a la lista más votada y no obtener ningún candidato el voto de la mayoría absoluta del número legal de concejales.

En los municipios comprendidos entre 100 y 250 habitantes, el alcalde cesante no podrá ser candidato a la Alcaldía ni proclamado alcalde en defecto de un candidato que obtenga el voto de la mayoría absoluta del número legal de concejales. Si ningún candidato obtuviese esa mayoría, será proclamado alcalde el concejal que hubiere obtenido más votos populares en las elecciones de concejales, excluido el alcalde cesante.

La previsión contenida anteriormente no será aplicable cuando la cuestión de confianza se vincule a la aprobación o modificación de los presupuestos anuales. En este caso se entenderá otorgada la confianza y aprobado el proyecto si en el plazo de un mes desde que se votara el rechazo de la cuestión de confianza, no se presenta una moción de censura con candidato alternativo a alcalde, o si ésta no prospera. A estos efectos, no rige la limitación establecida en el apartado 2 del artículo anterior.

Cada alcalde no podrá plantear más de una cuestión de confianza en cada año, contado desde el inicio de su mandato, ni más de dos durante la duración total del mismo. No se podrá plantear una cuestión de confianza en el último año de mandato de cada Corporación.

No se podrá plantear una cuestión de confianza desde la presentación de una moción de censura hasta la votación de esta última.

Los concejales que votasen a favor de la aprobación de un asunto al que se hubiese vinculado una cuestión de confianza, no podrán firmar una moción de censura contra el alcalde que lo hubiese planteado hasta que transcurra un plazo de seis meses, contado a partir de la fecha de votación del mismo.

Asimismo, durante el indicado plazo, tampoco dichos concejales podrán emitir un voto contrario al asunto al que se hubiese vinculado la cuestión de confianza, siempre que sea sometido a votación en los mismos términos que en tal ocasión. Caso de emitir dicho voto contrario, éste será considerado nulo.

C) Otros supuestos de pérdida de la condición de alcalde

El alcalde puede también presentar **la renuncia** a su condición. Esta deberá ser presentada por escrito ante el Pleno de la Corporación, y no conlleva necesariamente la renuncia al cargo de concejal. Esta puede efectuarse en la propia sesión en que se presenta, no siendo necesario en tal caso convocar nuevo Pleno para tomar conocimiento de la misma.

Otro supuesto que llevaría a la nueva elección de alcalde sería el de **condena por sentencia firme** del anterior a penas de inhabilitación para el ejercicio de cargos públicos.

La sustitución del alcalde

El **artículo 198** de la LOREG recoge el procedimiento de sustitución del alcalde cuando su cese no se haya producido como consecuencia de una moción de censura, remitiéndose al procedimiento general regulado en el artículo 196, considerándose a estos efectos que encabeza la lista en que figuraba el alcalde el siguiente de la misma, a no ser que renuncie a la candidatura.

¿Quién puede elegir (sufragio activo) y ser elegido (sufragio pasivo) en las elecciones municipales? ¿Quién puede ser Alcalde o Concejal?

Normas generales art. 2 a 7 LOREG

Derecho de sufragio activo (Derecho a votar)

El derecho de sufragio corresponde a los españoles mayores de edad que no estén comprendidos en ninguno de los supuestos que exponemos a continuación. Carecen de derecho de sufragio:

a) Los condenados por sentencia judicial firme a la pena principal o accesoria de privación del derecho de sufragio durante el tiempo de su cumplimiento.

b) Los declarados incapaces en virtud de sentencia judicial firme, siempre que la misma declare expresamente la incapacidad para el ejercicio del derecho de sufragio.

c) Los internados en un hospital psiquiátrico con autorización judicial, durante el período que dure su internamiento, siempre que en la autorización el Juez declare expresamente la incapacidad para el ejercicio del derecho de sufragio.

Los Jueces o Tribunales que entiendan de los procedimientos de incapacitación o internamiento deberán pronunciarse expresamente sobre la incapacidad para el ejercicio del sufragio. En el supuesto de que ésta sea apreciada, lo comunicarán al Registro Civil para que se proceda a la anotación correspondiente.

Para su ejercicio es indispensable la inscripción en el censo electoral vigente.

Derecho de sufragio pasivo (Derecho a ser votado)

Son elegibles los españoles mayores de edad que, poseyendo la cualidad de elector, no se encuentren incursos en alguna de las siguientes causas de inelegibilidad:

a) Los miembros de la Familia Real Española incluidos en el Registro Civil que regula el Real Decreto 2971/1981 de 27 de noviembre, así como sus cónyuges.

b) Los Presidentes del Tribunal Constitucional, del Tribunal Supremo, del Consejo de Estado, del Tribunal de Cuentas y del Consejo a que hace referencia el artículo 131.2 de la Constitución.

c) Los Magistrados del Tribunal Constitucional, los Vocales del Consejo General del Poder Judicial, los Consejeros Permanentes del Consejo de Estado y los Consejeros del Tribunal de Cuentas.

d) El Defensor del Pueblo y sus Adjuntos.

e) El Fiscal General del Estado.

f) Los Subsecretarios, Secretarios generales, Directores generales de los Departamentos Ministeriales y los equiparados a ellos; en particular, los Directores de los Departamentos del Gabinete de la Presidencia del Gobierno y los Directores de los Gabinetes de los Ministros y de los Secretarios de Estado.

g) Los Jefes de Misión acreditados, con carácter de residentes, ante un Estado extranjero u organismo internacional.

h) Los Magistrados, Jueces y Fiscales que se hallen en situación de activo.

i) Los militares profesionales y de complemento y miembros de las Fuerzas y Cuerpos de Seguridad y Policía, en activo.

j) Los Presidentes, Vocales y Secretarios de las Juntas Electorales.

k) Los Delegados del Gobierno en las Comunidades Autónomas y los Subdelegados del Gobierno y las autoridades similares con distinta competencia territorial.

l) El Presidente de la Corporación de Radio Televisión Española y las sociedades que la integran

m) Los Presidentes, Directores y cargos asimilados de las entidades estatales autónomas con competencia en todo el territorio nacional, así como los Delegados del Gobierno en las mismas.

n) Los Presidentes y Directores generales de las Entidades Gestoras de la Seguridad Social con competencia en todo el territorio nacional.

o) El Director de la Oficina del Censo Electoral.

p) El Gobernador y Subgobernador del Banco de España y los Presidentes y Directores del Instituto de Crédito Oficial y de las demás entidades oficiales de crédito.

q) El Presidente, los Consejeros y el Secretario general del Consejo General de Seguridad Nuclear.

Son inelegibles:

a) Los condenados por sentencia firme, a pena privativa de libertad, en el período que dure la pena.

b) Los condenados por sentencia, aunque no sea firme, por delitos de rebelión, de terrorismo, contra la Administración Pública o contra las Instituciones del Estado cuando la misma haya establecido la pena de inhabilitación para el ejercicio del derecho de sufragio pasivo o la de inhabilitación absoluta o especial o de suspensión para empleo o cargo público en los términos previstos en la legislación penal.

Durante su mandato no serán elegibles por las circunscripciones electorales comprendidas en todo o en parte en el ámbito territorial de su jurisdicción:

a) Quien ejerza la función de mayor nivel de cada Ministerio en las distintas demarcaciones territoriales de ámbito inferior al estatal.
b) Los Presidentes, Directores y cargos asimilados de Entidades Autónomas de competencia territorial limitada, así como los Delegados del Gobierno en las mismas.
c) Los Delegados territoriales de RTVE y los Directores de las Entidades de Radiotelevisión dependientes de las Comunidades Autónomas.
d) Los Presidentes y Directores de los órganos periféricos de las Entidades Gestoras de la Seguridad Social.
e) Los Secretarios generales de las Delegaciones y Subdelegaciones del Gobierno.
f) Los Delegados provinciales de la oficina del Censo Electoral.

Las causas de inelegibilidad lo son también de incompatibilidad. Las causas de incompatibilidad se regirán por lo dispuesto para cada tipo de proceso electoral.

Disposiciones especiales para las elecciones municipales (artículos 176 y 177 de la LOREG)

Derecho de sufragio activo en las elecciones municipales

Sin perjuicio de lo regulado en el Título I, capítulo I, de esta Ley, gozan del derecho de sufragio activo en las elecciones municipales los residentes extranjeros en España cuyos respectivos países permitan el voto a los españoles en dichas elecciones, en los términos de un tratado.

Asimismo, gozan del derecho de sufragio activo en las elecciones municipales todas las personas residentes en España que, sin haber adquirido la nacionalidad española:

a) Tengan la condición de ciudadanos de la Unión Europea según lo previsto en el párrafo 2 del apartado 1 del artículo 8 del Tratado Constitutivo de la Comunidad Europea.
b) Reúnan los requisitos para ser elector, exigidos en esta Ley para los españoles y hayan manifestado su voluntad de ejercer el derecho de sufragio activo en España.

Número 1 del artículo 176 redactado por L.O. 1/1997, 30 mayo, de modificación de la Ley Orgánica del Régimen Electoral General para la transposición de la Directiva 94/80/CE, de Elecciones Municipales.

El Gobierno comunicará a la Oficina del Censo Electoral la relación de Estados extranjeros cuyos nacionales, residentes en España, deban ser inscritos en el Censo.

Derecho de sufragio pasivo

Sin perjuicio de lo dispuesto en el capítulo II del Título I de esta Ley, son elegibles en las elecciones municipales todas las personas residentes en España que, sin haber adquirido la nacionalidad española:

a) Tengan la condición de ciudadanos de la Unión Europea según lo previsto en el párrafo 2 del apartado 1 del artículo 8 del Tratado Constitutivo de la Comunidad Europea, o bien, sean nacionales de países que otorguen a los ciudadanos españoles el derecho de sufragio pasivo en sus elecciones municipales en los términos de un tratado.

b) Reúnan los requisitos para ser elegibles exigidos en esta Ley para los españoles.

c) No hayan sido desposeídos del derecho de sufragio pasivo en su Estado de origen.

Son inelegibles para el cargo de Alcalde o Concejal quienes incurran en alguno de los supuestos previstos en el artículo 6 de esta Ley y, además, los deudores directos o subsidiarios de la correspondiente Corporación Local contra quienes se hubiera expedido mandamiento de apremio por resolución judicial.

(Artículo 177 redactado por L.O. 1/1997, 30 mayo, de modificación de la Ley Orgánica del Régimen Electoral General para la transposición de la Directiva 94/80/CE, de Elecciones Municipales).

Tratamiento

El artículo 33 del ROFRJEL dispone que los Alcaldes de Madrid y Barcelona tendrán tratamiento de **Excelencia;** los de las demás capitales de provincia, tratamiento de **Ilustrísima,** y los de los municipios restantes, tratamiento de **Señoría**. Se respetan, no obstante, los tratamientos que respondan a tradiciones reconocidas por disposiciones legales.

Atribuciones

Según dispone el artículo 21 de la LRBRL redactado por el apartado 1 del artículo primero de la Ley 57/2003, de 16 de diciembre, de medidas para la modernización del gobierno local y modificado parcialmente por la Ley 30/2007, de 30 de octubre, de Contratos del Sector Público.

El Alcalde es el Presidente de la Corporación y ostenta las siguientes atribuciones:

a) Dirigir el gobierno y la administración municipal.

b) Representar al ayuntamiento.

c) Convocar y presidir las sesiones del Pleno, salvo los supuestos previstos en esta ley y en la legislación electoral general, de la Junta de Gobierno Local, y de cualesquiera otros órganos municipales cuando así se establezca en disposición legal o reglamentaria, y decidir los empates con voto de calidad.

d) Dirigir, inspeccionar e impulsar los servicios y obras municipales.

e) Dictar bandos.

f) El desarrollo de la gestión económica de acuerdo con el Presupuesto aprobado, disponer gastos dentro de los límites de su competencia, concertar operaciones de crédito, con exclusión de las contempladas en el Ley 39/1988, de 28 de diciembre, Reguladora de las Haciendas Locales, siempre que aquéllas estén previstas en el Presupuesto y su importe acumulado dentro de cada ejercicio económico no supere el 10 por ciento de sus recursos ordinarios, salvo las de tesorería que le corresponderán cuando el importe acumulado de las operaciones vivas en cada momento no supere el 15 por ciento de los ingresos corrientes liquidados en el ejercicio anterior, ordenar pagos y rendir cuentas; todo ello de conformidad con lo dispuesto en la Ley Reguladora de las Haciendas Locales. La referencia debe entenderse hecha al artículo 177.5 del Texto Refundido de la Ley de Haciendas Locales.

g) Aprobar la oferta de empleo público de acuerdo con el Presupuesto y la plantilla aprobados por el Pleno, aprobar las bases de las pruebas para la selección del personal y para los concursos de provisión de puestos de trabajo y distribuir las retribuciones complementarias que no sean fijas y periódicas.

h) Desempeñar la jefatura superior de todo el personal, y acordar su nombramiento y sanciones, incluida la separación del servicio de los funcionarios de la Corporación y el despido del personal laboral, dando cuenta al Pleno, en estos dos últimos casos, en la primera sesión que celebre. Esta atribución se entenderá sin perjuicio de lo dispuesto en el EBEP.

i) Ejercer la jefatura de la Policía Municipal.

j) Las aprobaciones de los instrumentos de planeamiento de desarrollo del planeamiento general no expresamente atribuidas al Pleno, así como la de los instrumentos de gestión urbanística y de los proyectos de urbanización. (Delegable solo en la Junta de Gobierno Local).

k) El ejercicio de las acciones judiciales y administrativas y la defensa del ayuntamiento en las materias de su competencia, incluso cuando las hubiere delegado en otro órgano, y, en caso de urgencia, en materias de la competencia del Pleno, en este supuesto dando cuenta al mismo en la primera sesión que celebre para su ratificación.

l) La iniciativa para proponer al Pleno la declaración de lesividad en materias de la competencia de la Alcaldía.

m) Adoptar personalmente, y bajo su responsabilidad, en caso de catástrofe o de infortunios públicos o grave riesgo de los mismos, las medidas necesarias y adecuadas dando cuenta inmediata al Pleno.

n) Sancionar las faltas de desobediencia a su autoridad o por infracción de las ordenanzas municipales, salvo en los casos en que tal facultad esté atribuida a otros órganos.

ñ) Letra ñ) del número 1 del artículo 21 derogada por la Ley de Contratos del Sector Público.

o) La aprobación de los proyectos de obras y de servicios cuando sea competente para su contratación o concesión y estén previstos en el presupuesto.

p) Letra p) del número 1 del artículo 21 derogada por la Ley de Contratos del Sector Público.

q) El otorgamiento de las licencias, salvo que las leyes sectoriales lo atribuyan expresamente al Pleno o a la Junta de Gobierno Local.

r) Ordenar la publicación, ejecución y hacer cumplir los acuerdos del Ayuntamiento.

s) Las demás que expresamente le atribuyan las leyes y aquellas que la legislación del Estado o de las comunidades autónomas asignen al municipio y no atribuyan a otros órganos municipales.

Corresponde asimismo al Alcalde el nombramiento de los Tenientes de Alcalde.

El Alcalde **puede delegar** el ejercicio de sus atribuciones, **salvo** las de convocar y presidir las sesiones del Pleno y de la Junta de Gobierno Local, decidir los empates con el voto de calidad, la concertación de operaciones de crédito, la jefatura superior de todo el personal, la separación del servicio de los funcionarios y el despido del personal laboral, y las enunciadas en los párrafos a), e), j), k), l) y m) del apartado 1 de este artículo. No obstante, podrá delegar en la Junta de Gobierno Local el ejercicio de las atribuciones contempladas en el párrafo j).

Delegaciones del Alcalde

El alcalde puede efectuar delegaciones en favor de la Junta de Gobierno Local, como órgano colegiado. En tal caso, los acuerdos adoptados por ésta en relación con las materias delegadas, tendrán el mismo valor que las resoluciones que dicte el alcalde en ejercicio de las atribuciones que no haya delegado, sin perjuicio de su adopción conforme a las reglas de funcionamiento de la Junta.

El alcalde puede delegar el ejercicio de determinadas atribuciones en los miembros de la Junta de Gobierno Local, y, donde ésta no exista, en los Tenientes de alcalde, sin perjuicio de las **delegaciones especiales** que, para cometidos específicos, pueda realizar en favor de cualesquiera concejales, aunque no pertenecieran a aquella Junta.

Las **delegaciones genéricas** se referirán a una o varias áreas o materias determinadas, y podrán abarcar tanto la facultad de dirigir los servicios correspondientes como la de gestionarlos en general, incluida la facultad de resolver mediante actos administrativos que afecten a terceros.

Asimismo, el alcalde podrá efectuar delegaciones especiales en cualquier concejal para la dirección y gestión de asuntos determinados incluidos en las citadas áreas.

En este caso, el concejal que ostente una delegación genérica tendrá la facultad de supervisar la actuación de los concejales con delegaciones especiales para cometidos específicos incluidos en su área (Art. 43 del ROF). Las delegaciones especiales podrán referirse bien a un determinado asunto, bien a un determinado servicio o bien, a un determinado barrio o distrito.

El articulo 42 ROFRJEL por su parte manifiesta que: el Alcalde dará cuenta sucinta a la Corporación, en cada sesión ordinaria del Pleno, de las resoluciones que hubiere adoptado desde la última sesión plenaria ordinaria para que los Concejales conozcan el desarrollo de la administración municipal o los efectos del control y fiscalización de los órganos de gobierno.

Otras competencias

Complementa la regulación de las atribuciones del alcalde el **artículo 41** del ROF.

Además de las competencias señaladas anteriormente, el Real Decreto Legislativo 781/1986 le atribuye las siguientes:

- La organización de los servicios administrativos de la corporación, en el marco del reglamento orgánico.

- Todas las atribuciones en materia de personal que no competan al Pleno.
- Presidir las subastas y concursos para ventas, arrendamientos, suministros y toda clase de adjudicaciones de servicios y obras municipales.

Los Tenientes de Alcalde

Artículos 46 y 47 ROFRJEL

Los Tenientes de Alcalde son designados y cesados libremente por el Alcalde entre los miembros de la Junta de Gobierno Local y, donde no exista ésta, entre los concejales.

Sustituyen al alcalde en los casos de vacante, ausencia o enfermedad o en los casos en que los mismos fueran condenados por sentencia firme a penas de suspensión para el ejercicio del cargo.

En los casos de ausencia, enfermedad o impedimento, las funciones del alcalde no podrán ser asumidas por el teniente de alcalde a quien corresponda, sin expresa delegación. No obstante, cuando el alcalde se ausente del término municipal por más de veinticuatro horas, sin haber conferido la delegación, o cuando por causa imprevista le hubiere resultado imposible otorgarla, le sustituirá, en la totalidad de sus funciones, el teniente de alcalde a quien corresponda, dando cuenta al resto de la Corporación.

Los nombramientos y los ceses se harán mediante resolución del alcalde de la que se dará cuenta al Pleno en la primera sesión que celebre, notificándose, además, personalmente a los designados, y se publicarán en el Boletín Oficial de la provincia, sin perjuicio de su efectividad desde el día siguiente de la firma de la resolución por el alcalde, si en ella no se dispusiera otra cosa. En los municipios con Junta de Gobierno Local el número de Tenientes de alcalde no podrá exceder del número de miembros de aquella. En aquellos otros en que no exista tal Comisión, el número de Tenientes de alcalde no podrá exceder del tercio del número legal de miembros de la Corporación.

A los efectos del cómputo no se tendrán en cuenta los decimales que resulten de dividir por tres el número total de concejales.

La condición de teniente de alcalde se pierde, además de por el cese, por renuncia expresa manifiesta por escrito y por pérdida de la condición de miembro de la Junta de Gobierno Local.

En los ayuntamientos que no tengan Junta de Gobierno Local podrán ser objeto de una sola resolución del alcalde, el nombramiento como teniente de alcalde y la delegación de atribuciones.

El Pleno

Composición

Según el artículo 22 LBRL y el 49 del ROFRJEL, el Pleno, integrado por todos los Concejales, es presidido por el Alcalde.

¿Pero cuántos Concejales tiene cada Pleno?

El artículo 73 LBRL y el artículo 50 del ROFRJEL remiten la determinación del número de miembros de las Corporaciones locales, el procedimiento para su elección, la duración de su mandato y los supuestos de inelegibilidad e incompatibilidad, a la legislación electoral, y conforme al artículo 179 LOREG modificado conforme establece el apartado cincuenta y tres del artículo único de la L.O. 2/2011, de 28 de enero, por la que se modifica la L.O. 5/1985, de 19 de junio, del Régimen Electoral General, el cual manifiesta que dependerá de la población que esté empadronada, en los siguientes términos:

Cada término municipal constituye una circunscripción en la que se elige el número de concejales que resulte de la aplicación de la siguiente escala:

- Hasta 100 residentes 3
- De 101 a 250 5
- De 251 a 1000 7
- De 1001 a 2000 9
- De 2001 a 5000 11
- De 5001 a 10.000 13
- De 10.001 a 20.000 17
- De 20.001 a 50.000 21
- De 50.001 a 100.000 25
- De 100.001 en adelante, un Concejal más por cada 100.000 residentes o fracción, añadiéndose uno más cuando el resultado sea un número par.

La escala prevista en el párrafo anterior no se aplica a los municipios que, de acuerdo con la legislación sobre Régimen Local, funcionan en régimen de Concejo Abierto. En estos municipios los electores eligen directamente al Alcalde por sistema mayoritario.

Antes hemos visto el sufragio pasivo y activo en las elecciones, y las disposiciones especiales para las elecciones municipales del artículo 176 al 200 LOREG a ello nos remitimos de nuevo.

Atribuciones del Pleno

El **artículo 22.2** LBRL establece que:

Corresponden, en todo caso, al Pleno municipal en los Ayuntamientos, y a la Asamblea vecinal en el régimen de Concejo Abierto, las siguientes atribuciones:

a) El control y la fiscalización de los órganos de gobierno.

b) Los acuerdos relativos a la participación en organizaciones supramunicipales; alteración del término municipal; creación o supresión de municipios y de las entidades a que se refiere el artículo 45; creación de órganos desconcentrados; alteración de la capitalidad del municipio y el cambio de nombre de éste o de aquellas entidades y la adopción o modificación de su bandera, enseña o escudo.

c) La aprobación inicial del planeamiento general y la aprobación que ponga fin a la tramitación municipal de los planes y demás instrumentos de ordenación previstos en la legislación urbanística, así como los convenios que tengan por objeto la alteración de cualesquiera de dichos instrumentos.

d) La aprobación del reglamento orgánico y de las ordenanzas.

e) La determinación de los recursos propios de carácter tributario; la aprobación y modificación de los presupuestos, y la disposición de gastos en materia de su competencia y la aprobación de las cuentas; todo ello de acuerdo con lo dispuesto en la *Ley Reguladora de las Haciendas Locales*.

f) La aprobación de las formas de gestión de los servicios y de los expedientes de municipalización.

g) La aceptación de la delegación de competencias hecha por otras Administraciones públicas.

h) El planteamiento de conflictos de competencias a otras entidades locales y demás Administraciones públicas.

i) La aprobación de la plantilla de personal y de la relación de puestos de trabajo, la fijación de la cuantía de las retribuciones complementarias fijas y periódicas de los funcionarios y el número y régimen del personal eventual.

j) El ejercicio de acciones judiciales y administrativas y la defensa de la corporación en materias de competencia plenaria.

k) La declaración de lesividad de los actos del Ayuntamiento.

l) La alteración de la calificación jurídica de los bienes de dominio público.

m) La concertación de las operaciones de crédito cuya cuantía acumulada, dentro de cada ejercicio económico, exceda del 10 por ciento de los recursos ordinarios del Presupuesto --salvo las de tesorería, que le corresponderán cuando el importe acumulado de las operaciones vivas en cada momento supere el 15 por ciento de los ingresos corrientes liquidados en el ejercicio anterior-- todo ello de conformidad con lo dispuesto en la *Ley Reguladora de las Haciendas Locales*.

n) ... Letra n) del número 2 del artículo 22 derogada por la Ley de Contratos del Sector Público.

ñ) La aprobación de los proyectos de obras y servicios cuando sea competente para su contratación o concesión, y cuando aún no estén previstos en los presupuestos.

o) ... Letra o) del número 2 del artículo 22 derogada por la Ley de Contratos del Sector Público.

p) Aquellas otras que deban corresponder al Pleno por exigir su aprobación una mayoría especial.

q) Las demás que expresamente le confieran las leyes.

Corresponde, igualmente, al Pleno la votación sobre la moción de censura al Alcalde y sobre la cuestión de confianza planteada por el mismo, que serán públicas y se realizarán mediante llamamiento nominal en todo caso, y se rigen por lo dispuesto en la legislación electoral general.

El Pleno **puede delegar** el ejercicio de sus atribuciones en el Alcalde y en la Junta de Gobierno Local, **salvo** las enunciadas en el apartado 2, párrafos a), b), c), d), e), f), g), h), i), l) y p), y en el apartado 3 de este artículo.

La Junta de Gobierno Local

La Junta de Gobierno Local es el órgano que ha venido a sustituir a la Comisión de Gobierno. Este cambio de denominación, tal y como recoge la Ley de modernización del Gobierno Local en su exposición de motivos, tiende a destacar la naturaleza ejecutiva de dicho órgano. La Junta de Gobierno Local existirá necesariamente en aquellos municipios con población de derecho superior a 5.000 habitantes y en los de menos cuando así lo disponga el Reglamento Orgánico o lo acuerde el Pleno. Está compuesta por el **alcalde y un número de concejales no superior al tercio del número legal de los mismos**, que serán nombrados libremente por este dando cuenta al Pleno.

Le corresponde la asistencia al alcalde en el ejercicio de sus atribuciones así como las atribuciones que el alcalde u otro órgano municipal le delegue o le atribuyan las leyes. Así pues, en la LRBRL no se produce una atribución expresa de competencias a la Junta de Gobierno Local sino que estas deberán provenir de otras normas o de las delegaciones que realicen el alcalde o el Pleno de la Corporación.

A ella se dedican los artículos 23 LBRL redactado por el apartado 1 del artículo primero de la Ley 57/2003, de 16 de diciembre, de medidas para la modernización del gobierno local y el 52 del ROFRJEL., según estos artículos:

1. La Junta de Gobierno Local se integra por el Alcalde y un número de Concejales no superior al tercio del número legal de los mismos, nombrados y separados libremente por aquél, dando cuenta al Pleno.
2. Corresponde a la Junta de Gobierno Local:
    a) La asistencia al Alcalde en el ejercicio de sus atribuciones.
    b) Las atribuciones que el Alcalde u otro órgano municipal le delegue o le atribuyan las leyes.
3. Los Tenientes de Alcalde sustituyen, por el orden de su nombramiento y en los casos de vacante, ausencia o enfermedad, al Alcalde, siendo libremente designados y removidos por éste de entre los miembros de la Junta de Gobierno Local y, donde ésta no exista, de entre los Concejales.
4. El Alcalde puede delegar el ejercicio de determinadas atribuciones en los miembros de la Junta de Gobierno Local y, donde ésta no exista, en los Tenientes de Alcalde, sin perjuicio de las delegaciones especiales que, para cometidos específicos, pueda realizar en favor de cualesquiera Concejales, aunque no pertenecieran a aquélla.

Las Comisiones Informativas

Como hemos señalado en la provincia hay que tener en cuenta que tras la modificación de la Ley 7/1985 efectuada por la Ley 11/1999, las Comisiones Informativas pasan a ser consideradas órganos necesarios.

Por tanto los órganos que tengan por objeto el estudio, informe o consulta de los asuntos que han de ser sometidos a la decisión del Pleno, son órganos necesarios, que existirán en los municipios de más de 5.000 habitantes, y en los de menos en que así lo disponga su reglamento orgánico o lo acuerde el Pleno, si su legislación autonómica no prevé en este ámbito otra forma organizativa.

La Comisión de Cuentas es un órgano **necesario** que existirá siempre.

Las Comisiones Informativas, integradas exclusivamente por miembros de la Corporación, son órganos sin atribuciones resolutorias que tienen por función el estudio, informe o consulta de los asuntos que hayan de ser sometidos a la decisión del Pleno y de la Junta de Gobierno cuando ésta actúe con competencias delegadas por el Pleno, salvo cuando hayan de adoptarse acuerdos declarados urgentes.

Igualmente informarán aquellos asuntos de la competencia propia de la Junta de Gobierno, y del Presidente, que les sean sometidos a su conocimiento por expresa decisión de aquéllos.

Clases

Las Comisiones informativas pueden ser permanentes y especiales:

- Son **Comisiones informativas permanentes** las que se constituyen con carácter general, distribuyendo entre ellas las materias que han de someterse al Pleno. Su número y denominación inicial, así como cualquier variación de las mismas durante el mandato corporativo, se decidirá mediante acuerdo adoptado por el Pleno a propuesta del Alcalde o Presidente, procurando, en lo posible, su correspondencia con el número y denominación de las grandes áreas en que se estructuren los servicios corporativos.
- Son **Comisiones informativas especiales** las que el Pleno acuerde constituir para un asunto concreto, en consideración a sus características especiales de cualquier tipo. Estas Comisiones se extinguen automáticamente una vez que hayan dictaminado o informado sobre el asunto que constituye su objeto, salvo que el acuerdo plenario que las creó dispusiera otra cosa.

Composición

En el acuerdo de creación de las Comisiones informativas se determinará la composición concreta de las mismas, teniendo en cuenta las siguientes reglas:

a) El Alcalde o Presidente de la Corporación es el Presidente nato de todas ellas; sin embargo, la presidencia efectiva podrá delegarla en cualquier miembro de la Corporación, a propuesta de la propia Comisión, tras la correspondiente elección efectuada en su seno.

b) Cada Comisión estará integrada de forma que su composición se acomode a la proporcionalidad existente entre los distintos grupos políticos representados en la Corporación.

c) La adscripción concreta a cada Comisión de los miembros de la Corporación que deban formar parte de la misma en representación de cada grupo, se realizará mediante escrito del Portavoz del mismo dirigido al Alcalde o Presidente, y del que se dará cuenta al Pleno. Podrá designarse, de igual forma, un suplente por cada titular.

En cuanto a su funcionamiento, viene regulado en los **artículos 134** a **138** ROFRJEL, con carácter general.

Los dictámenes de las Comisiones informativas tienen carácter preceptivo y no vinculante.

En supuestos de urgencia, el Pleno o la Junta de Gobierno podrá adoptar acuerdos sobre asuntos no dictaminados por la correspondiente Comisión Informativa, pero, en estos casos, del acuerdo adoptado deberá darse cuenta a la Comisión Informativa en la primera sesión que se celebre. A propuesta de cualquiera de los miembros de la Comisión Informativa, el asunto deberá ser incluido en el orden del día del siguiente Pleno con objeto de que éste delibere sobre la urgencia acordada, en ejercicio de sus atribuciones de control y fiscalización.

La comisión especial de cuentas

La Comisión Especial de Cuentas es de existencia **Preceptiva**, según dispone el artículo 116 LBRJ, y su constitución, composición e integración y funcionamiento se ajusta a lo establecido para las demás Comisiones Informativas.

A la Comisión Especial de cuentas le corresponde el examen, estudio e informe de todas las cuentas, presupuestarias y extrapresupuestarias, que deba aprobar el Pleno de la Corporación de acuerdo con lo establecido en la legislación reguladora de la contabilidad de las entidades locales.

Bien a través del Reglamento Orgánico o mediante acuerdo adoptado por el Pleno de la Corporación, la Comisión Especial de Cuentas podrá actuar como Comisión informativa permanente para los asuntos relativos a economía y hacienda de la entidad.

Por su parte el **Artículo 116** LBRL establece que:

"Las cuentas anuales se someterán antes del 1 de junio a informe de la Comisión Especial de Cuentas de la entidad local, la cual estará constituida por miembros de los distintos grupos políticos integrantes de la Corporación, y serán asimismo, objeto de información pública antes de someterse a la aprobación del Pleno, a fin de que puedan formularse contra las mismas reclamaciones, reparos u observaciones. Todo ello sin perjuicio de que pueda denunciarse ante el Tribunal de Cuentas la existencia de irregularidades en la gestión económica y en las cuentas aprobadas."

Órganos complementarios

Se consideran órganos complementarios, según la LBRL "El resto de los órganos complementarios de los anteriores (los necesarios) se establece y regula por las propias Diputaciones. No obstante, las leyes de las Comunidades Autónomas sobre régimen local podrán establecer una organización provincial complementaria de la prevista en este texto legal."

El Título IV del ROFRJEL establece la organización complementaria de los entes locales territoriales desde el art 119 al 133 que pasamos a analizar:

Para empezar señalamos de nuevo el artículo 119 ROFRJEL que manifiesta que:

Son órganos complementarios de las entidades locales territoriales:

1. En todas ellas,
   a) Los Concejales y Diputados delegados.
   b) Los Consejos Sectoriales.
   c) Los órganos desconcentrados y descentralizados para la gestión de servicios.

Como anteriormente ya hemos señalado el artículo 119.1 del ROFEL incluye, además, entre los órganos complementarios, a las Comisiones Informativas y a la Comisión Especial de Cuentas; no obstante hay que tener en cuenta que tras la modificación de la Ley 7/1985 efectuada por la Ley 11/1999, las Comisiones Informativas pasan a ser consideradas órganos necesarios.

2. En los Municipios, además:
   a) Los representantes personales del Alcalde en los poblados y barriadas.
   b) Las Juntas Municipales de Distrito.

Para el estudio de este tema partimos de esta división.

Los Concejales-Delegados

Según dispone artículo 120 ROFRJEL los Concejales-Delegados son aquellos que ostentan algunas de las delegaciones de atribuciones del Alcalde.

Se pierde la condición de Concejal-Delegado o de Diputado-Delegado:

a) Por renuncia expresa, que habrá de ser formalizada por escrito ante la alcaldía o Presidencia.
b) Por revocación de la delegación, adoptada por el Alcalde o Presidente con las mismas formalidades previstas para otorgarla.
c) Por pérdida de la condición de miembros de la Junta de Gobierno o en aquellos Municipios donde ésta no exista, de la de Teniente de Alcalde.

Sigue diciendo en **artículo 121** ROFRJEL que los Concejales-Delegados y los Diputados-Delegados tendrán las atribuciones que se especifiquen en el respectivo Decreto de delegación, y las ejercerán de acuerdo con lo que en él se prevea, y en el marco de las reglas que allí se establecen.. Si la resolución o acuerdo de delegación se refiere genéricamente a una materia o sector de actividad sin especificación de potestades, se entenderá que comprende todas aquellas facultades, derechos y deberes referidos a la materia delegada que corresponden al órgano que tiene asignadas originariamente las atribuciones con la sola excepción de las que según la LBRL, no sean delegables.

Los Consejos Sectoriales

Según el artículo 130 y 131 del ROFRJEL, el Pleno de la Corporación podrá acordar el establecimiento de Consejos Sectoriales, cuya finalidad será la de canalizar la participación de los ciudadanos y de sus asociaciones en los asuntos municipales.

Los Consejos Sectoriales desarrollarán exclusivamente funciones de informe y, en su caso, propuesta, en relación con las iniciativas municipales relativas al sector de actividad al que corresponda cada Consejo.

La composición, organización y ámbito de actuación de los Consejos Sectoriales serán establecidos en el correspondiente acuerdo plenario. En todo caso, cada Consejo estará presidido por un miembro de la Corporación, nombrado y separado libremente por el Alcalde o Presidente, que actuará como enlace entre aquélla y el Consejo.

El ámbito territorial de actuación de los Consejos Sectoriales podrá coincidir con el de las Juntas de Distrito, en el caso de que existan, en cuyo supuesto su presidencia recaerá en un miembro de la Junta correspondiente y su actuación de informe y propuesta estará en relación con el ámbito de actuación de la misma.

De los órganos desconcentrados y descentralizados para la gestión de los servicios

El **artículo 132 y 133** del ROFRJEL manifiesta que el Pleno podrá establecer:

- Órganos desconcentrados.
- Y podrá acordar el establecimiento de entes descentralizados con personalidad jurídica propia, estos últimos.

Cuando así lo aconsejen la necesidad de una mayor eficacia en la gestión, la complejidad de la misma, la agilización de los procedimientos, la expectativa de aumentar o mejorar la financiación o la conveniencia de obtener un mayor grado de participación ciudadana en la actividad de prestación de los servicios.

El establecimiento de estos órganos y entes se rige, en su caso, por lo dispuesto en la legislación de Régimen Local relativa a las formas de gestión de servicios, y en todo caso, se inspirará en el principio de economía organizativa, de manera que su número sea el menos posible en atención a la correcta prestación de los servicios.

Los representantes del alcalde en los poblados y barriadas

Según el Artículo 122 ROFRJEL en cada uno de los poblados y barriadas separados del casco urbano y que no constituyan entidad local, el Alcalde podrá nombrar un representante personal entre los vecinos residentes en los mismos.

También podrá nombrar el Alcalde dichos representantes en aquellas ciudades en que el desenvolvimiento de los servicios así lo aconseje. El representante habrá de estar avecindado en el propio núcleo en el que ejerza sus funciones.

La duración del cargo estará sujeta a la del mandato del Alcalde que lo nombró, quien podrá removerlo cuando lo juzgue oportuno.

Los representantes tendrán carácter de autoridad en el cumplimiento de sus cometidos municipales, en cuanto representantes del Alcalde que les nombró.

Las Juntas Municipales de Distrito

Los artículos 128 y 129 ROFRJEL manifiestan en relación a este tema que el Pleno del Ayuntamiento podrá acordar la creación de Juntas Municipales de Distrito, que tendrán el carácter de órganos territoriales de gestión desconcentrada y cuya finalidad será la mejor gestión de los asuntos de la competencia municipal y facilitar la participación ciudadana en el respectivo ámbito territorial.

La composición, organización y ámbito territorial de las Juntas serán establecido s en el correspondiente Reglamento regulador aprobado por el Pleno.

El Reglamento de las Juntas determinará asimismo las funciones administrativas que, en relación a las competencias municipales, se deleguen o puedan ser delegadas en las mismas, dejando a salvo la unidad de gestión del Municipio.

El Reglamento de las Juntas Municipales de Distrito se considerará, a todos los efectos, parte integrante del Reglamento Orgánico.

Por su parte el artículo 24 de la LBRL redactado por el apartado 1 del artículo primero de la Ley 57/2003, de 16 de diciembre, de medidas para la modernización del gobierno local, señala lo siguiente:

Para facilitar la participación ciudadana en la gestión de los asuntos locales y mejorar ésta, los municipios podrán establecer órganos territoriales de gestión desconcentrada, con la organización, funciones y competencias que cada ayuntamiento les confiera, atendiendo a las características del asentamiento de la población en el término municipal, sin perjuicio de la unidad de gobierno y gestión del municipio.

En los municipios señalados en el artículo 121 (municipios de gran población) será de aplicación el régimen de gestión desconcentrada establecido en el artículo 128. (Que veremos a continuación al estudiar la organización de estos municipios de Gran Población).

Entidades de ámbito territorial inferior al municipio y sin personalidad jurídica

La regulación de las entidades locales de ámbito territorial inferior al municipio es la siguiente:

- El artículo 3 apartado dos no las recoge en el listado de Entidades Locales, perdiendo por tanto tal condición.
- El artículo 24 bis remite a la legislación de las Comunidades Autónomas la regulación de estos entes, pero las deja configuradas como formas de gestión desconcentrada del Municipio carentes de personalidad jurídica, (es decir, como órganos del Municipio), que además, sólo podrán crearse cuando resulte una opción más eficiente para la administración desconcentrada de núcleos de población separados de acuerdo con la Ley de estabilidad presupuestaria y sostenibilidad financiera.
- No obstante, la Disposición transitoria cuarta de la LRSAL permite a las entidades de ámbito territorial inferior al Municipio existentes en el momento de la entrada en vigor de la presente Ley, mantener su personalidad jurídica y su condición de Entidad Local, aunque prevé la disolución de las mismas si con fecha de 31 de diciembre de 2014 no presentan sus cuentas ante los organismos correspondientes del Estado y de la Comunidad Autónoma. Esta disolución será acordada por Decreto del órgano de gobierno de la Comunidad Autónoma.
- Se permite a las entidades de ámbito territorial inferior al Municipio que estén en proceso de constitución continuar el mismo, admitiendo que una vez que se constituyan tendrán carácter de entidad local y personalidad jurídica. Para que esto se cumpla será necesario que el proceso se hubiera iniciado antes del 1 de enero de 2013. (Disposición transitoria quinta de la LRSAL).

El artículo 24 bis introducido por el número siete del artículo primero de la Ley 27/2013, 27 diciembre, de racionalización y sostenibilidad de la Administración Local dispone que:

1. Las leyes de las Comunidades Autónomas sobre régimen local regularán los entes de ámbito territorial inferior al Municipio, **que carecerán de personalidad jurídica, como forma de organización desconcentrada del mismo para la administración de núcleos de población separados,** bajo su denominación tradicional de caseríos, parroquias, aldeas, barrios, anteiglesias, concejos, pedanías, lugares anejos y otros análogos, o aquella que establezcan las leyes.
2. La iniciativa corresponderá indistintamente a la población interesada o al Ayuntamiento correspondiente. Este último debe ser oído en todo caso.
3. Solo podrán crearse este tipo de entes si resulta una opción más eficiente para la administración desconcentrada de núcleos de población separados de acuerdo con los principios previstos en la Ley Orgánica 2/2012, de 27 de abril, de Estabilidad Presupuestaria y Sostenibilidad Financiera.

3.5.3. Régimen de organización de los Municipios de Gran Población

Una de las modificaciones más importantes de la LBRL, fue la aprobación de la Ley 57/2003 de medidas para la Modernización del Gobierno Local (LMMGL), que además como anteriormente hemos indicado introdujo el Título X, que establece para los denominados Municipios de Gran Población un sistema de gobierno parecido al Gobierno de la Nación, en el que el Pleno hará las veces de Congreso y el Alcalde y Junta de Gobierno Local, las funciones del Gobierno. Y que a continuación veremos en profundidad.

Ámbito de aplicación

En el nuevo título X de la LBRL se establece un régimen orgánico específico para:

a) A los municipios cuya población supere los 250.000 habitantes.

b) A los municipios capitales de provincia cuya población sea superior a los 175.000 habitantes.

c) A los municipios que sean capitales de provincia, capitales autonómicas o sedes de las instituciones autonómicas.

d) Asimismo, a los municipios cuya población supere los 75.000 habitantes, que presenten circunstancias económicas, sociales, históricas o culturales especiales.

En los supuestos previstos en los párrafos c) y d), se exigirá que así lo decidan las Asambleas Legislativas correspondientes a iniciativa de los respectivos ayuntamientos.

Cuando un municipio, de acuerdo con las cifras oficiales de población resultantes de la revisión del padrón municipal aprobadas por el Gobierno con referencia al 1 de enero del año anterior al del inicio de cada mandato de su ayuntamiento, alcance la población requerida para la aplicación del régimen previsto en este título, la nueva corporación dispondrá de un plazo máximo de seis meses desde su constitución para adaptar su organización al contenido de las disposiciones de este Título.

A estos efectos, se tendrá en cuenta exclusivamente la población resultante de la indicada revisión del padrón, y no las correspondientes a otros años de cada mandato.

Los municipios a los que resulte de aplicación el régimen previsto en este título, continuarán rigiéndose por el mismo aun cuando su cifra oficial de población se reduzca posteriormente por debajo del límite establecido en esta ley.

Además hay que tener en cuenta la Disposición adicional decimocuarta de la LBRL la cual establece:

1. Las normas contenidas en los capítulos II y III (Organización y funcionamiento de los órganos municipales necesarios que veremos a continuación y Gestión económico-financiera) del título X de esta ley, salvo los artículos 128, 132 y 137, serán de aplicación:
    a) A los Cabildos Insulares Canarios de islas cuya población sea superior a 175.000 habitantes.
    b) A los restantes Cabildos Insulares de islas cuya población sea superior a 75.000 habitantes, siempre que así lo decida mediante Ley el Parlamento Canario a iniciativa de los Plenos de los respectivos Cabildos.
2. Serán órganos insulares necesarios de los Cabildos el Pleno, el Presidente y el Consejo de Gobierno Insular.
3. Las referencias contenidas en los artículos 122, 123, 124, 125 y 126 al Alcalde, se entenderán hechas al Presidente del Cabildo; las contenidas en los artículos 124, 125 y 127 a los Tenientes de Alcalde, a los Vicepresidentes; las contenidas en los artículos 123, 126, 127, 129 y 130 a la Junta de Gobierno local, al Consejo de Gobierno Insular y las contenidas en los artículos 122, 124 y 126 a los Concejales, a los Consejeros.
4. Las competencias atribuidas a los órganos mencionados en el apartado anterior serán asumidas por el respectivo órgano insular del Cabildo, siempre que las mismas no sean materias estrictamente municipales.

5. La Asesoría Jurídica, los Órganos Superiores y Directivos y el Consejo Social Insular, tendrán las competencias asignadas a los mismos en los artículos 129, 130 y 131. El nombramiento de los titulares de la Asesoría Jurídica y de los Órganos Directivos se efectuará teniendo en cuenta los requisitos exigidos en los artículos 129 y 130.

Organización y funcionamiento de los órganos municipales necesarios

Se regula en el Capítulo II del Título X de la LBRL art. 122 al 132 pasamos a estudiarlos.

El Pleno

Por lo que al Pleno se refiere, la LMMGL introduce como innovaciones más relevantes la posibilidad de que el Alcalde delegue la presidencia en cualquier Concejal, la supresión de sus funciones ejecutivas o administrativas, que se concentran en los órganos de tal naturaleza, y la posibilidad de delegar funciones resolutorias en las Comisiones.

Con este conjunto de medidas se viene a configurar al Pleno como un verdadero órgano de debate de las grandes políticas locales que afectan al municipio y de adopción de las decisiones estratégicas.

Según el artículo 122 LBRL

El Pleno, formado por el Alcalde y los Concejales, es el órgano de máxima representación política de los ciudadanos en el gobierno municipal.

El Pleno será convocado y presidido por el Alcalde, salvo en los supuestos previstos en esta ley y en la legislación electoral general, al que corresponde decidir los empates con voto de calidad. El Alcalde podrá delegar exclusivamente la convocatoria y la presidencia del Pleno, cuando lo estime oportuno, en uno de los concejales.

El Pleno se dotará de su propio reglamento, que tendrá la naturaleza de orgánico. No obstante, la regulación de su organización y funcionamiento podrá contenerse también en el reglamento orgánico municipal.

En todo caso, el Pleno contará con un secretario general y dispondrá de Comisiones, que estarán formadas por los miembros que designen los grupos políticos en proporción al número de concejales que tengan en el Pleno.

Corresponderán a las comisiones las siguientes funciones:

a) El estudio, informe o consulta de los asuntos que hayan de ser sometidos a la decisión del Pleno.
b) El seguimiento de la gestión del Alcalde y de su equipo de gobierno, sin perjuicio del superior control y fiscalización que, con carácter general, le corresponde al Pleno.
c) Aquéllas que el Pleno les delegue, de acuerdo con lo dispuesto en esta ley.

En todo caso, serán de aplicación a estas Comisiones las previsiones contenidas para el Pleno en el artículo 46.2, párrafos b), c) y d).

Corresponderá al secretario general del Pleno, que lo será también de las comisiones, las siguientes funciones:

a) La redacción y custodia de las actas, así como la supervisión y autorización de las mismas, con el visto bueno del Presidente del Pleno.
b) La expedición, con el visto bueno del Presidente del Pleno, de las certificaciones de los actos y acuerdos que se adopten.
c) La asistencia al Presidente del Pleno para asegurar la convocatoria de las sesiones, el orden en los debates y la correcta celebración de las votaciones, así como la colaboración en el normal desarrollo de los trabajos del Pleno y de las comisiones.
d) La comunicación, publicación y ejecución de los acuerdos plenarios.
e) El asesoramiento legal al Pleno y a las comisiones, que será preceptivo en los siguientes supuestos:
    1. Cuando así lo ordene el Presidente o cuando lo solicite un tercio de sus miembros con antelación suficiente a la celebración de la sesión en que el asunto hubiere de tratarse.
    2. Siempre que se trate de asuntos sobre materias para las que se exija una mayoría especial.
    3. Cuando una ley así lo exija en las materias de la competencia plenaria.
    4. Cuando, en el ejercicio de la función de control y fiscalización de los órganos de gobierno, lo solicite el Presidente o la cuarta parte, al menos, de los Concejales.

Dichas funciones quedan reservadas a funcionarios de Administración local con habilitación de carácter nacional. Su nombramiento corresponderá al Presidente en los términos previstos en la disposición adicional octava, teniendo la misma equiparación que los órganos directivos previstos en el artículo 130 de esta ley, sin perjuicio de lo que determinen a este respecto las normas orgánicas que regulen el Pleno.

Atribuciones del Pleno

El **artículo 123** dispone que, corresponden al Pleno las siguientes atribuciones:

a) El control y la fiscalización de los órganos de gobierno.

b) La votación de la moción de censura al Alcalde y de la cuestión de confianza planteada por éste, que será pública y se realizará mediante llamamiento nominal en todo caso y se regirá en todos sus aspectos por lo dispuesto en la legislación electoral general.

c) La aprobación y modificación de los reglamentos de naturaleza orgánica. Tendrán en todo caso naturaleza orgánica:

- La regulación del Pleno.
- La regulación del Consejo Social de la ciudad.
- La regulación de la Comisión Especial de Sugerencias y Reclamaciones.
- La regulación de los órganos complementarios y de los procedimientos de participación ciudadana.
- La división del municipio en distritos, y la determinación y regulación de los órganos de los distritos y de las competencias de sus órganos representativos y participativos, sin perjuicio de las atribuciones del Alcalde para determinar la organización y las competencias de su administración ejecutiva.
- La determinación de los niveles esenciales de la organización municipal, entendiendo por tales las grandes áreas de gobierno, los coordinadores generales, dependientes directamente de los miembros de la Junta de Gobierno Local, con funciones de coordinación de las distintas Direcciones Generales u órganos similares integradas en la misma área de gobierno, y de la gestión de los servicios comunes de éstas u otras funciones análogas y las Direcciones Generales u órganos similares que culminen la organización administrativa, sin perjuicio de las atribuciones del Alcalde para determinar el número de cada uno de tales órganos y establecer niveles complementarios inferiores.
- La regulación del órgano para la resolución de las reclamaciones económico-administrativas.

d) La aprobación y modificación de las ordenanzas y reglamentos municipales.

e) Los acuerdos relativos a la delimitación y alteración del término municipal; la creación o supresión de las entidades a que se refiere el artículo 45 de esta ley; la alteración de la capitalidad del municipio y el cambio de denominación de éste o de aquellas Entidades, y la adopción o modificación de su bandera, enseña o escudo.

f) Los acuerdos relativos a la participación en organizaciones supramunicipales.

g) La determinación de los recursos propios de carácter tributario.

h) La aprobación de los presupuestos, de la plantilla de personal, así como la autorización de gastos en las materias de su competencia. Asimismo, aprobará la cuenta general del ejercicio correspondiente.

i) La aprobación inicial del planeamiento general y la aprobación que ponga fin a la tramitación municipal de los planes y demás instrumentos de ordenación previstos en la legislación urbanística.

j) La transferencia de funciones o actividades a otras Administraciones públicas, así como la aceptación de las delegaciones o encomiendas de gestión realizadas por otras Administraciones, salvo que por ley se impongan obligatoriamente.

k) La determinación de las formas de gestión de los servicios, así como el acuerdo de creación de organismos autónomos, de entidades públicas empresariales y de sociedades mercantiles para la gestión de los servicios de competencia municipal, y la aprobación de los expedientes de municipalización.

l) Las facultades de revisión de oficio de sus propios actos y disposiciones de carácter general.

m) El ejercicio de acciones judiciales y administrativas y la defensa jurídica del Pleno en las materias de su competencia.

n) Establecer el régimen retributivo de los miembros del Pleno, de su secretario general, del Alcalde, de los miembros de la Junta de Gobierno Local y de los órganos directivos municipales.

ñ) El planteamiento de conflictos de competencia a otras entidades locales y otras Administraciones públicas.

o) Acordar la iniciativa prevista en el último inciso del artículo 121.1, para que el municipio pueda ser incluido en el ámbito de aplicación del título X de esta ley.

p) Las demás que expresamente le confieran las leyes.

Se requerirá el voto favorable de la mayoría absoluta del número legal de miembros del Pleno, para la adopción de los acuerdos referidos en los párrafos c), e), f), j) y o) y para los acuerdos que corresponda adoptar al Pleno en la tramitación de los instrumentos de planeamiento general previstos en la legislación urbanística.

Los demás acuerdos se adoptarán por mayoría simple de votos.

Únicamente pueden delegarse las competencias del Pleno referidas en los párrafos d), k), m) y ñ) a favor de las comisiones referidas en el apartado 4 del artículo anterior.

El Alcalde

Según la exposición de motivos de la LMMGL en lo que se refiere al Alcalde, constituye el principal órgano de dirección de la política, el gobierno y la administración municipal, ostentando, junto a las funciones simbólicas, tales como la máxima representación del municipio, aquellas atribuciones ejecutivas necesarias para el desarrollo de tal función.

El Alcalde así configurado ostenta menos atribuciones gestoras o ejecutivas que el Alcalde de régimen común, porque en el caso de los municipios contemplados en el título X de la LRBRL se viene a perfilar una Junta de Gobierno Local «fuerte», que sustituye a la Comisión de Gobierno, dotada de amplias funciones de naturaleza ejecutiva, y que se constituye como un órgano colegiado esencial de colaboración en la dirección política del Ayuntamiento.

La LBRL en su **artículo 124** dispone al respecto que:

- El Alcalde ostenta la máxima representación del municipio.
- El Alcalde es responsable de su gestión política ante el Pleno.
- El Alcalde tendrá el tratamiento de Excelencia.

Funciones del Alcalde

En particular, corresponde al Alcalde el ejercicio de las siguientes funciones:

a) Representar al ayuntamiento.

b) Dirigir la política, el gobierno y la administración municipal, sin perjuicio de la acción colegiada de colaboración en la dirección política que, mediante el ejercicio de las funciones ejecutivas y administrativas que le son atribuidas por esta ley, realice la Junta de Gobierno Local.

c) Establecer directrices generales de la acción de gobierno municipal y asegurar su continuidad.

d) Convocar y presidir las sesiones del Pleno y las de la Junta de Gobierno Local y decidir los empates con voto de calidad.

e) Nombrar y cesar a los Tenientes de Alcalde y a los Presidentes de los Distritos.

f) Ordenar la publicación, ejecución y cumplimiento de los acuerdos de los órganos ejecutivos del ayuntamiento.

g) Dictar bandos, decretos e instrucciones.

h) Adoptar las medidas necesarias y adecuadas en casos de extraordinaria y urgente necesidad, dando cuenta inmediata al Pleno.

i) Ejercer la superior dirección del personal al servicio de la Administración municipal.

j) La Jefatura de la Policía Municipal.

k) Establecer la organización y estructura de la Administración municipal ejecutiva, sin perjuicio de las competencias atribuidas al Pleno en materia de organización municipal, de acuerdo con lo dispuesto en el párrafo c) del apartado 1 del artículo 123.

l) El ejercicio de las acciones judiciales y administrativas en materia de su competencia y, en caso de urgencia, en materias de la competencia del Pleno, en este supuesto dando cuenta al mismo en la primera sesión que celebre para su ratificación.

m) Las facultades de revisión de oficio de sus propios actos.

n) La autorización y disposición de gastos en las materias de su competencia.

o) Las demás que le atribuyan expresamente las leyes y aquéllas que la legislación del Estado o de las comunidades autónomas asignen al municipio y no se atribuyan a otros órganos municipales.

El Alcalde podrá delegar mediante decreto las competencias anteriores en la Junta de Gobierno Local, en sus miembros, en los demás concejales y, en su caso, en los coordinadores generales, directores generales u órganos similares, con excepción de las señaladas en los párrafos b), e), h) y j), así como la de convocar y presidir la Junta de Gobierno Local, decidir los empates con voto de calidad y la de dictar bandos. Las atribuciones previstas en los párrafos c) y k) sólo serán delegables en la Junta de Gobierno Local.

Los Tenientes de alcalde

Según dispone el **artículo 125** de la LBRL:

El Alcalde podrá nombrar entre los concejales que formen parte de la Junta de Gobierno Local a los Tenientes de Alcalde, que le sustituirán, por el orden de su nombramiento, en los casos de vacante, ausencia o enfermedad.

Los Tenientes de Alcalde tendrán el tratamiento de Ilustrísima.

La Junta de Gobierno Local

Esta Junta de Gobierno Local, cuyos miembros son designados y cesados libremente por el Alcalde, presenta como novedad que hasta un tercio, como máximo, de sus miembros, excluido el Alcalde, pueden ser personas que no ostenten la condición de Concejales. Se viene así a reforzar el perfil ejecutivo de este órgano.

El **artículo 126** de la LBRL señala que:

La Junta de Gobierno Local es el órgano que, bajo la presidencia del Alcalde, colabora de forma colegiada en la función de dirección política que a éste corresponde y ejerce las funciones ejecutivas y administrativas que se señalan en el artículo 127 de esta ley.

Corresponde al Alcalde nombrar y separar libremente a los miembros de la Junta de Gobierno Local, cuyo número no podrá exceder de un tercio del número legal de miembros del Pleno, además del Alcalde.

El Alcalde podrá nombrar como miembros de la Junta de Gobierno Local a personas que no ostenten la condición de concejales, siempre que su número no supere un tercio de sus miembros, excluido el Alcalde. Sus derechos económicos y prestaciones sociales serán los de los miembros electivos.

La Sentencia TC Pleno 103/2013, de 25 de abril, declara inconstitucional y nulo el artículo 126.2, párrafo segundo, inciso primero, en los términos establecidos en el Fundamento Jurídico 6. º Que declara que la: «inconstitucionalidad se limita única y exclusivamente a la facultad que se reconoce al Alcalde para nombrar como miembros de la Junta de Gobierno a personas que no ostenten la condición de concejales, pero no se extiende a la regulación de dicho órgano. Pero antes de pronunciar el fallo de inconstitucionalidad y consiguiente nulidad a que conduce nuestro razonamiento, es preciso determinar cuál es el alcance y efectos que corresponde atribuir a dicho fallo y, en tal sentido, debemos establecer que han de considerarse situaciones consolidadas no susceptibles de ser revisadas con fundamento en esta Sentencia las nacidas con anterioridad a la fecha de su publicación. Y todo ello sin perjuicio de la libertad de organización de los Ayuntamientos del funcionamiento de la actividad de asesoramiento a sus órganos de gobierno, en el marco de la legislación aplicable.

En todo caso, para la válida constitución de la Junta de Gobierno Local se requiere que el número de miembros de la Junta de Gobierno Local que ostentan la condición de concejales presentes sea superior al número de aquellos miembros presentes que no ostentan dicha condición.

Los miembros de la Junta de Gobierno Local podrán asistir a las sesiones del Pleno e intervenir en los debates, sin perjuicio de las facultades que corresponden a su Presidente.

La Junta de Gobierno Local responde políticamente ante el Pleno de su gestión de forma solidaria, sin perjuicio de la responsabilidad directa de cada uno de sus miembros por su gestión.

La Secretaría de la Junta de Gobierno Local corresponderá a uno de sus miembros que reúna la condición de concejal, designado por el Alcalde, quien redactará las actas de las sesiones y certificará sobre sus acuerdos. Existirá un órgano de apoyo a la Junta de Gobierno Local y al concejal-secretario de la misma, cuyo titular será nombrado entre funcionarios de Administración local con habilitación de carácter nacional. Sus funciones serán las siguientes:

a) La asistencia al concejal-secretario de la Junta de Gobierno Local.
b) La remisión de las convocatorias a los miembros de la Junta de Gobierno Local.
c) El archivo y custodia de las convocatorias, órdenes del día y actas de las reuniones.
d) Velar por la correcta y fiel comunicación de sus acuerdos.

Las deliberaciones de la Junta de Gobierno Local son secretas. A sus sesiones podrán asistir los concejales no pertenecientes a la Junta y los titulares de los órganos directivos, en ambos supuestos cuando sean convocados expresamente por el Alcalde.

Atribuciones de la Junta de Gobierno Local

Según el **artículo 127** LBRL:

Corresponde a la Junta de Gobierno Local:

a) La aprobación de los proyectos de ordenanzas y de los reglamentos, incluidos los orgánicos, con excepción de las normas reguladoras del Pleno y sus comisiones.
b) La aprobación del proyecto de presupuesto.
c) La aprobación de los proyectos de instrumentos de ordenación urbanística cuya aprobación definitiva o provisional corresponda al Pleno.
d) Las aprobaciones de los instrumentos de planeamiento de desarrollo del planeamiento general no atribuidas expresamente al Pleno, así como de los instrumentos de gestión urbanística y de los proyectos de urbanización.
e) La concesión de cualquier tipo de licencia, salvo que la legislación sectorial la atribuya expresamente a otro órgano.
f) Letra f) del número 1 del artículo 127 derogada por la Ley de Contratos del Sector Público.

g) El desarrollo de la gestión económica, autorizar y disponer gastos en materia de su competencia, disponer gastos previamente autorizados por el Pleno, y la gestión del personal.

h) Aprobar la relación de puestos de trabajo, las retribuciones del personal de acuerdo con el presupuesto aprobado por el Pleno, la oferta de empleo público, las bases de las convocatorias de selección y provisión de puestos de trabajo, el número y régimen del personal eventual, la separación del servicio de los funcionarios del Ayuntamiento, sin perjuicio de lo dispuesto en el artículo 99 de esta ley, el despido del personal laboral, el régimen disciplinario y las demás decisiones en materia de personal que no estén expresamente atribuidas a otro órgano.

   La composición de los tribunales de oposiciones será predominantemente técnica, debiendo poseer todos sus miembros un nivel de titulación igual o superior al exigido para el ingreso en las plazas convocadas. Su presidente podrá ser nombrado entre los miembros de la Corporación o entre el personal al servicio de las Administraciones públicas.

i) El nombramiento y el cese de los titulares de los órganos directivos de la Administración municipal, sin perjuicio de lo dispuesto en la disposición adicional octava para los funcionarios de Administración local con habilitación de carácter nacional.

j) El ejercicio de las acciones judiciales y administrativas en materia de su competencia.

k) Las facultades de revisión de oficio de sus propios actos.

l) Ejercer la potestad sancionadora salvo que por ley esté atribuida a otro órgano.

m) Designar a los representantes municipales en los órganos colegiados de gobierno o administración de los entes, fundaciones o sociedades, sea cual sea su naturaleza, en los que el Ayuntamiento sea partícipe. *Letra m) del número 1 del artículo 127 redactada por el número treinta y dos del artículo primero de la Ley 27/2013, 27 diciembre, de racionalización y sostenibilidad de la Administración Local.*

n) Las demás que le correspondan, de acuerdo con las disposiciones legales vigentes. *Letra n) del número 1 del artículo 127 introducida por el número treinta y dos del artículo primero de la Ley 27/2013, 27 diciembre, de racionalización y sostenibilidad de la Administración Local.*

La Junta de Gobierno Local podrá delegar en los Tenientes de Alcalde, en los demás miembros de la Junta de Gobierno Local, en su caso, en los demás concejales, en los coordinadores generales, directores generales u órganos similares, las funciones enumeradas en los párrafos e), f), g), h) con excepción de la aprobación de la relación de puestos de trabajo, de las retribuciones del personal, de la oferta de empleo público, de la determinación del número y del régimen del personal eventual y de la separación del servicio de los funcionarios, y l) del apartado anterior.

Los Distritos

En cuanto a los distritos en los municipios de Gran población, constituyen un instrumento esencial para el desarrollo de políticas de proximidad y participación en los municipios altamente poblados, tanto desde la perspectiva de la desconcentración de funciones como desde la de la participación ciudadana, se establece su carácter necesario, debiendo además cada Ayuntamiento establecer el porcentaje mínimo de sus recursos que deberá gestionarse por distritos.

Así el **artículo 128** LBRL señala que:

Los ayuntamientos deberán crear distritos, como divisiones territoriales propias, dotadas de órganos de gestión desconcentrada, para impulsar y desarrollar la participación ciudadana en la gestión de los asuntos municipales y su mejora, sin perjuicio de la unidad de gobierno y gestión del municipio.

Corresponde al Pleno de la Corporación la creación de los distritos y su regulación, en los términos y con el alcance previsto en el artículo 123, así como determinar, en una norma de carácter orgánico, el porcentaje mínimo de los recursos presupuestarios de la corporación que deberán gestionarse por los distritos, en su conjunto.

La presidencia del distrito corresponderá en todo caso a un concejal.

La asesoría jurídica

La ley regula también la asesoría jurídica, requiriendo para su titular la condición de funcionario con habilitación de carácter nacional o de funcionario de carrera de cualquier Administración pública y la titulación de licenciado en Derecho.

De esta forma el **artículo 129** LBRL manifiesta que:

Sin perjuicio de las funciones reservadas al secretario del Pleno por el párrafo e) del apartado 5 del artículo 122 de esta ley, existirá un órgano administrativo responsable de la asistencia jurídica al Alcalde, a la Junta de Gobierno Local y a los órganos directivos, comprensiva del asesoramiento jurídico y de la representación y defensa en juicio del ayuntamiento, sin perjuicio de lo dispuesto en el apartado segundo del artículo 447 de la Ley 6/1985 de 1 de julio, del Poder Judicial. (La referencia al artículo 447 de la LOPJ, debe entenderse hecha al artículo

544.3 de la LOPJ, en la redacción dada el mismo por la L.O. 19/2003, de 23 de diciembre, de modificación de la L.O. 6/1985, de 1 de julio, del Poder Judicial).

Su titular será nombrado y separado por la Junta de Gobierno Local, entre personas que reúnan los siguientes requisitos:

a) Estar en posesión del título de licenciado en derecho.

b) Ostentar la condición de funcionario de administración local con habilitación de carácter nacional, o bien funcionario de carrera del Estado, de las comunidades autónomas o de las entidades locales, a los que se exija para su ingreso el título de doctor, licenciado, ingeniero, arquitecto o equivalente.

Órganos superiores y directivos

También se establece una clasificación de los órganos superiores municipales, que son el Alcalde y los miembros de la Junta de Gobierno Local, y los de carácter directivo. (Sin perjuicio de que las Comunidades autónomas completen el elenco de órganos directivos, dentro de la competencia de regular la organización complementaria.)

Así el **artículo 130** manifiesta:

1. Son órganos superiores y directivos municipales los siguientes:

A) Órganos superiores:

- a) El Alcalde.
- b) Los miembros de la Junta de Gobierno Local.

B) Órganos directivos:

- a) Los coordinadores generales de cada área o concejalía.
- b) Los directores generales u órganos similares que culminen la organización administrativa dentro de cada una de las grandes áreas o concejalías.
- c) El titular del órgano de apoyo a la Junta de Gobierno Local y al concejal-secretario de la misma.
- d) El titular de la asesoría jurídica.
- e) El Secretario general del Pleno.
- f) El interventor general municipal.
- g) En su caso, el titular del órgano de gestión tributaria.

2. Tendrán también la consideración de órganos directivos, los titulares de los máximos órganos de dirección de los organismos autónomos y de las entidades públicas empresariales locales, de conformidad con lo establecido en el artículo 85 bis, párrafo b).

3. El nombramiento de los coordinadores generales y de los directores generales, atendiendo a criterios de competencia profesional y experiencia deberá efectuarse entre funcionarios de carrera del Estado, de las Comunidades Autónomas, de las Entidades Locales o con habilitación de carácter nacional que pertenezcan a cuerpos o escalas clasificados en el subgrupo A1, salvo que el Reglamento Orgánico Municipal permita que, en atención a las características específicas de las funciones de tales órganos directivos, su titular no reúna dicha condición de funcionario.

Número 3 del artículo 130 redactado por el número treinta y tres del artículo primero de la Ley 27/2013, 27 diciembre, de racionalización y sostenibilidad de la Administración Local.

4. Los órganos superiores y directivos quedan sometidos al régimen de incompatibilidades establecido en la Ley 53/1984 de 26 de diciembre, de Incompatibilidades del personal al servicio de las Administraciones públicas, y en otras normas estatales o autonómicas que resulten de aplicación.

El Consejo Social de la ciudad

También debe destacarse el establecimiento del denominado Consejo Social de la ciudad, como mecanismo participativo de carácter consultivo de las principales organizaciones económicas y sociales del municipio, centrado esencialmente en el campo del desarrollo local y de la planificación estratégica urbana, ámbitos éstos que están adquiriendo una importancia esencial en las políticas locales.

El **artículo 131** LBRL señala al respecto que:

En los municipios señalados en este título, existirá un Consejo Social de la Ciudad, integrado por representantes de las organizaciones económicas, sociales, profesionales y de vecinos más representativas.

Corresponderá a este Consejo, además de las funciones que determine el Pleno mediante normas orgánicas, la emisión de informes, estudios y propuestas en materia de desarrollo económico local, planificación estratégica de la ciudad y grandes proyectos urbanos.

Comisión especial de sugerencias y reclamaciones

Por último, otra novedad relevante en el ámbito organizativo es el establecimiento de un órgano para la participación de los vecinos y la defensa de sus derechos. La ley ha puesto el acento en este ámbito al prever la necesidad de que esta defensa se garantice mediante la creación de una Comisión de Sugerencias y Reclamaciones, que estará formada por miembros del Pleno, con participación de todos los grupos políticos.

A esta Comisión se refiere el **artículo 132** LBRL en los siguientes términos:

1. Para la defensa de los derechos de los vecinos ante la Administración municipal, el Pleno creará una Comisión especial de Sugerencias y Reclamaciones, cuyo funcionamiento se regulará en normas de carácter orgánico.
2. La Comisión especial de Sugerencias y Reclamaciones estará formada por representantes de todos los grupos que integren el Pleno, de forma proporcional al número de miembros que tengan en el mismo.
3. La citada Comisión podrá supervisar la actividad de la Administración municipal, y deberá dar cuenta al Pleno, mediante un informe anual, de las quejas presentadas y de las deficiencias observadas en el funcionamiento de los servicios municipales, con especificación de las sugerencias o recomendaciones no admitidas por la Administración municipal. No obstante, también podrá realizar informes extraordinarios cuando la gravedad o la urgencia de los hechos lo aconsejen.
4. Para el desarrollo de sus funciones, todos los órganos de Gobierno y de la Administración municipal están obligados a colaborar con la Comisión de Sugerencias y Reclamaciones.

3.6. Competencias municipales

La Ley 27/2013 de 27 diciembre de Racionalización y Sostenibilidad de la Administración Local (LRSAL) ha supuesto, una gran modificación de nuestra LBRL y ha afectado de forma significativa a las competencias de la Corporaciones Locales.

En la Exposición de Motivos de la LRSAL manifiesta que uno de los objetivos básicos de la LRSAL es "clarificar las competencias locales".

Las principales novedades en materia de competencias municipales son las siguientes:

- Se incorpora la normativa de estabilidad presupuestaria y sostenibilidad financiera como marco de referencia para la determinación de la autonomía local y de la atribución de competencias por parte del Estado o las Comunidades Autónomas a los municipios y provincias.
- Las competencias de las Entidades Locales podrán ser propias o atribuidas por delegación. Sólo podrán ejercer competencias distintas de las propias o atribuidas por delegación, cuando no se ponga en riesgo la

sostenibilidad financiera de la Hacienda municipal y no se produzca la ejecución simultánea del mismo servicio por otra Administración Pública, por lo que será necesario informe previo de la Administración competente por razón de la materia que señale que no existen duplicidades, y también de la Administración que tenga atribuida la tutela financiera, las Comunidades Autónomas como regla general.

- El artículo 25 ya no contiene, como hasta ahora, una cláusula general que permita a los municipios prestar toda clase de actividades y cuantos servicios contribuyeran a satisfacer las necesidades de la comunidad vecinal, sino que recoge un listado de materias en las que los municipios ejercerán **competencias propias** en los términos que establezca la legislación del Estado o de las Comunidades Autónomas.
- Casi todas las materias de este listado coinciden con las que contenía anteriormente el artículo 25 pero se producen modificaciones importantes por ejemplo:
    - ▹ La promoción y gestión de vivienda viene ahora referida únicamente a la vivienda de protección pública, y se añade la conservación y rehabilitación de la edificación, así como la protección contra la contaminación acústica, lumínica y atmosférica en las zonas urbanas.
    - ▹ La prestación de servicios sociales que recogía la anterior redacción del artículo queda restringida a la evaluación e información de situaciones de necesidad social y la atención inmediata a personas en situación o riesgo de exclusión social.
    - ▹ Desaparece la referencia a la protección de los consumidores.
    - ▹ El sostenimiento de los centros docentes públicos se sustituye por la conservación, mantenimiento y vigilancia de los edificios de titularidad local destinados a centros públicos de educación infantil, de educación primaria o de educación especial.

  La Ley que determine las competencias municipales sobre estas materias debe ir acompañada de una memoria económica y prever la dotación de los recursos necesarios para asegurar la suficiencia financiera de las Entidades Locales.
- Se modifica el artículo 27, que hace referencia a la **posibilidad de delegación de competencias en los municipios por parte del Estado o las Comunidades Autónomas,** recogiéndose un listado de competencias que, entre otras, el Estado y las Comunidades Autónomas pueden delegar, así como los requisitos de la delegación (no podrá ser inferior a cinco años, no puede suponer un mayor gastos para las Administraciones Públicas y deberá acompañarse de una memoria económica).

Los convenios, acuerdos y otros instrumentos de cooperación que ya hubieran suscrito el Estado o las Comunidades Autónomas con las Entidades Locales, mediante los que se financien competencias distintas de las contempladas en la Ley, deberán adaptarse a la misma antes del 31 de diciembre de 2014. Una vez transcurrido este plazo, si no se han adaptado quedarán sin efecto. (Disposición adicional décima).

- Se mantienen los **servicios mínimos** que deben prestar los municipios en función de su población, con alguna variación. Así, desaparece el control de alimentos y bebidas como servicio mínimo en todos los municipios o el mercado en los municipios de más de 5.000 habitantes.
- Desaparece el contenido del artículo 28 que permitía a los municipios ejercer competencias complementarias de las propias de otras Administraciones Públicas en materias como educación, cultura, promoción de la mujer, vivienda, sanidad o protección del medio ambiente.
- Se modifica el artículo 57 para fijar como obligatoria la inclusión de una **cláusula de garantía de pago en el ejercicio de competencias delegadas** cuando las Comunidades Autónomas deleguen competencias o suscriban convenios con las Entidades Locales que impliquen obligaciones financieras o compromisos de pago a cargo de la Comunidad Autónoma.

  Esta cláusula consistirá en una autorización de la Comunidad Autónoma a la Administración General del Estado para que le aplique retenciones en las transferencias que le correspondan por aplicación de su sistema de financiación. En dicha cláusula se determinará el plazo de pago de sus compromisos por la Comunidad Autónoma, el plazo que tiene la Entidad Local para reclamar a la Comunidad Autónoma en caso de incumplimiento, y el plazo de la Entidad Local para comunicar a la Administración General del Estado que se ha producido este incumplimiento. La misma clausula deberá incluirse también en los acuerdos de delegación de competencias o en los convenios de colaboración que vayan a ser objeto de prórroga tras la entrada en vigor de la Ley.

Con el objeto de estudiar las competencias en profundidad y con este punto de partida, conviene partir del régimen general de competencias locales, previsto en **el Artículo 7 de la LBRL** (en su nueva redacción dada por el número tres del artículo primero de la Ley 27/2013, 27 diciembre, de racionalización y sostenibilidad de la Administración Local) que manifiesta lo siguiente:

1. Las competencias de las Entidades Locales son propias o atribuidas por delegación.
2. **Las competencias propias** de los Municipios, las Provincias, las Islas y demás Entidades Locales territoriales solo podrán ser determinadas por

Ley y se ejercen en régimen de autonomía y bajo la propia responsabilidad, atendiendo siempre a la debida coordinación en su programación y ejecución con las demás Administraciones Públicas.

3. El Estado y las Comunidades Autónomas, en el ejercicio de sus respectivas competencias, podrán delegar en las Entidades Locales el ejercicio de sus competencias.

   Las competencias delegadas se ejercen en los términos establecidos en la disposición o en el acuerdo de delegación, según corresponda, con sujeción a las reglas establecidas en el artículo 27 *(Cuyo contenido vemos a continuación cuando analicemos las competencias delegadas)*, y preverán técnicas de dirección y control de oportunidad y eficiencia.

4. Las Entidades Locales solo podrán ejercer competencias **distintas de las propias y de las atribuidas por delegación** cuando no se ponga en riesgo la sostenibilidad financiera del conjunto de la Hacienda municipal, de acuerdo con los requerimientos de la legislación de estabilidad presupuestaria y sostenibilidad financiera y no se incurra en un supuesto de ejecución simultánea del mismo servicio público con otra Administración Pública. A estos efectos, serán necesarios y vinculantes los informes previos de la Administración competente por razón de materia, en el que se señale la inexistencia de duplicidades, y de la Administración que tenga atribuida la tutela financiera sobre la sostenibilidad financiera de las nuevas competencias.

En todo caso, el ejercicio de *estas competencias deberá realizarse en los términos previstos en la legislación del Estado y de las Comunidades Autónomas.*

Por tanto el municipio dispone de competencias:

- Propias.
- Delegadas.
- "Distintas de las propias y de las atribuidas por delegación".

Partiendo de esta división pasamos a estudiar cada una.

Competencias propias

Según el **artículo 25** LBRL redactado según la LRSAL:

El Municipio, para la gestión de sus intereses y en el ámbito de sus competencias, puede promover actividades y prestar los servicios públicos que contribuyan a satisfacer las necesidades y aspiraciones de la comunidad vecinal en los términos previstos en este artículo.

El Municipio ejercerá en todo caso como competencias propias, en los términos de la legislación del Estado y de las Comunidades Autónomas, en las siguientes materias:

a) Urbanismo: planeamiento, gestión, ejecución y disciplina urbanística. Protección y gestión del Patrimonio histórico. Promoción y gestión de la vivienda de protección pública con criterios de sostenibilidad financiera. Conservación y rehabilitación de la edificación.

b) Medio ambiente urbano: en particular, parques y jardines públicos, gestión de los residuos sólidos urbanos y protección contra la contaminación acústica, lumínica y atmosférica en las zonas urbanas.

c) Abastecimiento de agua potable a domicilio y evacuación y tratamiento de aguas residuales.

d) Infraestructura viaria y otros equipamientos de su titularidad.

e) Evaluación e información de situaciones de necesidad social y la atención inmediata a personas en situación o riesgo de exclusión social.

f) Policía local, protección civil, prevención y extinción de incendios.

g) Tráfico, estacionamiento de vehículos y movilidad. Transporte colectivo urbano.

h) Información y promoción de la actividad turística de interés y ámbito local.

i) Ferias, abastos, mercados, lonjas y comercio ambulante.

j) Protección de la salubridad pública.

k) Cementerios y actividades funerarias.

l) Promoción del deporte e instalaciones deportivas y de ocupación del tiempo libre.

m) Promoción de la cultura y equipamientos culturales.

n) Participar en la vigilancia del cumplimiento de la escolaridad obligatoria y cooperar con las Administraciones educativas correspondientes en la obtención de los solares necesarios para la construcción de nuevos centros docentes. La conservación, mantenimiento y vigilancia de los edificios de titularidad local destinados a centros públicos de educación infantil, de educación primaria o de educación especial.

ñ) Promoción en su término municipal de la participación de los ciudadanos en el uso eficiente y sostenible de las tecnologías de la información y las comunicaciones.

Las competencias municipales en las materias enunciadas en este artículo se determinarán por Ley debiendo evaluar la conveniencia de la implantación de servicios locales conforme a los principios de descentralización, eficiencia, estabilidad y sostenibilidad financiera.

La Ley a que se refiere el apartado anterior deberá ir acompañada de una memoria económica que refleje el impacto sobre los recursos financieros de las Administraciones Públicas afectadas y el cumplimiento de los principios de estabilidad, sostenibilidad financiera y eficiencia del servicio o la actividad. La Ley debe prever la dotación de los recursos necesarios para asegurar la suficiencia financiera de las Entidades Locales sin que ello pueda conllevar, en ningún caso, un mayor gasto de las Administraciones Públicas.

Los proyectos de leyes estatales se acompañarán de un informe del Ministerio de Hacienda y Administraciones Públicas en el que se acrediten los criterios antes señalados.

La Ley determinará la competencia municipal propia de que se trate, garantizando que no se produce una atribución simultánea de la misma competencia a otra Administración Pública.

Servicios mínimos

Se mantienen los **servicios mínimos** que deben prestar los municipios en función de su población, con alguna variación. Así, desaparece el control de alimentos y bebidas como servicio mínimo en todos los municipios o el mercado en los municipios de más de 5.000 habitantes.

El **artículo 26** LBRL también redactado de nuevo por la LRSAL, manifiesta que:

Los Municipios deberán prestar, en todo caso, los servicios siguientes:

a) En todos los Municipios: alumbrado público, cementerio, recogida de residuos, limpieza viaria, abastecimiento domiciliario de agua potable, alcantarillado, acceso a los núcleos de población y pavimentación de las vías públicas.

b) En los Municipios con población superior a 5.000 habitantes, además: parque público, biblioteca pública y tratamiento de residuos.

c) En los Municipios con población superior a 20.000 habitantes, además: protección civil, evaluación e información de situaciones de necesidad social y la atención inmediata a personas en situación o riesgo de exclusión social, prevención y extinción de incendios e instalaciones deportivas de uso público.

d) En los Municipios con población superior a 50.000 habitantes, además: transporte colectivo urbano de viajeros y medio ambiente urbano.

En los municipios con población inferior a 20.000 habitantes será la Diputación provincial o entidad equivalente la que coordinará la prestación de los siguientes servicios:

e) Recogida y tratamiento de residuos.

f) Abastecimiento de agua potable a domicilio y evacuación y tratamiento de aguas residuales.

g) Limpieza viaria.

h) Acceso a los núcleos de población.

i) Pavimentación de vías urbanas.

j) Alumbrado público.

Para coordinar la citada prestación de servicios la Diputación propondrá, con la conformidad de los municipios afectados, al Ministerio de Hacienda y Administraciones Públicas la forma de prestación, consistente en la prestación directa por la Diputación o la implantación de fórmulas de gestión compartida a través de consorcios, mancomunidades u otras fórmulas. Para reducir los costes efectivos de los servicios el mencionado Ministerio decidirá sobre la propuesta formulada que deberá contar con el informe preceptivo de la Comunidad Autónoma si es la Administración que ejerce la tutela financiera.

Cuando el municipio justifique ante la Diputación que puede prestar estos servicios con un coste efectivo menor que el derivado de la forma de gestión propuesta por la Diputación provincial o entidad equivalente, el municipio podrá asumir la prestación y coordinación de estos servicios si la Diputación lo considera acreditado.

Cuando la Diputación o entidad equivalente asuma la prestación de estos servicios repercutirá a los municipios el coste efectivo del servicio en función de su uso. Si estos servicios estuvieran financiados por tasas y asume su prestación la Diputación o entidad equivalente, será a ésta a quien vaya destinada la tasa para la financiación de los servicios.

La asistencia de las Diputaciones o entidades equivalentes a los Municipios, prevista en el artículo 36, se dirigirá preferentemente al establecimiento y adecuada prestación de los servicios mínimos.

Competencias delegadas

Además el **artículo 27** señala que:

El Estado y las Comunidades Autónomas, en el ejercicio de sus respectivas competencias, podrán delegar en los Municipios el ejercicio de sus competencias.

La delegación habrá de mejorar la eficiencia de la gestión pública, contribuir a eliminar duplicidades administrativas y ser acorde con la legislación de estabilidad presupuestaria y sostenibilidad financiera.

La delegación deberá determinar el alcance, contenido, condiciones y duración de ésta, que no podrá ser inferior a cinco años, así como el control de eficiencia que se reserve la Administración delegante y los medios personales, materiales y económicos, que ésta asigne sin que pueda suponer un mayor gasto de las Administraciones Públicas.

La delegación deberá acompañarse de una memoria económica donde se justifiquen los principios a que se refiere el párrafo segundo de este apartado y se valore el impacto en el gasto de las Administraciones Públicas afectadas sin que, en ningún caso, pueda conllevar un mayor gasto de las mismas.

Cuando el Estado o las Comunidades Autónomas deleguen en dos o más municipios de la misma provincia una o varias competencias comunes, dicha delegación deberá realizarse siguiendo criterios homogéneos.

La Administración delegante podrá solicitar la asistencia de las Diputaciones provinciales o entidades equivalentes para la coordinación y seguimiento de las delegaciones previstas en este apartado.

Con el objeto de evitar duplicidades administrativas, mejorar la transparencia de los servicios públicos y el servicio a la ciudadanía y, en general, contribuir a los procesos de racionalización administrativa, generando un ahorro neto de recursos, la Administración del Estado y las de las Comunidades Autónomas podrán delegar, siguiendo criterios homogéneos, entre otras, las siguientes competencias:

a) Vigilancia y control de la contaminación ambiental.

b) Protección del medio natural.

c) Prestación de los servicios sociales, promoción de la igualdad de oportunidades y la prevención de la violencia contra la mujer.

d) Conservación o mantenimiento de centros sanitarios asistenciales de titularidad de la Comunidad Autónoma.

e) Creación, mantenimiento y gestión de las escuelas infantiles de educación de titularidad pública de primer ciclo de educación infantil.

f) Realización de actividades complementarias en los centros docentes.

g) Gestión de instalaciones culturales de titularidad de la Comunidad Autónoma o del Estado, con estricta sujeción al alcance y condiciones que derivan del artículo 149.1.28. ª de la Constitución Española.

h) Gestión de las instalaciones deportivas de titularidad de la Comunidad Autónoma o del Estado, incluyendo las situadas en los centros docentes cuando se usen fuera del horario lectivo.

i) Inspección y sanción de establecimientos y actividades comerciales.
j) Promoción y gestión turística.
k) Comunicación, autorización, inspección y sanción de los espectáculos públicos.
l) Liquidación y recaudación de tributos propios de la Comunidad Autónoma o del Estado.
m) Inscripción de asociaciones, empresas o entidades en los registros administrativos de la Comunidad Autónoma o de la Administración del Estado.
n) Gestión de oficinas unificadas de información y tramitación administrativa.
o) Cooperación con la Administración educativa a través de los centros asociados de la Universidad Nacional de Educación a Distancia.

La Administración delegante podrá, para dirigir y controlar el ejercicio de los servicios delegados, dictar instrucciones técnicas de carácter general y recabar, en cualquier momento, información sobre la gestión municipal, así como enviar comisionados y formular los requerimientos pertinentes para la subsanación de las deficiencias observadas. En caso de incumplimiento de las directrices, denegación de las informaciones solicitadas, o inobservancia de los requerimientos formulados, la Administración delegante podrá revocar la delegación o ejecutar por sí misma la competencia delegada en sustitución del Municipio. Los actos del Municipio podrán ser recurridos ante los órganos competentes de la Administración delegante.

La efectividad de la delegación requerirá su aceptación por el Municipio interesado.

La delegación habrá de ir acompañada en todo caso de la correspondiente financiación, para lo cual será necesaria la existencia de dotación presupuestaria adecuada y suficiente en los presupuestos de la Administración delegante para cada ejercicio económico, siendo nula sin dicha dotación.

El incumplimiento de las obligaciones financieras por parte de la Administración autonómica delegante facultará a la Entidad Local delegada para compensarlas automáticamente con otras obligaciones financieras que ésta tenga con aquélla.

La disposición o acuerdo de delegación establecerá las causas de revocación o renuncia de la delegación. Entre las causas de renuncia estará el incumplimiento de las obligaciones financieras por parte de la Administración delegante o cuando, por circunstancias sobrevenidas, se justifique suficientemente la imposibilidad de su desempeño por la Administración en la que han sido delegadas sin menoscabo del ejercicio de sus competencias propias. El acuerdo de renuncia se adoptará por el Pleno de la respectiva Entidad Local.

Las competencias delegadas se ejercen con arreglo a la legislación del Estado o de las Comunidades Autónomas.

Los convenios, acuerdos y otros instrumentos de cooperación que ya hubieran suscrito el Estado o las Comunidades Autónomas con las Entidades Locales, mediante los que se financien competencias distintas de las contempladas en la Ley, deberán adaptarse a la misma antes del 31 de diciembre de 2014. Una vez transcurrido este plazo, si no se han adaptado quedarán sin efecto. (Disposición adicional décima).

Garantía de pago en el ejercicio de competencias delegadas

Por su parte **el Artículo 57 bis** (introducido por el número diecisiete del artículo primero de la Ley 27/2013, 27 diciembre, de racionalización y sostenibilidad de la Administración Local*)* declarado inconstitucional y nulo por Sentencia TC (Pleno) de 3 de marzo de 2016, establece que:

1. Si las Comunidades Autónomas delegan competencias o suscriben convenios de colaboración con las Entidades Locales que impliquen obligaciones financieras o compromisos de pago a cargo de las Comunidades Autónomas, será necesario que éstas incluyan una cláusula de garantía del cumplimiento de estos compromisos consistente en la autorización a la Administración General del Estado a aplicar retenciones en las transferencias que les correspondan por aplicación de su sistema de financiación. La citada cláusula deberá establecer, en todo caso, los plazos para la realización de los pagos comprometidos, para la reclamación por parte de la Entidad Local en caso de incumplimiento por parte de la Comunidad Autónoma de la obligación que hubiere contraído y para la comunicación a la Administración General del Estado de haberse producido dicho incumplimiento, teniendo en cuenta el plazo que, en su caso, se pueda establecer mediante la Orden del Ministerio de Hacienda y Administraciones Públicas a la que se refiere el apartado 3 de este artículo. Para la aplicación de esta cláusula no será precisa la autorización previa a la que hace referencia la disposición adicional septuagésima segunda de la Ley 17/2012, de 27 de diciembre, de Presupuestos Generales del Estado para el año 2013.
2. Los acuerdos de delegación de competencias y convenios de colaboración que, a la entrada en vigor de la presente norma, hayan sido objeto de prórroga, expresa o tácita, por tiempo determinado, sólo podrán volver a prorrogarse en el caso de que se incluyan en los mismos la cláusula de garantía a la que hace referencia el apartado anterior. Esta norma será de aplicación a aquellos acuerdos que se puedan prorrogar, expresa o tácitamente, por vez primera con posterioridad a la citada entrada en vigor.

3. El procedimiento para la aplicación de las retenciones mencionadas en el apartado 1 anterior y la correspondiente puesta a disposición a favor de las Entidades Locales de los fondos retenidos a las Comunidades Autónomas se regulará mediante Orden del Ministerio de Hacienda y Administraciones Públicas a la que se refiere la disposición adicional septuagésima segunda de la Ley 17/2012, de 27 de diciembre, de Presupuestos Generales del Estado para el año 2013.

Competencias distintas de las propias y de las delegadas

Analizando un poco más la modificación que ha sufrido la regulación de la Ley de Bases de régimen local con la nueva reforma de 27/2013 de 27 de diciembre. Los Municipios, como hemos señalado anteriormente tienen **competencias propias** y competencias **atribuidas por delegación** y **sólo podrán ejercer competencias distintas de éstas** si se dan los requisitos recogidos en **el artículo 7.4 de la LBRL** (que no se ponga en riesgo la sostenibilidad financiera de su Hacienda, y no se produzca la ejecución simultánea del mismo servicio por otra Administración).

El artículo 7.4 LBRL dispone al efecto que:

Las Entidades Locales solo podrán ejercer competencias distintas de las propias y de las atribuidas por delegación cuando:

- No se ponga en riesgo la sostenibilidad financiera del conjunto de la Hacienda municipal, de acuerdo con los requerimientos de la legislación de estabilidad presupuestaria y sostenibilidad financiera.
- No se incurra en un supuesto de ejecución simultánea del mismo servicio público con otra Administración Pública.

A estos efectos, serán necesarios y vinculantes los informes previos de la Administración competente por razón de materia, en el que se señale la inexistencia de duplicidades, y de la Administración que tenga atribuida la tutela financiera sobre la sostenibilidad financiera de las nuevas competencias.

En todo caso, el ejercicio de estas competencias deberá realizarse en los términos previstos en la legislación del Estado y de las Comunidades Autónomas"

Competencias en materia de salud y servicios sociales

La Ley 27/2013 de 27 de diciembre respecto a las competencias relativas a la Salud, y a los servicios sociales en sus disposiciones transitorias primera y segunda, establece que las Comunidades Autónomas asumen su titularidad, hasta ahora eran competencias municipales.

Asunción por las Comunidades Autónomas de las competencias relativas a la salud. Disposición transitoria primera. LRSA

Las Comunidades Autónomas asumen la titularidad de las competencias que hasta ahora venían prestando los municipios relativas a la participación en la gestión de la atención primaria de la salud, sin perjuicio de lo dispuesto en el artículo 36.1 i), en relación con la competencia que corresponde a las Diputaciones de coordinación de la prestación del servicio de mantenimiento y limpieza de los consultorios médicos en los municipios con población inferior a 5000 habitantes. No obstante se prevé la posibilidad de que las Comunidades Autónomas deleguen en los Municipios o Diputaciones, estas competencias, de acuerdo con el artículo 27 de la LBRL.

Esta asunción se realizará de forma progresiva en **un plazo máximo de cinco años** desde la entrada en vigor de la Ley.

Asunción por las Comunidades Autónomas de las competencias relativas a servicios sociales. Disposición transitoria segunda

Las Comunidades Autónomas asumen la titularidad de las competencias que hasta ahora venían prestando los municipios, relativas a la prestación de los servicios sociales y de promoción y reinserción social. No obstante se prevé la posibilidad de que las Comunidades Autónomas deleguen en los Municipios o Diputaciones estas competencias, de acuerdo con el artículo 27 de la LBRL.

La fecha máxima para la asunción fue la de 31 de diciembre de 2015.

Otras competencias afectadas por la LRSAL

La Disposición transitoria tercera de la LRSAL dispone que en el plazo de seis meses desde la entrada en vigor de la Ley de Racionalización, las Comunidades Autónomas prestarán los **servicios relativos a la inspección y control sanitario** de mataderos, de industrias alimentarias y bebidas que hasta ese momento vinieran prestando los municipios.

Por su parte también hay que mencionar la Disposición adicional decimoquinta la cual manifiesta: que las normas reguladoras del sistema de financiación de las Comunidades Autónomas y de las haciendas locales fijarán los términos en los que las Comunidades Autónomas asumirán la titularidad de las competencias que se prevén como propias del Municipio, aún cuando hayan sido ejercidas por éstas, por Diputaciones Provinciales o entidades equivalentes, o por cualquier otra Entidad Local, relativas a participar en la vigilancia del cumplimiento de la escolaridad obligatoria y cooperar con las Administraciones educativas correspondientes en la obtención de los solares necesarios para la construcción de nuevos centros docentes, así como la conservación, mantenimiento y vigilancia de los edificios de titularidad local destinados a centros públicos de educación infantil, de educación primaria o de educación especial, para lo que se contemplará el correspondiente traspaso de medios económicos, materiales y personales.

Conflictos de competencias

Los conflictos de competencias entre distintas entidades locales están reguladas en los artículos 50.2 LBRL y 222.2 ROFRJEL los cuales viene a decir que los conflictos de competencias planteados entre diferentes entidades locales serán resueltos por la Administración de la Comunidad Autónoma o por la Administración del Estado, previa audiencia de las Comunidades Autónomas afectadas, según se trate de entidades pertenecientes a la misma o a distinta Comunidad, y sin perjuicio de la ulterior posibilidad de impugnar la resolución dictada ante la jurisdicción contencioso-administrativa.

Tema 9

La organización de la Unión Europea. El Consejo Europeo, el Consejo, el Parlamento Europeo, la Comisión Europea y el Tribunal de Justicia de la Unión Europea

eRodio ediciones

Índice esquemático

1. **La Unión Europea**
    1.1. Referencia histórica
    1.2. Estados miembros de la Unión Europea
    1.3. La retirada de Reino Unido de la Unión Europea
2. **Organización de la Unión Europea**
3. **El Consejo Europeo**
    3.1. Composición
    3.2. Funciones y sede
    3.3. El alto representante de la Unión para asuntos exteriores y política de seguridad
4. **El Consejo de la Unión Europea**
    4.1. Funciones
    4.2. Composición
    4.3. Votaciones
5. **La Comisión Europea**
    5.1. Composición y funcionamiento
    5.2. Funciones
    5.3. Sede
6. **El Parlamento Europeo**
    6.1. Funciones
    6.2. Composición
    6.3. Sede
    6.4. Organización interna del Parlamento
7. **El Tribunal de Justicia de la Unión Europea**
8. **El Tribunal de Cuentas de la Unión Europea**
9. **El Banco Central Europeo**
10. **Otros órganos y organismos de la Unión Europea**

1. La Unión Europea

1.1. Referencia histórica

Los primeros antecedentes del proceso de integración de Europa se localizan en el período comprendido entre las dos guerras mundiales.

Sin embargo, hasta después de la Segunda Guerra Mundial los proyectos europeos no habrían de plasmarse en realidades concretas, que, por otra parte, como consecuencia de la escisión del continente en dos bloques, quedarían limitadas al área de Europa Occidental.

El proceso arranca de la histórica declaración del Ministro francés de Asuntos Exteriores, Robert Schuman, de 9 de mayo de 1950.

En ella se afirma que "*Europa no se hará de golpe ni en una constitución de conjunto: se hará mediante realizaciones concretas, creando primero una solidaridad de hecho*".

Desde esta perspectiva, el Gobierno francés propone que el conjunto de la producción franco-alemana de carbón y acero esté bajo una alta autoridad común, en una organización abierta a la participación de los demás países de Europa.

La aceptación de la propuesta francesa por la República Federal de Alemania, Bélgica, Italia, Luxemburgo y Holanda da lugar a negociaciones que conducen, mediante el Tratado de París de 18 de abril de 1951, a la creación de la **Comunidad Europea del Carbón y del Acero** (CECA).

En la reunión de Messina de junio de 1955, los Ministros de Asuntos Exteriores de "*los seis*" dieron un nuevo impulso al decidir crear un comité intergubernamental de expertos encargado de estudiar las posibilidades de establecer un **Mercado Común** general.

Se inician así las negociaciones que conducirían a la firma del Tratado de Roma el 25 de marzo de 1957, constitutivo de la Comunidad Económica Europea (**CEE**) y de la Comunidad Europea de la Energía Atómica (CEEA o **EURATOM**).

Pero fue a partir de la entrada en vigor del **Acta Única Europea**, el 1 de julio de 1987, cuando se dio un paso decisivo hacia la configuración de un nuevo modelo de organización político-económica, persiguiendo el establecimiento de un mercado interior común, es decir, un espacio sin fronteras interiores, en el que la libre circulación de personas, mercancías, servicios y capitales esté garantizada.

El **Tratado de la Unión Europea** o Tratado de **Maastricht**, firmado en febrero de 1992, permitió a la Unión progresar en varios ámbitos: la introducción de una moneda única, una política exterior común y la cooperación en el ámbito de la justicia y los asuntos de interior.

El **Tratado de Ámsterdam**, junio de 1997, consolida cada uno de los tres grandes "**pilares**" que han sustentado la Unión desde la entrada en vigor del Tratado de Maastricht:

- **Primer pilar**: las Comunidades Europeas.
- **Segundo pilar**: la política exterior y seguridad común.
- **Tercer pilar**: la cooperación en los ámbitos de Justicia e Interior.

1.2. Estados miembros de la Unión Europea

La evolución de las Comunidades Europeas ha conocido diversos avatares y entre los hay que destacar sobre todo las sucesivas ampliaciones:

1.ª **Ampliación**. La adhesión del Reino Unido, Irlanda y Dinamarca fue efectiva en enero de 1973.

2.ª **Ampliación**. Tuvo lugar con la incorporación de Grecia, en enero de 1981.

3.ª **Ampliación**. Se efectuó en enero de 1986 con la adhesión de **España** y Portugal.

4.ª **Ampliación**. En enero 1995, se amplía el número de miembros a **quince** con la incorporación de Austria, Finlandia y Suecia

5.ª **Ampliación**. Con fecha 1 de mayo de 2004 se incorporan **diez** países: Polonia, República Checa, Hungría, Eslovaquia, Lituania, Letonia, Eslovenia, Estonia, Chipre y Malta.

6.ª **Ampliación**. Con fecha 1 de enero de 2007 se incorporan Rumanía y Bulgaria.

7.ª **Ampliación**. Con fecha 1 de julio de 2013 se incorpora Croacia.

Para unirse a la UE, un país debe reunir los denominados **Criterios de Copenhague**, definidos en el Consejo Europeo de Copenhague (1993). Dichos criterios son:

- Democracia estable que respete los derechos humanos.
- Economía de mercado capaz de competir en la UE.

– Aceptación de las obligaciones de la adhesión (aceptación de la legislación comunitaria).

La evaluación de las candidaturas de ingreso y del cumplimiento de los requisitos exigidos es competencia del Consejo Europeo.

Noruega, Liechtenstein e Islandia no están adheridos a la UE, pero forman parte del mercado común a través del Espacio Económico Europeo, acuerdo al que llegaron en 1994 la UE y la Asociación Europea de Libre Comercio. Suiza, que pertenece a ésta última, no forma parte del Espacio Económico Europeo, pero tiene vínculos similares a través de diversos acuerdos bilaterales.

1.3. La retirada de Reino Unido de la Unión Europea

El 23 de junio de 2016 la mayoría de los votantes británicos se pronunciaron a favor de salir de la Unión Europea.

El procedimiento de retirada de los Estados miembros de la Unión Europea se regula en el artículo 50 del Tratado de la Unión Europea, que reconoce el derecho de todo Estado miembro a decidir su retirada de la Unión de conformidad con sus normas constitucionales.

El procedimiento se debe iniciar con la notificación de su intención que el Estado miembro debe dirigir al Consejo Europeo.

A continuación, a la luz de las orientaciones del Consejo Europeo, el Consejo negociará y celebrará con el Estado un acuerdo que establecerá la forma de su retirada, teniendo en cuenta el marco de sus relaciones futuras con la Unión.

El Consejo celebra el acuerdo de retirada en nombre de la Unión, por mayoría cualificada, previa aprobación del Parlamento Europeo.

A este efecto, el Estado miembro que decida retirarse notificará su intención al Consejo Europeo. A la luz de las orientaciones del Consejo Europeo, la Unión negociará y celebrará con ese Estado un acuerdo que establecerá la forma de su retirada, teniendo en cuenta el marco de sus relaciones futuras con la Unión. Este acuerdo se negociará con arreglo al apartado 3 del artículo 218 del Tratado de Funcionamiento de la Unión Europea. El Consejo lo celebrará en nombre de la Unión por mayoría cualificada, previa aprobación del Parlamento Europeo.

Los Tratados dejarán de aplicarse al Estado de que se trate a partir de la fecha de entrada en vigor del acuerdo de retirada o, en su defecto, a los dos años de la notificación de la intención de retirada al Consejo Europeo, salvo que el Consejo Europeo, de acuerdo con dicho Estado, decide por unanimidad prorrogar dicho plazo.

En el procedimiento de retirada, el Estado que la ha solicitado no puede participar en las deliberaciones del Consejo Europeo ni del Consejo.

El 29 de junio de 2016, los 27 jefes de Estado o de Gobierno se reunieron informalmente en Bruselas para tratar las consecuencias políticas y prácticas de la salida del Reino Unido de la UE. Los dirigentes iniciaron un debate sobre el futuro de la Unión Europea. En esta reunión informal se declararon «*... resueltos a permanecer unidos y a trabajar en el marco de la UE para afrontar los desafíos del siglo XXI y encontrar soluciones que beneficien a nuestras naciones y pueblos (...) y preparados para abordar cualquier dificultad que pueda derivarse de la situación actual*».

Posteriormente, el 16 de septiembre de 2016, los jefes de Estado o de Gobierno de los 27 se han reunido en Bratislava para iniciar una reflexión política sobre el desarrollo futuro de una UE con 27 países miembros.

Los dirigentes han aprobado la Declaración y la Hoja de Ruta de Bratislava, que establecen los objetivos para los próximos meses.

Estos objetivos son:

- Restablecer plenamente el control de las fronteras exteriores.
- Garantizar la seguridad interior y combatir el terrorismo.
- Reforzar la cooperación de la UE en materia de seguridad exterior y defensa.
- Impulsar el mercado único y ofrecer mejores oportunidades a los jóvenes europeos.

La Hoja de Ruta de Bratislava ha guiado desde su aprobación la actuación de la UE, tanto en la reunión de Malta como en la reunión de Roma, celebrada el 25 de marzo de 2017.

El 25 de marzo de 2017, los dirigentes de los veintisiete Estados miembros y del Consejo Europeo, el Parlamento Europeo y la Comisión Europea, firmaron la Declaración de Roma, en la cual se comprometen con el Programa de Roma para conseguir lo siguiente:

1. Una Europa segura y protegida, en la que todos los ciudadanos de la Unión se sientan seguros y puedan circular libremente.
2. Una Europa próspera y sostenible, en la que la Unión genere crecimiento y empleo.
3. Una Europa social, en la que la Unión, basada en el crecimiento sostenible, promueva el progreso económico y social.
4. Una Europa más fuerte en la escena mundial.

El 29 de marzo de 2017, tras conseguir la aprobación del parlamento británico, el Reino Unido comunicó al presidente del Consejo de la Unión Europea su intención de abandonar la Unión Europea, tal como establece el artículo 50 del Tratado de la Unión Europea. Esta comunicación dio inicio al proceso de salida, que según establece el tratado, tendrá una duración inicial de 2 años, prorrogables, como se ha dicho, por acuerdo unánime de todos los países.

2. Organización de la Unión Europea

La Unión Europea está compuesta por siete altas instituciones de cierta complejidad (Art. 13.1 Tratado de la Unión Europea de 7 de febrero de 1992 firmado en Maastricht, en lo sucesivo TUE), que vamos a estudiar en este tema. Ninguna de estas altas instituciones tiene primacía sobre las otras, cada una tiene sus propias competencias, lo que sí es cierto es que están fuertemente vinculadas entre sí.

Son las siguientes:

Instituciones políticas

- El Parlamento Europeo.
- El Consejo Europeo.
- El Consejo de la Unión Europea.
- La Comisión Europea.

Instituciones sin fines políticos

- El Tribunal de Justicia de la UE.
- El Tribunal de Cuentas.
- El Banco Central Europeo.

Para empezar con este tema, podemos señalar que el **Parlamento Europeo es el máximo representante de la voz de los ciudadanos europeos** (que no es lo mismo que sede de la soberanía europea, que como concepto jurídico no existe), actúa eminentemente como órgano legislativo y de control. Los Diputados al Parlamento Europeo, elegidos directamente, representan a los ciudadanos europeos.

El Consejo Europeo, se trata de cumbres de Jefes de Estado o de Gobierno que reúne a los líderes nacionales y europeos, estableciendo las prioridades generales de la UE y actuando como órgano político. (No legislativo).

El Consejo (también conocido como Consejo de la Unión Europea, o Consejo de Ministros) actúa como órgano político/legislativo. En este órgano los Gobiernos defienden los intereses nacionales de sus propios países.

Y **la Comisión** cuyos miembros son nombrados por los gobiernos nacionales, **promueve los intereses de la UE en su conjunto**, actúa **como órgano político/supervisor**.

En todo caso estas **cuatro instituciones, tienen una marcada naturaleza política**.

Por su parte, **el Tribunal de Justicia de la UE** ejerce el control judicial y el **Tribunal de cuentas** ejerce la fiscalización de la UE desde perspectivas marcadamente independientes y técnicas. **El Banco Central Europeo**, dirige la política monetaria de la Eurozona desde una perspectiva independiente y político/técnica.

Cada institución actuará dentro de los límites de las atribuciones que le confieren los Tratados, con arreglo a los procedimientos, condiciones y fines establecidos en los mismos. Las instituciones mantendrán entre sí una cooperación leal.

Las disposiciones relativas al Banco Central Europeo y al Tribunal de Cuentas, así como las disposiciones detalladas sobre las demás instituciones, figuran en el Tratado de Funcionamiento de la Unión Europea.

El Parlamento Europeo, el Consejo y la Comisión estarán asistidos por un Comité Económico y Social y por un Comité de las Regiones que ejercerán funciones consultivas.

A continuación las estudiamos de forma individual y más completa.

3. El Consejo Europeo

En los Tratados constitutivos de las Comunidades Europeas no estaba previsto el Consejo Europeo, es en la Cumbre de París de 1974, donde se trata de regular las **cumbres de Jefes de Estado o de Gobierno**, que venían siendo convocadas desde 1961 a iniciativa de un Estado miembro.

En el año 1986 con el Acta Única Europea se institucionaliza esta práctica reconociendo al Consejo Europeo como el motor e impulso de la Comunidad, aún sin ser una de sus instituciones.

Tras la entrada en vigor del Tratado de Lisboa se convertirá en una verdadera institución de la Unión Europea.

3.1. Composición

El Consejo Europeo está compuesto por los Jefes de Estado o de Gobierno de los Estados miembros, así como por su Presidente y por el Presidente de la Comisión.

Participará en sus trabajos el Alto Representante de la Unión para Asuntos Exteriores y Política de Seguridad.

El Consejo Europeo se reunirá **dos veces por semestre por convocatoria de su Presidente.** Cuando el orden del día lo exija, los miembros del Consejo Europeo podrán decidir contar, cada uno de ellos, con la asistencia de un ministro y, en el caso del Presidente de la Comisión, con la de un miembro de la Comisión. Cuando la situación lo exija, el Presidente convocará una reunión extraordinaria del Consejo Europeo.

El Consejo Europeo se pronunciará por consenso, excepto cuando los Tratados dispongan otra cosa.

El Consejo Europeo elegirá a su Presidente por mayoría cualificada para un mandato de **dos años y medio**, que podrá renovarse una sola vez. En caso de impedimento o falta grave, el Consejo Europeo podrá poner fin a su mandato por el mismo procedimiento.

El Presidente del Consejo Europeo:

a) Presidirá e impulsará los trabajos del Consejo Europeo;

b) Velará por la preparación y continuidad de los trabajos del Consejo Europeo, en cooperación con el Presidente de la Comisión y basándose en los trabajos del Consejo de Asuntos Generales.

c) Se esforzará por facilitar la cohesión y el consenso en el seno del Consejo Europeo.

d) Al término de cada reunión del Consejo Europeo, presentará un informe al Parlamento Europeo.

El Presidente del Consejo Europeo asumirá, en su rango y condición, la representación exterior de la Unión en los asuntos de política exterior y de seguridad común, sin perjuicio de las atribuciones del Alto Representante de la Unión para Asuntos Exteriores y Política de Seguridad.

El Presidente del Consejo Europeo no podrá ejercer mandato nacional alguno.

3.2. Funciones y sede

El Consejo Europeo dará a la Unión los impulsos necesarios para su desarrollo y definirá sus orientaciones y prioridades políticas generales. No ejercerá función legislativa alguna.

En su inicio las reuniones se celebraban al final de cada presidencia en el territorio del Estado que la ostentara, pero estas reuniones tomaron relevancia tal que de decidió que se celebrasen siembre en Bruselas, donde se construyó un edificio para tal fin, que se inauguro en el año 2013.

3.3. El Alto Representante de la Unión para asuntos exteriores y política de seguridad

El artículo 18 del TUE introducido por el apartado 19) del artículo 1 del Tratado de Lisboa por el que se modifican el Tratado de la Unión Europea y el Tratado constitutivo de la Comunidad Europea, **dispone que:**

1. El Consejo Europeo nombrará por mayoría cualificada, con la aprobación del Presidente de la Comisión, al Alto Representante de la Unión para Asuntos Exteriores y Política de Seguridad. El Consejo Europeo podrá poner fin a su mandato por el mismo procedimiento.

2. El Alto Representante estará al frente de la política exterior y de seguridad común de la Unión. Contribuirá con sus propuestas a elaborar dicha política y la ejecutará como mandatario del Consejo. Actuará del mismo modo en relación con la política común de seguridad y defensa.

3. El Alto Representante presidirá el Consejo de Asuntos Exteriores.

4. El Alto Representante será uno de los Vicepresidentes de la Comisión. Velará por la coherencia de la acción exterior de la Unión. Se encargará, dentro de la Comisión, de las responsabilidades que incumben a la misma en el ámbito de las relaciones exteriores y de la coordinación de los demás aspectos de la acción exterior de la Unión. En el ejercicio de estas responsabilidades dentro de la Comisión, y exclusivamente por lo que respecta a las mismas, el Alto Representante estará sujeto a los procedimientos por los que se rige el funcionamiento de la Comisión en la medida en que ello sea compatible.

4. El Consejo de la Unión Europea

El Consejo de la Unión Europea, también conocido simplemente como "El Consejo" o como Consejo de Ministros, es la institución de la Unión Europea que representa los 28 Estados miembros a través de sus Ministros. El Consejo se reunirá por convocatoria de su Presidente, a iniciativa de éste, de uno de sus miembros o de la Comisión.

No debe confundirse con:

- El Consejo Europeo: que acabamos de ver en el punto anterior en el que sus dirigentes se reúnen unas cuatro veces al año para debatir las prioridades políticas de la UE. Y no tiene poder legislativo como se ha visto ya.
- El Consejo de Europa: no es un organismo de la UE, se trata de un organismo internacional.

4.1. Funciones

En general el Consejo ejercerá conjuntamente con el Parlamento Europeo la función legislativa y la función presupuestaria. Ejercerá funciones de definición de políticas y de coordinación, en las condiciones establecidas en los Tratados.

De forma más pormenorizada:

1. Aprueba la legislación de la UE.
2. Coordina las diversas políticas económicas de los países de la UE.
3. Firma acuerdos entre la UE y otros países.
4. Aprueba el presupuesto anual de la UE.
5. Desarrolla las políticas exterior y de defensa de la UE.
6. Coordina la cooperación entre los tribunales y las policías de los países miembros.

1. Aprobación de la legislación de la UE

El Consejo y el Parlamento comparten la decisión definitiva sobre la legislación de la UE propuesta por la Comisión.

2. Coordinación de las políticas económicas

Los países de la UE trabajan para tener una política económica global para Europa, coordinada por los Ministros de Economía y Hacienda de los distintos países.

Otro objetivo es crear más empleo y mejorar los sistemas de educación, sanidad y bienestar. Aunque cada país es responsable de su propia política, se pueden acordar objetivos comunes y aprender de la experiencia de los demás.

3. Firma de acuerdos internacionales

El Consejo firma acuerdos en nombre de la UE sobre temas tan diversos como medio ambiente, comercio, desarrollo, productos textiles, pesca, ciencia, tecnología o transporte.

4. Aprobación del presupuesto de la UE

El Consejo y el Parlamento deciden conjuntamente el presupuesto de la UE cada año a propuesta de la Comisión.

5. Política exterior y de defensa

Los gobiernos nacionales son independientes en estos ámbitos, pero colaboran en el desarrollo de la Política Exterior y de Seguridad Común. El Consejo es el foro principal de esta cooperación.

La UE no posee un ejército propio pero, para responder más rápidamente a los conflictos internacionales y las catástrofes naturales, algunos países miembros envían tropas que participan en una fuerza de reacción rápida, cuya función se limita a la ayuda humanitaria, el rescate y el mantenimiento de la paz.

6. Justicia

Los ciudadanos de la UE deben tener igualdad de acceso a la justicia en cualquier lugar de la UE. En el Consejo, los Ministros de Justicia procuran garantizar que las sentencias pronunciadas en un país de la UE —en casos de divorcio, por ejemplo— se reconozcan en todos los demás.

Los Ministros de Justicia y de Interior coordinan la vigilancia de las fronteras exteriores de la UE y la lucha contra el terrorismo y la delincuencia organizada internacional.

4.2. Composición

El Consejo estará compuesto por un representante de cada Estado miembro, de rango ministerial, facultado para comprometer al Gobierno del Estado miembro al que represente y para ejercer el derecho de voto.

No hay miembros como tales. En cada reunión del Consejo, cada país envía al Ministro correspondiente al ámbito del que se debate: por ejemplo, el Ministro de Economía y Hacienda si la reunión trata de ese tema. Esa reunión se llama entonces "Consejo de Economía y Hacienda".

4.2.1. La Presidencia de las reuniones

El Consejo de Ministros de Asuntos Exteriores tiene un Presidente permanente, el Alto Representante para la Política Exterior y de Seguridad de la UE.

Las demás reuniones del Consejo las preside el Ministro correspondiente del país que en ese momento ostente la Presidencia rotatoria de la UE.

Por ejemplo, en el periodo de Presidencia de España, cualquier reunión del Consejo de Medio Ambiente estará presidida por el Ministro de Medio Ambiente Español.

Presidencias 2015-2020

1. Letonia: 2015 (enero-junio)
2. Luxemburgo: 2015 (julio-diciembre)
3. Países Bajos: 2016 (enero-junio)
4. Eslovaquia: 2016 (julio-diciembre)
5. Malta: 2017 (enero-junio)
6. Reino Unido: 2017 (julio-diciembre)
7. Estonia: 2018 (enero-junio)
8. Bulgaria: 2018 (julio-diciembre)
9. Austria: 2019 (enero-junio)
10. Rumanía: 2019 (julio-diciembre)
11. Finlandia: 2020 (enero-junio)

4.3. Votaciones

El Consejo se pronunciará por mayoría cualificada, excepto cuando los Tratados dispongan otra cosa.

A partir del 1 de noviembre de 2014, la mayoría cualificada se define como un mínimo del 55% de los miembros del Consejo que incluya al menos a quince de ellos y represente a Estados miembros que reúnan como mínimo el 65% de la población de la Unión.

Una minoría de bloqueo estará compuesta por al menos cuatro miembros del Consejo, a falta de lo cual la mayoría cualificada se considerará alcanzada.

Las demás modalidades reguladoras del voto por mayoría cualificada se establecen en el apartado 2 del artículo 238 del Tratado de Funcionamiento de la Unión Europea.

Las disposiciones transitorias relativas a la definición de la mayoría cualificada que serán de aplicación hasta el 31 de octubre de 2014, así como las aplicables entre el 1 de noviembre de 2014 y el 31 de marzo de 2017, se establecerán en el Protocolo sobre las disposiciones transitorias.

El Consejo se reunirá en diferentes formaciones

El Consejo de Asuntos Generales velará por la coherencia de los trabajos de las diferentes formaciones del Consejo. Preparará las reuniones del Consejo Europeo y garantizará su actuación subsiguiente, en contacto con el Presidente del Consejo Europeo y la Comisión.

El Consejo de Asuntos Exteriores elaborará la acción exterior de la Unión atendiendo a las líneas estratégicas definidas por el Consejo Europeo y velará por la coherencia de la acción de la Unión.

Un Comité de Representantes Permanentes de los Gobiernos de los Estados miembros (COREPER) se encargará de preparar los trabajos del Consejo.

El Consejo se reunirá en público cuando delibere y vote sobre un proyecto de acto legislativo. Con este fin, cada sesión del Consejo se dividirá en dos partes, dedicadas respectivamente a las deliberaciones sobre los actos legislativos de la Unión y a las actividades no legislativas.

La presidencia de las formaciones del Consejo, con excepción de la de Asuntos Exteriores, será desempeñada por los representantes de los Estados miembros en el Consejo mediante un sistema de rotación igual.

5. La Comisión Europea

La Comisión Europea es considerada el órgano ejecutivo de la Unión Europea.

5.1. Composición y funcionamiento

El artículo 17 TUE dispone que:

El mandato de la Comisión será de cinco años.

Los miembros de la Comisión serán elegidos en razón de su competencia general y de su compromiso europeo, de entre personalidades que ofrezcan plenas garantías de independencia.

La Comisión ejercerá sus responsabilidades con plena independencia. Los miembros de la Comisión no solicitarán ni aceptarán instrucciones de ningún gobierno, institución, órgano u organismo. Se abstendrán de todo acto incompatible con sus obligaciones o con el desempeño de sus funciones.

A partir del 1 de noviembre de 2014, la Comisión estará compuesta por un número de miembros correspondiente a los dos tercios del número de Estados miembros, que incluirá a su Presidente y al Alto Representante de la Unión para Asuntos Exteriores y Política de Seguridad, a menos que el Consejo Europeo decida por unanimidad modificar dicho número.

Los miembros de la Comisión serán seleccionados de entre los nacionales de los Estados miembros mediante un sistema de rotación estrictamente igual entre los Estados miembros que permita tener en cuenta la diversidad demográfica y geográfica del conjunto de dichos Estados. Este sistema será establecido por unanimidad por el Consejo Europeo de conformidad con el artículo 244 del Tratado de Funcionamiento de la Unión Europea.

El Presidente de la Comisión

A) Definirá las orientaciones con arreglo a las cuales la Comisión desempeñará sus funciones.

B) Determinará la organización interna de la Comisión velando por la coherencia, eficacia y colegialidad de su actuación.

C) Nombrará Vicepresidentes, distintos del Alto Representante de la Unión para Asuntos Exteriores y Política de Seguridad, de entre los miembros de la Comisión.

Un miembro de la Comisión presentará su dimisión si se lo pide el Presidente. El Alto Representante de la Unión para Asuntos Exteriores y Política de Seguridad presentará su dimisión, con arreglo al procedimiento establecido en el apartado 1 del artículo 1o18, si se lo pide el Presidente.

Teniendo en cuenta el resultado de las elecciones al Parlamento Europeo y tras mantener las consultas apropiadas, el Consejo Europeo propondrá al Parlamento Europeo, por mayoría cualificada, un candidato al cargo de Presidente de la Comisión.

El Parlamento Europeo elegirá al candidato por mayoría de los miembros que lo componen. Si el candidato no obtiene la mayoría necesaria, el Consejo Europeo propondrá en el plazo de un mes, por mayoría cualificada, un nuevo candidato, que será elegido por el Parlamento Europeo por el mismo procedimiento.

El Consejo, de común acuerdo con el Presidente electo, escoge a los veintisiete miembros restantes de la Comisión entre los candidatos que le presentan los Estados miembros. Estas personas serán seleccionadas, a partir de las propuestas presentadas por los Estados miembros, de acuerdo con los criterios enunciados.

La Comisión en su conjunto tiene que recibir la aprobación del Parlamento Europeo. Por ello, los comisarios propuestos se someten al examen de las comisiones parlamentarias.

Cada cinco años se nombra a un nuevo equipo de **veintiocho comisarios** (uno por Estado miembro).

El Presidente, el Alto Representante de la Unión para Asuntos Exteriores y Política de Seguridad y los demás miembros de la Comisión se someterán colegiadamente al voto de aprobación del Parlamento Europeo. Sobre la base de dicha aprobación, la Comisión será nombrada por el Consejo Europeo, por mayoría cualificada.

La Comisión tendrá una responsabilidad colegiada ante el Parlamento Europeo. El Parlamento Europeo podrá votar una moción de censura contra la Comisión de conformidad con el artículo 234 del Tratado de Funcionamiento de la Unión Europea. Si se aprueba dicha moción, los miembros de la Comisión deberán dimitir colectivamente de sus cargos y el Alto Representante de la Unión para Asuntos Exteriores y Política de Seguridad deberá dimitir del cargo que ejerce en la Comisión.

El mandato de la actual Comisión finalizará el 31 de octubre del 2019.

5.2. Funciones

Es la institución que se encarga de proponer la legislación, de aplicar las decisiones, y de defender los tratados de la Unión.

La Comisión promoverá el interés general de la Unión y tomará las iniciativas adecuadas con este fin. Velará por que se apliquen los Tratados y las medidas adoptadas por las instituciones en virtud de éstos. Supervisará la aplicación del Derecho de la Unión bajo el control del Tribunal de Justicia de la Unión Europea.

Ejecutará el presupuesto y gestionará los programas.

Ejercerá asimismo funciones de coordinación, ejecución y gestión, de conformidad con las condiciones establecidas en los Tratados. Con excepción de la política exterior y de seguridad común y de los demás casos previstos por los Tratados, asumirá la representación exterior de la Unión. Adoptará las iniciativas de la programación anual y plurianual de la Unión con el fin de alcanzar acuerdos interinstitucionales.

Los actos legislativos de la Unión sólo podrán adoptarse a propuesta de la Comisión, excepto cuando los Tratados dispongan otra cosa. Los demás actos se adoptarán a propuesta de la Comisión cuando así lo establezcan los Tratados.

Por tanto la Comisión representa y defiende los intereses del conjunto de la UE, y supervisa y aplica las políticas de la UE cuando:

1. Propone nueva legislación al Parlamento y al Consejo.
2. Gestiona el presupuesto de la UE y asigna los fondos.
3. Hace cumplir la legislación de la UE (junto con el Tribunal de Justicia).
4. Representa a la UE en la escena internacional, por ejemplo, negociando acuerdos entre la UE y otros países.

1. Proponer nueva legislación

La Comisión tiene el "derecho de iniciativa", es decir que puede proponer nueva legislación para proteger los intereses de la UE y sus ciudadanos. Pero solo interviene en aquellas cuestiones que no pueden tratarse de manera eficaz a nivel nacional, regional o local (principio de subsidiariedad).

Cuando la Comisión propone legislación, trata de atender al mayor número posible de intereses. Para resolver las cuestiones técnicas, consulta a expertos, constituidos en diversos comités y grupos de trabajo. También organiza consultas públicas.

Los departamentos de la Comisión elaboran proyectos de la nueva legislación que proponen. Si al menos 14 de los 28 Comisarios están de acuerdo con un proyecto dado, este se envía al Consejo y al Parlamento. Tras debatirlo y modificarlo, deciden entonces si quieren adoptarlo como legislación.

2. Gestionar el presupuesto de la UE y asignar los fondos

Junto con el Consejo y el Parlamento, la Comisión establece las prioridades generales de gasto a largo plazo para la Unión en lo que se denomina el "marco financiero" de la UE. También elabora el presupuesto anual, que se somete a la aprobación del Parlamento y el Consejo, y supervisa el uso dado a los fondos de la UE, por ejemplo, por parte de las agencias y las autoridades nacionales y regionales. La gestión del presupuesto por parte de la Comisión se somete al escrutinio del Tribunal de Cuentas.

La Comisión gestiona los fondos que se destinan a las políticas (por ejemplo, las de agricultura y desarrollo rural) y los programas de la UE, como "Erasmus" (intercambios de estudiantes).

3. Hacer cumplir la legislación europea

La Comisión comprueba que todos los países miembros aplican los tratados y la legislación de la UE correctamente.

Si considera que un gobierno nacional no está aplicándola, como primera medida envía una carta oficial pidiendo que se corrija el problema. En última instancia, la Comisión remite la cuestión al Tribunal de Justicia, que puede imponer multas y cuyas decisiones son vinculantes para los países y las instituciones de la UE.

4. Representar a la UE en la escena internacional

La Comisión habla en nombre de todos los países de la UE en organismos internacionales como la Organización Mundial del Comercio.

También negocia acuerdos internacionales para la UE, como el Acuerdo de Cotonou (sobre ayuda y comercio entre la UE y los países en desarrollo de África, el Caribe y el Pacífico).

4.3. Sede

La sede de la Comisión está repartida entre Bruselas y Luxemburgo. La Comisión cuenta, además, con oficinas o representaciones en todos los países de la UE y con delegaciones en capitales de todo el mundo.

6. El Parlamento Europeo

Su creación data de 1952, en la Asamblea Común de la Comunidad Europea del Carbón y del Acero, desde 1962 se conoce como Parlamento Europeo, sus primeras elecciones por sufragio directo se celebraron en 1979.

El Parlamento Europeo es la voz del pueblo, es el órgano legislativo de la Unión europea en el sentido de que se trata de una asamblea de los representantes elegidos directamente por los votantes de la UE cada cinco años,. El Parlamento es una de las principales instituciones legisladoras de la UE junto con el Consejo de la Unión Europea.

Según la Directiva 93/109/CE de 6 del 12 de 1993, todos los ciudadanos de la Unión tienen el derecho de ser electores y elegibles en las elecciones al Parlamento Europeo. En España el sistema es de listas cerradas y circunscripción electoral única para todo el territorio nacional.

6.1. Funciones

Las principales funciones del Parlamento Europeo son tres:

1. **Aprobar la legislación de la UE,** es decir debatir y aprobar, junto con el Consejo, la legislación de la UE a partir de las propuestas de la Comisión Europea. Se legisla en muchos ámbitos, como la protección de los consumidores y el medio ambiente, el Parlamento y el Consejo (en representación de los gobiernos nacionales) trabajan juntos para decidir el contenido de la legislación de la UE y adoptarla oficialmente. Este proceso se denomina "procedimiento legislativo ordinario (antes denominado "codecisión").

Con el Tratado de Lisboa ha aumentado el número de ámbitos de actuación regulados por el nuevo procedimiento legislativo ordinario, lo que da al Parlamento más poder para influir en el contenido de la legislación relativa a aspectos como la agricultura, la política energética, la inmigración y los fondos de la UE.

Además, se requiere la aprobación del Parlamento para determinadas decisiones importantes, como permitir que nuevos países entren a formar parte de la UE, o decidir sobre acuerdos internacionales.

2. **Control democrático:** Controla a otras instituciones de la UE, en especial a la Comisión, para garantizar su funcionamiento democrático.

El Parlamento ejerce su influencia en otras instituciones europeas de varios modos.

Cuando se nombra una nueva Comisión, sus 28 miembros, uno de cada país de la UE, no pueden tomar posesión de su cargo hasta que el Parlamento les haya dado el visto bueno. Si los diputados al Parlamento Europeo no están de acuerdo con el nombramiento de uno de los miembros (comisarios), pueden rechazar a la Comisión en pleno.

El Parlamento también puede obligar a la Comisión a dimitir durante su mandato. Esto es lo que se denomina una "moción de censura".

El Parlamento supervisa la labor de la Comisión mediante el examen de los informes que esta elabora y las preguntas a los comisarios. Sus comisiones desempeñan aquí un papel importante.

Los diputados al Parlamento Europeo examinan las peticiones de los ciudadanos y pueden crear comisiones de investigación.

Cuando los dirigentes nacionales se reúnen en las cumbres del Consejo Europeo, el Parlamento da su opinión sobre los temas que se van a tratar.

3. **Supervisión del presupuesto,** es decir debatir y adoptar, junto con el Consejo, el presupuesto de la UE.

El Parlamento adopta el presupuesto anual de la UE junto con el Consejo de la Unión Europea.

El Parlamento también cuenta con una comisión que examina la manera en que se ha gastado el presupuesto y que, cada año, aprueba la gestión del presupuesto del año anterior por parte de la Comisión.

6.2. Composición

Desde el tratado de Lisboa, el Tratado de la Unión Europea prevé que el número de representantes que componen el Parlamento Europeo **a concretar por el Consejo Europeo no excederá de 750** más el Presidente, **en total 751.** El número de diputados al Parlamento Europeo con los que cuenta cada país es, en líneas generales, proporcional a su población. **El Tratado de Lisboa establece que ningún país puede tener menos de 6 diputados ni más de 96.** Los diputados al Parlamento Europeo se agrupan por afinidades políticas no por nacionalidades. El Presidente representa al Parlamento ante las demás instituciones de la UE y en el exterior y da el visto bueno final al presupuesto de la UE.

Numero de Eurodiputados por países			
Alemania	96	Austria	18
Francia	74	Bulgaria	17
Italia	73	Finlandia	13
Reino Unido	73	Dinamarca	13
España	54	Eslovaquia	13
Polonia	51	Irlanda	11
Rumanía	33	Lituania	11
Países Bajos	26	Croacia	11
Bélgica	21	Letonia	8

.../...

.../...	República Checa	21	Eslovenia	8
	Grecia	21	Chipre	6
	Hungría	21	Estonia	6
	Portugal	21	Luxemburgo	6
	Suecia	20	Malta	6

UNIÓN EUROPEA TOTAL 751

6.3. Sede

La labor del Parlamento Europeo se desarrolla en tres sedes: Bruselas (Bélgica), Luxemburgo y Estrasburgo (Francia).

En Luxemburgo se encuentran las oficinas administrativas (la "Secretaría General"). Las reuniones del Parlamento en pleno ("sesiones plenarias") tienen lugar en Estrasburgo y Bruselas. Las reuniones de las comisiones también se celebran en Bruselas.

6.4. Organización interna del Parlamento

El Parlamento Europeo está dotado de órganos directivos (Presidencia, Mesa y Conferencia de Presidentes), órganos de apoyo (Secretaría General) y órganos de trabajo (Comisiones parlamentarias y Delegaciones).

El Presidente

El Presidente del Parlamento Europeo se encarga de la dirección de los órganos y las actividades parlamentarias, presidiendo las deliberaciones y representando al Parlamento Europeo, tanto a nivel comunitario, como en las relaciones exteriores con Estados no comunitarios u organizaciones internacionales.

Tiene un papel fundamental en la ordenación de los debates parlamentarios, dando la palabra, velando por el cumplimiento del Reglamento interno, y sometiendo los asuntos a votación, así como proclamando los correspondientes resultados. A nivel formal, su firma tiene especial trascendencia por conceder carácter ejecutivo a los presupuestos aprobados en segunda lectura. Igualmente, su firma, junto con la del Presidente del Consejo de la Unión Europea, será indispensable para la correcta aprobación formal de un acto legislativo adoptado mediante el procedimiento legislativo ordinario. El Presidente del Parlamento Europeo será elegido por mayoría absoluta del Pleno parlamentario, aunque se prevé su elección por mayoría simple a partir de la tercera votación infructuosa. En tal caso, la cuarta votación tendrá como únicos candidatos a los dos que más apoyo hubieran obtenido en la tercera. Y en caso de haber nuevo empate, se resolverá a favor del candidato de mayor edad. Tendrá un mandato renovable de dos años y medio, coincidente con la mitad de la legislatura parlamentaria, que dura cinco años.

El Presidente será asistido por los cuestores, así como por catorce vicepresidentes, que podrán sustituir al Presidente cuando éste desee intervenir en las deliberaciones, conforme al Reglamento Interno.

La Mesa

La Mesa está compuesta por el Presidente, catorce Vicepresidentes y cinco Cuestores (responsables de los asuntos administrativos y financieros que afectan directamente a los eurodiputados). Los miembros de la Mesa son elegidos por el Pleno por un periodo renovable de dos años y medio.

Como órgano colegiado, sus decisiones se adoptan por mayoría de sus miembros. Los cuestores no tendrán derecho a voto, sino un papel meramente consultivo. El Presidente podrá disponer de voto de calidad en caso de empate.

La Mesa se encarga del gobierno interno del Parlamento, desempeñando multitud de funciones, entre las que cabe destacar la elaboración de las previsiones presupuestarias; la organización administrativa y financiera de la Cámara; y la organización de la Secretaría General, así como el nombramiento del Secretario General.

Grupos políticos

Los diputados del Parlamento Europeo se reúnen en grupos políticos: no se agrupan por nacionalidades, sino en función de sus afinidades políticas. En el Parlamento Europeo existen en la actualidad siete grupos políticos que, en general, corresponden a los partidos políticos europeos. Sin embargo, a menudo varios partidos europeos forman un grupo conjunto; en varios grupos también hay diputados que no pertenecen a ningún partido europeo.

Para formar un grupo, hacen falta **al menos 25 diputados** de una cuarta parte de los Estados miembros.

La Conferencia de Presidentes

La Conferencia de Presidentes está compuesta por el Presidente del Parlamento y los presidentes de los grupos políticos. En su caso, el Presidente de un grupo político podrá hacerse representar por un miembro de su grupo Igualmente, los eurodiputados que no estén inscritos en ningún grupo político podrán enviar a un representante para que participe en la Conferencia, que tendrá voz pero no voto.

Como órgano colegiado, sus decisiones se adoptan por consenso, o en su ausencia, por mayoría de votos ponderados en relación al número de escaños del grupo político que represente cada Presidente.

Dotada de funciones de amplia relevancia política y organizativa, la Conferencia de Presidentes organiza los trabajos del Parlamento; fija los detalles de la programación legislativa (calendario y orden del día de las sesiones plenarias, composición de las comisiones y delegaciones); y conoce de las relaciones con países no pertenecientes a la Unión Europea y organizaciones extracomunitarias.

El trabajo del Parlamento

El trabajo del Parlamento se compone de dos etapas principales:

En las comisiones: Lo mismo que en los parlamentos nacionales los Diputados del Pe se reparten en comisiones para preparar los trabajos de las sesiones plenarias. Las comisiones podrán ser permanentes, especiales o de investigación.

El Parlamento cuenta con 20 comisiones y dos subcomisiones, cada una de las cuales se ocupa de un ámbito político determinado.

En las sesiones plenarias: se aprueba la legislación. En ellas todos los diputados del Parlamento Europeo se reúnen en la cámara para la votación final de la legislación propuesta y de las propuestas de modificación.

Por último señalar que los ciudadanos de los estados miembros o residentes en la Unión Europea, así como las empresas y demás organizaciones establecidas en la UE, pueden pedir al Parlamento que actúe en un determinado problema mediante el envío de una petición por correo o por Internet, también a través de la Oficina de Información del Parlamento Europeo de su país.

7. El Tribunal de Justicia de la Unión Europea

Se creó en el año 1952. Su sede está en Luxemburgo.

Es el "poder judicial" de la Unión. **El artículo 19 del TUE dispone que:**

1. El Tribunal de Justicia de la Unión Europea comprenderá el Tribunal de Justicia, el Tribunal General y los tribunales especializados (por ejemplo el Tribunal de la Función pública compuesto por 7 jueces). Garantizará el respeto del Derecho en la interpretación y aplicación de los Tratados.

Los Estados miembros establecerán las vías de recurso necesarias para garantizar la tutela judicial efectiva en los ámbitos cubiertos por el Derecho de la Unión.

2. El Tribunal de Justicia estará compuesto por un juez por Estado miembro. Estará asistido por abogados generales. (Son nueve).

El Tribunal General dispondrá al menos de un juez por Estado miembro.

Los jueces y abogados generales del Tribunal de Justicia y los jueces del Tribunal General serán elegidos de entre personalidades que ofrezcan plenas garantías de independencia y que reúnan las condiciones contempladas en los artículos 253 y 254 del Tratado de Funcionamiento de la Unión Europea. Serán nombrados de común acuerdo por los Gobiernos de los Estados miembros para un período de **seis** años. Los jueces y abogados generales salientes **podrán ser nombrados de nuevo**.

3. El Tribunal de Justicia de la Unión Europea se pronunciará, de conformidad con los Tratados:

a) Sobre los recursos interpuestos por un Estado miembro, por una institución o por personas físicas o jurídicas;
b) Con carácter prejudicial, a petición de los órganos jurisdiccionales nacionales, sobre la interpretación del Derecho de la Unión o sobre la validez de los actos adoptados por las instituciones;
c) En los demás casos previstos por los Tratados.

8. El Tribunal de Cuentas de la Unión Europea

Su función más importante se resume en la **fiscalización y el control de las cuentas de la Unión Europea**. A diferencia de los anteriores, todo su régimen jurídico se encuentra en el TFUE y no en el TUE (arts. 285 y ss. TFUE).

Se trata del auditor de la Unión Europea externo independiente, su función es velar por los intereses de los contribuyentes mejorando la gestión que la Comisión Europea realiza con los presupuestos e informando sobre las finanzas.

Funciones

1. Auditar los ingresos y los gastos de la UE.
2. Supervisa a cualquiera que maneje fondos de la UE

3. Elabora conclusiones y recomendaciones para enviarlas a la Comisión Europea y a los gobiernos nacionales en sus informes de auditoría.
4. Lucha contra el fraude, la corrupción, las actuaciones ilegales.
5. Elabora un informe anual dirigido al Parlamento Europeo y al Consejo de la UE, que será examinado antes de aprobar la gestión del presupuesto de la UE por parte de la Comisión.
6. Facilitar dictámenes periciales para mejorar la gestión financiera y la rendición de cuentas...

Es un órgano independiente de las instituciones y organismos que audita por lo que solo él decide todo, quien va a someter a auditoría, como lo va a hacer, donde y cuando presenta sus conclusiones finales.

Composición

Los miembros del Tribunal de Cuentas son nombrados por el Consejo de la Unión Europea, previa consulta al Parlamento Europeo, para un mandato que dura 6 años y es renovable. De ellos uno será elegido como Presidente, y su mandato dura 3 años también es renovable.

Funcionamiento

El Tribunal de Cuentas Europeo llevará cabo tres tipos de auditorías:

- **Auditorías financieras**.
- **Auditorias de conformidad**. En las que se comprueba que los movimientos financieros se ajustan a la normativa.
- **Auditorías de resultados** en las que se comprueba si la financiación de la Unión Europea ha alcanzado los objetivos de forma económicamente eficiente y eficaz, con el menor número de recursos posible.

9. El Banco Central Europeo

Es la alta institución **encargada de marcar y supervisar la política monetaria de los Estados miembros que pertenecen a la Eurozona**, es decir, Su función principal consiste en mantener el poder adquisitivo del euro y la estabilidad de precios en la zona del euro.

La zona del euro comprende los 19 países de la Unión Europea que han adoptado el euro desde 1999. Su objetivo principal es mantener la estabilidad económica de la zona Euro. Su función ha absorbido en parte el papel de los Bancos Centrales de los Estados de la Eurozona, que han perdido el control sobre su divisa.

Funciones:

Según dispone el artículo 127. 2 del Tratado de Funcionamiento de la Unión Europea, las funciones básicas del Banco Central europeo son:

- Definir y ejecutar la política monetaria de la zona euro.
- Realizar operaciones de divisas.
- Poseer y gestionar las reservas oficiales de divisas de los países miembros de la zona euro (gestión de carteras)
- Promover el buen funcionamiento de los sistemas de pago.

El BCE también es responsable de la supervisión de las entidades de crédito radicadas en los Estados miembros de la eurozona. Así mismo, el BCE tiene el derecho exclusivo de autorizar la emisión de billetes en la zona del euro.

10. Otros órganos y organismos de la Unión Europea

En la UE existen otros órganos y organismos con rango inferior a las instituciones.

Los órganos son entes políticos independientes en el ejercicio de sus funciones, trabajan en campos específicos pero tienen amplias competencias.

Los organismos son estructuras subsidiarias de las instituciones con autonomía funcional:

Órganos Consultivos

- **El Comité Económico Social**: que representa a sindicatos, patronales, ONG, y otras organizaciones de relevancia europea, económico social.
- **El Comité de las Regiones**: que representa a las autoridades regionales y locales.

Órganos de Garantías

- **El Defensor del Pueblo Europeo**: defiende a los ciudadanos y empresas de la Unión Europea frente a la mala gestión, discriminación etc. de las instituciones órganos y organismos de la Unión.

Órganos Financieros

- **Banco Europeo de Inversiones**: Su misión es contribuir al desarrollo equilibrado del territorio comunitario a través de la inversión económica y la cohesión social.
- **El servicio europeo de acción exterior.**

Organismos Interinstitucionales

- **Oficina de publicaciones oficiales de las comunidades europeas.**
- **Oficina europea de selección de personal.**
- **Supervisor europeo de protección de datos.**

Agencias Europeas

Estas agencias no estaban previstas en los tratados europeos: cada una se ha creado mediante acto legislativo, pueden denominarse de distintas formas, autoridad, centro, instituto, oficina o fundación.

- Agencias relativas a la Política Exterior y de Seguridad Común.
- Instituto de Estudios de Seguridad de la Unión Europea.
- Centro de satélites de la Unión Europea.
- Agencias de coordinación de la cooperación policial y judicial en asuntos penales.
- Europol.
- Eurojust.

Tema 10

Las Leyes del Procedimiento Administrativo Común de las Administraciones Públicas y del Régimen Jurídico del Sector Público y su normativa de desarrollo. El procedimiento administrativo común y sus fases. Medios de impugnación de la actuación administrativa. La revisión de oficio. Los recursos administrativos. La jurisdicción contencioso-administrativa

eRodio ediciones

Índice esquemático

1. **Las Leyes del Procedimiento Administrativo Común de las Administraciones Públicas y del Régimen Jurídico del Sector Público y su normativa de desarrollo**
   - 1.1. Disposiciones generales
   - 1.2. Contenido y estructura de ambas leyes
2. **La iniciación, ordenación, instrucción,y terminación del procedimiento administrativo**
   - 2.1. Garantías
   - 2.2. Iniciación del procedimiento
   - 2.3. Ordenación del procedimiento
   - 2.4. Instrucción del procedimiento
   - 2.5. Finalización del procedimiento
   - 2.6. De la tramitación simplificada del Procedimiento Administrativo Común
   - 2.7. La ejecución: la ejecución forzosa de los actos administrativos
   - 2.8. Obligación administrativa de resolver
   - 2.9. Efectos del silencio administrativo
3. **Medios de impugnación de la actuación administrativa. La revisión de oficio. Los recursos administrativos: concepto y clases**
   - 3.1. Los recursos administrativos: concepto y clases
   - 3.2. Desarrollo del proceso contencioso administrativo: el procedimiento ordinario y el abreviado
   - 3.3. Procedimientos especiales
   - 3.4. Régimen de recursos
   - 3.5. La ejecución de la sentencia
4. **La jurisdicción contencioso-administrativa**
   - 4.1. Naturaleza
   - 4.2. Extensión
   - 4.3. Límites

1. Las Leyes del Procedimiento Administrativo Común de las Administraciones Públicas y del Régimen Jurídico del Sector Público y su normativa de desarrollo

Como sabemos la normativa relativa al procedimiento administrativo y al funcionamiento del sector público en general que antes se contenía en la ley 30/1992 LRJPAC, se regula ahora en sendas leyes, **la Ley del Procedimiento Administrativo Común Ley 39/2015, y la Ley de Régimen Jurídico del Sector Público Ley 40/2015.**

De forma muy sintética podríamos decir que la primera regula el procedimiento administrativo de todas las administraciones públicas, y la segunda la organización, funcionamiento y régimen jurídico de todo el sector público, por eso el contenido u objeto de cada una de ambas leyes es bastante diferente, aunque lógicamente su ámbito de aplicación subjetivo sea muy similar.

En primer lugar vamos a analizar el **contenido y ámbito de aplicación de la Ley 39/2015 LPAC, se encuentran en sus artículos 1 a 2 de la Ley** que establecen:

1.1. Disposiciones generales

Artículo 1. Objeto de la Ley

1. La presente Ley tiene por objeto regular los requisitos de validez y eficacia de los actos administrativos, el procedimiento administrativo común a todas las Administraciones Públicas, incluyendo el sancionador y el de reclamación de responsabilidad de las Administraciones Públicas, así como los principios a los que se ha de ajustar el ejercicio de la iniciativa legislativa y la potestad reglamentaria.

2. Solo mediante ley, cuando resulte eficaz, proporcionado y necesario para la consecución de los fines propios del procedimiento, y de manera motivada, podrán incluirse trámites adicionales o distintos a los contemplados en esta Ley. Reglamentariamente podrán establecerse especialidades del procedimiento referidas a los órganos competentes, plazos propios del concreto procedimiento por razón de la materia, formas de iniciación y terminación, publicación e informes a recabar. (aplicación del principio de Reserva de Ley, para cualquier modificación del procedimiento administrativo).

Artículo 2. Ámbito subjetivo de aplicación

1. La presente Ley **se aplica al sector público, que comprende**:

a) La Administración General del Estado.

b) Las Administraciones de las Comunidades Autónomas.

c) Las Entidades que integran la Administración Local.

d) El sector público institucional.

2. **El sector público institucional se integra por**:

a) Cualesquiera organismos públicos y entidades de derecho público vinculados o dependientes de las Administraciones Públicas.

b) Las entidades de derecho privado vinculadas o dependientes de las Administraciones Públicas, que quedarán sujetas a lo dispuesto en las normas de esta Ley que específicamente se refieran a las mismas, y en todo caso, cuando ejerzan potestades administrativas.

c) Las Universidades públicas, que se regirán por su normativa específica y supletoriamente por las previsiones de esta Ley.

3. Tienen la consideración de Administraciones Públicas la Administración General del Estado, las Administraciones de las Comunidades Autónomas, las Entidades que integran la Administración Local, así como los organismos públicos y entidades de derecho público previstos en la letra a) del apartado 2 anterior.

4. Las Corporaciones de Derecho Público se regirán por su normativa específica en el ejercicio de las funciones públicas que les hayan sido atribuidas por Ley o delegadas por una Administración Pública, y supletoriamente por la presente Ley.

Por su parte **la Ley de Régimen Jurídico del Sector Público Ley 40/2015,** LRSP, regula su objeto o contenido también en su artículo 1º, pero de forma bastante distinta que el de la ley anterior.

Artículo 1. Objeto

La presente Ley establece y regula las bases del régimen jurídico de las Administraciones Públicas, los principios del sistema de responsabilidad de las Administraciones Públicas y de la potestad sancionadora, así como la organización y funcionamiento de la Administración General del Estado y de su sector público institucional para el desarrollo de sus actividades.

El ámbito subjetivo es sin embargo bastante similar, así:

Artículo 2. Ámbito Subjetivo

1. La presente Ley se aplica al sector público que comprende:

a) La Administración General del Estado.

b) Las Administraciones de las Comunidades Autónomas.

c) Las Entidades que integran la Administración Local.

d) El sector público institucional.

2. El sector público institucional se integra por:

a) Cualesquiera organismos públicos y entidades de derecho público vinculados o dependientes de las Administraciones Públicas.

b) Las entidades de derecho privado vinculadas o dependientes de las Administraciones Públicas que quedarán sujetas a lo dispuesto en las normas de esta Ley que específicamente se refieran a las mismas, en particular a los principios previstos en el artículo 3, y en todo caso, cuando ejerzan potestades administrativas.

c) Las Universidades públicas que se regirán por su normativa específica y supletoriamente por las previsiones de la presente Ley.

3. Tienen la consideración de Administraciones Públicas la Administración General del Estado, las Administraciones de las Comunidades Autónomas, las Entidades que integran la Administración Local, así como los organismos públicos y entidades de derecho público previstos en la letra a) del apartado 2.

Te hago notar que en esta Ley no hay punto 4º referido a las Corporaciones de derecho público como en la Ley 39/2015, además la La LPSP añade los siguientes:

Artículo 3. Principios generales

1. Las Administraciones Públicas sirven con objetividad los intereses generales y actúan de acuerdo con los principios de **eficacia, jerarquía, descentralización, desconcentración y coordinación, con sometimiento pleno a la Constitución, a la Ley y al Derecho.** (Como ves este precepto transcribe literalmente el art. 103 de la CE), pero añade:

Deberán respetar en su actuación y relaciones los siguientes principios:

a) Servicio efectivo a los ciudadanos.

b) Simplicidad, claridad y proximidad a los ciudadanos.

c) Participación, objetividad y transparencia de la actuación administrativa.

d) Racionalización y agilidad de los procedimientos administrativos y de las actividades materiales de gestión.

e) Buena fe, confianza legítima y lealtad institucional.

f) Responsabilidad por la gestión pública.

g) Planificación y dirección por objetivos y control de la gestión y evaluación de los resultados de las políticas públicas.

h) Eficacia en el cumplimiento de los objetivos fijados.

i) Economía, suficiencia y adecuación estricta de los medios a los fines institucionales.

j) Eficiencia en la asignación y utilización de los recursos públicos.

k) Cooperación, colaboración y coordinación entre las Administraciones Públicas.

Las Administraciones Públicas se relacionarán entre sí y con sus órganos, organismos públicos y entidades vinculados o dependientes *a través de medios electrónicos,* que aseguren la interoperabilidad y seguridad de los sistemas y soluciones adoptadas por cada una de ellas, garantizarán la protección de los datos de carácter personal, y facilitarán preferentemente la prestación conjunta de servicios a los interesados.

3. Bajo la dirección del Gobierno de la Nación, de los órganos de gobierno de las Comunidades Autónomas y de los correspondientes de las Entidades Locales, la actuación de la Administración Pública respectiva se desarrolla para alcanzar los objetivos que establecen las leyes y el resto del ordenamiento jurídico.

4. **Cada una de las Administraciones Públicas del artículo 2 actúa para el cumplimiento de sus fines con personalidad jurídica única.**

Artículo 4. Principios de intervención de las Administraciones Públicas para el desarrollo de una actividad

1. Las Administraciones Públicas que, en el ejercicio de sus respectivas competencias, establezcan medidas que limiten el ejercicio de derechos individuales o colectivos o exijan el cumplimiento de requisitos para el desarrollo de una actividad, deberán aplicar el principio de proporcionalidad y elegir la medida menos restrictiva, motivar su necesidad para la protección del interés público así como justificar su adecuación para lograr los fines que se persiguen, sin que en ningún caso se produzcan diferencias de trato discriminatorias. Asimismo deberán evaluar periódicamente los efectos y resultados obtenidos.

2. Las Administraciones Públicas velarán por el cumplimiento de los requisitos previstos en la legislación que resulte aplicable, para lo cual podrán, en el ámbito de sus respectivas competencias y con los límites establecidos en la legislación de protección de datos de carácter personal, comprobar, verificar, investigar e inspeccionar los hechos, actos, elementos, actividades, estimaciones y demás circunstancias que fueran necesarias.

1.2. Contenido y estructura de ambas leyes

Ley del Procedimiento Administrativo Común

La ley cuenta con 133 artículos, estructurados en 6 títulos, 5 disposiciones adicionales, 5 disposiciones transitorias, 1 disposición derogatoria y 7 disposiciones finales.

- Título Preliminar. Disposiciones generales.
- Título I. De los interesados en el procedimiento.
  - ▷ Capítulo I. La capacidad de obrar y el concepto de interesado.
  - ▷ Capítulo II. Identificación y firma de los interesados en el procedimiento administrativo.
- Título II. De la actividad de las Administraciones Públicas.
  - ▷ Capítulo I. Normas generales de actuación.
  - ▷ Capítulo II. Términos y plazos.
- Título III. De los actos administrativos.
  - ▷ Capítulo I. Requisitos de los actos administrativos.
  - ▷ Capítulo II. Eficacia de los actos.
  - ▷ Capítulo III. Nulidad y anulabilidad
- Título IV. De las disposiciones sobre el procedimiento administrativo común.
  - ▷ Capítulo I. Garantías del procedimiento.
  - ▷ Capítulo II. Iniciación del procedimiento.
  - ▷ Capítulo III. Ordenación del procedimiento.
  - ▷ Capítulo IV. Instrucción del procedimiento.
  - ▷ Capítulo V. Finalización del procedimiento.

  - ▷ Capítulo VI. De la tramitación simplificada del procedimiento administrativo común.
  - ▷ Capítulo VII. Ejecución.
- Título V. De la revisión de los actos en vía administrativa.
  - ▷ Capítulo I. Revisión de oficio.
  - ▷ Capítulo II. Recursos administrativos.
- Título VI. De la iniciativa legislativa y de la potestad para dictar reglamentos y otras disposiciones.

Ley de Régimen Jurídico del Sector Público

La Ley se estructura en 158 artículos (previo al articulado, como introducción figura un Preámbulo), distribuidos en: 4 Títulos (Incluyendo el Título Preliminar); 22 disposiciones adicionales; 4 disposiciones transitorias; 1 disposición derogatoria y 18 disposiciones finales.

- Título Preliminar. Disposiciones generales, principios de actuación y funcionamiento del sector público.
  - ▷ Capítulo I. Disposiciones generales.
  - ▷ Capítulo II. De los órganos de las Administraciones Públicas.
  - ▷ Capítulo III. Principios de la potestad sancionadora.
  - ▷ Capítulo IV. De la responsabilidad patrimonial de las administraciones públicas.
  - ▷ Capítulo V. Funcionamiento electrónico del Sector Público.
  - ▷ Capítulo VI. De los convenios.
- Título I. Administración General del Estado.
  - ▷ Capítulo I. Organización administrativa.
  - ▷ Capítulo II. Los Ministerios y su estructura interna.
  - ▷ Capítulo III. Órganos territoriales.
  - ▷ Capítulo IV. De la Administración General del estado en el exterior.
- Título II. Organización y funcionamiento del Sector Público Institucional.
  - ▷ Capítulo I. Del Sector Público Institucional.
  - ▷ Capítulo II. ORganización y funcionamiento del Sector Público Institucional Estatal.

- ▷ Capítulo III. De los organismos públicos estatales.
- ▷ Capítulo IV. Las autoridades administrativas independientes de ámbito estatal.
- ▷ Capítulo V. De las Sociedades Mercantiles Estatales.
- ▷ Capítulo VI. De los consorcios.
- ▷ Capítulo VII. De las fundaciones del Sector Público Estatal.
- ▷ Capítulo VIII. De los fondos carentes de personalidad jurídica del Sector Público Estatal.

– Título III. Relaciones Interadministrativas.

- ▷ Capítulo I. Principios generales de las Relaciones Interadministrativas.
- ▷ Capítulo II. Deber de colaboración.
- ▷ Capítulo III. Relaciones de cooperación.
- ▷ Capítulo IV. Relaciones electrónicas entre las administraciones.

2. La iniciación, ordenación, instrucción,y terminación del procedimiento administrativo

2.1. Garantías

Como garantías se recogen los derechos del interesado en el procedimiento regulados en el artículo 53 de la LPAC, que establece:

1. Además del resto de derechos previstos en esta Ley, **los interesados en un procedimiento administrativo, tienen los siguientes derechos:**

a) *A conocer, en cualquier momento, el estado de la tramitación de los procedimientos en los que tengan la condición de interesados*; el sentido del silencio administrativo que corresponda, en caso de que la Administración no dicte ni notifique resolución expresa en plazo; el órgano competente para su instrucción, en su caso, y resolución; y los actos de trámite dictados. Asimismo, también tendrán derecho a acceder y a obtener copia de los documentos contenidos en los citados procedimientos.

Quienes se relacionen con las Administraciones Públicas a través de medios electrónicos, tendrán derecho a consultar la información a la que se refiere el párrafo anterior, en el Punto de Acceso General electrónico de la Administración que funcionará como un portal de acceso. Se entenderá cumplida la obligación de la Administración de facilitar copias de los documentos contenidos en los procedimientos mediante la puesta a disposición de las mismas en el Punto de Acceso General electrónico de la Administración competente o en las sedes electrónicas que correspondan.

b) *A identificar a las autoridades y al personal* al servicio de las Administraciones Públicas bajo cuya responsabilidad se tramiten los procedimientos.

c) *A no presentar documentos originales salvo que, de manera excepcional, la normativa reguladora aplicable establezca lo contrario.* En caso de que, excepcionalmente, deban presentar un documento original, tendrán derecho a obtener una copia autenticada de éste.

d) *A no presentar datos y documentos no exigidos por las normas aplicables* al procedimiento de que se trate, que ya se encuentren en poder de las Administraciones Públicas o que hayan sido elaborados por éstas.

e) *A formular alegaciones*, utilizar los medios de defensa admitidos por el Ordenamiento Jurídico, y a aportar documentos *en cualquier fase del procedimiento anterior al trámite de audiencia*, que deberán ser tenidos en cuenta por el órgano competente al redactar la propuesta de resolución.

f) *A obtener información y orientación acerca de los requisitos jurídicos o técnicos* que las disposiciones vigentes impongan a los proyectos, actuaciones o solicitudes que se propongan realizar.

g) *A actuar asistidos de asesor* cuando lo consideren conveniente en defensa de sus intereses.

h) A *cumplir las obligaciones de pago a través de los medios electrónicos* previstos en el artículo 98.2.

i) Cualesquiera otros que les reconozcan la Constitución y las leyes.

2. **Además** de los derechos previstos en el apartado anterior, en el caso de **procedimientos administrativos de naturaleza sancionadora,** los presuntos responsables tendrán los siguientes derechos:

a) A *ser notificado de los hechos que se le imputen, de las infracciones que tales hechos puedan constituir y de las sanciones que, en su caso, se les pudieran imponer, así como de la identidad del instructor, de la autoridad competente para imponer la sanción y de la norma que atribuya tal competencia.*

b) A la presunción de no existencia de responsabilidad administrativa mientras no se demuestre lo contrario. (También conocida como presunción de inocencia).

2.2. Iniciación del procedimiento

2.2.1. Disposiciones Generales

Artículo 54. Clases de iniciación

Los procedimientos podrán iniciarse de **oficio o a solicitud del interesado.**

Artículo 55. Información y actuaciones previas

1. Con anterioridad al inicio del procedimiento, el órgano competente podrá abrir un período de información o actuaciones previas con el fin de conocer las circunstancias del caso concreto y la conveniencia o no de iniciar el procedimiento.

2. En el caso de procedimientos de naturaleza sancionadora las actuaciones previas se orientarán a determinar, con la mayor precisión posible, los hechos susceptibles de motivar la incoación del procedimiento, la identificación de la persona o personas que pudieran resultar responsables y las circunstancias relevantes que concurran en unos y otros.

Las actuaciones previas serán realizadas por los órganos que tengan atribuidas funciones de investigación, averiguación e inspección en la materia y, en defecto de éstos, por la persona u órgano administrativo que se determine por el órgano competente para la iniciación o resolución del procedimiento.

Artículo 56. Medidas provisionales

1. Iniciado el procedimiento, el órgano administrativo competente para resolver, podrá adoptar, de oficio o a instancia de parte y de forma motivada, las medidas provisionales que estime oportunas para asegurar la eficacia de la resolución que pudiera recaer, si existiesen elementos de juicio suficientes para ello, de acuerdo con los principios de proporcionalidad, efectividad y menor onerosidad.

2. Antes de la iniciación del procedimiento administrativo, el órgano competente para iniciar o instruir el procedimiento, de oficio o a instancia de parte, en los casos de urgencia inaplazable y para la protección provisional de los intereses implicados, podrá adoptar de forma motivada las medidas provisionales que resulten necesarias y proporcionadas. Las medidas provisionales deberán ser confirmadas, modificadas o levantadas en el acuerdo de iniciación del procedimiento, que deberá efectuarse dentro de los quince días siguientes a su adopción, el cual podrá ser objeto del recurso que proceda.

En todo caso, dichas medidas quedarán sin efecto si no se inicia el procedimiento en dicho plazo o cuando el acuerdo de iniciación no contenga un pronunciamiento expreso acerca de las mismas.

3. De acuerdo con lo previsto en los dos apartados anteriores, podrán acordarse las **siguientes medidas provisionales,** en los términos previstos en la Ley 1/2000, de 7 de enero, de Enjuiciamiento Civil:

a) *Suspensión temporal de actividades.*

b) *Prestación de fianzas.*

c) *Retirada o intervención de bienes productivos* o suspensión temporal de servicios por razones de sanidad, higiene o seguridad, el cierre temporal del establecimiento por estas u otras causas previstas en la normativa reguladora aplicable.

d) *Embargo preventivo de bienes*, rentas y cosas fungibles computables en metálico por aplicación de precios ciertos.

e) *El depósito, retención o inmovilización de cosa mueble.*

f) *La intervención y depósito de ingresos* obtenidos mediante una actividad que se considere ilícita y cuya prohibición o cesación se pretenda.

g) *Consignación o constitución de depósito* de las cantidades que se reclamen.

h) *La retención de ingresos a cuenta* que deban abonar las Administraciones Públicas.

i) Aquellas otras medidas que, para la protección de los derechos de los interesados, prevean expresamente las leyes, o que se estimen necesarias para asegurar la efectividad de la resolución.

4. No se podrán adoptar medidas provisionales que puedan causar perjuicio de difícil o imposible reparación a los interesados o que impliquen violación de derechos amparados por las leyes.

5. Las medidas provisionales podrán ser alzadas o modificadas durante la tramitación del procedimiento, de oficio o a instancia de parte, en virtud de circunstancias sobrevenidas o que no pudieron ser tenidas en cuenta en el momento de su adopción.

En todo caso, se extinguirán cuando surta efectos la resolución administrativa que ponga fin al procedimiento correspondiente.

Artículo 57. Acumulación

El órgano administrativo que inicie o tramite un procedimiento, cualquiera que haya sido la forma de su iniciación, podrá disponer, de oficio o a instancia de parte, su acumulación a otros con los que guarde identidad sustancial o íntima conexión, siempre que sea el mismo órgano quien deba tramitar y resolver el procedimiento.

Contra el acuerdo de acumulación no procederá recurso alguno.

2.2.2. *Iniciación del procedimiento de oficio*

Artículo 58. Iniciación de oficio

Los procedimientos **se iniciarán de oficio** por *acuerdo del órgano competente, bien por propia iniciativa* o *como consecuencia de orden superior*, a *petición razonada de otros órganos* o por *denuncia*.

Artículo 59. Inicio del procedimiento a propia iniciativa

Se entiende por propia iniciativa, la actuación derivada del conocimiento directo o indirecto de las circunstancias, conductas o hechos objeto del procedimiento por el órgano que tiene atribuida la competencia de iniciación.

Artículo 60. Inicio del procedimiento como consecuencia de orden superior

1. Se entiende por orden superior, la emitida por un órgano administrativo superior jerárquico del competente para la iniciación del procedimiento.

2. En los procedimientos de naturaleza sancionadora, la orden expresará, en la medida de lo posible, la persona o personas presuntamente responsables; las conductas o hechos que pudieran constituir infracción administrativa y su tipificación; así como el lugar, la fecha, fechas o período de tiempo continuado en que los hechos se produjeron.

Artículo 61. Inicio del procedimiento por petición razonada de otros órganos

1. Se entiende por petición razonada, la propuesta de iniciación del procedimiento formulada por cualquier órgano administrativo que no tiene competencia para iniciar el mismo y que ha tenido conocimiento de las circunstancias, conductas o hechos objeto del procedimiento, bien ocasionalmente o bien por tener atribuidas funciones de inspección, averiguación o investigación.

2. La petición no vincula al órgano competente para iniciar el procedimiento, si bien deberá comunicar al órgano que la hubiera formulado los motivos por los que, en su caso, no procede la iniciación.

3. En los procedimientos de naturaleza sancionadora, las peticiones deberán especificar, en la medida de lo posible, la persona o personas presuntamente responsables; las conductas o hechos que pudieran constituir infracción administrativa y su tipificación; así como el lugar, la fecha, fechas o período de tiempo continuado en que los hechos se produjeron.

4. En los procedimientos de responsabilidad patrimonial, la petición deberá individualizar la lesión producida en una persona o grupo de personas, su relación de causalidad con el funcionamiento del servicio público, su evaluación económica si fuera posible, y el momento en que la lesión efectivamente se produjo.

Artículo 62. Inicio del procedimiento por denuncia

1. Se entiende por denuncia, el acto por el que cualquier persona, en cumplimiento o no de una obligación legal, pone en conocimiento de un órgano administrativo la existencia de un determinado hecho que pudiera justificar la iniciación de oficio de un procedimiento administrativo.

2. Las denuncias deberán expresar la identidad de la persona o personas que las presentan y el relato de los hechos que se ponen en conocimiento de la Administración. Cuando dichos hechos pudieran constituir una infracción administrativa, recogerán la fecha de su comisión y, cuando sea posible, la identificación de los presuntos responsables.

3. Cuando la denuncia invocara un perjuicio en el patrimonio de las Administraciones Públicas la no iniciación del procedimiento deberá ser motivada y se notificará a los denunciantes la decisión de si se ha iniciado o no el procedimiento.

4. Cuando el denunciante haya participado en la comisión de una infracción de esta naturaleza y existan otros infractores, el órgano competente para resolver el procedimiento deberá eximir al denunciante del pago de la multa que le correspondería u otro tipo de sanción de carácter no pecuniario, cuando sea el primero en aportar elementos de prueba que permitan iniciar el procedimiento o comprobar la infracción, siempre y cuando en el momento de aportarse aquellos no se disponga de elementos suficientes para ordenar la misma y se repare el perjuicio causado.

Asimismo, el órgano competente para resolver deberá reducir el importe del pago de la multa que le correspondería o, en su caso, la sanción de carácter no pecuniario, cuando no cumpliéndose alguna de las condiciones anteriores, el denunciante facilite elementos de prueba que aporten un valor añadido significativo respecto de aquellos de los que se disponga.

En ambos casos será necesario que el denunciante cese en la participación de la infracción y no haya destruido elementos de prueba relacionados con el objeto de la denuncia.

5. La presentación de una denuncia no confiere, por sí sola, la condición de interesado en el procedimiento.

Artículo 63. Especialidades en el inicio de los procedimientos de naturaleza sancionadora

1. Los procedimientos de naturaleza sancionadora se iniciarán siempre de oficio por acuerdo del órgano competente y establecerán la debida separación entre la fase instructora y la sancionadora, que se encomendará a órganos distintos.

Se considerará que un órgano es competente para iniciar el procedimiento cuando así lo determinen las normas reguladoras del mismo.

2. En ningún caso se podrá imponer una sanción sin que se haya tramitado el oportuno procedimiento.

3. No se podrán iniciar nuevos procedimientos de carácter sancionador por hechos o conductas tipificadas como infracciones en cuya comisión el infractor persista de forma continuada, en tanto no haya recaído una primera resolución sancionadora, con carácter ejecutivo.

Artículo 64. Acuerdo de iniciación en los procedimientos de naturaleza sancionadora

1. El acuerdo de iniciación se comunicará al instructor del procedimiento, con traslado de cuantas actuaciones existan al respecto, y se notificará a los interesados, entendiendo en todo caso por tal al inculpado.

Asimismo, la incoación se comunicará al denunciante cuando las normas reguladoras del procedimiento así lo prevean.

2. *El acuerdo de iniciación deberá contener al menos:*

a) Identificación de la persona o personas presuntamente responsables.

b) Los hechos que motivan la incoación del procedimiento, su posible calificación y las sanciones que pudieran corresponder, sin perjuicio de lo que resulte de la instrucción.

c) Identificación del instructor y, en su caso, Secretario del procedimiento, con expresa indicación del régimen de recusación de los mismos.

d) Órgano competente para la resolución del procedimiento y norma que le atribuya tal competencia, indicando la posibilidad de que el presunto responsable pueda reconocer voluntariamente su responsabilidad, con los efectos previstos en el artículo 85.

e) Medidas de carácter provisional que se hayan acordado por el órgano competente para iniciar el procedimiento sancionador, sin perjuicio de las que se puedan adoptar durante el mismo de conformidad con el artículo 56.

f) Indicación del derecho a formular alegaciones y a la audiencia en el procedimiento y de los plazos para su ejercicio, así como indicación de que, en caso de no efectuar alegaciones en el plazo previsto sobre el contenido del acuerdo de iniciación, éste podrá ser considerado propuesta de resolución cuando contenga un pronunciamiento preciso acerca de la responsabilidad imputada.

3. Excepcionalmente, cuando en el momento de dictar el acuerdo de iniciación no existan elementos suficientes para la calificación inicial de los hechos que motivan la incoación del procedimiento, la citada calificación podrá realizarse en una fase posterior mediante la elaboración de un Pliego de cargos, que deberá ser notificado a los interesados.

Artículo 65. Especialidades en el inicio de oficio de los procedimientos de responsabilidad patrimonial

1. Cuando las Administraciones Públicas decidan iniciar de oficio un procedimiento de responsabilidad patrimonial será necesario que no haya prescrito el derecho a la reclamación del interesado al que se refiere el artículo 67.

2. El acuerdo de iniciación del procedimiento se notificará a los particulares presuntamente lesionados, concediéndoles un plazo de diez días para que aporten cuantas alegaciones, documentos o información estimen conveniente a su derecho y propongan cuantas pruebas sean pertinentes para el reconocimiento del mismo. El procedimiento iniciado se instruirá aunque los particulares presuntamente lesionados no se personen en el plazo establecido.

2.2.3. Inicio del procedimiento a solicitud del interesado

Artículo 66. Solicitudes de iniciación

1. **Las solicitudes que se formulen deberán contener:**

a) Nombre y apellidos del interesado y, en su caso, de la persona que lo represente.

b) Identificación del medio electrónico, o en su defecto, lugar físico en que desea que se practique la notificación. Adicionalmente, los interesados podrán aportar su dirección de correo electrónico y/o dispositivo electrónico con el fin de que las Administraciones Públicas les avisen del envío o puesta a disposición de la notificación.

c) Hechos, razones y petición en que se concrete, con toda claridad, la solicitud.

d) Lugar y fecha.

e) Firma del solicitante o acreditación de la autenticidad de su voluntad expresada por cualquier medio.

f) Órgano, centro o unidad administrativa a la que se dirige y su correspondiente código de identificación.

Las oficinas de asistencia en materia de registros estarán obligadas a facilitar a los interesados el código de identificación si el interesado lo desconoce. Asimismo, las Administraciones Públicas deberán mantener y actualizar en la sede electrónica correspondiente un listado con los códigos de identificación vigentes.

2. Cuando las pretensiones correspondientes a una pluralidad de personas tengan un contenido y fundamento idéntico o sustancialmente similar, podrán ser formuladas en una única solicitud, salvo que las normas reguladoras de los procedimientos específicos dispongan otra cosa.

3. De las solicitudes, comunicaciones y escritos que presenten los interesados electrónicamente o en las oficinas de asistencia en materia de registros de la Administración, podrán éstos exigir el correspondiente recibo que acredite la fecha y hora de presentación.

4. Las Administraciones Públicas deberán establecer modelos y sistemas de presentación masiva que permitan a los interesados presentar simultáneamente varias solicitudes. Estos modelos, de uso voluntario, estarán a disposición de los interesados en las correspondientes sedes electrónicas y en las oficinas de asistencia en materia de registros de las Administraciones Públicas.

Los solicitantes podrán acompañar los elementos que estimen convenientes para precisar o completar los datos del modelo, los cuales deberán ser admitidos y tenidos en cuenta por el órgano al que se dirijan.

5. Los sistemas normalizados de solicitud podrán incluir comprobaciones automáticas de la información aportada respecto de datos almacenados en sistemas propios o pertenecientes a otras Administraciones u ofrecer el formulario cumplimentado, en todo o en parte, con objeto de que el interesado verifique la información y, en su caso, la modifique y complete.

6. Cuando la Administración en un procedimiento concreto establezca expresamente modelos específicos de presentación de solicitudes, éstos serán de uso obligatorio por los interesados.

Artículo 67. Solicitudes de iniciación en los procedimientos de responsabilidad patrimonial

1. Los interesados sólo podrán solicitar el inicio de un procedimiento de responsabilidad patrimonial, cuando no haya prescrito su derecho a reclamar. El *derecho a reclamar prescribirá al año de producido el hecho* o el acto que motive la indemnización o se manifieste su efecto lesivo. En caso de daños de carácter fí-

sico o psíquico a las personas, el plazo empezará a computarse desde la curación o la determinación del alcance de las secuelas.

En los casos en que proceda reconocer derecho a indemnización por anulación en vía administrativa o contencioso-administrativa de un acto o disposición de carácter general, el derecho a reclamar prescribirá al año de haberse notificado la resolución administrativa o la sentencia definitiva.

En los casos de responsabilidad patrimonial a que se refiere el artículo 32, apartados 4 y 5, de la Ley de Régimen Jurídico del Sector Público, el derecho a reclamar prescribirá al año de la publicación en el «Boletín Oficial del Estado» o en el «Diario Oficial de la Unión Europea», según el caso, de la sentencia que declare la inconstitucionalidad de la norma o su carácter contrario al Derecho de la Unión Europea.

2. Además de lo previsto en el artículo 66, en la solicitud que realicen los interesados se deberán especificar las lesiones producidas, la presunta relación de causalidad entre éstas y el funcionamiento del servicio público, la evaluación económica de la responsabilidad patrimonial, si fuera posible, y el momento en que la lesión efectivamente se produjo, e irá acompañada de cuantas alegaciones, documentos e informaciones se estimen oportunos y de la proposición de prueba, concretando los medios de que pretenda valerse el reclamante.

Artículo 68. Subsanación y mejora de la solicitud

1. Si la solicitud de iniciación no reúne los requisitos que señala el artículo 66, y, en su caso, los que señala el artículo 67 u otros exigidos por la legislación específica aplicable, se requerirá al interesado para que, *en un plazo de diez días*, subsane la falta o acompañe los documentos preceptivos, con indicación de que, si así no lo hiciera, se le tendrá por desistido de su petición, previa resolución que deberá ser dictada en los términos previstos en el artículo 21.

2. Siempre que no se trate de procedimientos selectivos o de concurrencia competitiva, este plazo podrá ser ampliado prudencialmente, hasta cinco días, a petición del interesado o a iniciativa del órgano, cuando la aportación de los documentos requeridos presente dificultades especiales.

3. En los procedimientos iniciados a solicitud de los interesados, el órgano competente podrá recabar del solicitante la modificación o mejora voluntarias de los términos de aquélla. De ello se levantará acta sucinta, que se incorporará al procedimiento.

4. Si alguno de los sujetos a los que hace referencia el artículo 14.2 y 14.3 presenta su solicitud presencialmente, las Administraciones Públicas requerirán al interesado para que la subsane a través de su presentación electrónica. A estos efectos, se considerará como fecha de presentación de la solicitud aquella en la que haya sido realizada la subsanación.

Artículo 69. Declaración responsable y comunicación

1. A los efectos de esta Ley, *se entenderá por declaración responsable* el documento suscrito por un interesado en el que éste manifiesta, bajo su responsabilidad, que cumple con los requisitos establecidos en la normativa vigente para obtener el reconocimiento de un derecho o facultad o para su ejercicio, que dispone de la documentación que así lo acredita, que la pondrá a disposición de la Administración cuando le sea requerida, y que se compromete a mantener el cumplimiento de las anteriores obligaciones durante el período de tiempo inherente a dicho reconocimiento o ejercicio.

Los requisitos a los que se refiere el párrafo anterior deberán estar recogidos de manera expresa, clara y precisa en la correspondiente declaración responsable. Las Administraciones podrán requerir en cualquier momento que se aporte la documentación que acredite el cumplimiento de los mencionados requisitos y el interesado deberá aportarla.

2. A los efectos de esta Ley, *se entenderá por comunicación* aquel documento mediante el que los interesados ponen en conocimiento de la Administración Pública competente sus datos identificativos o cualquier otro dato relevante para el inicio de una actividad o el ejercicio de un derecho.

3. Las declaraciones responsables y las comunicaciones permitirán, el reconocimiento o ejercicio de un derecho o bien el inicio de una actividad, desde el día de su presentación, sin perjuicio de las facultades de comprobación, control e inspección que tengan atribuidas las Administraciones Públicas.

No obstante lo dispuesto en el párrafo anterior, la comunicación podrá presentarse dentro de un plazo posterior al inicio de la actividad cuando la legislación correspondiente lo prevea expresamente.

4. La inexactitud, falsedad u omisión, de carácter esencial, de cualquier dato o información que se incorpore a una declaración responsable o a una comunicación, o la no presentación ante la Administración competente de la declaración responsable, la documentación que sea en su caso requerida para acreditar el cumplimiento de lo declarado, o la comunicación, determinará la imposibilidad de continuar con el ejercicio del derecho o actividad afectada desde el momento en que se tenga constancia de tales hechos, sin perjuicio de las responsabilidades penales, civiles o administrativas a que hubiera lugar.

Asimismo, la resolución de la Administración Pública que declare tales circunstancias podrá determinar la obligación del interesado de restituir la situación jurídica al momento previo al reconocimiento o al ejercicio del derecho o al inicio de la actividad correspondiente, así como la imposibilidad de instar un nuevo procedimiento con el mismo objeto durante un período de tiempo determinado por la ley, todo ello conforme a los términos establecidos en las normas sectoriales de aplicación.

5. Las Administraciones Públicas tendrán permanentemente publicados y actualizados modelos de declaración responsable y de comunicación, fácilmente accesibles a los interesados.

6. Únicamente será exigible, bien una declaración responsable, bien una comunicación para iniciar una misma actividad u obtener el reconocimiento de un mismo derecho o facultad para su ejercicio, sin que sea posible la exigencia de ambas acumulativamente.

2.3. Ordenación del procedimiento

Artículo 70. Expediente Administrativo

1. **Se entiende por expediente administrativo** *el conjunto ordenado de documentos y actuaciones que sirven de antecedente y fundamento a la resolución administrativa, así como las diligencias encaminadas a ejecutarla.*

2. *Los expedientes tendrán formato electrónico* y se formarán mediante la agregación ordenada de cuantos documentos, pruebas, dictámenes, informes, acuerdos, notificaciones y demás diligencias deban integrarlos, así como un índice numerado de todos los documentos que contenga cuando se remita. Asimismo, deberá constar en el expediente copia electrónica certificada de la resolución adoptada.

3. Cuando en virtud de una norma sea preciso remitir el expediente electrónico, se hará de acuerdo con lo previsto en el Esquema Nacional de Interoperabilidad y en las correspondientes Normas Técnicas de Interoperabilidad, y se enviará completo, foliado, autentificado y acompañado de un índice, asimismo autentificado, de los documentos que contenga. La autenticación del citado índice garantizará la integridad e inmutabilidad del expediente electrónico generado desde el momento de su firma y permitirá su recuperación siempre que sea preciso, siendo admisible que un mismo documento forme parte de distintos expedientes electrónicos.

4. No formará parte del expediente administrativo la información que tenga carácter auxiliar o de apoyo, como la contenida en aplicaciones, ficheros y bases de datos informáticas, notas, borradores, opiniones, resúmenes, comunicaciones e informes internos o entre órganos o entidades administrativas, así como los juicios de valor emitidos por las Administraciones Públicas, salvo que se trate de informes, preceptivos y facultativos, solicitados antes de la resolución administrativa que ponga fin al procedimiento.

Artículo 71. Impulso

1. El procedimiento, sometido al principio de celeridad, s**e impulsará de oficio en todos sus trámites y a través de medios electrónicos, respetando los principios de transparencia y publicidad.**

2. En el despacho de los expedientes se guardará el orden riguroso de incoación en asuntos de homogénea naturaleza, salvo que por el titular de la unidad administrativa se dé orden motivada en contrario, de la que quede constancia.

El incumplimiento de lo dispuesto en el párrafo anterior dará lugar a la exigencia de responsabilidad disciplinaria del infractor y, en su caso, será causa de remoción del puesto de trabajo.

3. Las personas designadas como órgano instructor o, en su caso, los titulares de las unidades administrativas que tengan atribuida tal función serán responsables directos de la tramitación del procedimiento y, en especial, del cumplimiento de los plazos establecidos.

Artículo 72. Concentración de trámites

1. De acuerdo con el principio de simplificación administrativa, *se acordarán en un solo acto todos los trámites que, por su naturaleza, admitan un impulso simultáneo* y no sea obligado su cumplimiento sucesivo.

2. Al solicitar los trámites que deban ser cumplidos por otros órganos, deberá consignarse en la comunicación cursada el plazo legal establecido al efecto.

Artículo 73. Cumplimiento de trámites

1. Los trámites que deban ser cumplimentados por los interesados deberán realizarse *en el plazo de diez días* a partir del siguiente al de la notificación del correspondiente acto, salvo en el caso de que en la norma correspondiente se fije plazo distinto.

2. En cualquier momento del procedimiento, cuando la Administración considere que alguno de los actos de los interesados no reúne los requisitos necesarios, lo pondrá en conocimiento de su autor, concediéndole un plazo de diez días para cumplimentarlo.

3. A los interesados que no cumplan lo dispuesto en los apartados anteriores, se les podrá declarar decaídos en su derecho al trámite correspondiente. No obstante, se admitirá la actuación del interesado y producirá sus efectos legales, si se produjera antes o dentro del día que se notifique la resolución en la que se tenga por transcurrido el plazo.

Artículo 74. Cuestiones incidentales

Las cuestiones incidentales que se susciten en el procedimiento, incluso las que se refieran a la nulidad de actuaciones, *no suspenderán la tramitación del mismo, salvo la recusación.*

2.4. Instrucción del procedimiento

Artículo 75. Actos de instrucción

1. Los actos de instrucción necesarios para la determinación, conocimiento y comprobación de los hechos en virtud de los cuales deba pronunciarse la resolución, *se realizarán de oficio y a través de medios electrónicos, por el órgano que tramite el procedimiento,* sin perjuicio del derecho de los interesados a proponer aquellas actuaciones que requieran su intervención o constituyan trámites legal o reglamentariamente establecidos.

2. Las aplicaciones y sistemas de información utilizados para la instrucción de los procedimientos deberán garantizar el control de los tiempos y plazos, la identificación de los órganos responsables y la tramitación ordenada de los expedientes, así como facilitar la simplificación y la publicidad de los procedimientos.

3. Los actos de instrucción que requieran la intervención de los interesados habrán de practicarse en la forma que resulte más conveniente para ellos y sea compatible, en la medida de lo posible, con sus obligaciones laborales o profesionales.

4. En cualquier caso, el órgano instructor adoptará las medidas necesarias para lograr el pleno respeto a los principios de contradicción y de igualdad de los interesados en el procedimiento.

Artículo 76. Alegaciones

1. Los *interesados podrán, en cualquier momento del procedimiento anterior al trámite de audiencia, aducir alegaciones y aportar documentos* u otros elementos de juicio.

Unos y otros serán tenidos en cuenta por el órgano competente al redactar la correspondiente propuesta de resolución.

2. En todo momento podrán los interesados alegar los defectos de tramitación y, en especial, los que supongan paralización, infracción de los plazos preceptivamente señalados o la omisión de trámites que pueden ser subsanados antes de la resolución definitiva del asunto. Dichas alegaciones podrán dar lugar, si hubiere razones para ello, a la exigencia de la correspondiente responsabilidad disciplinaria.

Artículo 77. Medios y período de prueba

1. Los hechos relevantes para la decisión de un procedimiento podrán acreditarse por cualquier medio de prueba admisible en Derecho, cuya valoración se realizará de acuerdo con los criterios establecidos en la Ley 1/2000, de 7 de enero, de Enjuiciamiento Civil.

2. Cuando la Administración no tenga por ciertos los hechos alegados por los interesados o la naturaleza del procedimiento lo exija, el instructor del mismo acordará la apertura de un período de prueba por un plazo **no superior a treinta días ni inferior a diez,** a fin de que puedan practicarse cuantas juzgue pertinentes. Asimismo, cuando lo considere necesario, el instructor, a petición de los interesados, podrá decidir la apertura de un período extraordinario de prueba por un plazo no superior a diez días.

3. El instructor del procedimiento sólo podrá rechazar las pruebas propuestas por los interesados cuando sean manifiestamente improcedentes o innecesarias, mediante resolución motivada.

4. En los procedimientos de carácter sancionador, los hechos declarados probados por resoluciones judiciales penales firmes vincularán a las Administraciones Públicas respecto de los procedimientos sancionadores que substancien.

5. Los documentos formalizados por los funcionarios a los que se reconoce la condición de autoridad y en los que, observándose los requisitos legales correspondientes se recojan los hechos constatados por aquéllos harán prueba de éstos salvo que se acredite lo contrario.

6. Cuando la prueba consista en la emisión de un informe de un órgano administrativo, organismo público o Entidad de derecho público, se entenderá que éste tiene carácter preceptivo.

7. Cuando la valoración de las pruebas practicadas pueda constituir el fundamento básico de la decisión que se adopte en el procedimiento, por ser pieza imprescindible para la correcta evaluación de los hechos, deberá incluirse en la propuesta de resolución.

Artículo 78. Práctica de prueba

1. La Administración comunicará a los interesados, con antelación suficiente, el inicio de las actuaciones necesarias para la realización de las pruebas que hayan sido admitidas.

2. En la notificación se consignará el lugar, fecha y hora en que se practicará la prueba, con la advertencia, en su caso, de que el interesado puede nombrar técnicos para que le asistan.

3. En los casos en que, a petición del interesado, deban efectuarse pruebas cuya realización implique gastos que no deba soportar la Administración, ésta podrá exigir el anticipo de los mismos, a reserva de la liquidación definitiva, una vez practicada la prueba. La liquidación de los gastos se practicará uniendo los comprobantes que acrediten la realidad y cuantía de los mismos.

Artículo 79. Petición de Informes

1. A efectos de la resolución del procedimiento, *se solicitarán aquellos informes que sean preceptivos por las disposiciones legales, y los que se juzguen necesarios para resolver,* citándose el precepto que los exija o fundamentando, en su caso, la conveniencia de reclamarlos.

2. En la petición de informe se concretará el extremo o extremos acerca de los que se solicita.

Artículo 80. Emisión de informes

1. Salvo disposición expresa en contrario, **los informes serán facultativos y no vinculantes.**

2. Los informes serán emitidos a través de medios electrónicos y de acuerdo con los requisitos que señala el artículo 26 en **el plazo de diez días,** salvo que una disposición o el cumplimiento del resto de los plazos del procedimiento permita o exija otro plazo mayor o menor.

3. De no emitirse el informe en el plazo señalado, y sin perjuicio de la responsabilidad en que incurra el responsable de la demora, se podrán proseguir las actuaciones salvo cuando se trate de un informe preceptivo, en cuyo caso se podrá suspender el transcurso del plazo máximo legal para resolver el procedimiento en los términos establecidos en la letra d) del apartado 1 del artículo 22.

4. Si el informe debiera ser emitido por una Administración Pública distinta de la que tramita el procedimiento en orden a expresar el punto de vista correspondiente a sus competencias respectivas, y transcurriera el plazo sin que aquél se hubiera emitido, se podrán proseguir las actuaciones.

El informe emitido fuera de plazo podrá no ser tenido en cuenta al adoptar la correspondiente resolución.

Artículo 81. Solicitud de informes y dictámenes en los procedimientos de responsabilidad patrimonial

1. En el caso de los procedimientos de responsabilidad patrimonial será preceptivo solicitar informe al servicio cuyo funcionamiento haya ocasionado la presunta lesión indemnizable, no pudiendo exceder de diez días el plazo de su emisión.

2. Cuando las indemnizaciones reclamadas sean de **cuantía igual o superior a 50.000** euros o a la que se establezca en la correspondiente legislación autonómica, así como en aquellos casos que disponga la Ley Orgánica 3/1980, de 22 de abril, del Consejo de Estado, será preceptivo s**olicitar dictamen del Consejo de Estado o, en su caso, del órgano consultivo de la Comunidad Autónoma.**

A estos efectos, el órgano instructor, en el plazo de diez días a contar desde la finalización del trámite de audiencia, remitirá al órgano competente para solicitar el dictamen una propuesta de resolución, que se ajustará a lo previsto en el artículo 91, o, en su caso, la propuesta de acuerdo por el que se podría terminar convencionalmente el procedimiento.

El dictamen se emitirá en el plazo de dos meses y deberá pronunciarse sobre la existencia o no de relación de causalidad entre el funcionamiento del servicio público y la lesión producida y, en su caso, sobre la valoración del daño causado y la cuantía y modo de la indemnización de acuerdo con los criterios establecidos en esta Ley.

3. En el caso de reclamaciones en materia de responsabilidad patrimonial del Estado por el funcionamiento anormal de la Administración de Justicia, será preceptivo el informe del Consejo General del Poder Judicial que será evacuado en el plazo máximo de dos meses. El plazo para dictar resolución quedará suspendido por el tiempo que medie entre la solicitud, del informe y su recepción, no pudiendo exceder dicho plazo de los citados dos meses.

Artículo 82. Trámite de audiencia

1. *Instruidos los procedimientos, e inmediatamente antes de redactar la propuesta de resolución, se pondrán de manifiesto a los interesados o, en su caso, a sus representantes,* para lo que se tendrán en cuenta las limitaciones previstas en su caso en la Ley 19/2013, de 9 de diciembre.

La audiencia a los interesados será anterior a la solicitud del informe del órgano competente para el asesoramiento jurídico o a la solicitud del Dictamen del Consejo de Estado u órgano consultivo equivalente de la Comunidad Autónoma, en el caso que éstos formaran parte del procedimiento.

2. Los interesados, e**n un plazo no inferior a diez días ni superior a quince**, podrán alegar y presentar los documentos y justificaciones que estimen pertinentes.

3. Si antes del vencimiento del plazo los interesados manifiestan su decisión de no efectuar alegaciones ni aportar nuevos documentos o justificaciones, se tendrá por realizado el trámite.

4. Se podrá prescindir del trámite de audiencia cuando no figuren en el procedimiento ni sean tenidos en cuenta en la resolución otros hechos ni otras alegaciones y pruebas que las aducidas por el interesado.

5. En los procedimientos de responsabilidad patrimonial a los que se refiere el artículo 32.9 de la Ley de Régimen Jurídico del Sector Público, será necesario en todo caso dar audiencia al contratista, notificándole cuantas actuaciones se realicen en el procedimiento, al efecto de que se persone en el mismo, exponga lo que a su derecho convenga y proponga cuantos medios de prueba estime necesarios.

Artículo 83. Información pública

1. *El órgano al que corresponda la resolución del procedimiento, cuando la naturaleza de éste lo requiera, podrá acordar un período de información pública.*

2. A tal efecto, se publicará un anuncio en el Diario oficial correspondiente a fin de que cualquier persona física o jurídica pueda examinar el expediente, o la parte del mismo que se acuerde.

El anuncio señalará el lugar de exhibición, debiendo estar en todo caso a disposición de las personas que lo soliciten a través de medios electrónicos en la sede electrónica correspondiente, y d**eterminará el plazo para formular alegaciones, que en ningún caso podrá ser inferior a veinte días.**

3. La incomparecencia en este trámite no impedirá a los interesados interponer los recursos procedentes contra la resolución definitiva del procedimiento.

La comparecencia en el trámite de información pública no otorga, por sí misma, la condición de interesado. No obstante, quienes presenten alegaciones u observaciones en este trámite tienen derecho a obtener de la Administración una respuesta razonada, que podrá ser común para todas aquellas alegaciones que planteen cuestiones sustancialmente iguales.

4. Conforme a lo dispuesto en las leyes, las Administraciones Públicas podrán establecer otras formas, medios y cauces de participación de las personas, directamente o a través de las organizaciones y asociaciones reconocidas por la ley en el procedimiento en el que se dictan los actos administrativos.

2.5. Finalización del procedimiento

2.5.1. Introducción

La doctrina administrativa acoge la distinción entre forma normal y formas anormales de terminación del procedimiento, que es usual en la teoría del proceso. La terminación normal del procedimiento administrativo se produce por la resolución, entendida en un sentido estricto como decisión de las cuestiones en él planteadas o que derivan del mismo.

Como formas anormales, el artículo 84.1. de la LPAC menciona: el desistimiento; la renuncia al derecho en que se funde la solicitud, cuando tal renuncia no estuviera prohibida por el ordenamiento jurídico; y la declaración de caducidad.

A dicha enumeración, que la doctrina consideraba no exhaustiva, de los modos anormales de terminación del procedimiento, el párrafo 2 del mismo precepto añade la imposibilidad material de continuarlo por causas sobrevenidas; si bien son también posibles circunstancias jurídicas producidas durante la sustanciación del procedimiento que priven a éste de su sentido originario. Así, González Pérez menciona la extinción y transformación de los interesados, cuando el derecho o interés ejercitado son de naturaleza estrictamente personal, y determinadas reformas legislativas que priven al procedimiento de su razón de ser.

Por otra parte, la nueva Ley incorpora, en el articulo 86 la terminación convencional, que puede resultar, en algún modo, contradictoria con la idea de potestad administrativa, cuyo origen legal hace que sea indisponible para quien le está atribuida por el Derecho objetivo.

Por último debemos considerar la terminación presunta, producida por el silencio administrativo.

2.5.2. Formas de terminación del procedimiento

Artículo 84. Terminación

1. Pondrán fin al procedimiento la **resolución, el desistimiento, la renuncia al derecho en que se funde la solicitud, cuando tal renuncia no esté prohibida por el ordenamiento jurídico, y la declaración de caducidad.**

2. También producirá la terminación del procedimiento **la imposibilidad material de continuarlo por causas sobrevenidas.** La resolución que se dicte deberá ser motivada en todo caso.

Artículo 85. Terminación en los procedimientos sancionadores

1. Iniciado un procedimiento sancionador, si el infractor reconoce su responsabilidad, se podrá resolver el procedimiento con la imposición de la sanción que proceda.

2. Cuando la sanción tenga únicamente carácter pecuniario o bien quepa imponer una sanción pecuniaria y otra de carácter no pecuniario pero se ha justificado la

improcedencia de la segunda, el pago voluntario por el presunto responsable, en cualquier momento anterior a la resolución, implicará la terminación del procedimiento, salvo en lo relativo a la reposición de la situación alterada o a la determinación de la indemnización por los daños y perjuicios causados por la comisión de la infracción.

3. En ambos casos, cuando la sanción tenga únicamente carácter pecuniario, el órgano competente para resolver el procedimiento aplicará reducciones de, al menos, el 20 % sobre el importe de la sanción propuesta, siendo éstos acumulables entre sí. Las citadas reducciones, deberán estar determinadas en la notificación de iniciación del procedimiento y su efectividad estará condicionada al desistimiento o renuncia de cualquier acción o recurso en vía administrativa contra la sanción.

El porcentaje de reducción previsto en este apartado podrá ser incrementado reglamentariamente.

2.5.2.1. Resolución

Se trata de la forma normal de terminación del procedimiento. La administración está obligada a dictar resolución expresa y a notificarla salvo en los supuestos de terminación del procedimiento por pacto o convenio, así como los procedimientos relativos al ejercicio de derechos sometidos únicamente al deber de comunicación previa a la administración.

Artículo 87. Actuaciones complementarias

Antes de dictar resolución, el órgano competente para resolver podrá decidir, mediante acuerdo motivado, la realización de las actuaciones complementarias indispensables para resolver el procedimiento. No tendrán la consideración de actuaciones complementarias los informes que preceden inmediatamente a la resolución final del procedimiento.

El acuerdo de realización de actuaciones complementarias se notificará a los interesados, concediéndoseles un plazo de siete días para formular las alegaciones que tengan por pertinentes tras la finalización de las mismas. Las actuaciones complementarias deberán practicarse en un plazo no superior a quince días. El plazo para resolver el procedimiento quedará suspendido hasta la terminación de las actuaciones complementarias.

Artículo 88. Contenido

1. La resolución que ponga fin al procedimiento decidirá todas las cuestiones planteadas por los interesados y aquellas otras derivadas del mismo.

Cuando se trate de cuestiones conexas que no hubieran sido planteadas por los interesados, el órgano competente podrá pronunciarse sobre las mismas, poniéndolo antes de manifiesto a aquéllos por un plazo no superior a quince días, para que formulen las alegaciones que estimen pertinentes y aporten, en su caso, los medios de prueba.

2. En los procedimientos tramitados a solicitud del interesado, la resolución será congruente con las peticiones formuladas por éste, sin que en ningún caso pueda agravar su situación inicial y sin perjuicio de la potestad de la Administración de incoar de oficio un nuevo procedimiento, si procede.

3. Las resoluciones contendrán la decisión, que será motivada en los casos a que se refiere el artículo 35. Expresarán, además, los recursos que contra la misma procedan, órgano administrativo o judicial ante el que hubieran de presentarse y plazo para interponerlos, sin perjuicio de que los interesados puedan ejercitar cualquier otro que estimen oportuno.

4. Sin perjuicio de la forma y lugar señalados por el interesado para la práctica de las notificaciones, la resolución del procedimiento se dictará electrónicamente y garantizará la identidad del órgano competente, así como la autenticidad e integridad del documento que se formalice mediante el empleo de alguno de los instrumentos previstos en esta Ley.

5. En ningún caso podrá la Administración abstenerse de resolver so pretexto de silencio, oscuridad o insuficiencia de los preceptos legales aplicables al caso, aunque podrá acordarse la inadmisión de las solicitudes de reconocimiento de derechos no previstos en el ordenamiento jurídico o manifiestamente carentes de fundamento, sin perjuicio del derecho de petición previsto por el artículo 29 de la Constitución.

6. La aceptación de informes o dictámenes servirá de motivación a la resolución cuando se incorporen al texto de la misma.

7. Cuando la competencia para instruir y resolver un procedimiento no recaiga en un mismo órgano, será necesario que el instructor eleve al órgano competente para resolver un propuesta de resolución.

En los procedimientos de carácter sancionador, la propuesta de resolución deberá ser notificada a los interesados en los términos previstos en el artículo siguiente.

Artículo 89. Propuesta de resolución en los procedimientos de carácter sancionador

1. El órgano instructor resolverá la finalización del procedimiento, con archivo de las actuaciones, sin que sea necesaria la formulación de la propuesta de

resolución, cuando en la instrucción procedimiento se ponga de manifiesto que concurre alguna de las siguientes circunstancias:

a) La inexistencia de los hechos que pudieran constituir la infracción.

b) Cuando lo hechos no resulten acreditados.

c) Cuando los hechos probados no constituyan, de modo manifiesto, infracción administrativa.

d) Cuando no exista o no se haya podido identificar a la persona o personas responsables o bien aparezcan exentos de responsabilidad.

e) Cuando se concluyera, en cualquier momento, que ha prescrito la infracción.

2. En el caso de procedimientos de carácter sancionador, una vez concluida la instrucción del procedimiento, el órgano instructor formulará una propuesta de resolución que deberá ser notificada a los interesados. La propuesta de resolución deberá indicar la puesta de manifiesto del procedimiento y el plazo para formular alegaciones y presentar los documentos e informaciones que se estimen pertinentes.

3. En la propuesta de resolución se fijarán de forma motivada los hechos que se consideren probados y su exacta calificación jurídica, se determinará la infracción que, en su caso, aquéllos constituyan, la persona o personas responsables y la sanción que se proponga, la valoración de las pruebas practicadas, en especial aquellas que constituyan los fundamentos básicos de la decisión, así como las medidas provisionales que, en su caso, se hubieran adoptado. Cuando la instrucción concluya la inexistencia de infracción o responsabilidad y no se haga uso de la facultad prevista en el apartado primero, la propuesta declarará esa circunstancia.

Artículo 90. Especialidades de la resolución en los procedimientos sancionadores

1. En el caso de procedimientos de carácter sancionador, además del contenido previsto en los dos artículos anteriores, *la resolución incluirá la valoración de las pruebas practicadas, en especial aquellas que constituyan los fundamentos básicos de la decisión, fijarán los hechos y, en su caso, la persona o personas responsables, la infracción o infracciones cometidas y la sanción o sanciones que se imponen, o bien la declaración de no existencia de infracción o responsabilidad.*

2. En la resolución no se podrán aceptar hechos distintos de los determinados en el curso del procedimiento, con independencia de su diferente valoración jurídica. No obstante, cuando el órgano competente para resolver considere que la infracción o la sanción revisten mayor gravedad que la determinada en la propuesta de resolución, se notificará al inculpado para que aporte cuantas alegaciones estime convenientes en el plazo de quince días.

3. La resolución que ponga fin al procedimiento será ejecutiva cuando no quepa contra ella ningún recurso ordinario en vía administrativa, pudiendo adoptarse en la misma las disposiciones cautelares precisas para garantizar su eficacia en tanto no sea ejecutiva y que podrán consistir en el mantenimiento de las medidas provisionales que en su caso se hubieran adoptado.

Cuando la resolución sea ejecutiva, se podrá suspender cautelarmente, si el interesado manifiesta a la Administración su intención de interponer recurso contencioso-administrativo contra la resolución firme en vía administrativa. Dicha suspensión cautelar finalizará cuando:

a) Haya transcurrido el plazo legalmente previsto sin que el interesado haya interpuesto recurso contencioso administrativo.
b) Habiendo el interesado interpuesto recurso contencioso-administrativo:
    1. No se haya solicitado en el mismo trámite la suspensión cautelar de la resolución impugnada.
    2. El órgano judicial se pronuncie sobre la suspensión cautelar solicitada, en los términos previstos en ella.

4. Cuando las conductas sancionadas hubieran causado daños o perjuicios a las Administraciones y la cuantía destinada a indemnizar estos daños no hubiera quedado determinada en el expediente, se fijará mediante un procedimiento complementario, cuya resolución será inmediatamente ejecutiva. Este procedimiento será susceptible de terminación convencional, pero ni ésta ni la aceptación por el infractor de la resolución que pudiera recaer implicarán el reconocimiento voluntario de su responsabilidad. La resolución del procedimiento pondrá fin a la vía administrativa.

Artículo 91. Especialidades de la resolución en los procedimientos en materia de responsabilidad patrimonial

1. Una vez recibido, en su caso, el dictamen al que se refiere el artículo 81.2 o, cuando éste no sea preceptivo, una vez finalizado el trámite de audiencia, el órgano competente resolverá o someterá la propuesta de acuerdo para su formalización por el interesado y por el órgano administrativo competente para suscribirlo. Cuando no se estimase procedente formalizar la propuesta de terminación convencional, el órgano competente resolverá en los términos previstos en el apartado siguiente.

2. Además de lo previsto en el artículo 88, en los casos de procedimientos de responsabilidad patrimonial, será necesario que la resolución se pronuncie sobre la existencia o no de la relación de causalidad entre el funcionamiento del servicio público y la lesión producida y, en su caso, sobre la valoración del daño

causado, la cuantía y el modo de la indemnización, cuando proceda, de acuerdo con los criterios que para calcularla y abonarla se establecen en el artículo 34 de la Ley de Régimen Jurídico del Sector Público.

3. Transcurridos seis meses desde que se inició el procedimiento sin que haya recaído y se notifique resolución expresa o, en su caso, se haya formalizado el acuerdo, podrá entenderse que la resolución es contraria a la indemnización del particular.

Artículo 92. Competencia para la resolución de los procedimientos de responsabilidad patrimonial

En el ámbito de la Administración General del Estado, los procedimientos de responsabilidad patrimonial se resolverán **por el Ministro respectivo o por el Consejo de Ministros** en los casos del artículo 32.3 de la Ley de Régimen Jurídico del Sector Público o cuando una ley así lo disponga.

En el ámbito autonómico y local, los procedimientos de responsabilidad patrimonial se resolverán por los órganos correspondientes de las Comunidades Autónomas o de las Entidades que integran la Administración Local.

En el caso de las Entidades de Derecho Público, las normas que determinen su régimen jurídico podrán establecer los órganos a quien corresponde la resolución de los procedimientos de responsabilidad patrimonial. En su defecto, se aplicarán las normas previstas en este artículo.

2.5.2.2. La terminación convencional

Artículo 86. Terminación convencional

1. Las Administraciones Públicas *podrán celebrar acuerdos, pactos, convenios o contratos con personas tanto de Derecho público como privado, siempre que no sean contrarios al ordenamiento jurídico ni versen sobre materias no susceptibles de transacción* y tengan por objeto satisfacer el interés público que tienen encomendado, con el alcance, efectos y régimen jurídico específico que, en su caso, prevea la disposición que lo regule, pudiendo tales actos tener la consideración de finalizadores de los procedimientos administrativos o insertarse en los mismos con carácter previo, vinculante o no, a la resolución que les ponga fin.

2. Los citados instrumentos deberán establecer como contenido mínimo la identificación de las partes intervinientes, el ámbito personal, funcional y territorial, y el plazo de vigencia, debiendo publicarse o no según su naturaleza y las personas a las que estuvieran destinados.

3. Requerirán en todo caso la aprobación expresa del Consejo de Ministros u órgano equivalente de las Comunidades Autónomas, los acuerdos que versen sobre materias de la competencia directa de dicho órgano.

4. Los acuerdos que se suscriban no supondrán alteración de las competencias atribuidas a los órganos administrativos, ni de las responsabilidades que correspondan a las autoridades y funcionarios, relativas al funcionamiento de los servicios públicos.

5. En los casos de procedimientos de responsabilidad patrimonial, el acuerdo alcanzado entre las partes deberá fijar la cuantía y modo de indemnización de acuerdo con los criterios que para calcularla y abonarla establece el artículo 34 de la Ley de Régimen Jurídico del Sector Público.

2.5.2.3. El desistimiento y la renuncia

Artículo 93. Desistimiento por la Administración

En los procedimientos *iniciados de oficio, la Administración podrá desistir,* motivadamente, en los supuestos y con los requisitos previstos en las Leyes.

Artículo 94. Desistimiento y renuncia por los interesados

1. **Todo interesado podrá desistir de su solicitud o, cuando ello no esté prohibido por el ordenamiento jurídico, renunciar a sus derechos.**

2. Si el escrito de iniciación se hubiera formulado por dos o más interesados, el desistimiento o la renuncia sólo afectará a aquellos que la hubiesen formulado.

3. Tanto el desistimiento como la renuncia podrán hacerse por cualquier medio que permita su constancia, siempre que incorpore las firmas que correspondan de acuerdo con lo previsto en la normativa aplicable.

4. La Administración aceptará de plano el desistimiento o la renuncia, y declarará concluso el procedimiento salvo que, habiéndose personado en el mismo terceros interesados, instasen éstos su continuación en el plazo de diez días desde que fueron notificados del desistimiento o renuncia.

5. Si la cuestión suscitada por la incoación del procedimiento entrañase interés general o fuera conveniente sustanciarla para su definición y esclarecimiento, la Administración podrá limitar los efectos del desistimiento o la renuncia al interesado y seguirá el procedimiento.

Para ver la distinción entre una y otra figura, se ha de hacer notar que, a través del desistimiento, el articular manifiesta su voluntad de abandonar un concreto procedimiento, pero conservando el derecho en que se ampara que, si no ha prescrito, puede hacer valer en otro procedimiento, mientras que, si opta por la renuncia, pierde el propio derecho, sin poderlo ejercitar en lo sucesivo.

En cualquier caso, como se expuso, producido el desistimiento o la renuncia, la Administración, lejos de la rutinaria e ilegal práctica de archivar el expediente sin más, deberá adoptar resolución declarando la forma anormal de terminación del procedimiento que se haya producido, lo que notificará a los interesados en la forma legalmente prevista.

2.5.2.4. La caducidad

Artículo 95. Requisitos y efectos

1. **En los procedimientos iniciados a solicitud del interesado**, *cuando se produzca su paralización por causa imputable al mismo, la Administración le advertirá que, transcurridos tres meses, se producirá la caducidad del procedimiento.* Consumido este plazo sin que el particular requerido realice las actividades necesarias para reanudar la tramitación, la Administración acordará el archivo de las actuaciones, notificándoselo al interesado. Contra la resolución que declare la caducidad procederán los recursos pertinentes.

2. No podrá acordarse la caducidad por la simple inactividad del interesado en la cumplimentación de trámites, siempre que no sean indispensables para dictar resolución. Dicha inactividad no tendrá otro efecto que la pérdida de su derecho al referido trámite.

3. La caducidad no producirá por sí sola la prescripción de las acciones del particular o de la Administración, pero los procedimientos caducados no interrumpirán el plazo de prescripción.

En los casos en los que sea posible la iniciación de un nuevo procedimiento por no haberse producido la prescripción, podrán incorporarse a éste los actos y trámites cuyo contenido se hubiera mantenido igual de no haberse producido la caducidad. En todo caso, en el nuevo procedimiento deberán cumplimentarse los trámites de alegaciones, proposición de prueba y audiencia al interesado.

4. Podrá no ser aplicable la caducidad en el supuesto de que la cuestión suscitada afecte al interés general, o fuera conveniente sustanciarla para su definición y esclarecimiento.

2.5.2.5. Imposibilidad material de continuarlo por causas sobrevenidas

También producirá la terminación del procedimiento la imposibilidad material de continuarlo por causas sobrevenidas. La resolución que se dicte deberá ser motivada en todo caso.

FORMAS DE TERMINACIÓN		
– Terminación Normal	→	RESOLUCIÓN
– Terminación Convencional	→	PACTO O ACUERDO
– Terminación Anormal	→	– Desistimiento – Renuncia Caducidad
– Terminación Presunta	→	Silencio Administrativo
– Terminación Excepcional	→	Imposibilidad material de finalización

2.6. De la tramitación simplificada del Procedimiento Administrativo Común

Artículo 96. Tramitación simplificada del Procedimiento Administrativo Común

1. Cuando **razones de interés público o la falta de complejidad del procedimiento así lo aconsejen,** las Administraciones Públicas podrán acordar, de oficio o a solicitud del interesado, la tramitación simplificada del procedimiento.

En cualquier momento del procedimiento anterior a su resolución, el órgano competente para su tramitación podrá acordar continuar con arreglo a la tramitación ordinaria.

2. Cuando la Administración acuerde de oficio la tramitación simplificada del procedimiento deberá notificarlo a los interesados. Si alguno de ellos manifestara su oposición expresa, la Administración deberá seguir la tramitación ordinaria.

3. Los interesados podrán solicitar la tramitación simplificada del procedimiento. Si el órgano competente para la tramitación aprecia que no concurre

alguna de las razones previstas en el apartado 1, podrá desestimar dicha solicitud, en el plazo de cinco días desde su presentación, sin que exista posibilidad de recurso por parte del interesado. Transcurrido el mencionado plazo de cinco días se entenderá desestimada la solicitud.

4. En el caso de procedimientos en materia de responsabilidad patrimonial de las Administraciones Públicas, si una vez iniciado el procedimiento administrativo el órgano competente para su tramitación considera inequívoca la relación de causalidad entre el funcionamiento del servicio público y la lesión, así como la valoración del daño y el cálculo de la cuantía de la indemnización, podrá acordar de oficio la suspensión del procedimiento general y la iniciación de un procedimiento simplificado.

5. En el caso de procedimientos de naturaleza sancionadora, se podrá adoptar la tramitación simplificada del procedimiento cuando el órgano competente para iniciar el procedimiento considere que, de acuerdo con lo previsto en su normativa reguladora, existen elementos de juicio suficientes para calificar la infracción como leve, sin que quepa la oposición expresa por parte del interesado prevista en el apartado 2.

6. Salvo que reste menos para su tramitación ordinaria, los procedimientos administrativos tramitados de manera simplificada deberán ser resueltos en treinta días, a contar desde el siguiente al que se notifique al interesado el acuerdo de tramitación simplificada del procedimiento, y constarán únicamente de los siguientes trámites:

a) Inicio del procedimiento de oficio o a solicitud del interesado.
b) Subsanación de la solicitud presentada, en su caso.
c) Alegaciones formuladas al inicio del procedimiento durante el plazo de cinco días.
d) Trámite de audiencia, únicamente cuando la resolución vaya a ser desfavorable para el interesado.
e) Informe del servicio jurídico, cuando éste sea preceptivo.
f) Informe del Consejo General del Poder Judicial, cuando éste sea preceptivo.
g) Dictamen del Consejo de Estado u órgano consultivo equivalente de la Comunidad Autónoma en los casos en que sea preceptivo. Desde que se solicite el Dictamen al Consejo de Estado, u órgano equivalente, hasta que éste sea emitido, se producirá la suspensión automática del plazo para resolver.

   El órgano competente solicitará la emisión del Dictamen en un plazo tal que permita cumplir el plazo de resolución del procedimiento. El Dictamen podrá ser emitido en el plazo de quince días si así lo solicita el órgano competente.

En todo caso, en el expediente que se remita al Consejo de Estado u órgano consultivo equivalente, se incluirá una propuesta de resolución. Cuando el Dictamen sea contrario al fondo de la propuesta de resolución, con independencia de que se atienda o no este criterio, el órgano competente para resolver acordará continuar el procedimiento con arreglo a la tramitación ordinaria, lo que se notificará a los interesados. En este caso, se entenderán convalidadas todas las actuaciones que se hubieran realizado durante la tramitación simplificada del procedimiento, a excepción del Dictamen del Consejo de Estado u órgano consultivo equivalente.

h) Resolución.

7. En el caso que un procedimiento exigiera la realización de un trámite no previsto en el apartado anterior, deberá ser tramitado de manera ordinaria.

2.7. La ejecución: la ejecución forzosa de los actos administrativos

Artículo 97. Título

1. Las Administraciones Públicas *no iniciarán ninguna actuación material de ejecución de resoluciones que limite derechos de los particulares* **sin que previamente haya sido adoptada la resolución que le sirva de fundamento jurídico**.

2. El órgano que ordene un acto de ejecución material de resoluciones estará obligado a notificar al particular interesado la resolución que autorice la actuación administrativa.

Artículo 98. Ejecutoriedad

1. **Los actos de las Administraciones Públicas sujetos al Derecho Administrativo serán inmediatamente ejecutivos**, *salvo que:*

a) Se produzca la suspensión de la ejecución del acto.

b) Se trate de una resolución de un procedimiento de naturaleza sancionadora contra la que quepa algún recurso en vía administrativa, incluido el potestativo de reposición.

c) Una disposición establezca lo contrario.

d) Se necesite aprobación o autorización superior.

2. Cuando de una resolución administrativa, o de cualquier otra forma de finalización del procedimiento administrativo prevista en esta ley, nazca una

obligación de pago derivada de una sanción pecuniaria, multa o cualquier otro derecho que haya de abonarse a la Hacienda pública, éste se efectuará preferentemente, salvo que se justifique la imposibilidad de hacerlo, utilizando alguno de los medios electrónicos siguientes:

a) Tarjeta de crédito y débito.
b) Transferencia bancaria.
c) Domiciliación bancaria.
d) Cualesquiera otros que se autoricen por el órgano competente en materia de Hacienda Pública.

Artículo 99. Ejecución forzosa

Las Administraciones Públicas, a través de sus órganos competentes en cada caso, podrán proceder, previo apercibimiento, a la ejecución forzosa de los actos administrativos, salvo en los supuestos en que se suspenda la ejecución de acuerdo con la Ley, o cuando la Constitución o la Ley exijan la intervención de un órgano judicial.

Artículo 100. Medios de ejecución forzosa

1. La ejecución forzosa por las Administraciones Públicas se efectuará, respetando siempre el *principio de proporcionalidad*, por los siguientes medios:

a) Apremio sobre el patrimonio.
b) Ejecución subsidiaria.
c) Multa coercitiva.
d) Compulsión sobre las personas.

2. Si fueran varios los medios de ejecución admisibles se elegirá el menos restrictivo de la libertad individual.

3. Si fuese necesario entrar en el domicilio del afectado o en los restantes lugares que requieran la autorización de su titular, las Administraciones Públicas deberán obtener el consentimiento del mismo o, en su defecto, la oportuna autorización judicial.

Artículo 101. Apremio sobre el patrimonio

1. Si en virtud de acto administrativo hubiera de satisfacerse cantidad líquida se seguirá el procedimiento previsto en las normas reguladoras del procedimiento de apremio.

2. En cualquier caso no podrá imponerse a los administrados una obligación pecuniaria que no estuviese establecida con arreglo a una norma de rango legal.

Artículo 102. Ejecución subsidiaria

1. Habrá lugar a la ejecución subsidiaria cuando se trate de actos que por no ser personalísimos puedan ser realizados por sujeto distinto del obligado.

2. En este caso, las Administraciones Públicas realizarán el acto, por sí o a través de las personas que determinen, a costa del obligado.

3. El importe de los gastos, daños y perjuicios se exigirá conforme a lo dispuesto en el artículo anterior.

4. Dicho importe podrá liquidarse de forma provisional y realizarse antes de la ejecución, a reserva de la liquidación definitiva.

Artículo 103. Multa coercitiva

1. Cuando así lo autoricen las Leyes, y en la forma y cuantía que éstas determinen, las Administraciones Públicas pueden, para la ejecución de determinados actos, imponer multas coercitivas, reiteradas por lapsos de tiempo que sean suficientes para cumplir lo ordenado, en los siguientes supuestos:

a) Actos personalísimos en que no proceda la compulsión directa sobre la persona del obligado.
b) Actos en que, procediendo la compulsión, la Administración no la estimara conveniente.
c) Actos cuya ejecución pueda el obligado encargar a otra persona.

2. La multa coercitiva es independiente de las sanciones que puedan imponerse con tal carácter y compatible con ellas.

Artículo 104. Compulsión sobre las personas

1. Los actos administrativos que impongan una obligación personalísima de no hacer o soportar podrán ser ejecutados por compulsión directa sobre las personas en los casos en que la ley expresamente lo autorice, y dentro siempre del respeto debido a su dignidad y a los derechos reconocidos en la Constitución.

2. Si, tratándose de obligaciones personalísimas de hacer, no se realizase la prestación, el obligado deberá resarcir los daños y perjuicios, a cuya liquidación y cobro se procederá en vía administrativa.

Artículo 105. Prohibición de acciones posesorias

No se admitirán a trámite acciones posesorias contra las actuaciones de los órganos administrativos realizadas en materia de su competencia y de acuerdo con el procedimiento legalmente establecido.

2.8. Obligación administrativa de resolver

Artículo 21. Obligación de resolver

1. *La Administración está obligada a dictar resolución expresa y a notificarla en todos los procedimientos cualquiera que sea su forma de iniciación.*

En los casos de prescripción, renuncia del derecho, caducidad del procedimiento o desistimiento de la solicitud, así como de desaparición sobrevenida del objeto del procedimiento, la resolución consistirá en la declaración de la circunstancia que concurra en cada caso, con indicación de los hechos producidos y las normas aplicables.

Se exceptúan de la obligación a que se refiere el párrafo primero, los supuestos de terminación del *procedimiento por pacto o convenio,* así como los procedimientos relativos al ejercicio de derechos sometidos únicamente al deber de declaración responsable o comunicación a la Administración.

2. El plazo máximo en el que debe notificarse la resolución expresa será el fijado por la norma reguladora del correspondiente procedimiento.

Este plazo no podrá exceder de seis meses salvo que una norma con rango de Ley establezca uno mayor o así venga previsto en el Derecho de la Unión Europea.

3. Cuando las normas reguladoras de los procedimientos no fijen el plazo máximo, éste será de tres meses. Este plazo y los previstos en el apartado anterior se contarán:

a) En los procedimientos iniciados de oficio, desde la fecha del acuerdo de iniciación.

b) En los iniciados a solicitud del interesado, desde la fecha en que la solicitud haya tenido entrada en el registro electrónico de la Administración u Organismo competente para su tramitación.

4. Las Administraciones Públicas deben publicar y mantener actualizadas en el portal web, a efectos informativos, las relaciones de procedimientos de su competencia, con indicación de los plazos máximos de duración de los mismos, así como de los efectos que produzca el silencio administrativo.

En todo caso, las Administraciones Públicas informarán a los interesados del plazo máximo establecido para la resolución de los procedimientos y para la notificación de los actos que les pongan término, así como de los efectos que pueda producir el silencio administrativo. Dicha mención se incluirá en la notificación o publicación del acuerdo de iniciación de oficio, o en la comunicación que se dirigirá al efecto al interesado dentro de los diez días siguientes a la recepción de la solicitud iniciadora del procedimiento en el registro electrónico de la Administración u Organismo competente para su tramitación. En este último caso, la comunicación indicará además la fecha en que la solicitud ha sido recibida por el órgano competente.

5. Cuando el número de las solicitudes formuladas o las personas afectadas pudieran suponer un incumplimiento del plazo máximo de resolución, el órgano competente para resolver, a propuesta razonada del órgano instructor, o el superior jerárquico del órgano competente para resolver, a propuesta de éste, podrán habilitar los medios personales y materiales para cumplir con el despacho adecuado y en plazo.

6. El personal al servicio de las Administraciones Públicas que tenga a su cargo el despacho de los asuntos, así como los titulares de los órganos administrativos competentes para instruir y resolver son directamente responsables, en el ámbito de sus competencias del cumplimiento de la obligación legal de dictar resolución expresa en plazo.

El incumplimiento de dicha obligación dará lugar a la exigencia de responsabilidad disciplinaria, sin perjuicio de la que hubiere lugar de acuerdo con la normativa aplicable.

Artículo 22. Suspensión del plazo máximo para resolver

1. El transcurso del plazo máximo legal para resolver un procedimiento y notificar la resolución se podrá suspender en los siguientes casos:

a) Cuando deba requerirse a cualquier interesado para la subsanación de deficiencias o la aportación de documentos y otros elementos de juicio necesarios, por el tiempo que medie entre la notificación del requerimiento y su efectivo cumplimiento por el destinatario, o, en su defecto, por el del plazo concedido, todo ello sin perjuicio de lo previsto en el artículo 68 de la presente Ley.

b) Cuando deba obtenerse un pronunciamiento previo y preceptivo de un órgano de la Unión Europea, por el tiempo que medie entre la petición, que habrá de comunicarse a los interesados, y la notificación del pronunciamiento a la Administración instructora, que también deberá serles comunicada.

c) Cuando exista un procedimiento no finalizado en el ámbito de la Unión Europea que condicione directamente el contenido de la resolución de que se trate, desde que se tenga constancia de su existencia, lo que deberá ser comunicado a los interesados, hasta que se resuelva, lo que también habrá de ser notificado.

d) Cuando se soliciten informes preceptivos a un órgano de la misma o distinta Administración, por el tiempo que medie entre la petición, que deberá comunicarse a los interesados, y la recepción del informe, que igualmente deberá ser comunicada a los mismos. Este plazo de suspensión no podrá exceder en ningún caso de tres meses. En caso de no recibirse el informe en el plazo indicado, proseguirá el procedimiento.

e) Cuando deban realizarse pruebas técnicas o análisis contradictorios o dirimentes propuestos por los interesados, durante el tiempo necesario para la incorporación de los resultados al expediente.

f) Cuando se inicien negociaciones con vistas a la conclusión de un pacto o convenio en los términos previstos en el artículo 86 de esta Ley, desde la declaración formal al respecto y hasta la conclusión sin efecto, en su caso, de las referidas negociaciones, que se constatará mediante declaración formulada por la Administración o los interesados.

g) Cuando para la resolución del procedimiento sea indispensable la obtención de un previo pronunciamiento por parte de un órgano jurisdiccional, desde el momento en que se solicita, lo que habrá de comunicarse a los interesados, hasta que la Administración tenga constancia del mismo, lo que también deberá serles comunicado.

2. **El transcurso del plazo máximo legal para resolver un procedimiento y notificar la resolución se suspenderá en los siguientes casos:**

a) Cuando una Administración Pública requiera a otra para que anule o revise un acto que entienda que es ilegal y que constituya la base para el que la primera haya de dictar en el ámbito de sus competencias, en el supuesto al que se refiere el apartado 5 del artículo 39 de esta Ley, desde que se realiza el requerimiento hasta que se atienda o, en su caso, se resuelva el recurso interpuesto ante la jurisdicción contencioso administrativa. Deberá ser comunicado a los interesados tanto la realización del requerimiento, como su cumplimiento o, en su caso, la resolución del correspondiente recurso contencioso-administrativo.

b) Cuando el órgano competente para resolver decida realizar alguna actuación complementaria de las previstas en el artículo 87, desde el momento en que se notifique a los interesados el acuerdo motivado del inicio de las actuaciones hasta que se produzca su terminación.

c) Cuando los interesados promuevan la recusación en cualquier momento de la tramitación de un procedimiento, desde que ésta se plantee hasta que sea resuelta por el superior jerárquico del recusado.

Artículo 23. Ampliación del plazo máximo para resolver y notificar

1. Excepcionalmente, cuando se hayan agotado los medios personales y materiales disponibles a los que se refiere el apartado 5 del artículo 21, el órgano competente para resolver, a propuesta, en su caso, del órgano instructor o el superior jerárquico del órgano competente para resolver, podrá acordar de manera motivada la ampliación del plazo máximo de resolución y notificación, no pudiendo ser éste superior al establecido para la tramitación del procedimiento.

2. Contra el acuerdo que resuelva sobre la ampliación de plazos, que deberá ser notificado a los interesados, no cabrá recurso alguno.

2.9. Efectos del silencio administrativo

Artículo 24. Silencio administrativo en procedimientos iniciados a solicitud del interesado

1. En los procedimientos iniciados a solicitud del interesado, sin perjuicio de la resolución que la Administración debe dictar en la forma prevista en el apartado 3 de este artículo, **el vencimiento del plazo máximo sin haberse notificado resolución expresa, legitima al interesado o interesados para entenderla estimada por silencio administrativo**, *excepto* en los supuestos en los que *una norma con rango de ley o una norma de Derecho de la Unión Europea o de Derecho internacional aplicable en España establezcan lo contrario.* Cuando el procedimiento tenga por objeto el acceso a actividades o su ejercicio, la ley que disponga el carácter desestimatorio del silencio deberá fundarse en la concurrencia de razones imperiosas de interés general.

El silencio tendrá efecto desestimatorio en los *procedimientos relativos al ejercicio del derecho de petición,* a que se refiere el artículo 29 de la Constitución, *aquellos cuya estimación tuviera como consecuencia que se transfirieran al solicitante o a terceros facultades relativas al dominio público* o al servicio público, impliquen el ejercicio de actividades que puedan *dañar el medio ambiente y en los procedimientos de responsabilidad patrimonial de las Administraciones Públicas.*

El sentido del silencio *también será desestimatorio en los procedimientos de impugnación de actos y disposiciones y en los de revisión de oficio* iniciados a solicitud de los interesados. No obstante, cuando el recurso de alzada se haya interpuesto contra la desestimación por silencio administrativo de una solicitud por el transcurso del plazo, se entenderá estimado el mismo si, llegado el plazo de resolución, el órgano administrativo competente no dictase y notificase resolución expresa, siempre que no se refiera a las materias enumeradas en el párrafo anterior de este apartado.

2. La estimación por silencio administrativo tiene a todos los efectos la consideración de acto administrativo finalizador del procedimiento. La desestimación por silencio administrativo tiene los solos efectos de permitir a los interesados la interposición del recurso administrativo o contencioso-administrativo que resulte procedente.

3. La obligación de dictar resolución expresa a que se refiere el apartado primero del artículo 21 se sujetará al siguiente régimen:

a) En los casos de estimación por silencio administrativo, la resolución expresa posterior a la producción del acto sólo podrá dictarse de ser confirmatoria del mismo.

b) En los casos de desestimación por silencio administrativo, la resolución expresa posterior al vencimiento del plazo se adoptará por la Administración sin vinculación alguna al sentido del silencio.

4. Los actos administrativos producidos por silencio administrativo se podrán hacer valer tanto ante la Administración como ante cualquier persona física o jurídica, pública o privada. Los mismos producen efectos desde el vencimiento del plazo máximo en el que debe dictarse y notificarse la resolución expresa sin que la misma se haya expedido, y su existencia puede ser acreditada por cualquier medio de prueba admitido en Derecho, incluido el certificado acreditativo del silencio producido. Este certificado se expedirá de oficio por el órgano competente para resolver en el plazo de quince días desde que expire el plazo máximo para resolver el procedimiento. Sin perjuicio de lo anterior, el interesado podrá pedirlo en cualquier momento, computándose el plazo indicado anteriormente desde el día siguiente a aquél en que la petición tuviese entrada en el registro electrónico de la Administración u Organismo competente para resolver.

Artículo 25. Falta de resolución expresa en procedimientos iniciados de oficio

1. En los procedimientos iniciados de oficio, el vencimiento del plazo máximo establecido sin que se haya dictado y notificado resolución expresa no exime a la Administración del cumplimiento de la obligación legal de resolver, produciendo los siguientes efectos:

a) En el caso de procedimientos de los que pudiera derivarse el reconocimiento o, en su caso, la constitución de derechos u otras situaciones jurídicas favorables, los interesados que hubieren comparecido podrán entender desestimadas sus pretensiones por silencio administrativo.

b) En los procedimientos en que la Administración ejercite potestades sancionadoras o, en general, de intervención, susceptibles de producir efectos desfavorables o de gravamen, se producirá la caducidad. En estos casos, la resolución que declare la caducidad ordenará el archivo de las actuaciones, con los efectos previstos en el artículo 95.

2. En los supuestos en los que el procedimiento se hubiera paralizado por causa imputable al interesado, se interrumpirá el cómputo del plazo para resolver y notificar la resolución.

3. Medios de impugnación de la actuación administrativa. La revisión de oficio. Los recursos administrativos: concepto y clases

3.1. Los recursos administrativos: concepto y clases

Como se dijo, la presunción de validez de los actos administrativos es *iuris tantum*, es decir, que admite prueba en contrario por parte del interesado cuando entable el correspondiente recurso administrativo y, en su caso, contencioso-administrativo, de forma que, si demuestra que la Administración ha incurrido en ilegalidad al dictar el acto, éste debe ser anulado.

A este fin, y al margen de los supuestos de la revisión de oficio, que estudiamos en el tema 1, la Ley ha concedido al particular diversos cauces para poder llegar a esta anulación, que no son otros que los recursos administrativos o, en su caso, el acceso a los órganos jurisdiccionales para conseguir una satisfacción a sus pretensiones, a través del recurso contencioso-administrativo.

Concepto: Para GARCÍA DE ENTERRÍA, los recursos administrativos son **"actos del administrado mediante los que este pide a la propia Administración la revocación o reforma de un acto suyo o de una disposición de carácter general de rango inferior a la Ley en base a su título jurídico específico"**.

Siguiendo al autor citado, puede señalarse que el recurso administrativo es una garantía para los afectados por la resolución administrativa, en cuanto les aseguran la posibilidad de reaccionar contra ella y, eventualmente, de eliminar el perjuicio que comporta, alcanzando a todo tipo de actos administrativos.

Siguiendo con lo desarrollado en los dos tema anteriores, y para terminar el contenido de los recursos administrativos se encuentra en la Ley de Procedimiento Administrativo Común de las Administraciones Públicas, ley 39/2015, a la que denominaremos LPAC, la cual tras establecer los principios generales comunes a todos los recursos regula tres tipos:

- Recurso de Alzada.
- Recurso potestativo de Reposición.
- Recurso extraordinario de Revisión.

3.1.1. Principios generales

Artículo 112. Objeto y clases

1. Contra las resoluciones y los actos de trámite, si estos últimos deciden directa o indirectamente el fondo del asunto, determinan la imposibilidad de continuar el procedimiento, producen indefensión o perjuicio irreparable a derechos e intereses legítimos, podrán interponerse por los interesados los **recursos de alzada** y **potestativo de reposición**, que **cabrá fundar en cualquiera de los motivos de nulidad o anulabilidad previstos en los artículos 47 y 48 de esta Ley.**

La oposición a los restantes actos de trámite podrá alegarse por los interesados para su consideración en la resolución que ponga fin al procedimiento.

2. Las leyes podrán sustituir el recurso de alzada, en supuestos o ámbitos sectoriales determinados, y cuando la especificidad de la materia así lo justifique, por otros procedimientos de impugnación, reclamación, conciliación, mediación y arbitraje, ante órganos colegiados o Comisiones específicas no sometidas a instrucciones jerárquicas, con respeto a los principios, garantías y plazos que la presente Ley reconoce a las personas y a los interesados en todo procedimiento administrativo.

En las mismas condiciones, el recurso de reposición podrá ser sustituido por los procedimientos a que se refiere el párrafo anterior, respetando su carácter potestativo para el interesado.

La aplicación de estos procedimientos en el ámbito de la Administración Local no podrá suponer el desconocimiento de las facultades resolutorias reconocidas a los órganos representativos electos establecidos por la Ley.

3. *Contra las disposiciones administrativas de carácter general no cabrá recurso en vía administrativa.*

Los recursos contra un acto administrativo que se funden únicamente en la nulidad de alguna disposición administrativa de carácter general podrán interponerse directamente ante el órgano que dictó dicha disposición.

4. Las reclamaciones económico-administrativas se ajustarán a los procedimientos establecidos por su legislación específica.

Artículo 113. Recurso extraordinario de revisión

Contra los actos firmes en vía administrativa, sólo procederá el recurso extraordinario de revisión cuando concurra alguna de las circunstancias previstas en el artículo 125.1.

Artículo 114. Fin de la vía administrativa

1. *Ponen fin a la vía administrativa:*

a) Las resoluciones de los recursos de alzada.

b) Las resoluciones de los procedimientos a que se refiere el artículo 112.2.

c) Las resoluciones de los órganos administrativos que carezcan de superior jerárquico, salvo que una Ley establezca lo contrario.

d) Los acuerdos, pactos, convenios o contratos que tengan la consideración de finalizadores del procedimiento.

e) La resolución administrativa de los procedimientos de responsabilidad patrimonial, cualquiera que fuese el tipo de relación, pública o privada, de que derive.

f) La resolución de los procedimientos complementarios en materia sancionadora a los que se refiere el artículo 90.4.

g) Las demás resoluciones de órganos administrativos cuando una disposición legal o reglamentaria así lo establezca.

2. Además de lo previsto en el apartado anterior, *en el ámbito estatal ponen fin a la vía administrativa los actos y resoluciones siguientes*:

a) Los actos administrativos de los miembros y órganos del Gobierno.

b) Los emanados de los Ministros y los Secretarios de Estado en el ejercicio de las competencias que tienen atribuidas los órganos de los que son titulares.

c) Los emanados de los órganos directivos con nivel de Director general o superior, en relación con las competencias que tengan atribuidas en materia de personal.

d) En los Organismos públicos y entidades derecho público vinculados o dependientes de la Administración General del Estado, los emanados de los máximos órganos de dirección unipersonales o colegiados, de acuerdo con lo que establezcan sus estatutos, salvo que por ley se establezca otra cosa.

Artículo 115. Interposición de recurso

1. *La interposición del recurso deberá expresar:*

a) El nombre y apellidos del recurrente, así como la identificación personal del mismo.

b) El acto que se recurre y la razón de su impugnación.

c) Lugar, fecha, firma del recurrente, identificación del medio y, en su caso, del lugar que se señale a efectos de notificaciones.

d) Órgano, centro o unidad administrativa al que se dirige y su correspondiente código de identificación.
e) Las demás particularidades exigidas, en su caso, por las disposiciones específicas.

2. El error o la ausencia de la calificación del recurso por parte del recurrente no será obstáculo para su tramitación, siempre que se deduzca su verdadero carácter.

3. Los vicios y defectos que hagan anulable un acto no podrán ser alegados por quienes los hubieren causado.

Artículo 116. Causas de inadmisión

Serán causas de inadmisión las siguientes:

a) Ser incompetente el órgano administrativo, cuando el competente perteneciera a otra Administración Pública. El recurso deberá remitirse al órgano competente, de acuerdo con lo establecido en el artículo 14.1 de la Ley de Régimen Jurídico del Sector Público.
b) Carecer de legitimación el recurrente.
c) Tratarse de un acto no susceptible de recurso.
d) Haber transcurrido el plazo para la interposición del recurso.
e) Carecer el recurso manifiestamente de fundamento.

Artículo 117. Suspensión de la ejecución

1. La interposición de cualquier recurso, excepto en los casos en que una disposición establezca lo contrario, no suspenderá la ejecución del acto impugnado.

2. No obstante lo dispuesto en el apartado anterior, el órgano a quien competa resolver el recurso, previa ponderación, suficientemente razonada, entre el perjuicio que causaría al interés público o a terceros la suspensión y el ocasionado al recurrente como consecuencia de la eficacia inmediata del acto recurrido, podrá suspender, de oficio o a solicitud del recurrente, la ejecución del acto impugnado cuando concurran alguna de las siguientes circunstancias:

a) Que la ejecución pudiera causar perjuicios de imposible o difícil reparación.
b) Que la impugnación se fundamente en alguna de las causas de nulidad de pleno derecho previstas en el artículo 47.1 de esta Ley.

3. La ejecución del acto impugnado se entenderá suspendida si transcurrido un mes desde que la solicitud de suspensión haya tenido entrada en el registro

electrónico de la Administración u Organismo competente para decidir sobre la misma, el órgano a quien competa resolver el recurso no ha dictado y notificado resolución expresa al respecto. En estos casos, no será de aplicación lo establecido en el artículo 21.4 segundo párrafo, de esta Ley.

4. Al dictar el acuerdo de suspensión podrán adoptarse las medidas cautelares que sean necesarias para asegurar la protección del interés público o de terceros y la eficacia de la resolución o el acto impugnado.

Cuando de la suspensión puedan derivarse perjuicios de cualquier naturaleza, aquélla sólo producirá efectos previa prestación de caución o garantía suficiente para responder de ellos, en los términos establecidos reglamentariamente.

La suspensión se prolongará después de agotada la vía administrativa cuando, habiéndolo solicitado previamente el interesado, exista medida cautelar y los efectos de ésta se extiendan a la vía contencioso-administrativa. Si el interesado interpusiera recurso contencioso-administrativo, solicitando la suspensión del acto objeto del proceso, se mantendrá la suspensión hasta que se produzca el correspondiente pronunciamiento judicial sobre la solicitud.

5. Cuando el recurso tenga por objeto la impugnación de un acto administrativo que afecte a una pluralidad indeterminada de personas, la suspensión de su eficacia habrá de ser publicada en el periódico oficial en que aquél se insertó.

Artículo 118. Audiencia de los interesados

1. Cuando hayan de tenerse en cuenta nuevos hechos o documentos no recogidos en el expediente originario, se pondrán de manifiesto a los interesados para que, en un plazo no inferior a diez días ni superior a quince, formulen las alegaciones y presenten los documentos y justificantes que estimen procedentes.

No se tendrán en cuenta en la resolución de los recursos, hechos, documentos o alegaciones del recurrente, cuando habiendo podido aportarlos en el trámite de alegaciones no lo haya hecho. Tampoco podrá solicitarse la práctica de pruebas cuando su falta de realización en el procedimiento en el que se dictó la resolución recurrida fuera imputable al interesado.

2. Si hubiera otros interesados se les dará, en todo caso, traslado del recurso para que en el plazo antes citado, aleguen cuanto estimen procedente.

3. El recurso, los informes y las propuestas no tienen el carácter de documentos nuevos a los efectos de este artículo. Tampoco lo tendrán los que los interesados hayan aportado al expediente antes de recaer la resolución impugnada.

Artículo 119. Resolución

1. La resolución del recurso estimará en todo o en parte o desestimará las pretensiones formuladas en el mismo o declarará su inadmisión.

2. Cuando existiendo vicio de forma no se estime procedente resolver sobre el fondo se ordenará la retroacción del procedimiento al momento en el que el vicio fue cometido, sin perjuicio de que eventualmente pueda acordarse la convalidación de actuaciones por el órgano competente para ello, de acuerdo con lo dispuesto en el artículo 52.

3. El órgano que resuelva el recurso decidirá cuantas cuestiones, tanto de forma como de fondo, plantee el procedimiento, hayan sido o no alegadas por los interesados. En este último caso se les oirá previamente. No obstante, la resolución será congruente con las peticiones formuladas por el recurrente, sin que en ningún caso pueda agravarse su situación inicial.

Artículo 120. Pluralidad de recursos administrativos

1. Cuando deban resolverse una pluralidad de recursos administrativos que traigan causa de un mismo acto administrativo y se hubiera interpuesto un recurso judicial contra una resolución administrativa o bien contra el correspondiente acto presunto desestimatorio, el órgano administrativo podrá acordar la suspensión del plazo para resolver hasta que recaiga pronunciamiento judicial.

2. El acuerdo de suspensión deberá ser notificado a los interesados, quienes podrán recurrirlo.

La interposición del correspondiente recurso por un interesado, no afectará a los restantes procedimientos de recurso que se encuentren suspendidos por traer causa del mismo acto administrativo.

3. Recaído el pronunciamiento judicial, será comunicado a los interesados y el órgano administrativo competente para resolver podrá dictar resolución sin necesidad de realizar ningún trámite adicional, salvo el de audiencia, cuando proceda.

3.1.2. Recurso de alzada

Artículo 121. Objeto

1. Las resoluciones y actos a que se refiere el artículo 112.1, **cuando no pongan fin a la vía administrativa, podrán ser recurridos en alzada** *ante el órgano superior jerárquico del que los dictó.* A estos efectos, los Tribunales y órganos de selección del personal al servicio de las Administraciones Públicas y cualesquiera otros que, en el seno de éstas, actúen con autonomía funcional, se

considerarán dependientes del órgano al que estén adscritos o, en su defecto, del que haya nombrado al presidente de los mismos.

2. El recurso podrá interponerse ante el órgano que dictó el acto que se impugna o ante el competente para resolverlo.

Si el recurso se hubiera interpuesto ante el órgano que dictó el acto impugnado, éste deberá remitirlo al competente en el plazo de diez días, con su informe y con una copia completa y ordenada del expediente.

El titular del órgano que dictó el acto recurrido será responsable directo del cumplimiento de lo previsto en el párrafo anterior.

Artículo 122. Plazos

1. El plazo para la interposición del recurso de alzada será de **un mes**, si el acto fuera expreso. Transcurrido dicho plazo sin haberse interpuesto el recurso, la resolución será firme a todos los efectos.

Si el acto no fuera expreso el solicitante y otros posibles interesados podrán interponer recurso de alzada en cualquier momento a partir del día siguiente a aquel en que, de acuerdo con su normativa específica, se produzcan los efectos del silencio administrativo.

2. El plazo máximo para **dictar y notificar la resolución será de tres meses**. Transcurrido este plazo sin que recaiga resolución, se podrá entender desestimado el recurso, salvo en el supuesto previsto en el artículo 24.1, tercer párrafo.

3. Contra la resolución de un recurso de alzada no cabrá ningún otro recurso administrativo, salvo el recurso extraordinario de revisión, en los casos establecidos en el artículo 125.1.

3.1.3. Recurso potestativo de reposición

Artículo 123. Objeto y naturaleza

1. Los **actos administrativos que pongan fin a la vía administrativa podrán ser recurridos potestativamente en reposición** *ante el mismo órgano* que los hubiera dictado o ser impugnados directamente ante el orden jurisdiccional contencioso-administrativo.

2. No se podrá interponer recurso contencioso-administrativo hasta que sea resuelto expresamente o se haya producido la desestimación presunta del recurso de reposición interpuesto.

Artículo 124. Plazos

1. El plazo para la interposición del recurso de reposición **será de un mes**, si el acto fuera expreso. Transcurrido dicho plazo, únicamente podrá interponerse recurso contencioso-administrativo, sin perjuicio, en su caso, de la procedencia del recurso extraordinario de revisión.

Si el acto no fuera expreso, el solicitante y otros posibles interesados podrán interponer recurso de reposición en cualquier momento a partir del día siguiente a aquel en que, de acuerdo con su normativa específica, se produzca el acto presunto.

2. El plazo máximo **para dictar y notificar la resolución del recurso será de un mes.**

3. Contra la resolución de un recurso de reposición no podrá interponerse de nuevo dicho recurso.

3.1.4. Recurso extraordinario de revisión

Artículo 125. Objeto y plazos

1. **Contra los actos firmes en vía administrativa** podrá interponerse el recurso extraordinario de revisión ante el órgano administrativo que los dictó, que también será el competente para su resolución, cuando concurra alguna de las circunstancias siguientes:

a) Que al dictarlos se hubiera incurrido en **error de hecho,** que resulte de los propios documentos incorporados al expediente.

b) Que **aparezcan documentos** de valor esencial para la resolución del asunto que, aunque sean posteriores, evidencien el error de la resolución recurrida.

c) Que en la resolución hayan influido esencialmente documentos o **testimonios declarados falsos por sentencia judicial firme**, anterior o posterior a aquella resolución.

d) Que la resolución se hubiese dictado **como consecuencia de prevaricación, cohecho, violencia, maquinación fraudulenta** u otra conducta punible y se haya declarado así en virtud de sentencia judicial firme.

2. El recurso extraordinario de revisión se interpondrá, cuando se trate de la **causa a) del apartado anterior, dentro del plazo de cuatro años** siguientes a la fecha de la notificación de la resolución impugnada. En **los demás casos, el plazo será de tres meses a contar desde el conocimiento de los documentos o** desde que la sentencia judicial quedó firme.

3. Lo establecido en el presente artículo no perjudica el derecho de los interesados a formular la solicitud y la instancia a que se refieren los artículos 106 y 109.2 de la presente Ley ni su derecho a que las mismas se sustancien y resuelvan.

Artículo 126. Resolución

1. El órgano competente para la resolución del recurso podrá acordar motivadamente la inadmisión a trámite, sin necesidad de recabar dictamen del Consejo de Estado u órgano consultivo de la Comunidad Autónoma, cuando el mismo no se funde en alguna de las causas previstas en el apartado 1 del artículo anterior o en el supuesto de que se hubiesen desestimado en cuanto al fondo otros recursos sustancialmente iguales.

2. El órgano al que corresponde conocer del recurso extraordinario de revisión debe pronunciarse no sólo sobre la procedencia del recurso, sino también, en su caso, sobre el fondo de la cuestión resuelta por el acto recurrido.

3. Transcurrido el plazo de tres meses desde la interposición del recurso extraordinario de revisión sin haberse dictado y notificado la resolución, se entenderá desestimado, quedando expedita la vía jurisdiccional contencioso-administrativa.

3.2. Desarrollo del proceso contencioso administrativo: el procedimiento ordinario y el abreviado

3.2.1. Procedimiento ordinario

Una de las novedades más importantes de la nueva LJCA ha consistido en la introducción de un procedimiento abreviado para determinadas materias de cuantía determinada limitada, basado en el principio de oralidad, razón por la cual, y prescindiendo de los procedimientos especiales por razón de materia, que enumeraremos más adelante, existen dos procedimientos: el que pudiéramos llamar *ordinario*, denominado en la ley *de primera o única instancia*, y el procedimiento *abreviado*.

El llamado procedimiento *de primera o única instancia* consta de los siguientes trámites:

1. Diligencias preliminares

Solo hay dos casos en el que la ley exige diligencias preliminares:

La vigente LJCA señala como único requisito previo a la impugnación en vía jurisdiccional la declaración de lesividad, estableciendo que cuando la propia

Administración autora de algún acto pretendiere demandar su anulación ante la jurisdicción contencioso-administrativa, deberá previamente declararlo lesivo para el interés público.

El segundo se ha introducido, por el recurso especial en materia de contratación administrativa por la Ley de Contratos del Sector Público, y así el artículo 44. 2 de LJCA establece:

"Cuando la Administración contratante, el contratista o terceros pretendan recurrir las decisiones adoptadas por los órganos administrativos a los que corresponde resolver los recursos especiales y las reclamaciones en materia de contratación a que se refiere la legislación de Contratos del Sector Público interpondrán el recurso directamente y sin necesidad de previo requerimiento o recurso administrativo."

2. Interposición del recurso y reclamación del expediente

El recurso contencioso-administrativo, cuando no sea la propia Administración autora del acto quien lo interponga, se iniciará por un escrito reducido a citar la disposición, acto, inactividad o actuación constitutiva de vía de hecho que se impugne y a solicitar que se tenga por interpuesto el recurso, salvo cuando la LJCA disponga otra cosa (art. 45).

A este escrito se acompañará:

- El documento que acredite la representación del compareciente, salvo si figurase unido a las actuaciones de otro recurso pendiente ante el mismo Juzgado o Tribunal, en cuyo caso podrá solicitarse que se expida certificación para su unión a los autos.
- El documento o documentos que acrediten la legitimación del actor cuando la ostente por habérsela transmitido otro por herencia o por cualquier otro título.
- La copia o traslado de la disposición o del acto expreso que se recurran, o indicación del expediente en que haya recaído el acto o el periódico oficial en que la disposición se haya publicado. Si el objeto del recurso fuera la inactividad de la Administración o una vía de hecho, se mencionará el órgano o dependencia al que se atribuya una u otra, en su caso, el expediente en que tuvieran origen, o cualesquiera otros datos que sirvan para identificar suficientemente el objeto del recurso.
- El documento o documentos que acrediten el cumplimiento de los requisitos exigidos para entablar acciones las personas jurídicas con arreglo a las normas o estatutos que les sean de aplicación, salvo que se hubieran incorporado o insertado en lo pertinente dentro del cuerpo del documento que acredite la representación del compareciente.

El Secretario judicial examinará de oficio la validez de la comparecencia tan pronto como se haya presentado el escrito de interposición (art. 45.3). Si con éste no se acompañan los documentos expresados en el apartado anterior o los presentados son incompletos y, en general, siempre que el Secretario judicial estime que no concurren los requisitos exigidos por esta Ley para la validez de la comparecencia, requerirá inmediatamente la subsanación de los mismos, señalando un plazo de diez días para que el recurrente pueda llevarla a efecto, y si no lo hace, se ordenará el archivo de las actuaciones.

El recurso contencioso-administrativo formalizado por la propia Administración autora de algún acto declarado lesivo se iniciará con la presentación de la demanda, que fijará con precisión la persona o personas demandadas y su sede o domicilio si constara. A esta demanda se acompañará en todo caso la declaración de lesividad y el expediente administrativo.

Plazos (art. 46 LJCA).

- **Acto expreso:** 2 meses desde el día siguiente a:
  - ▹ Publicación de la disposición impugnada.
  - ▹ Notificación o publicación del acto que ponga fin a la vía administrativa.
  - ▹ Inactividad:
    - 3 meses desde el requerimiento en caso de inactividad prestacional.
    - 1 mes desde el requerimiento en caso de inejecución de actos administrativos.
  - ▹ Recurso de lesividad: Fecha declaración de lesividad.
  - ▹ Litigios entre administraciones: Cuando hay requerimiento desde aquel en que se reciba la comunicación del acuerdo expreso o se entienda presuntamente rechazado.
- **Acto presunto:** 6 meses a partir del día siguiente al que se produzca el acto presunto según su normativa.
- **Vía de hecho:**
  - ▹ Si hubo requerimiento: 10 días desde el día siguiente a la terminación del plazo de 10 días siguientes al requerimiento.
  - ▹ Si no hubo requerimiento: 20 días desde que se inició la actuación administrativa en vía de hecho.

3. Demanda, contestación y alegaciones previas

Recibido el expediente administrativo en el Juzgado o Tribunal y comprobados, y en su caso completados, los emplazamientos, se acordará que se entregue al recurrente para que se deduzca la demanda en el plazo de veinte días. El emplazamiento de la Administración se entenderá efectuado por la reclamación del expediente.

Si la demanda no se hubiera presentado dentro del plazo, el juzgado o sala, de oficio, declarará por auto la caducidad del recurso. No obstante, se admitirá el escrito de demanda, y producirá sus efectos legales, si se presentare dentro del día que se notifique el auto.

Presentada la demanda, se dará traslado de la misma, con entrega del expediente administrativo, a las partes demandadas que hubieran comparecido, para que la contesten en el plazo de veinte días.

4. Alegaciones previas

Las partes demandadas podrán alegar, dentro de los primeros cinco días del plazo para contestar la demanda, los motivos que pudieren determinar la incompetencia del órgano jurisdiccional o la inadmisibilidad del recurso con arreglo a lo dispuesto en el artículo 69, sin perjuicio de que tales motivos, salvo la incompetencia del órgano jurisdiccional, puedan ser alegados en la contestación, incluso si hubiesen sido desestimados como alegación previa.

Del escrito formulando alegaciones previas se dará traslado por cinco días al actor, el cual podrá subsanar el defecto, si procediera, en el plazo de diez días.

El auto desestimatorio de las alegaciones previas no será susceptible de recurso y dispondrá que se conteste la demanda en el plazo que reste.

Una vez firme el auto estimatorio de las alegaciones previas, se declarará la inadmisibilidad del recurso y se ordenará la devolución del expediente administrativo a la oficina de donde procediere.

5. Prueba

Solamente se podrá pedir el recibimiento del proceso a prueba por medio de otrosí, en los escritos de demanda y contestación y en los de alegaciones complementarias. Si de la contestación a la demanda resultaran nuevos hechos de trascendencia para la resolución del pleito, el recurrente podrá pedir el recibimiento a prueba dentro de los tres días siguientes a aquel en que se haya dado traslado de la misma.

La prueba se desarrollará con arreglo a las normas generales establecidas para el proceso civil, si bien el plazo será de treinta días para practicarla.

6. Vista y conclusiones

Salvo que en esta Ley se disponga otra cosa, las partes podrán solicitar que se celebre vista, que se presenten conclusiones o que el pleito sea declarado concluso, sin más trámites, para sentencia.

7. Sentencia

La sentencia se dictará en el plazo de diez días desde que el pleito haya sido declarado concluso y decidirá todas las cuestiones controvertidas en el proceso.

La sentencia pronunciará alguno de los fallos siguientes:

a) Inadmisibilidad del recurso contencioso-administrativo.

b) Estimación o desestimación del recurso contencioso-administrativo.

La sentencia contendrá además el pronunciamiento que corresponda respecto de las costas.

La sentencia declarará la inadmisibilidad del recurso o de alguna de las pretensiones en los casos siguientes:

a) Que el Juzgado o Tribunal Contencioso-administrativo carezca de jurisdicción.

b) Que se hubiera interpuesto por persona incapaz, no debidamente representada o no legitimada.

c) Que tuviera por objeto disposiciones, actos o actuaciones no susceptibles de impugnación.

d) Que recayera sobre cosa juzgada o existiera litispendencia.

e) Que se hubiera presentado el escrito inicial del recurso fuera del plazo establecido.

La sentencia desestimará el recurso cuando se ajusten a Derecho la disposición, acto o actuación impugnados.

La sentencia estimará el recurso contencioso-administrativo cuando la disposición, la actuación o el acto incurrieran en cualquier infracción del ordenamiento jurídico, incluida la desviación de poder. Se entiende por desviación de poder el ejercicio de potestades administrativas para fines distintos de los fijados por el ordenamiento jurídico.

8. Otras formas de terminación del procedimiento

Además de por sentencia, como forma normal de terminación del procedimiento contencioso-administrativo, éste puede concluir también por:

- Desistimiento.
- Allanamiento.
- Reconocimiento de la pretensión en vía administrativa.
- Terminación convencional.

3.2.2. Procedimiento abreviado

Como antes se dijo, este procedimiento fue introducido por vez primera en la LJCA de 1998 para determinadas materias de cuantía determinada limitada, procedimiento basado en el principio de oralidad.

Los Juzgados de lo Contencioso-Administrativo de este Orden Jurisdiccional conocen por el procedimiento abreviado de los asuntos de su competencia que se susciten sobre cuestiones de personal al servicio de las Administraciones Públicas, sobre extranjería y sobre inadmisión de peticiones de asilo político, asuntos de disciplina deportiva en materia de dopaje, así como todas aquellas cuya cuantía no supere los 30.000 euros. (Párrafo modificado por la Ley 37/2011).

Se inicia mediante **demanda**; el Secretario judicial ordenará su traslado al demandado, la reclamación del expediente a la Administración demandada y la citación a las partes para el acto de la vista oral, fijando el día y hora de la misma.

Acto de la vista:

a) La vista se inicia con la intervención del demandante, siguiendo la exposición del demandado; si éste formulase cuestiones previas de orden formal que impidiesen dictar sentencia sobre el fondo, se oirá nuevamente al demandante, resolviéndolas el Juez en el acto (art. 78.6 a 8 LJCA);
b) Acto seguido, el Juez dará la palabra a las partes para fijar con claridad los hechos en que fundamenten sus pretensiones; si no hubiere conformidad sobre ellos, se propondrán las pruebas y, una vez admitidas, se practicarán seguidamente (art. 78.10 LJCA);
c) Tras la práctica de la prueba, se dará la palabra a los Letrados para fijar sus conclusiones; y si asisten las personas que sean parte en el proceso (no sus representantes) podrán solicitar del Juez exponer de palabra lo que crean oportuno para su defensa (art. 78.19 LJCA).

Terminada la vista, se firmará el acta, debiendo el Juez dictar **sentencia dentro de los 10 días siguientes** (art. 78.20 y 22 LJCA).

3.3. Procedimientos especiales

Desaparecido como proceso especial el relacionado con los casos de personal, se contemplan como especiales los siguientes:

1. El de protección de los derechos fundamentales de la persona.
2. La cuestión de ilegalidad.
3. El de suspensión administrativa previa de acuerdos.
4. El contencioso-electoral.
5. Procedimiento para la garantía de la unidad de mercado.
6. Procedimiento para la declaración judicial de extinción de partidos políticos.

3.3.1. Procedimiento para la protección de los derechos fundamentales

Como especialidad destaca: El plazo para interponer este recurso será de **10 días**, que se computarán:

- Desde el día siguiente al de notificación del acto, publicación de la disposición impugnada, requerimiento para el cese de la vía de hecho, o transcurso del plazo fijado para la resolución.
- Transcurridos veinte días desde la reclamación, la presentación del recurso o el inicio de la actuación administrativa en vía de hecho, respectivamente, cuando la lesión tuviera su origen en la inactividad administrativa, se hubiera interpuesto potestativamente un recurso administrativo, o vía de hecho, sin requerimiento.

En el mismo día de la presentación del recurso o en el siguiente el secretario judicial requerirá con carácter urgente al órgano administrativo correspondiente, acompañando copia del escrito de interposición, para que en el plazo máximo de cinco días, a contar desde la recepción del requerimiento, remita el expediente. Si se recibe después de este plazo se dará traslado a las partes para alegaciones en 48 horas.

Al remitir el expediente, el órgano administrativo lo comunicará a todos los que aparezcan como interesados en el mismo, acompañando copia del escrito de interposición y emplazándoles para que puedan comparecer como demandados ante el Juzgado o Sala en el plazo de cinco días.

Acordada la prosecución del procedimiento especial de este capítulo, se pondrán de manifiesto al recurrente el expediente y demás actuaciones para que en el **plazo improrrogable de ocho días pueda formalizar la demanda** y acompañar los documentos.

Formalizada la demanda, se dará traslado al Ministerio Fiscal y a las demás partes para que presenten alegaciones y documentos en el plazo de 8 días.

La prueba se propondrá y practicará en el plazo máximo de 20 días.

Conclusas las actuaciones, el órgano jurisdiccional dictará sentencia en el plazo de cinco días, contra la que procederá la apelación en un solo efecto si proviene del Juzgado de lo Contencioso Administrativo.

3.3.2. Cuestión de ilegalidad

El Juez o Tribunal planteará, mediante auto, la cuestión de ilegalidad prevista en el art. 27.1 **dentro de los 5 días siguientes a que conste en las actuaciones la firmeza de la sentencia**... En este Auto se emplazará a las partes para que formulen alegaciones en el plazo de 15 días.

Terminado el plazo de personación y alegaciones, se declarará concluso el procedimiento. **La sentencia se dictará en los 10 días siguientes a dicha declaración**. No obstante, podrá el Tribunal rechazar, en trámite de admisión, mediante auto y sin necesidad de audiencia de las partes, la cuestión de ilegalidad cuando faltaren las condiciones procesales.

3.3.3. Suspensión administrativa previa de acuerdos

En el plazo de los diez días siguientes a la fecha en que se hubiera dictado el acto de suspensión o en el que la Ley establezca, deberá interponerse el recurso contencioso-administrativo requiriéndose a la Administración que hubiese dictado el acto para que aporte el expediente, realice alegaciones y convoque a todo interesado para su personación en el Juzgado o Tribunal.

Recibido el expediente se convocará a los interesados a una vista que se celebrará en el plazo mínimo de 10 días y que podrá ser sustituida por la presentación de conclusiones. Celebrada la vista se dictará Sentencia.

3.3.4. Procedimiento contencioso-electoral

Se regula en los artículos 109 y siguientes de la Ley Orgánica 5/1985, del Régimen Electoral General (LOREG), destacándose las siguientes cuestiones:

Objeto del recurso contencioso electoral

Pueden ser objeto de recurso contencioso electoral los acuerdos de las Juntas Electorales sobre proclamación de electos, así como la elección y proclamación de los Presidentes de las Corporaciones Locales.

Legitimación para interposición del recurso contencioso electoral.

Están legitimados para interponer el recurso contencioso electoral o para oponerse a los que se interpongan:

a) Los candidatos proclamados o no proclamados.

b) Los representantes de las candidaturas concurrentes en la circunscripción.

c) Los partidos políticos, asociaciones, federaciones, y coaliciones que hayan presentado candidaturas en la circunscripción.

Interposición del recurso contencioso electoral

1. El recurso contencioso electoral **se interpone** ante la Junta Electoral correspondiente **dentro de los tres días siguientes al acto de proclamación de electos** y se formaliza en el mismo escrito, en el que se consignan los hechos, los fundamentos de Derecho y la petición que se deduzca.

2. El Tribunal competente para la resolución de los recursos contencioso-electorales que se refieren a elecciones generales o al Parlamento Europeo es la Sala de lo Contencioso-Administrativo del Tribunal Supremo. En el supuesto de elecciones autonómicas o locales el Tribunal competente es la Sala de lo Contencioso-Administrativo del Tribunal Superior de Justicia de la respectiva Comunidad Autónoma.

3. Al día siguiente de su presentación, el Presidente de la Junta ha de remitir a la Sala competente el escrito de interposición, el expediente electoral y un informe de la Junta en el que se consigne cuanto se estime procedente como fundamento del acuerdo impugnado. La resolución que ordena la remisión se notificará, inmediatamente después de su cumplimiento, a los representantes de las candidaturas concurrentes en la circunscripción, emplazándoles para que puedan comparecer ante la Sala dentro de los dos días siguientes.

4. La Sala, al día siguiente de la finalización del término para la comparecencia de los interesados, dará traslado del escrito de interposición y de los documentos que lo acompañen al Ministerio Fiscal y a las partes que se hubieran personado en el proceso, poniéndoles de manifiesto el expediente electoral y el informe de la Junta Electoral, para que en el plazo común e improrrogable de cuatro días puedan formular las alegaciones que estimen convenientes. A los escritos de alegaciones se pueden acompañar los documentos que, a su juicio, puedan servir para apoyar o desvirtuar los fundamentos de la impugnación. Asimismo, se puede solicitar el recibimiento a prueba y proponer aquellas que se consideren oportunas.

5. Transcurrido el período de alegaciones, la Sala, dentro del día siguiente, podrá acordar de oficio o a instancia de parte el recibimiento a prueba y la práctica de las que declara pertinentes. La fase probatoria se desarrollará con arreglo

a las normas establecidas para el proceso contencioso-administrativo, si bien el plazo no podrá exceder de cinco días.

Sentencia del recurso contencioso electoral

1. Concluido el período probatorio, en su caso, la Sala, sin más trámite, dictará Sentencia en el plazo de cuatro días.

Artículo 114. Notificación y recurso contra la sentencia.

1. La Sentencia se notifica a los interesados **no más tarde del día trigésimo séptimo posterior a las elecciones.**

2. Contra la misma no procede recurso contencioso alguno, ordinario ni extraordinario, salvo el de aclaración, y sin perjuicio del recurso de amparo ante el Tribunal Constitucional. El amparo debe solicitarse en el plazo de tres días y el Tribunal Constitucional debe resolver sobre el mismo en los quince días siguientes.

Carácter del recurso contencioso electoral

1. Los recursos contencioso-electorales tienen carácter de urgentes y gozan de preferencia absoluta en su sustanciación y fallo ante las Salas de lo contencioso-administrativo competentes.

2. En todo lo no expresamente regulado por esta Ley en materia contencioso-electoral será de aplicación la Ley de la Jurisdicción Contencioso Administrativa.

3.3.5. Procedimiento para la garantia de la unidad de mercado

Capítulo IV del Título V introducido por el apartado tres de la disposición final primera de la Ley 20/2013, de 9 de diciembre, de garantía de la unidad de mercado («B.O.E.» 10 diciembre; corrección de errores «B.O.E.» 8 abril 2014), que introduce los artículos 127 bis y ter, que establecen:

1. Cuando la Comisión Nacional de los Mercados y la Competencia considere que una disposición, acto, actuación, inactividad o vía de hecho procedente de cualquier Administración pública sea contraria a la libertad de establecimiento o de circulación en los términos previstos en la Ley 20/2013, de 9 de diciembre, de garantía de la unidad de mercado , podrá presentar el recurso contencioso-administrativo regulado en este Capítulo.

2. El plazo para interponer el recurso contencioso-administrativo para la garantía de la unidad de mercado será de dos meses conforme a lo previsto en los apartados 1 a 3 del artículo 46. Cuando el recurso se interponga a solicitud de un

operador económico el plazo de dos meses se computará desde la presentación de la solicitud ante la Comisión Nacional de los Mercados y la Competencia.

Artículo 127 ter

1. En el mismo día de la interposición del recurso por la Comisión Nacional de los Mercados y la Competencia en garantía de la unidad de mercado o en el siguiente, el Secretario judicial requerirá con carácter urgente al órgano administrativo correspondiente, acompañando copia del escrito de interposición, para que en el plazo máximo de cinco días a contar desde la recepción del requerimiento remita el expediente acompañado de los informes y datos que se soliciten en el recurso, con apercibimiento de cuanto se establece en el artículo 48.

2. La falta de envío del expediente administrativo dentro del plazo previsto en el apartado anterior no suspenderá el curso de los autos.

3. El Secretario judicial pondrá de manifiesto al recurrente el expediente y demás actuaciones para que en el plazo improrrogable de diez días pueda formalizar la demanda y acompañar los documentos oportunos. Si el expediente administrativo se recibiese una vez formalizada la demanda, se concederá un trámite adicional de alegaciones a las partes.

4. Formalizada la demanda, el Secretario judicial dará traslado de la misma a las partes demandadas para que, a la vista del expediente, presenten contestación en el plazo común e improrrogable de diez días y acompañen los documentos que estimen oportunos.

5. Evacuado el trámite de contestación, el órgano jurisdiccional decidirá en el siguiente día sobre el recibimiento a prueba, con arreglo a las normas generales establecidas en la presente Ley, y sin perjuicio de lo dispuesto en el artículo 57. El período de práctica de prueba no será en ningún caso superior a veinte días.

6. Conclusas las actuaciones, el órgano jurisdiccional dictará sentencia en el plazo de cinco días. La sentencia estimará el recurso cuando la disposición, la actuación o el acto incurrieran en cualquier infracción del ordenamiento jurídico que afecte a la libertad de establecimiento o de circulación, incluida la desviación de poder.

Conforme a lo dispuesto en el artículo 71, la sentencia que estime el recurso implicará la corrección de la conducta infractora, así como el resarcimiento de los daños y perjuicios, incluido el lucro cesante, que dicha conducta haya causado.

Cuando se trate de asuntos en los que no quepa ulterior recurso, el órgano jurisdiccional podrá convocar a las partes a una comparecencia con la finalidad de dictar su sentencia de viva voz, exponiendo verbalmente los razonamientos en que sustente su decisión, resolviendo sobre los motivos que fundamenten el recurso y la oposición y pronunciando su fallo, de acuerdo con lo dispuesto en los artículos 68 a 71.

La no comparecencia de todas o alguna de las partes no impedirá el dictado de la sentencia de viva voz.

En cuanto se refiere a la grabación de la comparecencia y a su documentación, serán aplicables las disposiciones contenidas en el artículo 63.

Caso de haberse dictado la Sentencia de forma oral, el Secretario judicial expedirá certificación que recoja todos los pronunciamientos del fallo, con expresa indicación de su firmeza y de la actuación administrativa a que se refiera. Dicha certificación será expedida en el plazo máximo de cinco días notificándose a las partes.

La anterior certificación se registrará e incorporará al Libro de Sentencias del órgano judicial. El soporte videográfico de la comparecencia quedará unido al procedimiento.

7. Durante la tramitación del procedimiento, podrá solicitar su intervención, como parte recurrente, cualquier operador económico que tuviere interés directo en la anulación del acto, actuación o disposición impugnada y no la hubiera recurrido de forma independiente.

La solicitud del operador se resolverá por medio de auto, previa audiencia de las partes personadas, en el plazo común de cinco días.

Admitida la intervención, no se retrotraerán las actuaciones, pero el interviniente será considerado parte en el proceso a todos los efectos y podrá defender las pretensiones formuladas o las que el propio interviniente formule, si tuviere oportunidad procesal para ello.

El interviniente podrá utilizar los recursos que procedan contra las resoluciones que estime perjudiciales para su interés, aunque las consienta la Comisión Nacional de los Mercados y la Competencia o las demás partes personadas.

8. La Sala de lo Contencioso-Administrativo de la Audiencia Nacional acordará la acumulación al promovido por la Comisión Nacional de los Mercados y la Competencia de todo procedimiento que, iniciado por un operador económico ante el mismo u otro órgano jurisdiccional, se dirija frente a la misma disposición o actuación y se funde en la vulneración de la libertad de establecimiento o de circulación conforme a lo previsto en esta Ley.

9. A todos los efectos, la tramitación de estos recursos tendrá carácter preferente.

10. El procedimiento para la garantía de la unidad de mercado, en lo no dispuesto en este Capítulo, se regirá por las normas generales de la presente Ley.

3.3.6. *Procedimiento para la declaración judicial de extinción de partidos politicos*

Se añade por la disposición final 2.2. de la Ley Orgánica 3/2015 que añade a la LJCA un artículo 127 quinquies que establece:

Artículo 127. Quinquies

1. El procedimiento para la declaración judicial de extinción de un partido político se regirá por lo dispuesto en el artículo 78, con las siguientes especialidades:

a) En la demanda, deberá especificarse en cuál o cuáles de los motivos recogidos en el artículo 12 bis.1 de la Ley Orgánica 6/2002, de 27 de junio, de Partidos Políticos, se fundamenta la petición de declaración judicial de extinción.

b) El plazo de dos meses para la presentación de la demanda se contará a partir del día siguiente al vencimiento del plazo señalado en el artículo 12 bis.2 de la misma ley.

c) Cuando la sentencia declare la extinción del partido, será notificada al registro para que éste proceda a la cancelación de la inscripción.

2. El Ministerio Fiscal será parte del proceso.

3.4. Régimen de recursos

3.4.1. *Contra providencias y autos*

1. Contra las providencias y los autos no susceptibles de apelación o casación podrá interponerse **recurso de reposición.**

2. No es admisible el recurso de reposición contra las resoluciones expresamente exceptuadas del mismo en esta Ley, ni contra los autos que resuelvan los recursos de reposición, los de aclaración y las solicitudes de revisión de diligencias de ordenación.

3. El recurso de reposición **se interpondrá en el plazo de 5 días** a contar desde el siguiente al de la notificación de la resolución impugnada.

4. Interpuesto el recurso en tiempo y forma, se dará traslado de las copias del escrito a las demás partes, por término común de tres días, a fin de que puedan impugnarlo si lo estiman conveniente. Transcurrido dicho plazo, el órgano jurisdiccional resolverá por auto dentro del tercer día.

Se podrá interponer el **recurso de apelación frente a los autos** dictados por los Juzgados de lo Contencioso-administrativo y los Juzgados Centrales de lo Contencioso-administrativo, en procesos de los que conozcan en primera instancia, en los siguientes casos:

a) Los que pongan término a la pieza separada de medidas cautelares.

b) Los recaídos en ejecución de sentencia.

c) Los que declaren la inadmisión del recurso contencioso-administrativo o hagan imposible su continuación.

d) Los recaídos sobre las autorizaciones previstas en el artículo 8.6 y en los artículos 9.2 y 122 bis.

e) Los recaídos en aplicación de los artículos 83 y 84.

La tramitación se ajustará a lo establecido para el recurso de apelación frente a Sentencias.

3.4.2. Contra sentencias

3.4.2.1. Recurso ordinario de apelación

1. Las sentencias de los Juzgados de lo Contencioso-administrativo y de los Juzgados Centrales de lo Contencioso-administrativo serán susceptibles de recurso de apelación, **salvo** que se hubieran dictado en los asuntos siguientes:

a) Aquellos cuya cuantía no exceda de 30.000 euros.

b) Los relativos a materia electoral comprendidos en el art. 8.4.

2. Serán siempre susceptibles de apelación las sentencias siguientes:

a) Las que declaren la inadmisibilidad del recurso en el caso de la letra a) del apartado anterior.

b) Las dictadas en el procedimiento para la protección de los derechos fundamentales de la persona.

c) Las que resuelvan litigios entre Administraciones públicas.

d) Las que resuelvan impugnaciones indirectas de disposiciones generales.

El recurso de apelación **se interpondrá** ante el Juzgado que hubiere dictado la sentencia que se apele, **dentro de los 15 días siguientes al de su notificación**... Transcurrido el plazo de 15 días sin haberse interpuesto el recurso de apelación, la sentencia quedará firme.

El Juzgado elevará los autos y el expediente administrativo a la Sala de lo Contencioso-administrativo competente.

La Sala dictará **sentencia en el plazo de 10 días** desde la declaración de que el pleito está concluso para sentencia.

3.4.2.2. Recurso de casación

a) Recurso de casación ordinario

Las sentencias dictadas en única instancia por la Sala de lo Contencioso-administrativo de la Audiencia Nacional y por las Salas de lo Contencioso-administrativo de los Tribunales Superiores de Justicia serán susceptibles de recurso de casación ante la Sala de lo Contencioso-administrativo del Tribunal Supremo.

Se exceptúan de lo establecido en el apartado anterior:

a) Las sentencias que se refieran a cuestiones de personal al servicio de las Administraciones públicas, salvo que afecten al nacimiento o a la extinción de la relación de servicio de funcionarios de carrera.

b) Las recaídas, cualquiera que fuere la materia, en asuntos cuya cuantía no exceda de 600.000 euros, excepto cuando se trate del procedimiento especial para la defensa de los derechos fundamentales, en cuyo caso procederá el recurso cualquiera que sea la cuantía del asunto litigioso.

c) Las dictadas en el procedimiento para la protección del derecho fundamental de reunión.

d) Las dictadas en materia electoral.

El recurso de casación **se preparará ante la Sala que hubiere dictado la resolución recurrida en el plazo de 10 días**, contados desde el siguiente al de la notificación de aquélla...

Si el escrito de preparación cumple los requisitos previstos en el artículo anterior, y se refiere a una resolución susceptible de casación, se tendrá por preparado el recurso ordenándose el emplazamiento de las partes para su comparecencia e **interposición del recurso dentro del plazo de 30 días ante la Sala de lo Contencioso-administrativo del Tribunal Supremo**.

Si se estimare el recurso por todos o alguno de los motivos aducidos, la Sala casará la Sentencia.

b) Recurso de casación para la unificación de doctrina

Este Recurso ha sido suprimido por la disposición final 3.1 de la Ley Orgánica 7/2015 de 21 de Julio.

c) Recurso de casación en interés de Ley

Este Recurso ha sido suprimido por la disposición final 3.1 de la Ley Orgánica 7/2015 de 21 de Julio.

3.4.2.3. Recurso de revisión

Habrá lugar a la revisión de una sentencia firme:

a) Si después de pronunciada se recobraren documentos decisivos.

b) Si hubiere recaído en virtud de documentos declarados falsos o cuya falsedad se reconociese o declarase después.

c) Si habiéndose dictado en virtud de prueba testifical, los testigos hubieren sido condenados por falso testimonio.

d) Si se hubiere dictado sentencia en virtud de cohecho, prevaricación, violencia u otra maquinación fraudulenta.

En lo referente a plazos, procedimiento y efectos de las sentencias dictadas en este recurso, regirán las disposiciones de la Ley de Enjuiciamiento Civil.

3.5. La ejecución de la sentencia

Según proclama el art. 117.3 de la Constitución, el ejercicio de la potestad jurisdiccional en todo tipo de procesos, juzgando y haciendo ejecutar lo juzgado, corresponde exclusivamente a los Juzgados y Tribunales determinados por las leyes, según las normas de competencia y procedimiento que las mismas establezcan.

En consonancia con lo anterior, en el art. 103 de la LJCA se establece que:

1. La potestad de hacer ejecutar las sentencias y demás resoluciones judiciales corresponde exclusivamente a los Juzgados y Tribunales de este orden jurisdiccional, y su ejercicio compete al que haya conocido del asunto en primera o única instancia.

2. Las partes están obligadas a cumplir las sentencias en la forma y términos que en éstas se consignen.

3. Todas las personas y entidades públicas y privadas están obligadas a prestar la colaboración requerida por los Jueces y Tribunales de lo Contencioso-administrativo para la debida y completa ejecución de lo resuelto.

4. Serán nulos de pleno derecho los actos y disposiciones contrarios a los pronunciamientos de las sentencias, que se dicten con la finalidad de eludir su cumplimiento.

5. El órgano jurisdiccional a quien corresponda la ejecución de la sentencia declarará, a instancia de parte, la nulidad de los actos y disposiciones a que se refiere el apartado anterior, por los trámites previstos en los apartados 2 y 3 del artículo 109, salvo que careciese de competencia para ello conforme a lo dispuesto en esta Ley.

Continúa el artículo 104 señalando que:

1. Luego que sea firme una sentencia, se comunicará en el plazo de diez días al órgano que hubiera realizado la actividad objeto del recurso, a fin de que, una vez acusado recibo de la comunicación en idéntico plazo desde la recepción, la lleve a puro y debido efecto y practique lo que exija el cumplimiento de las declaraciones contenidas en el fallo y en el mismo plazo indique el órgano responsable del cumplimiento de aquél.

2. Transcurridos dos meses a partir de la comunicación de la sentencia o el plazo fijado en ésta para el cumplimiento del fallo conforme al artículo 71.1.c), cualquiera de las partes y personas afectadas podrá instar su ejecución forzosa.

3. Atendiendo a la naturaleza de lo reclamado y a la efectividad de la Sentencia, ésta podrá fijar un plazo inferior para el cumplimiento, cuando lo dispuesto en el apartado anterior lo haga ineficaz o cause grave perjuicio.

4. La jurisdicción contencioso-administrativa

4.1. Naturaleza

Al iniciar el estudio de la jurisdicción contencioso-administrativa, el principal problema que se plantea acerca de su naturaleza es el de considerarla como una jurisdicción ordinaria o especial. A este respecto, señala González Pérez que "aun cuando, en ocasiones, parece haberse puesto en tela de juicio el carácter especial de la jurisdicción contencioso-administrativa, la mayoría de la doctrina no duda al afirmar tal característica de esta jurisdicción".

Estimamos, no obstante, que de la misma forma que en los orígenes del Derecho Administrativo se calificaba a este sector del ordenamiento jurídico como una rama especial en relación con el Derecho común, que sería el Derecho privado, debido a la falta de madurez de la doctrina administrativa, es también el abandono por parte de los procesalistas de la parte del Derecho procesal que regula el proceso administrativo la razón de que el señalado enfoque haya continuado hasta nuestros días. Y así como, andando el tiempo, el Derecho Administrativo ha venido a ser considerado como el ordenamiento jurídico común de las Administraciones Públicas –que sólo excepcional e instrumentalmente se valen del

Derecho privado-, también la jurisdicción contencioso-administrativa debe dejar de ser calificada como una jurisdicción especial, para asignarle el carácter de una de las distintas clases en que se divide la jurisdicción ordinaria. Ésta parece ser, por otra parte, la actual postura de Guasp, quien rectificando anteriores concepciones, admite hoy la existencia de jurisdicciones ordinarias y especiales, tanto en la jurisdicción civil como en la penal, la administrativa, la canónica y la internacional.

Por lo tanto, podemos establecer las siguientes conclusiones sobre **la naturaleza de la jurisdicción contencioso-administrativa:**

1. *Es una auténtica jurisdicción,* considerable como la jurisdicción ordinaria, a quien corresponde la función de satisfacer pretensiones, a través de un auténtico proceso, cuyo conocimiento se reserva a órganos judiciales especializados por su competencia y su personal.
2. **La necesidad de que antes de acudir a la Jurisdicción Contencioso-Administrativa exista un acto administrativo.** No obstante, el objeto del proceso contencioso-administrativo no es el acto previo, sino las pretensiones que se deduzcan en relación con el mismo (carácter revisor de la Jurisdicción Contencioso-Administrativa).

La norma actual que regula esta jurisdicción es la **Ley 29/1998 de 13 de Julio reguladora de la Jurisdicción Contencioso-Administrativa.**

La Jurisdicción Contencioso-administrativa es aquella, como ordena la Constitución (arts. 106 y 153), que **tiene por objeto controlar la potestad reglamentaria y la legalidad de la actividad administrativa, así como el sometimiento de ésta a los fines que la justifiquen**, concepto que reitera la Ley 29/1998 Reguladora de la Jurisdicción Contencioso Administrativa.

Los órganos del orden jurisdiccional contencioso administrativo son:

- Los Juzgados unipersonales de lo Contencioso-administrativo, de los que habrá uno o más en cada provincia, con jurisdicción en toda ella y sede en su capital.
- Las Salas (2ª) de lo Contencioso-administrativo de los Tribunales Superiores de Justicia de las Comunidades Autónomas, pudiendo crearse también Salas con competencia reducida a una o varias provincias de la Comunidad Autónoma.
- Los Juzgados centrales de lo Contencioso-administrativo.
- La Sala de lo Contencioso-administrativo de la Audiencia Nacional.
- La Sala Tercera de lo Contencioso-administrativo del Tribunal Supremo.

Por encima de la Sala Tercera del Tribunal Supremo está aún la Sala Especial de Revisión que conoce básicamente de la revisión de las sentencias de la Sala Tercera.

4.2. Extensión

4.2.1. Ámbito subjetivo

Los Juzgados y Tribunales del orden contencioso-administrativo **conocerán de las pretensiones que se deduzcan en relación con la actuación de las Administraciones Públicas sujeta al Derecho Administrativo, con las disposiciones generales de rango inferior a la ley y con los Decretos Legislativos cuando excedan los límites de la delegación.**

Se entenderá a estos efectos por Administraciones Públicas:

a) La Administración General del Estado.

b) Las Administraciones de las Comunidades Autónomas.

c) Las Entidades que integran la Administración Local.

d) Las Entidades de Derecho público que sean dependientes o estén vinculadas al Estado, las Comunidades Autónomas o las Entidades Locales.

Conocerán también de las pretensiones que se deduzcan en relación con:

a) Los actos y disposiciones en materia de personal, administración y gestión patrimonial sujetos al Derecho público adoptados por los órganos competentes del Congreso de los Diputados, del Senado, del Tribunal Constitucional, del Tribunal de Cuentas y del Defensor del Pueblo, así como de las Asambleas Legislativas de las Comunidades Autónomas y de las instituciones autonómicas análogas al Tribunal de Cuentas y al Defensor del Pueblo.

b) Los actos y disposiciones del Consejo General del Poder Judicial y la actividad administrativa de los órganos de gobierno de los Juzgados y Tribunales, en los términos de la Ley Orgánica del Poder Judicial.

c) La actuación de la Administración electoral, en los términos previstos en la Ley Orgánica del Régimen Electoral General.

4.2.1. Ámbito objetivo

El orden jurisdiccional contencioso-administrativo conocerá de las cuestiones que se susciten en relación con:

a) La protección jurisdiccional de los derechos fundamentales, los elementos reglados y la determinación de las indemnizaciones que fueran procedentes, todo ello en relación con los actos del Gobierno o de los Consejos de Gobierno de las Comunidades Autónomas, cualquiera que fuese la naturaleza de dichos actos.

b) Los contratos administrativos y los actos de preparación y adjudicación de los demás contratos sujetos a la legislación de contratación de las Administraciones Públicas.

c) Los actos y disposiciones de las Corporaciones de Derecho público, adoptados en el ejercicio de funciones públicas.

d) Los actos administrativos de control o fiscalización dictados por la Administración concedente, respecto de los dictados por los concesionarios de los servicios públicos que impliquen el ejercicio de potestades administrativas conferidas a los mismos, así como los actos de los propios concesionarios cuando puedan ser recurridos directamente ante este orden jurisdiccional de conformidad con la legislación sectorial correspondiente.

e) La responsabilidad patrimonial de las Administraciones Públicas, cualquiera que sea la naturaleza de la actividad o el tipo de relación de que derive, no pudiendo ser demandadas aquéllas por este motivo ante los órdenes jurisdiccionales civil o social, aun cuando en la producción del daño concurran con particulares o cuenten con un seguro de responsabilidad.

f) Las restantes materias que le atribuya expresamente una ley.

La competencia del orden jurisdiccional contencioso-administrativo se extiende al conocimiento y decisión de las cuestiones prejudiciales e incidentales no pertenecientes al orden administrativo, directamente relacionadas con un recurso contencioso-administrativo, salvo las de carácter constitucional y penal y lo dispuesto en los Tratados Internacionales.

4.3. Límites

No corresponden al orden jurisdiccional contencioso-administrativo:

a) Las cuestiones expresamente atribuidas a los órdenes jurisdiccionales civil, penal y social, aunque estén relacionadas con la actividad de la Administración Pública.

b) El recurso contencioso-disciplinario militar.

c) Los conflictos de jurisdicción entre los Juzgados y Tribunales y la Administración Pública y los conflictos de atribuciones entre órganos de una misma Administración.

d) Los recursos directos o indirectos que se interpongan contra las Normas Forales fiscales de las Juntas Generales de los Territorios Históricos de Álava, Guipúzcoa y Vizcaya, que corresponderán, en exclusiva, al Tribunal Constitucional. en los términos establecidos por la disposición adicional quinta de su Ley Orgánica.

Los actos políticos o de Gobierno han desaparecido como excluidos, especialmente de la LJCA, porque la exclusión del control judicial es inadmisible en un Estado de Derecho.

Tema 11

La protección de datos personales. Régimen Jurídico. El Reglamento (UE) 2016/679, de 27 de abril, relativo a la protección de las personas físicas en lo que respecta al tratamiento de datos personales y a la libre circulación de estos datos. Principios y derechos. Obligaciones

Rodio ediciones

Índice esquemático

1. La Protección de datos personales. Régimen Jurídico. La Ley Orgánica 3/2018, de 5 de diciembre, de Protección de Datos Personales y garantía de los derechos digitales

1.1. Disposiciones generales

Artículo 1. Objeto de la ley

La presente ley orgánica tiene por objeto:

a) Adaptar el ordenamiento jurídico español al Reglamento (UE) 2016/679 del Parlamento Europeo y el Consejo, de 27 de abril de 2016, relativo a la protección de las personas físicas en lo que respecta al tratamiento de sus datos personales y a la libre circulación de estos datos, y completar sus disposiciones.

El derecho fundamental de las personas físicas a la protección de datos personales, amparado por el artículo 18.4 de la Constitución, se ejercerá con arreglo a lo establecido en el Reglamento (UE) 2016/679 y en esta ley orgánica.

b) Garantizar los derechos digitales de la ciudadanía conforme al mandato establecido en el artículo 18.4 de la Constitución.

Artículo 2. Ámbito de aplicación de los Títulos I a IX y de los artículos 89 a 94

1. Lo dispuesto en los Títulos I a IX y en los artículos 89 a 94 de la presente ley orgánica se aplica a cualquier tratamiento total o parcialmente automatizado de datos personales, así como al tratamiento no automatizado de datos personales contenidos o destinados a ser incluidos en un fichero.

2. Esta ley orgánica no será de aplicación:

a) A los tratamientos excluidos del ámbito de aplicación del Reglamento general de protección de datos por su artículo 2.2, sin perjuicio de lo dispuesto en los apartados 3 y 4 de este artículo.

b) A los tratamientos de datos de personas fallecidas, sin perjuicio de lo establecido en el artículo 3.

c) A los tratamientos sometidos a la normativa sobre protección de materias clasificadas.

3. Los tratamientos a los que no sea directamente aplicable el Reglamento (UE) 2016/679 por afectar a actividades no comprendidas en el ámbito de aplicación del Derecho de la Unión Europea, se regirán por lo dispuesto en su legislación específica si la hubiere y supletoriamente por lo establecido en el citado reglamento y en la presente ley orgánica. Se encuentran en esta situación, entre otros, los tratamientos realizados al amparo de la legislación orgánica del régimen electoral general, los tratamientos realizados en el ámbito de instituciones penitenciarias y los tratamientos derivados del Registro Civil, los Registros de la Propiedad y Mercantiles.

4. El tratamiento de datos llevado a cabo con ocasión de la tramitación por los órganos judiciales de los procesos de los que sean competentes, así como el realizado dentro de la gestión de la Oficina Judicial, se regirán por lo dispuesto en el Reglamento (UE) 2016/679 y la presente ley orgánica, sin perjuicio de las disposiciones de la Ley Orgánica 6/1985, de 1 julio, del Poder Judicial, que le sean aplicables.

Artículo 3. Datos de las personas fallecidas

1. Las personas vinculadas al fallecido por razones familiares o de hecho así como sus herederos podrán dirigirse al responsable o encargado del tratamiento al objeto de solicitar el acceso a los datos personales de aquella y, en su caso, su rectificación o supresión.

Como excepción, las personas a las que se refiere el párrafo anterior no podrán acceder a los datos del causante, ni solicitar su rectificación o supresión, cuando la persona fallecida lo hubiese prohibido expresamente o así lo establezca una ley. Dicha prohibición no afectará al derecho de los herederos a acceder a los datos de carácter patrimonial del causante.

2. Las personas o instituciones a las que el fallecido hubiese designado expresamente para ello podrán también solicitar, con arreglo a las instrucciones recibidas, el acceso a los datos personales de este y, en su caso su rectificación o supresión.

Mediante real decreto se establecerán los requisitos y condiciones para acreditar la validez y vigencia de estos mandatos e instrucciones y, en su caso, el registro de los mismos.

3. En caso de fallecimiento de menores, estas facultades podrán ejercerse también por sus representantes legales o, en el marco de sus competencias, por el Ministerio Fiscal, que podrá actuar de oficio o a instancia de cualquier persona física o jurídica interesada.

En caso de fallecimiento de personas con discapacidad, estas facultades también podrán ejercerse, además de por quienes señala el párrafo anterior, por quienes hubiesen sido designados para el ejercicio de funciones de apoyo, si tales facultades se entendieran comprendidas en las medidas de apoyo prestadas por el designado.

1.2. Principios de protección de datos

Artículo 4. Exactitud de los datos

1. Conforme al artículo 5.1.d) del Reglamento (UE) 2016/679 los datos serán exactos y, si fuere necesario, actualizados.

2. A los efectos previstos en el artículo 5.1.d) del Reglamento (UE) 2016/679, no será imputable al responsable del tratamiento, siempre que este haya adoptado todas las medidas razonables para que se supriman o rectifiquen sin dilación, la inexactitud de los datos personales, con respecto a los fines para los que se tratan, cuando los datos inexactos:

a) Hubiesen sido obtenidos por el responsable directamente del afectado.

b) Hubiesen sido obtenidos por el responsable de un mediador o intermediario en caso de que las normas aplicables al sector de actividad al que pertenezca el responsable del tratamiento establecieran la posibilidad de intervención de un intermediario o mediador que recoja en nombre propio los datos de los afectados para su transmisión al responsable. El mediador o intermediario asumirá las responsabilidades que pudieran derivarse en el supuesto de comunicación al responsable de datos que no se correspondan con los facilitados por el afectado.

c) Fuesen sometidos a tratamiento por el responsable por haberlos recibido de otro responsable en virtud del ejercicio por el afectado del derecho a la portabilidad conforme al artículo 20 del Reglamento (UE) 2016/679 y lo previsto en esta ley orgánica.

d) Fuesen obtenidos de un registro público por el responsable.

Artículo 5. Deber de confidencialidad

1. Los responsables y encargados del tratamiento de datos así como todas las personas que intervengan en cualquier fase de este estarán sujetas al deber de confidencialidad al que se refiere el artículo 5.1.f) del Reglamento (UE) 2016/679.

2. La obligación general señalada en el apartado anterior será complementaria de los deberes de secreto profesional de conformidad con su normativa aplicable.

3. Las obligaciones establecidas en los apartados anteriores se mantendrán aun cuando hubiese finalizado la relación del obligado con el responsable o encargado del tratamiento.

Artículo 6. Tratamiento basado en el consentimiento del afectado

1. De conformidad con lo dispuesto en el artículo 4.11 del Reglamento (UE) 2016/679, se entiende por consentimiento del afectado toda manifestación de voluntad libre, específica, informada e inequívoca por la que este acepta, ya sea mediante una declaración o una clara acción afirmativa, el tratamiento de datos personales que le conciernen.

2. Cuando se pretenda fundar el tratamiento de los datos en el consentimiento del afectado para una pluralidad de finalidades será preciso que conste de manera específica e inequívoca que dicho consentimiento se otorga para todas ellas.

3. No podrá supeditarse la ejecución del contrato a que el afectado consienta el tratamiento de los datos personales para finalidades que no guarden relación con el mantenimiento, desarrollo o control de la relación contractual.

Artículo 7. Consentimiento de los menores de edad

1. El tratamiento de los datos personales de un menor de edad únicamente podrá fundarse en su consentimiento cuando sea mayor de catorce años.

Se exceptúan los supuestos en que la ley exija la asistencia de los titulares de la patria potestad o tutela para la celebración del acto o negocio jurídico en cuyo contexto se recaba el consentimiento para el tratamiento.

2. El tratamiento de los datos de los menores de catorce años, fundado en el consentimiento, solo será lícito si consta el del titular de la patria potestad o tutela, con el alcance que determinen los titulares de la patria potestad o tutela.

Artículo 8. Tratamiento de datos por obligación legal, interés público o ejercicio de poderes públicos

1. El tratamiento de datos personales solo podrá considerarse fundado en el cumplimiento de una obligación legal exigible al responsable, en los términos previstos en el artículo 6.1.c) del Reglamento (UE) 2016/679, cuando así lo prevea una norma de Derecho de la Unión Europea o una norma con rango de ley,

que podrá determinar las condiciones generales del tratamiento y los tipos de datos objeto del mismo así como las cesiones que procedan como consecuencia del cumplimiento de la obligación legal. Dicha norma podrá igualmente imponer condiciones especiales al tratamiento, tales como la adopción de medidas adicionales de seguridad u otras establecidas en el capítulo IV del Reglamento (UE) 2016/679.

2. El tratamiento de datos personales solo podrá considerarse fundado en el cumplimiento de una misión realizada en interés público o en el ejercicio de poderes públicos conferidos al responsable, en los términos previstos en el artículo 6.1 e) del Reglamento (UE) 2016/679, cuando derive de una competencia atribuida por una norma con rango de ley.

Artículo 9. Categorías especiales de datos

1. A los efectos del artículo 9.2.a) del Reglamento (UE) 2016/679, a fin de evitar situaciones discriminatorias, el solo consentimiento del afectado no bastará para levantar la prohibición del tratamiento de datos cuya finalidad principal sea identificar su ideología, afiliación sindical, religión, orientación sexual, creencias u origen racial o étnico.

Lo dispuesto en el párrafo anterior no impedirá el tratamiento de dichos datos al amparo de los restantes supuestos contemplados en el artículo 9.2 del Reglamento (UE) 2016/679, cuando así proceda.

2. Los tratamientos de datos contemplados en las letras g), h) e i) del artículo 9.2 del Reglamento (UE) 2016/679 fundados en el Derecho español deberán estar amparados en una norma con rango de ley, que podrá establecer requisitos adicionales relativos a su seguridad y confidencialidad.

En particular, dicha norma podrá amparar el tratamiento de datos en el ámbito de la salud cuando así lo exija la gestión de los sistemas y servicios de asistencia sanitaria y social, pública y privada, o la ejecución de un contrato de seguro del que el afectado sea parte.

Artículo 10. Tratamiento de datos de naturaleza penal

1. El tratamiento de datos personales relativos a condenas e infracciones penales, así como a procedimientos y medidas cautelares y de seguridad conexas, para fines distintos de los de prevención, investigación, detección o enjuiciamiento de infracciones penales o de ejecución de sanciones penales, solo podrá llevarse a cabo cuando se encuentre amparado en una norma de Derecho de la Unión, en esta ley orgánica o en otras normas de rango legal.

2. El registro completo de los datos referidos a condenas e infracciones penales, así como a procedimientos y medidas cautelares y de seguridad conexas a que se refiere el artículo 10 del Reglamento (UE) 2016/679, podrá realizarse conforme con lo establecido en la regulación del Sistema de registros administrativos de apoyo a la Administración de Justicia.

3. Fuera de los supuestos señalados en los apartados anteriores, los tratamientos de datos referidos a condenas e infracciones penales, así como a procedimientos y medidas cautelares y de seguridad conexas solo serán posibles cuando sean llevados a cabo por abogados y procuradores y tengan por objeto recoger la información facilitada por sus clientes para el ejercicio de sus funciones.

1.3. Derechos de las personas

1.3.1. Transparencia e información

Artículo 11. Transparencia e información al afectado

1. Cuando los datos personales sean obtenidos del afectado el responsable del tratamiento podrá dar cumplimiento al deber de información establecido en el artículo 13 del Reglamento (UE) 2016/679 facilitando al afectado la información básica a la que se refiere el apartado siguiente e indicándole una dirección electrónica u otro medio que permita acceder de forma sencilla e inmediata a la restante información.

2. La información básica a la que se refiere el apartado anterior deberá contener, al menos:

a) La identidad del responsable del tratamiento y de su representante, en su caso.

b) La finalidad del tratamiento.

c) La posibilidad de ejercer los derechos establecidos en los artículos 15 a 22 del Reglamento (UE) 2016/679.

Si los datos obtenidos del afectado fueran a ser tratados para la elaboración de perfiles, la información básica comprenderá asimismo esta circunstancia. En este caso, el afectado deberá ser informado de su derecho a oponerse a la adopción de decisiones individuales automatizadas que produzcan efectos jurídicos sobre él o le afecten significativamente de modo similar, cuando concurra este derecho de acuerdo con lo previsto en el artículo 22 del Reglamento (UE) 2016/679.

3. Cuando los datos personales no hubieran sido obtenidos del afectado, el responsable podrá dar cumplimiento al deber de información establecido en el artículo 14 del Reglamento (UE) 2016/679 facilitando a aquel la información básica señalada en el apartado anterior, indicándole una dirección electrónica u otro medio que permita acceder de forma sencilla e inmediata a la restante información.

En estos supuestos, la información básica incluirá también:

a) Las categorías de datos objeto de tratamiento.

b) Las fuentes de las que procedieran los datos.

1.3.2. Ejercicio de los derechos

Artículo 12. Disposiciones generales sobre ejercicio de los derechos

1. Los derechos reconocidos en los artículos 15 a 22 del Reglamento (UE) 2016/679, podrán ejercerse directamente o por medio de representante legal o voluntario.

2. El responsable del tratamiento estará obligado a informar al afectado sobre los medios a su disposición para ejercer los derechos que le corresponden. Los medios deberán ser fácilmente accesibles para el afectado. El ejercicio del derecho no podrá ser denegado por el solo motivo de optar el afectado por otro medio.

3. El encargado podrá tramitar, por cuenta del responsable, las solicitudes de ejercicio formuladas por los afectados de sus derechos si así se estableciere en el contrato o acto jurídico que les vincule.

4. La prueba del cumplimiento del deber de responder a la solicitud de ejercicio de sus derechos formulado por el afectado recaerá sobre el responsable.

5. Cuando las leyes aplicables a determinados tratamientos establezcan un régimen especial que afecte al ejercicio de los derechos previstos en el Capítulo III del Reglamento (UE) 2016/679, se estará a lo dispuesto en aquellas.

6. En cualquier caso, los titulares de la patria potestad podrán ejercitar en nombre y representación de los menores de catorce años los derechos de acceso, rectificación, cancelación, oposición o cualesquiera otros que pudieran corresponderles en el contexto de la presente ley orgánica.

7. Serán gratuitas las actuaciones llevadas a cabo por el responsable del tratamiento para atender las solicitudes de ejercicio de estos derechos, sin perjuicio de lo dispuesto en los artículos 12.5 y 15.3 del Reglamento (UE) 2016/679 y en los apartados 3 y 4 del artículo 13 de esta ley orgánica.

Artículo 13. Derecho de acceso

1. El derecho de acceso del afectado se ejercitará de acuerdo con lo establecido en el artículo 15 del Reglamento (UE) 2016/679.

Cuando el responsable trate una gran cantidad de datos relativos al afectado y este ejercite su derecho de acceso sin especificar si se refiere a todos o a una parte de los datos, el responsable podrá solicitarle, antes de facilitar la información, que el afectado especifique los datos o actividades de tratamiento a los que se refiere la solicitud.

2. El derecho de acceso se entenderá otorgado si el responsable del tratamiento facilitara al afectado un sistema de acceso remoto, directo y seguro a los datos personales que garantice, de modo permanente, el acceso a su totalidad. A tales efectos, la comunicación por el responsable al afectado del modo en que este podrá acceder a dicho sistema bastará para tener por atendida la solicitud de ejercicio del derecho.

No obstante, el interesado podrá solicitar del responsable la información referida a los extremos previstos en el artículo 15.1 del Reglamento (UE) 2016/679 que no se incluyese en el sistema de acceso remoto.

3. A los efectos establecidos en el artículo 12.5 del Reglamento (UE) 2016/679 se podrá considerar repetitivo el ejercicio del derecho de acceso en más de una ocasión durante el plazo de seis meses, a menos que exista causa legítima para ello.

4. Cuando el afectado elija un medio distinto al que se le ofrece que suponga un coste desproporcionado, la solicitud será considerada excesiva, por lo que dicho afectado asumirá el exceso de costes que su elección comporte. En este caso, solo será exigible al responsable del tratamiento la satisfacción del derecho de acceso sin dilaciones indebidas.

Artículo 14. Derecho de rectificación

Al ejercer el derecho de rectificación reconocido en el artículo 16 del Reglamento (UE) 2016/679, el afectado deberá indicar en su solicitud a qué datos se refiere y la corrección que haya de realizarse. Deberá acompañar, cuando sea preciso, la documentación justificativa de la inexactitud o carácter incompleto de los datos objeto de tratamiento.

Artículo 15. Derecho de supresión

1. El derecho de supresión se ejercerá de acuerdo con lo establecido en el artículo 17 del Reglamento (UE) 2016/679.

2. Cuando la supresión derive del ejercicio del derecho de oposición con arreglo al artículo 21.2 del Reglamento (UE) 2016/679, el responsable podrá conservar los datos identificativos del afectado necesarios con el fin de impedir tratamientos futuros para fines de mercadotecnia directa.

Artículo 16. Derecho a la limitación del tratamiento

1. El derecho a la limitación del tratamiento se ejercerá de acuerdo con lo establecido en el artículo 18 del Reglamento (UE) 2016/679.

2. El hecho de que el tratamiento de los datos personales esté limitado debe constar claramente en los sistemas de información del responsable.

Artículo 17. Derecho a la portabilidad

El derecho a la portabilidad se ejercerá de acuerdo con lo establecido en el artículo 20 del Reglamento (UE) 2016/679.

Artículo 18. Derecho de oposición

El derecho de oposición, así como los derechos relacionados con las decisiones individuales automatizadas, incluida la realización de perfiles, se ejercerán de acuerdo con lo establecido, respectivamente, en los artículos 21 y 22 del Reglamento (UE) 2016/679.

1.4. Disposiciones aplicables a tratamientos concretos

Artículo 19. Tratamiento de datos de contacto, de empresarios individuales y de profesionales liberales

1. Salvo prueba en contrario, se presumirá amparado en lo dispuesto en el artículo 6.1.f) del Reglamento (UE) 2016/679 el tratamiento de los datos de contacto y en su caso los relativos a la función o puesto desempeñado de las personas físicas que presten servicios en una persona jurídica siempre que se cumplan los siguientes requisitos:

a) Que el tratamiento se refiera únicamente a los datos necesarios para su localización profesional.

b) Que la finalidad del tratamiento sea únicamente mantener relaciones de cualquier índole con la persona jurídica en la que el afectado preste sus servicios.

2. La misma presunción operará para el tratamiento de los datos relativos a los empresarios individuales y a los profesionales liberales, cuando se refieran a ellos únicamente en dicha condición y no se traten para entablar una relación con los mismos como personas físicas.

3. Los responsables o encargados del tratamiento a los que se refiere el artículo 77.1 de esta ley orgánica podrán también tratar los datos mencionados en los dos apartados anteriores cuando ello se derive de una obligación legal o sea necesario para el ejercicio de sus competencias.

Artículo 20. Sistemas de información crediticia

1. Salvo prueba en contrario, se presumirá lícito el tratamiento de datos personales relativos al incumplimiento de obligaciones dinerarias, financieras o de crédito por sistemas comunes de información crediticia cuando se cumplan los siguientes requisitos:

a) Que los datos hayan sido facilitados por el acreedor o por quien actúe por su cuenta o interés.

b) Que los datos se refieran a deudas ciertas, vencidas y exigibles, cuya existencia o cuantía no hubiese sido objeto de reclamación administrativa o judicial por el deudor o mediante un procedimiento alternativo de resolución de disputas vinculante entre las partes.

c) Que el acreedor haya informado al afectado en el contrato o en el momento de requerir el pago acerca de la posibilidad de inclusión en dichos sistemas, con indicación de aquéllos en los que participe.

La entidad que mantenga el sistema de información crediticia con datos relativos al incumplimiento de obligaciones dinerarias, financieras o de crédito deberá notificar al afectado la inclusión de tales datos y le informará sobre la posibilidad de ejercitar los derechos establecidos en los artículos 15 a 22 del Reglamento (UE) 2016/679 dentro de los treinta días siguientes a la notificación de la deuda al sistema, permaneciendo bloqueados los datos durante ese plazo.

d) Que los datos únicamente se mantengan en el sistema mientras persista el incumplimiento, con el límite máximo de cinco años desde la fecha de vencimiento de la obligación dineraria, financiera o de crédito.

e) Que los datos referidos a un deudor determinado solamente puedan ser consultados cuando quien consulte el sistema mantuviese una relación contractual con el afectado que implique el abono de una cuantía pecuniaria o este le hubiera solicitado la celebración de un contrato que suponga financiación, pago aplazado o facturación periódica, como sucede, entre otros supuestos, en los previstos en la legislación de contratos de crédito al consumo y de contratos de crédito inmobiliario.

Cuando se hubiera ejercitado ante el sistema el derecho a la limitación del tratamiento de los datos impugnando su exactitud conforme a lo previsto en el artículo 18.1.a) del Reglamento (UE) 2016/679, el sistema informará a quienes pudieran consultarlo con arreglo al párrafo anterior acerca de la mera existencia de dicha circunstancia, sin facilitar los datos concretos respecto de los que se hubiera ejercitado el derecho, en tanto se resuelve sobre la solicitud del afectado.

f) Que, en el caso de que se denegase la solicitud de celebración del contrato, o éste no llegara a celebrarse, como consecuencia de la consulta efectuada, quien haya consultado el sistema informe al afectado del resultado de dicha consulta.

2. Las entidades que mantengan el sistema y las acreedoras, respecto del tratamiento de los datos referidos a sus deudores, tendrán la condición de corresponsables del tratamiento de los datos, siendo de aplicación lo establecido por el artículo 26 del Reglamento (UE) 2016/679.

Corresponderá al acreedor garantizar que concurren los requisitos exigidos para la inclusión en el sistema de la deuda, respondiendo de su inexistencia o inexactitud.

3. La presunción a la que se refiere el apartado 1 de este artículo no ampara los supuestos en que la información crediticia fuese asociada por la entidad que mantuviera el sistema a informaciones adicionales a las contempladas en dicho apartado, relacionadas con el deudor y obtenidas de otras fuentes, a fin de llevar a cabo un perfilado del mismo, en particular mediante la aplicación de técnicas de calificación crediticia.

Artículo 21. Tratamientos relacionados con la realización de determinadas operaciones mercantiles

1. Salvo prueba en contrario, se presumirán lícitos los tratamientos de datos, incluida su comunicación con carácter previo, que pudieran derivarse del desarrollo de cualquier operación de modificación estructural de sociedades o la aportación o transmisión de negocio o de rama de actividad empresarial, siempre que los tratamientos fueran necesarios para el buen fin de la operación y garanticen, cuando proceda, la continuidad en la prestación de los servicios.

2. En el caso de que la operación no llegara a concluirse, la entidad cesionaria deberá proceder con carácter inmediato a la supresión de los datos, sin que sea de aplicación la obligación de bloqueo prevista en esta ley orgánica.

Artículo 22. Tratamientos con fines de videovigilancia

1. Las personas físicas o jurídicas, públicas o privadas, podrán llevar a cabo el tratamiento de imágenes a través de sistemas de cámaras o videocámaras con la finalidad de preservar la seguridad de las personas y bienes, así como de sus instalaciones.

2. Solo podrán captarse imágenes de la vía pública en la medida en que resulte imprescindible para la finalidad mencionada en el apartado anterior.

No obstante, será posible la captación de la vía pública en una extensión superior cuando fuese necesario para garantizar la seguridad de bienes o instalaciones estratégicos o de infraestructuras vinculadas al transporte, sin que en ningún caso pueda suponer la captación de imágenes del interior de un domicilio privado.

3. Los datos serán suprimidos en el plazo máximo de un mes desde su captación, salvo cuando hubieran de ser conservados para acreditar la comisión de actos que atenten contra la integridad de personas, bienes o instalaciones. En tal caso, las imágenes deberán ser puestas a disposición de la autoridad competente en un plazo máximo de setenta y dos horas desde que se tuviera conocimiento de la existencia de la grabación.

No será de aplicación a estos tratamientos la obligación de bloqueo prevista en el artículo 32 de esta ley orgánica.

4. El deber de información previsto en el artículo 12 del Reglamento (UE) 2016/679 se entenderá cumplido mediante la colocación de un dispositivo informativo en lugar suficientemente visible identificando, al menos, la existencia del tratamiento, la identidad del responsable y la posibilidad de ejercitar los derechos previstos en los artículos 15 a 22 del Reglamento (UE) 2016/679. También podrá incluirse en el dispositivo informativo un código de conexión o dirección de internet a esta información.

En todo caso, el responsable del tratamiento deberá mantener a disposición de los afectados la información a la que se refiere el citado reglamento.

5. Al amparo del artículo 2.2.c) del Reglamento (UE) 2016/679, se considera excluido de su ámbito de aplicación el tratamiento por una persona física de imágenes que solamente capten el interior de su propio domicilio.

Esta exclusión no abarca el tratamiento realizado por una entidad de seguridad privada que hubiera sido contratada para la vigilancia de un domicilio y tuviese acceso a las imágenes.

6. El tratamiento de los datos personales procedentes de las imágenes y sonidos obtenidos mediante la utilización de cámaras y videocámaras por las Fuer-

zas y Cuerpos de Seguridad y por los órganos competentes para la vigilancia y control en los centros penitenciarios y para el control, regulación, vigilancia y disciplina del tráfico, se regirá por la legislación de transposición de la Directiva (UE) 2016/680, cuando el tratamiento tenga fines de prevención, investigación, detección o enjuiciamiento de infracciones penales o de ejecución de sanciones penales, incluidas la protección y la prevención frente a las amenazas contra la seguridad pública. Fuera de estos supuestos, dicho tratamiento se regirá por su legislación específica y supletoriamente por el Reglamento (UE) 2016/679 y la presente ley orgánica.

7. Lo regulado en el presente artículo se entiende sin perjuicio de lo previsto en la Ley 5/2014, de 4 de abril, de Seguridad Privada y sus disposiciones de desarrollo.

8. El tratamiento por el empleador de datos obtenidos a través de sistemas de cámaras o videocámaras se somete a lo dispuesto en el artículo 89 de esta ley orgánica.

Artículo 23. Sistemas de exclusión publicitaria

1. Será lícito el tratamiento de datos personales que tenga por objeto evitar el envío de comunicaciones comerciales a quienes hubiesen manifestado su negativa u oposición a recibirlas.

A tal efecto, podrán crearse sistemas de información, generales o sectoriales, en los que solo se incluirán los datos imprescindibles para identificar a los afectados. Estos sistemas también podrán incluir servicios de preferencia, mediante los cuales los afectados limiten la recepción de comunicaciones comerciales a las procedentes de determinadas empresas.

2. Las entidades responsables de los sistemas de exclusión publicitaria comunicarán a la autoridad de control competente su creación, su carácter general o sectorial, así como el modo en que los afectados pueden incorporarse a los mismos y, en su caso, hacer valer sus preferencias.

La autoridad de control competente hará pública en su sede electrónica una relación de los sistemas de esta naturaleza que le fueran comunicados, incorporando la información mencionada en el párrafo anterior. A tal efecto, la autoridad de control competente a la que se haya comunicado la creación del sistema lo pondrá en conocimiento de las restantes autoridades de control para su publicación por todas ellas.

3. Cuando un afectado manifieste a un responsable su deseo de que sus datos no sean tratados para la remisión de comunicaciones comerciales, este

deberá informarle de los sistemas de exclusión publicitaria existentes, pudiendo remitirse a la información publicada por la autoridad de control competente.

4. Quienes pretendan realizar comunicaciones de mercadotecnia directa, deberán previamente consultar los sistemas de exclusión publicitaria que pudieran afectar a su actuación, excluyendo del tratamiento los datos de los afectados que hubieran manifestado su oposición o negativa al mismo. A estos efectos, para considerar cumplida la obligación anterior será suficiente la consulta de los sistemas de exclusión incluidos en la relación publicada por la autoridad de control competente.

No será necesario realizar la consulta a la que se refiere el párrafo anterior cuando el afectado hubiera prestado, conforme a lo dispuesto en esta ley orgánica, su consentimiento para recibir la comunicación a quien pretenda realizarla.

Artículo 24. Sistemas de información de denuncias internas

1. Será lícita la creación y mantenimiento de sistemas de información a través de los cuales pueda ponerse en conocimiento de una entidad de Derecho privado, incluso anónimamente, la comisión en el seno de la misma o en la actuación de terceros que contratasen con ella, de actos o conductas que pudieran resultar contrarios a la normativa general o sectorial que le fuera aplicable. Los empleados y terceros deberán ser informados acerca de la existencia de estos sistemas de información.

2. El acceso a los datos contenidos en estos sistemas quedará limitado exclusivamente a quienes, incardinados o no en el seno de la entidad, desarrollen las funciones de control interno y de cumplimiento, o a los encargados del tratamiento que eventualmente se designen a tal efecto. No obstante, será lícito su acceso por otras personas, o incluso su comunicación a terceros, cuando resulte necesario para la adopción de medidas disciplinarias o para la tramitación de los procedimientos judiciales que, en su caso, procedan.

Sin perjuicio de la notificación a la autoridad competente de hechos constitutivos de ilícito penal o administrativo, solo cuando pudiera proceder la adopción de medidas disciplinarias contra un trabajador, dicho acceso se permitirá al personal con funciones de gestión y control de recursos humanos.

3. Deberán adoptarse las medidas necesarias para preservar la identidad y garantizar la confidencialidad de los datos correspondientes a las personas afectadas por la información suministrada, especialmente la de la persona que hubiera puesto los hechos en conocimiento de la entidad, en caso de que se hubiera identificado.

4. Los datos de quien formule la comunicación y de los empleados y terceros deberán conservarse en el sistema de denuncias únicamente durante el tiempo imprescindible para decidir sobre la procedencia de iniciar una investigación sobre los hechos denunciados.

En todo caso, transcurridos tres meses desde la introducción de los datos, deberá procederse a su supresión del sistema de denuncias, salvo que la finalidad de la conservación sea dejar evidencia del funcionamiento del modelo de prevención de la comisión de delitos por la persona jurídica. Las denuncias a las que no se haya dado curso solamente podrán constar de forma anonimizada, sin que sea de aplicación la obligación de bloqueo prevista en el artículo 32 de esta ley orgánica.

Transcurrido el plazo mencionado en el párrafo anterior, los datos podrán seguir siendo tratados, por el órgano al que corresponda, conforme al apartado 2 de este artículo, la investigación de los hechos denunciados, no conservándose en el propio sistema de información de denuncias internas.

5. Los principios de los apartados anteriores serán aplicables a los sistemas de denuncias internas que pudieran crearse en las Administraciones Públicas.

Artículo 25. Tratamiento de datos en el ámbito de la función estadística pública

1. El tratamiento de datos personales llevado a cabo por los organismos que tengan atribuidas las competencias relacionadas con el ejercicio de la función estadística pública se someterá a lo dispuesto en su legislación específica, así como en el Reglamento (UE) 2016/679 y en la presente ley orgánica.

2. La comunicación de los datos a los órganos competentes en materia estadística solo se entenderá amparada en el artículo 6.1 e) del Reglamento (UE) 2016/679 en los casos en que la estadística para la que se requiera la información venga exigida por una norma de Derecho de la Unión Europea o se encuentre incluida en los instrumentos de programación estadística legalmente previstos.

De conformidad con lo dispuesto en el artículo 11.2 de la Ley 12/1989, de 9 de mayo, de la Función Estadística Pública, serán de aportación estrictamente voluntaria y, en consecuencia, solo podrán recogerse previo consentimiento expreso de los afectados los datos a los que se refieren los artículos 9 y 10 del Reglamento (UE) 2016/679.

3. Los organismos competentes para el ejercicio de la función estadística pública podrán denegar las solicitudes de ejercicio por los afectados de los derechos

establecidos en los artículos 15 a 22 del Reglamento (UE) 2016/679 cuando los datos se encuentren amparados por las garantías del secreto estadístico previstas en la legislación estatal o autonómica.

Artículo 26. Tratamiento de datos con fines de archivo en interés público por parte de las Administraciones Públicas

Será lícito el tratamiento por las Administraciones Públicas de datos con fines de archivo en interés público, que se someterá a lo dispuesto en el Reglamento (UE) 2016/679 y en la presente ley orgánica con las especialidades que se derivan de lo previsto en la Ley 16/1985, de 25 de junio, del Patrimonio Histórico Español, en el Real Decreto 1708/2011, de 18 de noviembre, por el que se establece el Sistema Español de Archivos y se regula el Sistema de Archivos de la Administración General del Estado y de sus Organismos Públicos y su régimen de acceso, así como la legislación autonómica que resulte de aplicación.

Artículo 27. Tratamiento de datos relativos a infracciones y sanciones administrativas

1. A los efectos del artículo 86 del Reglamento (UE) 2016/679, el tratamiento de datos relativos a infracciones y sanciones administrativas, incluido el mantenimiento de registros relacionados con las mismas, exigirá:

a) Que los responsables de dichos tratamientos sean los órganos competentes para la instrucción del procedimiento sancionador, para la declaración de las infracciones o la imposición de las sanciones.

b) Que el tratamiento se limite a los datos estrictamente necesarios para la finalidad perseguida por aquel.

2. Cuando no se cumpla alguna de las condiciones previstas en el apartado anterior, los tratamientos de datos referidos a infracciones y sanciones administrativas habrán de contar con el consentimiento del interesado o estar autorizados por una norma con rango de ley, en la que se regularán, en su caso, garantías adicionales para los derechos y libertades de los afectados.

3. Fuera de los supuestos señalados en los apartados anteriores, los tratamientos de datos referidos a infracciones y sanciones administrativas solo serán posibles cuando sean llevados a cabo por abogados y procuradores y tengan por objeto recoger la información facilitada por sus clientes para el ejercicio de sus funciones.

1.5. Responsable y encargado del tratamiento

1.5.1. Disposiciones generales. Medidas de responsabilidad activa

Artículo 28. Obligaciones generales del responsable y encargado del tratamiento

1. Los responsables y encargados, teniendo en cuenta los elementos enumerados en los artículos 24 y 25 del Reglamento (UE) 2016/679, determinarán las medidas técnicas y organizativas apropiadas que deben aplicar a fin de garantizar y acreditar que el tratamiento es conforme con el citado reglamento, con la presente ley orgánica, sus normas de desarrollo y la legislación sectorial aplicable. En particular valorarán si procede la realización de la evaluación de impacto en la protección de datos y la consulta previa a que se refiere la Sección 3 del Capítulo IV del citado reglamento.

2. Para la adopción de las medidas a que se refiere el apartado anterior los responsables y encargados del tratamiento tendrán en cuenta, en particular, los mayores riesgos que podrían producirse en los siguientes supuestos:

a) Cuando el tratamiento pudiera generar situaciones de discriminación, usurpación de identidad o fraude, pérdidas financieras, daño para la reputación, pérdida de confidencialidad de datos sujetos al secreto profesional, reversión no autorizada de la seudonimización o cualquier otro perjuicio económico, moral o social significativo para los afectados.

b) Cuando el tratamiento pudiese privar a los afectados de sus derechos y libertades o pudiera impedirles el ejercicio del control sobre sus datos personales.

c) Cuando se produjese el tratamiento no meramente incidental o accesorio de las categorías especiales de datos a las que se refieren los artículos 9 y 10 del Reglamento (UE) 2016/679 y 9 y 10 de esta ley orgánica o de los datos relacionados con la comisión de infracciones administrativas.

d) Cuando el tratamiento implicase una evaluación de aspectos personales de los afectados con el fin de crear o utilizar perfiles personales de los mismos, en particular mediante el análisis o la predicción de aspectos referidos a su rendimiento en el trabajo, su situación económica, su salud, sus preferencias o intereses personales, su fiabilidad o comportamiento, su solvencia financiera, su localización o sus movimientos.

e) Cuando se lleve a cabo el tratamiento de datos de grupos de afectados en situación de especial vulnerabilidad y, en particular, de menores de edad y personas con discapacidad.

f) Cuando se produzca un tratamiento masivo que implique a un gran número de afectados o conlleve la recogida de una gran cantidad de datos personales.

g) Cuando los datos personales fuesen a ser objeto de transferencia, con carácter habitual, a terceros Estados u organizaciones internacionales respecto de los que no se hubiese declarado un nivel adecuado de protección.

h) Cualesquiera otros que a juicio del responsable o del encargado pudieran tener relevancia y en particular aquellos previstos en códigos de conducta y estándares definidos por esquemas de certificación.

Artículo 29. Supuestos de corresponsabilidad en el tratamiento

La determinación de las responsabilidades a las que se refiere el artículo 26.1 del Reglamento (UE) 2016/679 se realizará atendiendo a las actividades que efectivamente desarrolle cada uno de los corresponsables del tratamiento.

Artículo 30. Representantes de los responsables o encargados del tratamiento no establecidos en la Unión Europea

1. En los supuestos en que el Reglamento (UE) 2016/679 sea aplicable a un responsable o encargado del tratamiento no establecido en la Unión Europea en virtud de lo dispuesto en su artículo 3.2 y el tratamiento se refiera a afectados que se hallen en España, la Agencia Española de Protección de Datos o, en su caso, las autoridades autonómicas de protección de datos podrán imponer al representante, solidariamente con el responsable o encargado del tratamiento, las medidas establecidas en el Reglamento (UE) 2016/679.

Dicha exigencia se entenderá sin perjuicio de la responsabilidad que pudiera en su caso corresponder al responsable o al encargado del tratamiento y del ejercicio por el representante de la acción de repetición frente a quien proceda.

2. Asimismo, en caso de exigencia de responsabilidad en los términos previstos en el artículo 82 del Reglamento (UE) 2016/679, los responsables, encargados y representantes responderán solidariamente de los daños y perjuicios causados.

Artículo 31. Registro de las actividades de tratamiento

1. Los responsables y encargados del tratamiento o, en su caso, sus representantes deberán mantener el registro de actividades de tratamiento al que se refiere el artículo 30 del Reglamento (UE) 2016/679, salvo que sea de aplicación la excepción prevista en su apartado 5.

El registro, que podrá organizarse en torno a conjuntos estructurados de datos, deberá especificar, según sus finalidades, las actividades de tratamiento llevadas a cabo y las demás circunstancias establecidas en el citado reglamento.

Cuando el responsable o el encargado del tratamiento hubieran designado un delegado de protección de datos deberán comunicarle cualquier adición, modificación o exclusión en el contenido del registro.

2. Los sujetos enumerados en el artículo 77.1 de esta ley orgánica harán público un inventario de sus actividades de tratamiento accesible por medios electrónicos en el que constará la información establecida en el artículo 30 del Reglamento (UE) 2016/679 y su base legal.

Artículo 32. Bloqueo de los datos

1. El responsable del tratamiento estará obligado a bloquear los datos cuando proceda a su rectificación o supresión.

2. El bloqueo de los datos consiste en la identificación y reserva de los mismos, adoptando medidas técnicas y organizativas, para impedir su tratamiento, incluyendo su visualización, excepto para la puesta a disposición de los datos a los jueces y tribunales, el Ministerio Fiscal o las Administraciones Públicas competentes, en particular de las autoridades de protección de datos, para la exigencia de posibles responsabilidades derivadas del tratamiento y solo por el plazo de prescripción de las mismas.

Transcurrido ese plazo deberá procederse a la destrucción de los datos.

3. Los datos bloqueados no podrán ser tratados para ninguna finalidad distinta de la señalada en el apartado anterior.

4. Cuando para el cumplimiento de esta obligación, la configuración del sistema de información no permita el bloqueo o se requiera una adaptación que implique un esfuerzo desproporcionado, se procederá a un copiado seguro de la información de modo que conste evidencia digital, o de otra naturaleza, que permita acreditar la autenticidad de la misma, la fecha del bloqueo y la no manipulación de los datos durante el mismo.

5. La Agencia Española de Protección de Datos y las autoridades autonómicas de protección de datos, dentro del ámbito de sus respectivas competencias, podrán fijar excepciones a la obligación de bloqueo establecida en este artículo, en los supuestos en que, atendida la naturaleza de los datos o el hecho de que se refieran a un número particularmente elevado de afectados, su mera conservación, incluso bloqueados, pudiera generar un riesgo elevado para los derechos de los afectados, así como en aquellos casos en los que la conservación de los

datos bloqueados pudiera implicar un coste desproporcionado para el responsable del tratamiento.

1.5.2. Encargado del tratamiento

Artículo 33. Encargado del tratamiento

1. El acceso por parte de un encargado de tratamiento a los datos personales que resulten necesarios para la prestación de un servicio al responsable no se considerará comunicación de datos siempre que se cumpla lo establecido en el Reglamento (UE) 2016/679, en la presente ley orgánica y en sus normas de desarrollo.

2. Tendrá la consideración de responsable del tratamiento y no la de encargado quien en su propio nombre y sin que conste que actúa por cuenta de otro, establezca relaciones con los afectados aun cuando exista un contrato o acto jurídico con el contenido fijado en el artículo 28.3 del Reglamento (UE) 2016/679. Esta previsión no será aplicable a los encargos de tratamiento efectuados en el marco de la legislación de contratación del sector público.

Tendrá asimismo la consideración de responsable del tratamiento quien figurando como encargado utilizase los datos para sus propias finalidades.

3. El responsable del tratamiento determinará si, cuando finalice la prestación de los servicios del encargado, los datos personales deben ser destruidos, devueltos al responsable o entregados, en su caso, a un nuevo encargado.

No procederá la destrucción de los datos cuando exista una previsión legal que obligue a su conservación, en cuyo caso deberán ser devueltos al responsable, que garantizará su conservación mientras tal obligación persista.

4. El encargado del tratamiento podrá conservar, debidamente bloqueados, los datos en tanto pudieran derivarse responsabilidades de su relación con el responsable del tratamiento.

5. En el ámbito del sector público podrán atribuirse las competencias propias de un encargado del tratamiento a un determinado órgano de la Administración General del Estado, la Administración de las comunidades autónomas, las Entidades que integran la Administración Local o a los Organismos vinculados o dependientes de las mismas mediante la adopción de una norma reguladora de dichas competencias, que deberá incorporar el contenido exigido por el artículo 28.3 del Reglamento (UE) 2016/679.

1.5.3. Delegado de protección de datos

Artículo 34. Designación de un delegado de protección de datos

1. Los responsables y encargados del tratamiento deberán designar un delegado de protección de datos en los supuestos previstos en el artículo 37.1 del Reglamento (UE) 2016/679 y, en todo caso, cuando se trate de las siguientes entidades:

a) Los colegios profesionales y sus consejos generales.

b) Los centros docentes que ofrezcan enseñanzas en cualquiera de los niveles establecidos en la legislación reguladora del derecho a la educación, así como las Universidades públicas y privadas.

c) Las entidades que exploten redes y presten servicios de comunicaciones electrónicas conforme a lo dispuesto en su legislación específica, cuando traten habitual y sistemáticamente datos personales a gran escala.

d) Los prestadores de servicios de la sociedad de la información cuando elaboren a gran escala perfiles de los usuarios del servicio.

e) Las entidades incluidas en el artículo 1 de la Ley 10/2014, de 26 de junio, de ordenación, supervisión y solvencia de entidades de crédito.

f) Los establecimientos financieros de crédito.

g) Las entidades aseguradoras y reaseguradoras.

h) Las empresas de servicios de inversión, reguladas por la legislación del Mercado de Valores.

i) Los distribuidores y comercializadores de energía eléctrica y los distribuidores y comercializadores de gas natural.

j) Las entidades responsables de ficheros comunes para la evaluación de la solvencia patrimonial y crédito o de los ficheros comunes para la gestión y prevención del fraude, incluyendo a los responsables de los ficheros regulados por la legislación de prevención del blanqueo de capitales y de la financiación del terrorismo.

k) Las entidades que desarrollen actividades de publicidad y prospección comercial, incluyendo las de investigación comercial y de mercados, cuando lleven a cabo tratamientos basados en las preferencias de los afectados o realicen actividades que impliquen la elaboración de perfiles de los mismos.

l) Los centros sanitarios legalmente obligados al mantenimiento de las historias clínicas de los pacientes.

Se exceptúan los profesionales de la salud que, aun estando legalmente obligados al mantenimiento de las historias clínicas de los pacientes, ejerzan su actividad a título individual.

m) Las entidades que tengan como uno de sus objetos la emisión de informes comerciales que puedan referirse a personas físicas.

n) Los operadores que desarrollen la actividad de juego a través de canales electrónicos, informáticos, telemáticos e interactivos, conforme a la normativa de regulación del juego.

ñ) Las empresas de seguridad privada.

o) Las federaciones deportivas cuando traten datos de menores de edad.

2. Los responsables o encargados del tratamiento no incluidos en el párrafo anterior podrán designar de manera voluntaria un delegado de protección de datos, que quedará sometido al régimen establecido en el Reglamento (UE) 2016/679 y en la presente ley orgánica.

3. Los responsables y encargados del tratamiento comunicarán en el plazo de diez días a la Agencia Española de Protección de Datos o, en su caso, a las autoridades autonómicas de protección de datos, las designaciones, nombramientos y ceses de los delegados de protección de datos tanto en los supuestos en que se encuentren obligadas a su designación como en el caso en que sea voluntaria.

4. La Agencia Española de Protección de Datos y las autoridades autonómicas de protección de datos mantendrán, en el ámbito de sus respectivas competencias, una lista actualizada de delegados de protección de datos que será accesible por medios electrónicos.

5. En el cumplimiento de las obligaciones de este artículo los responsables y encargados del tratamiento podrán establecer la dedicación completa o a tiempo parcial del delegado, entre otros criterios, en función del volumen de los tratamientos, la categoría especial de los datos tratados o de los riesgos para los derechos o libertades de los interesados.

Artículo 35. Cualificación del delegado de protección de datos

El cumplimiento de los requisitos establecidos en el artículo 37.5 del Reglamento (UE) 2016/679 para la designación del delegado de protección de datos, sea persona física o jurídica, podrá demostrarse, entre otros medios, a través de mecanismos voluntarios de certificación que tendrán particularmente en cuenta la obtención de una titulación universitaria que acredite conocimientos especializados en el derecho y la práctica en materia de protección de datos.

Artículo 36. Posición del delegado de protección de datos

1. El delegado de protección de datos actuará como interlocutor del responsable o encargado del tratamiento ante la Agencia Española de Protección de Datos y las autoridades autonómicas de protección de datos. El delegado podrá inspeccionar los procedimientos relacionados con el objeto de la presente ley orgánica y emitir recomendaciones en el ámbito de sus competencias.

2. Cuando se trate de una persona física integrada en la organización del responsable o encargado del tratamiento, el delegado de protección de datos no podrá ser removido ni sancionado por el responsable o el encargado por desempeñar sus funciones salvo que incurriera en dolo o negligencia grave en su ejercicio. Se garantizará la independencia del delegado de protección de datos dentro de la organización, debiendo evitarse cualquier conflicto de intereses.

3. En el ejercicio de sus funciones el delegado de protección de datos tendrá acceso a los datos personales y procesos de tratamiento, no pudiendo oponer a este acceso el responsable o el encargado del tratamiento la existencia de cualquier deber de confidencialidad o secreto, incluyendo el previsto en el artículo 5 de esta ley orgánica.

4. Cuando el delegado de protección de datos aprecie la existencia de una vulneración relevante en materia de protección de datos lo documentará y lo comunicará inmediatamente a los órganos de administración y dirección del responsable o el encargado del tratamiento.

Artículo 37. Intervención del delegado de protección de datos en caso de reclamación ante las autoridades de protección de datos

1. Cuando el responsable o el encargado del tratamiento hubieran designado un delegado de protección de datos el afectado podrá, con carácter previo a la presentación de una reclamación contra aquéllos ante la Agencia Española de Protección de Datos o, en su caso, ante las autoridades autonómicas de protección de datos, dirigirse al delegado de protección de datos de la entidad contra la que se reclame.

En este caso, el delegado de protección de datos comunicará al afectado la decisión que se hubiera adoptado en el plazo máximo de dos meses a contar desde la recepción de la reclamación.

2. Cuando el afectado presente una reclamación ante la Agencia Española de Protección de Datos o, en su caso, ante las autoridades autonómicas de protección de datos, aquellas podrán remitir la reclamación al delegado de protección de datos a fin de que este responda en el plazo de un mes.

Si transcurrido dicho plazo el delegado de protección de datos no hubiera comunicado a la autoridad de protección de datos competente la respuesta dada a la reclamación, dicha autoridad continuará el procedimiento con arreglo a lo establecido en el Título VIII de esta ley orgánica y en sus normas de desarrollo.

3. El procedimiento ante la Agencia Española de Protección de Datos será el establecido en el Título VIII de esta ley orgánica y en sus normas de desarrollo. Asimismo, las comunidades autónomas regularán el procedimiento correspondiente ante sus autoridades autonómicas de protección de datos.

1.5.4. Códigos de conducta y certificación

Artículo 38. Códigos de conducta

1. Los códigos de conducta regulados por la sección 5.ª del Capítulo IV del Reglamento (UE) 2016/679 serán vinculantes para quienes se adhieran a los mismos.

Dichos códigos podrán dotarse de mecanismos de resolución extrajudicial de conflictos.

2. Dichos códigos podrán promoverse, además de por las asociaciones y organismos a los que se refiere el artículo 40.2 del Reglamento (UE) 2016/679, por empresas o grupos de empresas así como por los responsables o encargados a los que se refiere el artículo 77.1 de esta ley orgánica.

Asimismo, podrán ser promovidos por los organismos o entidades que asuman las funciones de supervisión y resolución extrajudicial de conflictos a los que se refiere el artículo 41 del Reglamento (UE) 2016/679.

Los responsables o encargados del tratamiento que se adhieran al código de conducta se obligan a someter al organismo o entidad de supervisión las reclamaciones que les fueran formuladas por los afectados en relación con los tratamientos de datos incluidos en su ámbito de aplicación en caso de considerar que no procede atender a lo solicitado en la reclamación, sin perjuicio de lo dispuesto en el artículo 37 de esta ley orgánica. Además, sin menoscabo de las competencias atribuidas por el Reglamento (UE) 2016/679 a las autoridades de protección de datos, podrán voluntariamente y antes de llevar a cabo el tratamiento, someter al citado organismo o entidad de supervisión la verificación de la conformidad del mismo con las materias sujetas al código de conducta.

En caso de que el organismo o entidad de supervisión rechace o desestime la reclamación, o si el responsable o encargado del tratamiento no somete la reclamación a su decisión, el afectado podrá formularla ante la Agencia Española de Protección de Datos o, en su caso, las autoridades autonómicas de protección de datos.

La autoridad de protección de datos competente verificará que los organismos o entidades que promuevan los códigos de conducta han dotado a estos códigos de organismos de supervisión que reúnan los requisitos establecidos en el artículo 41.2 del Reglamento (UE) 2016/679.

3. Los códigos de conducta serán aprobados por la Agencia Española de Protección de Datos o, en su caso, por la autoridad autonómica de protección de datos competente.

4. La Agencia Española de Protección de Datos o, en su caso, las autoridades autonómicas de protección de datos someterán los proyectos de código al mecanismo de coherencia mencionado en el artículo 63 de Reglamento (UE) 2016/679 en los supuestos en que ello proceda según su artículo 40.7. El procedimiento quedará suspendido en tanto el Comité Europeo de Protección de Datos no emita el dictamen al que se refieren los artículos 64.1.b) y 65.1.c) del citado reglamento.

Cuando sea una autoridad autonómica de protección de datos la que someta el proyecto de código al mecanismo de coherencia, se estará a lo dispuesto en el artículo 60 de esta ley orgánica.

5. La Agencia Española de Protección de Datos y las autoridades autonómicas de protección de datos mantendrán registros de los códigos de conducta aprobados por las mismas, que estarán interconectados entre sí y coordinados con el registro gestionado por el Comité Europeo de Protección de Datos conforme al artículo 40.11 del citado reglamento.

El registro será accesible a través de medios electrónicos.

6. Mediante real decreto se establecerán el contenido del registro y las especialidades del procedimiento de aprobación de los códigos de conducta.

Artículo 39. Acreditación de instituciones de certificación

Sin perjuicio de las funciones y poderes de acreditación de la autoridad de control competente en virtud de los artículos 57 y 58 del Reglamento (UE) 2016/679, la acreditación de las instituciones de certificación a las que se refiere el artículo 43.1 del citado reglamento podrá ser llevada a cabo por la Entidad Nacional de Acreditación (ENAC), que comunicará a la Agencia Española de Protección de Datos y a las autoridades de protección de datos de las comunidades autónomas las concesiones, denegaciones o revocaciones de las acreditaciones, así como su motivación.

1.6. Transferencias internacionales de datos

Artículo 40. Régimen de las transferencias internacionales de datos

Las transferencias internacionales de datos se regirán por lo dispuesto en el Reglamento (UE) 2016/679, en la presente ley orgánica y sus normas de desarrollo aprobadas por el Gobierno, y en las circulares de la Agencia Española de Protección de Datos y de las autoridades autonómicas de protección de datos, en el ámbito de sus respectivas competencias.

En todo caso se aplicarán a los tratamientos en que consista la propia transferencia las disposiciones contenidas en dichas normas, en particular las que regulan los principios de protección de datos.

Artículo 41. Supuestos de adopción por la Agencia Española de Protección de Datos

1. La Agencia Española de Protección de Datos y las autoridades autonómicas de protección de datos podrán adoptar, conforme a lo dispuesto en el artículo 46.2.c) del Reglamento (UE) 2016/679, cláusulas contractuales tipo para la realización de transferencias internacionales de datos, que se someterán previamente al dictamen del Comité Europeo de Protección de Datos previsto en el artículo 64 del citado reglamento.

2. La Agencia Española de Protección de Datos y las autoridades autonómicas de protección de datos podrán aprobar normas corporativas vinculantes de acuerdo con lo previsto en el artículo 47 del Reglamento (UE) 2016/679.

El procedimiento se iniciará a instancia de una entidad situada en España y tendrá una duración máxima de nueve meses. Quedará suspendido como consecuencia de la remisión del expediente al Comité Europeo de Protección de Datos para que emita el dictamen al que se refiere el artículo 64.1.f) del Reglamento (UE) 2016/679, y continuará tras su notificación a la Agencia Española de Protección de Datos o a la autoridad autonómica de protección de datos competente.

Artículo 42. Supuestos sometidos a autorización previa de las autoridades de protección de datos

1. Las transferencias internacionales de datos a países u organizaciones internacionales que no cuenten con decisión de adecuación aprobada por la Comisión o que no se amparen en alguna de las garantías previstas en el artículo anterior y en el artículo 46.2 del Reglamento (UE) 2016/679, requerirán una previa autorización

de la Agencia Española de Protección de Datos o, en su caso, autoridades autonómicas de protección de datos, que podrá otorgarse en los siguientes supuestos:

a) Cuando la transferencia pretenda fundamentarse en la aportación de garantías adecuadas con fundamento en cláusulas contractuales que no correspondan a las cláusulas tipo previstas en el artículo 46.2, letras c) y d), del Reglamento (UE) 2016/679.

b) Cuando la transferencia se lleve a cabo por alguno de los responsables o encargados a los que se refiere el artículo 77.1 de esta ley orgánica y se funde en disposiciones incorporadas a acuerdos internacionales no normativos con otras autoridades u organismos públicos de terceros Estados, que incorporen derechos efectivos y exigibles para los afectados, incluidos los memorandos de entendimiento.

El procedimiento tendrá una duración máxima de seis meses.

2. La autorización quedará sometida a la emisión por el Comité Europeo de Protección de Datos del dictamen al que se refieren los artículos 64.1.e), 64.1.f) y 65.1.c) del Reglamento (UE) 2016/679. La remisión del expediente al citado comité implicará la suspensión del procedimiento hasta que el dictamen sea notificado a la Agencia Española de Protección de Datos o, por conducto de la misma, a la autoridad de control competente, en su caso.

Artículo 43. Supuestos sometidos a información previa a la autoridad de protección de datos competente

Los responsables del tratamiento deberán informar a la Agencia Española de Protección de Datos o, en su caso, a las autoridades autonómicas de protección de datos, de cualquier transferencia internacional de datos que pretendan llevar a cabo sobre la base de su necesidad para fines relacionados con intereses legítimos imperiosos perseguidos por aquéllos y la concurrencia del resto de los requisitos previstos en el último párrafo del artículo 49.1 del Reglamento (UE) 2016/679. Asimismo, informarán a los afectados de la transferencia y de los intereses legítimos imperiosos perseguidos.

Esta información deberá facilitarse con carácter previo a la realización de la transferencia.

Lo dispuesto en este artículo no será de aplicación a las actividades llevadas a cabo por las autoridades públicas en el ejercicio de sus poderes públicos, de acuerdo con el artículo 49.3 del Reglamento (UE) 2016/679.

1.7. Autoridades de protección de datos

1.7.1. La Agencia Española de Protección de Datos

1.7.1.1. Disposiciones generales

Artículo 44. Disposiciones generales

1. La Agencia Española de Protección de Datos es una autoridad administrativa independiente de ámbito estatal, de las previstas en la Ley 40/2015, de 1 de octubre, de Régimen Jurídico del Sector Público, con personalidad jurídica y plena capacidad pública y privada, que actúa con plena independencia de los poderes públicos en el ejercicio de sus funciones.

Su denominación oficial, de conformidad con lo establecido en el artículo 109.3 de la Ley 40/2015, de 1 de octubre, de Régimen Jurídico del Sector Público, será «Agencia Española de Protección de Datos, Autoridad Administrativa Independiente».

Se relaciona con el Gobierno a través del Ministerio de Justicia.

2. La Agencia Española de Protección de Datos tendrá la condición de representante común de las autoridades de protección de datos del Reino de España en el Comité Europeo de Protección de Datos.

3. La Agencia Española de Protección de Datos y el Consejo General del Poder Judicial colaborarán en aras del adecuado ejercicio de las respectivas competencias que la Ley Orgánica 6/1985, de 1 julio, del Poder Judicial, les atribuye en materia de protección de datos personales en el ámbito de la Administración de Justicia.

Artículo 45. Régimen jurídico

1. La Agencia Española de Protección de Datos se rige por lo dispuesto en el Reglamento (UE) 2016/679, la presente ley orgánica y sus disposiciones de desarrollo.

Supletoriamente, en cuanto sea compatible con su plena independencia y sin perjuicio de lo previsto en el artículo 63.2 de esta ley orgánica, se regirá por las normas citadas en el artículo 110.1 de la Ley 40/2015, de 1 de octubre, de Régimen Jurídico del Sector Público.

2. El Gobierno, a propuesta de la Agencia Española de Protección de Datos, aprobará su Estatuto mediante real decreto.

Artículo 46. Régimen económico presupuestario y de personal

1. La Agencia Española de Protección de Datos elaborará y aprobará su presupuesto y lo remitirá al Gobierno para que sea integrado, con independencia, en los Presupuestos Generales del Estado.

2. El régimen de modificaciones y de vinculación de los créditos de su presupuesto será el establecido en el Estatuto de la Agencia Española de Protección de Datos.

Corresponde a la Presidencia de la Agencia Española de Protección de Datos autorizar las modificaciones presupuestarias que impliquen hasta un tres por ciento de la cifra inicial de su presupuesto total de gastos, siempre que no se incrementen los créditos para gastos de personal. Las restantes modificaciones que no excedan de un cinco por ciento del presupuesto serán autorizadas por el Ministerio de Hacienda y, en los demás casos, por el Gobierno.

3. La Agencia Española de Protección de Datos contará para el cumplimiento de sus fines con las asignaciones que se establezcan con cargo a los Presupuestos Generales del Estado, los bienes y valores que constituyan su patrimonio y los ingresos, ordinarios y extraordinarios derivados del ejercicio de sus actividades, incluidos los derivados del ejercicio de las potestades establecidos en el artículo 58 del Reglamento (UE) 2016/679.

4. El resultado positivo de sus ingresos se destinará por la Agencia Española de Protección de Datos a la dotación de sus reservas con el fin de garantizar su plena independencia.

5. El personal al servicio de la Agencia Española de Protección de Datos será funcionario o laboral y se regirá por lo previsto en el texto refundido de la Ley del Estatuto Básico del Empleado Público, aprobado por Real Decreto Legislativo 5/2015, de 30 de octubre, y demás normativa reguladora de los funcionarios públicos y, en su caso, por la normativa laboral.

6. La Agencia Española de Protección Datos elaborará y aprobará su relación de puestos de trabajo, en el marco de los criterios establecidos por el Ministerio de Hacienda, respetando el límite de gasto de personal establecido en el presupuesto. En dicha relación de puestos de trabajo constarán, en todo caso, aquellos puestos que deban ser desempeñados en exclusiva por funcionarios públicos, por consistir en el ejercicio de las funciones que impliquen la participación directa o indirecta en el ejercicio de potestades públicas y la salvaguarda de los intereses generales del Estado y de las Administraciones Públicas.

7. Sin perjuicio de las competencias atribuidas al Tribunal de Cuentas, la gestión económico-financiera de la Agencia Española de Protección de Datos estará sometida al control de la Intervención General de la Administración del Estado

en los términos que establece la Ley 47/2003, de 26 de noviembre, General Presupuestaria.

Artículo 47. Funciones y potestades de la Agencia Española de Protección de Datos

Corresponde a la Agencia Española de Protección de Datos supervisar la aplicación de esta ley orgánica y del Reglamento (UE) 2016/679 y, en particular, ejercer las funciones establecidas en el artículo 57 y las potestades previstas en el artículo 58 del mismo reglamento, en la presente ley orgánica y en sus disposiciones de desarrollo.

Asimismo, corresponde a la Agencia Española de Protección de Datos el desempeño de las funciones y potestades que le atribuyan otras leyes o normas de Derecho de la Unión Europea.

Artículo 48. La Presidencia de la Agencia Española de Protección de Datos

1. La Presidencia de la Agencia Española de Protección de Datos la dirige, ostenta su representación y dicta sus resoluciones, circulares y directrices.

2. La Presidencia de la Agencia Española de Protección de Datos estará auxiliada por un Adjunto en el que podrá delegar sus funciones, a excepción de las relacionadas con los procedimientos regulados por el Título VIII de esta ley orgánica, y que la sustituirá en el ejercicio de las mismas en los términos previstos en el Estatuto Orgánico de la Agencia Española de Protección de Datos.

Ambos ejercerán sus funciones con plena independencia y objetividad y no estarán sujetos a instrucción alguna en su desempeño. Les será aplicable la legislación reguladora del ejercicio del alto cargo de la Administración General del Estado.

3. La Presidencia de la Agencia Española de Protección de Datos y su Adjunto serán nombrados por el Gobierno, a propuesta del Ministerio de Justicia, entre personas de reconocida competencia profesional, en particular en materia de protección de datos.

Dos meses antes de producirse la expiración del mandato o, en el resto de las causas de cese, cuando se haya producido éste, el Ministerio de Justicia ordenará la publicación en el Boletín Oficial del Estado de la convocatoria pública de candidatos.

Previa evaluación del mérito, capacidad, competencia e idoneidad de los candidatos, el Gobierno remitirá al Congreso de los Diputados una propuesta de Presidencia y Adjunto acompañada de un informe justificativo que, tras la celebración de la preceptiva audiencia de los candidatos, deberá ser ratificada por la Comisión de Justicia en votación pública por mayoría de tres quintos de sus miembros en primera votación o, de no alcanzarse ésta, por mayoría absoluta en segunda votación, que se realizará inmediatamente después de la primera. En este último supuesto, los votos favorables deberán proceder de Diputados pertenecientes, al menos, a dos grupos parlamentarios diferentes.

4. La Presidencia y el Adjunto de la Agencia Española de Protección de Datos serán nombrados por el Consejo de Ministros mediante real decreto.

5. El mandato de la Presidencia y del Adjunto de la Agencia Española de Protección de Datos tiene una duración de cinco años y puede ser renovado para otro período de igual duración.

La Presidencia y el Adjunto solo cesarán antes de la expiración de su mandato, a petición propia o por separación acordada por el Consejo de Ministros, por:

a) Incumplimiento grave de sus obligaciones.

b) Incapacidad sobrevenida para el ejercicio de su función.

c) Incompatibilidad.

d) Condena firme por delito doloso.

En los supuestos previstos en las letras a), b) y c) será necesaria la ratificación de la separación por las mayorías parlamentarias previstas en el apartado 3 de este artículo.

6. Los actos y disposiciones dictados por la Presidencia de la Agencia Española de Protección de Datos ponen fin a la vía administrativa, siendo recurribles, directamente, ante la Sala de lo Contencioso-administrativo de la Audiencia Nacional.

Artículo 49. Consejo Consultivo de la Agencia Española de Protección de Datos

1. La Presidencia de la Agencia Española de Protección de Datos estará asesorada por un Consejo Consultivo compuesto por los siguientes miembros:

a) Un Diputado, propuesto por el Congreso de los Diputados.

b) Un Senador, propuesto por el Senado.

c) Un representante designado por el Consejo General del Poder Judicial.

d) Un representante de la Administración General del Estado con experiencia en la materia, propuesto por el Ministro de Justicia.

e) Un representante de cada Comunidad Autónoma que haya creado una Autoridad de protección de datos en su ámbito territorial, propuesto de acuerdo con lo que establezca la respectiva Comunidad Autónoma.

f) Un experto propuesto por la Federación Española de Municipios y Provincias.

g) Un experto propuesto por el Consejo de Consumidores y Usuarios.

h) Dos expertos propuestos por las Organizaciones Empresariales.

i) Un representante de los profesionales de la protección de datos y de la privacidad, propuesto por la asociación de ámbito estatal con mayor número de asociados.

j) Un representante de los organismos o entidades de supervisión y resolución extrajudicial de conflictos previstos en el Capítulo IV del Título V, propuesto por el Ministro de Justicia.

k) Un experto, propuesto por la Conferencia de Rectores de las Universidades Españolas.

l) Un representante de las organizaciones que agrupan a los Consejos Generales, Superiores y Colegios Profesionales de ámbito estatal de las diferentes profesiones colegiadas, propuesto por el Ministro de Justicia.

m) Un representante de los profesionales de la seguridad de la información, propuesto por la asociación de ámbito estatal con mayor número de asociados.

n) Un experto en transparencia y acceso a la información pública propuesto por el Consejo de Transparencia y Buen Gobierno.

ñ) Dos expertos propuestos por las organizaciones sindicales más representativas.

2. A los efectos del apartado anterior, la condición de experto requerirá acreditar conocimientos especializados en el Derecho y la práctica en materia de protección de datos mediante el ejercicio profesional o académico.

3. Los miembros del Consejo Consultivo serán nombrados por orden del Ministro de Justicia, publicada en el Boletín Oficial del Estado.

4. El Consejo Consultivo se reunirá cuando así lo disponga la Presidencia de la Agencia Española de Protección de Datos y, en todo caso, una vez al semestre.

5. Las decisiones tomadas por el Consejo Consultivo no tendrán en ningún caso carácter vinculante.

6. En todo lo no previsto por esta ley orgánica, el régimen, competencias y funcionamiento del Consejo Consultivo serán los establecidos en el Estatuto Orgánico de la Agencia Española de Protección de Datos.

Artículo 50. Publicidad

La Agencia Española de Protección de Datos publicará las resoluciones de su Presidencia que declaren haber lugar o no a la atención de los derechos reconocidos en los artículos 15 a 22 del Reglamento (UE) 2016/679, las que pongan fin a los procedimientos de reclamación, las que archiven las actuaciones previas de investigación, las que sancionen con apercibimiento a las entidades a que se refiere el artículo 77.1 de esta ley orgánica, las que impongan medidas cautelares y las demás que disponga su Estatuto.

1.7.1.2. Potestades de investigación y planes de auditoría preventiva

Artículo 51. Ámbito y personal competente

1. La Agencia Española de Protección de Datos desarrollará su actividad de investigación a través de las actuaciones previstas en el Título VIII y de los planes de auditoría preventivas.

2. La actividad de investigación se llevará a cabo por los funcionarios de la Agencia Española de Protección de Datos o por funcionarios ajenos a ella habilitados expresamente por su Presidencia.

3. En los casos de actuaciones conjuntas de investigación conforme a lo dispuesto en el artículo 62 del Reglamento (UE) 2016/679, el personal de las autoridades de control de otros Estados Miembros de Unión Europea que colabore con la Agencia Española de Protección de Datos ejercerá sus facultades con arreglo a lo previsto en la presente ley orgánica y bajo la orientación y en presencia del personal de esta.

4. Los funcionarios que desarrollen actividades de investigación tendrán la consideración de agentes de la autoridad en el ejercicio de sus funciones, y estarán obligados a guardar secreto sobre las informaciones que conozcan con ocasión de dicho ejercicio, incluso después de haber cesado en él.

Artículo 52. Deber de colaboración

1. Las Administraciones Públicas, incluidas las tributarias y de la Seguridad Social, y los particulares estarán obligados a proporcionar a la Agencia Española

de Protección de Datos los datos, informes, antecedentes y justificantes necesarios para llevar a cabo su actividad de investigación.

Cuando la información contenga datos personales la comunicación de dichos datos estará amparada por lo dispuesto en el artículo 6.1 c) del Reglamento (UE) 2016/679.

2. En el marco de las actuaciones previas de investigación, cuando no haya podido realizar la identificación por otros medios, la Agencia Española de Protección de Datos podrá recabar de las Administraciones Públicas, incluidas las tributarias y de la Seguridad Social, las informaciones y datos que resulten imprescindibles con la exclusiva finalidad de lograr la identificación de los responsables de las conductas que pudieran ser constitutivas de infracción del Reglamento (UE) 2016/679 y de la presente ley orgánica.

En el supuesto de las Administraciones tributarias y de la Seguridad Social, la información se limitará a la que resulte necesaria para poder identificar inequívocamente contra quién debe dirigirse la actuación de la Agencia Española de Protección de Datos en los supuestos de creación de entramados societarios que dificultasen el conocimiento directo del presunto responsable de la conducta contraria al Reglamento (UE) 2016/679 y a la presente ley orgánica.

3. Cuando no haya podido realizar la identificación por otros medios, la Agencia Española de Protección de Datos podrá recabar de los operadores que presten servicios de comunicaciones electrónicas disponibles al público y de los prestadores de servicios de la sociedad de la información los datos que obren en su poder y que resulten imprescindibles para la identificación del presunto responsable de la conducta contraria al Reglamento (UE) 2016/679 y a la presente ley orgánica cuando se hubiere llevado a cabo mediante la utilización de un servicio de la sociedad de la información o la realización de una comunicación electrónica. A tales efectos, los datos que la Agencia Española de Protección de Datos podrá recabar al amparo de este apartado son los siguientes:

a) Cuando la conducta se hubiera realizado mediante la utilización de un servicio de telefonía fija o móvil:

   1.º El número de teléfono de origen de la llamada en caso de que el mismo se hubiese ocultado.

   2.º El nombre, número de documento identificativo y dirección del abonado o usuario registrado al que corresponda ese número de teléfono.

   3.º La mera confirmación de que se ha realizado una llamada específica entre dos números en una determinada fecha y hora.

b) Cuando la conducta se hubiera realizado mediante la utilización de un servicio de la sociedad de la información:

1.º La identificación de la dirección de protocolo de Internet desde la que se hubiera llevado a cabo la conducta y la fecha y hora de su realización.

2.º Si la conducta se hubiese llevado a cabo mediante correo electrónico, la identificación de la dirección de protocolo de Internet desde la que se creó la cuenta de correo y la fecha y hora en que la misma fue creada.

3.º El nombre, número de documento identificativo y dirección del abonado o del usuario registrado al que se le hubiera asignado la dirección de Protocolo de Internet a la que se refieren los dos párrafos anteriores.

Estos datos deberán ser cedidos, previo requerimiento motivado de la Agencia Española de Protección de Datos, exclusivamente en el marco de actuaciones de investigación iniciadas como consecuencia de una denuncia presentada por un afectado respecto de una conducta de una persona jurídica o respecto a la utilización de sistemas que permitan la divulgación sin restricciones de datos personales. En el resto de los supuestos la cesión de estos datos requerirá la previa obtención de autorización judicial otorgada conforme a las normas procesales cuando resultara exigible.

Quedan excluidos de lo previsto en este apartado los datos de tráfico que los operadores estuviesen tratando con la exclusiva finalidad de dar cumplimiento a las obligaciones previstas en la Ley 25/2007, de 18 de octubre, de conservación de datos relativos a las comunicaciones electrónicas y a las redes públicas de comunicaciones, cuya cesión solamente podrá tener lugar de acuerdo con lo dispuesto en ella, previa autorización judicial solicitada por alguno de los agentes facultados a los que se refiere el artículo 6 de dicha ley.

Artículo 53. Alcance de la actividad de investigación

1. Quienes desarrollen la actividad de investigación podrán recabar las informaciones precisas para el cumplimiento de sus funciones, realizar inspecciones, requerir la exhibición o el envío de los documentos y datos necesarios, examinarlos en el lugar en que se encuentren depositados o en donde se lleven a cabo los tratamientos, obtener copia de ellos, inspeccionar los equipos físicos y lógicos y requerir la ejecución de tratamientos y programas o procedimientos de gestión y soporte del tratamiento sujetos a investigación.

2. Cuando fuese necesario el acceso por el personal que desarrolla la actividad de investigación al domicilio constitucionalmente protegido del inspeccionado, será preciso contar con su consentimiento o haber obtenido la correspondiente autorización judicial.

3. Cuando se trate de órganos judiciales u oficinas judiciales el ejercicio de las facultades de inspección se efectuará a través y por mediación del Consejo General del Poder Judicial.

Artículo 54. Planes de auditoría

1. La Presidencia de la Agencia Española de Protección de Datos podrá acordar la realización de planes de auditoría preventiva, referidos a los tratamientos de un sector concreto de actividad. Tendrán por objeto el análisis del cumplimiento de las disposiciones del Reglamento (UE) 2016/679 y de la presente ley orgánica, a partir de la realización de actividades de investigación sobre entidades pertenecientes al sector inspeccionado o sobre los responsables objeto de la auditoría.

2. A resultas de los planes de auditoría, la Presidencia de la Agencia Española de Protección de Datos podrá dictar las directrices generales o específicas para un concreto responsable o encargado de los tratamientos precisas para asegurar la plena adaptación del sector o responsable al Reglamento (UE) 2016/679 y a la presente ley orgánica.

En la elaboración de dichas directrices la Presidencia de la Agencia Española de Protección de Datos podrá solicitar la colaboración de los organismos de supervisión de los códigos de conducta y de resolución extrajudicial de conflictos, si los hubiere.

3. Las directrices serán de obligado cumplimiento para el sector o responsable al que se refiera el plan de auditoría.

1.7.1.3. Otras potestades de la Agencia Española de Protección de Datos

Artículo 55. Potestades de regulación. Circulares de la Agencia Española de Protección de Datos

1. La Presidencia de la Agencia Española de Protección de Datos podrá dictar disposiciones que fijen los criterios a que responderá la actuación de esta autoridad en la aplicación de lo dispuesto en el Reglamento (UE) 2016/679 y en la presente ley orgánica, que se denominarán «Circulares de la Agencia Española de Protección de Datos».

2. Su elaboración se sujetará al procedimiento establecido en el Estatuto de la Agencia Española de Protección de Datos, que deberá prever los informes técnicos y jurídicos que fueran necesarios y la audiencia a los interesados.

3. Las circulares serán obligatorias una vez publicadas en el Boletín Oficial del Estado.

Artículo 56. Acción exterior

1. Corresponde a la Agencia Española de Protección de Datos la titularidad y el ejercicio de las funciones relacionadas con la acción exterior del Estado en materia de protección de datos.

Asimismo a las comunidades autónomas, a través de las autoridades autonómicas de protección de datos, les compete ejercitar las funciones como sujetos de la acción exterior en el marco de sus competencias de conformidad con lo dispuesto en la Ley 2/2014, de 25 de marzo, de la Acción y del Servicio Exterior del Estado, así como celebrar acuerdos internacionales administrativos en ejecución y concreción de un tratado internacional y acuerdos no normativos con los órganos análogos de otros sujetos de derecho internacional, no vinculantes jurídicamente para quienes los suscriben, sobre materias de su competencia en el marco de la Ley 25/2014, de 27 de noviembre, de Tratados y otros Acuerdos Internacionales.

2. La Agencia Española de Protección de Datos es el organismo competente para la protección de las personas físicas en lo relativo al tratamiento de datos personales derivado de la aplicación de cualquier Convenio Internacional en el que sea parte el Reino de España que atribuya a una autoridad nacional de control esa competencia y la representante común de las autoridades de Protección de Datos en el Comité Europeo de Protección de Datos, conforme a lo dispuesto en el artículo 68.4 del Reglamento (UE) 2016/679.

La Agencia Española de Protección de Datos informará a las autoridades autonómicas de protección de datos acerca de las decisiones adoptadas en el Comité Europeo de Protección de Datos y recabará su parecer cuando se trate de materias de su competencia.

3. Sin perjuicio de lo dispuesto en el apartado 1, la Agencia Española de Protección de Datos:

a) Participará en reuniones y foros internacionales de ámbito distinto al de la Unión Europea establecidos de común acuerdo por las autoridades de control independientes en materia de protección de datos.

b) Participará, como autoridad española, en las organizaciones internacionales competentes en materia de protección de datos, en los comités o grupos de trabajo, de estudio y de colaboración de organizaciones internacionales que traten materias que afecten al derecho fundamental a la protección de datos personales y en otros foros o grupos de trabajo internacionales, en el marco de la acción exterior del Estado.

c) Colaborará con autoridades, instituciones, organismos y Administraciones de otros Estados a fin de impulsar, promover y desarrollar el derecho fundamental a la protección de datos, en particular en el ámbito iberoamericano, pudiendo suscribir acuerdos internacionales administrativos y no normativos en la materia.

1.7.2. Autoridades autonómicas de protección de datos

1.7.2.1. Disposiciones generales

Artículo 57. Autoridades autonómicas de protección de datos

1. Las autoridades autonómicas de protección de datos personales podrán ejercer, las funciones y potestades establecidas en los artículos 57 y 58 del Reglamento (UE) 2016/679, de acuerdo con la normativa autonómica, cuando se refieran a:

a) Tratamientos de los que sean responsables las entidades integrantes del sector público de la correspondiente Comunidad Autónoma o de las Entidades Locales incluidas en su ámbito territorial o quienes presten servicios a través de cualquier forma de gestión directa o indirecta.

b) Tratamientos llevados a cabo por personas físicas o jurídicas para el ejercicio de las funciones públicas en materias que sean competencia de la correspondiente Administración Autonómica o Local.

c) Tratamientos que se encuentren expresamente previstos, en su caso, en los respectivos Estatutos de Autonomía.

2. Las autoridades autonómicas de protección de datos podrán dictar, en relación con los tratamientos sometidos a su competencia, circulares con el alcance y los efectos establecidos para la Agencia Española de Protección de Datos en el artículo 55 de esta ley orgánica.

Artículo 58. Cooperación institucional

La Presidencia de la Agencia Española de Protección de Datos convocará, por iniciativa propia o cuando lo solicite otra autoridad, a las autoridades autonómicas de protección de datos para contribuir a la aplicación coherente del Reglamento (UE) 2016/679 y de la presente ley orgánica. En todo caso, se celebrarán reuniones semestrales de cooperación.

La Presidencia de la Agencia Española de Protección de Datos y las autoridades autonómicas de protección de datos podrán solicitar y deberán intercambiarse mutuamente la información necesaria para el cumplimiento de sus funciones y, en particular, la relativa a la actividad del Comité Europeo de Protección de Datos. Asimismo, podrán constituir grupos de trabajo para tratar asuntos específicos de interés común.

Artículo 59. Tratamientos contrarios al Reglamento (UE) 2016/679

Cuando la Presidencia de la Agencia Española de Protección de Datos considere que un tratamiento llevado a cabo en materias que fueran competencia de las autoridades autonómicas de protección de datos vulnera el Reglamento (UE) 2016/679 podrá requerirlas a que adopten, en el plazo de un mes, las medidas necesarias para su cesación.

Si la autoridad autonómica no atendiere en plazo el requerimiento o las medidas adoptadas no supusiesen la cesación en el tratamiento ilícito, la Agencia Española de Protección de Datos podrá ejercer las acciones que procedan ante la jurisdicción contencioso-administrativa.

1.7.2.2. Coordinación en el marco de los procedimientos establecidos en el Reglamento (UE) 2016/679

Artículo 60. Coordinación en caso de emisión de dictamen por el Comité Europeo de Protección de Datos

Se practicarán por conducto de la Agencia Española de Protección de Datos todas las comunicaciones entre el Comité Europeo de Protección de Datos y las autoridades autonómicas de protección de datos cuando éstas, como autoridades competentes, deban someter su proyecto de decisión al citado comité o le soliciten el examen de un asunto en virtud de lo establecido en los apartados 1 y 2 del artículo 64 del Reglamento (UE) 2016/679.

En estos casos, la Agencia Española de Protección de Datos será asistida por un representante de la Autoridad autonómica en su intervención ante el Comité.

Artículo 61. Intervención en caso de tratamientos transfronterizos

1. Las autoridades autonómicas de protección de datos ostentarán la condición de autoridad de control principal o interesada en el procedimiento establecido por el artículo 60 del Reglamento (UE) 2016/679 cuando se refiera a un tratamiento previsto en el artículo 57 de esta ley orgánica que se llevara a cabo

por un responsable o encargado del tratamiento de los previstos en el artículo 56 del Reglamento (UE) 2016/679, salvo que desarrollase significativamente tratamientos de la misma naturaleza en el resto del territorio español.

2. Corresponderá en estos casos a las autoridades autonómicas intervenir en los procedimientos establecidos en el artículo 60 del Reglamento (UE) 2016/679, informando a la Agencia Española de Protección de Datos sobre su desarrollo en los supuestos en que deba aplicarse el mecanismo de coherencia.

Artículo 62. Coordinación en caso de resolución de conflictos por el Comité Europeo de Protección de Datos

1. Se practicarán por conducto de la Agencia Española de Protección de Datos todas las comunicaciones entre el Comité Europeo de Protección de Datos y las autoridades autonómicas de protección de datos cuando estas, como autoridades principales, deban solicitar del citado Comité la emisión de una decisión vinculante según lo previsto en el artículo 65 del Reglamento (UE) 2016/679.

2. Las autoridades autonómicas de protección de datos que tengan la condición de autoridad interesada no principal en un procedimiento de los previstos en el artículo 65 del Reglamento (UE) 2016/679 informarán a la Agencia Española de Protección de Datos cuando el asunto sea remitido al Comité Europeo de Protección de Datos, facilitándole la documentación e información necesarias para su tramitación.

La Agencia Española de Protección de Datos será asistida por un representante de la autoridad autonómica interesada en su intervención ante el mencionado comité.

1.8. Procedimientos en caso de posible vulneración de la normativa de protección de datos

Artículo 63. Régimen jurídico

1. Las disposiciones de este Título serán de aplicación a los procedimientos tramitados por la Agencia Española de Protección de Datos en los supuestos en los que un afectado reclame que no ha sido atendida su solicitud de ejercicio de los derechos reconocidos en los artículos 15 a 22 del Reglamento (UE) 2016/679, así como en los que aquella investigue la existencia de una posible infracción de lo dispuesto en el mencionado reglamento y en la presente ley orgánica.

2. Los procedimientos tramitados por la Agencia Española de Protección de Datos se regirán por lo dispuesto en el Reglamento (UE) 2016/679, en la presente ley orgánica, por las disposiciones reglamentarias dictadas en su desarrollo y, en

cuanto no las contradigan, con carácter subsidiario, por las normas generales sobre los procedimientos administrativos.

3. El Gobierno regulará por real decreto los procedimientos que tramite la Agencia Española de Protección de Datos al amparo de este Título, asegurando en todo caso los derechos de defensa y audiencia de los interesados.

Artículo 64. Forma de iniciación del procedimiento y duración

1. Cuando el procedimiento se refiera exclusivamente a la falta de atención de una solicitud de ejercicio de los derechos establecidos en los artículos 15 a 22 del Reglamento (UE) 2016/679, se iniciará por acuerdo de admisión a trámite, que se adoptará conforme a lo establecido en el artículo 65 de esta ley orgánica.

En este caso el plazo para resolver el procedimiento será de seis meses a contar desde la fecha en que hubiera sido notificado al reclamante el acuerdo de admisión a trámite. Transcurrido ese plazo, el interesado podrá considerar estimada su reclamación.

2. Cuando el procedimiento tenga por objeto la determinación de la posible existencia de una infracción de lo dispuesto en el Reglamento (UE) 2016/679 y en la presente ley orgánica, se iniciará mediante acuerdo de inicio adoptado por propia iniciativa o como consecuencia de reclamación.

Si el procedimiento se fundase en una reclamación formulada ante la Agencia Española de Protección de Datos, con carácter previo, esta decidirá sobre su admisión a trámite, conforme a lo dispuesto en el artículo 65 de esta ley orgánica.

Cuando fuesen de aplicación las normas establecidas en el artículo 60 del Reglamento (UE) 2016/679, el procedimiento se iniciará mediante la adopción del proyecto de acuerdo de inicio de procedimiento sancionador, del que se dará conocimiento formal al interesado a los efectos previstos en el artículo 75 de esta ley orgánica.

Admitida a trámite la reclamación así como en los supuestos en que la Agencia Española de Protección de Datos actúe por propia iniciativa, con carácter previo al acuerdo de inicio, podrá existir una fase de actuaciones previas de investigación, que se regirá por lo previsto en el artículo 67 de esta ley orgánica.

El procedimiento tendrá una duración máxima de nueve meses a contar desde la fecha del acuerdo de inicio o, en su caso, del proyecto de acuerdo de inicio. Transcurrido ese plazo se producirá su caducidad y, en consecuencia, el archivo de actuaciones.

3. El procedimiento podrá también tramitarse como consecuencia de la comunicación a la Agencia Española de Protección de Datos por parte de la auto-

ridad de control de otro Estado miembro de la Unión Europea de la reclamación formulada ante la misma, cuando la Agencia Española de Protección de Datos tuviese la condición de autoridad de control principal para la tramitación de un procedimiento conforme a lo dispuesto en los artículos 56 y 60 del Reglamento (UE) 2016/679. Será en este caso de aplicación lo dispuesto en el apartado 1 y en los párrafos primero, tercero, cuarto y quinto del apartado 2.

4. Los plazos de tramitación establecidos en este artículo así como los de admisión a trámite regulados por el artículo 65.5 y de duración de las actuaciones previas de investigación previstos en el artículo 67.2, quedarán automáticamente suspendidos cuando deba recabarse información, consulta, solicitud de asistencia o pronunciamiento preceptivo de un órgano u organismo de la Unión Europea o de una o varias autoridades de control de los Estados miembros conforme con lo establecido en el Reglamento (UE) 2016/679, por el tiempo que medie entre la solicitud y la notificación del pronunciamiento a la Agencia Española de Protección de Datos.

Artículo 65. Admisión a trámite de las reclamaciones

1. Cuando se presentase ante la Agencia Española de Protección de Datos una reclamación, esta deberá evaluar su admisibilidad a trámite, de conformidad con las previsiones de este artículo.

2. La Agencia Española de Protección de Datos inadmitirá las reclamaciones presentadas cuando no versen sobre cuestiones de protección de datos personales, carezcan manifiestamente de fundamento, sean abusivas o no aporten indicios racionales de la existencia de una infracción.

3. Igualmente, la Agencia Española de Protección de Datos podrá inadmitir la reclamación cuando el responsable o encargado del tratamiento, previa advertencia formulada por la Agencia Española de Protección de Datos, hubiera adoptado las medidas correctivas encaminadas a poner fin al posible incumplimiento de la legislación de protección de datos y concurra alguna de las siguientes circunstancias:

a) Que no se haya causado perjuicio al afectado en el caso de las infracciones previstas en el artículo 74 de esta ley orgánica.

b) Que el derecho del afectado quede plenamente garantizado mediante la aplicación de las medidas.

4. Antes de resolver sobre la admisión a trámite de la reclamación, la Agencia Española de Protección de Datos podrá remitir la misma al delegado de protección de datos que hubiera, en su caso, designado el responsable o encargado del trata-

miento o al organismo de supervisión establecido para la aplicación de los códigos de conducta a los efectos previstos en los artículos 37 y 38.2 de esta ley orgánica.

La Agencia Española de Protección de Datos podrá igualmente remitir la reclamación al responsable o encargado del tratamiento cuando no se hubiera designado un delegado de protección de datos ni estuviera adherido a mecanismos de resolución extrajudicial de conflictos, en cuyo caso el responsable o encargado deberá dar respuesta a la reclamación en el plazo de un mes.

5. La decisión sobre la admisión o inadmisión a trámite, así como la que determine, en su caso, la remisión de la reclamación a la autoridad de control principal que se estime competente, deberá notificarse al reclamante en el plazo de tres meses. Si transcurrido este plazo no se produjera dicha notificación, se entenderá que prosigue la tramitación de la reclamación con arreglo a lo dispuesto en este Título a partir de la fecha en que se cumpliesen tres meses desde que la reclamación tuvo entrada en la Agencia Española de Protección de Datos.

Artículo 66. Determinación del alcance territorial

1. Salvo en los supuestos a los que se refiere el artículo 64.3 de esta ley orgánica, la Agencia Española de Protección de Datos deberá, con carácter previo a la realización de cualquier otra actuación, incluida la admisión a trámite de una reclamación o el comienzo de actuaciones previas de investigación, examinar su competencia y determinar el carácter nacional o transfronterizo, en cualquiera de sus modalidades, del procedimiento a seguir.

2. Si la Agencia Española de Protección de Datos considera que no tiene la condición de autoridad de control principal para la tramitación del procedimiento remitirá, sin más trámite, la reclamación formulada a la autoridad de control principal que considere competente, a fin de que por la misma se le dé el curso oportuno. La Agencia Española de Protección de Datos notificará esta circunstancia a quien, en su caso, hubiera formulado la reclamación.

El acuerdo por el que se resuelva la remisión a la que se refiere el párrafo anterior implicará el archivo provisional del procedimiento, sin perjuicio de que por la Agencia Española de Protección de Datos se dicte, en caso de que así proceda, la resolución a la que se refiere el apartado 8 del artículo 60 del Reglamento (UE) 2016/679.

Artículo 67. Actuaciones previas de investigación

1. Antes de la adopción del acuerdo de inicio de procedimiento, y una vez admitida a trámite la reclamación si la hubiese, la Agencia Española de Protección de Datos podrá llevar a cabo actuaciones previas de investigación a fin de

lograr una mejor determinación de los hechos y las circunstancias que justifican la tramitación del procedimiento.

La Agencia Española de Protección de Datos actuará en todo caso cuando sea precisa la investigación de tratamientos que implique un tráfico masivo de datos personales.

2. Las actuaciones previas de investigación se someterán a lo dispuesto en la Sección 2.ª del Capítulo I del Título VII de esta ley orgánica y no podrán tener una duración superior a doce meses a contar desde la fecha del acuerdo de admisión a trámite o de la fecha del acuerdo por el que se decida su iniciación cuando la Agencia Española de Protección de Datos actúe por propia iniciativa o como consecuencia de la comunicación que le hubiera sido remitida por la autoridad de control de otro Estado miembro de la Unión Europea, conforme al artículo 64.3 de esta ley orgánica.

Artículo 68. Acuerdo de inicio del procedimiento para el ejercicio de la potestad sancionadora

1. Concluidas, en su caso, las actuaciones a las que se refiere el artículo anterior, corresponderá a la Presidencia de la Agencia Española de Protección de Datos, cuando así proceda, dictar acuerdo de inicio de procedimiento para el ejercicio de la potestad sancionadora, en que se concretarán los hechos, la identificación de la persona o entidad contra la que se dirija el procedimiento, la infracción que hubiera podido cometerse y su posible sanción.

2. Cuando la Agencia Española de Protección de Datos ostente la condición de autoridad de control principal y deba seguirse el procedimiento previsto en el artículo 60 del Reglamento (UE) 2016/679, el proyecto de acuerdo de inicio de procedimiento sancionador se someterá a lo dispuesto en el mismo.

Artículo 69. Medidas provisionales y de garantía de los derechos

1. Durante la realización de las actuaciones previas de investigación o iniciado un procedimiento para el ejercicio de la potestad sancionadora, la Agencia Española de Protección de Datos podrá acordar motivadamente las medidas provisionales necesarias y proporcionadas para salvaguardar el derecho fundamental a la protección de datos y, en especial, las previstas en el artículo 66.1 del Reglamento (UE) 2016/679, el bloqueo cautelar de los datos y la obligación inmediata de atender el derecho solicitado.

2. En los casos en que la Agencia Española de Protección de Datos considere que la continuación del tratamiento de los datos personales, su comunicación o transferencia internacional comportara un menoscabo grave del derecho a la

protección de datos personales, podrá ordenar a los responsables o encargados de los tratamientos el bloqueo de los datos y la cesación de su tratamiento y, en caso de incumplirse por estos dichos mandatos, proceder a su inmovilización.

3. Cuando se hubiese presentado ante la Agencia Española de Protección de Datos una reclamación que se refiriese, entre otras cuestiones, a la falta de atención en plazo de los derechos establecidos en los artículos 15 a 22 del Reglamento (UE) 2016/679, la Agencia Española de Protección de Datos podrá acordar en cualquier momento, incluso con anterioridad a la iniciación del procedimiento para el ejercicio de la potestad sancionadora, mediante resolución motivada y previa audiencia del responsable del tratamiento, la obligación de atender el derecho solicitado, prosiguiéndose el procedimiento en cuanto al resto de las cuestiones objeto de la reclamación.

1.9. Régimen sancionador

Artículo 70. Sujetos responsables

1. Están sujetos al régimen sancionador establecido en el Reglamento (UE) 2016/679 y en la presente ley orgánica:

a) Los responsables de los tratamientos.

b) Los encargados de los tratamientos.

c) Los representantes de los responsables o encargados de los tratamientos no establecidos en el territorio de la Unión Europea.

d) Las entidades de certificación.

e) Las entidades acreditadas de supervisión de los códigos de conducta.

2. No será de aplicación al delegado de protección de datos el régimen sancionador establecido en este Título.

Artículo 71. Infracciones

Constituyen infracciones los actos y conductas a las que se refieren los apartados 4, 5 y 6 del artículo 83 del Reglamento (UE) 2016/679, así como las que resulten contrarias a la presente ley orgánica.

Artículo 72. Infracciones consideradas muy graves

1. En función de lo que establece el artículo 83.5 del Reglamento (UE) 2016/679 se consideran muy graves y prescribirán a los tres años las infracciones

que supongan una vulneración sustancial de los artículos mencionados en aquel y, en particular, las siguientes:

a) El tratamiento de datos personales vulnerando los principios y garantías establecidos en el artículo 5 del Reglamento (UE) 2016/679.

b) El tratamiento de datos personales sin que concurra alguna de las condiciones de licitud del tratamiento establecidas en el artículo 6 del Reglamento (UE) 2016/679.

c) El incumplimiento de los requisitos exigidos por el artículo 7 del Reglamento (UE) 2016/679 para la validez del consentimiento.

d) La utilización de los datos para una finalidad que no sea compatible con la finalidad para la cual fueron recogidos, sin contar con el consentimiento del afectado o con una base legal para ello.

e) El tratamiento de datos personales de las categorías a las que se refiere el artículo 9 del Reglamento (UE) 2016/679, sin que concurra alguna de las circunstancias previstas en dicho precepto y en el artículo 9 de esta ley orgánica.

f) El tratamiento de datos personales relativos a condenas e infracciones penales o medidas de seguridad conexas fuera de los supuestos permitidos por el artículo 10 del Reglamento (UE) 2016/679 y en el artículo 10 de esta ley orgánica.

g) El tratamiento de datos personales relacionados con infracciones y sanciones administrativas fuera de los supuestos permitidos por el artículo 27 de esta ley orgánica.

h) La omisión del deber de informar al afectado acerca del tratamiento de sus datos personales conforme a lo dispuesto en los artículos 13 y 14 del Reglamento (UE) 2016/679 y 12 de esta ley orgánica.

i) La vulneración del deber de confidencialidad establecido en el artículo 5 de esta ley orgánica.

j) La exigencia del pago de un canon para facilitar al afectado la información a la que se refieren los artículos 13 y 14 del Reglamento (UE) 2016/679 o por atender las solicitudes de ejercicio de derechos de los afectados previstos en los artículos 15 a 22 del Reglamento (UE) 2016/679, fuera de los supuestos establecidos en su artículo 12.5.

k) El impedimento o la obstaculización o la no atención reiterada del ejercicio de los derechos establecidos en los artículos 15 a 22 del Reglamento (UE) 2016/679.

l) La transferencia internacional de datos personales a un destinatario que se encuentre en un tercer país o a una organización internacional, cuando no concurran las garantías, requisitos o excepciones establecidos en los artículos 44 a 49 del Reglamento (UE) 2016/679.

m) El incumplimiento de las resoluciones dictadas por la autoridad de protección de datos competente en ejercicio de los poderes que le confiere el artículo 58.2 del Reglamento (UE) 2016/679.

n) El incumplimiento de la obligación de bloqueo de los datos establecida en el artículo 32 de esta ley orgánica cuando la misma sea exigible.

ñ) No facilitar el acceso del personal de la autoridad de protección de datos competente a los datos personales, información, locales, equipos y medios de tratamiento que sean requeridos por la autoridad de protección de datos para el ejercicio de sus poderes de investigación.

o) La resistencia u obstrucción del ejercicio de la función inspectora por la autoridad de protección de datos competente.

p) La reversión deliberada de un procedimiento de anonimización a fin de permitir la reidentificación de los afectados.

2. Tendrán la misma consideración y también prescribirán a los tres años las infracciones a las que se refiere el artículo 83.6 del Reglamento (UE) 2016/679.

Artículo 73. Infracciones consideradas graves

En función de lo que establece el artículo 83.4 del Reglamento (UE) 2016/679 se consideran graves y prescribirán a los dos años las infracciones que supongan una vulneración sustancial de los artículos mencionados en aquel y, en particular, las siguientes:

a) El tratamiento de datos personales de un menor de edad sin recabar su consentimiento, cuando tenga capacidad para ello, o el del titular de su patria potestad o tutela, conforme al artículo 8 del Reglamento (UE) 2016/679.

b) No acreditar la realización de esfuerzos razonables para verificar la validez del consentimiento prestado por un menor de edad o por el titular de su patria potestad o tutela sobre el mismo, conforme a lo requerido por el artículo 8.2 del Reglamento (UE) 2016/679.

c) El impedimento o la obstaculización o la no atención reiterada de los derechos de acceso, rectificación, supresión, limitación del tratamiento o a la portabilidad de los datos en tratamientos en los que no se requiere la identificación del afectado, cuando este, para el ejercicio de esos derechos, haya facilitado información adicional que permita su identificación.

d) La falta de adopción de aquellas medidas técnicas y organizativas que resulten apropiadas para aplicar de forma efectiva los principios de protección de datos desde el diseño, así como la no integración de las garantías necesarias en el tratamiento, en los términos exigidos por el artículo 25 del Reglamento (UE) 2016/679.

e) La falta de adopción de las medidas técnicas y organizativas apropiadas para garantizar que, por defecto, solo se tratarán los datos personales necesarios para cada uno de los fines específicos del tratamiento, conforme a lo exigido por el artículo 25.2 del Reglamento (UE) 2016/679.

f) La falta de adopción de aquellas medidas técnicas y organizativas que resulten apropiadas para garantizar un nivel de seguridad adecuado al riesgo del tratamiento, en los términos exigidos por el artículo 32.1 del Reglamento (UE) 2016/679.

g) El quebrantamiento, como consecuencia de la falta de la debida diligencia, de las medidas técnicas y organizativas que se hubiesen implantado conforme a lo exigido por el artículo 32.1 del Reglamento (UE) 2016/679.

h) El incumplimiento de la obligación de designar un representante del responsable o encargado del tratamiento no establecido en el territorio de la Unión Europea, conforme a lo previsto en el artículo 27 del Reglamento (UE) 2016/679.

i) La falta de atención por el representante en la Unión del responsable o del encargado del tratamiento de las solicitudes efectuadas por la autoridad de protección de datos o por los afectados.

j) La contratación por el responsable del tratamiento de un encargado de tratamiento que no ofrezca las garantías suficientes para aplicar las medidas técnicas y organizativas apropiadas conforme a lo establecido en el Capítulo IV del Reglamento (UE) 2016/679.

k) Encargar el tratamiento de datos a un tercero sin la previa formalización de un contrato u otro acto jurídico escrito con el contenido exigido por el artículo 28.3 del Reglamento (UE) 2016/679.

l) La contratación por un encargado del tratamiento de otros encargados sin contar con la autorización previa del responsable, o sin haberle informado sobre los cambios producidos en la subcontratación cuando fueran legalmente exigibles.

m) La infracción por un encargado del tratamiento de lo dispuesto en el Reglamento (UE) 2016/679 y en la presente ley orgánica, al determinar los fines y los medios del tratamiento, conforme a lo dispuesto en el artículo 28.10 del citado reglamento.

n) No disponer del registro de actividades de tratamiento establecido en el artículo 30 del Reglamento (UE) 2016/679.

ñ) No poner a disposición de la autoridad de protección de datos que lo haya solicitado, el registro de actividades de tratamiento, conforme al apartado 4 del artículo 30 del Reglamento (UE) 2016/679.

o) No cooperar con las autoridades de control en el desempeño de sus funciones en los supuestos no previstos en el artículo 72 de esta ley orgánica.

p) El tratamiento de datos personales sin llevar a cabo una previa valoración de los elementos mencionados en el artículo 28 de esta ley orgánica.

q) El incumplimiento del deber del encargado del tratamiento de notificar al responsable del tratamiento las violaciones de seguridad de las que tuviera conocimiento.

r) El incumplimiento del deber de notificación a la autoridad de protección de datos de una violación de seguridad de los datos personales de conformidad con lo previsto en el artículo 33 del Reglamento (UE) 2016/679.

s) El incumplimiento del deber de comunicación al afectado de una violación de la seguridad de los datos de conformidad con lo previsto en el artículo 34 del Reglamento (UE) 2016/679 si el responsable del tratamiento hubiera sido requerido por la autoridad de protección de datos para llevar a cabo dicha notificación.

t) El tratamiento de datos personales sin haber llevado a cabo la evaluación del impacto de las operaciones de tratamiento en la protección de datos personales en los supuestos en que la misma sea exigible.

u) El tratamiento de datos personales sin haber consultado previamente a la autoridad de protección de datos en los casos en que dicha consulta resulta preceptiva conforme al artículo 36 del Reglamento (UE) 2016/679 o cuando la ley establezca la obligación de llevar a cabo esa consulta.

v) El incumplimiento de la obligación de designar un delegado de protección de datos cuando sea exigible su nombramiento de acuerdo con el artículo 37 del Reglamento (UE) 2016/679 y el artículo 34 de esta ley orgánica.

w) No posibilitar la efectiva participación del delegado de protección de datos en todas las cuestiones relativas a la protección de datos personales, no respaldarlo o interferir en el desempeño de sus funciones.

x) La utilización de un sello o certificación en materia de protección de datos que no haya sido otorgado por una entidad de certificación debidamente acreditada o en caso de que la vigencia del mismo hubiera expirado.

y) Obtener la acreditación como organismo de certificación presentando información inexacta sobre el cumplimiento de los requisitos exigidos por el artículo 43 del Reglamento (UE) 2016/679.

z) El desempeño de funciones que el Reglamento (UE) 2016/679 reserva a los organismos de certificación, sin haber sido debidamente acreditado conforme a lo establecido en el artículo 39 de esta ley orgánica.

aa) El incumplimiento por parte de un organismo de certificación de los principios y deberes a los que está sometido según lo previsto en los artículos 42 y 43 de Reglamento (UE) 2016/679.

ab) El desempeño de funciones que el artículo 41 del Reglamento (UE) 2016/679 reserva a los organismos de supervisión de códigos de conducta sin haber sido previamente acreditado por la autoridad de protección de datos competente.

ac) La falta de adopción por parte de los organismos acreditados de supervisión de un código de conducta de las medidas que resulten oportunas en caso que se hubiera producido una infracción del código, conforme exige el artículo 41.4 del Reglamento (UE) 2016/679.

Artículo 74. Infracciones consideradas leves

Se consideran leves y prescribirán al año las restantes infracciones de carácter meramente formal de los artículos mencionados en los apartados 4 y 5 del artículo 83 del Reglamento (UE) 2016/679 y, en particular, las siguientes:

a) El incumplimiento del principio de transparencia de la información o el derecho de información del afectado por no facilitar toda la información exigida por los artículos 13 y 14 del Reglamento (UE) 2016/679.

b) La exigencia del pago de un canon para facilitar al afectado la información exigida por los artículos 13 y 14 del Reglamento (UE) 2016/679 o por atender las solicitudes de ejercicio de derechos de los afectados previstos en los artículos 15 a 22 del Reglamento (UE) 2016/679, cuando así lo permita su artículo 12.5, si su cuantía excediese el importe de los costes afrontados para facilitar la información o realizar la actuación solicitada.

c) No atender las solicitudes de ejercicio de los derechos establecidos en los artículos 15 a 22 del Reglamento (UE) 2016/679, salvo que resultase de aplicación lo dispuesto en el artículo 72.1.k) de esta ley orgánica.

d) No atender los derechos de acceso, rectificación, supresión, limitación del tratamiento o a la portabilidad de los datos en tratamientos en los que no se requiere la identificación del afectado, cuando este, para el ejercicio de esos derechos, haya facilitado información adicional que permita su identificación, salvo que resultase de aplicación lo dispuesto en el artículo 73 c) de esta ley orgánica.

e) El incumplimiento de la obligación de notificación relativa a la rectificación o supresión de datos personales o la limitación del tratamiento exigida por el artículo 19 del Reglamento (UE) 2016/679.

f) El incumplimiento de la obligación de informar al afectado, cuando así lo haya solicitado, de los destinatarios a los que se hayan comunicado los datos personales rectificados, suprimidos o respecto de los que se ha limitado el tratamiento.

g) El incumplimiento de la obligación de suprimir los datos referidos a una persona fallecida cuando ello fuera exigible conforme al artículo 3 de esta ley orgánica.

h) La falta de formalización por los corresponsables del tratamiento del acuerdo que determine las obligaciones, funciones y responsabilidades respectivas con respecto al tratamiento de datos personales y sus relaciones con los afectados al que se refiere el artículo 26 del Reglamento (UE) 2016/679 o la inexactitud en la determinación de las mismas.

i) No poner a disposición de los afectados los aspectos esenciales del acuerdo formalizado entre los corresponsables del tratamiento, conforme exige el artículo 26.2 del Reglamento (UE) 2016/679.

j) La falta del cumplimiento de la obligación del encargado del tratamiento de informar al responsable del tratamiento acerca de la posible infracción por una instrucción recibida de este de las disposiciones del Reglamento (UE) 2016/679 o de esta ley orgánica, conforme a lo exigido por el artículo 28.3 del citado reglamento.

k) El incumplimiento por el encargado de las estipulaciones impuestas en el contrato o acto jurídico que regula el tratamiento o las instrucciones del responsable del tratamiento, salvo que esté legalmente obligado a ello conforme al Reglamento (UE) 2016/679 y a la presente ley orgánica o en los supuestos en que fuese necesario para evitar la infracción de la legislación en materia de protección de datos y se hubiese advertido de ello al responsable o al encargado del tratamiento.

l) Disponer de un Registro de actividades de tratamiento que no incorpore toda la información exigida por el artículo 30 del Reglamento (UE) 2016/679.

m) La notificación incompleta, tardía o defectuosa a la autoridad de protección de datos de la información relacionada con una violación de seguridad de los datos personales de conformidad con lo previsto en el artículo 33 del Reglamento (UE) 2016/679.

n) El incumplimiento de la obligación de documentar cualquier violación de seguridad, exigida por el artículo 33.5 del Reglamento (UE) 2016/679.

ñ) El incumplimiento del deber de comunicación al afectado de una violación de la seguridad de los datos que entrañe un alto riesgo para los derechos y libertades de los afectados, conforme a lo exigido por el artículo 34 del Reglamento (UE) 2016/679, salvo que resulte de aplicación lo previsto en el artículo 73 s) de esta ley orgánica.

o) Facilitar información inexacta a la Autoridad de protección de datos, en los supuestos en los que el responsable del tratamiento deba elevarle una consulta previa, conforme al artículo 36 del Reglamento (UE) 2016/679.

p) No publicar los datos de contacto del delegado de protección de datos, o no comunicarlos a la autoridad de protección de datos, cuando su nombramiento sea exigible de acuerdo con el artículo 37 del Reglamento (UE) 2016/679 y el artículo 34 de esta ley orgánica.

q) El incumplimiento por los organismos de certificación de la obligación de informar a la autoridad de protección de datos de la expedición, renovación o retirada de una certificación, conforme a lo exigido por los apartados 1 y 5 del artículo 43 del Reglamento (UE) 2016/679.

r) El incumplimiento por parte de los organismos acreditados de supervisión de un código de conducta de la obligación de informar a las autoridades de protección de datos acerca de las medidas que resulten oportunas en caso de infracción del código, conforme exige el artículo 41.4 del Reglamento (UE) 2016/679.

Artículo 75. Interrupción de la prescripción de la infracción

Interrumpirá la prescripción la iniciación, con conocimiento del interesado, del procedimiento sancionador, reiniciándose el plazo de prescripción si el expediente sancionador estuviere paralizado durante más de seis meses por causas no imputables al presunto infractor.

Cuando la Agencia Española de Protección de Datos ostente la condición de autoridad de control principal y deba seguirse el procedimiento previsto en el artículo 60 del Reglamento (UE) 2016/679 interrumpirá la prescripción el conocimiento formal por el interesado del proyecto de acuerdo de inicio que sea sometido a las autoridades de control interesadas.

Artículo 76. Sanciones y medidas correctivas

1. Las sanciones previstas en los apartados 4, 5 y 6 del artículo 83 del Reglamento (UE) 2016/679 se aplicarán teniendo en cuenta los criterios de graduación establecidos en el apartado 2 del citado artículo.

2. De acuerdo a lo previsto en el artículo 83.2.k) del Reglamento (UE) 2016/679 también podrán tenerse en cuenta:

a) El carácter continuado de la infracción.
b) La vinculación de la actividad del infractor con la realización de tratamientos de datos personales.
c) Los beneficios obtenidos como consecuencia de la comisión de la infracción.
d) La posibilidad de que la conducta del afectado hubiera podido inducir a la comisión de la infracción.
e) La existencia de un proceso de fusión por absorción posterior a la comisión de la infracción, que no puede imputarse a la entidad absorbente.
f) La afectación a los derechos de los menores.
g) Disponer, cuando no fuere obligatorio, de un delegado de protección de datos.
h) El sometimiento por parte del responsable o encargado, con carácter voluntario, a mecanismos de resolución alternativa de conflictos, en aquellos supuestos en los que existan controversias entre aquellos y cualquier interesado.

3. Será posible, complementaria o alternativamente, la adopción, cuando proceda, de las restantes medidas correctivas a las que se refiere el artículo 83.2 del Reglamento (UE) 2016/679.

4. Será objeto de publicación en el Boletín Oficial del Estado la información que identifique al infractor, la infracción cometida y el importe de la sanción impuesta cuando la autoridad competente sea la Agencia Española de Protección de Datos, la sanción fuese superior a un millón de euros y el infractor sea una persona jurídica.

Cuando la autoridad competente para imponer la sanción sea una autoridad autonómica de protección de datos, se estará a su normativa de aplicación.

Artículo 77. Régimen aplicable a determinadas categorías de responsables o encargados del tratamiento

1. El régimen establecido en este artículo será de aplicación a los tratamientos de los que sean responsables o encargados:

a) Los órganos constitucionales o con relevancia constitucional y las instituciones de las comunidades autónomas análogas a los mismos.
b) Los órganos jurisdiccionales.

c) La Administración General del Estado, las Administraciones de las comunidades autónomas y las entidades que integran la Administración Local.

d) Los organismos públicos y entidades de Derecho público vinculadas o dependientes de las Administraciones Públicas.

e) Las autoridades administrativas independientes.

f) El Banco de España.

g) Las corporaciones de Derecho público cuando las finalidades del tratamiento se relacionen con el ejercicio de potestades de derecho público.

h) Las fundaciones del sector público.

i) Las Universidades Públicas.

j) Los consorcios.

k) Los grupos parlamentarios de las Cortes Generales y las Asambleas Legislativas autonómicas, así como los grupos políticos de las Corporaciones Locales.

2. Cuando los responsables o encargados enumerados en el apartado 1 cometiesen alguna de las infracciones a las que se refieren los artículos 72 a 74 de esta ley orgánica, la autoridad de protección de datos que resulte competente dictará resolución sancionando a las mismas con apercibimiento. La resolución establecerá asimismo las medidas que proceda adoptar para que cese la conducta o se corrijan los efectos de la infracción que se hubiese cometido.

La resolución se notificará al responsable o encargado del tratamiento, al órgano del que dependa jerárquicamente, en su caso, y a los afectados que tuvieran la condición de interesado, en su caso.

3. Sin perjuicio de lo establecido en el apartado anterior, la autoridad de protección de datos propondrá también la iniciación de actuaciones disciplinarias cuando existan indicios suficientes para ello. En este caso, el procedimiento y las sanciones a aplicar serán las establecidas en la legislación sobre régimen disciplinario o sancionador que resulte de aplicación.

Asimismo, cuando las infracciones sean imputables a autoridades y directivos, y se acredite la existencia de informes técnicos o recomendaciones para el tratamiento que no hubieran sido debidamente atendidos, en la resolución en la que se imponga la sanción se incluirá una amonestación con denominación del cargo responsable y se ordenará la publicación en el Boletín Oficial del Estado o autonómico que corresponda.

4. Se deberán comunicar a la autoridad de protección de datos las resoluciones que recaigan en relación con las medidas y actuaciones a que se refieren los apartados anteriores.

5. Se comunicarán al Defensor del Pueblo o, en su caso, a las instituciones análogas de las comunidades autónomas las actuaciones realizadas y las resoluciones dictadas al amparo de este artículo.

6. Cuando la autoridad competente sea la Agencia Española de Protección de Datos, esta publicará en su página web con la debida separación las resoluciones referidas a las entidades del apartado 1 de este artículo, con expresa indicación de la identidad del responsable o encargado del tratamiento que hubiera cometido la infracción.

Cuando la competencia corresponda a una autoridad autonómica de protección de datos se estará, en cuanto a la publicidad de estas resoluciones, a lo que disponga su normativa específica.

Artículo 78. Prescripción de las sanciones

1. Las sanciones impuestas en aplicación del Reglamento (UE) 2016/679 y de esta ley orgánica prescriben en los siguientes plazos:

a) Las sanciones por importe igual o inferior a 40.000 euros, prescriben en el plazo de un año.
b) Las sanciones por importe comprendido entre 40.001 y 300.000 euros prescriben a los dos años.
c) Las sanciones por un importe superior a 300.000 euros prescriben a los tres años.

2. El plazo de prescripción de las sanciones comenzará a contarse desde el día siguiente a aquel en que sea ejecutable la resolución por la que se impone la sanción o haya transcurrido el plazo para recurrirla.

3. La prescripción se interrumpirá por la iniciación, con conocimiento del interesado, del procedimiento de ejecución, volviendo a transcurrir el plazo si el mismo está paralizado durante más de seis meses por causa no imputable al infractor.

1.10. Garantía de los derechos digitales

Artículo 79. Los derechos en la Era digital

Los derechos y libertades consagrados en la Constitución y en los Tratados y Convenios Internacionales en que España sea parte son plenamente aplicables en Internet. Los prestadores de servicios de la sociedad de la información y los proveedores de servicios de Internet contribuirán a garantizar su aplicación.

Artículo 80. Derecho a la neutralidad de Internet

Los usuarios tienen derecho a la neutralidad de Internet. Los proveedores de servicios de Internet proporcionarán una oferta transparente de servicios sin discriminación por motivos técnicos o económicos.

Artículo 81. Derecho de acceso universal a Internet

1. Todos tienen derecho a acceder a Internet independientemente de su condición personal, social, económica o geográfica.

2. Se garantizará un acceso universal, asequible, de calidad y no discriminatorio para toda la población.

3. El acceso a Internet de hombres y mujeres procurará la superación de la brecha de género tanto en el ámbito personal como laboral.

4. El acceso a Internet procurará la superación de la brecha generacional mediante acciones dirigidas a la formación y el acceso a las personas mayores.

5. La garantía efectiva del derecho de acceso a Internet atenderá la realidad específica de los entornos rurales.

6. El acceso a Internet deberá garantizar condiciones de igualdad para las personas que cuenten con necesidades especiales.

Artículo 82. Derecho a la seguridad digital

Los usuarios tienen derecho a la seguridad de las comunicaciones que transmitan y reciban a través de Internet. Los proveedores de servicios de Internet informarán a los usuarios de sus derechos.

Artículo 83. Derecho a la educación digital

1. El sistema educativo garantizará la plena inserción del alumnado en la sociedad digital y el aprendizaje de un uso de los medios digitales que sea seguro y respetuoso con la dignidad humana, los valores constitucionales, los derechos fundamentales y, particularmente con el respeto y la garantía de la intimidad personal y familiar y la protección de datos personales. Las actuaciones realizadas en este ámbito tendrán carácter inclusivo, en particular en lo que respecta al alumnado con necesidades educativas especiales.

Las Administraciones educativas deberán incluir en el diseño del bloque de asignaturas de libre configuración la competencia digital a la que se refiere el apartado anterior, así como los elementos relacionados con las situaciones de riesgo derivadas de la inadecuada utilización de las TIC, con especial atención a las situaciones de violencia en la red.

2. El profesorado recibirá las competencias digitales y la formación necesaria para la enseñanza y transmisión de los valores y derechos referidos en el apartado anterior.

3. Los planes de estudio de los títulos universitarios, en especial, aquellos que habiliten para el desempeño profesional en la formación del alumnado, garantizarán la formación en el uso y seguridad de los medios digitales y en la garantía de los derechos fundamentales en Internet.

4. Las Administraciones Públicas incorporarán a los temarios de las pruebas de acceso a los cuerpos superiores y a aquéllos en que habitualmente se desempeñen funciones que impliquen el acceso a datos personales materias relacionadas con la garantía de los derechos digitales y en particular el de protección de datos.

Artículo 84. Protección de los menores en Internet

1. Los padres, madres, tutores, curadores o representantes legales procurarán que los menores de edad hagan un uso equilibrado y responsable de los dispositivos digitales y de los servicios de la sociedad de la información a fin de garantizar el adecuado desarrollo de su personalidad y preservar su dignidad y sus derechos fundamentales.

2. La utilización o difusión de imágenes o información personal de menores en las redes sociales y servicios de la sociedad de la información equivalentes que puedan implicar una intromisión ilegítima en sus derechos fundamentales determinará la intervención del Ministerio Fiscal, que instará las medidas cautelares y de protección previstas en la Ley Orgánica 1/1996, de 15 de enero, de Protección Jurídica del Menor.

Artículo 85. Derecho de rectificación en Internet

1. Todos tienen derecho a la libertad de expresión en Internet.

2. Los responsables de redes sociales y servicios equivalentes adoptarán protocolos adecuados para posibilitar el ejercicio del derecho de rectificación ante los usuarios que difundan contenidos que atenten contra el derecho al honor, la intimidad personal y familiar en Internet y el derecho a comunicar o recibir libremente información veraz, atendiendo a los requisitos y procedimientos previstos en la Ley Orgánica 2/1984, de 26 de marzo, reguladora del derecho de rectificación.

Cuando los medios de comunicación digitales deban atender la solicitud de rectificación formulada contra ellos deberán proceder a la publicación en sus archivos digitales de un aviso aclaratorio que ponga de manifiesto que la noticia original no refleja la situación actual del individuo. Dicho aviso deberá aparecer en lugar visible junto con la información original.

Artículo 86. Derecho a la actualización de informaciones en medios de comunicación digitales

Toda persona tiene derecho a solicitar motivadamente de los medios de comunicación digitales la inclusión de un aviso de actualización suficientemente visible junto a las noticias que le conciernan cuando la información contenida en la noticia original no refleje su situación actual como consecuencia de circunstancias que hubieran tenido lugar después de la publicación, causándole un perjuicio.

En particular, procederá la inclusión de dicho aviso cuando las informaciones originales se refieran a actuaciones policiales o judiciales que se hayan visto afectadas en beneficio del interesado como consecuencia de decisiones judiciales posteriores. En este caso, el aviso hará referencia a la decisión posterior.

Artículo 87. Derecho a la intimidad y uso de dispositivos digitales en el ámbito laboral

1. Los trabajadores y los empleados públicos tendrán derecho a la protección de su intimidad en el uso de los dispositivos digitales puestos a su disposición por su empleador.

2. El empleador podrá acceder a los contenidos derivados del uso de medios digitales facilitados a los trabajadores a los solos efectos de controlar el cumplimiento de las obligaciones laborales o estatutarias y de garantizar la integridad de dichos dispositivos.

3. Los empleadores deberán establecer criterios de utilización de los dispositivos digitales respetando en todo caso los estándares mínimos de protección de su intimidad de acuerdo con los usos sociales y los derechos reconocidos constitucional y legalmente. En su elaboración deberán participar los representantes de los trabajadores.

El acceso por el empleador al contenido de dispositivos digitales respecto de los que haya admitido su uso con fines privados requerirá que se especifiquen de modo preciso los usos autorizados y se establezcan garantías para preservar la intimidad de los trabajadores, tales como, en su caso, la determinación de los períodos en que los dispositivos podrán utilizarse para fines privados.

Los trabajadores deberán ser informados de los criterios de utilización a los que se refiere este apartado.

Artículo 88. Derecho a la desconexión digital en el ámbito laboral

1. Los trabajadores y los empleados públicos tendrán derecho a la desconexión digital a fin de garantizar, fuera del tiempo de trabajo legal o convencionalmente establecido, el respeto de su tiempo de descanso, permisos y vacaciones, así como de su intimidad personal y familiar.

2. Las modalidades de ejercicio de este derecho atenderán a la naturaleza y objeto de la relación laboral, potenciarán el derecho a la conciliación de la actividad laboral y la vida personal y familiar y se sujetarán a lo establecido en la negociación colectiva o, en su defecto, a lo acordado entre la empresa y los representantes de los trabajadores.

3. El empleador, previa audiencia de los representantes de los trabajadores, elaborará una política interna dirigida a trabajadores, incluidos los que ocupen puestos directivos, en la que definirán las modalidades de ejercicio del derecho a la desconexión y las acciones de formación y de sensibilización del personal sobre un uso razonable de las herramientas tecnológicas que evite el riesgo de fatiga informática. En particular, se preservará el derecho a la desconexión digital en los supuestos de realización total o parcial del trabajo a distancia así como en el domicilio del empleado vinculado al uso con fines laborales de herramientas tecnológicas.

Artículo 89. Derecho a la intimidad frente al uso de dispositivos de videovigilancia y de grabación de sonidos en el lugar de trabajo

1. Los empleadores podrán tratar las imágenes obtenidas a través de sistemas de cámaras o videocámaras para el ejercicio de las funciones de control de los trabajadores o los empleados públicos previstas, respectivamente, en el artículo 20.3 del Estatuto de los Trabajadores y en la legislación de función pública, siempre que estas funciones se ejerzan dentro de su marco legal y con los límites inherentes al mismo. Los empleadores habrán de informar con carácter previo, y de forma expresa, clara y concisa, a los trabajadores o los empleados públicos y, en su caso, a sus representantes, acerca de esta medida.

En el supuesto de que se haya captado la comisión flagrante de un acto ilícito por los trabajadores o los empleados públicos se entenderá cumplido el deber de informar cuando existiese al menos el dispositivo al que se refiere el artículo 22.4 de esta ley orgánica.

2. En ningún caso se admitirá la instalación de sistemas de grabación de sonidos ni de videovigilancia en lugares destinados al descanso o esparcimiento

de los trabajadores o los empleados públicos, tales como vestuarios, aseos, comedores y análogos.

3. La utilización de sistemas similares a los referidos en los apartados anteriores para la grabación de sonidos en el lugar de trabajo se admitirá únicamente cuando resulten relevantes los riesgos para la seguridad de las instalaciones, bienes y personas derivados de la actividad que se desarrolle en el centro de trabajo y siempre respetando el principio de proporcionalidad, el de intervención mínima y las garantías previstas en los apartados anteriores. La supresión de los sonidos conservados por estos sistemas de grabación se realizará atendiendo a lo dispuesto en el apartado 3 del artículo 22 de esta ley.

Artículo 90. Derecho a la intimidad ante la utilización de sistemas de geolocalización en el ámbito laboral

1. Los empleadores podrán tratar los datos obtenidos a través de sistemas de geolocalización para el ejercicio de las funciones de control de los trabajadores o los empleados públicos previstas, respectivamente, en el artículo 20.3 del Estatuto de los Trabajadores y en la legislación de función pública, siempre que estas funciones se ejerzan dentro de su marco legal y con los límites inherentes al mismo.

2. Con carácter previo, los empleadores habrán de informar de forma expresa, clara e inequívoca a los trabajadores o los empleados públicos y, en su caso, a sus representantes, acerca de la existencia y características de estos dispositivos. Igualmente deberán informarles acerca del posible ejercicio de los derechos de acceso, rectificación, limitación del tratamiento y supresión.

Artículo 91. Derechos digitales en la negociación colectiva

Los convenios colectivos podrán establecer garantías adicionales de los derechos y libertades relacionados con el tratamiento de los datos personales de los trabajadores y la salvaguarda de derechos digitales en el ámbito laboral.

Artículo 92. Protección de datos de los menores en Internet

Los centros educativos y cualesquiera personas físicas o jurídicas que desarrollen actividades en las que participen menores de edad garantizarán la protección del interés superior del menor y sus derechos fundamentales, especialmente el derecho a la protección de datos personales, en la publicación o difusión de sus datos personales a través de servicios de la sociedad de la información.

Cuando dicha publicación o difusión fuera a tener lugar a través de servicios de redes sociales o servicios equivalentes deberán contar con el consentimiento del menor o sus representantes legales, conforme a lo prescrito en el artículo 7 de esta ley orgánica.

Artículo 93. Derecho al olvido en búsquedas de Internet

1. Toda persona tiene derecho a que los motores de búsqueda en Internet eliminen de las listas de resultados que se obtuvieran tras una búsqueda efectuada a partir de su nombre los enlaces publicados que contuvieran información relativa a esa persona cuando fuesen inadecuados, inexactos, no pertinentes, no actualizados o excesivos o hubieren devenido como tales por el transcurso del tiempo, teniendo en cuenta los fines para los que se recogieron o trataron, el tiempo transcurrido y la naturaleza e interés público de la información.

Del mismo modo deberá procederse cuando las circunstancias personales que en su caso invocase el afectado evidenciasen la prevalencia de sus derechos sobre el mantenimiento de los enlaces por el servicio de búsqueda en Internet.

Este derecho subsistirá aun cuando fuera lícita la conservación de la información publicada en el sitio web al que se dirigiera el enlace y no se procediese por la misma a su borrado previo o simultáneo.

2. El ejercicio del derecho al que se refiere este artículo no impedirá el acceso a la información publicada en el sitio web a través de la utilización de otros criterios de búsqueda distintos del nombre de quien ejerciera el derecho.

Artículo 94. Derecho al olvido en servicios de redes sociales y servicios equivalentes

1. Toda persona tiene derecho a que sean suprimidos, a su simple solicitud, los datos personales que hubiese facilitado para su publicación por servicios de redes sociales y servicios de la sociedad de la información equivalentes.

2. Toda persona tiene derecho a que sean suprimidos los datos personales que le conciernan y que hubiesen sido facilitados por terceros para su publicación por los servicios de redes sociales y servicios de la sociedad de la información equivalentes cuando fuesen inadecuados, inexactos, no pertinentes, no actualizados o excesivos o hubieren devenido como tales por el transcurso del tiempo, teniendo en cuenta los fines para los que se recogieron o trataron, el tiempo transcurrido y la naturaleza e interés público de la información.

Del mismo modo deberá procederse a la supresión de dichos datos cuando las circunstancias personales que en su caso invocase el afectado evidenciasen la prevalencia de sus derechos sobre el mantenimiento de los datos por el servicio.

Se exceptúan de lo dispuesto en este apartado los datos que hubiesen sido facilitados por personas físicas en el ejercicio de actividades personales o domésticas.

3. En caso de que el derecho se ejercitase por un afectado respecto de datos que hubiesen sido facilitados al servicio, por él o por terceros, durante su minoría de edad, el prestador deberá proceder sin dilación a su supresión por su simple solicitud, sin necesidad de que concurran las circunstancias mencionadas en el apartado 2.

Artículo 95. Derecho de portabilidad en servicios de redes sociales y servicios equivalentes

Los usuarios de servicios de redes sociales y servicios de la sociedad de la información equivalentes tendrán derecho a recibir y transmitir los contenidos que hubieran facilitado a los prestadores de dichos servicios, así como a que los prestadores los transmitan directamente a otro prestador designado por el usuario, siempre que sea técnicamente posible.

Los prestadores podrán conservar, sin difundirla a través de Internet, copia de los contenidos cuando dicha conservación sea necesaria para el cumplimiento de una obligación legal.

Artículo 96. Derecho al testamento digital

1. El acceso a contenidos gestionados por prestadores de servicios de la sociedad de la información sobre personas fallecidas se regirá por las siguientes reglas:

a) Las personas vinculadas al fallecido por razones familiares o de hecho, así como sus herederos podrán dirigirse a los prestadores de servicios de la sociedad de la información al objeto de acceder a dichos contenidos e impartirles las instrucciones que estimen oportunas sobre su utilización, destino o supresión.

   Como excepción, las personas mencionadas no podrán acceder a los contenidos del causante, ni solicitar su modificación o eliminación, cuando la persona fallecida lo hubiese prohibido expresamente o así lo establezca una ley. Dicha prohibición no afectará al derecho de los herederos a acceder a los contenidos que pudiesen formar parte del caudal relicto.

b) El albacea testamentario así como aquella persona o institución a la que el fallecido hubiese designado expresamente para ello también podrá solicitar, con arreglo a las instrucciones recibidas, el acceso a los contenidos con vistas a dar cumplimiento a tales instrucciones.

c) En caso de personas fallecidas menores de edad, estas facultades podrán ejercerse también por sus representantes legales o, en el marco de sus competencias, por el Ministerio Fiscal, que podrá actuar de oficio o a instancia de cualquier persona física o jurídica interesada.

d) En caso de fallecimiento de personas con discapacidad, estas facultades podrán ejercerse también, además de por quienes señala la letra anterior, por quienes hubiesen sido designados para el ejercicio de funciones de apoyo si tales facultades se entendieran comprendidas en las medidas de apoyo prestadas por el designado.

2. Las personas legitimadas en el apartado anterior podrán decidir acerca del mantenimiento o eliminación de los perfiles personales de personas fallecidas en redes sociales o servicios equivalentes, a menos que el fallecido hubiera decidido acerca de esta circunstancia, en cuyo caso se estará a sus instrucciones.

El responsable del servicio al que se le comunique, con arreglo al párrafo anterior, la solicitud de eliminación del perfil, deberá proceder sin dilación a la misma.

3. Mediante real decreto se establecerán los requisitos y condiciones para acreditar la validez y vigencia de los mandatos e instrucciones y, en su caso, el registro de los mismos, que podrá coincidir con el previsto en el artículo 3 de esta ley orgánica.

4. Lo establecido en este artículo en relación con las personas fallecidas en las comunidades autónomas con derecho civil, foral o especial, propio se regirá por lo establecido por estas dentro de su ámbito de aplicación.

Artículo 97. Políticas de impulso de los derechos digitales

1. El Gobierno, en colaboración con las comunidades autónomas, elaborará un Plan de Acceso a Internet con los siguientes objetivos:

a) Superar las brechas digitales y garantizar el acceso a Internet de colectivos vulnerables o con necesidades especiales y de entornos familiares y sociales económicamente desfavorecidos mediante, entre otras medidas, un bono social de acceso a Internet.

b) Impulsar la existencia de espacios de conexión de acceso público.

c) Fomentar medidas educativas que promuevan la formación en competencias y habilidades digitales básicas a personas y colectivos en riesgo de exclusión digital y la capacidad de todas las personas para realizar un uso autónomo y responsable de Internet y de las tecnologías digitales.

2. Asimismo se aprobará un Plan de Actuación dirigido a promover las acciones de formación, difusión y concienciación necesarias para lograr que los menores de edad hagan un uso equilibrado y responsable de los dispositivos digitales y de las redes sociales y de los servicios de la sociedad de la información equivalentes de Internet con la finalidad de garantizar su adecuado desarrollo de la personalidad y de preservar su dignidad y derechos fundamentales.

3. El Gobierno presentará un informe anual ante la comisión parlamentaria correspondiente del Congreso de los Diputados en el que se dará cuenta de la evolución de los derechos, garantías y mandatos contemplados en el presente Título y de las medidas necesarias para promover su impulso y efectividad.

Disposiciones Adicionales

Disposición adicional primera. Medidas de seguridad en el ámbito del sector público

1. El Esquema Nacional de Seguridad incluirá las medidas que deban implantarse en caso de tratamiento de datos personales para evitar su pérdida, alteración o acceso no autorizado, adaptando los criterios de determinación del riesgo en el tratamiento de los datos a lo establecido en el artículo 32 del Reglamento (UE) 2016/679.

2. Los responsables enumerados en el artículo 77.1 de esta ley orgánica deberán aplicar a los tratamientos de datos personales las medidas de seguridad que correspondan de las previstas en el Esquema Nacional de Seguridad, así como impulsar un grado de implementación de medidas equivalentes en las empresas o fundaciones vinculadas a los mismos sujetas al Derecho privado.

En los casos en los que un tercero preste un servicio en régimen de concesión, encomienda de gestión o contrato, las medidas de seguridad se corresponderán con las de la Administración pública de origen y se ajustarán al Esquema Nacional de Seguridad.

Disposición adicional segunda. Protección de datos y transparencia y acceso a la información pública

La publicidad activa y el acceso a la información pública regulados por el Título I de la Ley 19/2013, de 9 de diciembre, de transparencia, acceso a la información pública y buen gobierno, así como las obligaciones de publicidad activa establecidas por la legislación autonómica, se someterán, cuando la información contenga datos personales, a lo dispuesto en los artículos 5.3 y 15 de la Ley 19/2013, en el Reglamento (UE) 2016/679 y en la presente ley orgánica.

Disposición adicional tercera. Cómputo de plazos

Los plazos establecidos en el Reglamento (UE) 2016/679 o en esta ley orgánica, con independencia de que se refieran a relaciones entre particulares o con entidades del sector público, se regirán por las siguientes reglas:

a) Cuando los plazos se señalen por días, se entiende que estos son hábiles, excluyéndose del cómputo los sábados, los domingos y los declarados festivos.

b) Si el plazo se fija en semanas, concluirá el mismo día de la semana en que se produjo el hecho que determina su iniciación en la semana de vencimiento.

c) Si el plazo se fija en meses o años, concluirá el mismo día en que se produjo el hecho que determina su iniciación en el mes o el año de vencimiento. Si en el mes de vencimiento no hubiera día equivalente a aquel en que comienza el cómputo, se entenderá que el plazo expira el último día del mes.

d) Cuando el último día del plazo sea inhábil, se entenderá prorrogado al primer día hábil siguiente.

Disposición adicional cuarta. Procedimiento en relación con las competencias atribuidas a la Agencia Española de Protección de Datos por otras leyes

Lo dispuesto en el Título VIII y en sus normas de desarrollo será de aplicación a los procedimientos que la Agencia Española de Protección de Datos hubiera de tramitar en ejercicio de las competencias que le fueran atribuidas por otras leyes.

Disposición adicional quinta. Autorización judicial en relación con decisiones de la Comisión Europea en materia de transferencia internacional de datos

1. Cuando una autoridad de protección de datos considerase que una decisión de la Comisión Europea en materia de transferencia internacional de datos, de cuya validez dependiese la resolución de un procedimiento concreto, infringiese lo dispuesto en el Reglamento (UE) 2016/679, menoscabando el derecho fundamental a la protección de datos, acordará inmediatamente la suspensión del procedimiento, a fin de solicitar del órgano judicial autorización para declararlo así en el seno del procedimiento del que esté conociendo. Dicha suspensión deberá ser confirmada, modificada o levantada en el acuerdo de admisión o inadmisión a trámite de la solicitud de la autoridad de protección de datos dirigida al tribunal competente.

Las decisiones de la Comisión Europea a las que puede resultar de aplicación este cauce son:

a) Aquellas que declaren el nivel adecuado de protección de un tercer país u organización internacional, en virtud del artículo 45 del Reglamento (UE) 2016/679.
b) Aquellas por las que se aprueben cláusulas tipo de protección de datos para la realización de transferencias internacionales de datos.
c) Aquellas que declaren la validez de los códigos de conducta a tal efecto.

2. La autorización a la que se refiere esta disposición solamente podrá ser concedida si, previo planteamiento de cuestión prejudicial de validez en los términos del artículo 267 del Tratado de Funcionamiento de la Unión Europea, la decisión de la Comisión Europea cuestionada fuera declarada inválida por el Tribunal de Justicia de la Unión Europea.

Disposición adicional sexta. Incorporación de deudas a sistemas de información crediticia

No se incorporarán a los sistemas de información crediticia a los que se refiere el artículo 20.1 de esta ley orgánica deudas en que la cuantía del principal sea inferior a cincuenta euros.

El Gobierno, mediante real decreto, podrá actualizar esta cuantía.

Disposición adicional séptima. Identificación de los interesados en las notificaciones por medio de anuncios y publicaciones de actos administrativos

1. Cuando sea necesaria la publicación de un acto administrativo que contuviese datos personales del afectado, se identificará al mismo mediante su nombre y apellidos, añadiendo cuatro cifras numéricas aleatorias del documento nacional de identidad, número de identidad de extranjero, pasaporte o documento equivalente. Cuando la publicación se refiera a una pluralidad de afectados estas cifras aleatorias deberán alternarse.

Cuando se trate de la notificación por medio de anuncios, particularmente en los supuestos a los que se refiere el artículo 44 de la Ley 39/2015, de 1 de octubre, del Procedimiento Administrativo Común de las Administraciones Públicas, se identificará al afectado exclusivamente mediante el número completo de su documento nacional de identidad, número de identidad de extranjero, pasaporte o documento equivalente.

Cuando el afectado careciera de cualquiera de los documentos mencionados en los dos párrafos anteriores, se identificará al afectado únicamente mediante su nombre y apellidos. En ningún caso debe publicarse el nombre y apellidos de manera conjunta con el número completo del documento nacional de identidad, número de identidad de extranjero, pasaporte o documento equivalente.

2. A fin de prevenir riesgos para víctimas de violencia de género, el Gobierno impulsará la elaboración de un protocolo de colaboración que defina procedimientos seguros de publicación y notificación de actos administrativos, con la participación de los órganos con competencia en la materia.

Disposición adicional octava. Potestad de verificación de las Administraciones Públicas

Cuando se formulen solicitudes por cualquier medio en las que el interesado declare datos personales que obren en poder de las Administraciones Públicas, el órgano destinatario de la solicitud podrá efectuar en el ejercicio de sus competencias las verificaciones necesarias para comprobar la exactitud de los datos.

Disposición adicional novena. Tratamiento de datos personales en relación con la notificación de incidentes de seguridad

Cuando, de conformidad con lo dispuesto en la legislación nacional que resulte de aplicación, deban notificarse incidentes de seguridad, las autoridades públicas competentes, equipos de respuesta a emergencias informáticas (CERT), equipos de respuesta a incidentes de seguridad informática (CSIRT), proveedores de redes y servicios de comunicaciones electrónicas y proveedores de tecnologías y servicios de seguridad, podrán tratar los datos personales contenidos en tales notificaciones, exclusivamente durante el tiempo y alcance necesarios para su análisis, detección, protección y respuesta ante incidentes y adoptando las medidas de seguridad adecuadas y proporcionadas al nivel de riesgo determinado.

Disposición adicional décima. Comunicaciones de datos por los sujetos enumerados en el artículo 77.1

Los responsables enumerados en el artículo 77.1 de esta ley orgánica podrán comunicar los datos personales que les sean solicitados por sujetos de derecho privado cuando cuenten con el consentimiento de los afectados o aprecien que concurre en los solicitantes un interés legítimo que prevalezca sobre los derechos e intereses de los afectados conforme a lo establecido en el artículo 6.1 f) del Reglamento (UE) 2016/679.

Disposición adicional undécima. Privacidad en las comunicaciones electrónicas

Lo dispuesto en la presente ley orgánica se entenderá sin perjuicio de la aplicación de las normas de Derecho interno y de la Unión Europea reguladoras de la privacidad en el sector de las comunicaciones electrónicas, sin imponer obligaciones adicionales a las personas físicas o jurídicas en materia de tratamiento en el marco de la prestación de servicios públicos de comunicaciones electrónicas en redes públicas de comunicación en ámbitos en los que estén sujetas a obligaciones específicas establecidas en dichas normas.

Disposición adicional duodécima. Disposiciones específicas aplicables a los tratamientos de los registros de personal del sector público

1. Los tratamientos de los registros de personal del sector público se entenderán realizados en el ejercicio de poderes públicos conferidos a sus responsables, de acuerdo con lo previsto en el artículo 6.1.e) del Reglamento (UE) 2016/679.

2. Los registros de personal del sector público podrán tratar datos personales relativos a infracciones y condenas penales e infracciones y sanciones administrativas, limitándose a los datos estrictamente necesarios para el cumplimiento de sus fines.

3. De acuerdo con lo previsto en el artículo 18.2 del Reglamento (UE) 2016/679, y por considerarlo una razón de interés público importante, los datos cuyo tratamiento se haya limitado en virtud del artículo 18.1 del citado reglamento, podrán ser objeto de tratamiento cuando sea necesario para el desarrollo de los procedimientos de personal.

Disposición adicional decimotercera. Transferencias internacionales de datos tributarios

Las transferencias de datos tributarios entre el Reino de España y otros Estados o entidades internacionales o supranacionales, se regularán por los términos y con los límites establecidos en la normativa sobre asistencia mutua entre los Estados de la Unión Europea, o en el marco de los convenios para evitar la doble imposición o de otros convenios internacionales, así como por las normas sobre la asistencia mutua establecidas en el Capítulo VI del Título III de la Ley 58/2003, de 17 de diciembre, General Tributaria.

Disposición adicional decimocuarta. Normas dictadas en desarrollo del artículo 13 de la Directiva 95/46/CE

Las normas dictadas en aplicación del artículo 13 de la Directiva 95/46/CE del Parlamento Europeo y del Consejo, de 24 de octubre de 1995, relativa a la protección de las personas físicas en lo que respecta al tratamiento de datos personales y a la libre circulación de estos datos, que hubiesen entrado en vigor con anterioridad a 25 de mayo de 2018, y en particular los artículos 23 y 24 de la Ley Orgánica 15/1999, de 13 de diciembre, de Protección de Datos de Carácter Personal, siguen vigentes en tanto no sean expresamente modificadas, sustituidas o derogadas.

Disposición adicional decimoquinta. Requerimiento de información por parte de la Comisión Nacional del Mercado de Valores

Cuando no haya podido obtener por otros medios la información necesaria para realizar sus labores de supervisión o inspección, la Comisión Nacional del Mercado de Valores podrá recabar de los operadores que presten servicios de comunicaciones electrónicas disponibles al público y de los prestadores de servicios de la sociedad de la información, los datos que obren en su poder relativos a la comunicación electrónica o servicio de la sociedad de la información proporcionados por dichos prestadores que sean distintos a su contenido y resulten imprescindibles para el ejercicio de dichas labores.

La cesión de estos datos requerirá la previa obtención de autorización judicial otorgada conforme a las normas procesales.

Quedan excluidos de lo previsto en este apartado los datos de tráfico que los operadores estuviesen tratando con la exclusiva finalidad de dar cumplimiento a las obligaciones previstas en la Ley 25/2007, de 18 de octubre, de conservación de datos relativos a las comunicaciones electrónicas y a las redes públicas de comunicaciones.

Disposición adicional decimosexta. Prácticas agresivas en materia de protección de datos

A los efectos previstos en el artículo 8 de la Ley 3/1991, de 10 de enero, de Competencia Desleal, se consideran prácticas agresivas las siguientes:

a) Actuar con intención de suplantar la identidad de la Agencia Española de Protección de Datos o de una autoridad autonómica de protección de datos en la realización de cualquier comunicación a los responsables y encargados de los tratamientos o a los interesados.

b) Generar la apariencia de que se está actuando en nombre, por cuenta o en colaboración con la Agencia Española de Protección de Datos o una autoridad autonómica de protección de datos en la realización de cualquier comunicación a los responsables y encargados de los tratamientos en que la remitente ofrezca sus productos o servicios.

c) Realizar prácticas comerciales en las que se coarte el poder de decisión de los destinatarios mediante la referencia a la posible imposición de sanciones por incumplimiento de la normativa de protección de datos personales.

d) Ofrecer cualquier tipo de documento por el que se pretenda crear una apariencia de cumplimiento de las disposiciones de protección de datos de forma complementaria a la realización de acciones formativas sin haber llevado a cabo las actuaciones necesarias para verificar que dicho cumplimiento se produce efectivamente.

e) Asumir, sin designación expresa del responsable o el encargado del tratamiento, la función de delegado de protección de datos y comunicarse en tal condición con la Agencia Española de Protección de Datos o las autoridades autonómicas de protección de datos.

Disposición adicional decimoséptima. Tratamientos de datos de salud

1. Se encuentran amparados en las letras g), h), i) y j) del artículo 9.2 del Reglamento (UE) 2016/679 los tratamientos de datos relacionados con la salud y de datos genéticos que estén regulados en las siguientes leyes y sus disposiciones de desarrollo:

a) La Ley 14/1986, de 25 de abril, General de Sanidad.

b) La Ley 31/1995, de 8 de noviembre, de Prevención de Riesgos Laborales.

c) La Ley 41/2002, de 14 de noviembre, básica reguladora de la autonomía del paciente y de derechos y obligaciones en materia de información y documentación clínica.

d) La Ley 16/2003, de 28 de mayo, de cohesión y calidad del Sistema Nacional de Salud.

e) La Ley 44/2003, de 21 de noviembre, de ordenación de las profesiones sanitarias.

f) La Ley 14/2007, de 3 de julio, de Investigación biomédica.

g) La Ley 33/2011, de 4 de octubre, General de Salud Pública.

h) La Ley 20/2015, de 14 de julio, de ordenación, supervisión y solvencia de las entidades aseguradoras y reaseguradoras.

i) El texto refundido de la Ley de garantías y uso racional de los medicamentos y productos sanitarios, aprobado por Real Decreto Legislativo 1/2015, de 24 de julio.

j) El texto refundido de la Ley General de derechos de las personas con discapacidad y de su inclusión social, aprobado por Real Decreto Legislativo 1/2013 de 29 de noviembre.

2. El tratamiento de datos en la investigación en salud se regirá por los siguientes criterios:

a) El interesado o, en su caso, su representante legal podrá otorgar el consentimiento para el uso de sus datos con fines de investigación en salud y, en particular, la biomédica. Tales finalidades podrán abarcar categorías relacionadas con áreas generales vinculadas a una especialidad médica o investigadora.

b) Las autoridades sanitarias e instituciones públicas con competencias en vigilancia de la salud pública podrán llevar a cabo estudios científicos sin el consentimiento de los afectados en situaciones de excepcional relevancia y gravedad para la salud pública.

c) Se considerará lícita y compatible la reutilización de datos personales con fines de investigación en materia de salud y biomédica cuando, habiéndose obtenido el consentimiento para una finalidad concreta, se utilicen los datos para finalidades o áreas de investigación relacionadas con el área en la que se integrase científicamente el estudio inicial.

   En tales casos, los responsables deberán publicar la información establecida por el artículo 13 del Reglamento (UE) 2016/679 del Parlamento Europeo y del Consejo, de 27 de abril de 2016, relativo a la protección de las personas físicas en lo que respecta al tratamiento de sus datos personales y a la libre circulación de estos datos, en un lugar fácilmente accesible de la página web corporativa del centro donde se realice la investigación o estudio clínico, y, en su caso, en la del promotor, y notificar la existencia de esta información por medios electrónicos a los afectados. Cuando estos carezcan de medios para acceder a tal información, podrán solicitar su remisión en otro formato.

   Para los tratamientos previstos en esta letra, se requerirá informe previo favorable del comité de ética de la investigación.

d) Se considera lícito el uso de datos personales seudonimizados con fines de investigación en salud y, en particular, biomédica.

   El uso de datos personales seudonimizados con fines de investigación en salud pública y biomédica requerirá:

   1.º Una separación técnica y funcional entre el equipo investigador y quienes realicen la seudonimización y conserven la información que posibilite la reidentificación.

2.º Que los datos seudonimizados únicamente sean accesibles al equipo de investigación cuando:

i) Exista un compromiso expreso de confidencialidad y de no realizar ninguna actividad de reidentificación.

ii) Se adopten medidas de seguridad específicas para evitar la reidentificación y el acceso de terceros no autorizados.

Podrá procederse a la reidentificación de los datos en su origen, cuando con motivo de una investigación que utilice datos seudonimizados, se aprecie la existencia de un peligro real y concreto para la seguridad o salud de una persona o grupo de personas, o una amenaza grave para sus derechos o sea necesaria para garantizar una adecuada asistencia sanitaria.

e) Cuando se traten datos personales con fines de investigación en salud, y en particular la biomédica, a los efectos del artículo 89.2 del Reglamento (UE) 2016/679, podrán excepcionarse los derechos de los afectados previstos en los artículos 15, 16, 18 y 21 del Reglamento (EU) 2016/679 cuando:

1.º Los citados derechos se ejerzan directamente ante los investigadores o centros de investigación que utilicen datos anonimizados o seudonimizados.

2.º El ejercicio de tales derechos se refiera a los resultados de la investigación.

3.º La investigación tenga por objeto un interés público esencial relacionado con la seguridad del Estado, la defensa, la seguridad pública u otros objetivos importantes de interés público general, siempre que en este último caso la excepción esté expresamente recogida por una norma con rango de Ley.

f) Cuando conforme a lo previsto por el artículo 89 del Reglamento (UE) 2016/679, se lleve a cabo un tratamiento con fines de investigación en salud pública y, en particular, biomédica se procederá a:

1.º Realizar una evaluación de impacto que determine los riesgos derivados del tratamiento en los supuestos previstos en el artículo 35 del Reglamento (UE) 2016/679 o en los establecidos por la autoridad de control. Esta evaluación incluirá de modo específico los riesgos de reidentificación vinculados a la anonimización o seudonimización de los datos.

2.º Someter la investigación científica a las normas de calidad y, en su caso, a las directrices internacionales sobre buena práctica clínica.

3.º Adoptar, en su caso, medidas dirigidas a garantizar que los investigadores no acceden a datos de identificación de los interesados.

4.º Designar un representante legal establecido en la Unión Europea, conforme al artículo 74 del Reglamento (UE) 536/2014, si el promotor de un ensayo clínico no está establecido en la Unión Europea. Dicho representante legal podrá coincidir con el previsto en el artículo 27.1 del Reglamento (UE) 2016/679.

g) El uso de datos personales seudonimizados con fines de investigación en salud pública y, en particular, biomédica deberá ser sometido al informe previo del comité de ética de la investigación previsto en la normativa sectorial.

En defecto de la existencia del mencionado Comité, la entidad responsable de la investigación requerirá informe previo del delegado de protección de datos o, en su defecto, de un experto con los conocimientos previos en el artículo 37.5 del Reglamento (UE) 2016/679.

h) En el plazo máximo de un año desde la entrada en vigor de esta ley, los comités de ética de la investigación, en el ámbito de la salud, biomédico o del medicamento, deberán integrar entre sus miembros un delegado de protección de datos o, en su defecto, un experto con conocimientos suficientes del Reglamento (UE) 2016/679 cuando se ocupen de actividades de investigación que comporten el tratamiento de datos personales o de datos seudonimizados o anonimizados.

Disposición adicional decimoctava. Criterios de seguridad

La Agencia Española de Protección de Datos desarrollará, con la colaboración, cuando sea precisa, de todos los actores implicados, las herramientas, guías, directrices y orientaciones que resulten precisas para dotar a los profesionales, microempresas y pequeñas y medianas empresas de pautas adecuadas para el cumplimiento de las obligaciones de responsabilidad activa establecidas en el Título IV del Reglamento (UE) 2016/679 y en el Título V de esta ley orgánica.

Disposición adicional decimonovena. Derechos de los menores ante Internet

En el plazo de un año desde la entrada en vigor de esta ley orgánica, el Gobierno remitirá al Congreso de los Diputados un proyecto de ley dirigido específicamente a garantizar los derechos de los menores ante el impacto de Internet, con el fin de garantizar su seguridad y luchar contra la discriminación y la violencia que sobre los mismos es ejercida mediante las nuevas tecnologías.

Disposición adicional vigésima. Especialidades del régimen jurídico de la Agencia Española de Protección de Datos

1. No será de aplicación a la Agencia Española de Protección de Datos el artículo 50.2.c) de la Ley 40/2015, de 1 de octubre, de Régimen Jurídico del Sector Público.

2. La Agencia Española de Protección de Datos podrá adherirse a los sistemas de contratación centralizada establecidos por las Administraciones Públicas y participar en la gestión compartida de servicios comunes prevista en el artículo 85 de la Ley 40/2015, de 1 de octubre, de Régimen Jurídico del Sector Público.

Disposición adicional vigésima primera. Educación digital

Las Administraciones educativas darán cumplimiento al mandato contenido en el párrafo segundo del apartado 1 del artículo 83 de esta ley orgánica en el plazo de un año a contar desde la entrada en vigor de la misma.

Disposición adicional vigésima segunda. Acceso a los archivos públicos y eclesiásticos

Las autoridades públicas competentes facilitarán el acceso a los archivos públicos y eclesiásticos en relación con los datos que se soliciten con ocasión de investigaciones policiales o judiciales de personas desaparecidas, debiendo atender las solicitudes con prontitud y diligencia las instituciones o congregaciones religiosas a las que se realicen las peticiones de acceso.

Disposiciones Transitorias

Disposición transitoria primera. Estatuto de la Agencia Española de Protección de Datos

1. El Estatuto de la Agencia Española de Protección de Datos, aprobado por Real Decreto 428/1993, de 26 de marzo, continuará vigente en lo que no se oponga a lo establecido en el Título VIII de esta ley orgánica.

2. Lo dispuesto en los apartados 2, 3 y 5 del artículo 48 y en el artículo 49 de esta ley orgánica se aplicará una vez expire el mandato de quien ostente la condición de Director de la Agencia Española de Protección de Datos a la entrada en vigor de la misma.

Disposición transitoria segunda. Códigos tipo inscritos en las autoridades de protección de datos conforme a la Ley Orgánica 15/1999, de 13 de diciembre, de Protección de Datos de Carácter Personal

Los promotores de los códigos tipo inscritos en el registro de la Agencia Española de Protección de Datos o en las autoridades autonómicas de protección de datos deberán adaptar su contenido a lo dispuesto en el artículo 40 del Reglamento (UE) 2016/679 en el plazo de un año a contar desde la entrada en vigor de esta ley orgánica.

Si, transcurrido dicho plazo, no se hubiera solicitado la aprobación prevista en el artículo 38.4 de esta ley orgánica, se cancelará la inscripción y se comunicará a sus promotores.

Disposición transitoria tercera Régimen transitorio de los procedimientos

1. Los procedimientos ya iniciados a la entrada en vigor de esta ley orgánica se regirán por la normativa anterior, salvo que esta ley orgánica contenga disposiciones más favorables para el interesado.

2. Lo dispuesto en el apartado anterior será asimismo de aplicación a los procedimientos respecto de los cuales ya se hubieren iniciado las actuaciones previas a las que se refiere la Sección 2.ª del Capítulo III del Título IX del Reglamento de desarrollo de la Ley Orgánica 15/1999, de 13 de diciembre, de Protección de Datos de Carácter Personal, aprobado por Real Decreto 1720/2007, de 21 de diciembre.

Disposición transitoria cuarta. Tratamientos sometidos a la Directiva (UE) 2016/680

Los tratamientos sometidos a la Directiva (UE) 2016/680 del Parlamento Europeo y del Consejo, de 27 de abril de 2016, relativa a la protección de las personas físicas en lo que respecta al tratamiento de datos personales por parte de las autoridades competentes para fines de prevención, investigación, detección o enjuiciamiento de infracciones penales o de ejecución de sanciones penales, y a la libre circulación de dichos datos y por la que se deroga la Decisión Marco 2008/977/JAI del Consejo, continuarán rigiéndose por la Ley Orgánica 15/1999, de 13 de diciembre, y en particular el artículo 22, y sus disposiciones de desarrollo, en tanto no entre en vigor la norma que trasponga al Derecho español lo dispuesto en la citada directiva.

Disposición transitoria quinta. Contratos de encargado del tratamiento

Los contratos de encargado del tratamiento suscritos con anterioridad al 25 de mayo de 2018 al amparo de lo dispuesto en el artículo 12 de la Ley Orgánica 15/1999, de 13 de diciembre, de Protección de Datos de Carácter Personal mantendrán su vigencia hasta la fecha de vencimiento señalada en los mismos y en caso de haberse pactado de forma indefinida, hasta el 25 de mayo de 2022.

Durante dichos plazos cualquiera de las partes podrá exigir a la otra la modificación del contrato a fin de que el mismo resulte conforme a lo dispuesto en el artículo 28 del Reglamento (UE) 2016/679 y en el Capítulo II del Título V de esta ley orgánica.

Disposición transitoria sexta. Reutilización con fines de investigación en materia de salud y biomédica de datos personales recogidos con anterioridad a la entrada en vigor de esta ley orgánica

Se considerará lícita y compatible la reutilización con fines de investigación en salud y biomédica de datos personales recogidos lícitamente con anterioridad a la entrada en vigor de esta ley orgánica cuando concurra alguna de las circunstancias siguientes:

a) Que dichos datos personales se utilicen para la finalidad concreta para la que se hubiera prestado consentimiento.

b) Que, habiéndose obtenido el consentimiento para una finalidad concreta, se utilicen tales datos para finalidades o áreas de investigación relacionadas con la especialidad médica o investigadora en la que se integrase científicamente el estudio inicial.

Disposición derogatoria única. Derogación normativa

1. Sin perjuicio de lo previsto en la disposición adicional decimocuarta y en la disposición transitoria cuarta, queda derogada la Ley Orgánica 15/1999, de 13 de diciembre, de Protección de Datos de Carácter Personal.

2. Queda derogado el Real Decreto-ley 5/2018, de 27 de julio, de medidas urgentes para la adaptación del Derecho español a la normativa de la Unión Europea en materia de protección de datos.

3. Asimismo, quedan derogadas cuantas disposiciones de igual o inferior rango contradigan, se opongan, o resulten incompatibles con lo dispuesto en el Reglamento (UE) 2016/679 y en la presente ley orgánica.

Disposiciones Finales

Disposición final primera. Naturaleza de la presente ley

La presente ley tiene el carácter de ley orgánica.

No obstante, tienen carácter de ley ordinaria:

- El Título IV.
- El Título VII, salvo los artículos 52 y 53, que tienen carácter orgánico.
- El Título VIII.
- El Título IX.
- Los artículos 79, 80, 81, 82, 88, 95, 96 y 97 del Título X.
- Las disposiciones adicionales, salvo la disposición adicional segunda y la disposición adicional decimoséptima, que tienen carácter orgánico,
- Las disposiciones transitorias,
- Las disposiciones finales, salvo las disposiciones finales primera, segunda, tercera, cuarta, octava, décima y decimosexta, que tienen carácter orgánico.

Disposición final segunda. Título competencial

1. Esta ley orgánica se dicta al amparo del artículo 149.1.1.ª de la Constitución, que atribuye al Estado la competencia exclusiva para la regulación de las condiciones básicas que garanticen la igualdad de todos los españoles en el ejercicio de los derechos y en el cumplimiento de los deberes constitucionales.

2. El Capítulo I del Título VII, el Título VIII, la disposición adicional cuarta y la disposición transitoria primera sólo serán de aplicación a la Administración General del Estado y a sus organismos públicos.

3. Los artículos 87 a 90 se dictan al amparo de la competencia exclusiva que el artículo 149.1.7.ª y 18.ª de la Constitución reserva al Estado en materia de legislación laboral y bases del régimen estatutario de los funcionarios públicos respectivamente.

4. La disposición adicional quinta y las disposiciones finales séptima y sexta se dictan al amparo de la competencia que el artículo 149.1.6.ª de la Constitución atribuye al Estado en materia de legislación procesal.

5. La disposición adicional tercera se dicta al amparo del artículo 149.1.18.ª de la Constitución.

6. El artículo 96 se dicta al amparo del artículo 149.1.8.ª de la Constitución.

Disposición final tercera. Modificación de la Ley Orgánica 5/1985, de 19 de junio, del Régimen Electoral General

Se modifica la Ley Orgánica 5/1985, de 19 de junio, del Régimen Electoral General que queda redactada como sigue:

Uno. El apartado 3 del artículo treinta y nueve queda redactado como sigue:

> «3. Dentro del plazo anterior, cualquier persona podrá formular reclamación dirigida a la Delegación Provincial de la Oficina del Censo Electoral sobre sus datos censales, si bien solo podrán ser tenidas en cuenta las que se refieran a la rectificación de errores en los datos personales, a los cambios de domicilio dentro de una misma circunscripción o a la no inclusión del reclamante en ninguna Sección del Censo de la circunscripción pese a tener derecho a ello. También serán atendidas las solicitudes de los electores que se opongan a su inclusión en las copias del censo electoral que se faciliten a los representantes de las candidaturas para realizar envíos postales de propaganda electoral. No serán tenidas en cuenta para la elección convocada las que reflejen un cambio de residencia de una circunscripción a otra, realizado con posterioridad a la fecha de cierre del censo para cada elección, debiendo ejercer su derecho en la sección correspondiente a su domicilio anterior.»

Dos. Se añade un nuevo artículo cincuenta y ocho bis, con el contenido siguiente:

> «Artículo cincuenta y ocho bis. Utilización de medios tecnológicos y datos personales en las actividades electorales
>
> 1. La recopilación de datos personales relativos a las opiniones políticas de las personas que lleven a cabo los partidos políticos en el marco de sus actividades electorales se encontrará amparada en el interés público únicamente cuando se ofrezcan garantías adecuadas.
>
> 2. Los partidos políticos, coaliciones y agrupaciones electorales podrán utilizar datos personales obtenidos en páginas web y otras fuentes de acceso público para la realización de actividades políticas durante el periodo electoral.
>
> 3. El envío de propaganda electoral por medios electrónicos o sistemas de mensajería y la contratación de propaganda electoral en redes sociales o medios equivalentes no tendrán la consideración de actividad o comunicación comercial.
>
> 4. Las actividades divulgativas anteriormente referidas identificarán de modo destacado su naturaleza electoral.
>
> 5. Se facilitará al destinatario un modo sencillo y gratuito de ejercicio del derecho de oposición.»

Disposición final cuarta. Modificación de la Ley Orgánica 6/1985, de 1 de julio, del Poder Judicial

Se modifica la Ley Orgánica, 6/1985, de 1 de julio, del Poder Judicial, en los siguientes términos:

Uno. Se añade un apartado tercero al artículo 58, con la siguiente redacción:

«Artículo 58

Tercero. De la solicitud de autorización para la declaración prevista en la disposición adicional quinta de la Ley Orgánica de Protección de Datos Personales y Garantía de los Derechos Digitales, cuando tal solicitud sea formulada por el Consejo General del Poder Judicial.»

Dos. Se añade una letra f) al artículo 66, con la siguiente redacción:

«Artículo 66

f) De la solicitud de autorización para la declaración prevista en la disposición adicional quinta de la Ley Orgánica de Protección de Datos Personales y Garantía de los Derechos Digitales, cuando tal solicitud sea formulada por la Agencia Española de Protección de Datos.»

Tres. Se añaden una letra k) al apartado 1 y un nuevo apartado 7 al artículo 74, con la siguiente redacción:

«Artículo 74

1. [...]

k) De la solicitud de autorización para la declaración prevista en la disposición adicional quinta de la Ley Orgánica de Protección de Datos Personales y Garantía de los Derechos Digitales, cuando tal solicitud sea formulada por la autoridad de protección de datos de la Comunidad Autónoma respectiva.

[...]

7. Corresponde a las Salas de lo Contencioso-administrativo de los Tribunales Superiores de Justicia autorizar, mediante auto, el requerimiento de información por parte de autoridades autonómicas de protección de datos a los operadores que presten servicios de comunicaciones electrónicas disponibles al público y de los prestadores de servicios de la sociedad de la información, cuando ello sea necesario de acuerdo con la legislación específica.»

Cuatro. Se añade un nuevo apartado 7 al artículo 90:

«7. Corresponde a los Juzgados Centrales de lo Contencioso-administrativo autorizar, mediante auto, el requerimiento de información por parte de la Agencia Española de Protección de Datos y otras autoridades administrativas independientes de ámbito estatal a los operadores que presten servicios de comunicaciones electrónicas disponibles al público y de los prestadores de servicios de la sociedad de la información, cuando ello sea necesario de acuerdo con la legislación específica.»

Disposición final quinta. Modificación de la Ley 14/1986, de 25 de abril, General de Sanidad

Se añade un nuevo Capítulo II al Título VI de la Ley 14/1986, de 25 de abril, General de Sanidad con el siguiente contenido:

«CAPÍTULO II. Tratamiento de datos de la investigación en salud

Artículo 105 bis

El tratamiento de datos personales en la investigación en salud se regirá por lo dispuesto en la Disposición adicional decimoséptima de la Ley Orgánica de Protección de Datos Personales y Garantía de los Derechos Digitales.»

Disposición final sexta. Modificación de la Ley 29/1998, de 13 de julio, reguladora de la Jurisdicción Contencioso-administrativa

La Ley 29/1998, de 13 de julio, reguladora de la Jurisdicción Contencioso-administrativa, se modifica en los siguientes términos:

Uno. Se añade un nuevo apartado 7 al artículo 10:

«7. Conocerán de la solicitud de autorización al amparo del artículo 122 ter, cuando sea formulada por la autoridad de protección de datos de la Comunidad Autónoma respectiva.»

Dos. Se añade un nuevo apartado 5 al artículo 11:

«5. Conocerá de la solicitud de autorización al amparo del artículo 122 ter, cuando sea formulada por la Agencia Española de Protección de Datos.»

Tres. Se añade un nuevo apartado 4 al artículo 12:

«4. Conocerá de la solicitud de autorización al amparo del artículo 122 ter, cuando sea formulada por el Consejo General del Poder Judicial.»

Cuatro. Se introduce un nuevo artículo 122 ter, con el siguiente tenor:

«Artículo 122 ter. Procedimiento de autorización judicial de conformidad de una decisión de la Comisión Europea en materia de transferencia internacional de datos

1. El procedimiento para obtener la autorización judicial a que se refiere la disposición adicional quinta de la Ley Orgánica de Protección de Datos Personales y Garantía de los Derechos Digitales, se iniciará con la solicitud de la autoridad de protección de datos dirigida al Tribunal competente para que se pronuncie acerca de la conformidad de una decisión de la Comisión Europea en materia de transferencia internacional de datos con el Derecho de la Unión

Europea. La solicitud irá acompañada de copia del expediente que se encontrase pendiente de resolución ante la autoridad de protección de datos.

2. Serán partes en el procedimiento, además de la autoridad de protección de datos, quienes lo fueran en el procedimiento tramitado ante ella y, en todo caso, la Comisión Europea.

3. El acuerdo de admisión o inadmisión a trámite del procedimiento confirmará, modificará o levantará la suspensión del procedimiento por posible vulneración de la normativa de protección de datos tramitado ante la autoridad de protección de datos, del que trae causa este procedimiento de autorización judicial.

4. Admitida a trámite la solicitud, el Tribunal competente lo notificará a la autoridad de protección de datos a fin de que dé traslado a quienes interviniesen en el procedimiento tramitado ante la misma para que se personen en el plazo de tres días. Igualmente, se dará traslado a la Comisión Europea a los mismos efectos.

5. Concluido el plazo mencionado en la letra anterior, se dará traslado de la solicitud de autorización a las partes personadas a fin de que en el plazo de diez días aleguen lo que estimen procedente, pudiendo solicitar en ese momento la práctica de las pruebas que estimen necesarias.

6. Transcurrido el período de prueba, si alguna de las partes lo hubiese solicitado y el órgano jurisdiccional lo estimase pertinente, se celebrará una vista. El Tribunal podrá decidir el alcance de las cuestiones sobre las que las partes deberán centrar sus alegaciones en dicha vista.

7. Finalizados los trámites mencionados en los tres apartados anteriores, el Tribunal competente adoptará en el plazo de diez días una de estas decisiones:

a) Si considerase que la decisión de la Comisión Europea es conforme al Derecho de la Unión Europea, dictará sentencia declarándolo así y denegando la autorización solicitada.

b) En caso de considerar que la decisión es contraria al Derecho de la Unión Europea, dictará auto de planteamiento de cuestión prejudicial de validez de la citada decisión ante el Tribunal de Justicia de la Unión Europea, en los términos del artículo 267 del Tratado de Funcionamiento de la Unión Europea.

La autorización solamente podrá ser concedida si la decisión de la Comisión Europea cuestionada fuera declarada inválida por el Tribunal de Justicia de la Unión Europea.

8. El régimen de recursos será el previsto en esta ley.»

Disposición final séptima. Modificación de la Ley 1/2000, de 7 de enero, de Enjuiciamiento Civil

Se modifica el artículo 15 bis de la Ley 1/2000, de 7 de enero, de Enjuiciamiento Civil, que queda redactado como sigue:

«Artículo 15 bis. Intervención en procesos de defensa de la competencia y de protección de datos

1. La Comisión Europea, la Comisión Nacional de los Mercados y la Competencia y los órganos competentes de las comunidades autónomas en el ámbito de sus competencias podrán intervenir en los procesos de defensa de la competencia y de protección de datos, sin tener la condición de parte, por propia iniciativa o a instancia del órgano judicial, mediante la aportación de información o presentación de observaciones escritas sobre cuestiones relativas a la aplicación de los artículos 101 y 102 del Tratado de Funcionamiento de la Unión Europea o los artículos 1 y 2 de la Ley 15/2007, de 3 de julio, de Defensa de la Competencia. Con la venia del correspondiente órgano judicial, podrán presentar también observaciones verbales. A estos efectos, podrán solicitar al órgano jurisdiccional competente que les remita o haga remitir todos los documentos necesarios para realizar una valoración del asunto de que se trate.

La aportación de información no alcanzará a los datos o documentos obtenidos en el ámbito de las circunstancias de aplicación de la exención o reducción del importe de las multas previstas en los artículos 65 y 66 de la Ley 15/2007, de 3 de julio, de Defensa de la Competencia.

2. La Comisión Europea, la Comisión Nacional de los Mercados y la Competencia y los órganos competentes de las comunidades autónomas aportarán la información o presentarán las observaciones previstas en el número anterior diez días antes de la celebración del acto del juicio a que se refiere el artículo 433 o dentro del plazo de oposición o impugnación del recurso interpuesto.

3. Lo dispuesto en los anteriores apartados en materia de procedimiento será asimismo de aplicación cuando la Comisión Europea, la Agencia Española de Protección de Datos y las autoridades autonómicas de protección de datos, en el ámbito de sus competencias, consideren precisa su intervención en un proceso que afecte a cuestiones relativas a la aplicación del Reglamento (UE) 2016/679 del Parlamento Europeo y del Consejo, de 27 de abril de 2016.»

Disposición final octava. Modificación de la Ley Orgánica 6/2001, de 21 de diciembre, de Universidades

Se incluye una nueva letra l) en el apartado 2 del artículo 46 de la Ley Orgánica 6/2001, de 21 de diciembre, de Universidades, con el contenido siguiente:

«l) La formación en el uso y seguridad de los medios digitales y en la garantía de los derechos fundamentales en Internet.»

Disposición final novena. Modificación de la Ley 41/2002, de 14 de noviembre, básica reguladora de la autonomía del paciente y de derechos y obligaciones en materia de información y documentación clínica

Se modifica el apartado 3 del artículo 16 de la Ley 41/2002, de 14 de noviembre, básica reguladora de la autonomía del paciente y de derechos y obligaciones en materia de información y documentación clínica, que pasa a tener el siguiente tenor:

«Artículo 16

[...]

3. El acceso a la historia clínica con fines judiciales, epidemiológicos, de salud pública, de investigación o de docencia, se rige por lo dispuesto en la legislación vigente en materia de protección de datos personales, y en la Ley 14/1986, de 25 de abril, General de Sanidad, y demás normas de aplicación en cada caso. El acceso a la historia clínica con estos fines obliga a preservar los datos de identificación personal del paciente, separados de los de carácter clinicoasistencial, de manera que, como regla general, quede asegurado el anonimato, salvo que el propio paciente haya dado su consentimiento para no separarlos.

Se exceptúan los supuestos de investigación previstos en el apartado 2 de la Disposición adicional decimoséptima de la Ley Orgánica de Protección de Datos Personales y Garantía de los Derechos Digitales.

Asimismo se exceptúan los supuestos de investigación de la autoridad judicial en los que se considere imprescindible la unificación de los datos identificativos con los clinicoasistenciales, en los cuales se estará a lo que dispongan los jueces y tribunales en el proceso correspondiente. El acceso a los datos y documentos de la historia clínica queda limitado estrictamente a los fines específicos de cada caso.

Cuando ello sea necesario para la prevención de un riesgo o peligro grave para la salud de la población, las Administraciones sanitarias a las que se refiere la Ley 33/2011, de 4 de octubre, General de Salud Pública, podrán acceder a los datos identificativos de los pacientes por razones epidemiológicas o de protección de la salud pública. El acceso habrá de realizarse, en todo caso, por un profesional sanitario sujeto al secreto profesional o por otra persona sujeta, asimismo, a una obligación equivalente de secreto, previa motivación por parte de la Administración que solicitase el acceso a los datos.»

Disposición final décima. Modificación de la Ley Orgánica 2/2006, de 3 de mayo, de Educación

Se incluye una nueva letra l) en el apartado 1 del artículo 2 de la Ley Orgánica 2/2006, de 3 de mayo, de Educación, que queda redactado como sigue:

«l) La capacitación para garantizar la plena inserción del alumnado en la sociedad digital y el aprendizaje de un uso seguro de los medios digitales y respetuoso con la dignidad humana, los valores constitucionales, los derechos fundamentales y, particularmente, con el respeto y la garantía de la intimidad individual y colectiva.»

Disposición final undécima. Modificación de la Ley 19/2013, de 9 de diciembre, de transparencia, acceso a la información pública y buen gobierno

Se modifica la Ley 19/2013, de 9 de diciembre, de transparencia, acceso a la información pública y buen gobierno, en los siguientes términos:

Uno. Se añade un nuevo artículo 6 bis, con la siguiente redacción:

> «Artículo 6 bis. Registro de actividades de tratamiento
>
> Los sujetos enumerados en el artículo 77.1 de la Ley Orgánica de Protección de Datos Personales y Garantía de los Derechos Digitales, publicarán su inventario de actividades de tratamiento en aplicación del artículo 31 de la citada Ley Orgánica.»

Dos. El apartado 1 del artículo 15 queda redactado como sigue:

> «1. Si la información solicitada contuviera datos personales que revelen la ideología, afiliación sindical, religión o creencias, el acceso únicamente se podrá autorizar en caso de que se contase con el consentimiento expreso y por escrito del afectado, a menos que dicho afectado hubiese hecho manifiestamente públicos los datos con anterioridad a que se solicitase el acceso.
>
> Si la información incluyese datos personales que hagan referencia al origen racial, a la salud o a la vida sexual, incluyese datos genéticos o biométricos o contuviera datos relativos a la comisión de infracciones penales o administrativas que no conllevasen la amonestación pública al infractor, el acceso solo se podrá autorizar en caso de que se cuente con el consentimiento expreso del afectado o si aquel estuviera amparado por una norma con rango de ley.»

Disposición final duodécima. Modificación de la Ley 39/2015, de 1 de octubre, del Procedimiento Administrativo Común de las Administraciones Públicas

Se modifican los apartados 2 y 3 del artículo 28 de la Ley 39/2015, de 1 de octubre, del Procedimiento Administrativo Común de las Administraciones Públicas, que pasan a tener la siguiente redacción:

> «Artículo 28
>
> [...]
>
> 2. Los interesados tienen derecho a no aportar documentos que ya se encuentren en poder de la Administración actuante o hayan sido elaborados por cualquier otra Administración. La administración actuante podrá consultar o recabar dichos documentos salvo que el interesado se opusiera a ello. No cabrá la oposición cuando la aportación del documento se exigiera en el marco del ejercicio de potestades sancionadoras o de inspección.
>
> Las Administraciones Públicas deberán recabar los documentos electrónicamente a través de sus redes corporativas o mediante consulta a las plata-

formas de intermediación de datos u otros sistemas electrónicos habilitados al efecto.

Cuando se trate de informes preceptivos ya elaborados por un órgano administrativo distinto al que tramita el procedimiento, estos deberán ser remitidos en el plazo de diez días a contar desde su solicitud. Cumplido este plazo, se informará al interesado de que puede aportar este informe o esperar a su remisión por el órgano competente.

3. Las Administraciones no exigirán a los interesados la presentación de documentos originales, salvo que, con carácter excepcional, la normativa reguladora aplicable establezca lo contrario.

Asimismo, las Administraciones Públicas no requerirán a los interesados datos o documentos no exigidos por la normativa reguladora aplicable o que hayan sido aportados anteriormente por el interesado a cualquier Administración. A estos efectos, el interesado deberá indicar en qué momento y ante qué órgano administrativo presentó los citados documentos, debiendo las Administraciones Públicas recabarlos electrónicamente a través de sus redes corporativas o de una consulta a las plataformas de intermediación de datos u otros sistemas electrónicos habilitados al efecto, salvo que conste en el procedimiento la oposición expresa del interesado o la ley especial aplicable requiera su consentimiento expreso. Excepcionalmente, si las Administraciones Públicas no pudieran recabar los citados documentos, podrán solicitar nuevamente al interesado su aportación.»

Disposición final decimotercera. Modificación del texto refundido de la Ley del Estatuto de los Trabajadores

Se añade un nuevo artículo 20 bis al texto refundido de la Ley del Estatuto de los Trabajadores, aprobado por Real Decreto Legislativo 2/2015, de 23 de octubre, con el siguiente contenido:

«Artículo 20 bis. Derechos de los trabajadores a la intimidad en relación con el entorno digital y a la desconexión

Los trabajadores tienen derecho a la intimidad en el uso de los dispositivos digitales puestos a su disposición por el empleador, a la desconexión digital y a la intimidad frente al uso de dispositivos de videovigilancia y geolocalización en los términos establecidos en la legislación vigente en materia de protección de datos personales y garantía de los derechos digitales.»

Disposición final decimocuarta. Modificación del texto refundido de la Ley del Estatuto Básico del Empleado Público

Se añade una nueva letra j bis) en el artículo 14 del texto refundido de la Ley del Estatuto Básico del Empleado Público, aprobado por Real Decreto Legislativo 5/2015, de 30 de octubre, que quedará redactada como sigue:

«j bis) A la intimidad en el uso de dispositivos digitales puestos a su disposición y frente al uso de dispositivos de videovigilancia y geolocalización, así como a la desconexión digital en los términos establecidos en la legislación vigente en materia de protección de datos personales y garantía de los derechos digitales.»

Disposición final decimoquinta. Desarrollo normativo

Se habilita al Gobierno para desarrollar lo dispuesto en los artículos 3.2, 38.6, 45.2, 63.3, 96.3 y disposición adicional sexta, en los términos establecidos en ellos.

Disposición final decimosexta. Entrada en vigor

La presente ley orgánica entrará en vigor el día siguiente al de su publicación en el Boletín Oficial del Estado.

2. El Reglamento (UE) 2016/679, de 27 de abril, relativo a la protección de las personas físicas en lo que respecta al tratamiento de datos personales y a la libre circulación de estos datos. Principios y derechos. Obligaciones

El Reglamento (UE) 2016/679 del Parlamento Europeo y del Consejo, de 27 de abril de 2016, relativo a la protección de las personas físicas en lo que respecta al tratamiento de datos personales y a la libre circulación de estos datos deroga la Directiva 95/46/CE (Reglamento general de protección de datos).

Fue Publicado en el «DOUE» núm. 119, de 4 de mayo de 2016.

2.1. Índice

Capítulo I. Disposiciones generales

Artículo 1. Objeto

Artículo 2. Ámbito de aplicación material

Artículo 3. Ámbito territorial

Artículo 4. Definiciones

Capítulo II. Principios

Artículo 5. Principios relativos al tratamiento

Artículo 6. Licitud del tratamiento

Artículo 7. Condiciones para el consentimiento

Artículo 8. Condiciones aplicables al consentimiento del niño en relación con los servicios de la sociedad de la información

Artículo 9. Tratamiento de categorías especiales de datos personales

Artículo 10. Tratamiento de datos personales relativos a condenas e infracciones penales

Artículo 11. Tratamiento que no requiere identificación

Capítulo III. Derechos del interesado

Sección 1. Transparencia y modalidades

Artículo 12. Transparencia de la información, comunicación y modalidades de ejercicio de los derechos del interesado

Sección 2. Información y acceso a los datos personales

Artículo 13. Información que deberá facilitarse cuando los datos personales se obtengan del interesado

Artículo 14. Información que deberá facilitarse cuando los datos personales no se hayan obtenido del interesado

Artículo 15. Derecho de acceso del interesado

Sección 3. Rectificación y supresión

Artículo 16. Derecho de rectificación

Artículo 17. Derecho de supresión («el derecho al olvido»)

Artículo 18. Derecho a la limitación del tratamiento

Artículo 19. Obligación de notificación relativa a la rectificación o supresión de datos personales o la limitación del tratamiento

Artículo 20. Derecho a la portabilidad de los datos

Sección 4. Derecho de oposición y decisiones individuales automatizadas

Artículo 21. Derecho de oposición

Artículo 22. Decisiones individuales automatizadas, incluida la elaboración de perfiles

Sección 5. Limitaciones

Artículo 23. Limitaciones

Capítulo IV. Responsable del tratamiento y encargado del tratamiento

Sección 1. Obligaciones generales

Artículo 24. Responsabilidad del responsable del tratamiento

Artículo 25. Protección de datos desde el diseño y por defecto

Artículo 26. Corresponsables del tratamiento

Artículo 27. Representantes de responsables o encargados del tratamiento no establecidos en la Unión

Artículo 28. Encargado del tratamiento

Artículo 29. Tratamiento bajo la autoridad del responsable o del encargado del tratamiento

Artículo 30. Registro de las actividades de tratamiento

Artículo 31. Cooperación con la autoridad de control

Sección 2. Seguridad de los datos personales

Artículo 32. Seguridad del tratamiento

Artículo 33. Notificación de una violación de la seguridad de los datos personales a la autoridad de control

Artículo 34. Comunicación de una violación de la seguridad de los datos personales al interesado

Sección 3. Evaluación de impacto relativa a la protección de datos y consulta previa

Artículo 35. Evaluación de impacto relativa a la protección de datos

Artículo 36. Consulta previa

Sección 4. Delegado de protección de datos

Artículo 37. Designación del delegado de protección de datos

Artículo 38. Posición del delegado de protección de datos

Artículo 39. Funciones del delegado de protección de datos

Sección 5. Códigos de conducta y certificación

Artículo 40. Códigos de conducta

Artículo 41. Supervisión de códigos de conducta aprobados

Artículo 42. Certificación

Artículo 43. Organismo de certificación

Capítulo V. Transferencias de datos personales a terceros países u organizaciones internacionales

Artículo 44. Principio general de las transferencias

Artículo 45. Transferencias basadas en una decisión de adecuación

Artículo 46. Transferencias mediante garantías adecuadas

Artículo 47. Normas corporativas vinculantes

Artículo 48. Transferencias o comunicaciones no autorizadas por el Derecho de la Unión

Artículo 49. Excepciones para situaciones específicas

Artículo 50. Cooperación internacional en el ámbito de la protección de datos personales

Capítulo VI. Autoridades de control independientes

Sección 1. Independencia

Artículo 51. Autoridad de control

Artículo 52. Independencia

Artículo 53. Condiciones generales aplicables a los miembros de la autoridad de control

Artículo 54. Normas relativas al establecimiento de la autoridad de control

Sección 2. Competencia, funciones y poderes

Artículo 55. Competencia

Artículo 56. Competencia de la autoridad de control principal

Artículo 57. Funciones

Artículo 58. Poderes

Artículo 59. Informe de actividad

Capítulo VII. Cooperación y coherencia

Sección 1. Cooperación y coherencia

Artículo 60. Cooperación entre la autoridad de control principal y las demás autoridades de control interesadas

Artículo 61. Asistencia mutua

Artículo 62. Operaciones conjuntas de las autoridades de control

Sección 2. Coherencia

Artículo 63. Mecanismo de coherencia

Artículo 64. Dictamen del Comité

Artículo 65. Resolución de conflictos por el Comité

Artículo 66. Procedimiento de urgencia

Artículo 67. Intercambio de información

Sección 3. Comité europeo de protección de datos

Artículo 68. Comité Europeo de Protección de Datos

Artículo 69. Independencia

Artículo 70. Funciones del Comité

Artículo 71. Informes

Artículo 72. Procedimiento

Artículo 73. Presidencia

Artículo 74. Funciones del presidente

Artículo 75. Secretaría

Artículo 76. Confidencialidad

Capítulo VIII. Recursos, responsabilidad y sanciones

Artículo 77. Derecho a presentar una reclamación ante una autoridad de control

Artículo 78. Derecho a la tutela judicial efectiva contra una autoridad de control

Artículo 79. Derecho a la tutela judicial efectiva contra un responsable o encargado del tratamiento

Artículo 80. Representación de los interesados

Artículo 81. Suspensión de los procedimientos

Artículo 82. Derecho a indemnización y responsabilidad

Artículo 83. Condiciones generales para la imposición de multas administrativas

Artículo 84. Sanciones

Capítulo IX. Disposiciones relativas a situaciones específicas de tratamiento

Capítulo X. Actos delegados y actos de ejecución

Capítulo XI. Disposiciones finales

2.2. Disposiciones generales

Capítulo I. Disposiciones generales

Artículo 1. Objeto

1. El presente Reglamento establece las normas relativas a la protección de las personas físicas en lo que respecta al tratamiento de los datos personales y las normas relativas a la libre circulación de tales datos.

2. El presente Reglamento protege los derechos y libertades fundamentales de las personas físicas y, en particular, su derecho a la protección de los datos personales.

3. La libre circulación de los datos personales en la Unión no podrá ser restringida ni prohibida por motivos relacionados con la protección de las personas físicas en lo que respecta al tratamiento de datos personales.

Artículo 2. Ámbito de aplicación material

1. El presente Reglamento se aplica al tratamiento total o parcialmente automatizado de datos personales, así como al tratamiento no automatizado de datos personales contenidos o destinados a ser incluidos en un fichero.

2. El presente Reglamento no se aplica al tratamiento de datos personales:

a) En el ejercicio de una actividad no comprendida en el ámbito de aplicación del Derecho de la Unión.

b) Por parte de los Estados miembros cuando lleven a cabo actividades comprendidas en el ámbito de aplicación del capítulo 2 del título V del TUE.

c) Efectuado por una persona física en el ejercicio de actividades exclusivamente personales o domésticas.

d) Por parte de las autoridades competentes con fines de prevención, investigación, detección o enjuiciamiento de infracciones penales, o de ejecución de sanciones penales, incluida la de protección frente a amenazas a la seguridad pública y su prevención.

3. El Reglamento (CE) n.o 45/2001 es de aplicación al tratamiento de datos de carácter personal por parte de las instituciones, órganos y organismos de la Unión. El Reglamento (CE) n.o 45/2001 y otros actos jurídicos de la Unión aplicables a dicho tratamiento de datos de carácter personal se adaptarán a los principios y normas del presente Reglamento de conformidad con su artículo 98.

4. El presente Reglamento se entenderá sin perjuicio de la aplicación de la Directiva 2000/31/CE, en particular sus normas relativas a la responsabilidad de los prestadores de servicios intermediarios establecidas en sus artículos 12 a 15.

Artículo 3. Ámbito territorial

1. El presente Reglamento se aplica al tratamiento de datos personales en el contexto de las actividades de un establecimiento del responsable o del encargado en la Unión, independientemente de que el tratamiento tenga lugar en la Unión o no.

2. El presente Reglamento se aplica al tratamiento de datos personales de interesados que residan en la Unión por parte de un responsable o encargado no establecido en la Unión, cuando las actividades de tratamiento estén relacionadas con:

a) La oferta de bienes o servicios a dichos interesados en la Unión, independientemente de si a estos se les requiere su pago.
b) El control de su comportamiento, en la medida en que este tenga lugar en la Unión.

3. El presente Reglamento se aplica al tratamiento de datos personales por parte de un responsable que no esté establecido en la Unión sino en un lugar en que el Derecho de los Estados miembros sea de aplicación en virtud del Derecho internacional público.

Artículo 4. Definiciones

A efectos del presente Reglamento se entenderá por:

1. «Datos personales»: toda información sobre una persona física identificada o identificable («el interesado»); se considerará persona física identificable toda persona cuya identidad pueda determinarse, directa o indirectamente, en particular mediante un identificador, como por ejemplo un nombre, un número de identificación, datos de localización, un identificador en línea o uno o varios elementos propios de la identidad física, fisiológica, genética, psíquica, económica, cultural o social de dicha persona.
2. «Tratamiento»: cualquier operación o conjunto de operaciones realizadas sobre datos personales o conjuntos de datos personales, ya sea por procedimientos automatizados o no, como la recogida, registro, organización, estructuración, conservación, adaptación o modificación, extracción, consulta, utilización, comunicación por transmisión, difusión o cualquier otra forma de habilitación de acceso, cotejo o interconexión, limitación, supresión o destrucción.
3. «Limitación del tratamiento»: el marcado de los datos de carácter personal conservados con el fin de limitar su tratamiento en el futuro.
4. «Elaboración de perfiles»: toda forma de tratamiento automatizado de datos personales consistente en utilizar datos personales para evaluar determinados aspectos personales de una persona física, en particular para analizar o predecir aspectos relativos al rendimiento profesional, situación económica, salud, preferencias personales, intereses, fiabilidad, comportamiento, ubicación o movimientos de dicha persona física.

5. «Seudonimización»: el tratamiento de datos personales de manera tal que ya no puedan atribuirse a un interesado sin utilizar información adicional, siempre que dicha información adicional figure por separado y esté sujeta a medidas técnicas y organizativas destinadas a garantizar que los datos personales no se atribuyan a una persona física identificada o identificable.
6. «Fichero»: todo conjunto estructurado de datos personales, accesibles con arreglo a criterios determinados, ya sea centralizado, descentralizado o repartido de forma funcional o geográfica.
7. «Responsable del tratamiento» o «responsable»: la persona física o jurídica, autoridad pública, servicio u otro organismo que, solo o junto con otros, determine los fines y medios del tratamiento; si el Derecho de la Unión o de los Estados miembros determina los fines y medios del tratamiento, el responsable del tratamiento o los criterios específicos para su nombramiento podrá establecerlos el Derecho de la Unión o de los Estados miembros.
8. «Encargado del tratamiento» o «encargado»: la persona física o jurídica, autoridad pública, servicio u otro organismo que trate datos personales por cuenta del responsable del tratamiento.
9. «Destinatario»: la persona física o jurídica, autoridad pública, servicio u otro organismo al que se comuniquen datos personales, se trate o no de un tercero. No obstante, no se considerarán destinatarios las autoridades públicas que puedan recibir datos personales en el marco de una investigación concreta de conformidad con el Derecho de la Unión o de los Estados miembros; el tratamiento de tales datos por dichas autoridades públicas será conforme con las normas en materia de protección de datos aplicables a los fines del tratamiento.
10. «Tercero»: persona física o jurídica, autoridad pública, servicio u organismo distinto del interesado, del responsable del tratamiento, del encargado del tratamiento y de las personas autorizadas para tratar los datos personales bajo la autoridad directa del responsable o del encargado.
11. «Consentimiento del interesado»: toda manifestación de voluntad libre, específica, informada e inequívoca por la que el interesado acepta, ya sea mediante una declaración o una clara acción afirmativa, el tratamiento de datos personales que le conciernen.
12. «Violación de la seguridad de los datos personales»: toda violación de la seguridad que ocasione la destrucción, pérdida o alteración accidental o ilícita de datos personales transmitidos, conservados o tratados de otra forma, o la comunicación o acceso no autorizados a dichos datos.
13. «Datos genéticos»: datos personales relativos a las características genéticas heredadas o adquiridas de una persona física que proporcionen una

información única sobre la fisiología o la salud de esa persona, obtenidos en particular del análisis de una muestra biológica de tal persona.

14. «Datos biométricos»: datos personales obtenidos a partir de un tratamiento técnico específico, relativos a las características físicas, fisiológicas o conductuales de una persona física que permitan o confirmen la identificación única de dicha persona, como imágenes faciales o datos dactiloscópicos.
15. «Datos relativos a la salud»: datos personales relativos a la salud física o mental de una persona física, incluida la prestación de servicios de atención sanitaria, que revelen información sobre su estado de salud.
16. «Establecimiento principal»:
    a) En lo que se refiere a un responsable del tratamiento con establecimientos en más de un Estado miembro, el lugar de su administración central en la Unión, salvo que las decisiones sobre los fines y los medios del tratamiento se tomen en otro establecimiento del responsable en la Unión y este último establecimiento tenga el poder de hacer aplicar tales decisiones, en cuyo caso el establecimiento que haya adoptado tales decisiones se considerará establecimiento principal.
    b) En lo que se refiere a un encargado del tratamiento con establecimientos en más de un Estado miembro, el lugar de su administración central en la Unión o, si careciera de esta, el establecimiento del encargado en la Unión en el que se realicen las principales actividades de tratamiento en el contexto de las actividades de un establecimiento del encargado en la medida en que el encargado esté sujeto a obligaciones específicas con arreglo al presente Reglamento.
17. «Representante»: persona física o jurídica establecida en la Unión que, habiendo sido designada por escrito por el responsable o el encargado del tratamiento con arreglo al artículo 27, represente al responsable o al encargado en lo que respecta a sus respectivas obligaciones en virtud del presente Reglamento.
18. «Empresa»: persona física o jurídica dedicada a una actividad económica, independientemente de su forma jurídica, incluidas las sociedades o asociaciones que desempeñen regularmente una actividad económica.
19. «Grupo empresarial»: grupo constituido por una empresa que ejerce el control y sus empresas controladas.
20. «Normas corporativas vinculantes»: las políticas de protección de datos personales asumidas por un responsable o encargado del tratamiento establecido en el territorio de un Estado miembro para transferencias o un conjunto de transferencias de datos personales a un responsable o en-

cargado en uno o más países terceros, dentro de un grupo empresarial o una unión de empresas dedicadas a una actividad económica conjunta.

21. «Autoridad de control»: la autoridad pública independiente establecida por un Estado miembro con arreglo a lo dispuesto en el artículo 51.
22. «Autoridad de control interesada»: la autoridad de control a la que afecta el tratamiento de datos personales debido a que:
    a) El responsable o el encargado del tratamiento está establecido en el territorio del Estado miembro de esa autoridad de control.
    b) Los interesados que residen en el Estado miembro de esa autoridad de control se ven sustancialmente afectados o es probable que se vean sustancialmente afectados por el tratamiento.
    c) Se ha presentado una reclamación ante esa autoridad de control.
23. «Tratamiento transfronterizo»:
    a) El tratamiento de datos personales realizado en el contexto de las actividades de establecimientos en más de un Estado miembro de un responsable o un encargado del tratamiento en la Unión, si el responsable o el encargado está establecido en más de un Estado miembro.
    b) El tratamiento de datos personales realizado en el contexto de las actividades de un único establecimiento de un responsable o un encargado del tratamiento en la Unión, pero que afecta sustancialmente o es probable que afecte sustancialmente a interesados en más de un Estado miembro.
24. «Objeción pertinente y motivada»: la objeción a una propuesta de decisión sobre la existencia o no de infracción del presente Reglamento, o sobre la conformidad con el presente Reglamento de acciones previstas en relación con el responsable o el encargado del tratamiento, que demuestre claramente la importancia de los riesgos que entraña el proyecto de decisión para los derechos y libertades fundamentales de los interesados y, en su caso, para la libre circulación de datos personales dentro de la Unión.
25. «Servicio de la sociedad de la información»: todo servicio conforme a la definición del artículo 1, apartado 1, letra b), de la Directiva (UE) 2015/1535 del Parlamento Europeo y del Consejo (19).
26. «Organización internacional»: una organización internacional y sus entes subordinados de Derecho internacional público o cualquier otro organismo creado mediante un acuerdo entre dos o más países o en virtud de tal acuerdo.

2.3. Principios

Capítulo II. Principios

Artículo 5. Principios relativos al tratamiento

1. Los datos personales serán:

a) Tratados de manera lícita, leal y transparente en relación con el interesado («licitud, lealtad y transparencia»).

b) Recogidos con fines determinados, explícitos y legítimos, y no serán tratados ulteriormente de manera incompatible con dichos fines; de acuerdo con el artículo 89, apartado 1, el tratamiento ulterior de los datos personales con fines de archivo en interés público, fines de investigación científica e histórica o fines estadísticos no se considerará incompatible con los fines iniciales («limitación de la finalidad»).

c) Adecuados, pertinentes y limitados a lo necesario en relación con los fines para los que son tratados («minimización de datos»).

d) Exactos y, si fuera necesario, actualizados; se adoptarán todas las medidas razonables para que se supriman o rectifiquen sin dilación los datos personales que sean inexactos con respecto a los fines para los que se tratan («exactitud»).

e) Mantenidos de forma que se permita la identificación de los interesados durante no más tiempo del necesario para los fines del tratamiento de los datos personales; los datos personales podrán conservarse durante períodos más largos siempre que se traten exclusivamente con fines de archivo en interés público, fines de investigación científica o histórica o fines estadísticos, de conformidad con el artículo 89, apartado 1, sin perjuicio de la aplicación de las medidas técnicas y organizativas apropiadas que impone el presente Reglamento a fin de proteger los derechos y libertades del interesado («limitación del plazo de conservación»).

f) Tratados de tal manera que se garantice una seguridad adecuada de los datos personales, incluida la protección contra el tratamiento no autorizado o ilícito y contra su pérdida, destrucción o daño accidental, mediante la aplicación de medidas técnicas u organizativas apropiadas («integridad y confidencialidad»).

2. El responsable del tratamiento será responsable del cumplimiento de lo dispuesto en el apartado 1 y capaz de demostrarlo («responsabilidad proactiva»).

Artículo 6. Licitud del tratamiento

1. El tratamiento solo será lícito si se cumple al menos una de las siguientes condiciones:

a) El interesado dio su consentimiento para el tratamiento de sus datos personales para uno o varios fines específicos.

b) El tratamiento es necesario para la ejecución de un contrato en el que el interesado es parte o para la aplicación a petición de este de medidas precontractuales.

c) El tratamiento es necesario para el cumplimiento de una obligación legal aplicable al responsable del tratamiento.

d) El tratamiento es necesario para proteger intereses vitales del interesado o de otra persona física.

e) El tratamiento es necesario para el cumplimiento de una misión realizada en interés público o en el ejercicio de poderes públicos conferidos al responsable del tratamiento.

f) El tratamiento es necesario para la satisfacción de intereses legítimos perseguidos por el responsable del tratamiento o por un tercero, siempre que sobre dichos intereses no prevalezcan los intereses o los derechos y libertades fundamentales del interesado que requieran la protección de datos personales, en particular cuando el interesado sea un niño.

Lo dispuesto en la letra f) del párrafo primero no será de aplicación al tratamiento realizado por las autoridades públicas en el ejercicio de sus funciones.

2. Los Estados miembros podrán mantener o introducir disposiciones más específicas a fin de adaptar la aplicación de las normas del presente Reglamento con respecto al tratamiento en cumplimiento del apartado 1, letras c) y e), fijando de manera más precisa requisitos específicos de tratamiento y otras medidas que garanticen un tratamiento lícito y equitativo, con inclusión de otras situaciones específicas de tratamiento a tenor del capítulo IX.

3. La base del tratamiento indicado en el apartado 1, letras c) y e), deberá ser establecida por:

a) El Derecho de la Unión.

b) El Derecho de los Estados miembros que se aplique al responsable del tratamiento.

La finalidad del tratamiento deberá quedar determinada en dicha base jurídica o, en lo relativo al tratamiento a que se refiere el apartado 1, letra e), será necesaria para el cumplimiento de una misión realizada en interés público o en el ejercicio de poderes públicos conferidos al responsable del tratamiento. Dicha base jurídica podrá contener disposiciones específicas para adaptar la aplicación de normas del presente Reglamento, entre otras: las condiciones generales que rigen la licitud del tratamiento por parte del responsable; los tipos de datos objeto de tratamiento; los interesados afectados; las entidades a las que se pueden comunicar datos personales y los fines de tal comunicación; la limitación de la finalidad; los plazos de conservación de los datos, así como las operaciones y los procedimientos del tratamiento, incluidas las medidas para garantizar un tratamiento lícito y equitativo, como las relativas a otras situaciones específicas de tratamiento a tenor del capítulo IX. El Derecho de la Unión o de los Estados miembros cumplirá un objetivo de interés público y será proporcional al fin legítimo perseguido.

4. Cuando el tratamiento para otro fin distinto de aquel para el que se recogieron los datos personales no esté basado en el consentimiento del interesado o en el Derecho de la Unión o de los Estados miembros que constituya una medida necesaria y proporcional en una sociedad democrática para salvaguardar los objetivos indicados en el artículo 23, apartado 1, el responsable del tratamiento, con objeto de determinar si el tratamiento con otro fin es compatible con el fin para el cual se recogieron inicialmente los datos personales, tendrá en cuenta, entre otras cosas:

a) Cualquier relación entre los fines para los cuales se hayan recogido los datos personales y los fines del tratamiento ulterior previsto.

b) El contexto en que se hayan recogido los datos personales, en particular por lo que respecta a la relación entre los interesados y el responsable del tratamiento.

c) La naturaleza de los datos personales, en concreto cuando se traten categorías especiales de datos personales, de conformidad con el artículo 9, o datos personales relativos a condenas e infracciones penales, de conformidad con el artículo 10.

d) Las posibles consecuencias para los interesados del tratamiento ulterior previsto.

e) La existencia de garantías adecuadas, que podrán incluir el cifrado o la seudonimización.

Artículo 7. Condiciones para el consentimiento

1. Cuando el tratamiento se base en el consentimiento del interesado, el responsable deberá ser capaz de demostrar que aquel consintió el tratamiento de sus datos personales.

2. Si el consentimiento del interesado se da en el contexto de una declaración escrita que también se refiera a otros asuntos, la solicitud de consentimiento se presentará de tal forma que se distinga claramente de los demás asuntos, de forma inteligible y de fácil acceso y utilizando un lenguaje claro y sencillo. No será vinculante ninguna parte de la declaración que constituya infracción del presente Reglamento.

3. El interesado tendrá derecho a retirar su consentimiento en cualquier momento. La retirada del consentimiento no afectará a la licitud del tratamiento basada en el consentimiento previo a su retirada. Antes de dar su consentimiento, el interesado será informado de ello. Será tan fácil retirar el consentimiento como darlo.

4. Al evaluar si el consentimiento se ha dado libremente, se tendrá en cuenta en la mayor medida posible el hecho de si, entre otras cosas, la ejecución de un contrato, incluida la prestación de un servicio, se supedita al consentimiento al tratamiento de datos personales que no son necesarios para la ejecución de dicho contrato.

Artículo 8. Condiciones aplicables al consentimiento del niño en relación con los servicios de la sociedad de la información

1. Cuando se aplique el artículo 6, apartado 1, letra a), en relación con la oferta directa a niños de servicios de la sociedad de la información, el tratamiento de los datos personales de un niño se considerará lícito cuando tenga como mínimo 16 años. Si el niño es menor de 16 años, tal tratamiento únicamente se considerará lícito si el consentimiento lo dio o autorizó el titular de la patria potestad o tutela sobre el niño, y solo en la medida en que se dio o autorizó.

Los Estados miembros podrán establecer por ley una edad inferior a tales fines, siempre que esta no sea inferior a 13 años.

2. El responsable del tratamiento hará esfuerzos razonables para verificar en tales casos que el consentimiento fue dado o autorizado por el titular de la patria potestad o tutela sobre el niño, teniendo en cuenta la tecnología disponible.

3. El apartado 1 no afectará a las disposiciones generales del Derecho contractual de los Estados miembros, como las normas relativas a la validez, formación o efectos de los contratos en relación con un niño.

Artículo 9. Tratamiento de categorías especiales de datos personales

1. Quedan prohibidos el tratamiento de datos personales que revelen el origen étnico o racial, las opiniones políticas, las convicciones religiosas o filosóficas, o la afiliación sindical, y el tratamiento de datos genéticos, datos biométricos dirigidos

a identificar de manera unívoca a una persona física, datos relativos a la salud o datos relativos a la vida sexual o las orientación sexuales de una persona física.

2. El apartado 1 no será de aplicación cuando concurra una de las circunstancias siguientes:

a) El interesado dio su consentimiento explícito para el tratamiento de dichos datos personales con uno o más de los fines especificados, excepto cuando el Derecho de la Unión o de los Estados miembros establezca que la prohibición mencionada en el apartado 1 no puede ser levantada por el interesado.

b) El tratamiento es necesario para el cumplimiento de obligaciones y el ejercicio de derechos específicos del responsable del tratamiento o del interesado en el ámbito del Derecho laboral y de la seguridad y protección social, en la medida en que así lo autorice el Derecho de la Unión de los Estados miembros o un convenio colectivo con arreglo al Derecho de los Estados miembros que establezca garantías adecuadas del respeto de los derechos fundamentales y de los intereses del interesado.

c) El tratamiento es necesario para proteger intereses vitales del interesado o de otra persona física, en el supuesto de que el interesado no esté capacitado, física o jurídicamente, para dar su consentimiento.

d) El tratamiento es efectuado, en el ámbito de sus actividades legítimas y con las debidas garantías, por una fundación, una asociación o cualquier otro organismo sin ánimo de lucro, cuya finalidad sea política, filosófica, religiosa o sindical, siempre que el tratamiento se refiera exclusivamente a los miembros actuales o antiguos de tales organismos o a personas que mantengan contactos regulares con ellos en relación con sus fines y siempre que los datos personales no se comuniquen fuera de ellos sin el consentimiento de los interesados.

e) El tratamiento se refiere a datos personales que el interesado ha hecho manifiestamente públicos.

f) El tratamiento es necesario para la formulación, el ejercicio o la defensa de reclamaciones o cuando los tribunales actúen en ejercicio de su función judicial.

g) El tratamiento es necesario por razones de un interés público esencial, sobre la base del Derecho de la Unión o de los Estados miembros, que debe ser proporcional al objetivo perseguido, respetar en lo esencial el derecho a la protección de datos y establecer medidas adecuadas y específicas para proteger los intereses y derechos fundamentales del interesado.

h) El tratamiento es necesario para fines de medicina preventiva o laboral, evaluación de la capacidad laboral del trabajador, diagnóstico médico, prestación de asistencia o tratamiento de tipo sanitario o social, o gestión de los sistemas y servicios de asistencia sanitaria y social, sobre la base del Derecho de la Unión o de los Estados miembros o en virtud de un contrato con un profesional sanitario y sin perjuicio de las condiciones y garantías contempladas en el apartado 3.

i) El tratamiento es necesario por razones de interés público en el ámbito de la salud pública, como la protección frente a amenazas transfronterizas graves para la salud, o para garantizar elevados niveles de calidad y de seguridad de la asistencia sanitaria y de los medicamentos o productos sanitarios, sobre la base del Derecho de la Unión o de los Estados miembros que establezca medidas adecuadas y específicas para proteger los derechos y libertades del interesado, en particular el secreto profesional.

j) El tratamiento es necesario con fines de archivo en interés público, fines de investigación científica o histórica o fines estadísticos, de conformidad con el artículo 89, apartado 1, sobre la base del Derecho de la Unión o de los Estados miembros, que debe ser proporcional al objetivo perseguido, respetar en lo esencial el derecho a la protección de datos y establecer medidas adecuadas y específicas para proteger los intereses y derechos fundamentales del interesado.

3. Los datos personales a que se refiere el apartado 1 podrán tratarse a los fines citados en el apartado 2, letra h), cuando su tratamiento sea realizado por un profesional sujeto a la obligación de secreto profesional, o bajo su responsabilidad, de acuerdo con el Derecho de la Unión o de los Estados miembros o con las normas establecidas por los organismos nacionales competentes, o por cualquier otra persona sujeta también a la obligación de secreto de acuerdo con el Derecho de la Unión o de los Estados miembros o de las normas establecidas por los organismos nacionales competentes.

4. Los Estados miembros podrán mantener o introducir condiciones adicionales, inclusive limitaciones, con respecto al tratamiento de datos genéticos, datos biométricos o datos relativos a la salud.

Artículo 10. Tratamiento de datos personales relativos a condenas e infracciones penales

El tratamiento de datos personales relativos a condenas e infracciones penales o medidas de seguridad conexas sobre la base del artículo 6, apartado 1, sólo podrá llevarse a cabo bajo la supervisión de las autoridades públicas o cuando lo autorice el Derecho de la Unión o de los Estados miembros que establezca garantías adecuadas para los derechos y libertades de los interesados. Solo podrá llevarse un registro completo de condenas penales bajo el control de las autoridades públicas.

Artículo 11. Tratamiento que no requiere identificación

1. Si los fines para los cuales un responsable trata datos personales no requieren o ya no requieren la identificación de un interesado por el responsable, este no estará obligado a mantener, obtener o tratar información adicional con vistas a identificar al interesado con la única finalidad de cumplir el presente Reglamento.

2. Cuando, en los casos a que se refiere el apartado 1 del presente artículo, el responsable sea capaz de demostrar que no está en condiciones de identificar al interesado, le informará en consecuencia, de ser posible. En tales casos no se aplicarán los artículos 15 a 20, excepto cuando el interesado, a efectos del ejercicio de sus derechos en virtud de dichos artículos, facilite información adicional que permita su identificación.

2.4. Derechos del interesado

Capítulo III. Derechos del interesado

Sección 1. Transparencia y modalidades

Artículo 12. Transparencia de la información, comunicación y modalidades de ejercicio de los derechos del interesado

1. El responsable del tratamiento tomará las medidas oportunas para facilitar al interesado toda información indicada en los artículos 13 y 14, así como cualquier comunicación con arreglo a los artículos 15 a 22 y 34 relativa al tratamiento, en forma concisa, transparente, inteligible y de fácil acceso, con un lenguaje claro y sencillo, en particular cualquier información dirigida específicamente a un niño. La información será facilitada por escrito o por otros medios, inclusive, si procede, por medios electrónicos. Cuando lo solicite el interesado, la información podrá facilitarse verbalmente siempre que se demuestre la identidad del interesado por otros medios.

2. El responsable del tratamiento facilitará al interesado el ejercicio de sus derechos en virtud de los artículos 15 a 22. En los casos a que se refiere el artículo 11, apartado 2, el responsable no se negará a actuar a petición del interesado con el fin de ejercer sus derechos en virtud de los artículos 15 a 22, salvo que pueda demostrar que no está en condiciones de identificar al interesado.

3. El responsable del tratamiento facilitará al interesado información relativa a sus actuaciones sobre la base de una solicitud con arreglo a los artículos 15 a 22, y, en cualquier caso, en el plazo de un mes a partir de la recepción de la solici-

tud. Dicho plazo podrá prorrogarse otros dos meses en caso necesario, teniendo en cuenta la complejidad y el número de solicitudes. El responsable informará al interesado de cualquiera de dichas prórrogas en el plazo de un mes a partir de la recepción de la solicitud, indicando los motivos de la dilación. Cuando el interesado presente la solicitud por medios electrónicos, la información se facilitará por medios electrónicos cuando sea posible, a menos que el interesado solicite que se facilite de otro modo.

4. Si el responsable del tratamiento no da curso a la solicitud del interesado, le informará sin dilación, y a más tardar transcurrido un mes de la recepción de la solicitud, de las razones de su no actuación y de la posibilidad de presentar una reclamación ante una autoridad de control y de ejercitar acciones judiciales.

5. La información facilitada en virtud de los artículos 13 y 14 así como toda comunicación y cualquier actuación realizada en virtud de los artículos 15 a 22 y 34 serán a título gratuito. Cuando las solicitudes sean manifiestamente infundadas o excesivas, especialmente debido a su carácter repetitivo, el responsable del tratamiento podrá:

a) Cobrar un canon razonable en función de los costes administrativos afrontados para facilitar la información o la comunicación o realizar la actuación solicitada.

b) Negarse a actuar respecto de la solicitud.

El responsable del tratamiento soportará la carga de demostrar el carácter manifiestamente infundado o excesivo de la solicitud.

6. Sin perjuicio de lo dispuesto en el artículo 11, cuando el responsable del tratamiento tenga dudas razonables en relación con la identidad de la persona física que cursa la solicitud a que se refieren los artículos 15 a 21, podrá solicitar que se facilite la información adicional necesaria para confirmar la identidad del interesado.

7. La información que deberá facilitarse a los interesados en virtud de los artículos 13 y 14 podrá transmitirse en combinación con iconos normalizados que permitan proporcionar de forma fácilmente visible, inteligible y claramente legible una adecuada visión de conjunto del tratamiento previsto. Los iconos que se presenten en formato electrónico serán legibles mecánicamente.

8. La Comisión estará facultada para adoptar actos delegados de conformidad con el artículo 92 a fin de especificar la información que se ha de presentar a través de iconos y los procedimientos para proporcionar iconos normalizados.

Sección 2. Información y acceso a los datos personales

Artículo 13. Información que deberá facilitarse cuando los datos personales se obtengan del interesado

1. Cuando se obtengan de un interesado datos personales relativos a él, el responsable del tratamiento, en el momento en que estos se obtengan, le facilitará toda la información indicada a continuación:

a) La identidad y los datos de contacto del responsable y, en su caso, de su representante.

b) Los datos de contacto del delegado de protección de datos, en su caso.

c) Los fines del tratamiento a que se destinan los datos personales y la base jurídica del tratamiento.

d) Cuando el tratamiento se base en el artículo 6, apartado 1, letra f), los intereses legítimos del responsable o de un tercero.

e) Los destinatarios o las categorías de destinatarios de los datos personales, en su caso.

f) En su caso, la intención del responsable de transferir datos personales a un tercer país u organización internacional y la existencia o ausencia de una decisión de adecuación de la Comisión, o, en el caso de las transferencias indicadas en los artículos 46 o 47 o el artículo 49, apartado 1, párrafo segundo, referencia a las garantías adecuadas o apropiadas y a los medios para obtener una copia de estas o al hecho de que se hayan prestado.

2. Además de la información mencionada en el apartado 1, el responsable del tratamiento facilitará al interesado, en el momento en que se obtengan los datos personales, la siguiente información necesaria para garantizar un tratamiento de datos leal y transparente:

a) El plazo durante el cual se conservarán los datos personales o, cuando no sea posible, los criterios utilizados para determinar este plazo.

b) La existencia del derecho a solicitar al responsable del tratamiento el acceso a los datos personales relativos al interesado, y su rectificación o supresión, o la limitación de su tratamiento, o a oponerse al tratamiento, así como el derecho a la portabilidad de los datos.

c) Cuando el tratamiento esté basado en el artículo 6, apartado 1, letra a), o el artículo 9, apartado 2, letra a), la existencia del derecho a retirar el consentimiento en cualquier momento, sin que ello afecte a la licitud del tratamiento basado en el consentimiento previo a su retirada.

d) El derecho a presentar una reclamación ante una autoridad de control.

e) Si la comunicación de datos personales es un requisito legal o contractual, o un requisito necesario para suscribir un contrato, y si el interesado está obligado a facilitar los datos personales y está informado de las posibles consecuencias de que no facilitar tales datos.

f) La existencia de decisiones automatizas, incluida la elaboración de perfiles, a que se refiere el artículo 22, apartados 1 y 4, y, al menos en tales casos, información significativa sobre la lógica aplicada, así como la importancia y las consecuencias previstas de dicho tratamiento para el interesado.

3. Cuando el responsable del tratamiento proyecte el tratamiento ulterior de datos personales para un fin que no sea aquel para el que se recogieron, proporcionará al interesado, con anterioridad a dicho tratamiento ulterior, información sobre ese otro fin y cualquier información adicional pertinente a tenor del apartado 2.

4. Las disposiciones de los apartados 1, 2 y 3 no serán aplicables cuando y en la medida en que el interesado ya disponga de la información.

Artículo 14. Información que deberá facilitarse cuando los datos personales no se hayan obtenido del interesado

1. Cuando los datos personales no se hayan obtenidos del interesado, el responsable del tratamiento le facilitará la siguiente información:

a) La identidad y los datos de contacto del responsable y, en su caso, de su representante.

b) Los datos de contacto del delegado de protección de datos, en su caso.

c) Los fines del tratamiento a que se destinan los datos personales, así como la base jurídica del tratamiento.

d) Las categorías de datos personales de que se trate.

e) Los destinatarios o las categorías de destinatarios de los datos personales, en su caso.

f) En su caso, la intención del responsable de transferir datos personales a un destinatario en un tercer país u organización internacional y la existencia o ausencia de una decisión de adecuación de la Comisión, o, en el caso de las transferencias indicadas en los artículos 46 o 47 o el artículo 49, apartado 1, párrafo segundo, referencia a las garantías adecuadas o apropiadas y a los medios para obtener una copia de ellas o al hecho de que se hayan prestado.

2. Además de la información mencionada en el apartado 1, el responsable del tratamiento facilitará al interesado la siguiente información necesaria para garantizar un tratamiento de datos leal y transparente respecto del interesado:

a) El plazo durante el cual se conservarán los datos personales o, cuando eso no sea posible, los criterios utilizados para determinar este plazo.
b) Cuando el tratamiento se base en el artículo 6, apartado 1, letra f), los intereses legítimos del responsable del tratamiento o de un tercero.
c) La existencia del derecho a solicitar al responsable del tratamiento el acceso a los datos personales relativos al interesado, y su rectificación o supresión, o la limitación de su tratamiento, y a oponerse al tratamiento, así como el derecho a la portabilidad de los datos.
d) Cuando el tratamiento esté basado en el artículo 6, apartado 1, letra a), o el artículo 9, apartado 2, letra a), la existencia del derecho a retirar el consentimiento en cualquier momento, sin que ello afecte a la licitud del tratamiento basada en el consentimiento antes de su retirada.
e) El derecho a presentar una reclamación ante una autoridad de control.
f) La fuente de la que proceden los datos personales y, en su caso, si proceden de fuentes de acceso público.
g) La existencia de decisiones automatizadas, incluida la elaboración de perfiles, a que se refiere el artículo 22, apartados 1 y 4, y, al menos en tales casos, información significativa sobre la lógica aplicada, así como la importancia y las consecuencias previstas de dicho tratamiento para el interesado.

3. El responsable del tratamiento facilitará la información indicada en los apartados 1 y 2:

a) Dentro de un plazo razonable, una vez obtenidos los datos personales, y a más tardar dentro de un mes, habida cuenta de las circunstancias específicas en las que se traten dichos datos.
b) Si los datos personales han de utilizarse para comunicación con el interesado, a más tardar en el momento de la primera comunicación a dicho interesado.
c) Si está previsto comunicarlos a otro destinatario, a más tardar en el momento en que los datos personales sean comunicados por primera vez.

4. Cuando el responsable del tratamiento proyecte el tratamiento ulterior de los datos personales para un fin que no sea aquel para el que se obtuvieron, proporcionará al interesado, antes de dicho tratamiento ulterior, información sobre ese otro fin y cualquier otra información pertinente indicada en el apartado 2.

5. Las disposiciones de los apartados 1 a 4 no serán aplicables cuando y en la medida en que:

a) El interesado ya disponga de la información.

b) La comunicación de dicha información resulte imposible o suponga un esfuerzo desproporcionado, en particular para el tratamiento con fines de archivo en interés público, fines de investigación científica o histórica o fines estadísticos, a reserva de las condiciones y garantías indicadas en el artículo 89, apartado 1, o en la medida en que la obligación mencionada en el apartado 1 del presente artículo pueda imposibilitar u obstaculizar gravemente el logro de los objetivos de tal tratamiento. En tales casos, el responsable adoptará medidas adecuadas para proteger los derechos, libertades e intereses legítimos del interesado, inclusive haciendo pública la información.

c) La obtención o la comunicación esté expresamente establecida por el Derecho de la Unión o de los Estados miembros que se aplique al responsable del tratamiento y que establezca medidas adecuadas para proteger los intereses legítimos del interesado.

d) Cuando los datos personales deban seguir teniendo carácter confidencial sobre la base de una obligación de secreto profesional regulada por el Derecho de la Unión o de los Estados miembros, incluida una obligación de secreto de naturaleza estatutaria.

Artículo 15. Derecho de acceso del interesado

1. El interesado tendrá derecho a obtener del responsable del tratamiento confirmación de si se están tratando o no datos personales que le conciernen y, en tal caso, derecho de acceso a los datos personales y a la siguiente información:

a) Los fines del tratamiento.

b) Las categorías de datos personales de que se trate.

c) Los destinatarios o las categorías de destinatarios a los que se comunicaron o serán comunicados los datos personales, en particular destinatarios en terceros u organizaciones internacionales.

d) De ser posible, el plazo previsto de conservación de los datos personales o, de no ser posible, los criterios utilizados para determinar este plazo.

e) La existencia del derecho a solicitar del responsable la rectificación o supresión de datos personales o la limitación del tratamiento de datos personales relativos al interesado, o a oponerse a dicho tratamiento.

f) El derecho a presentar una reclamación ante una autoridad de control.

g) Cuando los datos personales no se hayan obtenido del interesado, cualquier información disponible sobre su origen.

h) La existencia de decisiones automatizadas, incluida la elaboración de perfiles, a que se refiere el artículo 22, apartados 1 y 4, y, al menos en tales casos, información significativa sobre la lógica aplicada, así como la importancia y las consecuencias previstas de dicho tratamiento para el interesado.

2. Cuando se transfieran datos personales a un tercer país o a una organización internacional, el interesado tendrá derecho a ser informado de las garantías adecuadas en virtud del artículo 46 relativas a la transferencia.

3. El responsable del tratamiento facilitará una copia de los datos personales objeto de tratamiento. El responsable podrá percibir por cualquier otra copia solicitada por el interesado un canon razonable basado en los costes administrativos. Cuando el interesado presente la solicitud por medios electrónicos, y a menos que este solicite que se facilite de otro modo, la información se facilitará en un formato electrónico de uso común.

4. El derecho a obtener copia mencionado en el apartado 3 no afectará negativamente a los derechos y libertades de otros.

Sección 3. Rectificación y supresión

Artículo 16. Derecho de rectificación

El interesado tendrá derecho a obtener sin dilación indebida del responsable del tratamiento la rectificación de los datos personales inexactos que le conciernan. Teniendo en cuenta los fines del tratamiento, el interesado tendrá derecho a que se completen los datos personales que sean incompletos, inclusive mediante una declaración adicional.

Artículo 17. Derecho de supresión («el derecho al olvido»)

1. El interesado tendrá derecho a obtener sin dilación indebida del responsable del tratamiento la supresión de los datos personales que le conciernan, el cual estará obligado a suprimir sin dilación indebida los datos personales cuando concurra alguna de las circunstancias siguientes:

a) Los datos personales ya no sean necesarios en relación con los fines para los que fueron recogidos o tratados de otro modo.

b) El interesado retire el consentimiento en que se basa el tratamiento de conformidad con el artículo 6, apartado 1, letra a), o el artículo 9, apartado 2, letra a), y este no se base en otro fundamento jurídico.

c) El interesado se oponga al tratamiento con arreglo al artículo 21, apartado 1, y no prevalezcan otros motivos legítimos para el tratamiento, o el interesado se oponga al tratamiento con arreglo al artículo 21, apartado 2.

d) Los datos personales hayan sido tratados ilícitamente.

e) Los datos personales deban suprimirse para el cumplimiento de una obligación legal establecida en el Derecho de la Unión o de los Estados miembros que se aplique al responsable del tratamiento.

f) Los datos personales se hayan obtenido en relación con la oferta de servicios de la sociedad de la información mencionados en el artículo 8, apartado 1.

2. Cuando haya hecho públicos los datos personales y esté obligado, en virtud de lo dispuesto en el apartado 1, a suprimir dichos datos, el responsable del tratamiento, teniendo en cuenta la tecnología disponible y el coste de su aplicación, adoptará medidas razonables, incluidas medidas técnicas, con miras a informar a los responsables que estén tratando los datos personales de la solicitud del interesado de supresión de cualquier enlace a esos datos personales, o cualquier copia o réplica de los mismos.

3. Los apartados 1 y 2 no se aplicarán cuando el tratamiento sea necesario:

a) Para ejercer el derecho a la libertad de expresión e información.

b) Para el cumplimiento de una obligación legal que requiera el tratamiento de datos impuesta por el Derecho de la Unión o de los Estados miembros que se aplique al responsable del tratamiento, o para el cumplimiento de una misión realizada en interés público o en el ejercicio de poderes públicos conferidos al responsable.

c) Por razones de interés público en el ámbito de la salud pública de conformidad con el artículo 9, apartado 2, letras h) e i), y apartado 3.

d) Con fines de archivo en interés público, fines de investigación científica o histórica o fines estadísticos, de conformidad con el artículo 89, apartado 1, en la medida en que el derecho indicado en el apartado 1 pudiera hacer imposible u obstaculizar gravemente el logro de los objetivos de dicho tratamiento.

e) Para la formulación, el ejercicio o la defensa de reclamaciones.

Artículo 18. Derecho a la limitación del tratamiento

1. El interesado tendrá derecho a obtener del responsable del tratamiento la limitación del tratamiento de los datos cuando se cumpla alguna de las condiciones siguientes:

a) El interesado impugne la exactitud de los datos personales, durante un plazo que permita al responsable verificar la exactitud de los mismos.

b) El tratamiento sea ilícito y el interesado se oponga a la supresión de los datos personales y solicite en su lugar la limitación de su uso.

c) El responsable ya no necesite los datos personales para los fines del tratamiento, pero el interesado los necesite para la formulación, el ejercicio o la defensa de reclamaciones.

d) El interesado se haya opuesto al tratamiento en virtud del artículo 21, apartado 1, mientras se verifica si los motivos legítimos del responsable prevalecen sobre los del interesado.

2. Cuando el tratamiento de datos personales se haya limitado en virtud del apartado 1, dichos datos solo podrán ser objeto de tratamiento, con excepción de su conservación, con el consentimiento del interesado o para la formulación, el ejercicio o la defensa de reclamaciones, o con miras a la protección de los derechos de otra persona física o jurídica o por razones de interés público importante de la Unión o de un determinado Estado miembro.

3. Todo interesado que haya obtenido la limitación del tratamiento con arreglo al apartado 1 será informado por el responsable antes del levantamiento de dicha limitación.

Artículo 19. Obligación de notificación relativa a la rectificación o supresión de datos personales o la limitación del tratamiento

El responsable del tratamiento comunicará cualquier rectificación o supresión de datos personales o limitación del tratamiento efectuada con arreglo al artículo 16, al artículo 17, apartado 1, y al artículo 18 a cada uno de los destinatarios a los que se hayan comunicado los datos personales, salvo que sea imposible o exija un esfuerzo desproporcionado. El responsable informará al interesado acerca de dichos destinatarios, si este así lo solicita.

Artículo 20. Derecho a la portabilidad de los datos

1. El interesado tendrá derecho a recibir los datos personales que le incumban, que haya facilitado a un responsable del tratamiento, en un formato

estructurado, de uso común y lectura mecánica, y a transmitirlos a otro responsable del tratamiento sin que lo impida el responsable al que se los hubiera facilitado, cuando:

a) El tratamiento esté basado en el consentimiento con arreglo al artículo 6, apartado 1, letra a), o el artículo 9, apartado 2, letra a), o en un contrato con arreglo al artículo 6, apartado 1, letra b).

b) El tratamiento se efectúe por medios automatizados.

2. Al ejercer su derecho a la portabilidad de los datos de acuerdo con el apartado 1, el interesado tendrá derecho a que los datos personales se transmitan directamente de responsable a responsable cuando sea técnicamente posible.

3. El ejercicio del derecho mencionado en el apartado 1 del presente artículo se entenderá sin perjuicio del artículo 17. Tal derecho no se aplicará al tratamiento que sea necesario para el cumplimiento de una misión realizada en interés público o en el ejercicio de poderes públicos conferidos al responsable del tratamiento.

4. El derecho mencionado en el apartado 1 no afectará negativamente a los derechos y libertades de otros.

Sección 4. Derecho de oposición y decisiones individuales automatizadas

Artículo 21. Derecho de oposición

1. El interesado tendrá derecho a oponerse en cualquier momento, por motivos relacionados con su situación particular, a que datos personales que le conciernan sean objeto de un tratamiento basado en lo dispuesto en el artículo 6, apartado 1, letras e) o f), incluida la elaboración de perfiles sobre la base de dichas disposiciones. El responsable del tratamiento dejará de tratar los datos personales, salvo que acredite motivos legítimos imperiosos para el tratamiento que prevalezcan sobre los intereses, los derechos y las libertades del interesado, o para la formulación, el ejercicio o la defensa de reclamaciones.

2. Cuando el tratamiento de datos personales tenga por objeto la mercadotecnia directa, el interesado tendrá derecho a oponerse en todo momento al tratamiento de los datos personales que le conciernan, incluida la elaboración de perfiles en la medida en que esté relacionada con la citada mercadotecnia.

3. Cuando el interesado se oponga al tratamiento con fines de mercadotecnia directa, los datos personales dejarán de ser tratados para dichos fines.

4. A más tardar en el momento de la primera comunicación con el interesado, el derecho indicado en los apartados 1 y 2 será mencionado explícitamente al interesado y será presentado claramente y al margen de cualquier otra información.

5. En el contexto de la utilización de servicios de la sociedad de la información, y no obstante lo dispuesto en la Directiva 2002/58/CE, el interesado podrá ejercer su derecho a oponerse por medios automatizados que apliquen especificaciones técnicas.

6. Cuando los datos personales se traten con fines de investigación científica o histórica o fines estadísticos de conformidad con el artículo 89, apartado 1, el interesado tendrá derecho, por motivos relacionados con su situación particular, a oponerse al tratamiento de datos personales que le conciernan, salvo que sea necesario para el cumplimiento de una misión realizada por razones de interés público.

Artículo 22. Decisiones individuales automatizadas, incluida la elaboración de perfiles

1. Todo interesado tendrá derecho a no ser objeto de una decisión basada únicamente en el tratamiento automatizado, incluida la elaboración de perfiles, que produzca efectos jurídicos en él o le afecte significativamente de modo similar.

2. El apartado 1 no se aplicará si la decisión:

a) Es necesaria para la celebración o la ejecución de un contrato entre el interesado y un responsable del tratamiento.

b) Está autorizada por el Derecho de la Unión o de los Estados miembros que se aplique al responsable del tratamiento y que establezca asimismo medidas adecuadas para salvaguardar los derechos y libertades y los intereses legítimos del interesado.

c) Se basa en el consentimiento explícito del interesado.

3. En los casos a que se refiere el apartado 2, letras a) y c), el responsable del tratamiento adoptará las medidas adecuadas para salvaguardar los derechos y libertades y los intereses legítimos del interesado, como mínimo el derecho a obtener intervención humana por parte del responsable, a expresar su punto de vista y a impugnar la decisión.

4. Las decisiones a que se refiere el apartado 2 no se basarán en las categorías especiales de datos personales contempladas en el artículo 9, apartado 1, salvo que se aplique el artículo 9, apartado 2, letra a) o g), y se hayan tomado medidas adecuadas para salvaguardar los derechos y libertades y los intereses legítimos del interesado.

Sección 5. Limitaciones

Artículo 23. Limitaciones

1. El Derecho de la Unión o de los Estados miembros que se aplique al responsable o el encargado del tratamiento podrá limitar, a través de medidas legislativas, el alcance de las obligaciones y de los derechos establecidos en los artículos 12 a 22 y el artículo 34, así como en el artículo 5 en la medida en que sus disposiciones se correspondan con los derechos y obligaciones contemplados en los artículos 12 a 22, cuando tal limitación respete en lo esencial los derechos y libertades fundamentales y sea una medida necesaria y proporcionada en una sociedad democrática para salvaguardar:

a) La seguridad del Estado.
b) La defensa.
c) La seguridad pública.
d) La prevención, investigación, detección o enjuiciamiento de infracciones penales o la ejecución de sanciones penales, incluida la protección frente a amenazas a la seguridad pública y su prevención.
e) Otros objetivos importantes de interés público general de la Unión o de un Estado miembro, en particular un interés económico o financiero importante de la Unión o de un Estado miembro, inclusive en los ámbitos fiscal, presupuestario y monetario, la sanidad pública y la seguridad social.
f) La protección de la independencia judicial y de los procedimientos judiciales.
g) La prevención, la investigación, la detección y el enjuiciamiento de infracciones de normas deontológicas en las profesiones reguladas.
h) Una función de supervisión, inspección o reglamentación vinculada, incluso ocasionalmente, con el ejercicio de la autoridad pública en los casos contemplados en las letras a) a e) y g).
i) La protección del interesado o de los derechos y libertades de otros.
j) La ejecución de demandas civiles.

2. En particular, cualquier medida legislativa indicada en el apartado 1 contendrá como mínimo, en su caso, disposiciones específicas relativas a:

a) La finalidad del tratamiento o de las categorías de tratamiento.
b) Las categorías de datos personales de que se trate.
c) El alcance de las limitaciones establecidas.
d) Las garantías para evitar accesos o transferencias ilícitos o abusivos.
e) La determinación del responsable o de categorías de responsables.

f) Los plazos de conservación y las garantías aplicables habida cuenta de la naturaleza alcance y objetivos del tratamiento o las categorías de tratamiento.
g) Los riesgos para los derechos y libertades de los interesados.
h) El derecho de los interesados a ser informados sobre la limitación, salvo si puede ser perjudicial a los fines de esta.

2.5. Obligaciones: responsable del tratamiento y encargado del tratamiento

Capítulo IV. Responsable del tratamiento y encargado del tratamiento

Sección 1. Obligaciones generales

Artículo 24. Responsabilidad del responsable del tratamiento

1. Teniendo en cuenta la naturaleza, el ámbito, el contexto y los fines del tratamiento así como los riesgos de diversa probabilidad y gravedad para los derechos y libertades de las personas físicas, el responsable del tratamiento aplicará medidas técnicas y organizativas apropiadas a fin de garantizar y poder demostrar que el tratamiento es conforme con el presente Reglamento. Dichas medidas se revisarán y actualizarán cuando sea necesario.

2. Cuando sean proporcionadas en relación con las actividades de tratamiento, entre las medidas mencionadas en el apartado 1 se incluirá la aplicación, por parte del responsable del tratamiento, de las oportunas políticas de protección de datos.

3. La adhesión a códigos de conducta aprobados a tenor del artículo 40 o a un mecanismo de certificación aprobado a tenor del artículo 42 podrán ser utilizados como elementos para demostrar el cumplimiento de las obligaciones por parte del responsable del tratamiento.

Artículo 25. Protección de datos desde el diseño y por defecto

1. Teniendo en cuenta el estado de la técnica, el coste de la aplicación y la naturaleza, ámbito, contexto y fines del tratamiento, así como los riesgos de diversa probabilidad y gravedad que entraña el tratamiento para los derechos y libertades de las personas físicas, el responsable del tratamiento aplicará, tanto en el momento de determinar los medios de tratamiento como en el momento del propio tratamiento, medidas técnicas y organizativas apropiadas, como

la seudonimización, concebidas para aplicar de forma efectiva los principios de protección de datos, como la minimización de datos, e integrar las garantías necesarias en el tratamiento, a fin de cumplir los requisitos del presente Reglamento y proteger los derechos de los interesados.

2. El responsable del tratamiento aplicará las medidas técnicas y organizativas apropiadas con miras a garantizar que, por defecto, solo sean objeto de tratamiento los datos personales que sean necesarios para cada uno de los fines específicos del tratamiento. Esta obligación se aplicará a la cantidad de datos personales recogidos, a la extensión de su tratamiento, a su plazo de conservación y a su accesibilidad. Tales medidas garantizarán en particular que, por defecto, los datos personales no sean accesibles, sin la intervención de la persona, a un número indeterminado de personas físicas.

3. Podrá utilizarse un mecanismo de certificación aprobado con arreglo al artículo 42 como elemento que acredite el cumplimiento de las obligaciones establecidas en los apartados 1 y 2 del presente artículo.

Artículo 26. Corresponsables del tratamiento

1. Cuando dos o más responsables determinen conjuntamente los objetivos y los medios del tratamiento serán considerados corresponsables del tratamiento. Los corresponsables determinarán de modo transparente y de mutuo acuerdo sus responsabilidades respectivas en el cumplimiento de las obligaciones impuestas por el presente Reglamento, en particular en cuanto al ejercicio de los derechos del interesado y a sus respectivas obligaciones de suministro de información a que se refieren los artículos 13 y 14, salvo, y en la medida en que, sus responsabilidades respectivas se rijan por el Derecho de la Unión o de los Estados miembros que se les aplique a ellos. Dicho acuerdo podrá designar un punto de contacto para los interesados.

2. El acuerdo indicado en el apartado 1 reflejará debidamente las funciones y relaciones respectivas de los corresponsables en relación con los interesados. Se pondrán a disposición del interesado los aspectos esenciales del acuerdo.

3. Independientemente de los términos del acuerdo a que se refiere el apartado 1, los interesados podrán ejercer los derechos que les reconoce el presente Reglamento frente a, y en contra de, cada uno de los responsables.

Artículo 27. Representantes de responsables o encargados del tratamiento no establecidos en la Unión

1. Cuando sea de aplicación el artículo 3, apartado 2, el responsable o el encargado del tratamiento designará por escrito un representante en la Unión.

2. La obligación establecida en el apartado 1 del presente artículo no será aplicable:

a) Al tratamiento que sea ocasional, que no incluyan el manejo a gran escala de categorías especiales de datos indicadas en el artículo 9, apartado 1, o de datos personales relativos a condenas e infracciones penales a que se refiere el artículo 10, y que sea improbable que entrañe un riesgo para los derechos y libertades de las personas físicas, teniendo en cuenta la naturaleza, contexto, alcance y objetivos del tratamiento.

b) A las autoridades u organismos públicos.

3. El representante estará establecido en uno de los Estados miembros en que estén los interesados cuyos datos personales se traten en el contexto de una oferta de bienes o servicios, o cuyo comportamiento esté siendo controlado.

4. El responsable o el encargado del tratamiento encomendará al representante que atienda, junto al responsable o al encargado, o en su lugar, a las consultas, en particular, de las autoridades de control y de los interesados, sobre todos los asuntos relativos al tratamiento, a fin de garantizar el cumplimiento de lo dispuesto en el presente Reglamento.

5. La designación de un representante por el responsable o el encargado del tratamiento se entenderá sin perjuicio de las acciones que pudieran emprenderse contra el propio responsable o encargado.

Artículo 28. Encargado del tratamiento

1. Cuando se vaya a realizar un tratamiento por cuenta de un responsable del tratamiento, este elegirá únicamente un encargado que ofrezca garantías suficientes para aplicar medidas técnicas y organizativas apropiados, de manera que el tratamiento sea conforme con los requisitos del presente Reglamento y garantice la protección de los derechos del interesado.

2. El encargado del tratamiento no recurrirá a otro encargado sin la autorización previa por escrito, específica o general, del responsable. En este último caso, el encargado informará al responsable de cualquier cambio previsto en la incorporación o sustitución de otros encargados, dando así al responsable la oportunidad de oponerse a dichos cambios.

3. El tratamiento por el encargado se regirá por un contrato u otro acto jurídico con arreglo al Derecho de la Unión o de los Estados miembros, que vincule al encargado respecto del responsable y establezca el objeto, la duración, la naturaleza y la finalidad del tratamiento, el tipo de datos personales y categorías de

interesados, y las obligaciones y derechos del responsable. Dicho contrato o acto jurídico estipulará, en particular, que el encargado:

a) Tratará los datos personales únicamente siguiendo instrucciones documentadas del responsable, inclusive con respecto a las transferencias de datos personales a un tercer país o una organización internacional, salvo que esté obligado a ello en virtud del Derecho de la Unión o de los Estados miembros que se aplique al encargado; en tal caso, el encargado informará al responsable de esa exigencia legal previa al tratamiento, salvo que tal Derecho lo prohíba por razones importantes de interés público.

b) Garantizará que las personas autorizadas para tratar datos personales se hayan comprometido a respetar la confidencialidad o estén sujetas a una obligación de confidencialidad de naturaleza estatutaria.

c) Tomará todas las medidas necesarias de conformidad con el artículo 32.

d) Respetará las condiciones indicadas en los apartados 2 y 4 para recurrir a otro encargado del tratamiento.

e) Asistirá al responsable, teniendo cuenta la naturaleza del tratamiento, a través de medidas técnicas y organizativas apropiadas, siempre que sea posible, para que este pueda cumplir con su obligación de responder a las solicitudes que tengan por objeto el ejercicio de los derechos de los interesados establecidos en el capítulo III.

f) Ayudará al responsable a garantizar el cumplimiento de las obligaciones establecidas en los artículos 32 a 36, teniendo en cuenta la naturaleza del tratamiento y la información a disposición del encargado.

g) A elección del responsable, suprimirá o devolverá todos los datos personales una vez finalice la prestación de los servicios de tratamiento, y suprimirá las copias existentes a menos que se requiera la conservación de los datos personales en virtud del Derecho de la Unión o de los Estados miembros.

h) Pondrá a disposición del responsable toda la información necesaria para demostrar el cumplimiento de las obligaciones establecidas en el presente artículo, así como para permitir y contribuir a la realización de auditorías, incluidas inspecciones, por parte del responsable o de otro auditor autorizado por dicho responsable.

En relación con lo dispuesto en la letra h) del párrafo primero, el encargado informará inmediatamente al responsable si, en su opinión, una instrucción infringe el presente Reglamento u otras disposiciones en materia de protección de datos de la Unión o de los Estados miembros.

4. Cuando un encargado del tratamiento recurra a otro encargado para llevar a cabo determinadas actividades de tratamiento por cuenta del responsable, se impondrán a este otro encargado, mediante contrato u otro acto jurídico estable-

cido con arreglo al Derecho de la Unión o de los Estados miembros, las mismas obligaciones de protección de datos que las estipuladas en el contrato u otro acto jurídico entre el responsable y el encargado a que se refiere el apartado 3, en particular la prestación de garantías suficientes de aplicación de medidas técnicas y organizativas apropiadas de manera que el tratamiento sea conforme con las disposiciones del presente Reglamento. Si ese otro encargado incumple sus obligaciones de protección de datos, el encargado inicial seguirá siendo plenamente responsable ante el responsable del tratamiento por lo que respecta al cumplimiento de las obligaciones del otro encargado.

5. La adhesión del encargado del tratamiento a un código de conducta aprobado a tenor del artículo 40 o a un mecanismo de certificación aprobado a tenor del artículo 42 podrá utilizarse como elemento para demostrar la existencia de las garantías suficientes a que se refieren los apartados 1 y 4 del presente artículo.

6. Sin perjuicio de que el responsable y el encargado del tratamiento celebren un contrato individual, el contrato u otro acto jurídico a que se refieren los apartados 3 y 4 del presente artículo podrá basarse, total o parcialmente, en las cláusulas contractuales tipo a que se refieren los apartados 7 y 8 del presente artículo, inclusive cuando formen parte de una certificación concedida al responsable o encargado de conformidad con los artículos 42 y 43.

7. La Comisión podrá fijar cláusulas contractuales tipo para los asuntos a que se refieren los apartados 3 y 4 del presente artículo, de acuerdo con el procedimiento de examen a que se refiere el artículo 93, apartado 2.

8. Una autoridad de control podrá adoptar cláusulas contractuales tipo para los asuntos a que se refieren los apartados 3 y 4 del presente artículo, de acuerdo con el mecanismo de coherencia a que se refiere el artículo 63.

9. El contrato u otro acto jurídico a que se refieren los apartados 3 y 4 constará por escrito, inclusive en formato electrónico.

10. Sin perjuicio de lo dispuesto en los artículos 82, 83 y 84, si un encargado del tratamiento infringe el presente Reglamento al determinar los fines y medios del tratamiento, será considerado responsable del tratamiento con respecto a dicho tratamiento.

Artículo 29. Tratamiento bajo la autoridad del responsable o del encargado del tratamiento

El encargado del tratamiento y cualquier persona que actúe bajo la autoridad del responsable o del encargado y tenga acceso a datos personales solo podrán tratar dichos datos siguiendo instrucciones del responsable, a no ser que estén obligados a ello en virtud del Derecho de la Unión o de los Estados miembros.

Artículo 30. Registro de las actividades de tratamiento

1. Cada responsable y, en su caso, su representante llevarán un registro de las actividades de tratamiento efectuadas bajo su responsabilidad. Dicho registro deberá contener toda la información indicada a continuación:

a) El nombre y los datos de contacto del responsable y, en su caso, del corresponsable, del representante del responsable, y del delegado de protección de datos.

b) Los fines del tratamiento.

c) Una descripción de las categorías de interesados y de las categorías de datos personales.

d) Las categorías de destinatarios a quienes se comunicaron o comunicarán los datos personales, incluidos los destinatarios en terceros países u organizaciones internacionales.

e) En su caso, las transferencias de datos personales a un tercer país o una organización internacional, incluida la identificación de dicho tercer país u organización internacional y, en el caso de las transferencias indicadas en el artículo 49, apartado 1, párrafo segundo, la documentación de garantías adecuadas.

f) Cuando sea posible, los plazos previstos para la supresión de las diferentes categorías de datos.

g) Cuando sea posible, una descripción general de las medidas técnicas y organizativas de seguridad a que se refiere el artículo 32, apartado 1.

2. Cada encargado y, en su caso, el representante del encargado, llevará un registro de todas las categorías de actividades de tratamiento efectuadas por cuenta de un responsable que contenga:

a) El nombre y los datos de contacto del encargado o encargados y de cada responsable por cuenta del cual actúe el encargado, y, en su caso, del representante del responsable o del encargado, y del delegado de protección de datos.

b) Las categorías de tratamientos efectuados por cuenta de cada responsable.

c) En su caso, las transferencias de datos personales a un tercer país u organización internacional, incluida la identificación de dicho tercer país u organización internacional y, en el caso de las transferencias indicadas en el artículo 49, apartado 1, párrafo segundo, la documentación de garantías adecuadas.

d) Cuando sea posible, una descripción general de las medidas técnicas y organizativas de seguridad a que se refiere el artículo 30, apartado 1.

3. Los registros a que se refieren los apartados 1 y 2 constarán por escrito, inclusive en formato electrónico.

4. El responsable o el encargado del tratamiento y, en su caso, el representante del responsable o del encargado pondrán el registro a disposición de la autoridad de control que lo solicite.

5. Las obligaciones indicadas en los apartados 1 y 2 no se aplicarán a ninguna empresa ni organización que emplee a menos de 250 personas, a menos que el tratamiento que realice pueda entrañar un riesgo para los derechos y libertades de los interesados, no sea ocasional, o incluya categorías especiales de datos personales indicadas en el artículo 9, apartado 1, o datos personales relativos a condenas e infracciones penales a que se refiere el artículo 10.

Artículo 31. Cooperación con la autoridad de control

El responsable y el encargado del tratamiento y, en su caso, sus representantes cooperarán con la autoridad de control que lo solicite en el desempeño de sus funciones.

Sección 2. Seguridad de los datos personales

Artículo 32. Seguridad del tratamiento

1. Teniendo en cuenta el estado de la técnica, los costes de aplicación, y la naturaleza, el alcance, el contexto y los fines del tratamiento, así como riesgos de probabilidad y gravedad variables para los derechos y libertades de las personas físicas, el responsable y el encargado del tratamiento aplicarán medidas técnicas y organizativas apropiadas para garantizar un nivel de seguridad adecuado al riesgo, que en su caso incluya, entre otros:

a) La seudonimización y el cifrado de datos personales.

b) La capacidad de garantizar la confidencialidad, integridad, disponibilidad y resiliencia permanentes de los sistemas y servicios de tratamiento.

c) La capacidad de restaurar la disponibilidad y el acceso a los datos personales de forma rápida en caso de incidente físico o técnico.

d) Un proceso de verificación, evaluación y valoración regulares de la eficacia de las medidas técnicas y organizativas para garantizar la seguridad del tratamiento.

2. Al evaluar la adecuación del nivel de seguridad se tendrán particularmente en cuenta los riesgos que presente el tratamiento de datos, en particular como consecuencia de la destrucción, pérdida o alteración accidental o ilícita de datos personales transmitidos, conservados o tratados de otra forma, o la comunicación o acceso no autorizados a dichos datos.

3. La adhesión a un código de conducta aprobado a tenor del artículo 40 o a un mecanismo de certificación aprobado a tenor del artículo 42 podrá servir de elemento para demostrar el cumplimiento de los requisitos establecidos en el apartado 1 del presente artículo.

4. El responsable y el encargado del tratamiento tomarán medidas para garantizar que cualquier persona que actúe bajo la autoridad del responsable o del encargado y tenga acceso a datos personales solo pueda tratar dichos datos siguiendo instrucciones del responsable, salvo que esté obligada a ello en virtud del Derecho de la Unión o de los Estados miembros.

Artículo 33. Notificación de una violación de la seguridad de los datos personales a la autoridad de control

1. En caso de violación de la seguridad de los datos personales, el responsable del tratamiento la notificará a la autoridad de control competente de conformidad con el artículo 55 sin dilación indebida y, de ser posible, a más tardar 72 horas después de que haya tenido constancia de ella, a menos que sea improbable que dicha violación de la seguridad constituya un riesgo para los derechos y las libertades de las personas físicas. Si la notificación a la autoridad de control no tiene lugar en el plazo de 72 horas, deberá ir acompañada de indicación de los motivos de la dilación.

2. El encargado del tratamiento notificará sin dilación indebida al responsable del tratamiento las violaciones de la seguridad de los datos personales de las que tenga conocimiento.

3. La notificación contemplada en el apartado 1 deberá, como mínimo:

a) Describir la naturaleza de la violación de la seguridad de los datos personales, inclusive, cuando sea posible, las categorías y el número aproximado de interesados afectados, y las categorías y el número aproximado de registros de datos personales afectados.

b) Comunicar el nombre y los datos de contacto del delegado de protección de datos o de otro punto de contacto en el que pueda obtenerse más información.

c) Describir las posibles consecuencias de la violación de la seguridad de los datos personales.

d) Describir las medidas adoptadas o propuestas por el responsable del tratamiento para poner remedio a la violación de la seguridad de los datos personales, incluyendo, si procede, las medidas adoptadas para mitigar los posibles efectos negativos.

4. Si no fuera posible facilitar la información simultáneamente, y en la medida en que no lo sea, la información se facilitará de manera gradual sin dilación indebida.

5. El responsable del tratamiento documentará cualquier violación de la seguridad de los datos personales, incluidos los hechos relacionados con ella, sus efectos y las medidas correctivas adoptadas. Dicha documentación permitirá a la autoridad de control verificar el cumplimiento de lo dispuesto en el presente artículo.

Artículo 34. Comunicación de una violación de la seguridad de los datos personales al interesado

1. Cuando sea probable que la violación de la seguridad de los datos personales entrañe un alto riesgo para los derechos y libertades de las personas físicas, el responsable del tratamiento la comunicará al interesado sin dilación indebida.

2. La comunicación al interesado contemplada en el apartado 1 del presente artículo describirá en un lenguaje claro y sencillo la naturaleza de la violación de la seguridad de los datos personales y contendrá como mínimo la información y las medidas a que se refiere el artículo 33, apartado 3, letras b), c) y d).

3. La comunicación al interesado a que se refiere el apartado 1 no será necesaria si se cumple alguna de las condiciones siguientes:

a) El responsable del tratamiento ha adoptado medidas de protección técnicas y organizativas apropiadas y estas medidas se han aplicado a los datos personales afectados por la violación de la seguridad de los datos personales, en particular aquellas que hagan ininteligibles los datos personales para cualquier persona que no esté autorizada a acceder a ellos, como el cifrado.

b) El responsable del tratamiento ha tomado medidas ulteriores que garanticen que ya no exista la probabilidad de que se concretice el alto riesgo para los derechos y libertades del interesado a que se refiere el apartado 1.

c) Suponga un esfuerzo desproporcionado. En este caso, se optará en su lugar por una comunicación pública o una medida semejante por la que se informe de manera igualmente efectiva a los interesados.

4. Cuando el responsable todavía no haya comunicado al interesado la violación de la seguridad de los datos personales, la autoridad de control, una vez considerada la probabilidad de que tal violación entrañe un alto riesgo, podrá exigirle que lo haga o podrá decidir que se cumple alguna de las condiciones mencionadas en el apartado 3.

Sección 3. Evaluación de impacto relativa a la protección de datos y consulta previa

Artículo 35. Evaluación de impacto relativa a la protección de datos

1. Cuando sea probable que un tipo de tratamiento, en particular si utiliza nuevas tecnologías, por su naturaleza, alcance, contexto o fines, entrañe un alto riesgo para los derechos y libertades de las personas físicas, el responsable del tratamiento realizará, antes del tratamiento, una evaluación del impacto de las operaciones de tratamiento en la protección de datos personales. Una única evaluación podrá abordar una serie de operaciones de tratamiento similares que entrañen altos riesgos similares.

2. El responsable del tratamiento recabará el asesoramiento del delegado de protección de datos, si ha sido nombrado, al realizar la evaluación de impacto relativa a la protección de datos.

3. La evaluación de impacto relativa a la protección de los datos a que se refiere el apartado 1 se requerirá en particular en caso de:

a) Evaluación sistemática y exhaustiva de aspectos personales de personas físicas que se base en un tratamiento automatizado, como la elaboración de perfiles, y sobre cuya base se tomen decisiones que produzcan efectos jurídicos para las personas físicas o que les afecten significativamente de modo similar.

b) Tratamiento a gran escala de las categorías especiales de datos a que se refiere el artículo 9, apartado 1, o de los datos personales relativos a condenas e infracciones penales a que se refiere el artículo 10.

c) Observación sistemática a gran escala de una zona de acceso público.

4. La autoridad de control establecerá y publicará una lista de los tipos de operaciones de tratamiento que requieran una evaluación de impacto relativa a la protección de datos de conformidad con el apartado 1. La autoridad de control comunicará esas listas al Comité a que se refiere el artículo 68.

5. La autoridad de control podrá asimismo establecer y publicar la lista de los tipos de tratamiento que no requieren evaluaciones de impacto relativas a la protección de datos. La autoridad de control comunicará esas listas al Comité.

6. Antes de adoptar las listas a que se refieren los apartados 4 y 5, la autoridad de control competente aplicará el mecanismo de coherencia contemplado en el artículo 63 si esas listas incluyen actividades de tratamiento que guarden relación con la oferta de bienes o servicios a interesados o con la observación del comportamiento de estos en varios Estados miembros, o actividades de tratamiento que puedan afectar sustancialmente a la libre circulación de datos personales en la Unión.

7. La evaluación deberá incluir como mínimo:

a) Una descripción sistemática de las operaciones de tratamiento previstas y de los fines del tratamiento, inclusive, cuando proceda, el interés legítimo perseguido por el responsable del tratamiento.

b) Una evaluación de la necesidad y la proporcionalidad de las operaciones de tratamiento con respecto a su finalidad.

c) Una evaluación de los riesgos para los derechos y libertades de los interesados a que se refiere el apartado 1,.

d) Las medidas previstas para afrontar los riesgos, incluidas garantías, medidas de seguridad y mecanismos que garanticen la protección de datos personales, y a demostrar la conformidad con el presente Reglamento, teniendo en cuenta los derechos e intereses legítimos de los interesados y de otras personas afectadas.

8. El cumplimiento de los códigos de conducta aprobados a que se refiere el artículo 40 por los responsables o encargados correspondientes se tendrá debidamente en cuenta al evaluar las repercusiones de las operaciones de tratamiento realizadas por dichos responsables o encargados, en particular a efectos de la evaluación de impacto relativa a la protección de datos.

9. Cuando proceda, el responsable recabará la opinión de los interesados o de sus representantes en relación con el tratamiento previsto, sin perjuicio de la protección de intereses públicos o comerciales o de la seguridad de las operaciones de tratamiento.

10. Cuando el tratamiento de conformidad con el artículo 6, apartado 1, letras c) o e), tenga su base jurídica en el Derecho de la Unión o en el Derecho del Estado miembro que se aplique al responsable del tratamiento, tal Derecho regule la operación específica de tratamiento o conjunto de operaciones en cuestión, y ya se haya realizado una evaluación de impacto relativa a la protección de datos como parte de una evaluación de impacto general en el contexto de la adopción de dicha base jurídica, los apartados 1 a 7 no serán de aplicación excepto si los Estados miembros consideran necesario proceder a dicha evaluación previa a las actividades de tratamiento.

11. En caso necesario, el responsable examinará si el tratamiento es conforme con la evaluación de impacto relativa a la protección de datos, al menos cuando exista un cambio del riesgo que representen las operaciones de tratamiento.

Artículo 36. Consulta previa

1. El responsable consultará a la autoridad de control antes de proceder al tratamiento cuando una evaluación de impacto relativa a la protección de los da-

tos en virtud del artículo 35 muestre que el tratamiento entrañaría un alto riesgo si el responsable no toma medidas para mitigarlo.

2. Cuando la autoridad de control considere que el tratamiento previsto a que se refiere el apartado 1 podría infringir el presente Reglamento, en particular cuando el responsable no haya identificado o mitigado suficientemente el riesgo, la autoridad de control deberá, en un plazo de ocho semanas desde la solicitud de la consulta, asesorar por escrito al responsable, y en su caso al encargado, y podrá utilizar cualquiera de sus poderes mencionados en el artículo 58. Dicho plazo podrá prorrogarse seis semanas, en función de la complejidad del tratamiento previsto. La autoridad de control informará al responsable y, en su caso, al encargado de tal prórroga en el plazo de un mes a partir de la recepción de la solicitud de consulta, indicando los motivos de la dilación. Estos plazos podrán suspenderse hasta que la autoridad de control haya obtenido la información solicitada a los fines de la consulta.

3. Cuando consulte a la autoridad de control con arreglo al apartado 1, el responsable del tratamiento le facilitará la información siguiente:

a) En su caso, las responsabilidades respectivas del responsable, los corresponsables y los encargados implicados en el tratamiento, en particular en caso de tratamiento dentro de un grupo empresarial.

b) Los fines y medios del tratamiento previsto.

c) Las medidas y garantías establecidas para proteger los derechos y libertades de los interesados de conformidad con el presente Reglamento.

d) En su caso, los datos de contacto del delegado de protección de datos.

e) La evaluación de impacto relativa a la protección de datos establecida en el artículo 35.

f) Cualquier otra información que solicite la autoridad de control.

4. Los Estados miembros garantizarán que se consulte a la autoridad de control durante la elaboración de toda propuesta de medida legislativa que haya de adoptar un Parlamento nacional, o de una medida reglamentaria basada en dicha medida legislativa, que se refiera al tratamiento.

5. No obstante lo dispuesto en el apartado 1, el Derecho de los Estados miembros podrá obligar a los responsables del tratamiento a consultar a la autoridad de control y a recabar su autorización previa en relación con el tratamiento por un responsable en el ejercicio de una misión realizada en interés público, en particular el tratamiento en relación con la protección social y la salud pública.

Sección 4. Delegado de protección de datos

Artículo 37. Designación del delegado de protección de datos

1. El responsable y el encargado del tratamiento designarán un delegado de protección de datos siempre que:

a) El tratamiento lo lleve a cabo una autoridad u organismo público, excepto los tribunales que actúen en ejercicio de su función judicial.

b) Las actividades principales del responsable o del encargado consistan en operaciones de tratamiento que, en razón de su naturaleza, alcance y/o fines, requieran una observación habitual y sistemática de interesados a gran escala.

c) Las actividades principales del responsable o del encargado consistan en el tratamiento a gran escala de categorías especiales de datos personales con arreglo al artículo 9 y de datos relativos a condenas e infracciones penales a que se refiere el artículo 10.

2. Un grupo empresarial podrá nombrar un único delegado de protección de datos siempre que sea fácilmente accesible desde cada establecimiento.

3. Cuando el responsable o el encargado del tratamiento sea una autoridad u organismo público, se podrá designar un único delegado de protección de datos para varias de estas autoridades u organismos, teniendo en cuenta su estructura organizativa y tamaño.

4. En casos distintos de los contemplados en el apartado 1, el responsable o el encargado del tratamiento o las asociaciones y otros organismos que representen a categorías de responsables o encargados podrán designar un delegado de protección de datos o deberán designarlo si así lo exige el Derecho de la Unión o de los Estados miembros. El delegado de protección de datos podrá actuar por cuenta de estas asociaciones y otros organismos que representen a responsables o encargados.

5. El delegado de protección de datos será designado atendiendo a sus cualidades profesionales y, en particular, a sus conocimientos especializados del Derecho y la práctica en materia de protección de datos y a su capacidad para desempeñar las funciones indicadas en el artículo 39.

6. El delegado de protección de datos podrá formar parte de la plantilla del responsable o del encargado del tratamiento o desempeñar sus funciones en el marco de un contrato de servicios.

7. El responsable o el encargado del tratamiento publicarán los datos de contacto del delegado de protección de datos y los comunicarán a la autoridad de control.

Artículo 38. Posición del delegado de protección de datos

1. El responsable y el encargado del tratamiento garantizarán que el delegado de protección de datos participe de forma adecuada y en tiempo oportuno en todas las cuestiones relativas a la protección de datos personales.

2. El responsable y el encargado del tratamiento respaldarán al delegado de protección de datos en el desempeño de las funciones mencionadas en el artículo 39, facilitando los recursos necesarios para el desempeño de dichas funciones y el acceso a los datos personales y a las operaciones de tratamiento, y para el mantenimiento de sus conocimientos especializados.

3. El responsable y el encargado del tratamiento garantizarán que el delegado de protección de datos no reciba ninguna instrucción en lo que respecta al desempeño de dichas funciones. No será destituido ni sancionado por el responsable o el encargado por desempeñar sus funciones. El delegado de protección de datos rendirá cuentas directamente al más alto nivel jerárquico del responsable o encargado.

4. Los interesados podrán ponerse en contacto con el delegado de protección de datos por lo que respecta a todas las cuestiones relativas al tratamiento de sus datos personales y al ejercicio de sus derechos al amparo del presente Reglamento.

5. El delegado de protección de datos estará obligado a mantener el secreto o la confidencialidad en lo que respecta al desempeño de sus funciones, de conformidad con el Derecho de la Unión o de los Estados miembros.

6. El delegado de protección de datos podrá desempeñar otras funciones y cometidos. El responsable o encargado del tratamiento garantizará que dichas funciones y cometidos no den lugar a conflicto de intereses.

Artículo 39. Funciones del delegado de protección de datos

1. El delegado de protección de datos tendrá como mínimo las siguientes funciones:

a) Informar y asesorar al responsable o al encargado del tratamiento y a los empleados que se ocupen del tratamiento de las obligaciones que les incumben en virtud del presente Reglamento y de otras disposiciones de protección de datos de la Unión o de los Estados miembros.

b) Supervisar el cumplimiento de lo dispuesto en el presente Reglamento, de otras disposiciones de protección de datos de la Unión o de los Estados miembros y de las políticas del responsable o del encargado del tratamiento en materia de protección de datos personales, incluida la asignación de responsabilidades, la concienciación y formación del personal que participa en las operaciones de tratamiento, y las auditorías correspondientes.

c) Ofrecer el asesoramiento que se le solicite acerca de la evaluación de impacto relativa a la protección de datos y supervisar su aplicación de conformidad con el artículo 35.

d) Cooperar con la autoridad de control.

e) Actuar como punto de contacto de la autoridad de control para cuestiones relativas al tratamiento, incluida la consulta previa a que se refiere el artículo 36, y realizar consultas, en su caso, sobre cualquier otro asunto.

2. El delegado de protección de datos desempeñará sus funciones prestando la debida atención a los riesgos asociados a las operaciones de tratamiento, teniendo en cuenta la naturaleza, el alcance, el contexto y fines del tratamiento.

Sección 5. Códigos de conducta y certificación

Artículo 40. Códigos de conducta

1. Los Estados miembros, las autoridades de control, el Comité y la Comisión promoverán la elaboración de códigos de conducta destinados a contribuir a la correcta aplicación del presente Reglamento, teniendo en cuenta las características específicas de los distintos sectores de tratamiento y las necesidades específicas de las microempresas y las pequeñas y medianas empresas.

2. Las asociaciones y otros organismos representativos de categorías de responsables o encargados del tratamiento podrán elaborar códigos de conducta o modificar o ampliar dichos códigos con objeto de especificar la aplicación del presente Reglamento, como en lo que respecta a:

a) El tratamiento leal y transparente.

b) Los intereses legítimos perseguidos por los responsables del tratamiento en contextos específicos.

c) La recogida de datos personales.

d) La seudonimización de datos personales.

e) La información proporcionada al público y a los interesados.

f) El ejercicio de los derechos de los interesados.

g) La información proporcionada a los niños y la protección de estos, así como la manera de obtener el consentimiento de los titulares de la patria potestad o tutela sobre el niño.

h) Las medidas y procedimientos a que se refieren los artículos 24 y 25 y las medidas para garantizar la seguridad del tratamiento a que se refiere el artículo 32.

i) La notificación de violaciones de la seguridad de los datos personales a las autoridades de control y la comunicación de dichas violaciones a los interesados.

j) La transferencia de datos personales a terceros países u organizaciones internacionales.

k) Los procedimientos extrajudiciales y otros procedimientos de resolución de conflictos que permitan resolver las controversias entre los responsables del tratamiento y los interesados relativas al tratamiento, sin perjuicio de los derechos de los interesados en virtud de los artículos 77 y 79.

3. Además de la adhesión de los responsables o encargados del tratamiento a los que se aplica el presente Reglamento, los responsables o encargados a los que no se aplica el presente Reglamento en virtud del artículo 3 podrán adherirse también a códigos de conducta aprobados de conformidad con el apartado 5 del presente artículo y que tengan validez general en virtud del apartado 9 del presente artículo, a fin de ofrecer garantías adecuadas en el marco de las transferencias de datos personales a terceros países u organizaciones internacionales a tenor del artículo 46, apartado 2, letra e). Dichos responsables o encargados deberán asumir compromisos vinculantes y exigibles, por vía contractual o mediante otros instrumentos jurídicamente vinculantes, para aplicar dichas garantías adecuadas, incluidas las relativas a los derechos de los interesados.

4. El código de conducta a que se refiere el apartado 2 del presente artículo contendrá mecanismos que permitan al organismo mencionado en el artículo 41, apartado 1, efectuar el control obligatorio del cumplimiento de sus disposiciones por los responsables o encargados de tratamiento que se comprometan a aplicarlo, sin perjuicio de las funciones y los poderes de las autoridades de control que sean competentes con arreglo al artículo 51 o 56.

5. Las asociaciones y otros organismos mencionados en el apartado 2 del presente artículo que proyecten elaborar un código de conducta o modificar o ampliar un código existente presentarán el proyecto de código o la modificación o ampliación a la autoridad de control que sea competente con arreglo al

artículo 55. La autoridad de control dictaminará si el proyecto de código o la modificación o ampliación es conforme con el presente Reglamento y aprobará dicho proyecto de código, modificación o ampliación si considera suficientes las garantías adecuadas ofrecidas.

6. Si el proyecto de código o la modificación o ampliación es aprobado de conformidad con el apartado 5 y el código de conducta de que se trate no se refiere a actividades de tratamiento en varios Estados miembros, la autoridad de control registrará y publicará el código.

7. Si un proyecto de código de conducta guarda relación con actividades de tratamiento en varios Estados miembros, la autoridad de control que sea competente en virtud del artículo 55 lo presentará por el procedimiento mencionado en el artículo 63, antes de su aprobación o de la modificación o ampliación, al Comité, el cual dictaminará si dicho proyecto, modificación o ampliación es conforme con el presente Reglamento o, en la situación indicada en el apartado 3 del presente artículo, ofrece garantías adecuadas.

8. Si el dictamen a que se refiere el apartado 7 confirma que el proyecto de código o la modificación o ampliación cumple lo dispuesto en el presente Reglamento o, en la situación indicada en el apartado 3, ofrece garantías adecuadas, el Comité presentará su dictamen a la Comisión.

9. La Comisión podrá, mediante actos de ejecución, decidir que el código de conducta o la modificación o ampliación aprobados y presentados con arreglo al apartado 8 del presente artículo tengan validez general dentro de la Unión. Dichos actos de ejecución se adoptarán con arreglo al procedimiento de examen a que se refiere el artículo 93, apartado 2.

10. La Comisión dará publicidad adecuada a los códigos aprobados cuya validez general haya sido decidida de conformidad con el apartado 9.

11. El Comité archivará en un registro todos los códigos de conducta, modificaciones y ampliaciones que se aprueben, y los pondrá a disposición pública por cualquier medio apropiado.

Artículo 41. Supervisión de códigos de conducta aprobados

1. Sin perjuicio de las funciones y los poderes de la autoridad de control competente en virtud de los artículos 57 y 58, podrá supervisar el cumplimiento de un código de conducta en virtud del artículo 40 un organismo que tenga el nivel adecuado de pericia en relación con el objeto del código y que haya sido acreditado para tal fin por la autoridad de control competente.

2. El organismo a que se refiere el apartado 1 podrá ser acreditado para supervisar el cumplimiento de un código de conducta si:

a) Ha demostrado, a satisfacción de la autoridad de control competente, su independencia y pericia en relación con el objeto del código.

b) Ha establecido procedimientos que le permitan evaluar la idoneidad de los responsables y encargados correspondientes para aplicar el código, supervisar el cumplimiento de sus disposiciones y examinar periódicamente su aplicación.

c) Ha establecido procedimientos y estructuras para tratar las reclamaciones relativas a infracciones del código o a la manera en que el código haya sido o esté siendo aplicado por un responsable o encargado del tratamiento, y para hacer dichos procedimientos y estructuras transparentes para los interesados y el público.

d) Ha demostrado, a satisfacción de la autoridad de control competente, que sus funciones y cometidos no dan lugar a conflicto de intereses.

3. La autoridad de control competente someterá al Comité, con arreglo al mecanismo de coherencia a que se refiere el artículo 63, el proyecto que fije los criterios de acreditación de un organismo a que se refiere el apartado 1 del presente artículo.

4. Sin perjuicio de las funciones y los poderes de la autoridad de control competente y de lo dispuesto en el capítulo VIII, un organismo a tenor del apartado 1 del presente artículo deberá, con sujeción a garantías adecuadas, tomar las medidas oportunas en caso de infracción del código por un responsable o encargado del tratamiento, incluida la suspensión o exclusión de este. Informará de dichas medidas y de las razones de las mismas a la autoridad de control competente.

5. La autoridad de control competente revocará la acreditación de un organismo a tenor del apartado 1 si las condiciones de la acreditación no se cumplen o han dejado de cumplirse, o si la actuación de dicho organismo infringe el presente Reglamento.

6. El presente artículo no se aplicará al tratamiento realizado por autoridades y organismos públicos.

Artículo 42. Certificación

1. Los Estados miembros, las autoridades de control, el Comité y la Comisión promoverán, en particular a nivel de la Unión, la creación de mecanismos de certificación en materia de protección de datos y de sellos y marcas de protección de datos a fin de demostrar el cumplimiento de lo dispuesto en el presente

Reglamento en las operaciones de tratamiento de los responsables y los encargados. Se tendrán en cuenta las necesidades específicas de las microempresas y las pequeñas y medianas empresas.

2. Además de la adhesión de los responsables o encargados del tratamiento sujetos al presente Reglamento, podrán establecerse mecanismos de certificación, sellos o marcas de protección de datos aprobados de conformidad con el apartado 5, con objeto de demostrar la existencia de garantías adecuadas ofrecidas por los responsables o encargados no sujetos al presente Reglamento con arreglo al artículo 3 en el marco de transferencias de datos personales a terceros países u organizaciones internacionales a tenor del artículo 46, apartado 2, letra f). Dichos responsables o encargados deberán asumir compromisos vinculantes y exigibles, por vía contractual o mediante otros instrumentos jurídicamente vinculantes, para aplicar dichas garantías adecuadas, incluidas las relativas a los derechos de los interesados.

3. La certificación será voluntaria y estará disponible a través de un proceso transparente.

4. La certificación a que se refiere el presente artículo no limitará la responsabilidad del responsable o encargado del tratamiento en cuanto al cumplimiento del presente Reglamento y se entenderá sin perjuicio de las funciones y los poderes de las autoridades de control que sean competentes en virtud del artículo 55 o 56.

5. La certificación en virtud del presente artículo será expedida por los organismos de certificación a que se refiere el artículo 43 o por la autoridad de control competente, sobre la base de los criterios aprobados por dicha autoridad de conformidad con el artículo 58, apartado 3, o por el Comité de conformidad con el artículo 63. Cuando los criterios sean aprobados por el Comité, esto podrá dar lugar a una certificación común: el Sello Europeo de Protección de Datos.

6. Los responsables o encargados que sometan su tratamiento al mecanismo de certificación dará al organismo de certificación mencionado en el artículo 43, o en su caso a la autoridad de control competente, toda la información y acceso a sus actividades de tratamiento que necesite para llevar a cabo el procedimiento de certificación.

7. La certificación se expedirá a un responsable o encargado de tratamiento por un período máximo de tres años y podrá ser renovada en las mismas condiciones, siempre y cuando se sigan cumpliendo los requisitos pertinentes. La certificación será retirada, cuando proceda, por los organismos de certificación a que se refiere el artículo 43, o en su caso por la autoridad de control competente, cuando no se cumplan o se hayan dejado de cumplir los requisitos para la certificación.

8. El Comité archivará en un registro todos los mecanismos de certificación y sellos y marcas de protección de datos y los pondrá a disposición pública por cualquier medio apropiado.

Artículo 43. Organismo de certificación

1. Sin perjuicio de las funciones y poderes de la autoridad de control competente en virtud de los artículos 57 y 58, los organismos de certificación que tengan un nivel adecuado de pericia en materia de protección de datos expedirán y renovarán las certificaciones una vez informada la autoridad de control, a fin de esta que pueda ejercer, si así se requiere, sus poderes en virtud del artículo 58, apartado 2, letra h). Los Estados miembros garantizarán que dichos organismos de certificación sean acreditados por la autoridad o el organismo indicado a continuación, o por ambos:

a) La autoridad de control que sea competente en virtud del artículo 55 o 56.
b) El organismo nacional de acreditación designado de conformidad con el Reglamento (CE) n.o 765/2008 del Parlamento Europeo y del Consejo (20) con arreglo a la norma EN ISO/IEC 17065/2012 y a los requisitos adicionales establecidos por la autoridad de control que sea competente en virtud del artículo 55 o 56.

2. Los organismos de certificación mencionados en el apartado 1 únicamente serán acreditados de conformidad con dicho apartado si:

a) Han demostrado, a satisfacción de la autoridad de control competente, su independencia y su pericia en relación con el objeto de la certificación.
b) Se han comprometido a respetar los criterios mencionados en el artículo 42, apartado 5, y aprobados por la autoridad de control que sea competente en virtud del artículo 55 o 56, o por el Comité de conformidad con el artículo 63.
c) Han establecido procedimientos para la expedición, la revisión periódica y la retirada de certificaciones, sellos y marcas de protección de datos.
d) Han establecido procedimientos y estructuras para tratar las reclamaciones relativas a infracciones de la certificación o a la manera en que la certificación haya sido o esté siendo aplicada por un responsable o encargado del tratamiento, y para hacer dichos procedimientos y estructuras transparentes para los interesados y el público.
e) Han demostrado, a satisfacción de la autoridad de control competente, que sus funciones y cometidos no dan lugar a conflicto de intereses.

3. La acreditación de los organismos de certificación a que se refieren los apartados 1 y 2 del presente artículo se realizará sobre la base de los criterios aprobados por la autoridad de control que sea competente en virtud del artículo 55 o 56, o por el Comité de conformidad con el artículo 63. En caso de acreditación de conformidad con el apartado 1, letra b), del presente artículo, estos requisitos complementarán los contemplados en el Reglamento (CE) n.o 765/2008 y las normas técnicas que describen los métodos y procedimientos de los organismos de certificación.

4. Los organismos de certificación a que se refiere el apartado 1 serán responsable de la correcta evaluación a efectos de certificación o retirada de la certificación, sin perjuicio de la responsabilidad del responsable o del encargado del tratamiento en cuanto al cumplimiento del presente Reglamento. La acreditación se expedirá por un período máximo de cinco años y podrá ser renovada en las mismas condiciones, siempre y cuando el organismo de certificación cumpla los requisitos establecidos en el presente artículo.

5. Los organismos de certificación a que se refiere el apartado 1 comunicarán a las autoridades de control competentes las razones de la expedición de la certificación solicitada o de su retirada.

6. La autoridad de control hará públicos los requisitos a que se refiere el apartado 3 del presente artículo y los criterios a que se a refiere el artículo 42, apartado 5, en una forma fácilmente accesible. Las autoridades de control comunicarán también dichos requisitos y criterios al Comité. El Comité archivará en un registro todos los mecanismos de certificación y sellos de protección de datos y los pondrá a disposición pública por cualquier medio apropiado.

7. No obstante lo dispuesto en el capítulo VIII, la autoridad de control competente o el organismo nacional de acreditación revocará la acreditación a un organismo de certificación a tenor del apartado 1 del presente artículo si las condiciones de la acreditación no se cumplen o han dejado de cumplirse, o si la actuación de dicho organismo de certificación infringe el presente Reglamento.

8. La Comisión estará facultada para adoptar actos delegados, de conformidad con el artículo 92, a fin de especificar las condiciones que deberán tenerse en cuenta para los mecanismos de certificación en materia de protección de datos a que se refiere el artículo 42, apartado 1.

9. La Comisión podrá adoptar actos de ejecución que establezcan normas técnicas para los mecanismos de certificación y los sellos y marcas de protección de datos, y mecanismos para promover y reconocer dichos mecanismos de certificación, sellos y marcas. Dichos actos de ejecución se adoptarán con arreglo al procedimiento de examen a que se refiere el artículo 93, apartado 2.

Capítulo V. Transferencias de datos personales a terceros países u organizaciones internacionales

Artículo 44. Principio general de las transferencias

Solo se realizarán transferencias de datos personales que sean objeto de tratamiento o vayan a serlo tras su transferencia a un tercer país u organización internacional si, a reserva de las demás disposiciones del presente Reglamento, el responsable y el encargado del tratamiento cumplen las condiciones establecidas en el presente capítulo, incluidas las relativas a las transferencias ulteriores de datos personales desde el tercer país u organización internacional a otro tercer país u otra organización internacional. Todas las disposiciones del presente capítulo se aplicarán a fin de asegurar que el nivel de protección de las personas físicas garantizado por el presente Reglamento no se vea menoscabado.

Artículo 45. Transferencias basadas en una decisión de adecuación

1. Podrá realizarse una transferencia de datos personales a un tercer país u organización internacional cuando la Comisión haya decidido que el tercer país, un territorio o uno o varios sectores específicos de ese tercer país, o la organización internacional de que se trate garantizan un nivel de protección adecuado. Dicha transferencia no requerirá ninguna autorización específica.

2. Al evaluar la adecuación del nivel de protección, la Comisión tendrá en cuenta, en particular, los siguientes elementos:

a) El Estado de Derecho, el respeto de los derechos humanos y las libertades fundamentales, la legislación pertinente, tanto general como sectorial, incluida la relativa a la seguridad pública, la defensa, la seguridad nacional y la legislación penal, y el acceso de las autoridades públicas a los datos personales, así como la aplicación de dicha legislación, las normas de protección de datos, las normas profesionales y las medidas de seguridad, incluidas las normas sobre transferencias ulteriores de datos personales a otro tercer país u organización internacional observadas en ese país u organización internacional, la jurisprudencia, así como el reconocimiento a los interesados cuyos datos personales estén siendo transferidos de derechos efectivos y exigibles y de recursos administrativos y acciones judiciales que sean efectivos.

b) La existencia y el funcionamiento efectivo de una o varias autoridades de control independientes en el tercer país o a las cuales esté sujeta una organización internacional, con la responsabilidad de garantizar y hacer cumplir las normas en materia de protección de datos, incluidos poderes de ejecución adecuados, de asistir y asesorar a los interesados en el ejercicio de sus derechos, y de cooperar con las autoridades de control de la Unión y de los Estados miembros.

c) Los compromisos internacionales asumidos por el tercer país u organización internacional de que se trate, u otras obligaciones derivadas de acuerdos o instrumentos jurídicamente vinculantes, así como de su participación en sistemas multilaterales o regionales, en particular en relación con la protección de los datos personales.

3. La Comisión, tras haber evaluado la adecuación del nivel de protección, podrá decidir, mediante un acto de ejecución, que un tercer país, un territorio o uno o varios sectores específicos de un tercer país, o una organización internacional garantizan un nivel de protección adecuado a tenor de lo dispuesto en el apartado 2 del presente artículo. El acto de ejecución establecerá un mecanismo de revisión periódica, al menos cada cuatro años, que tenga en cuenta todos los acontecimientos relevantes en el tercer país o en la organización internacional. El acto de ejecución especificará su ámbito de aplicación territorial y sectorial, y, en su caso, determinará la autoridad o autoridades de control a que se refiere el apartado 2, letra b), del presente artículo. El acto de ejecución se adoptará con arreglo al procedimiento de examen a que se refiere el artículo 93, apartado 2.

4. La Comisión supervisará de manera continuada los acontecimientos en países terceros y organizaciones internacionales que puedan afectar a la efectiva aplicación de las decisiones adoptadas con arreglo al apartado 3 del presente artículo y de las decisiones adoptadas sobre la base del artículo 25, apartado 6, de la Directiva 95/46/CE.

5. Cuando la información disponible, en particular tras la revisión a que se refiere el apartado 3 del presente artículo, muestre que un tercer país, un territorio o un sector específico de ese tercer país, o una organización internacional ya no garantiza un nivel de protección adecuado a tenor del apartado 2 del presente artículo, la Comisión, mediante actos de ejecución, derogará, modificará o suspenderá, en la medida necesaria y sin efecto retroactivo, la decisión a que se refiere el apartado 3 del presente artículo. Dichos actos de ejecución se adoptarán de acuerdo con el procedimiento de examen a que se refiere el artículo 93, apartado 2.

Por razones imperiosas de urgencia debidamente justificadas, la Comisión adoptará actos de ejecución inmediatamente aplicables de conformidad con el procedimiento a que se refiere el artículo 93, apartado 3.

6 La Comisión entablará consultas con el tercer país u organización internacional con vistas a poner remedio a la situación que dé lugar a la decisión adoptada de conformidad con el apartado 5.

7. Toda decisión de conformidad con el apartado 5 del presente artículo se entenderá sin perjuicio de las transferencias de datos personales al tercer país, a un territorio o uno o varios sectores específicos de ese tercer país, o a la organización internacional de que se trate en virtud de los artículos 46 a 49.

8. La Comisión publicará en el Diario Oficial de la Unión Europea y en su página web una lista de terceros países, territorios y sectores específicos en un tercer país, y organizaciones internacionales respecto de los cuales haya decidido que se garantiza, o ya no, un nivel de protección adecuado.

9. Las decisiones adoptadas por la Comisión en virtud del artículo 25, apartado 6, de la Directiva 95/46/CE permanecerán en vigor hasta que sean modificadas, sustituidas o derogadas por una decisión de la Comisión adoptada de conformidad con los apartados 3 o 5 del presente artículo.

Artículo 46. Transferencias mediante garantías adecuadas

1. A falta de decisión con arreglo al artículo 45, apartado 3, el responsable o el encargado del tratamiento solo podrá transmitir datos personales a un tercer país u organización internacional si hubiera ofrecido garantías adecuadas y a condición de que los interesados cuenten con derechos exigibles y acciones legales efectivas.

2. Las garantías adecuadas con arreglo al apartado 1 podrán ser aportadas, sin que se requiera ninguna autorización expresa de una autoridad de control, por:

a) Un instrumento jurídicamente vinculante y exigible entre las autoridades u organismos públicos.

b) Normas corporativas vinculantes de conformidad con el artículo 47.

c) Cláusulas tipo de protección de datos adoptadas por la Comisión de conformidad con el procedimiento de examen a que se refiere el artículo 93, apartado 2.

d) Cláusulas tipo de protección de datos adoptadas por una autoridad de control y aprobadas por la Comisión con arreglo al procedimiento de examen a que se refiere en el artículo 93, apartado 2.

e) Un código de conducta aprobado con arreglo al artículo 40, junto con compromisos vinculantes y exigibles del responsable o el encargado del tratamiento en el tercer país de aplicar garantías adecuadas, incluidas la relativas a los derechos de los interesados.

f) Un mecanismo de certificación aprobado con arreglo al artículo 42, junto con compromisos vinculantes y exigibles del responsable o el encargado del tratamiento en el tercer país de aplicar garantías adecuadas, incluidas la relativas a los derechos de los interesados.

3. Siempre que exista autorización de la autoridad de control competente, las garantías adecuadas contempladas en el apartado 1 podrán igualmente ser aportadas, en particular, mediante:

a) Cláusulas contractuales entre el responsable o el encargado y el responsable, encargado o destinatario de los datos personales en el tercer país u organización internacional, o

b) Disposiciones que se incorporen en acuerdos administrativos entre las autoridades u organismos públicos que incluyan derechos efectivos y exigibles para los interesados.

4. La autoridad de control aplicará el mecanismo de coherencia a que se refiere el artículo 63 en los casos indicados en el apartado 3 del presente artículo.

5. Las autorizaciones otorgadas por un Estado miembro o una autoridad de control de conformidad con el artículo 26, apartado 2, de la Directiva 95/46/CE seguirán siendo válidas hasta que hayan sido modificadas, sustituidas o derogadas, en caso necesario, por dicha autoridad de control. Las decisiones adoptadas por la Comisión en virtud del artículo 26, apartado 4, de la Directiva 95/46/CE permanecerán en vigor hasta que sean modificadas, sustituidas o derogadas, en caso necesario, por una decisión de la Comisión adoptada de conformidad con el apartado 2 del presente artículo.

Artículo 47. Normas corporativas vinculantes

1. La autoridad de control competente aprobará normas corporativas vinculantes de conformidad con el mecanismo de coherencia establecido en el artículo 63, siempre que estas:

a) Sean jurídicamente vinculantes y se apliquen y sean cumplidas por todos los miembros correspondientes del grupo empresarial o de la unión de empresas dedicadas a una actividad económica conjunta, incluidos sus empleados.
b) Confieran expresamente a los interesados derechos exigibles en relación con el tratamiento de sus datos personales.
c) Cumplan los requisitos establecidos en el apartado 2.

2. Las normas corporativas vinculantes mencionadas en el apartado 1 especificarán, como mínimo, los siguientes elementos:

a) La estructura y los datos de contacto del grupo empresarial o de la unión de empresas dedicadas a una actividad económica conjunta y de cada uno de sus miembros.
b) Las transferencias o conjuntos de transferencias de datos, incluidas las categorías de datos personales, el tipo de tratamientos y sus fines, el tipo de interesados afectados y el nombre del tercer o los terceros países en cuestión.
c) Su carácter jurídicamente vinculante, tanto a nivel interno como externo.
d) La aplicación de los principios generales en materia de protección de datos, en particular la limitación de la finalidad, la minimización de los datos, los periodos de conservación limitados, la calidad de los datos, la

protección de los datos desde el diseño y por defecto, la base del tratamiento, el tratamiento de categorías especiales de datos personales, las medidas encaminadas a garantizar la seguridad de los datos y los requisitos con respecto a las transferencias ulteriores a organismos no vinculados por las normas corporativas vinculantes.

e) Los derechos de los interesados en relación con el tratamiento y los medios para ejercerlos, en particular el derecho a no ser objeto de decisiones basadas exclusivamente en un tratamiento automatizado, incluida la elaboración de perfiles de conformidad con lo dispuesto en el artículo 22, el derecho a presentar una reclamación ante la autoridad de control competente y ante los tribunales competentes de los Estados miembros de conformidad con el artículo 79, y el derecho a obtener una reparación, y, cuando proceda, una indemnización por violación de las normas corporativas vinculantes.

f) La aceptación por parte del responsable o del encargado del tratamiento establecidos en el territorio de un Estado miembro de la responsabilidad por cualquier violación de las normas corporativas vinculantes por parte de cualquier miembro de que se trate no establecido en la Unión; el responsable o el encargado solo será exonerado, total o parcialmente, de dicha responsabilidad si demuestra que el acto que originó los daños y perjuicios no es imputable a dicho miembro.

g) La forma en que se facilita a los interesados la información sobre las normas corporativas vinculantes, en particular en lo que respecta a las disposiciones contempladas en las letras d), e) y f) del presente apartado, además de los artículos 13 y 14.

h) Las funciones de todo delegado de protección de datos designado de conformidad con el artículo 37, o de cualquier otra persona o entidad encargada de la supervisión del cumplimiento de las normas corporativas vinculantes dentro del grupo empresarial o de la unión de empresas dedicadas a una actividad económica conjunta, así como de la supervisión de la formación y de la tramitación de las reclamaciones.

i) Los procedimientos de reclamación.

j) Los mecanismos establecidos dentro del grupo empresarial o de la unión de empresas dedicadas a una actividad económica conjunta para garantizar la verificación del cumplimiento de las normas corporativas vinculantes. Dichos mecanismos incluirán auditorías de protección de datos y métodos para garantizar acciones correctivas para proteger los derechos del interesado. Los resultados de dicha verificación deberían comunicarse a la persona o entidad a que se refiere la letra h) y al consejo de administración de la empresa que controla un grupo empresarial, o de la unión de empresas dedicadas a una actividad económica conjunta, y ponerse a disposición de la autoridad de control competente que lo solicite.

k) Los mecanismos establecidos para comunicar y registrar las modificaciones introducidas en las normas y para notificar esas modificaciones a la autoridad de control.

l) El mecanismo de cooperación con la autoridad de control para garantizar el cumplimiento por parte de cualquier miembro del grupo empresarial o de la unión de empresas dedicadas a una actividad económica conjunta, en particular poniendo a disposición de la autoridad de control los resultados de las verificaciones de las medidas contempladas en la letra j).

m) Los mecanismos para informar a la autoridad de control competente de cualquier requisito jurídico de aplicación en un país tercero a un miembro del grupo empresarial o de la unión de empresas dedicadas a una actividad económica conjunta, que probablemente tengan un efecto adverso sobre las garantías establecidas en las normas corporativas vinculantes.

n) La formación en protección de datos pertinente para el personal que tenga acceso permanente o habitual a datos personales.

3. La Comisión podrá especificar el formato y los procedimientos para el intercambio de información entre los responsables, los encargados y las autoridades de control en relación con las normas corporativas vinculantes a tenor de lo dispuesto en el presente artículo. Dichos actos de ejecución se adoptarán con arreglo al procedimiento de examen a que se refiere el artículo 93, apartado 2.

Artículo 48. Transferencias o comunicaciones no autorizadas por el Derecho de la Unión

Cualquier sentencia de un órgano jurisdiccional o decisión de una autoridad administrativa de un tercer país que exijan que un responsable o encargado del tratamiento transfiera o comunique datos personales únicamente será reconocida o ejecutable en cualquier modo si se basa en un acuerdo internacional, como un tratado de asistencia jurídica mutua, vigente entre el país tercero requirente y la Unión o un Estado miembro, sin perjuicio de otros motivos para la transferencia al amparo del presente capítulo.

Artículo 49. Excepciones para situaciones específicas

1. En ausencia de una decisión de adecuación de conformidad con el artículo 45, apartado 3, o de garantías adecuadas de conformidad con el artículo 46, incluidas las normas corporativas vinculantes, una transferencia o un conjunto de

transferencias de datos personales a un tercer país u organización internacional únicamente se realizará si se cumple alguna de las condiciones siguientes:

a) El interesado haya dado explícitamente su consentimiento a la transferencia propuesta, tras haber sido informado de los posibles riesgos para él de dichas transferencias debido a la ausencia de una decisión de adecuación y de garantías adecuadas.

b) La transferencia sea necesaria para la ejecución de un contrato entre el interesado y el responsable del tratamiento o para la ejecución de medidas precontractuales adoptadas a solicitud del interesado.

c) La transferencia sea necesaria para la celebración o ejecución de un contrato, en interés del interesado, entre el responsable del tratamiento y otra persona física o jurídica.

d) La transferencia sea necesaria por razones importantes de interés público.

e) La transferencia sea necesaria para la formulación, el ejercicio o la defensa de reclamaciones.

f) La transferencia sea necesaria para proteger los intereses vitales del interesado o de otras personas, cuando el interesado esté física o jurídicamente incapacitado para dar su consentimiento.

g) La transferencia se realice desde un registro público que, con arreglo al Derecho de la Unión o de los Estados miembros, tenga por objeto facilitar información al público y esté abierto a la consulta del público en general o de cualquier persona que pueda acreditar un interés legítimo, pero sólo en la medida en que se cumplan, en cada caso particular, las condiciones que establece el Derecho de la Unión o de los Estados miembros para la consulta.

Cuando una transferencia no pueda basarse en disposiciones de los artículos 45 o 46, incluidas las disposiciones sobre normas corporativas vinculantes, y no sea aplicable ninguna de las excepciones para situaciones específicas a que se refiere el párrafo primero del presente apartado, solo se podrá llevar a cabo si no es repetitiva, afecta solo a un número limitado de interesados, es necesaria a los fines de intereses legítimos imperiosos perseguidos por el responsable del tratamiento sobre los que no prevalezcan los intereses o derechos y libertades del interesado, y el responsable del tratamiento evaluó todas las circunstancias concurrentes en la transferencia de datos y, basándose en esta evaluación, ofreció garantías apropiadas con respecto a la protección de datos personales. El responsable del tratamiento informará a la autoridad de control de la transferencia. Además de la información a que hacen referencia los artículos 13 y 14, el responsable del tratamiento informará al interesado de la transferencia y de los intereses legítimos imperiosos perseguidos.

2. Una transferencia efectuada de conformidad con el apartado 1, párrafo primero, letra g), no abarcará la totalidad de los datos personales ni categorías enteras de datos personales contenidos en el registro. Si la finalidad del registro es la consulta por parte de personas que tengan un interés legítimo, la transferencia solo se efectuará a solicitud de dichas personas o si estas han de ser las destinatarias.

3. En el apartado 1, el párrafo primero, letras a), b) y c), y el párrafo segundo no serán aplicables a las actividades llevadas a cabo por las autoridades públicas en el ejercicio de sus poderes públicos.

4. El interés público contemplado en el apartado 1, párrafo primero, letra d), será reconocido por el Derecho de la Unión o de los Estados miembros que se aplique al responsable del tratamiento.

5. En ausencia de una decisión por la que se constate la adecuación de la protección de los datos, el Derecho de la Unión o de los Estados miembros podrá, por razones importantes de interés público, establecer expresamente límites a la transferencia de categorías específicas de datos a un tercer país u organización internacional. Los Estados miembros notificarán a la Comisión dichas disposiciones.

6. El responsable o el encargado del tratamiento documentarán en los registros indicados en el artículo 30 la evaluación y las garantías apropiadas a que se refiere el apartado 1, párrafo segundo, del presente artículo.

Artículo 50. Cooperación internacional en el ámbito de la protección de datos personales

En relación con los terceros países y las organizaciones internacionales, la Comisión y las autoridades de control tomarán medidas apropiadas para:

a) Crear mecanismos de cooperación internacional que faciliten la aplicación eficaz de la legislación relativa a la protección de datos personales.

b) Prestarse mutuamente asistencia a escala internacional en la aplicación de la legislación relativa a la protección de datos personales, en particular mediante la notificación, la remisión de reclamaciones, la asistencia en las investigaciones y el intercambio de información, a reserva de las garantías adecuadas para la protección de los datos personales y otros derechos y libertades fundamentales.

c) Asociar a partes interesadas en la materia a los debates y actividades destinados a reforzar la cooperación internacional en la aplicación de la legislación relativa a la protección de datos personales.

d) Promover el intercambio y la documentación de la legislación y las prácticas en materia de protección de datos personales, inclusive en materia de conflictos de jurisdicción con terceros países.

Capítulo VI. Autoridades de control independientes

Sección 1. Independencia

Artículo 51. Autoridad de control

1. Cada Estado miembro establecerá que sea responsabilidad de una o varias autoridades públicas independientes (en adelante «autoridad de control») supervisar la aplicación del presente Reglamento, con el fin de proteger los derechos y las libertades fundamentales de las personas físicas en lo que respecta al tratamiento y de facilitar la libre circulación de datos personales en la Unión.

2. Cada autoridad de control contribuirá a la aplicación coherente del presente Reglamento en toda la Unión. A tal fin, las autoridades de control cooperarán entre sí y con la Comisión con arreglo a lo dispuesto en el capítulo VII.

3. Cuando haya varias autoridades de control en un Estado miembro, este designará la autoridad de control que representará a dichas autoridades en el Comité, y establecerá el mecanismo que garantice el cumplimiento por las demás autoridades de las normas relativas al mecanismo de coherencia a que se refiere el artículo 63.

4. Cada Estado miembro notificará a la Comisión las disposiciones legales que adopte de conformidad con el presente capítulo a más tardar el 25 de mayo de 2018 y, sin dilación, cualquier modificación posterior que afecte a dichas disposiciones.

Artículo 52. Independencia

1. Cada autoridad de control actuará con total independencia en el desempeño de sus funciones y en el ejercicio de sus poderes de conformidad con el presente Reglamento.

2. El miembro o los miembros de cada autoridad de control serán ajenos, en el desempeño de sus funciones y en el ejercicio de sus poderes de conformidad con el presente Reglamento, a toda influencia externa, ya sea directa o indirecta, y no solicitarán ni admitirán ninguna instrucción.

3. El miembro o los miembros de cada autoridad de control se abstendrán de cualquier acción que sea incompatible con sus funciones y no participarán, mientras dure su mandato, en ninguna actividad profesional que sea incompatible, remunerada o no.

4. Cada Estado miembro garantizará que cada autoridad de control disponga en todo momento de los recursos humanos, técnicos y financieros, así como de

los locales y las infraestructuras necesarios para el cumplimiento efectivo de sus funciones y el ejercicio de sus poderes, incluidos aquellos que haya de ejercer en el marco de la asistencia mutua, la cooperación y la participación en el Comité.

5. Cada Estado miembro garantizará que cada autoridad de control elija y disponga de su propio personal, que estará sujeto a la autoridad exclusiva del miembro o miembros de la autoridad de control interesada.

6. Cada Estado miembro garantizará que cada autoridad de control esté sujeta a un control financiero que no afecte a su independencia y que disponga de un presupuesto anual, público e independiente, que podrá formar parte del presupuesto general del Estado o de otro ámbito nacional.

Artículo 53. Condiciones generales aplicables a los miembros de la autoridad de control

1. Los Estados miembros dispondrán que cada miembro de sus autoridades de control sea nombrado mediante un procedimiento transparente por:

- Su Parlamento.
- Su Gobierno.
- Su Jefe de Estado.
- Un organismo independiente encargado del nombramiento en virtud del Derecho de los Estados miembros.

2. Cada miembro poseerá la titulación, la experiencia y las aptitudes, en particular en el ámbito de la protección de datos personales, necesarias para el cumplimiento de sus funciones y el ejercicio de sus poderes.

3. Los miembros darán por concluidas sus funciones en caso de terminación del mandato, dimisión o jubilación obligatoria, de conformidad con el Derecho del Estado miembro de que se trate.

4. Un miembro será destituido únicamente en caso de conducta irregular grave o si deja de cumplir las condiciones exigidas en el desempeño de sus funciones.

Artículo 54. Normas relativas al establecimiento de la autoridad de control

1. Cada Estado miembro establecerá por ley todos los elementos indicados a continuación:

a) El establecimiento de cada autoridad de control.

b) Las cualificaciones y condiciones de idoneidad necesarias para ser nombrado miembro de cada autoridad de control.

c) Las normas y los procedimientos para el nombramiento del miembro o miembros de cada autoridad de control.

d) La duración del mandato del miembro o los miembros de cada autoridad de control, no inferior a cuatro años, salvo el primer nombramiento posterior al 24 de mayo de 2016, parte del cual podrá ser más breve cuando sea necesario para proteger la independencia de la autoridad de control por medio de un procedimiento de nombramiento escalonado.

e) El carácter renovable o no del mandato del miembro o los miembros de cada autoridad de control y, en su caso, el número de veces que podrá renovarse.

f) Las condiciones por las que se rigen las obligaciones del miembro o los miembros y del personal de cada autoridad de control, las prohibiciones relativas a acciones, ocupaciones y prestaciones incompatibles con el cargo durante el mandato y después del mismo, y las normas que rigen el cese en el empleo.

2. El miembro o miembros y el personal de cada autoridad de control estarán sujetos, de conformidad con el Derecho de la Unión o de los Estados miembros, al deber de secreto profesional, tanto durante su mandato como después del mismo, con relación a las informaciones confidenciales de las que hayan tenido conocimiento en el cumplimiento de sus funciones o el ejercicio de sus poderes. Durante su mandato, dicho deber de secreto profesional se aplicará en particular a la información recibida de personas físicas en relación con infracciones del presente Reglamento.

Sección 2. Competencia, funciones y poderes

Artículo 55. Competencia

1. Cada autoridad de control será competente para desempeñar las funciones que se le asignen y ejercer los poderes que se le confieran de conformidad con el presente Reglamento en el territorio de su Estado miembro.

2. Cuando el tratamiento sea efectuado por autoridades públicas o por organismos privados que actúen con arreglo al artículo 6, apartado 1, letras c) o e), será competente la autoridad de control del Estado miembro de que se trate. No será aplicable en tales casos el artículo 56.

3. Las autoridades de control no serán competentes para controlar las operaciones de tratamiento efectuadas por los tribunales en el ejercicio de su función judicial.

Artículo 56. Competencia de la autoridad de control principal

1. Sin perjuicio de lo dispuesto en el artículo 55, la autoridad de control del establecimiento principal o del único establecimiento del responsable o del encargado del tratamiento será competente para actuar como autoridad de control principal para el tratamiento transfronterizo realizado por parte de dicho responsable o encargado con arreglo al procedimiento establecido en el artículo 60.

2. No obstante lo dispuesto en el apartado 1, cada autoridad de control será competente para tratar una reclamación que le sea presentada o una posible infracción del presente Reglamento, en caso de que se refiera únicamente a un establecimiento situado en su Estado miembro o únicamente afecte de manera sustancial a interesados en su Estado miembro.

3. En los casos a que se refiere el apartado 2 del presente artículo, la autoridad de control informará sin dilación al respecto a la autoridad de control principal. En el plazo de tres semanas después de haber sido informada, la autoridad de control principal decidirá si tratará o no el caso de conformidad con el procedimiento establecido en el artículo 60, teniendo presente si existe un establecimiento del responsable o encargado del tratamiento en el Estado miembro de la autoridad de control que le haya informado.

4. En caso de que la autoridad de control principal decida tratar el caso, se aplicará el procedimiento establecido en el artículo 60. La autoridad de control que haya informado a la autoridad de control principal podrá presentarle un proyecto de decisión. La autoridad de control principal tendrá en cuenta en la mayor medida posible dicho proyecto al preparar el proyecto de decisión a que se refiere el artículo 60, apartado 3.

5. En caso de que la autoridad de control principal decida no tratar el caso, la autoridad de control que le haya informado lo tratará con arreglo a los artículos 61 y 62.

6. La autoridad de control principal será el único interlocutor del responsable o del encargado en relación con el tratamiento transfronterizo realizado por dicho responsable o encargado.

Artículo 57. Funciones

1. Sin perjuicio de otras funciones en virtud del presente Reglamento, incumbirá a cada autoridad de control, en su territorio:

a) Controlar la aplicación del presente Reglamento y hacerlo aplicar.

b) Promover la sensibilización del público y su comprensión de los riesgos, normas, garantías y derechos en relación con el tratamiento. Las actividades dirigidas específicamente a los niños deberán ser objeto de especial atención.

c) Asesorar, con arreglo al Derecho de los Estados miembros, al Parlamento nacional, al Gobierno y a otras instituciones y organismos sobre las medidas legislativas y administrativas relativas a la protección de los derechos y libertades de las personas físicas con respecto al tratamiento.

d) Promover la sensibilización de los responsables y encargados del tratamiento acerca de las obligaciones que les incumben en virtud del presente Reglamento.

e) Previa solicitud, facilitar información a cualquier interesado en relación con el ejercicio de sus derechos en virtud del presente Reglamento y, en su caso, cooperar a tal fin con las autoridades de control de otros Estados miembros.

f) Tratar las reclamaciones presentadas por un interesado o por un organismo, organización o asociación de conformidad con el artículo 80, e investigar, en la medida oportuna, el motivo de la reclamación e informar al reclamante sobre el curso y el resultado de la investigación en un plazo razonable, en particular si fueran necesarias nuevas investigaciones o una coordinación más estrecha con otra autoridad de control.

g) Cooperar, en particular compartiendo información, con otras autoridades de control y prestar asistencia mutua con el fin de garantizar la coherencia en la aplicación y ejecución del presente Reglamento.

h) Llevar a cabo investigaciones sobre la aplicación del presente Reglamento, en particular basándose en información recibida de otra autoridad de control u otra autoridad pública.

i) Hacer un seguimiento de cambios que sean de interés, en la medida en que tengan incidencia en la protección de datos personales, en particular el desarrollo de las tecnologías de la información y la comunicación y las prácticas comerciales.

j) Adoptar las cláusulas contractuales tipo a que se refieren el artículo 28, apartado 8, y el artículo 46, apartado 2, letra d).

k) Elaborar y mantener una lista relativa al requisito de la evaluación de impacto relativa a la protección de datos, en virtud del artículo 35, apartado 4.

l) Ofrecer asesoramiento sobre las operaciones de tratamiento contempladas en el artículo 36, apartado 2.

m) Alentar la elaboración de códigos de conducta con arreglo al artículo 40, apartado 1, y dictaminar y aprobar los códigos de conducta que den suficientes garantías con arreglo al artículo 40, apartado 5.

n) Fomentar la creación de mecanismos de certificación de la protección de datos y de sellos y marcas de protección de datos con arreglo al artículo 42, apartado 1, y aprobar los criterios de certificación de conformidad con el artículo 42, apartado 5.

o) Llevar a cabo, si procede, una revisión periódica de las certificaciones expedidas en virtud del artículo 42, apartado 7.

p) Elaborar y publicar los criterios para la acreditación de organismos de supervisión de los códigos de conducta con arreglo al artículo 41 y de organismos de certificación con arreglo al artículo 43.

q) Efectuar la acreditación de organismos de supervisión de los códigos de conducta con arreglo al artículo 41 y de organismos de certificación con arreglo al artículo 43.

r) Autorizar las cláusulas contractuales y disposiciones a que se refiere el artículo 46, apartado 3.

s) Aprobar normas corporativas vinculantes de conformidad con lo dispuesto en el artículo 47.

t) Contribuir a las actividades del Comité.

u) Llevar registros internos de las infracciones del presente Reglamento y de las medidas adoptadas de conformidad con el artículo 58, apartado 2.

v) Desempeñar cualquier otra función relacionada con la protección de los datos personales.

2. Cada autoridad de control facilitará la presentación de las reclamaciones contempladas en el apartado 1, letra f), mediante medidas como un formulario de presentación de reclamaciones que pueda cumplimentarse también por medios electrónicos, sin excluir otros medios de comunicación.

3. El desempeño de las funciones de cada autoridad de control será gratuito para el interesado y, en su caso, para el delegado de protección de datos.

4. Cuando las solicitudes sean manifiestamente infundadas o excesivas, especialmente debido a su carácter repetitivo, la autoridad de control podrá establecer una tasa razonable basada en los costes administrativos o negarse a actuar respecto de la solicitud. La carga de demostrar el carácter manifiestamente infundado o excesivo de la solicitud recaerá en la autoridad de control.

Artículo 58. Poderes

1. Cada autoridad de control dispondrá de todos los poderes de investigación indicados a continuación:

a) Ordenar al responsable y al encargado del tratamiento y, en su caso, al representante del responsable o del encargado, que faciliten cualquier información que requiera para el desempeño de sus funciones.

b) Llevar a cabo investigaciones en forma de auditorías de protección de datos.

c) Llevar a cabo una revisión de las certificaciones expedidas en virtud del artículo 42, apartado 7.

d) Notificar al responsable o al encargado del tratamiento las presuntas infracciones del presente Reglamento.

e) Obtener del responsable y del encargado del tratamiento el acceso a todos los datos personales y a toda la información necesaria para el ejercicio de sus funciones.

f) Obtener el acceso a todos los locales del responsable y del encargado del tratamiento, incluidos cualesquiera equipos y medios de tratamiento de datos, de conformidad con el Derecho procesal de la Unión o de los Estados miembros.

2. Cada autoridad de control dispondrá de todos los siguientes poderes correctivos indicados a continuación:

a) Sancionar a todo responsable o encargado del tratamiento con una advertencia cuando las operaciones de tratamiento previstas puedan infringir lo dispuesto en el presente Reglamento.

b) Sancionar a todo responsable o encargado del tratamiento con apercibimiento cuando las operaciones de tratamiento hayan infringido lo dispuesto en el presente Reglamento.

c) Ordenar al responsable o encargado del tratamiento que atiendan las solicitudes de ejercicio de los derechos del interesado en virtud del presente Reglamento.

d) Ordenar al responsable o encargado del tratamiento que las operaciones de tratamiento se ajusten a las disposiciones del presente Reglamento, cuando proceda, de una determinada manera y dentro de un plazo especificado.

e) Ordenar al responsable del tratamiento que comunique al interesado las violaciones de la seguridad de los datos personales.

f) Imponer una limitación temporal o definitiva del tratamiento, incluida su prohibición.

g) Ordenar la rectificación o supresión de datos personales o la limitación de tratamiento con arreglo a los artículos 16, 17 y 18 y la notificación de dichas medidas a los destinatarios a quienes se hayan comunicado datos personales con arreglo a al artículo 17, apartado 2, y al artículo 19.

h) Retirar una certificación u ordenar al organismo de certificación que retire una certificación emitida con arreglo a los artículos 42 y 43, u ordenar al organismo de certificación que no se emita una certificación si no se cumplen o dejan de cumplirse los requisitos para la certificación.

i) Imponer una multa administrativa con arreglo al artículo 83, además o en lugar de las medidas mencionadas en el presente apartado, según las circunstancias de cada caso particular.

j) Ordenar la suspensión de los flujos de datos hacia un destinatario situado en un tercer país o hacia una organización internacional.

3. Cada autoridad de control dispondrá de todos los poderes de autorización y consultivos indicados a continuación:

a) Asesorar al responsable del tratamiento conforme al procedimiento de consulta previa contemplado en el artículo 36.

b) Emitir, por iniciativa propia o previa solicitud, dictámenes destinados al Parlamento nacional, al Gobierno del Estado miembro o, con arreglo al Derecho de los Estados miembros, a otras instituciones y organismos, así como al público, sobre cualquier asunto relacionado con la protección de los datos personales.

c) Autorizar el tratamiento a que se refiere el artículo 36, apartado 5, si el Derecho del Estado miembro requiere tal autorización previa.

d) Emitir un dictamen y aprobar proyectos de códigos de conducta de conformidad con lo dispuesto en el artículo 40, apartado 5.

e) Acreditar los organismos de certificación con arreglo al artículo 43.

f) Expedir certificaciones y aprobar criterios de certificación con arreglo al artículo 42, apartado 5.

g) Adoptar las cláusulas tipo de protección de datos contempladas en el artículo 28, apartado 8, y el artículo 46, apartado 2, letra d).

h) Autorizar las cláusulas contractuales indicadas en el artículo 46, apartado 3, letra a).

i) Autorizar los acuerdos administrativos contemplados en el artículo 46, apartado 3, letra b).

j) Aprobar normas corporativas vinculantes de conformidad con lo dispuesto en el artículo 47.

4. El ejercicio de los poderes conferidos a la autoridad de control en virtud del presente artículo estará sujeto a las garantías adecuadas, incluida la tutela judicial efectiva y al respeto de las garantías procesales, establecidas en el Derecho de la Unión y de los Estados miembros de conformidad con la Carta.

5. Cada Estado miembro dispondrá por ley que su autoridad de control esté facultada para poner en conocimiento de las autoridades judiciales las infracciones del presente Reglamento y, si procede, para iniciar o ejercitar de otro modo acciones judiciales, con el fin de hacer cumplir lo dispuesto en el mismo.

6. Cada Estado miembro podrá establecer por ley que su autoridad de control tenga otros poderes además de los indicadas en los apartados 1, 2 y 3. El ejercicio de dichos poderes no será obstáculo a la aplicación efectiva del capítulo VII.

Artículo 59. Informe de actividad

Cada autoridad de control elaborará un informe anual de sus actividades, que podrá incluir una lista de tipos de infracciones notificadas y de tipos de medidas adoptadas de conformidad con el artículo 58, apartado 2. Los informes se transmitirán al Parlamento nacional, al Gobierno y a las demás autoridades designadas en virtud del Derecho de los Estados miembros. Se pondrán a disposición del público, de la Comisión y del Comité.

Capítulo VII. Cooperación y coherencia

Sección 1. Cooperación y coherencia

Artículo 60. Cooperación entre la autoridad de control principal y las demás autoridades de control interesadas

1. La autoridad de control principal cooperará con las demás autoridades de control interesadas de acuerdo con el presente artículo, esforzándose por llegar a un consenso. La autoridad de control principal y las autoridades de control interesadas se intercambiarán toda información pertinente.

2. La autoridad de control principal podrá solicitar en cualquier momento a otras autoridades de control interesadas que presten asistencia mutua con arreglo al artículo 61, y podrá llevar a cabo operaciones conjuntas con arreglo al artículo 62, en particular para realizar investigaciones o supervisar la aplicación de una medida relativa a un responsable o un encargado del tratamiento establecido en otro Estado miembro.

3. La autoridad de control principal comunicará sin dilación a las demás autoridades de control interesadas la información pertinente a este respecto. Transmitirá sin dilación un proyecto de decisión a las demás autoridades de control interesadas para obtener su dictamen al respecto y tendrá debidamente en cuenta sus puntos de vista.

4. En caso de que cualquiera de las autoridades de control interesadas formule una objeción pertinente y motivada acerca del proyecto de decisión en un plazo de cuatro semanas a partir de la consulta con arreglo al apartado 3 del presente artículo, la autoridad de control principal someterá el asunto, en caso de que no siga lo indicado en la objeción pertinente y motivada o estime que dicha objeción no es pertinente o no está motivada, al mecanismo de coherencia contemplado en el artículo 63.

5. En caso de que la autoridad de control principal prevea seguir lo indicado en la objeción pertinente y motivada recibida, presentará a dictamen de las demás autoridades de control interesadas un proyecto de decisión revisado. Dicho proyecto de decisión revisado se someterá al procedimiento indicado en el apartado 4 en un plazo de dos semanas.

6. En caso de que ninguna otra autoridad de control interesada haya presentado objeciones al proyecto de decisión transmitido por la autoridad de control principal en el plazo indicado en los apartados 4 y 5, se considerará que la autoridad de control principal y las autoridades de control interesadas están de acuerdo con dicho proyecto de decisión y estarán vinculadas por este.

7. La autoridad de control principal adoptará y notificará la decisión al establecimiento principal o al establecimiento único del responsable o el encargado del tratamiento, según proceda, e informará de la decisión a las autoridades de control interesadas y al Comité, incluyendo un resumen de los hechos pertinentes y la motivación. La autoridad de control ante la que se haya presentado una reclamación informará de la decisión al reclamante.

8. No obstante lo dispuesto en el apartado 7, cuando se desestime o rechace una reclamación, la autoridad de control ante la que se haya presentado adoptará la decisión, la notificará al reclamante e informará de ello al responsable del tratamiento.

9. En caso de que la autoridad de control principal y las autoridades de control interesadas acuerden desestimar o rechazar determinadas partes de una reclamación y atender otras partes de ella, se adoptará una decisión separada para cada una de esas partes del asunto. La autoridad de control principal adoptará la decisión respecto de la parte referida a acciones en relación con el responsable del tratamiento, la notificará al establecimiento principal o al único establecimiento del responsable o del encargado en el territorio de su Estado miembro, e informará de ello al reclamante, mientras que la autoridad de control

del reclamante adoptará la decisión respecto de la parte relativa a la desestimación o rechazo de dicha reclamación, la notificará a dicho reclamante e informará de ello al responsable o al encargado.

10. Tras recibir la notificación de la decisión de la autoridad de control principal con arreglo a los apartados 7 y 9, el responsable o el encargado del tratamiento adoptará las medidas necesarias para garantizar el cumplimiento de la decisión en lo tocante a las actividades de tratamiento en el contexto de todos sus establecimientos en la Unión. El responsable o el encargado notificarán las medidas adoptadas para dar cumplimiento a dicha decisión a la autoridad de control principal, que a su vez informará a las autoridades de control interesadas.

11. En circunstancias excepcionales, cuando una autoridad de control interesada tenga motivos para considerar que es urgente intervenir para proteger los intereses de los interesados, se aplicará el procedimiento de urgencia a que se refiere el artículo 66.

12. La autoridad de control principal y las demás autoridades de control interesadas se facilitarán recíprocamente la información requerida en el marco del presente artículo por medios electrónicos, utilizando un formulario normalizado.

Artículo 61. Asistencia mutua

1. Las autoridades de control se facilitarán información útil y se prestarán asistencia mutua a fin de aplicar el presente Reglamento de manera coherente, y tomarán medidas para asegurar una efectiva cooperación entre ellas. La asistencia mutua abarcará, en particular, las solicitudes de información y las medidas de control, como las solicitudes para llevar a cabo autorizaciones y consultas previas, inspecciones e investigaciones.

2. Cada autoridad de control adoptará todas las medidas oportunas requeridas para responder a una solicitud de otra autoridad de control sin dilación indebida y a más tardar en el plazo de un mes a partir de la solicitud. Dichas medidas podrán incluir, en particular, la transmisión de información pertinente sobre el desarrollo de una investigación.

3. Las solicitudes de asistencia deberán contener toda la información necesaria, entre otras cosas respecto de la finalidad y los motivos de la solicitud. La información que se intercambie se utilizará únicamente para el fin para el que haya sido solicitada.

4. La autoridad de control requerida no podrá negarse a responder a una solicitud, salvo si:

a) No es competente en relación con el objeto de la solicitud o con las medidas cuya ejecución se solicita.

b) El hecho de responder a la solicitud infringiría el presente Reglamento o el Derecho de la Unión o de los Estados miembros que se aplique a la autoridad de control a la que se dirigió la solicitud.

5. La autoridad de control requerida informará a la autoridad de control requirente de los resultados obtenidos o, en su caso, de los progresos registrados o de las medidas adoptadas para responder a su solicitud. La autoridad de control requerida explicará los motivos de su negativa a responder a una solicitud al amparo del apartado 4.

6. Como norma general, las autoridades de control requeridas facilitarán la información solicitada por otras autoridades de control por medios electrónicos, utilizando un formato normalizado.

7. Las autoridades de control requeridas no cobrarán tasa alguna por las medidas adoptadas a raíz de una solicitud de asistencia mutua. Las autoridades de control podrán convenir normas de indemnización recíproca por gastos específicos derivados de la prestación de asistencia mutua en circunstancias excepcionales.

8. Cuando una autoridad de control no facilite la información mencionada en el apartado 5 del presente artículo en el plazo de un mes a partir de la recepción de la solicitud de otra autoridad de control, la autoridad de control requirente podrá adoptar una medida provisional en el territorio de su Estado miembro de conformidad con lo dispuesto en el artículo 55, apartado 1. En ese caso, se supondrá que existe la necesidad urgente contemplada en el artículo 66, apartado 1, que exige una decisión urgente y vinculante del Comité en virtud del artículo 66, apartado 2.

9. La Comisión podrá, mediante actos de ejecución, especificar el formato y los procedimientos de asistencia mutua contemplados en el presente artículo, así como las modalidades del intercambio de información por medios electrónicos entre las autoridades de control y entre las autoridades de control y el Comité, en especial el formato normalizado mencionado en el apartado 6 del presente artículo. Dichos actos de ejecución se adoptarán con arreglo al procedimiento de examen a que se refiere el artículo 93, apartado 2.

Artículo 62. Operaciones conjuntas de las autoridades de control

1. Las autoridades de control realizarán, en su caso, operaciones conjuntas, incluidas investigaciones conjuntas y medidas de ejecución conjuntas, en las que participen miembros o personal de las autoridades de control de otros Estados miembros.

2. Si el responsable o el encargado del tratamiento tiene establecimientos en varios Estados miembros o si es probable que un número significativo de interesados en más de un Estado miembro se vean sustancialmente afectados por las operaciones de tratamiento, una autoridad de control de cada uno de esos Estados miembros tendrá derecho a participar en operaciones conjuntas. La autoridad de control que sea competente en virtud del artículo 56, apartados 1 o 4, invitará a la autoridad de control de cada uno de dichos Estados miembros a participar en las operaciones conjuntas y responderá sin dilación a la solicitud de participación presentada por una autoridad de control.

3. Una autoridad de control podrá, con arreglo al Derecho de su Estado miembro y con la autorización de la autoridad de control de origen, conferir poderes, incluidos poderes de investigación, a los miembros o al personal de la autoridad de control de origen que participen en operaciones conjuntas, o aceptar, en la medida en que lo permita el Derecho del Estado miembro de la autoridad de control de acogida, que los miembros o el personal de la autoridad de control de origen ejerzan sus poderes de investigación de conformidad con el Derecho del Estado miembro de la autoridad de control de origen. Dichos poderes de investigación solo podrán ejercerse bajo la orientación y en presencia de miembros o personal de la autoridad de control de acogida. Los miembros o el personal de la autoridad de control de origen estarán sujetos al Derecho del Estado miembro de la autoridad de control de acogida.

4. Cuando participe, de conformidad con el apartado 1, personal de la autoridad de control de origen en operaciones en otro Estado miembro, el Estado miembro de la autoridad de control de acogida asumirá la responsabilidad de acuerdo con el Derecho del Estado miembro en cuyo territorio se desarrollen las operaciones, por los daños y perjuicios que haya causado dicho personal en el transcurso de las mismas.

5. El Estado miembro en cuyo territorio se causaron los daños y perjuicios asumirá su reparación en las condiciones aplicables a los daños y perjuicios causados por su propio personal. El Estado miembro de la autoridad de control de origen cuyo personal haya causado daños y perjuicios a cualquier persona en el territorio de otro Estado miembro le restituirá íntegramente los importes que este último haya abonado a los derechohabientes.

6. Sin perjuicio del ejercicio de sus derechos frente a terceros y habida cuenta de la excepción establecida en el apartado 5, los Estados miembros renunciarán, en el caso contemplado en el apartado 1, a solicitar de otro Estado miembro el reembolso del importe de los daños y perjuicios mencionados en el apartado 4.

7. Cuando se prevea una operación conjunta y una autoridad de control no cumpla en el plazo de un mes con la obligación establecida en el apartado

2, segunda frase, del presente artículo, las demás autoridades de control podrán adoptar una medida provisional en el territorio de su Estado miembro de conformidad con el artículo 55. En ese caso, se presumirá la existencia de una necesidad urgente a tenor del artículo 66, apartado 1, y se requerirá dictamen o decisión vinculante urgente del Comité en virtud del artículo 66, apartado 2.

Sección 2. Coherencia

Artículo 63. Mecanismo de coherencia

A fin de contribuir a la aplicación coherente del presente Reglamento en toda la Unión, las autoridades de control cooperarán entre sí y, en su caso, con la Comisión, en el marco del mecanismo de coherencia establecido en la presente sección.

Artículo 64. Dictamen del Comité

1. El Comité emitirá un dictamen siempre que una autoridad de control competente proyecte adoptar alguna de las medidas enumeradas a continuación. A tal fin, la autoridad de control competente comunicará el proyecto de decisión al Comité, cuando la decisión:

a) Tenga por objeto adoptar una lista de las operaciones de tratamiento supeditadas al requisito de la evaluación de impacto relativa a la protección de datos de conformidad con el artículo 35, apartado 4.

b) Afecte a un asunto de conformidad con el artículo 40, apartado 7, cuyo objeto sea determinar si un proyecto de código de conducta o una modificación o ampliación de un código de conducta es conforme con el presente Reglamento.

c) Tenga por objeto aprobar los criterios aplicables a la acreditación de un organismo con arreglo al artículo 41, apartado 3, o un organismo de certificación conforme al artículo 43, apartado 3.

d) Tenga por objeto determinar las cláusulas tipo de protección de datos contempladas en el artículo 46, apartado 2, letra d), y el artículo 28, apartado 8.

e) Tenga por objeto autorizar las cláusulas contractuales a que se refiere el artículo 46, apartado 3, letra a).

f) Tenga por objeto la aprobación de normas corporativas vinculantes a tenor del artículo 47.

2. Cualquier autoridad de control, el presidente del Comité o la Comisión podrán solicitar que cualquier asunto de aplicación general o que surta efecto en

más de un Estado miembro sea examinado por el Comité a efectos de dictamen, en particular cuando una autoridad de control competente incumpla las obligaciones relativas a la asistencia mutua con arreglo al artículo 61 o las operaciones conjuntas con arreglo al artículo 62.

3. En los casos a que se refieren los apartados 1 y 2, el Comité emitirá dictamen sobre el asunto que le haya sido presentado siempre que no haya emitido ya un dictamen sobre el mismo asunto. Dicho dictamen se adoptará en el plazo de ocho semanas por mayoría simple de los miembros del Comité. Dicho plazo podrá prorrogarse seis semanas más, teniendo en cuenta la complejidad del asunto. Por lo que respecta al proyecto de decisión a que se refiere el apartado 1 y distribuido a los miembros del Comité con arreglo al apartado 5, todo miembro que no haya presentado objeciones dentro de un plazo razonable indicado por el presidente se considerará conforme con el proyecto de decisión.

4. Las autoridades de control y la Comisión comunicarán sin dilación por vía electrónica al Comité, utilizando un formato normalizado, toda información útil, en particular, cuando proceda, un resumen de los hechos, el proyecto de decisión, los motivos por los que es necesaria tal medida, y las opiniones de otras autoridades de control interesadas.

5. La Presidencia del Comité informará sin dilación indebida por medios electrónicos:

a) a los miembros del Comité y a la Comisión de cualquier información pertinente que le haya sido comunicada, utilizando un formato normalizado. La secretaría del Comité facilitará, de ser necesario, traducciones de la información que sea pertinente.
b) A la autoridad de control contemplada, en su caso, en los apartados 1 y 2 y a la Comisión del dictamen, y lo publicará.

6. La autoridad de control competente no adoptará su proyecto de decisión a tenor del apartado 1 en el plazo mencionado en el apartado 3.

7. La autoridad de control contemplada en el artículo 1 tendrá en cuenta en la mayor medida posible el dictamen del Comité y, en el plazo de dos semanas desde la recepción del dictamen, comunicará por medios electrónicos al presidente del Comité si va a mantener o modificar su proyecto de decisión y, si lo hubiera, el proyecto de decisión modificado, utilizando un formato normalizado.

8. Cuando la autoridad de control interesada informe al presidente del Comité, en el plazo mencionado en el apartado 7 del presente artículo, de que no prevé seguir el dictamen del Comité, en todo o en parte, alegando los motivos correspondientes, se aplicará el artículo 65, apartado 1.

Artículo 65. Resolución de conflictos por el Comité

1. Con el fin de garantizar una aplicación correcta y coherente del presente Reglamento en casos concretos, el Comité adoptará una decisión vinculante en los siguientes casos:

a) Cuando, en un caso mencionado en el artículo 60, apartado 4, una autoridad de control interesada haya manifestado una objeción pertinente y motivada a un proyecto de decisión de la autoridad principal, o esta haya rechazado dicha objeción por no ser pertinente o no estar motivada. La decisión vinculante afectará a todos los asuntos a que se refiera la objeción pertinente y motivada, en particular si hay infracción del presente Reglamento.

b) Cuando haya puntos de vista enfrentados sobre cuál de las autoridades de control interesadas es competente para el establecimiento principal.

c) Cuando una autoridad de control competente no solicite dictamen al Comité en los casos contemplados en el artículo 64, apartado 1, o no siga el dictamen del Comité emitido en virtud del artículo 64. En tal caso, cualquier autoridad de control interesada, o la Comisión, lo pondrá en conocimiento del Comité.

2. La decisión a que se refiere el apartado 1 se adoptará en el plazo de un mes a partir de la remisión del asunto, por mayoría de dos tercios de los miembros del Comité. Este plazo podrá prorrogarse un mes más, habida cuenta de la complejidad del asunto. La decisión que menciona el apartado 1 estará motivada y será dirigida a la autoridad de control principal y a todas las autoridades de control interesadas, y será vinculante para ellas.

3. Cuando el Comité no haya podido adoptar una decisión en los plazos mencionados en el apartado 2, adoptará su decisión en un plazo de dos semanas tras la expiración del segundo mes a que se refiere el apartado 2, por mayoría simple de sus miembros. En caso de empate, decidirá el voto del presidente.

4. Las autoridades de control interesadas no adoptarán decisión alguna sobre el asunto presentado al Comité en virtud del apartado 1 durante los plazos de tiempo a que se refieren los apartados 2 y 3.

5. El presidente del Comité notificará sin dilación indebida la decisión contemplada en el apartado 1 a las autoridades de control interesadas. También informará de ello a la Comisión. La decisión se publicará en el sitio web del Comité sin demora, una vez que la autoridad de control haya notificado la decisión definitiva a que se refiere el apartado 6.

6. La autoridad de control principal o, en su caso, la autoridad de control ante la que se presentó la reclamación adoptará su decisión definitiva sobre la base de la decisión contemplada en el apartado 1 del presente artículo, sin dilación indebida y a más tardar un mes tras la notificación de la decisión del Comité. La autoridad de control principal o, en su caso, la autoridad de control ante la que se presentó la reclamación informará al Comité de la fecha de notificación de su decisión definitiva al responsable o al encargado del tratamiento y al interesado, respectivamente. La decisión definitiva de las autoridades de control interesadas será adoptada en los términos establecidos en el artículo 60, apartados 7, 8 y 9. La decisión definitiva hará referencia a la decisión contemplada en el apartado 1 del presente artículo y especificará que esta última decisión se publicará en el sitio web del Comité con arreglo al apartado 5 del presente artículo. La decisión definitiva llevará adjunta la decisión contemplada en el apartado 1 del presente artículo.

Artículo 66. Procedimiento de urgencia

1. En circunstancias excepcionales, cuando una autoridad de control interesada considere que es urgente intervenir para proteger los derechos y las libertades de interesados, podrá, como excepción al mecanismo de coherencia contemplado en los artículos 63, 64 y 65, o al procedimiento mencionado en el artículo 60, adoptar inmediatamente medidas provisionales destinadas a producir efectos jurídicos en su propio territorio, con un periodo de validez determinado que no podrá ser superior a tres meses. La autoridad de control comunicará sin dilación dichas medidas, junto con los motivos de su adopción, a las demás autoridades de control interesadas, al Comité y a la Comisión.

2. Cuando una autoridad de control haya adoptado una medida de conformidad con el apartado 1, y considere que deben adoptarse urgentemente medidas definitivas, podrá solicitar con carácter urgente un dictamen o una decisión vinculante urgente del Comité, motivando dicha solicitud de dictamen o decisión.

3. Cualquier autoridad de control podrá solicitar, motivando su solicitud, y, en particular, la urgencia de la intervención, un dictamen urgente o una decisión vinculante urgente, según el caso, del Comité, cuando una autoridad de control competente no haya tomado una medida apropiada en una situación en la que sea urgente intervenir a fin de proteger los derechos y las libertades de los interesados.

4. No obstante lo dispuesto en el artículo 64, apartado 3, y en el artículo 65, apartado 2, los dictámenes urgentes o decisiones vinculantes urgentes contemplados en los apartados 2 y 3 del presente artículo se adoptarán en el plazo de dos semanas por mayoría simple de los miembros del Comité.

Artículo 67. Intercambio de información

La Comisión podrá adoptar actos de ejecución de ámbito general para especificar las modalidades de intercambio de información por medios electrónicos entre las autoridades de control, y entre dichas autoridades y el Comité, en especial el formato normalizado contemplado en el artículo 64.

Dichos actos de ejecución se adoptarán con arreglo al procedimiento de examen a que se refiere el artículo 93, apartado 2.

Sección 3. Comité europeo de protección de datos

Artículo 68. Comité Europeo de Protección de Datos

1. Se crea el Comité Europeo de Protección de Datos («Comité»), como organismo de la Unión, que gozará de personalidad jurídica.

2. El Comité estará representado por su presidente.

3. El Comité estará compuesto por el director de una autoridad de control de cada Estado miembro y por el Supervisor Europeo de Protección de Datos o sus representantes respectivos.

4. Cuando en un Estado miembro estén encargados de controlar la aplicación de las disposiciones del presente Reglamento varias autoridades de control, se nombrará a un representante común de conformidad con el Derecho de ese Estado miembro.

5. La Comisión tendrá derecho a participar en las actividades y reuniones del Comité, sin derecho a voto. La Comisión designará un representante. El presidente del Comité comunicará a la Comisión las actividades del Comité.

6. En los casos a que se refiere el artículo 65, el Supervisor Europeo de Protección de Datos sólo tendrá derecho a voto en las decisiones relativas a los principios y normas aplicables a las instituciones, órganos y organismos de la Unión que correspondan en cuanto al fondo a las contempladas en el presente Reglamento.

Artículo 69. Independencia

1. El Comité actuará con total independencia en el desempeño de sus funciones o el ejercicio de sus competencias con arreglo a los artículos 70 y 71.

2. Sin perjuicio de las solicitudes de la Comisión contempladas en el artículo 70, apartado 1, letra b), y apartado 2, el Comité no solicitará ni admitirá instrucciones de nadie en el desempeño de sus funciones o el ejercicio de sus competencias.

Artículo 70. Funciones del Comité

1. El Comité garantizará la aplicación coherente del presente Reglamento. A tal efecto, el Comité, a iniciativa propia o, en su caso, a instancia de la Comisión, en particular:

a) Supervisará y garantizará la correcta aplicación del presente Reglamento en los casos contemplados en los artículos 64 y 65, sin perjuicio de las funciones de las autoridades de control nacionales.

b) Asesorará a la Comisión sobre toda cuestión relativa a la protección de datos personales en la Unión, en particular sobre cualquier propuesta de modificación del presente Reglamento.

c) Asesorará a la Comisión sobre el formato y los procedimientos para intercambiar información entre los responsables, los encargados y las autoridades de control en relación con las normas corporativas vinculantes.

d) Emitirá directrices, recomendaciones y buenas prácticas relativas a los procedimientos para la supresión de vínculos, copias o réplicas de los datos personales procedentes de servicios de comunicación a disposición pública a que se refiere el artículo 17, apartado 2.

e) Examinará, a iniciativa propia, a instancia de uno de sus miembros o de la Comisión, cualquier cuestión relativa a la aplicación del presente Reglamento, y emitirá directrices, recomendaciones y buenas prácticas a fin de promover la aplicación coherente del presente Reglamento.

f) Emitirá directrices, recomendaciones y buenas prácticas de conformidad con la letra e) del presente apartado a fin de especificar más los criterios y requisitos de las decisiones basadas en perfiles en virtud del artículo 22, apartado 2.

g) Emitirá directrices, recomendaciones y buenas prácticas con arreglo a la letra e) del presente apartado a fin de constatar las violaciones de la seguridad de los datos y determinar la dilación indebida a tenor del artículo 33, apartados 1 y 2, y con respecto a las circunstancias particulares en las que el responsable o el encargado del tratamiento debe notificar la violación de la seguridad de los datos personales

h) Emitirá directrices, recomendaciones y buenas prácticas con arreglo a la letra e) del presente apartado con respecto a las circunstancias en las que sea probable que la violación de la seguridad de los datos personales entrañe un alto riesgo para los derechos y libertades de las personas físicas a tenor del artículo 34, apartado 1.

i) Emitirá directrices, recomendaciones y buenas prácticas con arreglo a la letra e) del presente apartado con el fin de especificar en mayor medida los criterios y requisitos para las transferencias de datos personales basadas en normas corporativas vinculantes a las que se hayan adherido los responsables del tratamiento y en normas corporativas vinculantes a las que se hayan adherido los encargados del tratamiento y en requisitos adicionales necesarios para garantizar la protección de los datos personales de los interesados a que se refiere el artículo 47.

j) Emitirá directrices, recomendaciones y buenas prácticas con arreglo a la letra e) del presente apartado a fin de especificar en mayor medida los criterios y requisitos de las transferencias de datos personales sobre la base del artículo 49, apartado 1.

k) Formulará directrices para las autoridades de control, relativas a la aplicación de las medidas a que se refiere el artículo 58, apartados 1, 2 y 3, y la fijación de multas administrativas de conformidad con el artículo 83.

l) Examinará la aplicación práctica de las directrices, recomendaciones y buenas prácticas a que se refieren las letras e) y f).

m) Emitirá directrices, recomendaciones y buenas prácticas con arreglo a la letra e) del presente apartado a fin de establecer procedimientos comunes de información procedente de personas físicas sobre infracciones del presente Reglamento en virtud del artículo 54, apartado 2.

n) Alentará la elaboración de códigos de conducta y el establecimiento de mecanismos de certificación de la protección de datos y de sellos y marcas de protección de datos de conformidad con los artículos 40 y 42.

o) Realizará la acreditación de los organismos de certificación y su revisión periódica en virtud del artículo 43, y llevará un registro público de los organismos acreditados en virtud del artículo 43, apartado 6, y de los responsables o los encargados del tratamiento acreditados establecidos en terceros países en virtud del artículo 42, apartado 7.

p) Especificará los requisitos contemplados en el artículo 43, apartado 3, con miras a la acreditación de los organismos de certificación en virtud del artículo 42.

q) Facilitará a la Comisión un dictamen sobre los requisitos de certificación contemplados en el artículo 43, apartado 8.

r) Facilitará a la Comisión un dictamen sobre los iconos a que se refiere el artículo 12, apartado 7.

s) Facilitará a la Comisión un dictamen para evaluar la adecuación del nivel de protección en un tercer país u organización internacional, en particular para evaluar si un tercer país, un territorio o uno o varios sectores específicos de ese tercer país, o una organización internacional, ya no garantizan un nivel de protección adecuado. A tal fin, la Comisión facilitará al Comité toda la documentación necesaria, incluida la correspondencia con el gobierno del tercer país, que se refiera a dicho tercer país, territorio o específico o a dicha organización internacional.

t) Emitirá dictámenes sobre los proyectos de decisión de las autoridades de control en virtud del mecanismo de coherencia mencionado en el artículo 64, apartado 1, sobre los asuntos presentados en virtud del artículo 64, apartado 2, y sobre las decisiones vinculantes en virtud del artículo 65, incluidos los casos mencionados en el artículo 66.

u) Promoverá la cooperación y los intercambios bilaterales y multilaterales efectivos de información y de buenas prácticas entre las autoridades de control.

v) Promoverá programas de formación comunes y facilitará intercambios de personal entre las autoridades de control y, cuando proceda, con las autoridades de control de terceros países o con organizaciones internacionales.

w) Promoverá el intercambio de conocimientos y documentación sobre legislación y prácticas en materia de protección de datos con las autoridades de control encargadas de la protección de datos a escala mundial.

x) Emitirá dictámenes sobre los códigos de conducta elaborados a escala de la Unión de conformidad con el artículo 40, apartado 9.

y) Llevará un registro electrónico, de acceso público, de las decisiones adoptadas por las autoridades de control y los tribunales sobre los asuntos tratados en el marco del mecanismo de coherencia.

2. Cuando la Comisión solicite asesoramiento del Comité podrá señalar un plazo teniendo en cuenta la urgencia del asunto.

3. El Comité transmitirá sus dictámenes, directrices, recomendaciones y buenas prácticas a la Comisión y al Comité contemplado en el artículo 93, y los hará públicos.

4. Cuando proceda, el Comité consultará a las partes interesadas y les dará la oportunidad de presentar sus comentarios en un plazo razonable. Sin perjuicio de lo dispuesto en el artículo 76, el Comité publicará los resultados del procedimiento de consulta.

Artículo 71. Informes

1. El Comité elaborará un informe anual en materia de protección de las personas físicas en lo que respecta al tratamiento en la Unión y, si procede, en terceros países y organizaciones internacionales. El informe se hará público y se transmitirá al Parlamento Europeo, al Consejo y a la Comisión.

2. El informe anual incluirá un examen de la aplicación práctica de las directrices, recomendaciones y buenas prácticas indicadas en el artículo 70, apartado 1, letra l), así como de las decisiones vinculantes indicadas en el artículo 65.

Artículo 72. Procedimiento

1. El Comité tomará sus decisiones por mayoría simple de sus miembros, salvo que el presente Reglamento disponga otra cosa.

2. El Comité adoptará su reglamento interno por mayoría de dos tercios de sus miembros y organizará sus disposiciones de funcionamiento.

Artículo 73. Presidencia

1. El Comité elegirá por mayoría simple de entre sus miembros un presidente y dos vicepresidentes.

2. El mandato del presidente y de los vicepresidentes será de cinco años de duración y podrá renovarse una vez.

Artículo 74. Funciones del presidente

1. El presidente desempeñará las siguientes funciones:

a) Convocar las reuniones del Comité y preparar su orden del día.
b) Notificar las decisiones adoptadas por el Comité con arreglo al artículo 65 a la autoridad de control principal y a las autoridades de control interesadas.
c) El ejercicio puntual de las funciones del Comité, en particular en relación con el mecanismo de coherencia a que se refiere el artículo 63.

2. El Comité determinará la distribución de funciones entre el presidente y los vicepresidentes en su reglamento interno.

Artículo 75. Secretaría

1. El Comité contará con una secretaría, de la que se hará cargo el Supervisor Europeo de Protección de Datos.

2. La secretaría ejercerá sus funciones siguiendo exclusivamente las instrucciones del presidente del Comité.

3. El personal del Supervisor Europeo de Protección de Datos que participe en el desempeño de las funciones conferidas al Comité por el presente Reglamento dependerá de un superior jerárquico distinto del personal que desempeñe las funciones conferidas al Supervisor Europeo de Protección de Datos.

4. El Comité, en consulta con el Supervisor Europeo de Protección de Datos, elaborará y publicará, si procede, un memorando de entendimiento para la puesta en práctica del presente artículo, que determinará los términos de su coo-

peración y que será aplicable al personal del Supervisor Europeo de Protección de Datos que participe en el desempeño de las funciones conferidas al Comité por el presente Reglamento.

5. La secretaría prestará apoyo analítico, administrativo y logístico al Comité.

6. La secretaría será responsable, en particular, de:

a) Los asuntos corrientes del Comité.

b) La comunicación entre los miembros del Comité, su presidente y la Comisión.

c) La comunicación con otras instituciones y con el público.

d) La utilización de medios electrónicos para la comunicación interna y externa.

e) La traducción de la información pertinente.

f) La preparación y el seguimiento de las reuniones del Comité.

g) La preparación, redacción y publicación de dictámenes, decisiones relativas a solución de diferencias entre autoridades de control y otros textos adoptados por el Comité.

Artículo 76. Confidencialidad

1. Los debates del Comité serán confidenciales cuando el mismo lo considere necesario, tal como establezca su reglamento interno.

2. El acceso a los documentos presentados a los miembros del Comité, los expertos y los representantes de terceras partes se regirá por el Reglamento (CE) n.o 1049/2001 del Parlamento Europeo y del Consejo (21).

Capítulo VIII. Recursos, responsabilidad y sanciones

Artículo 77. Derecho a presentar una reclamación ante una autoridad de control

1. Sin perjuicio de cualquier otro recurso administrativo o acción judicial, todo interesado tendrá derecho a presentar una reclamación ante una autoridad de control, en particular en el Estado miembro en el que tenga su residencia habitual, lugar de trabajo o lugar de la supuesta infracción, si considera que el tratamiento de datos personales que le conciernen infringe el presente Reglamento.

2. La autoridad de control ante la que se haya presentado la reclamación informará al reclamante sobre el curso y el resultado de la reclamación, inclusive sobre la posibilidad de acceder a la tutela judicial en virtud del artículo 78.

Artículo 78. Derecho a la tutela judicial efectiva contra una autoridad de control

1. Sin perjuicio de cualquier otro recurso administrativo o extrajudicial, toda persona física o jurídica tendrá derecho a la tutela judicial efectiva contra una decisión jurídicamente vinculante de una autoridad de control que le concierna.

2. Sin perjuicio de cualquier otro recurso administrativo o extrajudicial, todo interesado tendrá derecho a la tutela judicial efectiva en caso de que la autoridad de control que sea competente en virtud de los artículos 55 y 56 no dé curso a una reclamación o no informe al interesado en el plazo de tres meses sobre el curso o el resultado de la reclamación presentada en virtud del artículo 77.

3. Las acciones contra una autoridad de control deberán ejercitarse ante los tribunales del Estado miembro en que esté establecida la autoridad de control.

4. Cuando se ejerciten acciones contra una decisión de una autoridad de control que haya sido precedida de un dictamen o una decisión del Comité en el marco del mecanismo de coherencia, la autoridad de control remitirá al tribunal dicho dictamen o decisión.

Artículo 79. Derecho a la tutela judicial efectiva contra un responsable o encargado del tratamiento

1. Sin perjuicio de los recursos administrativos o extrajudiciales disponibles, incluido el derecho a presentar una reclamación ante una autoridad de control en virtud del artículo 77, todo interesado tendrá derecho a la tutela judicial efectiva cuando considere que sus derechos en virtud del presente Reglamento han sido vulnerados como consecuencia de un tratamiento de sus datos personales.

2. Las acciones contra un responsable o encargado del tratamiento deberán ejercitarse ante los tribunales del Estado miembro en el que el responsable o encargado tenga un establecimiento. Alternativamente, tales acciones podrán ejercitarse ante los tribunales del Estado miembro en que el interesado tenga su residencia habitual, a menos que el responsable o el encargado sea una autoridad pública de un Estado miembro que actúe en ejercicio de sus poderes públicos.

Artículo 80. Representación de los interesados

1. El interesado tendrá derecho a dar mandato a una entidad, organización o asociación sin ánimo de lucro que haya sido correctamente constituida con arreglo al Derecho de un Estado miembro, cuyos objetivos estatutarios sean de interés público y que actúe en el ámbito de la protección de los derechos y libertades de los interesados en materia de protección de sus datos personales, para

que presente en su nombre la reclamación, y ejerza en su nombre los derechos contemplados en los artículos 77, 78 y 79, y el derecho a ser indemnizado mencionado en el artículo 82 si así lo establece el Derecho del Estado miembro.

2. Cualquier Estado miembro podrán disponer que cualquier entidad, organización o asociación mencionada en el apartado 1 del presente artículo tenga, con independencia del mandato del interesado, derecho a presentar en ese Estado miembro una reclamación ante la autoridad de control que sea competente en virtud del artículo 77 y a ejercer los derechos contemplados en los artículos 78 y 79, si considera que los derechos del interesado con arreglo al presente Reglamento han sido vulnerados como consecuencia de un tratamiento.

Artículo 81. Suspensión de los procedimientos

1. Cuando un tribunal competente de un Estado miembro tenga información de la pendencia ante un tribunal de otro Estado miembro de un procedimiento relativo a un mismo asunto en relación con el tratamiento por el mismo responsable o encargado, se pondrá en contacto con dicho tribunal de otro Estado miembro para confirmar la existencia de dicho procedimiento.

2. Cuando un procedimiento relativo a un mismo asunto en relación con el tratamiento por el mismo responsable o encargado esté pendiente ante un tribunal de otro Estado miembro, cualquier tribunal competente distinto de aquel ante el que se ejercitó la acción en primer lugar podrá suspender su procedimiento.

3. Cuando dicho procedimiento esté pendiente en primera instancia, cualquier tribunal distinto de aquel ante el que se ejercitó la acción en primer lugar podrá también, a instancia de una de las partes, inhibirse en caso de que el primer tribunal sea competente para su conocimiento y su acumulación sea conforme a Derecho.

Artículo 82. Derecho a indemnización y responsabilidad

1. Toda persona que haya sufrido daños y perjuicios materiales o inmateriales como consecuencia de una infracción del presente Reglamento tendrá derecho a recibir del responsable o el encargado del tratamiento una indemnización por los daños y perjuicios sufridos.

2. Cualquier responsable que participe en la operación de tratamiento responderá de los daños y perjuicios causados en caso de que dicha operación no cumpla lo dispuesto por el presente Reglamento. Un encargado únicamente responderá de los daños y perjuicios causados por el tratamiento cuando no haya cumplido con las obligaciones del presente Reglamento dirigidas específicamente a los encargados o haya actuado al margen o en contra de las instrucciones legales del responsable.

3. El responsable o encargado del tratamiento estará exento de responsabilidad en virtud del apartado 2 si demuestra que no es en modo alguno responsable del hecho que haya causado los daños y perjuicios.

4. Cuando más de un responsable o encargado del tratamiento, o un responsable y un encargado hayan participado en la misma operación de tratamiento y sean, con arreglo a los apartados 2 y 3, responsables de cualquier daño o perjuicio causado por dicho tratamiento, cada responsable o encargado será considerado responsable de todos los daños y perjuicios, a fin de garantizar la indemnización efectiva del interesado.

5. Cuando, de conformidad con el apartado 4, un responsable o encargado del tratamiento haya pagado una indemnización total por el perjuicio ocasionado, dicho responsable o encargado tendrá derecho a reclamar a los demás responsables o encargados que hayan participado en esa misma operación de tratamiento la parte de la indemnización correspondiente a su parte de responsabilidad por los daños y perjuicios causados, de conformidad con las condiciones fijadas en el apartado 2.

6. Las acciones judiciales en ejercicio del derecho a indemnización se presentarán ante los tribunales competentes con arreglo al Derecho del Estado miembro que se indica en el artículo 79, apartado 2.

Artículo 83. Condiciones generales para la imposición de multas administrativas

1. Cada autoridad de control garantizará que la imposición de las multas administrativas con arreglo al presente artículo por las infracciones del presente Reglamento indicadas en los apartados 4, 5 y 6 sean en cada caso individual efectivas, proporcionadas y disuasorias.

2. Las multas administrativas se impondrán, en función de las circunstancias de cada caso individual, a título adicional o sustitutivo de las medidas contempladas en el artículo 58, apartado 2, letras a) a h) y j). Al decidir la imposición de una multa administrativa y su cuantía en cada caso individual se tendrá debidamente en cuenta:

a) La naturaleza, gravedad y duración de la infracción, teniendo en cuenta la naturaleza, alcance o propósito de la operación de tratamiento de que se trate así como el número de interesados afectados y el nivel de los daños y perjuicios que hayan sufrido.
b) La intencionalidad o negligencia en la infracción.
c) Cualquier medida tomada por el responsable o encargado del tratamiento para paliar los daños y perjuicios sufridos por los interesados.

d) El grado de responsabilidad del responsable o del encargado del tratamiento, habida cuenta de las medidas técnicas u organizativas que hayan aplicado en virtud de los artículos 25 y 32.

e) Toda infracción anterior cometida por el responsable o el encargado del tratamiento.

f) El grado de cooperación con la autoridad de control con el fin de poner remedio a la infracción y mitigar los posibles efectos adversos de la infracción.

g) Las categorías de los datos de carácter personal afectados por la infracción.

h) La forma en que la autoridad de control tuvo conocimiento de la infracción, en particular si el responsable o el encargado notificó la infracción y, en tal caso, en qué medida.

i) Cuando las medidas indicadas en el artículo 58, apartado 2, hayan sido ordenadas previamente contra el responsable o el encargado de que se trate en relación con el mismo asunto, el cumplimiento de dichas medidas.

j) La adhesión a códigos de conducta en virtud del artículo 40 o a mecanismos de certificación aprobados con arreglo al artículo 42, y

k) Cualquier otro factor agravante o atenuante aplicable a las circunstancias del caso, como los beneficios financieros obtenidos o las pérdidas evitadas, directa o indirectamente, a través de la infracción.

3. Si un responsable o un encargado del tratamiento incumpliera de forma intencionada o negligente, para las mismas operaciones de tratamiento u operaciones vinculadas, diversas disposiciones del presente Reglamento, la cuantía total de la multa administrativa no será superior a la cuantía prevista para las infracciones más graves.

4. Las infracciones de las disposiciones siguientes se sancionarán, de acuerdo con el apartado 2, con multas administrativas de 10 000 000 EUR como máximo o, tratándose de una empresa, de una cuantía equivalente al 2 % como máximo del volumen de negocio total anual global del ejercicio financiero anterior, optándose por la de mayor cuantía:

a) Las obligaciones del responsable y del encargado a tenor de los artículos 8, 11, 25 a 39, 42 y 43.

b) Las obligaciones de los organismos de certificación a tenor de los artículos 42 y 43.

c) Las obligaciones de la autoridad de control a tenor del artículo 41, apartado 4.

5. Las infracciones de las disposiciones siguientes se sancionarán, de acuerdo con el apartado 2, con multas administrativas de 20 000 000 EUR como máximo

o, tratándose de una empresa, de una cuantía equivalente al 4 % como máximo del volumen de negocio total anual global del ejercicio financiero anterior, optándose por la de mayor cuantía:

a) Los principios básicos para el tratamiento, incluidas las condiciones para el consentimiento a tenor de los artículos 5, 6, 7 y 9.

b) Los derechos de los interesados a tenor de los artículos 12 a 22.

c) Las transferencias de datos personales a un destinatario en un tercer país o una organización internacional a tenor de los artículos 44 a 49.

d) Toda obligación en virtud del Derecho de los Estados miembros que se adopte con arreglo al capítulo IX.

e) El incumplimiento de una resolución o de una limitación temporal o definitiva del tratamiento o la suspensión de los flujos de datos por parte de la autoridad de control con arreglo al artículo 58, apartado 2, o el no facilitar acceso en incumplimiento del artículo 58, apartado 1.

6. El incumplimiento de las resoluciones de la autoridad de control a tenor del artículo 58, apartado 2, se sancionará de acuerdo con el apartado 2 del presente artículo con multas administrativas de 20 000 000 EUR como máximo o, tratándose de una empresa, de una cuantía equivalente al 4 % como máximo del volumen de negocio total anual global del ejercicio financiero anterior, optándose por la de mayor cuantía.

7. Sin perjuicio de los poderes correctivos de las autoridades de control en virtud del artículo 58, apartado 2, cada Estado miembro podrá establecer normas sobre si se puede, y en qué medida, imponer multas administrativas a autoridades y organismos públicos establecidos en dicho Estado miembro.

8. El ejercicio por una autoridad de control de sus poderes en virtud del presente artículo estará sujeto a garantías procesales adecuadas de conformidad con el Derecho de la Unión y de los Estados miembros, entre ellas la tutela judicial efectiva y el respeto de las garantías procesales.

9. Cuando el ordenamiento jurídico de un Estado miembro no establezca multas administrativas, el presente artículo podrá aplicarse de tal modo que la incoación de la multa corresponda a la autoridad de control competente y su imposición a los tribunales nacionales competentes, garantizando al mismo tiempo que estas vías de derecho sean efectivas y tengan un efecto equivalente a las multas administrativas impuestas por las autoridades de control. En cualquier caso, las multas impuestas serán efectivas, proporcionadas y disuasorias. Los Estados miembros de que se trate notificarán a la Comisión las disposiciones legislativas que adopten en virtud del presente apartado a más tardar el 25 de mayo de 2018 y, sin dilación, cualquier ley de modificación o modificación posterior que les sea aplicable.

Artículo 84. Sanciones

1. Los Estados miembros establecerán las normas en materia de otras sanciones aplicables a las infracciones del presente Reglamento, en particular las infracciones que no se sancionen con multas administrativas de conformidad con el artículo 83, y adoptarán todas las medidas necesarias para garantizar su observancia. Dichas sanciones serán efectivas, proporcionadas y disuasorias.

2. Cada Estado miembro notificará a la Comisión las disposiciones legislativas que adopte de conformidad con el apartado 1 a más tardar el 25 de mayo de 2018 y, sin dilación, cualquier modificación posterior que les sea aplicable.

Capítulo IX. Disposiciones relativas a situaciones específicas de tratamiento

Artículo 85. Tratamiento y libertad de expresión y de información

1. Los Estados miembros conciliarán por ley el derecho a la protección de los datos personales en virtud del presente Reglamento con el derecho a la libertad de expresión y de información, incluido el tratamiento con fines periodísticos y fines de expresión académica, artística o literaria.

2. Para el tratamiento realizado con fines periodísticos o con fines de expresión académica, artística o literaria, los Estados miembros establecerán exenciones o excepciones de lo dispuesto en los capítulos II (principios), III (derechos del interesado), IV (responsable y encargado del tratamiento), V (transferencia de datos personales a terceros países u organizaciones internacionales), VI (autoridades de control independientes), VII (cooperación y coherencia) y IX (disposiciones relativas a situaciones específicas de tratamiento de datos), si son necesarias para conciliar el derecho a la protección de los datos personales con la libertad de expresión e información.

3. Cada Estado miembro notificará a la Comisión las disposiciones legislativas que adopte de conformidad con el apartado 2 y, sin dilación, cualquier modificación posterior, legislativa u otra, de las mismas.

Artículo 86. Tratamiento y acceso del público a documentos oficiales

Los datos personales de documentos oficiales en posesión de alguna autoridad pública o u organismo público o una entidad privada para la realización de una misión en interés público podrán ser comunicados por dicha autoridad, organismo o entidad de conformidad con el Derecho de la Unión o de los Estados miembros que se les aplique a fin de conciliar el acceso del público a documentos oficiales con el derecho a la protección de los datos personales en virtud del presente Reglamento.

Artículo 87. Tratamiento del número nacional de identificación

Los Estados miembros podrán determinar adicionalmente las condiciones específicas para el tratamiento de un número nacional de identificación o cualquier otro medio de identificación de carácter general. En ese caso, el número nacional de identificación o cualquier otro medio de identificación de carácter general se utilizará únicamente con las garantías adecuadas para los derechos y las libertades del interesado con arreglo al presente Reglamento.

Artículo 88. Tratamiento en el ámbito laboral

1. Los Estados miembros podrán, a través de disposiciones legislativas o de convenios colectivos, establecer normas más específicas para garantizar la protección de los derechos y libertades en relación con el tratamiento de datos personales de los trabajadores en el ámbito laboral, en particular a efectos de contratación de personal, ejecución del contrato laboral, incluido el cumplimiento de las obligaciones establecidas por la ley o por el convenio colectivo, gestión, planificación y organización del trabajo, igualdad y diversidad en el lugar de trabajo, salud y seguridad en el trabajo, protección de los bienes de empleados o clientes, así como a efectos del ejercicio y disfrute, individual o colectivo, de los derechos y prestaciones relacionados con el empleo y a efectos de la extinción de la relación laboral.

2. Dichas normas incluirán medidas adecuadas y específicas para preservar la dignidad humana de los interesados así como sus intereses legítimos y sus derechos fundamentales, prestando especial atención a la transparencia del tratamiento, a la transferencia de los datos personales dentro de un grupo empresarial o de una unión de empresas dedicadas a una actividad económica conjunta y a los sistemas de supervisión en el lugar de trabajo.

3. Cada Estado miembro notificará a la Comisión las disposiciones legales que adopte de conformidad con el apartado 1 a más tardar el 25 de mayo de 2018 y, sin dilación, cualquier modificación posterior de las mismas.

Artículo 89. Garantías y excepciones aplicables al tratamiento con fines de archivo en interés público, fines de investigación científica o histórica o fines estadísticos

1. El tratamiento con fines de archivo en interés público, fines de investigación científica o histórica o fines estadísticos estará sujeto a las garantías adecua-

das, con arreglo al presente Reglamento, para los derechos y las libertades de los interesados. Dichas garantías harán que se disponga de medidas técnicas y organizativas, en particular para garantizar el respeto del principio de minimización de los datos personales. Tales medidas podrán incluir la seudonimización, siempre que de esa forma puedan alcanzarse dichos fines. Siempre que esos fines pueden alcanzarse mediante un tratamiento ulterior que no permita o ya no permita la identificación de los interesados, esos fines se alcanzarán de ese modo.

2. Cuando se traten datos personales con fines de investigación científica o histórica o estadísticos el Derecho de la Unión o de los Estados miembros podrá establecer excepciones a los derechos contemplados en los artículos 15, 16, 18 y 21, sujetas a las condiciones y garantías indicadas en el apartado 1 del presente artículo, siempre que sea probable que esos derechos imposibiliten u obstaculicen gravemente el logro de los fines científicos y cuanto esas excepciones sean necesarias para alcanzar esos fines.

3. Cuando se traten datos personales con fines de archivo en interés público, el Derecho de le Unión o de los Estados miembros podrá prever excepciones a los derechos contemplados en los artículos 15, 16, 18, 19, 20 y 21, sujetas a las condiciones y garantías citadas en el apartado 1 del presente artículo, siempre que esos derechos puedan imposibilitar u obstaculizar gravemente el logro de los fines científicos y cuanto esas excepciones sean necesarias para alcanzar esos fines.

4. En caso de que el tratamiento a que hacen referencia los apartados 2 y 3 sirva también al mismo tiempo a otro fin, las excepciones solo serán aplicables al tratamiento para los fines mencionados en dichos apartados.

Artículo 90. Obligaciones de secreto

1. Los Estados miembros podrán adoptar normas específicas para fijar los poderes de las autoridades de control establecidos en el artículo 58, apartado 1, letras e) y f), en relación con los responsables o encargados sujetos, con arreglo al Derecho de la Unión o de los Estados miembros o a las normas establecidas por los organismos nacionales competentes, a una obligación de secreto profesional o a otras obligaciones de secreto equivalentes, cuando sea necesario y proporcionado para conciliar el derecho a la protección de los datos personales con la obligación de secreto. Esas normas solo se aplicarán a los datos personales que el responsable o el encargado del tratamiento hayan recibido como resultado o con ocasión de una actividad cubierta por la citada obligación de secreto.

2. Cada Estado miembro notificará a la Comisión las normas adoptadas de conformidad con el apartado 1 a más tardar el 25 de mayo de 2018 y, sin dilación, cualquier modificación posterior de las mismas.

Artículo 91. Normas vigentes sobre protección de datos de las iglesias y asociaciones religiosas

1. Cuando en un Estado miembro iglesias, asociaciones o comunidades religiosas apliquen, en el momento de la entrada en vigor del presente Reglamento, un conjunto de normas relativas a la protección de las personas físicas en lo que respecta al tratamiento, tales normas podrán seguir aplicándose, siempre que sean conformes con el presente Reglamento.

2. Las iglesias y las asociaciones religiosas que apliquen normas generales de conformidad con el apartado 1 del presente artículo estarán sujetas al control de una autoridad de control independiente, que podrá ser específica, siempre que cumpla las condiciones establecidas en el capítulo VI del presente Reglamento.

Capítulo X. Actos delegados y actos de ejecución

Artículo 92. Ejercicio de la delegación

1. Los poderes para adoptar actos delegados otorgados a la Comisión estarán sujetos a las condiciones establecidas en el presente artículo.

2. La delegación de poderes indicada en el artículo 12, apartado 8, y en el artículo 43, apartado 8, se otorgarán a la Comisión por tiempo indefinido a partir del 24 de mayo de 2016.

3. La delegación de poderes mencionada en el artículo 12, apartado 8, y el artículo 43, apartado 8, podrá ser revocada en cualquier momento por el Parlamento Europeo o por el Consejo. La decisión de revocación pondrá término a la delegación de los poderes que en ella se especifiquen. La decisión surtirá efecto al día siguiente de su publicación en el Diario Oficial de la Unión Europea o en una fecha posterior indicada en la misma. No afectará a la validez de los actos delegados que ya estén en vigor.

4. Tan pronto como la Comisión adopte un acto delegado lo notificará simultáneamente al Parlamento Europeo y al Consejo.

5. Los actos delegados adoptados en virtud del artículo 12, apartado 8, y el artículo 43, apartado 8, entrarán en vigor únicamente si, en un plazo de tres meses desde su notificación al Parlamento Europeo y al Consejo, ni el Parlamento Europeo ni el Consejo formulan objeciones o si, antes del vencimiento de dicho plazo, tanto el uno como el otro informan a la Comisión de que no las formularán. El plazo se ampliará en tres meses a iniciativa del Parlamento Europeo o del Consejo.

Artículo 93. Procedimiento de comité

1. La Comisión estará asistida por un comité. Dicho comité será un comité en el sentido del Reglamento (UE) n.o 182/2011.

2. Cuando se haga referencia al presente apartado, se aplicará el artículo 5 del Reglamento (UE) n.o 182/2011.

3. Cuando se haga referencia al presente apartado, se aplicará el artículo 8 del Reglamento (UE) n.o 182/2011, en relación con su artículo 5.

Capítulo XI. Disposiciones finales

Artículo 94. Derogación de la Directiva 95/46/CE

1. Queda derogada la Directiva 95/46/CE con efecto a partir del 25 de mayo de 2018.

2. Toda referencia a la Directiva derogada se entenderá hecha al presente Reglamento. Toda referencia al Grupo de protección de las personas en lo que respecta al tratamiento de datos personales establecido por el artículo 29 de la Directiva 95/46/CE se entenderá hecha al Comité Europeo de Protección de Datos establecido por el presente Reglamento.

Artículo 95. Relación con la Directiva 2002/58/CE

El presente Reglamento no impondrá obligaciones adicionales a las personas físicas o jurídicas en materia de tratamiento en el marco de la prestación de servicios públicos de comunicaciones electrónicas en redes públicas de comunicación de la Unión en ámbitos en los que estén sujetas a obligaciones específicas con el mismo objetivo establecidas en la Directiva 2002/58/CE.

Artículo 96. Relación con acuerdos celebrados anteriormente

Los acuerdos internacionales que impliquen la transferencia de datos personales a terceros países u organizaciones internacionales que hubieren sido celebrados por los Estados miembros antes del 24 de mayo de 2016 y que cumplan lo dispuesto en el Derecho de la Unión aplicable antes de dicha fecha, seguirán en vigor hasta que sean modificados, sustituidos o revocados.

Artículo 97. Informes de la Comisión

1. A más tardar el 25 de mayo de 2020 y posteriormente cada cuatro años, la Comisión presentará al Parlamento Europeo y al Consejo un informe sobre la evaluación y revisión del presente Reglamento. Los informes se harán públicos.

2. En el marco de las evaluaciones y revisiones a que se refiere el apartado 1, la Comisión examinará en particular la aplicación y el funcionamiento de:

a) El capítulo V sobre la transferencia de datos personales a países terceros u organizaciones internacionales, particularmente respecto de las decisiones adoptadas en virtud del artículo 45, apartado 3, del presente Reglamento, y de las adoptadas sobre la base del artículo 25, apartado 6, de la Directiva 95/46/CE.

b) El capítulo VII sobre cooperación y coherencia.

3. A los efectos del apartado 1, la Comisión podrá solicitar información a los Estados miembros y a las autoridades de control.

4. Al llevar a cabo las evaluaciones y revisiones indicadas en los apartados 1 y 2, la Comisión tendrá en cuenta las posiciones y conclusiones del Parlamento Europeo, el Consejo y los demás órganos o fuentes pertinentes.

5. La Comisión presentará, en caso necesario, las propuestas oportunas para modificar el presente Reglamento, en particular teniendo en cuenta la evolución de las tecnologías de la información y a la vista de los progresos en la sociedad de la información.

Artículo 98. Revisión de otros actos jurídicos de la Unión en materia de protección de datos

La Comisión presentará, si procede, propuestas legislativas para modificar otros actos jurídicos de la Unión en materia de protección de datos personales, a fin de garantizar la protección uniforme y coherente de las personas físicas en relación con el tratamiento. Se tratará en particular de las normas relativas a la protección de las personas físicas en lo que respecta al tratamiento por parte de las instituciones, órganos, y organismos de la Unión y a la libre circulación de tales datos.

Artículo 99. Entrada en vigor y aplicación

1. El presente Reglamento entrará en vigor a los veinte días de su publicación en el Diario Oficial de la Unión Europea.

2. Será aplicable a partir del 25 de mayo de 2018.

El presente Reglamento será obligatorio en todos sus elementos y directamente aplicable en cada Estado miembro.

Tema 12

El personal funcionario al servicio de las Administraciones Públicas. El Registro Central de Personal. Programación de efectivos y Oferta de Empleo Público. Selección. Provisión de puestos de trabajo. Situaciones de los funcionarios

eRodio ediciones

Índice esquemático

1. Personal funcionario de las Administraciones Públicas

1.1. Introducción

El **artículo 103.3** de la Constitución establece que la Ley regulará el estatuto de los funcionarios públicos y su artículo 149.1.18 atribuye al Estado la competencia sobre las bases del régimen estatutario de los funcionarios de las Administraciones Públicas.

El **BOE del día 31 de Octubre de 2015 publicó el nuevo Texto Refundido del Estatuto Básico del Empleado Público**. Se trata del Real Decreto Legislativo 5/2015, de 30 de octubre (en adelante TREBEP), que deroga la Ley 7/2007, de 12 de abril vigente hasta ahora como reguladora básica de esta materia.

La nueva norma sigue teniendo 100 artículos, divididos en 8 Títulos, 16 disposiciones adicionales, 8 transitorias, 1 derogatoria y cuatro finales.

Título I. Objeto y ámbito de aplicación (arts. 1. Objeto a 7. Normativa aplicable al personal laboral).

Título II. Personal al servicio de las Administraciones Públicas, dividido en 2 capítulos: Capítulo I. Clases de personal (arts. 8. Concepto y clases de empleados públicos, a 12. Personal eventual) y Capítulo II. Personal directivo (art. 13. Personal directivo profesional).

Título III. Derechos y deberes. Código de conducta de los empleados públicos, dividido en 6 capítulos: Capítulo I. Derechos de los empleados públicos (arts. 14. Derechos individuales y 15. Derechos individuales ejercidos colectivamente); Capítulo II. Derecho a la carrera profesional y a la promoción interna. La evaluación del desempeño (arts. 16. Concepto, principios y modalidades de la carrera profesional de los funcionarios de carrera a 20. La evaluación del desempeño); Capítulo III. Derechos retributivos (arts. 21. Determinación de las cuantías y de los incrementos retributivos a 30. Deducción de retribuciones); Capítulo IV. Derecho a la negociación colectiva, representación y participación institucional. Derecho de reunión (arts. 31. Principios generales a 46. Derecho de reunión); Capítulo V. Derecho a la jornada de trabajo, permisos y vacaciones (arts. 47. Jornada de trabajo de los funcionarios públicos a 51. Jornada de trabajo, permisos y vacaciones del personal laboral) y Capítulo VI. Deberes de los empleados públicos. Código de Conducta (arts. 52. Deberes de los empleados públicos. Código de Conducta a 54. Principios de conducta).

Título IV. Adquisición y pérdida de la relación de servicio, dividido en dos capítulos: Capítulo I. Acceso al empleo público y adquisición de la relación de servicio (arts. 55. Principios rectores, a 62. Adquisición de la condición de funcionario de carrera) y Capítulo II. Pérdida de la relación de servicio (arts. 63. Causas de pérdida de la condición de funcionario de carrera, a 68. Rehabilitación de la condición de funcionario).

Título V. Ordenación de la actividad profesional, dividido en tres capítulos: Capítulo I. Planificación de recursos humanos (arts 69. Objetivos e instrumentos de la planificación, a 71. Registros de personal y Gestión integrada de recursos humanos); Capítulo II. Estructuración del empleo público (arts. 72. Estructuración de los recursos humanos, a 77. Clasificación del personal laboral) y Capítulo III. Provisión de puestos de trabajo y movilidad (arts. 78. Principios y procedimientos de provisión de puestos de trabajo del personal funcionario de carrera, a 84. La movilidad voluntaria entre Administraciones Públicas).

Título VI. Situaciones administrativas (arts. 85. Situaciones administrativas de los funcionarios de carrera, a 92. Situaciones del personal laboral).

Título VII. Régimen disciplinario (arts. 93. Responsabilidad disciplinaria, a 98. Procedimiento disciplinario y medidas provisionales).

Título VIII. Cooperación entre las Administraciones Públicas (arts. 99. Relaciones de cooperación entre las Administraciones Públicas y 100. Órganos de cooperación).

Principales novedades

Entre las cuestiones que se incorporan al Texto Refundido como consecuencia de las modificaciones de la ley 7/2007 aprobadas hasta hoy cabe destacar:

1. La recuperación de los días de asuntos particulares y vacaciones de los empleados públicos,
2. La novedad de que las vacaciones no disfrutadas por enfermedad se puedan disfrutar tras el alta.
3. Las mejoras efectuadas en materia de movilidad, jornadas, permisos y situaciones administrativas en los casos de violencia terrorista.
4. Los permisos por cuidado de hijo menor afectado por enfermedad grave y para los casos de acogimiento pre adoptivo y adopción.
5. Se incorporan incluso las normas aprobadas en la Ley de Presupuestos Generales del Estado para 2016, como el permiso retribuido para las funcionarias en estado de gestación.

Se mantienen vigentes las normas siguientes ya sea total o parcialmente a la espera de la aprobación de las normas que desarrollarán el Estatuto básico.

- Ley 30/ 1984, de 2 de agosto, de Medidas Urgentes para la Reforma de la Función Pública.
- Ley de Funcionarios Civiles del Estado de 7 de febrero de 1964.
- Ley de Incompatibilidades del Personal al servicio de las Administraciones Públicas de 26 de diciembre de 1984.
- Reglamento del régimen disciplinario de los funcionarios de la Administración Civil del Estado de 10 de enero de 1986.
- Real Decreto 365/ 1995, de 10 de marzo, por el que se aprueba el reglamento de situaciones administrativas de los funcionarios civiles de la Administración del Estado.
- Real Decreto 364/ 1995, de 10 de marzo, por el que se aprueba el reglamento general de ingreso del personal al servicio de la Administración General del Estado y de provisión de puestos de trabajo y promoción profesional de los Funcionarios Civiles de la Administración General del Estado.
- Real Decreto 2271/2004, de 3 de diciembre por el que se regula el acceso al empleo público y la provisión de puestos de trabajo de las personas con discapacidad.

Objeto y ámbito de aplicación del nuevo TR 5/2015 de 30 de octubre

Objeto

Según el artículo 1 el Estatuto, tiene por objeto establecer las bases del régimen estatutario de los funcionarios públicos incluidos en su ámbito de aplicación. Asimismo tiene por objeto determinar las normas aplicables al personal laboral al servicio de las Administraciones Públicas.

Este Estatuto refleja, del mismo modo, los siguientes **fundamentos de actuación:**

a) Servicio a los ciudadanos y a los intereses generales.

b) Igualdad, mérito y capacidad en el acceso y en la promoción profesional.

c) Sometimiento pleno a la ley y al Derecho.

d) Igualdad de trato entre mujeres y hombres.

e) Objetividad, profesionalidad e imparcialidad en el servicio garantizadas con la inamovilidad en la condición de funcionario de carrera.

f) Eficacia en la planificación y gestión de los recursos humanos.

g) Desarrollo y cualificación profesional permanente de los empleados públicos.

h) Transparencia.

i) Evaluación y responsabilidad en la gestión.

j) Jerarquía en la atribución, ordenación y desempeño de las funciones y tareas.

k) Negociación colectiva y participación, a través de los representantes, en la determinación de las condiciones de empleo.

l) Cooperación entre las Administraciones Públicas en la regulación y gestión del empleo público.

Ámbito de aplicación

Según el artículo 2 este Estatuto se aplica al personal funcionario y en lo que proceda al personal laboral al servicio de las siguientes Administraciones Públicas:

a) La Administración General del Estado.

b) Las Administraciones de las comunidades autónomas y de las ciudades de Ceuta y Melilla.

c) Las Administraciones de las entidades locales.

d) Los organismos públicos, agencias y demás entidades de derecho público con personalidad jurídica propia, vinculadas o dependientes de cualquiera de las Administraciones Públicas.

e) Las Universidades Públicas.

En la aplicación de este Estatuto al personal investigador se podrán dictar normas singulares para adecuarlo a sus peculiaridades.

El personal docente y el personal estatutario de los Servicios de Salud se regirán por la legislación específica dictada por el Estado y por las comunidades autónomas en el ámbito de sus respectivas competencias y por lo previsto en el presente Estatuto, excepto el capítulo II del título III (Derecho a la carrera profesional y a la promoción interna. La evaluación del desempeño), salvo el artículo 20, y los artículos 22.3, 24 y 84.

Cada vez que este Estatuto haga mención al personal funcionario de carrera se entenderá comprendido el personal estatutario de los Servicios de Salud.

El presente Estatuto tiene carácter supletorio para todo el personal de las Administraciones Públicas no incluido en su ámbito de aplicación.

Personal funcionario de las Entidades Locales

El personal funcionario de las entidades locales se rige por la legislación estatal que resulte de aplicación, de la que forma parte este Estatuto y por la legislación de las comunidades autónomas, con respeto a la autonomía local.

Los Cuerpos de Policía Local se rigen también por este Estatuto y por la legislación de las comunidades autónomas, excepto en lo establecido para ellos en la Ley Orgánica 2/1986, de 13 de marzo, de Fuerzas y Cuerpos de Seguridad.

Personal con legislación específica propia

Según dispone el artículo 4 del TR 5/2015, las disposiciones de este Estatuto sólo se aplicarán directamente cuando así lo disponga su legislación específica al siguiente personal:

a) Personal funcionario de las Cortes Generales y de las asambleas legislativas de las comunidades autónomas.

b) Personal funcionario de los demás Órganos Constitucionales del Estado y de los órganos estatutarios de las comunidades autónomas.

c) Jueces, Magistrados, Fiscales y demás personal funcionario al servicio de la Administración de Justicia.

d) Personal militar de las Fuerzas Armadas.

e) Personal de las Fuerzas y Cuerpos de Seguridad.

f) Personal retribuido por arancel.

g) Personal del Centro Nacional de Inteligencia.

h) Personal del Banco de España y del Fondo de Garantía de Depósitos de Entidades de Crédito.

Personal de la Sociedad Estatal Correos y Telégrafos

Según el artículo 5 el personal funcionario de la Sociedad Estatal Correos y Telégrafos se regirá por sus normas específicas y supletoriamente por lo dispuesto en este Estatuto.

Su personal laboral se regirá por la legislación laboral y demás normas convencionalmente aplicables.

Leyes de Función Pública

En desarrollo de este Estatuto, las Cortes Generales y las asambleas legislativas de las comunidades autónomas aprobarán, en el ámbito de sus competencias, las leyes reguladoras de la Función Pública de la Administración General del Estado y de las comunidades autónomas.

Normativa aplicable al personal laboral

El personal laboral al servicio de las Administraciones Públicas se rige, además de por la legislación laboral y por las demás normas convencionalmente aplicables, por los preceptos de este Estatuto que así lo dispongan.

No obstante, en materia de permisos de nacimiento, adopción, del progenitor diferente de la madre biológica y lactancia, el personal laboral al servicio de las Administraciones públicas se regirá por lo previsto en el presente Estatuto, no siendo de aplicación a este personal, por tanto, las previsiones del texto refundido de la Ley del Estatuto de los Trabajadores sobre las suspensiones de los contratos de trabajo que, en su caso, corresponderían por los mismos supuestos de hecho.

Este artículo 7 viene modificado por el art. 3.1 del Real Decreto-ley 6/2019, de 1 de marzo, de medidas urgentes para garantía de la igualdad de trato y de oportunidades entre mujeres y hombres en el empleo y la ocupación.

1.2. Personal al Servicio de las Administraciones Públicas

El artículo 8 del TR 5/2015 manifiesta que:

1. Son empleados públicos quienes desempeñan funciones retribuidas en las Administraciones Públicas al servicio de los intereses generales.

2. Los empleados públicos se clasifican en:

a) Funcionarios de carrera.

b) Funcionarios interinos.

c) Personal laboral, ya sea fijo, por tiempo indefinido o temporal.

d) Personal eventual.

Funcionarios de carrera

Son funcionarios de carrera quienes, en virtud de nombramiento legal, están vinculados a una Administración Pública por una relación estatutaria regulada por el Derecho Administrativo para el desempeño de servicios profesionales retribuidos de carácter permanente.

En todo caso, el ejercicio de las funciones que impliquen la participación directa o indirecta en el ejercicio de las potestades públicas o en la salvaguardia de los intereses generales del Estado y de las Administraciones Públicas corresponden exclusivamente a los funcionarios públicos, en los términos que en la ley de desarrollo de cada Administración Pública se establezca.

Funcionarios interinos

Son funcionarios interinos los que, por razones expresamente justificadas de necesidad y urgencia, son nombrados como tales para el desempeño de funciones propias de funcionarios de carrera, cuando se dé alguna de las siguientes circunstancias:

a) La existencia de plazas vacantes cuando no sea posible su cobertura por funcionarios de carrera.

b) La sustitución transitoria de los titulares.

c) La ejecución de programas de carácter temporal, que no podrán tener una duración superior a tres años, ampliable hasta doce meses más por las leyes de Función Pública que se dicten en desarrollo de este Estatuto.

d) El exceso o acumulación de tareas por plazo máximo de seis meses, dentro de un periodo de doce meses.

La selección de funcionarios interinos habrá de realizarse mediante procedimientos ágiles que respetarán en todo caso los principios de igualdad, mérito, capacidad y publicidad.

El cese de los funcionarios interinos se producirá, además de por las causas previstas en el artículo 63, cuando finalice la causa que dio lugar a su nombramiento.

En el supuesto de existencia de plazas vacantes cuando no sea posible su cobertura por funcionarios de carrera, las plazas vacantes desempeñadas por funcionarios interinos deberán incluirse en la oferta de empleo correspondiente al ejercicio en que se produce su nombramiento y, si no fuera posible, en la siguiente, salvo que se decida su amortización.

A los funcionarios interinos les será aplicable, en cuanto sea adecuado a la naturaleza de su condición, el régimen general de los funcionarios de carrera.

El personal interino cuya designación sea consecuencia de la ejecución de programas de carácter temporal o del exceso o acumulación de tareas por plazo máximo de seis meses, dentro de un período de doce meses, podrá prestar los servicios que se le encomienden en la unidad administrativa en la que se produzca su nombramiento o en otras unidades administrativas en las que desempeñe funciones análogas, siempre que, respectivamente, dichas unidades participen en el ámbito de aplicación del citado programa de carácter temporal, con el límite de duración señalado en este artículo, o estén afectadas por la mencionada acumulación de tareas.

Personal laboral

Es personal laboral el que en virtud de contrato de trabajo formalizado por escrito, en cualquiera de las modalidades de contratación de personal previstas en la legislación laboral, presta servicios retribuidos por las Administraciones Públicas. En función de la duración del contrato éste podrá ser fijo, por tiempo indefinido o temporal.

Las leyes de Función Pública que se dicten en desarrollo de este Estatuto establecerán los criterios para la determinación de los puestos de trabajo que pueden ser desempeñados por personal laboral, respetando en todo caso las funciones que impliquen la participación directa o indirecta en el ejercicio de las potestades públicas o en la salvaguardia de los intereses generales del Estado y de las Administraciones Públicas corresponden exclusivamente a los funcionarios públicos, en los términos que en la ley de desarrollo de cada Administración Pública se establezca.

Personal eventual

Es personal eventual el que, en virtud de nombramiento y con carácter no permanente, sólo realiza funciones expresamente calificadas como de confianza o asesoramiento especial, siendo retribuido con cargo a los créditos presupuestarios consignados para este fin.

Las leyes de Función Pública que se dicten en desarrollo de este Estatuto determinarán los órganos de gobierno de las Administraciones Públicas que podrán disponer de este tipo de personal. El número máximo se establecerá por los respectivos órganos de gobierno. Este número y las condiciones retributivas serán públicas.

El nombramiento y cese serán libres. El cese tendrá lugar, en todo caso, cuando se produzca el de la autoridad a la que se preste la función de confianza o asesoramiento.

La condición de personal eventual no podrá constituir mérito para el acceso a la Función Pública o para la promoción interna.

Al personal eventual le será aplicable, en lo que sea adecuado a la naturaleza de su condición, el régimen general de los funcionarios de carrera. (Art. 12)

Personal directivo

Personal directivo profesional

El artículo 13 nos dice respecto del personal directivo profesional que el Gobierno y los órganos de gobierno de las comunidades autónomas podrán establecer, en desarrollo de este Estatuto, el régimen jurídico específico del personal directivo así como los criterios para determinar su condición, de acuerdo, entre otros, con los siguientes principios:

1. Es personal directivo el que desarrolla funciones directivas profesionales en las Administraciones Públicas, definidas como tales en las normas específicas de cada Administración.
2. Su designación atenderá a principios de mérito y capacidad y a criterios de idoneidad, y se llevará a cabo mediante procedimientos que garanticen la publicidad y concurrencia.
3. El personal directivo estará sujeto a evaluación con arreglo a los criterios de eficacia y eficiencia, responsabilidad por su gestión y control de resultados en relación con los objetivos que les hayan sido fijados.
4. La determinación de las condiciones de empleo del personal directivo no tendrá la consideración de materia objeto de negociación colectiva a los efectos de esta ley. Cuando el personal directivo reúna la condición de personal laboral estará sometido a la relación laboral de carácter especial de alta dirección.

2. Registro central de personal

El **artículo 71 del TR 5/2015 titulado:** "Registros de personal y Gestión integrada de recursos humanos" dispone:

1. Cada Administración Pública constituirá un Registro en el que se inscribirán los datos relativos al personal contemplado en los artículos 2(del ámbito de aplicación) y 5 (Personal de la Sociedad Estatal Correos y Telégrafos) del presente Estatuto y que tendrá en cuenta las peculiaridades de determinados colectivos.

2. Los Registros podrán disponer también de la información agregada sobre los restantes recursos humanos de su respectivo sector público.
3. Mediante convenio de Conferencia Sectorial se establecerán los contenidos mínimos comunes de los Registros de personal y los criterios que permitan el intercambio homogéneo de la información entre Administraciones, con respeto a lo establecido en la legislación de protección de datos de carácter personal.
4. Las Administraciones Públicas impulsarán la gestión integrada de recursos humanos.
5. Cuando las Entidades Locales no cuenten con la suficiente capacidad financiera o técnica, la Administración General del Estado y las Comunidades Autónomas cooperarán con aquéllas a los efectos contemplados en este artículo.

Además, señalamos también que la Disposición adicional decimoquinta establece que las Administraciones Públicas dispondrán de un Registro de Órganos de Representación del Personal al servicio de las mismas y de sus organismos, agencias, universidades y entidades dependientes en el que serán objeto de inscripción o anotación, al menos, los actos adoptados en su ámbito que afecten a la creación, modificación o supresión de órganos de representación del personal funcionario, estatutario o laboral, la creación modificación o supresión de secciones sindicales, los miembros de dichos órganos y delegados sindicales. Así mismo, serán objeto de anotación los créditos horarios, sus cesiones y liberaciones sindicales que deriven de la aplicación de normas o pactos que afecten a la obligación o al régimen de asistencia al trabajo. La creación de dichos registros se ajustará la normativa vigente en materia de protección de datos de carácter personal.

Registro Central de Personal (RCP): su función es realizar la inscripción y anotación de todos los actos de relevancia de la vida administrativa de los empleados públicos de su ámbito de actividad, desde que ingresan al servicio de la AGE hasta que finalizan su relación con la misma.

En la Dirección General de la Función Pública existirá un Registro Central en el que se inscribirá a todo el personal al servicio de la Administración del Estado, y en el que se anotarán preceptivamente todos los actos que afecten a la vida administrativa del mismo.

Las Comunidades Autónomas y las Entidades Locales constituirán también Registros de Personal. Cuando las Entidades Locales no cuenten con suficiente capacidad financiera o técnica, las Comunidades Autónomas, por si mismas, o por delegación en las Diputaciones Provinciales, los Cabildos o los Consejos Insulares, cooperarán a la constitución de dichos Registros.

Todos los Registros de Personal de todas las Administraciones Públicas estarán coordinados. El Gobierno, a propuesta del Ministro de Administraciones Públicas, y previa deliberación del Consejo Superior de la Función Pública, regulará los contenidos mínimos homogeneizadores de los Registros de Personal y los requisitos y procedimiento para su utilización recíproca.

En ningún caso podrán incluirse en nómina nuevas remuneraciones, sin que previamente se haya comunicado al Registro de Personal correspondiente la resolución o acto por el que hubieran sido reconocidas.

En la documentación individual del personal de las diferentes Administraciones Públicas no figurará ningún dato relativo a su raza, religión u opinión.

El personal tendrá libre acceso a su expediente individual.

2.1. Regulación

Su regulación se contiene en el Real Decreto 2073/1999, de 30 de diciembre, por el que se modifica el Reglamento del Registro Central de Personal y las normas de coordinación con los de las restantes Administraciones públicas.

Naturaleza y fines del Registro Central de Personal

El Registro Central de Personal es el registro administrativo de la Administración General del Estado en el que se inscribe su el personal, y en el que se anotan preceptivamente los actos que afecten a su vida administrativa.

El Registro Central de Personal cumple las siguientes finalidades:

a) Garantizar la constancia registral de los expedientes personales u hojas de servicio del personal en él inscrito, mediante las correspondientes inscripciones y anotaciones, como garantía para los interesados y como instrumento de ayuda a la gestión de los recursos humanos comprendidos dentro de su ámbito de inscripción.

b) Disponer de la información sobre los recursos humanos del sector público estatal que los órganos responsables de su planificación necesiten para el análisis y seguimiento de su evolución.

El Registro Central de Personal tiene la condición de registro único del personal comprendido en su ámbito de aplicación, sin perjuicio de que, dentro de dicho ámbito, aquellos órganos que ostenten competencias en materia de personal puedan establecer sistemas complementarios de información sobre recursos humanos para el adecuado ejercicio de sus funciones, garantizando en todo caso la coherencia de sus datos con los obrantes en el Registro Central de Personal.

Funciones del Registro Central de Personal

El Registro Central de Personal realizará las siguientes funciones:

a) Inscribir y anotar los actos administrativos relativos al personal comprendido en su ámbito de aplicación.

b) Llevar a cabo las actuaciones precisas para que los órganos responsables de la ordenación, planificación y gestión de los recursos humanos del sector público estatal dispongan de la información necesaria al efecto.

c) Desarrollar las acciones necesarias para coordinar el Registro Central de Personal con los Registros de Personal de las restantes Administraciones públicas.

d) Desarrollar la gestión informática del Sistema de Información del Registro Central de Personal.

e) Impulsar la implantación y el desarrollo de procesos informáticos de ayuda a la gestión de recursos humanos.

2.2. Organización del registro central de personal

El Registro Central de Personal estará integrado en el Ministerio de Administraciones Públicas a través de la Dirección General que determine su Real Decreto de estructura.

La jefatura del Registro Central de Personal corresponderá al titular del órgano que se determine en el Real Decreto de estructura del Ministerio de Administraciones Públicas.

El Registro Central de Personal actúa a través de su oficina central y sus oficinas delegadas. Estas existirán en todos los Departamentos ministeriales y en aquellos organismos públicos en los que el volumen o complejidad del trabajo así lo aconsejen.

Los Ministerios y organismos deberán habilitar los medios materiales y el personal de apoyo necesarios para que las oficinas delegadas puedan ejercer adecuadamente sus funciones.

Las oficinas delegadas actúan bajo la supervisión del Registro Central de Personal y en cumplimiento de sus directrices. Los jefes de dichas oficinas dependerán funcionalmente, en todo caso, de la jefatura del Registro Central de Personal.

Soporte informatizado al Registro Central de Personal

El sistema de información del Registro Central de Personal es el instrumento técnico para el soporte informatizado a la gestión del Registro Central de Personal y está formado, en todo caso, por los siguientes subsistemas:

a) Base de datos de expedientes personales.

b) Base de datos de gestión de recursos humanos, que integrará las estructuras orgánicas y las relaciones de puestos de trabajo, catálogos y plazas de la Administración General del Estado y sus organismos públicos con los expedientes personales de los efectivos inscritos en el Registro Central de Personal.

c) Base de datos de información sobre recursos humanos del sector público, que almacenará indicadores e información acerca de los efectivos empleados por el sector público estatal y las restantes Administraciones públicas.

El Sistema de información del Registro Central de Personal establecerá y garantizará el correcto funcionamiento de los medios técnicos necesarios para:

a) Permitir la realización de las inscripciones y anotaciones registrales y la consulta de los datos registrados por medios de transmisión electrónica, de conformidad con los procedimientos y garantías establecidos en este Reglamento.

b) Garantizar que las certificaciones emitidas por el Registro Central de Personal se correspondan íntegra y auténticamente con el contenido de los expedientes personales conservados en soporte óptico o electrónico, y éstos, a su vez, con los documentos originales.

c) Permitir a los órganos competentes en materia de personal la consulta y utilización de las tablas y formatos vigentes en cada momento, utilizando para ello medios de transmisión electrónica.

d) Recoger y facilitar la información necesaria sobre los recursos humanos de las Administraciones públicas y el sector público a los órganos responsables de su planificación y gestión.

e) Dar cumplimiento a lo dispuesto en la Ley Orgánica 15/1999, de 13 de diciembre, de Protección de datos de carácter personal y su normativa de desarrollo.

2.3. Funciones registrales y de ayuda a la gestión de los recursos humanos

Ámbito registral

De acuerdo con las previsiones de los apartados 1 y 4 del artículo 13 de la Ley 30/1984, de 2 de agosto, de medidas para la reforma de la Función Pública, en el Registro Central de Personal deberá inscribirse:

a) El personal incluido en el ámbito de aplicación del artículo 1.1 de la Ley 30/1984.

b) El personal funcionario no comprendido en el párrafo anterior, cuando ocupe puestos en las relaciones de puestos de trabajo de personal funcionario de la Administración General del Estado y sus organismos públicos, sin perjuicio de las anotaciones que procediera realizar, en su caso, en sus respectivos registros.

c) El personal a que se refiere la disposición transitoria cuarta de la Ley 30/1984, cuando ocupe puestos en las relaciones de puestos de trabajo de personal funcionario de la Administración General del Estado y sus organismos públicos, sin perjuicio de las anotaciones que procediera realizar, en su caso, en sus respectivos registros.

d) El personal no incluido en los párrafos a), b) y c) anteriores que se rija por la Ley 30/1984, en virtud de su normativa específica.

Asimismo, se inscribirán en el Registro Central de Personal los funcionarios pertenecientes a los Cuerpos Docentes Universitarios regulados por el Estado, en tanto no se constituya el Registro de Personal específico al que hace referencia el artículo 42 de la Ley Orgánica 11/1983, de 25 de agosto, de Reforma Universitaria.

El personal de órganos, organismos o universidades no dependientes de la Administración General del Estado que no estuviera incluido en los dos apartados anteriores podrá inscribirse en el Registro Central de Personal si así se acordase en convenios suscritos a tal efecto entre el Ministerio de Administraciones Públicas y la Administración de que se trate. En éstos se especificarán el régimen regulador de las inscripciones y anotaciones y los actos administrativos, resoluciones y datos que deberán ser objeto de anotación.

Delegación de competencias del Registro Central de Personal

La jefatura del Registro Central de Personal podrá delegar en los órganos competentes en materia de personal de los Ministerios u organismos la realización de inscripciones y anotaciones, estableciendo las medidas necesarias para que pueda aplicarse el procedimiento para la práctica de asientos.

Documentos registrales

El Secretario de Estado para la Administración Pública aprobará los formatos normalizados de los documentos registrales para facilitar los asientos y garantizar su homogeneidad.

Los documentos registrales recogerán los datos personales, administrativos y de destino del interesado, la fecha de la formalización del acto o resolución, la fecha o condición de inicio de sus efectos, el plazo o condición de finalización de los mismos y la fecha de publicación en el «Boletín Oficial del Estado», si procediera, junto con todos los restantes datos que sean necesarios para que los actos, resoluciones y cualquier otra información que deba ser registrada queden perfectamente determinados.

Los documentos registrales normalizados podrán adoptar la forma de transacciones informáticas o documentos informáticos susceptibles de ser firmados electrónicamente, transmitirse por medios telemáticos y conservarse en soporte óptico, magnético o electrónico, siempre que se garanticen la integridad y seguridad de las transmisiones, la inalterabilidad del contenido de los documentos, la fecha y hora de la transacción y la identidad de emisores, receptores y firmantes.

El número de registro de personal

El número de registro de personal se asigna por el Registro Central de Personal previamente a la inscripción, y sirve para identificar la relación existente entre una persona y la correspondiente Administración.

A una misma persona le corresponderán tantos números de registro de personal como nombramientos como funcionario de Cuerpos o Escalas o personal eventual haya tenido, o contratos laborales haya suscrito.

El número de identificación personal

El Registro Central de Personal asignará un número de identificación personal, que estará basado en el número del documento nacional de identidad cuando inscriba ciudadanos españoles. Este número será el mismo durante toda la vida administrativa de los interesados, por lo que no podrá ser modificado una vez asignado, salvo para corregir errores materiales.

En ningún caso podrán figurar inscritas dos personas con el mismo número, ni podrá reutilizarse uno que hubiera sido asignado anteriormente a otra persona, aunque ésta ya no estuviera de alta en el Registro.

Quienes al inscribirse por primera vez en el Registro Central de Personal hubieran aportado un documento identificativo distinto del documento nacional de identidad, por carecer de él, conservarán durante toda su vida administrativa el número de identificación personal que se les hubiera asignado en su primera inscripción. Antes de la formalización de nuevos contratos o nombramientos deberán indicar ese número de identificación personal, con el fin de evitar que se les pudiera asignar otro distinto.

Cuando un órgano gestor detecte la asignación de varios números de identificación distintos a una misma persona, comunicará esta circunstancia de forma inmediata al Registro Central de Personal. Este procederá de oficio a anular los números inválidos y efectuará las correcciones oportunas.

La asignación o alteración fraudulentas del número de identificación personal o el incumplimiento de la obligación indicada en el apartado 2 de este artículo podrán dar lugar a la exigencia de responsabilidad, de acuerdo con lo previsto en la normativa que resulte de aplicación.

Asientos registrales

Los actos relativos al personal comprendido en el ámbito del presente Reglamento darán lugar a dos tipos de asientos registrales: inscripciones y anotaciones.

a) Son inscripciones aquellos asientos en los que se registra el establecimiento de cualquier relación laboral o funcionarial de una persona con la Administración.

b) Son anotaciones aquellos asientos por los que se registran los actos administrativos, resoluciones y otros datos relevantes para las personas inscritas. Las anotaciones registrales podrán ser ordinarias, provisionales y marginales.

La inscripción o anotación de actos o resoluciones en el Registro Central de Personal no presupone ni condiciona su eficacia constitutiva, ni podrá convalidar sus posibles contenidos ilícitos o irregulares.

Deberá justificarse la previa comunicación al Registro Central de Personal de los actos o resoluciones que comporten efectos económicos en nómina, de acuerdo con las instrucciones para la confección de nóminas dictadas conjuntamente por los Ministros de Economía y Hacienda y de Administraciones Públicas.

Procedimiento para la práctica de los asientos

Las resoluciones, actos o informaciones que deban ser objeto de asiento en el Registro Central de Personal podrán llegar a su conocimiento de alguna de las formas siguientes:

a) A través de la comunicación efectuada por el órgano competente.

b) En ausencia de comunicación por el órgano competente para ello, cuando se cumplan las condiciones indicadas en el artículo 13, apartado 6, para las anotaciones ordinarias, o en el artículo 14, apartado 1, para las anotaciones provisionales.

c) A través del propio interesado en ejercicio de los derechos de rectificación y cancelación, en los términos establecidos por la normativa que los regula.

Los órganos competentes en materia de personal comunicarán al Registro Central de Personal los actos, resoluciones o cualquier otra información que deba ser registrada dentro del plazo máximo de tres días desde la fecha en que fueran dictados o desde que tuvieran conocimiento de los mismos. Una vez comunicados, se practicarán en el Registro los asientos en un plazo máximo de tres días desde la recepción de la comunicación, devolviendo ésta estampillada con el sello del Registro a la unidad gestora.

La omisión por el órgano competente de la obligación de comunicar al Registro Central de Personal aquellos actos o resoluciones que deban ser registrados podrá dar lugar a la exigencia de responsabilidad en los términos previstos en el régimen disciplinario que sea de aplicación.

La comunicación se efectuará utilizando los documentos registrales normalizados, que deberán ser debidamente cumplimentados, de modo que el acto o resolución y sus efectos queden perfectamente determinados. En el asiento se hará constar la fecha de su realización.

Antes de proceder a realizar un asiento, el Registro Central de Personal comprobará que la información a registrar es completa y veraz, que no contradice la información previamente registrada, y que es coherente con ella. Además, deberá superar los controles de calidad incorporados al sistema basados en reglas de gestión derivadas de la normativa vigente.

Si al registrar un acto o resolución el Registro Central de Personal detectase la posible existencia de vicios o errores que pudieran determinar su nulidad o anulabilidad, lo notificará a la Dirección General de la Función Pública o, en su caso, a la Dirección General de Enseñanza Superior e Investigación Científica, para que trasladen este hecho al órgano que hubiera dictado el acto.

El Registro Central de Personal devolverá sin registrar, para su corrección, aquellos documentos que no se ajusten a los modelos normalizados o cuyo contenido no pudiera determinarse con certeza por estar incompletos, deteriorados o ser ilegibles. Asimismo, podrá anotar aclaraciones, observaciones o cautelas respecto de aquellos asientos en los que concurriera alguna de las circunstancias indicadas en los tres apartados anteriores.

A efectos de asientos registrales, los datos del destino asignado a una persona serán los correspondientes a la provincia y localidad y, en su caso, al Ministerio, organismo, unidad orgánica, clase de centro docente, universidad, departamento y área. Los datos de un puesto de trabajo o plaza serán los correspondientes al destino, junto con el identificativo del puesto de trabajo o plaza.

El Secretario de Estado para la Administración Pública podrá establecer procedimientos especiales de inscripción y anotación para los contratos de duración determinada, interinidad o sustitución inferiores a seis meses y para el personal militar y miembros de las Fuerzas y Cuerpos de Seguridad del Estado incluidos en el ámbito registral.

Inscripciones registrales

Serán objeto de inscripción las resoluciones de nombramiento de funcionarios de carrera, en prácticas, interinos, las de personal eventual, las integraciones en otros Cuerpos o Escalas y la formalización de contratos laborales.

El procedimiento de inscripción de los funcionarios de carrera de la Administración General del Estado será el siguiente:

a) Antes de proceder a la formalización del nombramiento, los órganos competentes en materia de personal comunicarán al Registro Central de Personal los datos necesarios para la inscripción. Para ello utilizarán el correspondiente documento registral normalizado, en el que se recogerán los datos personales, administrativos y de destino del interesado.

b) A continuación, el Registro Central de Personal asignará a la persona un número de identificación personal si se inscribiera por primera vez y determinará el número de registro de personal que corresponda a la inscripción, dando traslado inmediato de ambos al órgano correspondiente.

c) Una vez formalizado el nombramiento y comunicado al Registro Central de Personal, éste procederá a efectuar la inscripción.

La asignación del número de registro de personal y del número de identificación personal del resto del personal contemplado en el apartado 1 de este artículo, podrá hacerse una vez se haya comunicado al Registro la formalización del nombramiento o contrato origen de la relación de servicios.

Una vez efectuadas las inscripciones correspondientes, el Registro Central de Personal confeccionará los títulos administrativos de los funcionarios de carrera y las hojas de servicio del personal laboral, funcionarios interinos y personal eventual de la Administración General del Estado sometido al régimen de la Ley 30/1984. Una copia de los mismos se incorporará al expediente personal del interesado.

Anotaciones registrales ordinarias

Serán objeto de anotación en el Registro Central de Personal los actos administrativos, resoluciones y datos de las personas inscritas que a continuación se relacionan:

a) **Para el personal funcionario de carrera, en prácticas o interino y el personal eventual**, los que les sean de aplicación de entre los siguientes:

1. Tomas de posesión en plazas, destinos y puestos de trabajo.
2. Ceses en plazas, destinos y puestos de trabajo.
3. Supresión o modificación en las características de los puestos de trabajo ocupados.
4. Cambios de situación administrativa.
5. Adquisición de grados personales y sus modificaciones.
6. Adquisición de especialidades dentro de los Cuerpos o Escalas.
7. Pérdidas de la condición de funcionario.
8. Jubilaciones.
9. Prolongaciones de la permanencia en servicio activo.
10. Reconocimientos de trienios.
11. Reconocimientos de servicios previos.
12. Autorizaciones o reconocimientos de compatibilidad.
13. Titulaciones, diplomas y cursos recibidos o impartidos.
14. Premios, sanciones, condecoraciones y menciones.
15. Licencias y permisos que tuvieran repercusión en nómina o en el cómputo del tiempo de servicio activo.
16. Reducciones de jornada.
17. Reconocimientos del derecho al incremento en el complemento de destino conforme a lo establecido por el artículo 33 de la Ley 31/1990, de 27 de diciembre.
18. Reconocimientos de la condición de catedrático de personal docente.

19. Reconocimientos del componente por formación permanente de personal docente.
20. Sentencias firmes relacionadas con su condición de funcionario.

b) **Para el personal laboral**:

1. Incorporaciones a plazas o puestos de trabajo.
2. Bajas temporales.
3. Cambios de destino.
4. Cambios de convenio, categoría, grupo profesional, área funcional o especialidad.
5. Reconocimientos de trienios u otros períodos establecidos en los respectivos convenios colectivos.
6. Reconocimientos de antigüedad.
7. Jubilaciones.
8. Autorizaciones o reconocimientos de compatibilidad.
9. Titulaciones, diplomas o cursos recibidos e impartidos.
10. Premios, sanciones, condecoraciones y menciones.
11. Licencias y permisos que tuvieran repercusión en nómina o en el cómputo del tiempo de servicio activo.
12. Reducciones de jornada.
13. Prórrogas de contratos.
14. Prolongaciones de permanencia en servicio activo.
15. Sentencias firmes relacionadas con su condición de personal laboral.
16. Finalización o resolución del contrato.

Asimismo, se anotarán en el Registro Central de Personal cualesquiera otros actos, resoluciones y datos cuya anotación esté legal o reglamentariamente establecida o así se determine por la Secretaría de Estado para la Administración Pública.

El Secretario de Estado para la Administración Pública determinará los títulos, diplomas, cursos y aquellas modificaciones en las características de los puestos de trabajo que deban ser objeto de anotación.

Las resoluciones y actos administrativos a registrar como anotaciones ordinarias podrán haber empezado a surtir efectos desde el momento en que se dictaron, de forma diferida en el tiempo, estar sujetos al cumplimiento de una condición o tener efectos retroactivos.

El Registro Central de Personal anotará las sentencias firmes que le sean comunicadas por los órganos competentes en materia de personal, por los órganos jurisdiccionales o por los propios interesados cuando lo hagan en ejercicio de los derechos de rectificación y cancelación. Los actos administrativos o resoluciones emitidos en ejecución de una sentencia sólo podrán inscribirse o anotarse cuando hayan sido debidamente formalizados y comunicados por los órganos competentes en materia de personal, de acuerdo con el procedimiento general establecido para las inscripciones y anotaciones registrales.

El Registro Central de Personal practicará la anotación de aquellos actos o sucesos de los que tenga la certeza de que se han producido porque se deriven directamente de actos ya anotados o inscritos, o porque estuvieran sujetos a una condición o fecha de vencimiento ya cumplida, sin necesidad de que le sean formalmente comunicados.

Anotaciones provisionales

Se podrán anotar en el Registro Central de Personal con carácter provisional aquellas resoluciones o actos administrativos, que aún no le hubieran sido formalmente comunicados, y que fueran necesarios para mantener la coherencia entre los datos ya obrantes en el Registro y nuevos actos o resoluciones que le hubieran sido comunicados para su anotación. También podrán anotarse provisionalmente aquellos actos o resoluciones en los que la documentación formalmente comunicada presente defectos, siempre y cuando su contenido pueda determinarse con certeza y sea coherente con los datos ya obrantes en el Registro.

Una vez que el Registro Central de Personal reciba comunicación formal de los actos anotados provisionalmente o compruebe que éstos se han producido, sustituirá las anotaciones provisionales por anotaciones ordinarias, corrigiendo aquellos datos que pudieran diferir de los recogidos provisionalmente.

Las anotaciones provisionales sólo podrán mantenerse durante el plazo de noventa días naturales. Transcurrido dicho plazo sin que se hubiera recibido la comunicación formal, el Registro Central de Personal requerirá su remisión al órgano correspondiente, prorrogando el plazo en otros noventa días naturales. Transcurrido el plazo de prórroga sin que la comunicación formal se hubiera producido, la anotación provisional será cancelada.

Anotaciones marginales

El Registro Central de Personal podrá efectuar anotaciones marginales con las que se amplíen, aclaren, detallen o documenten otros asientos, con el fin de mejorar la calidad e integridad de la información.

Asimismo, se podrán realizar anotaciones marginales referentes a inscripciones o anotaciones afectadas por otras posteriores correspondientes a actos o resoluciones que tuvieran efectos retroactivos, con el fin de señalar esta circunstancia.

Cancelación, sustitución y modificación de asientos

Serán canceladas las inscripciones y anotaciones registrales en los casos previstos en el presente Reglamento o cuando los actos que acrediten hayan sido anulados por la Administración o por sentencia firme. La cancelación se registrará mediante una anotación marginal referida al asiento cancelado.

La sustitución de inscripciones o anotaciones se llevará a cabo cancelando los asientos a sustituir y anotando a continuación los nuevos asientos que los sustituyen.

La cancelación o sustitución de inscripciones o anotaciones sólo podrá ser instada por el órgano que dictó el acto cuyo asiento se pretende cancelar o sustituir, o por el propio Registro Central de Personal en los casos previstos por este Reglamento.

Los interesados podrán ejercer los derechos de cancelación y rectificación de los asientos registrales en los términos establecidos por la normativa que regula su ejercicio.

Únicamente podrán modificarse las inscripciones o anotaciones que figuran en el Registro Central de Personal con el fin de subsanar errores materiales, de hecho o aritméticos. En este caso se añadirán anotaciones marginales describiendo las correcciones realizadas.

Anotaciones relativas a la ocupación de puestos o plazas

Los órganos de la Administración General del Estado y los organismos públicos competentes para la creación, modificación o supresión de puestos de trabajo, comunicarán al Registro Central de Personal cuantas modificaciones realicen en las relaciones de puestos, al objeto de garantizar la coherencia entre las anotaciones registrales y la ocupación efectiva de los puestos por parte de las personas inscritas.

Las modificaciones en las características de puestos de trabajo ocupados darán lugar a las correspondientes anotaciones en los expedientes personales de sus ocupantes, de acuerdo con lo establecido en el artículo 13 de este Reglamento. Estas anotaciones serán practicadas por el Registro, una vez le sean comunicadas las modificaciones realizadas en los puestos por el órgano competente para acordar dichas modificaciones.

Si una modificación en las relaciones de puestos de trabajo afectase a anotaciones anteriores en las que figuren datos de ocupación de puestos, se actuará de acuerdo con lo que dispone el presente Reglamento para la modificación de anotaciones por otras posteriores con efectos retroactivos.

Cuando se comuniquen actos administrativos o resoluciones al Registro para su asiento, y éstos hagan referencia a puestos de trabajo que hubieran sido creados, modificados o suprimidos sin comunicarlo al Registro Central de Personal, éste actuará de acuerdo con lo que establece el artículo 11, apartados 5, 6 y 7 del presente Reglamento.

En el caso de supresión de puestos de trabajo, incluidos los derivados de reestructuraciones administrativas, se dará cuenta al Registro Central de Personal de los efectos producidos en materia de situaciones administrativas y provisión de puestos de trabajo, para su anotación, dentro del plazo de tres días. El Registro Central de Personal mantendrá a efectos registrales los puestos de trabajo ocupados que se supriman, en tanto no se le comuniquen los correspondientes ceses de sus ocupantes.

Las anotaciones de tomas de posesión en puestos para los que aún no se hubieran comunicado los ceses de sus ocupantes anteriores se acompañarán de asientos marginales en los que se haga constar esta circunstancia, y que serán cancelados una vez se anoten los correspondientes ceses.

Cuando se modifique la denominación de Departamentos ministeriales, organismos, centros directivos o unidades administrativas, o se produzca una reestructuración que no afecte a sus relaciones de puestos de trabajo, el Registro Central de Personal realizará las correspondientes adaptaciones con el fin de garantizar la coherencia entre las anotaciones registrales y las ocupaciones efectivas de puestos por las personas inscritas.

Cuando se apruebe una reestructuración administrativa que afecte a sus relaciones de puestos de trabajo, los correspondientes Departamentos ministeriales, Organismos autónomos y Entidades gestoras de la Seguridad Social, así como las entidades públicas empresariales y entes públicos que cuenten con funcionarios en servicio activo, comunicarán, lo antes posible, al órgano competente para la aprobación de sus relaciones de puestos, la nueva adscripción de los puestos que hubieran sido afectados por la reestructuración, sin perjuicio de que posteriormente puedan proponerle otras modificaciones. Esa información deberá aportarse, en todo caso, dentro del plazo de dos meses desde la entrada en vigor de la nueva estructura, de modo que el Registro Central de Personal pueda garantizar la coherencia entre las anotaciones registrales y las ocupaciones efectivas de puestos por parte de las personas inscritas.

Transcurrido el plazo previsto en el apartado anterior sin que se hubiera producido la adscripción de puestos de trabajo a que refiere dicho apartado, y si esta circunstancia estuviera dificultando o impidiendo la coherencia de los asientos registrales, el Registro Central de Personal podrá requerir el cumplimiento de esta obligación al respectivo órgano competente en materia de personal, poniéndolo en conocimiento del órgano competente para la aprobación de sus relaciones de puestos por si procediera su actuación.

En el Registro Central de Personal se anotarán las tomas de posesión de los titulares de órganos directivos creados por Real Decreto, aun cuando todavía no se hubiera formalizado la aprobación de los puestos de trabajo correspondientes. Estas anotaciones deberán ser regularizadas una vez se efectúe la correspondiente formalización.

Expedientes personales, certificaciones y derecho de acceso

Se entiende por expediente personal u hoja de servicios al conjunto de asientos obrantes en el Registro Central de Personal relativos a una persona.

El Registro Central de Personal deberá garantizar que los asientos que conforman un expediente personal se correspondan con la información que le haya sido comunicada para su asiento, de acuerdo con lo establecido en este Reglamento. En los expedientes personales no podrán figurar ninguno de los datos a que hace referencia el artículo 7, apartados 2 y 3, de la Ley Orgánica 15/1999, de 13 de diciembre, de Protección de datos de carácter personal.

El Jefe del Registro Central de Personal expedirá a los interesados que los requieran, certificación de sus expedientes personales.

Los interesados podrán ejercer el derecho de acceso a sus datos de carácter personal, solicitándolo en la oficina central o en las oficinas delegadas del Registro Central de Personal, en los términos establecidos por la normativa reguladora de esta materia.

Los órganos de la Administración General del Estado y sus organismos públicos con competencia en materia de personal podrán consultar el Registro Central de Personal, solicitar aquellos datos que necesiten, acceder a los expedientes personales y obtener certificaciones de las inscripciones y anotaciones registradas, cuando lo hagan en el ejercicio de sus competencias y en los términos previstos por las leyes.

Coordinación con otros sistemas de información en materia de recursos humanos de la Administración General del Estado

Los sistemas de información de recursos humanos de la Administración General del Estado facilitarán el acceso al Registro Central de Personal, con objeto de realizar las consultas y transferencias de información necesarias para el mejor cumplimiento de sus fines.

2.4. Obtención y disposición de información sobre recursos humanos del sector Público Estatal

El Registro Central de Personal dispondrá de la información necesaria a que se refiere dicha disposición, para el mejor conocimiento de los recursos humanos del sector público estatal y de su evolución.

A tal efecto, se entiende por información necesaria aquella que, sin contener datos de personas identificadas o identificables, recoja periódicamente el número de efectivos del sector público estatal, su distribución, su coste, la procedencia de las altas, la causa de las bajas y aquellos otros indicadores que puedan precisarse para el cumplimiento de los fines indicados en el apartado anterior.

Obtención de la información

El Registro Central de Personal obtendrá la información indicada en el artículo anterior del siguiente modo:

a) La correspondiente a los recursos humanos comprendidos en su ámbito de inscripción, a partir de los datos contenidos en el propio Registro, complementados, si fuera preciso, por aquella información adicional que pudiera solicitarse a los órganos gestores correspondientes.

b) La información acerca de los recursos humanos no comprendidos dentro del ámbito de inscripción del Registro, mediante remisiones trimestrales por parte de los órganos responsables de los recursos humanos de los Ministerios, organismos y entidades del sector público estatal.

El Registro Central de Personal establecerá los formatos y contenidos detallados a los que deberán ajustarse las remisiones trimestrales de información, así como los soportes y medios de transmisión que deberán utilizarse.

Los órganos responsables de los recursos humanos de los Ministerios, organismos y entidades del sector público estatal serán responsables de la exactitud de la información aportada.

El Ministerio de Administraciones Públicas podrá establecer con otras Administraciones convenios para intercambiar información sobre recursos humanos, con el fin de poder disponer de la información indicada en el artículo anterior para la totalidad del sector público.

Destinatarios de la información

El Registro Central de Personal pondrá esta información a disposición de los órganos responsables del análisis y seguimiento de la evolución de los recursos humanos y su coste, para el cumplimiento de los fines que tengan encomendados, y especialmente de la Comisión Interministerial de Recursos Humanos del Sector Público Estatal, creada en la disposición final cuarta de la Ley 13/1996, de 30 de diciembre, de Medidas fiscales, administrativas y del orden social.

3. Programación de efectivos y oferta de empleo público

3.1. Dotaciones presupuestarias de personal

Los programas de gasto de los Presupuestos Generales del Estado deberán incluir el coste de todos los puestos de trabajo asignados a cada uno de ellos y por cada uno de los Centros gestores.

Las plantillas de los diferentes Cuerpos y Escalas de la Administración del Estado, así como las del personal laboral, serán las que resulten de los créditos establecidos en la Ley de Presupuestos.

Las Comunidades Autónomas determinarán en sus respectivas Leyes de Presupuestos las plantillas de todo su personal.

Las plantillas y puestos de trabajo de todo el personal de la Administración Local se fijarán anualmente a través de su Presupuesto.

La Ordenación de la actividad profesional se recoge en los artículos 69 a 77 del TR 5/2015.

3.2. Objetivos e instrumentos de la planificación

La planificación de los recursos humanos en las Administraciones Públicas tendrá como objetivo contribuir a la consecución de la eficacia en la prestación de los servicios y de la eficiencia en la utilización de los recursos económicos disponibles mediante la dimensión adecuada de sus efectivos, su mejor distribución, formación, promoción profesional y movilidad.

Las Administraciones Públicas podrán aprobar Planes para la ordenación de sus recursos humanos, que incluyan, entre otras, algunas de las siguientes medidas:

a) Análisis de las disponibilidades y necesidades de personal, tanto desde el punto de vista del número de efectivos, como del de los perfiles profesionales o niveles de cualificación de los mismos.

b) Previsiones sobre los sistemas de organización del trabajo y modificaciones de estructuras de puestos de trabajo.

c) Medidas de movilidad, entre las cuales podrá figurar la suspensión de incorporaciones de personal externo a un determinado ámbito o la convocatoria de concursos de provisión de puestos limitados a personal de ámbitos que se determinen.

d) Medidas de promoción interna y de formación del personal y de movilidad forzosa de conformidad con lo dispuesto en el capítulo III del presente título de este Estatuto.

e) La previsión de la incorporación de recursos humanos a través de la Oferta de empleo público.

Cada Administración Pública planificará sus recursos humanos de acuerdo con los sistemas que establezcan las normas que les sean de aplicación.

Oferta de empleo público

Las necesidades de recursos humanos, con asignación presupuestaria, que deban proveerse mediante la incorporación de personal de nuevo ingreso serán objeto de la Oferta de empleo público, o a través de otro instrumento similar de gestión de la provisión de las necesidades de personal, lo que comportará la obligación de convocar los correspondientes procesos selectivos para las plazas comprometidas y hasta un diez por cien adicional, fijando el plazo máximo para la convocatoria de los mismos. En todo caso, la ejecución de la oferta de empleo público o instrumento similar deberá desarrollarse dentro del plazo improrrogable de tres años.

La Oferta de empleo público o instrumento similar, que se aprobará anualmente por los órganos de Gobierno de las Administraciones Públicas, deberá ser publicada en el Diario oficial correspondiente.

La Oferta de empleo público o instrumento similar podrá contener medidas derivadas de la planificación de recursos humanos.

Estructuración de los recursos humanos

En el marco de sus competencias de autoorganización, las Administraciones Públicas estructuran sus recursos humanos de acuerdo con las normas que regulan la selección, la promoción profesional, la movilidad y la distribución de funciones.

Desempeño y agrupación de puestos de trabajo

Los empleados públicos tienen derecho al desempeño de un puesto de trabajo de acuerdo con el sistema de estructuración del empleo público que establezcan las leyes de desarrollo del TR 5/2015.

Las Administraciones Públicas podrán asignar a su personal funciones, tareas o responsabilidades distintas a las correspondientes al puesto de trabajo que desempeñen siempre que resulten adecuadas a su clasificación, grado o categoría, cuando las necesidades del servicio lo justifiquen sin merma en las retribuciones.

Los puestos de trabajo podrán agruparse en función de sus características para ordenar la selección, la formación y la movilidad.

Ordenación de los puestos de trabajo

Las Administraciones Públicas estructurarán su organización a través de relaciones de puestos de trabajo u otros instrumentos organizativos similares que comprenderán, al menos, la denominación de los puestos, los grupos de clasificación profesional, los cuerpos o escalas, en su caso, a que estén adscritos, los sistemas de provisión y las retribuciones complementarias. Dichos instrumentos serán públicos.

Cuerpos y escalas

Los funcionarios se agrupan en cuerpos, escalas, especialidades u otros sistemas que incorporen competencias, capacidades y conocimientos comunes acreditados a través de un proceso selectivo.

Los cuerpos y escalas de funcionarios se crean, modifican y suprimen por ley de las Cortes Generales o de las asambleas legislativas de las comunidades autónomas.

Cuando en esta ley se hace referencia a cuerpos y escalas se entenderá comprendida igualmente cualquier otra agrupación de funcionarios.

Grupos de clasificación profesional del personal funcionario de carrera

Los cuerpos y escalas se clasifican, de acuerdo con la titulación exigida para el acceso a los mismos, en los siguientes grupos:

Grupo A: Dividido en dos Subgrupos, A1 y A2.

Para el acceso a los cuerpos o escalas de este Grupo se exigirá estar en posesión del título universitario de Grado. En aquellos supuestos en los que la ley exija otro título universitario será éste el que se tenga en cuenta.

La clasificación de los cuerpos y escalas en cada Subgrupo estará en función del nivel de responsabilidad de las funciones a desempeñar y de las características de las pruebas de acceso.

Grupo B. Para el acceso a los cuerpos o escalas del Grupo B se exigirá estar en posesión del título de Técnico Superior.

Grupo C. Dividido en dos Subgrupos, C1 y C2, según la titulación exigida para el ingreso.

C1: Título de Bachiller o Técnico.

C2: Título de Graduado en Educación Secundaria Obligatoria.

Clasificación del personal laboral

El personal laboral se clasificará de conformidad con la legislación laboral.

4. Selección

El Acceso al empleo público y adquisición de la relación de servicio se regula entre los artículos 55 y 67 del nuevo TREBEP.

Principios rectores

Todos los ciudadanos tienen derecho al acceso al empleo público de acuerdo con los principios constitucionales de igualdad, mérito y capacidad, y de acuerdo con lo previsto en el TR 5/2015 y en el resto del ordenamiento jurídico.

Las Administraciones Públicas, entidades y organismos a los que nos venimos refiriendo seleccionarán a su personal funcionario y laboral mediante procedimientos en los que se garanticen los principios constitucionales antes expresados, así como los establecidos a continuación:

a) Publicidad de las convocatorias y de sus bases.

b) Transparencia.

c) Imparcialidad y profesionalidad de los miembros de los órganos de selección.

d) Independencia y discrecionalidad técnica en la actuación de los órganos de selección.

e) Adecuación entre el contenido de los procesos selectivos y las funciones o tareas a desarrollar.

f) Agilidad, sin perjuicio de la objetividad, en los procesos de selección.

Requisitos generales

Para poder participar en los procesos selectivos será necesario reunir los siguientes requisitos:

a) Tener la nacionalidad española, sin perjuicio de lo dispuesto en el artículo siguiente.

b) Poseer la capacidad funcional para el desempeño de las tareas.

c) Tener cumplidos dieciséis años y no exceder, en su caso, de la edad máxima de jubilación forzosa. Sólo por ley podrá establecerse otra edad máxima, distinta de la edad de jubilación forzosa, para el acceso al empleo público.

d) No haber sido separado mediante expediente disciplinario del servicio de cualquiera de las Administraciones Públicas o de los órganos constitucionales o estatutarios de las Comunidades Autónomas, ni hallarse en inhabilitación absoluta o especial para empleos o cargos públicos por resolución judicial, para el acceso al cuerpo o escala de funcionario, o para ejercer funciones similares a las que desempeñaban en el caso del personal laboral, en el que hubiese sido separado o inhabilitado. En el caso de ser nacional de otro Estado, no hallarse inhabilitado o en situación equivalente ni haber sido sometido a sanción disciplinaria o equivalente que impida, en su Estado, en los mismos términos el acceso al empleo público.

e) Poseer la titulación exigida.

Las Administraciones Públicas, en el ámbito de sus competencias, deberán prever la selección de empleados públicos debidamente capacitados para cubrir los puestos de trabajo en las Comunidades Autónomas que gocen de dos lenguas oficiales.

Podrá exigirse el cumplimiento de otros requisitos específicos que guarden relación objetiva y proporcionada con las funciones asumidas y las tareas a desempeñar. En todo caso, habrán de establecerse de manera abstracta y general.

Acceso al empleo público de nacionales de otros Estados

Los nacionales de los Estados miembros de la Unión Europea podrán acceder, como personal funcionario, en igualdad de condiciones que los españoles a los empleos públicos, con excepción de aquellos que directa o indirectamente impliquen una participación en el ejercicio del poder público o en las funciones que tienen por objeto la salvaguardia de los intereses del Estado o de las Administraciones Públicas.

A tal efecto, los órganos de gobierno de las Administraciones Públicas determinarán las agrupaciones de funcionarios contempladas en el artículo 76 a las que no puedan acceder los nacionales de otros Estados.

Las previsiones del apartado anterior serán de aplicación, cualquiera que sea su nacionalidad, al cónyuge de los españoles y de los nacionales de otros Estados miembros de la Unión Europea, siempre que no estén separados de derecho y a sus descendientes y a los de su cónyuge siempre que no estén separados de derecho, sean menores de veintiún años o mayores de dicha edad dependientes.

El acceso al empleo público como personal funcionario, se extenderá igualmente a las personas incluidas en el ámbito de aplicación de los Tratados Internacionales celebrados por la Unión Europea y ratificados por España en los que sea de aplicación la libre circulación de trabajadores, en los términos establecidos en el apartado 1 de este artículo.

Los extranjeros a los que se refieren los apartados anteriores, así como los extranjeros con residencia legal en España podrán acceder a las Administraciones Públicas, como personal laboral, en igualdad de condiciones que los españoles.

Sólo por ley de las Cortes Generales o de las asambleas legislativas de las comunidades autónomas podrá eximirse del requisito de la nacionalidad por razones de interés general para el acceso a la condición de personal funcionario.

Acceso al empleo público de funcionarios españoles de Organismos Internacionales

Las Administraciones Públicas establecerán los requisitos y condiciones para el acceso a las mismas de funcionarios de nacionalidad española de Organismos Internacionales, siempre que posean la titulación requerida y superen los correspondientes procesos selectivos. Podrán quedar exentos de la realización de aquellas pruebas que tengan por objeto acreditar conocimientos ya exigidos para el desempeño de su puesto en el organismo internacional correspondiente.

Personas con discapacidad

En las ofertas de empleo público se reservará un cupo no inferior al siete por ciento de las vacantes para ser cubiertas entre personas con discapacidad, considerando como tales las definidas en el apartado 2 del artículo 4 del texto refundido de la Ley General de derechos de las personas con discapacidad y de su inclusión social, aprobado por el Real Decreto Legislativo 1/2013, de 29 de noviembre, siempre que superen los procesos selectivos y acrediten su discapacidad y la compatibilidad con el desempeño de las tareas, de modo que progresivamente se alcance el dos por ciento de los efectivos totales en cada Administración Pública.

La reserva del mínimo del siete por ciento se realizará de manera que, al menos, el dos por ciento de las plazas ofertadas lo sea para ser cubiertas por personas que acrediten discapacidad intelectual y el resto de las plazas ofertadas lo sea para personas que acrediten cualquier otro tipo de discapacidad.

Cada Administración Pública adoptará las medidas precisas para establecer las adaptaciones y ajustes razonables de tiempos y medios en el proceso selectivo y, una vez superado dicho proceso, las adaptaciones en el puesto de trabajo a las necesidades de las personas con discapacidad.

Órganos de selección

Los órganos de selección serán colegiados y su composición deberá ajustarse a los principios de imparcialidad y profesionalidad de sus miembros, y se tenderá, asimismo, a la paridad entre mujer y hombre.

El personal de elección o de designación política, los funcionarios interinos y el personal eventual no podrán formar parte de los órganos de selección.

La pertenencia a los órganos de selección será siempre a título individual, no pudiendo ostentarse ésta en representación o por cuenta de nadie.

Sistemas selectivos

Los procesos selectivos tendrán carácter abierto y garantizarán la libre concurrencia, sin perjuicio de lo establecido para la promoción interna y de las medidas de discriminación positiva previstas en este Estatuto.

Los órganos de selección velarán por el cumplimiento del principio de igualdad de oportunidades entre sexos.

Los procedimientos de selección cuidarán especialmente la conexión entre el tipo de pruebas a superar y la adecuación al desempeño de las tareas de los puestos de trabajo convocados, incluyendo, en su caso, las pruebas prácticas que sean precisas.

Las pruebas podrán consistir en la comprobación de los conocimientos y la capacidad analítica de los aspirantes, expresados de forma oral o escrita, en la realización de ejercicios que demuestren la posesión de habilidades y destrezas, en la comprobación del dominio de lenguas extranjeras y, en su caso, en la superación de pruebas físicas.

Los procesos selectivos que incluyan, además de las preceptivas pruebas de capacidad, la valoración de méritos de los aspirantes sólo podrán otorgar a dicha valoración una puntuación proporcionada que no determinará, en ningún caso, por sí misma el resultado del proceso selectivo.

Las Administraciones Públicas podrán crear órganos especializados y permanentes para la organización de procesos selectivos, pudiéndose encomendar estas funciones a los Institutos o Escuelas de Administración Pública.

Para asegurar la objetividad y la racionalidad de los procesos selectivos, las pruebas podrán completarse con la superación de cursos, de periodos de prácticas, con la exposición curricular por los candidatos, con pruebas psicotécnicas o con la realización de entrevistas. Igualmente podrán exigirse reconocimientos médicos.

Los sistemas selectivos de funcionarios de carrera serán los de oposición y concurso-oposición que deberán incluir, en todo caso, una o varias pruebas para determinar la capacidad de los aspirantes y establecer el orden de prelación.

Sólo en virtud de ley podrá aplicarse, con carácter excepcional, el sistema de concurso que consistirá únicamente en la valoración de méritos.

Los sistemas selectivos de personal laboral fijo serán los de oposición, concurso-oposición, con las características establecidas en el apartado anterior, o concurso de valoración de méritos.

Las Administraciones Públicas podrán negociar las formas de colaboración que en el marco de los convenios colectivos fijen la actuación de las organizaciones sindicales en el desarrollo de los procesos selectivos.

Los órganos de selección no podrán proponer el acceso a la condición de funcionario de un número superior de aprobados al de plazas convocadas, excepto cuando así lo prevea la propia convocatoria.

No obstante lo anterior, siempre que los órganos de selección hayan propuesto el nombramiento de igual número de aspirantes que el de plazas convocadas, y con el fin de asegurar la cobertura de las mismas, cuando se produzcan renuncias de los aspirantes seleccionados, antes de su nombramiento o toma de posesión, el órgano convocante podrá requerir del órgano de selección relación complementaria de los aspirantes que sigan a los propuestos, para su posible nombramiento como funcionarios de carrera.

Adquisición de la condición de funcionario de carrera

La condición de funcionario de carrera se adquiere por el cumplimiento sucesivo de los siguientes requisitos:

a) Superación del proceso selectivo.

b) Nombramiento por el órgano o autoridad competente, que será publicado en el Diario Oficial correspondiente.

c) Acto de acatamiento de la Constitución y, en su caso, del Estatuto de Autonomía correspondiente y del resto del Ordenamiento Jurídico.

d) Toma de posesión dentro del plazo que se establezca.

A efectos de lo dispuesto en el apartado b) anterior, no podrán ser funcionarios y quedarán sin efecto las actuaciones relativas a quienes no acrediten, una vez superado el proceso selectivo, que reúnen los requisitos y condiciones exigidos en la convocatoria.

4.1. Pérdida de la relación de servicio

Son causas de pérdida de la condición de funcionario de carrera:

a) La renuncia a la condición de funcionario.

b) La pérdida de la nacionalidad.

c) La jubilación total del funcionario.

d) La sanción disciplinaria de separación del servicio que tuviere carácter firme.

e) La pena principal o accesoria de inhabilitación absoluta o especial para cargo público que tuviere carácter firme.

Renuncia

La renuncia voluntaria a la condición de funcionario habrá de ser manifestada por escrito y será aceptada expresamente por la Administración, salvo lo dispuesto en el apartado siguiente.

No podrá ser aceptada la renuncia cuando el funcionario esté sujeto a expediente disciplinario o haya sido dictado en su contra auto de procesamiento o de apertura de juicio oral por la comisión de algún delito.

La renuncia a la condición de funcionario no inhabilita para ingresar de nuevo en la Administración Pública a través del procedimiento de selección establecido.

Pérdida de la nacionalidad

La pérdida de la nacionalidad española o la de cualquier otro Estado miembro de la Unión Europea o la de aquellos Estados a los que, en virtud de tratados internacionales celebrados por la Unión Europea y ratificados por España, les sea de aplicación la libre circulación de trabajadores, que haya sido tenida en cuenta para el nombramiento, determinará la pérdida de la condición de funcionario salvo que simultáneamente se adquiera la nacionalidad de alguno de dichos Estados.

Pena principal o accesoria de inhabilitación absoluta o especial para cargo público

La pena principal o accesoria de inhabilitación absoluta cuando hubiere adquirido firmeza la sentencia que la imponga produce la pérdida de la condición de funcionario respecto a todos los empleos o cargos que tuviere.

La pena principal o accesoria de inhabilitación especial cuando hubiere adquirido firmeza la sentencia que la imponga produce la pérdida de la condición de funcionario respecto de aquellos empleos o cargos especificados en la sentencia.

Jubilación

La jubilación de los funcionarios podrá ser:

a) Voluntaria, a solicitud del funcionario.

b) Forzosa, al cumplir la edad legalmente establecida.

c) Por la declaración de incapacidad permanente para el ejercicio de las funciones propias de su cuerpo o escala, o por el reconocimiento de una pensión de incapacidad permanente absoluta o, incapacidad permanente total en relación con el ejercicio de las funciones de su cuerpo o escala.

Procederá la jubilación voluntaria, a solicitud del interesado, siempre que el funcionario reúna los requisitos y condiciones establecidos en el Régimen de Seguridad Social que le sea aplicable.

La jubilación forzosa se declarará de oficio al cumplir el funcionario los sesenta y cinco años de edad.

No obstante, en los términos de las leyes de Función Pública que se dicten en desarrollo de este Estatuto, se podrá solicitar la prolongación de la permanencia en el servicio activo como máximo hasta que se cumpla setenta años de edad.

La Administración Pública competente deberá de resolver de forma motivada la aceptación o denegación de la prolongación.

De lo dispuesto en los dos párrafos anteriores quedarán excluidos los funcionarios que tengan normas estatales específicas de jubilación.

Con independencia de la edad legal de jubilación forzosa establecida anteriormente en 65 años, la edad de la jubilación forzosa del personal funcionario incluido en el Régimen General de la Seguridad Social será, en todo caso, la que prevean las normas reguladoras de dicho régimen para el acceso a la pensión de jubilación en su modalidad contributiva sin coeficiente reductor por razón de la edad.

Rehabilitación de la condición de funcionario

En caso de extinción de la relación de servicios como consecuencia de pérdida de la nacionalidad o jubilación por incapacidad permanente para el servicio, el interesado, una vez desaparecida la causa objetiva que la motivó, podrá solicitar la rehabilitación de su condición de funcionario, que le será concedida.

Los órganos de gobierno de las Administraciones Públicas podrán conceder, con carácter excepcional, la rehabilitación, a petición del interesado, de quien hubiera perdido la condición de funcionario por haber sido condenado a la pena principal o accesoria de inhabilitación, atendiendo a las circunstancias y entidad del delito cometido. Si transcurrido el plazo para dictar la resolución, no se hubiera producido de forma expresa, se entenderá desestimada la solicitud.

5. Provisión de puestos de trabajo

El artículo 36 del Real Decreto 364/1995, de 10 de marzo, por el que se aprueba el Reglamento General de ingreso del personal al servicio de la Administración General del Estado y de provisión de puestos de trabajo y promoción profesional de los funcionarios civiles de la Administración General del Estado establece, que los puestos de trabajo adscritos a funcionarios se proveerán de acuerdo con los procedimientos de concurso, que es el sistema normal de provisión, o de libre designación de conformidad con lo que determinen las relaciones de puestos de trabajo en atención a la naturaleza de sus funciones.

Cuando las necesidades del servicio lo exijan, los puestos de trabajo podrán cubrirse mediante redistribución de efectivos o por reasignación de efectivos como consecuencia de un Plan de Empleo.

Temporalmente podrán ser cubiertos mediante comisión de servicios y adscripción provisional en los supuestos previstos en este Reglamento.

La Provisión de puestos de trabajo y movilidad se regulan en los artículos 78 a 84 del nuevo TREBEP y en el Real Decreto 364/1995, de 10 de marzo, por el que se aprueba el Reglamento General de ingreso del personal al servicio de la Administración General del Estado y de provisión de puestos de trabajo y promoción profesional de los funcionarios civiles de la Administración General del Estado.

Principios y procedimientos de provisión de puestos de trabajo del personal funcionario de carrera

Las Administraciones Públicas proveerán los puestos de trabajo mediante procedimientos basados en los principios de igualdad, mérito, capacidad y publicidad.

La provisión de puestos de trabajo en cada Administración Pública se llevará a cabo por los procedimientos de concurso y de libre designación con convocatoria pública.

Las leyes de Función Pública que se dicten en desarrollo del presente Estatuto podrán establecer otros procedimientos de provisión en los supuestos de movilidad por necesidades de servicio o funcionales, permutas entre puestos de trabajo, movilidad por motivos de salud o rehabilitación del funcionario, reingreso al servicio activo, cese o remoción en los puestos de trabajo y supresión de los mismos.

Concurso de provisión de los puestos de trabajo del personal funcionario de carrera

El concurso, como procedimiento normal de provisión de puestos de trabajo, consistirá en la valoración de los méritos y capacidades y, en su caso, aptitudes de los candidatos por órganos colegiados de carácter técnico. La composición de estos órganos responderá al principio de profesionalidad y especialización de sus miembros y se adecuará al criterio de paridad entre mujer y hombre. Su funcionamiento se ajustará a las reglas de imparcialidad y objetividad.

Las leyes de Función Pública que se dicten en desarrollo del presente Estatuto establecerán el plazo mínimo de ocupación de los puestos obtenidos por concurso para poder participar en otros concursos de provisión de puestos de trabajo.

En las convocatorias de concursos podrá establecerse una puntuación que, como máximo, podrá alcanzar la que se determine en las mismas para la antigüedad, para quienes tengan la condición de víctima del terrorismo o de amenazados, en los términos fijados en el artículo 35 de la Ley 29/2011, de 22 de septiembre, de Reconocimiento y Protección Integral a las Víctimas del Terrorismo, siempre que se acredite que la obtención del puesto sea preciso para la consecución de los fines de protección y asistencia social integral de estas personas.

Para la acreditación de estos extremos, reglamentariamente se determinarán los órganos competentes para la emisión de los correspondientes informes. En todo caso, cuando se trate de garantizar la protección de las víctimas será preciso el informe del Ministerio del Interior.

En el caso de supresión o remoción de los puestos obtenidos por concurso se deberá asignar un puesto de trabajo conforme al sistema de carrera profesional propio de cada Administración Pública y con las garantías inherentes de dicho sistema.

Convocatorias de concursos

La Secretaría de Estado para la Administración Pública, a iniciativa de los Departamentos ministeriales, autorizará las convocatorias de los concursos. Dichas convocatorias deberán contener las bases de las mismas, con la denominación, nivel, descripción y localización de los puestos de trabajo ofrecidos, los requisitos indispensables para su desempeño, los méritos a valorar y el baremo con arreglo al cual se puntuarán los mismos, así como la previsión, en su caso, de memorias o entrevistas y la composición de las comisiones de valoración.

Órganos competentes

Cada Ministerio procederá a la convocatoria y a la resolución de los concursos para la provisión de los puestos adscritos al Departamento, sus Organismos autónomos y, en su caso, Entidades Gestoras y Servicios Comunes de la Seguridad Social.

Requisitos y condiciones de participación

Los funcionarios, cualquiera que sea su situación administrativa, excepto los suspensos en firme que no podrán participar mientras dure la suspensión, podrán tomar parte en los concursos, siempre que reúnan las condiciones generales exigidas y los requisitos determinados en la convocatoria en la fecha que termine el plazo de presentación de las solicitudes de participación, sin ninguna limitación por razón del Ministerio en el que prestan servicio o de su municipio de destino, salvo en los concursos que, en aplicación de lo dispuesto en un Plan de Empleo, se reserven para los funcionarios destinados en las áreas, sectores o departamentos que se determinen.

Los funcionarios deberán permanecer en cada puesto de trabajo de destino definitivo un mínimo de dos años para poder participar en los concursos de provisión, salvo en el ámbito de una Secretaría de Estado o de un Departamento ministerial, en defecto de aquélla, o en los supuestos previstos en el párrafo segundo del artículo 20.1.e) de la Ley de Medidas para la Reforma de la Función Pública y en el de supresión de puestos de trabajo.

A los funcionarios que accedan a otro Cuerpo o Escala por promoción interna o por integración y permanezcan en el puesto de trabajo que desempeñaban se les computará el tiempo de servicios prestado en dicho puesto en el Cuerpo o Escala de procedencia a efectos de lo dispuesto en el párrafo anterior.

En el supuesto de estar interesados en las vacantes que se anuncien en un determinado concurso para un mismo municipio dos funcionarios que reúnan los requisitos exigidos, podrán condicionar sus peticiones, por razones de convivencia familiar, al hecho de que ambos obtengan destino en ese concurso en el mismo municipio, entendiéndose, en caso contrario, anulada la petición efectuada por ambos. Los funcionarios que se acojan a esta petición condicional deberán concretarlo en su instancia y acompañar fotocopia de la petición del otro funcionario.

Los funcionarios de los Cuerpos o Escalas que tengan reservados puestos en exclusiva no podrán participar en concursos para cubrir otros puestos de trabajo adscritos con carácter indistinto, salvo autorización del Ministerio para las Administraciones Públicas de conformidad con el Departamento al que se hallen adscritos los indicados Cuerpos o Escalas.

Cuando los puestos convocados dependan del propio Departamento al que estén adscritos los Cuerpos o Escalas con puestos en exclusiva, corresponderá al mismo conceder la referida autorización.

Las condiciones de movilidad de los funcionarios pertenecientes a Cuerpos o Escalas adscritos a áreas funcionales o sectores de actividad se establecerán conjuntamente por los Ministerios para las Administraciones Públicas y de Economía y Hacienda, a fin de asegurar una adecuada planificación de personal y racionalizar el desarrollo profesional, y tendrán reflejo en las relaciones de puestos de trabajo.

Presentación de solicitudes de participación

Las solicitudes se dirigirán al órgano convocante y contendrán, caso de ser varios los puestos solicitados, el orden de preferencia de éstos.

El plazo de presentación de instancias será de quince días hábiles, contados a partir del siguiente al de la publicación de la convocatoria en el «Boletín Oficial del Estado».

Libre designación con convocatoria pública del personal funcionario de carrera

La libre designación con convocatoria pública consiste en la apreciación discrecional por el órgano competente de la idoneidad de los candidatos en relación con los requisitos exigidos para el desempeño del puesto.

Las leyes de Función Pública que se dicten en desarrollo del presente Estatuto establecerán los criterios para determinar los puestos que por su especial responsabilidad y confianza puedan cubrirse por el procedimiento de libre designación con convocatoria pública.

El órgano competente para el nombramiento podrá recabar la intervención de especialistas que permitan apreciar la idoneidad de los candidatos.

Los titulares de los puestos de trabajo provistos por el procedimiento de libre designación con convocatoria pública podrán ser cesados discrecionalmente. En caso de cese, se les deberá asignar un puesto de trabajo conforme al sistema de carrera profesional propio de cada Administración Pública y con las garantías inherentes de dicho sistema.

La facultad de proveer los puestos de libre designación corresponde a los Ministros de los Departamentos de los que dependan y a los Secretarios de Estado en el ámbito de sus competencias.

Sólo podrán cubrirse por este sistema los puestos de Subdirector general, Delegados y Directores territoriales, provinciales o Comisionados de los Departamentos ministeriales, de sus Organismos autónomos y de las Entidades Gestoras y Servicios Comunes de la Seguridad Social, Secretarías de Altos Cargos de la Administración y aquellos otros de carácter directivo o de especial responsabilidad para los que así se determine en las relaciones de puestos de trabajo.

Convocatoria

La designación se realizará previa convocatoria pública, en la que, además de la descripción del puesto y requisitos para su desempeño contenidos en la relación de puestos de trabajo, podrán recogerse las especificaciones derivadas de la naturaleza de las funciones encomendadas al mismo.

Solicitudes

Las solicitudes se dirigirán, dentro de los quince días hábiles siguientes al de la publicación de la convocatoria, al órgano convocante.

Informes

El nombramiento requerirá el previo informe del titular del centro, organismo o unidad a que esté adscrito el puesto de trabajo a cubrir. Si fuera a recaer en un funcionario destinado en otro Departamento, se requerirá informe favorable de éste. De no emitirse en el plazo de quince días naturales se considerará favorable. Si fuera desfavorable, podrá, no obstante, efectuarse el nombramiento previa autorización del Secretario de Estado para la Administración Pública.

Cuerpos o Escalas con puestos en exclusiva

Cuando el funcionario pertenezca a un Cuerpo o Escala que tenga reservados puestos en exclusiva se precisará el informe favorable del Ministerio al que esté adscrito el Cuerpo o Escala.

Nombramientos

Los nombramientos deberán efectuarse en el plazo máximo de un mes contado desde la finalización del de presentación de solicitudes. Dicho plazo podrá prorrogarse hasta un mes más.

Las resoluciones de nombramiento se motivarán con referencia al cumplimiento por parte del candidato elegido de los requisitos y especificaciones exigidos en la convocatoria, y la competencia para proceder al mismo.

En todo caso deberá quedar acreditada, como fundamento de la resolución adoptada, la observancia del procedimiento debido.

Otras formas de provisión

Redistribución de efectivos

Los funcionarios que ocupen con carácter definitivo puestos no singularizados podrán ser adscritos, por necesidades del servicio, a otros de la misma naturaleza, nivel de complemento de destino y complemento específico, siempre que para la provisión de los referidos puestos esté previsto el mismo procedimiento y sin que ello suponga cambio de municipio.

Son puestos no singularizados aquellos que no se individualizan o distinguen de los restantes puestos de trabajo en las correspondientes relaciones.

El puesto de trabajo al que se acceda a través de la redistribución de efectivos tendrá asimismo carácter definitivo, iniciándose el cómputo de los dos años a que se refiere el artículo 41.2 de este Reglamento desde la fecha en que se accedió con tal carácter al puesto que se desempeñaba en el momento de la redistribución.

Los órganos competentes para acordar la redistribución de efectivos son los siguientes:

a) La Secretaría de Estado para la Administración Pública, previo informe de los Departamentos afectados, cuando la adscripción se efectúe en el ámbito de los servicios centrales de distintos Departamentos.
b) Los Subsecretarios en el ámbito de su Departamento, así como entre el Departamento y sus Organismos autónomos y, en su caso, Entidades Gestoras y Servicios Comunes de la Seguridad Social.
c) Los Presidentes o Directores de Organismos autónomos y de las Entidades Gestoras y Servicios Comunes de la Seguridad Social respecto de los funcionarios destinados en ellos.
d) Los Delegados del Gobierno y Gobernadores civiles, en el ámbito de sus respectivas competencias, cuando se produzcan entre servicios de distintos Departamentos, previo informe favorable de éstos.

Reasignación de efectivos

Los funcionarios cuyo puesto de trabajo sea objeto de supresión como consecuencia de un Plan de Empleo podrán ser destinados a otro puesto de trabajo por el procedimiento de reasignación de efectivos.

La reasignación de efectivos como consecuencia de un Plan de Empleo se efectuará aplicando criterios objetivos relacionados con las aptitudes, formación, experiencia y antigüedad, que se concretarán en el mismo.

La adscripción al puesto adjudicado por reasignación tendrá carácter definitivo.

Los funcionarios que como consecuencia de la reasignación de efectivos vean modificado su municipio de residencia tendrán derecho a la indemnización prevista en el artículo 20.1.g) de la Ley 30/1984, de 2 de agosto, sin perjuicio de otras ayudas que puedan establecerse en los Planes de Empleo.

La reasignación de efectivos podrá producirse en alguna de las siguientes fases:

1. En el plazo máximo de seis meses desde la supresión del puesto de trabajo, el Subsecretario del Departamento ministerial donde estuviera destinado el funcionario podrá reasignarle a un puesto de trabajo de similares características, funciones y retribuciones en el ámbito del mismo y de los Organismos adscritos. Cuando se trate de funcionarios pertenecientes a Cuerpos

o Escalas que tengan reservados puestos en exclusiva, la reasignación se efectuará por la autoridad de la que dependan dichos Cuerpos o Escalas.

2. Si en el plazo señalado en la fase anterior el funcionario no hubiera obtenido puesto en el Ministerio donde estaba destinado, podrá ser reasignado por la Secretaría de Estado para la Administración Pública, en un plazo máximo de tres meses, a un puesto en otro Departamento ministerial en las mismas condiciones establecidas en la primera fase.

   Durante estas dos primeras fases la reasignación tendrá carácter obligatorio para puestos en el mismo municipio y voluntario para puestos que radiquen en otro distinto.

   En tanto no sea reasignado a un puesto durante las dos fases citadas, el funcionario continuará percibiendo las retribuciones del puesto de trabajo suprimido que desempeñaba y podrán encomendársele tareas adecuadas a su Cuerpo o Escala de pertenencia.

3. Los funcionarios que tras las anteriores fases de reasignación de efectivos no hayan obtenido un puesto de trabajo serán adscritos al Ministerio para las Administraciones Públicas a través de relaciones específicas de puestos en reasignación, siendo declarados en la situación administrativa de expectativa de destino. Podrán ser reasignados por la Secretaría de Estado para la Administración Pública a puestos, de similares características a los que tenían, de otros Ministerios y sus Organismos adscritos. A estos efectos se entenderán como puestos de similares características los que guarden semejanza en su forma de provisión y retribuciones respecto del que se venía desempeñando.

4. La reasignación conllevará el reingreso al servicio activo. Tendrá carácter obligatorio cuando el puesto esté situado en la misma provincia y voluntario cuando radique en provincia distinta a la del puesto que se desempeñaba en el Departamento de origen.

La reasignación de efectivos de funcionarios de la Administración General de Estado en otras Administraciones Públicas se acordará por la Secretaría de Estado para la Administración Pública en los términos que establezcan los convenios que, a tal efecto, puedan suscribirse con ellas, con las garantías previstas en el artículo 20.1.g), último párrafo, de la Ley 30/1984, de 2 de agosto.

Movilidad del personal funcionario de carrera

Cada Administración Pública, en el marco de la planificación general de sus recursos humanos, y sin perjuicio del derecho de los funcionarios a la movilidad podrá establecer reglas para la ordenación de la movilidad voluntaria de los funcionarios públicos cuando considere que existen sectores prioritarios de la actividad pública con necesidades específicas de efectivos.

Las Administraciones Públicas, de manera motivada, podrán trasladar a sus funcionarios, por necesidades de servicio o funcionales, a unidades, departamentos u organismos públicos o entidades distintos a los de su destino, respetando sus retribuciones, condiciones esenciales de trabajo, modificando, en su caso, la adscripción de los puestos de trabajo de los que sean titulares. Cuando por motivos excepcionales los planes de ordenación de recursos impliquen cambio de lugar de residencia se dará prioridad a la voluntariedad de los traslados. Los funcionarios tendrán derecho a las indemnizaciones establecidas reglamentariamente para los traslados forzosos.

En caso de urgente e inaplazable necesidad, los puestos de trabajo podrán proveerse con carácter provisional debiendo procederse a su convocatoria pública dentro del plazo que señalen las normas que sean de aplicación.

Movilidad por razón de violencia de género y por razón de violencia terrorista

Las mujeres víctimas de violencia de género que se vean obligadas a abandonar el puesto de trabajo en la localidad donde venían prestando sus servicios, para hacer efectiva su protección o el derecho a la asistencia social integral, tendrán derecho al traslado a otro puesto de trabajo propio de su cuerpo, escala o categoría profesional, de análogas características, sin necesidad de que sea vacante de necesaria cobertura. Aun así, en tales supuestos la Administración Pública competente, estará obligada a comunicarle las vacantes ubicadas en la misma localidad o en las localidades que la interesada expresamente solicite.

Este traslado tendrá la consideración de traslado forzoso.

En las actuaciones y procedimientos relacionados con la violencia de género, se protegerá la intimidad de las víctimas, en especial, sus datos personales, los de sus descendientes y las de cualquier persona que esté bajo su guarda o custodia.

Para hacer efectivo su derecho a la protección y a la asistencia social integral, los funcionarios que hayan sufrido daños físicos o psíquicos como consecuencia de la actividad terrorista, su cónyuge o persona que haya convivido con análoga relación de afectividad, y los hijos de los heridos y fallecidos, siempre que ostenten la condición de funcionarios y de víctimas del terrorismo de acuerdo con la legislación vigente, así como los funcionarios amenazados en los términos del artículo 5 de la Ley 29/2011, de 22 de septiembre, de Reconocimiento y Protección Integral a las Víctimas del Terrorismo, previo reconocimiento del Ministerio del Interior o de sentencia judicial firme, tendrán derecho al traslado a otro puesto de trabajo propio de su cuerpo, escala o categoría profesional, de análogas características, cuando la vacante sea de necesaria cobertura o, en caso contrario, dentro de la comunidad autónoma. Aun así, en tales supuestos la Administración Pública competente estará obligada a comunicarle las vacantes ubicadas en la misma localidad o en las localidades que el interesado expresamente solicite.

Este traslado tendrá la consideración de traslado forzoso.

En todo caso este derecho podrá ser ejercitado en tanto resulte necesario para la protección y asistencia social integral de la persona a la que se concede, ya sea por razón de las secuelas provocadas por la acción terrorista, ya sea por la amenaza a la que se encuentra sometida, en los términos previstos reglamentariamente.

En las actuaciones y procedimientos relacionados con la violencia terrorista se protegerá la intimidad de las víctimas, en especial, sus datos personales, los de sus descendientes y los de cualquier persona que esté bajo su guarda o custodia.

Provisión de puestos y movilidad del personal laboral

La provisión de puestos y movilidad del personal laboral se realizará de conformidad con lo que establezcan los convenios colectivos que sean de aplicación y, en su defecto por el sistema de provisión de puestos y movilidad del personal funcionario de carrera.

La movilidad voluntaria entre Administraciones Públicas

Con el fin de lograr un mejor aprovechamiento de los recursos humanos, que garantice la eficacia del servicio que se preste a los ciudadanos, la Administración General del Estado y las comunidades autónomas y las entidades locales establecerán medidas de movilidad interadministrativa, preferentemente mediante convenio de Conferencia Sectorial u otros instrumentos de colaboración.

La Conferencia Sectorial de Administración Pública podrá aprobar los criterios generales a tener en cuenta para llevar a cabo las homologaciones necesarias para hacer posible la movilidad

Los funcionarios de carrera que obtengan destino en otra Administración Pública a través de los procedimientos de movilidad quedarán respecto de su Administración de origen en la situación administrativa de servicio en otras Administraciones Públicas. En los supuestos de remoción o supresión del puesto de trabajo obtenido por concurso, permanecerán en la Administración de destino, que deberá asignarles un puesto de trabajo conforme a los sistemas de carrera y provisión de puestos vigentes en dicha Administración.

En el supuesto de cese del puesto obtenido por libre designación, la Administración de destino, en el plazo máximo de un mes a contar desde el día siguiente al del cese, podrá acordar la adscripción del funcionario a otro puesto de la misma o le comunicará que no va a hacer efectiva dicha adscripción. En todo caso, durante este periodo se entenderá que continúa a todos los efectos en servicio activo en dicha Administración.

Transcurrido el plazo citado sin que se hubiera acordado su adscripción a otro puesto, o recibida la comunicación de que la misma no va a hacerse efectiva, el funcionario deberá solicitar en el plazo máximo de un mes el reingreso al servicio activo en su Administración de origen, la cual deberá asignarle un puesto de trabajo conforme a los sistemas de carrera y provisión de puestos vigentes en dicha Administración, con efectos económicos y administrativos desde la fecha en que se hubiera solicitado el reingreso.

De no solicitarse el reingreso al servicio activo en el plazo indicado será declarado de oficio en situación de excedencia voluntaria por interés particular, con efectos desde el día siguiente a que hubiesen cesado en el servicio activo en la Administración de destino.

6. Situaciones administrativas

El Título VI del nuevo TR 5/2015 regula las Situaciones administrativas (arts. 85. Situaciones administrativas de los funcionarios de carrera, a 92. Situaciones del personal laboral). Pasamos a ver su contenido.

Situaciones administrativas de los funcionarios de carrera

Los funcionarios de carrera se hallarán en alguna de las siguientes situaciones:

a) Servicio activo.

b) Servicios especiales.

c) Servicio en otras Administraciones Públicas.

d) Excedencia.

e) Suspensión de funciones.

Las leyes de Función Pública que se dicten en desarrollo de este Estatuto podrán regular otras situaciones administrativas de los funcionarios de carrera, en los supuestos, en las condiciones y con los efectos que en las mismas se determinen, cuando concurra, entre otras, alguna de las circunstancias siguientes:

a) Cuando por razones organizativas, de reestructuración interna o exceso de personal, resulte una imposibilidad transitoria de asignar un puesto de trabajo o la conveniencia de incentivar la cesación en el servicio activo.

b) Cuando los funcionarios accedan, bien por promoción interna o por otros sistemas de acceso, a otros cuerpos o escalas y no les corresponda quedar en alguna de las situaciones previstas en este Estatuto, y cuando pasen a prestar servicios en organismos o entidades del sector público en régimen distinto al de funcionario de carrera.

Dicha regulación, según la situación administrativa de que se trate, podrá conllevar garantías de índole retributiva o imponer derechos u obligaciones en relación con el reingreso al servicio activo.

Servicio activo

Se hallarán en situación de servicio activo quienes, conforme a la normativa de función pública dictada en desarrollo del presente Estatuto, presten servicios en su condición de funcionarios públicos cualquiera que sea la Administración u organismo público o entidad en el que se encuentren destinados y no les corresponda quedar en otra situación.

Los funcionarios de carrera en situación de servicio activo gozan de todos los derechos inherentes a su condición de funcionarios y quedan sujetos a los deberes y responsabilidades derivados de la misma. Se regirán por las normas de este Estatuto y por la normativa de función pública de la Administración Pública en que presten servicios.

Servicios especiales

Los funcionarios de carrera serán declarados en situación de servicios especiales:

a) Cuando sean designados miembros del Gobierno o de los órganos de gobierno de las comunidades autónomas y ciudades de Ceuta y Melilla, miembros de las Instituciones de la Unión Europea o de las organizaciones internacionales, o sean nombrados altos cargos de las citadas Administraciones Públicas o Instituciones.

b) Cuando sean autorizados para realizar una misión por periodo determinado superior a seis meses en organismos internacionales, gobiernos o entidades públicas extranjeras o en programas de cooperación internacional.

c) Cuando sean nombrados para desempeñar puestos o cargos en organismos públicos o entidades, dependientes o vinculados a las Administraciones Públicas que, de conformidad con lo que establezca la respectiva Administración Pública, estén asimilados en su rango administrativo a altos cargos.

d) Cuando sean adscritos a los servicios del Tribunal Constitucional o del Defensor del Pueblo o destinados al Tribunal de Cuentas en los términos previstos en el artículo 93.3 de la Ley 7/1988, de 5 de abril, de Funcionamiento del Tribunal de Cuentas.

e) Cuando accedan a la condición de Diputado o Senador de las Cortes Generales o miembros de las asambleas legislativas de las comunidades autónomas si perciben retribuciones periódicas por la realización de la función. Aquellos que pierdan dicha condición por disolución de las correspondientes cámaras o terminación del mandato de las mismas podrán permanecer en la situación de servicios especiales hasta su nueva constitución.

f) Cuando se desempeñen cargos electivos retribuidos y de dedicación exclusiva en las Asambleas de las ciudades de Ceuta y Melilla y en las entidades locales, cuando se desempeñen responsabilidades de órganos superiores y directivos municipales y cuando se desempeñen responsabilidades de miembros de los órganos locales para el conocimiento y la resolución de las reclamaciones económico-administrativas.

g) Cuando sean designados para formar parte del Consejo General del Poder Judicial o de los consejos de justicia de las comunidades autónomas.

h) Cuando sean elegidos o designados para formar parte de los Órganos Constitucionales o de los órganos estatutarios de las comunidades autónomas u otros cuya elección corresponda al Congreso de los Diputados, al Senado o a las asambleas legislativas de las comunidades autónomas.

i) Cuando sean designados como personal eventual por ocupar puestos de trabajo con funciones expresamente calificadas como de confianza o asesoramiento político y no opten por permanecer en la situación de servicio activo.

j) Cuando adquieran la condición de funcionarios al servicio de organizaciones internacionales.

k) Cuando sean designados asesores de los grupos parlamentarios de las Cortes Generales o de las asambleas legislativas de las comunidades autónomas.

l) Cuando sean activados como reservistas voluntarios para prestar servicios en las Fuerzas Armadas.

Quienes se encuentren en situación de servicios especiales percibirán las retribuciones del puesto o cargo que desempeñen y no las que les correspondan como funcionarios de carrera, sin perjuicio del derecho a percibir los trienios que tengan reconocidos en cada momento. El tiempo que permanezcan en tal situación se les computará a efectos de ascensos, reconocimiento de trienios, promoción interna y derechos en el régimen de Seguridad Social que les sea de aplicación. No será de aplicación a los funcionarios públicos que, habiendo ingresado al servicio de las instituciones comunitarias europeas, o al de entidades y organismos asimilados, ejerciten el derecho de transferencia establecido en el estatuto de los funcionarios de las Comunidades Europeas.

Quienes se encuentren en situación de servicios especiales tendrán derecho, al menos, a reingresar al servicio activo en la misma localidad, en las condiciones y con las retribuciones correspondientes a la categoría, nivel o escalón de la carrera consolidados, de acuerdo con el sistema de carrera administrativa vigente en la Administración Pública a la que pertenezcan. Tendrán, asimismo, los derechos que cada Administración Pública pueda establecer en función del cargo que haya originado el pase a la mencionada situación. En este sentido, las Administraciones Públicas velarán para que no haya menoscabo en el derecho a la carrera profesional de los funcionarios públicos que hayan sido nombrados altos cargos, miembros del Poder Judicial o de otros órganos constitucionales o estatutarios o que hayan sido elegidos alcaldes, retribuidos y con dedicación exclusiva, presidentes de diputaciones o de cabildos o consejos insulares, Diputados o Senadores de las Cortes Generales y miembros de las asambleas legislativas de las comunidades autónomas. Como mínimo, estos funcionarios recibirán el mismo tratamiento en la consolidación del grado y conjunto de complementos que el que se establezca para quienes hayan sido directores generales y otros cargos superiores de la correspondiente Administración Pública.

La declaración de esta situación procederá en todo caso, en los supuestos que se determinen en el presente Estatuto y en las leyes de Función Pública que se dicten en desarrollo del mismo.

Servicio en otras Administraciones Públicas

Los funcionarios de carrera que, en virtud de los procesos de transferencias o por los procedimientos de provisión de puestos de trabajo, obtengan destino en una Administración Pública distinta, serán declarados en la situación de servicio en otras Administraciones Públicas. Se mantendrán en esa situación en el caso de que por disposición legal de la Administración a la que acceden se integren como personal propio de ésta.

Los funcionarios transferidos a las comunidades autónomas se integran plenamente en la organización de la Función Pública de las mismas, hallándose en la situación de servicio activo en la Función Pública de la comunidad autónoma en la que se integran.

Las comunidades autónomas al proceder a esta integración de los funcionarios transferidos como funcionarios propios, respetarán el Grupo o Subgrupo del cuerpo o escala de procedencia, así como los derechos económicos inherentes a la posición en la carrera que tuviesen reconocido.

Los funcionarios transferidos mantienen todos sus derechos en la Administración Pública de origen como si se hallaran en servicio activo de acuerdo con lo establecido en los respectivos Estatutos de Autonomía.

Se reconoce la igualdad entre todos los funcionarios propios de las comunidades autónomas con independencia de su Administración de procedencia.

Los funcionarios de carrera en la situación de servicio en otras Administraciones Públicas que se encuentren en dicha situación por haber obtenido un puesto de trabajo mediante los sistemas de provisión previstos en este Estatuto, se rigen por la legislación de la Administración en la que estén destinados de forma efectiva y conservan su condición de funcionario de la Administración de origen y el derecho a participar en las convocatorias para la provisión de puestos de trabajo que se efectúen por esta última. El tiempo de servicio en la Administración Pública en la que estén destinados se les computará como de servicio activo en su cuerpo o escala de origen.

Los funcionarios que reingresen al servicio activo en la Administración de origen, procedentes de la situación de servicio en otras Administraciones Públicas, obtendrán el reconocimiento profesional de los progresos alcanzados en el sistema de carrera profesional y sus efectos sobre la posición retributiva conforme al procedimiento previsto en los convenios de Conferencia Sectorial y demás instrumentos de colaboración que establecen medidas de movilidad interadministrativa, previstos en el artículo 84 del presente Estatuto. En defecto de tales convenios o instrumentos de colaboración, el reconocimiento se realizará por la Administración Pública en la que se produzca el reingreso.

Excedencia

La excedencia de los funcionarios de carrera podrá adoptar las siguientes modalidades:

a) Excedencia voluntaria por interés particular.
b) Excedencia voluntaria por agrupación familiar.
c) Excedencia por cuidado de familiares.
d) Excedencia por razón de violencia de género.
e) Excedencia por razón de violencia terrorista.

Los funcionarios de carrera podrán obtener la excedencia voluntaria por interés particular cuando hayan prestado servicios efectivos en cualquiera de las Administraciones Públicas durante un periodo mínimo de cinco años inmediatamente anteriores.

No obstante, las leyes de Función Pública que se dicten en desarrollo del presente Estatuto podrán establecer una duración menor del periodo de prestación de servicios exigido para que el funcionario de carrera pueda solicitar la excedencia y se determinarán los periodos mínimos de permanencia en la misma.

La concesión de excedencia voluntaria por interés particular quedará subordinada a las necesidades del servicio debidamente motivadas. No podrá declararse cuando al funcionario público se le instruya expediente disciplinario.

Procederá declarar de oficio la excedencia voluntaria por interés particular cuando finalizada la causa que determinó el pase a una situación distinta a la de servicio activo, se incumpla la obligación de solicitar el reingreso al servicio activo en el plazo en que se determine reglamentariamente.

Quienes se encuentren en situación de excedencia por interés particular no devengarán retribuciones, ni les será computable el tiempo que permanezcan en tal situación a efectos de ascensos, trienios y derechos en el régimen de Seguridad Social que les sea de aplicación.

Podrá concederse la excedencia voluntaria por agrupación familiar sin el requisito de haber prestado servicios efectivos en cualquiera de las Administraciones Públicas durante el periodo establecido a los funcionarios cuyo cónyuge resida en otra localidad por haber obtenido y estar desempeñando un puesto de trabajo de carácter definitivo como funcionario de carrera o como laboral fijo en cualquiera de las Administraciones Públicas, organismos públicos y entidades de derecho público dependientes o vinculados a ellas, en los Órganos Constitucionales o del Poder Judicial y órganos similares de las comunidades autónomas, así como en la Unión Europea o en organizaciones internacionales.

Quienes se encuentren en situación de excedencia voluntaria por agrupación familiar no devengarán retribuciones, ni les será computable el tiempo que permanezcan en tal situación a efectos de ascensos, trienios y derechos en el régimen de Seguridad Social que les sea de aplicación.

Los funcionarios de carrera tendrán derecho a un período de excedencia de duración no superior a tres años para atender al cuidado de cada hijo, tanto cuando lo sea por naturaleza como por adopción, o de cada menor sujeto a guarda con fines de adopción o acogimiento permanente, a contar desde la fecha de nacimiento o, en su caso, de la resolución judicial o administrativa.

También tendrán derecho a un período de excedencia de duración no superior a tres años, para atender al cuidado de un familiar que se encuentre a su cargo, hasta el segundo grado inclusive de consanguinidad o afinidad que por razones de edad, accidente, enfermedad o discapacidad no pueda valerse por sí mismo y no desempeñe actividad retribuida.

El período de excedencia será único por cada sujeto causante. Cuando un nuevo sujeto causante diera origen a una nueva excedencia, el inicio del período de la misma pondrá fin al que se viniera disfrutando.

En el caso de que dos funcionarios generasen el derecho a disfrutarla por el mismo sujeto causante, la Administración podrá limitar su ejercicio simultáneo por razones justificadas relacionadas con el funcionamiento de los servicios.

El tiempo de permanencia en esta situación será computable a efectos de trienios, carrera y derechos en el régimen de Seguridad Social que sea de aplicación. El puesto de trabajo desempeñado se reservará, al menos, durante dos años. Transcurrido este periodo, dicha reserva lo será a un puesto en la misma localidad y de igual retribución.

Los funcionarios en esta situación podrán participar en los cursos de formación que convoque la Administración.

Las funcionarias víctimas de violencia de género, para hacer efectiva su protección o su derecho a la asistencia social integral, tendrán derecho a solicitar la situación de excedencia sin tener que haber prestado un tiempo mínimo de servicios previos y sin que sea exigible plazo de permanencia en la misma.

Durante los seis primeros meses tendrán derecho a la reserva del puesto de trabajo que desempeñaran, siendo computable dicho período a efectos de antigüedad, carrera y derechos del régimen de Seguridad Social que sea de aplicación.

Cuando las actuaciones judiciales lo exigieran se podrá prorrogar este periodo por tres meses, con un máximo de dieciocho, con idénticos efectos a los señalados anteriormente, a fin de garantizar la efectividad del derecho de protección de la víctima.

Durante los dos primeros meses de esta excedencia la funcionaria tendrá derecho a percibir las retribuciones íntegras y, en su caso, las prestaciones familiares por hijo a cargo.

Los funcionarios que hayan sufrido daños físicos o psíquicos como consecuencia de la actividad terrorista, así como los amenazados en los términos del artículo 5 de la Ley 29/2011, de 22 de septiembre, de Reconocimiento y Protección Integral a las Víctimas del Terrorismo, previo reconocimiento del Ministerio del Interior o de sentencia judicial firme, tendrán derecho a disfrutar de un periodo de excedencia en las mismas condiciones que las víctimas de violencia de género.

Dicha excedencia será autorizada y mantenida en el tiempo en tanto que resulte necesaria para la protección y asistencia social integral de la persona a la que se concede, ya sea por razón de las secuelas provocadas por la acción terrorista, ya sea por la amenaza a la que se encuentra sometida, en los términos previstos reglamentariamente.

Suspensión de funciones

El funcionario declarado en la situación de suspensión quedará privado durante el tiempo de permanencia en la misma del ejercicio de sus funciones y de todos los derechos inherentes a la condición. La suspensión determinará la pérdida del puesto de trabajo cuando exceda de seis meses.

La suspensión firme se impondrá en virtud de sentencia dictada en causa criminal o en virtud de sanción disciplinaria. La suspensión firme por sanción disciplinaria no podrá exceder de seis años.

El funcionario declarado en la situación de suspensión de funciones no podrá prestar servicios en ninguna Administración Pública ni en los organismos públicos, agencias, o entidades de derecho público dependientes o vinculadas a ellas durante el tiempo de cumplimiento de la pena o sanción.

Podrá acordarse la suspensión de funciones con carácter provisional con ocasión de la tramitación de un procedimiento judicial o expediente disciplinario, en los términos establecidos en este Estatuto.

Reingreso al servicio activo

Reglamentariamente se regularán los plazos, procedimientos y condiciones, según las situaciones administrativas de procedencia, para solicitar el reingreso al servicio activo de los funcionarios de carrera, con respeto al derecho a la reserva del puesto de trabajo en los casos en que proceda conforme al presente Estatuto.

Situaciones del personal laboral

El personal laboral se regirá por el Estatuto de los Trabajadores y por los Convenios Colectivos que les sean de aplicación.

Los convenios colectivos podrán determinar la aplicación de este capítulo al personal incluido en su ámbito de aplicación en lo que resulte compatible con el Estatuto de los Trabajadores.

Tema 13

Derechos y deberes de los funcionarios. La carrera administrativa. Promoción interna. El sistema de retribuciones e indemnizaciones. Régimen disciplinario. El régimen de la Seguridad Social de los funcionarios

eRodio ediciones

Índice esquemático

1. **Derechos y deberes de los funcionarios**
   - 1.1. Derechos de los Empleados Públicos
   - 1.2. Promoción profesional
   - 1.3. Sistema de retribuciones e indemnizaciones
   - 1.4. Derecho a la negociación colectiva, representación y participación institucional. Derecho de reunión
   - 1.5. Derecho a la jornada de trabajo, permisos y vacaciones
   - 1.6. Deberes de los empleados públicos. Código de conducta
   - 1.7. Régimen disciplinario
2. **El Régimen de la Seguridad Social de los funcionarios**
   - 2.1. Disposiciones generales
   - 2.2. Mutualidad General de Funcionarios Civiles del Estado
   - 2.3. Incorporación y cotización
   - 2.4. Contingencias y prestaciones en general
   - 2.5. Prestaciones en particular

1. Derechos y deberes de los funcionarios

El **Real Decreto Legislativo 5/2015, de 30 de octubre**, por el que se aprueba el texto refundido de la Ley del Estatuto Básico del Empleado Público (TREBEP en adelante) en su Título III, cuyo nombre es "Derechos y deberes. Código de Conducta de los empleados públicos" (artículos 14 a 54), regula esta materia.

La estructura interna de este Título III es la siguiente:

- **Capítulo I.** Derechos de los empleados públicos. Artículos 14 y 15
- **Capítulo II.** Derecho a la carrera profesional y a la promoción interna. La evaluación del desempeño. Artículos 16 a 20.
- **Capítulo III.** Derechos retributivos. Artículos 21 a 30.
- **Capítulo IV.** Derecho a la negociación colectiva, representación y participación institucional. Derecho de reunión. Artículos 31 a 46.
- **Capítulo V**. Derecho a la jornada de trabajo, permisos y vacaciones. Artículos 47 a 51.
- **Capítulo VI**. Deberes de los empleados públicos. Código de conducta. Artículos 52 a 54.

Es importante señalar que los **Capítulos II y III,** excepto el artículo 25.2 relativo al reconocimiento de trienios a los funcionarios interinos, no entrarán en vigor hasta que se produzca la entrada en vigor de las Leyes de Función Pública que se dicten en desarrollo del Estatuto.

1.1. Derechos de los Empleados Públicos

El TREBEP, distingue entre derechos individuales y derechos individuales ejercidos colectivamente.

1.1.1. Derechos individuales

Los empleados públicos tienen los siguientes derechos de carácter individual en correspondencia con la naturaleza jurídica de su relación de servicio:

a) A la inamovilidad en la condición de funcionario de carrera.

b) Al desempeño efectivo de las funciones o tareas propias de su condición profesional y de acuerdo con la progresión alcanzada en su carrera profesional.

c) A la progresión en la carrera profesional y promoción interna según principios constitucionales de igualdad, mérito y capacidad mediante la implantación de sistemas objetivos y transparentes de evaluación.

d) A percibir las retribuciones y las indemnizaciones por razón del servicio.

e) A participar en la consecución de los objetivos atribuidos a la unidad donde preste sus servicios y a ser informado por sus superiores de las tareas a desarrollar.

f) A la defensa jurídica y protección de la Administración Pública en los procedimientos que se sigan ante cualquier orden jurisdiccional como consecuencia del ejercicio legítimo de sus funciones o cargos públicos.

g) A la formación continua y a la actualización permanente de sus conocimientos y capacidades profesionales, preferentemente en horario laboral.

h) Al respeto de su intimidad, orientación sexual, propia imagen y dignidad en el trabajo, especialmente frente al acoso sexual y por razón de sexo, moral y laboral.

i) A la no discriminación por razón de nacimiento, origen racial o étnico, género, sexo u orientación sexual, religión o convicciones, opinión, discapacidad, edad o cualquier otra condición o circunstancia personal o social.

j) A la adopción de medidas que favorezcan la conciliación de la vida personal, familiar y laboral.

j bis) A la intimidad en el uso de dispositivos digitales puestos a su disposición y frente al uso de dispositivos de videovigilancia y geolocalización, así como a la desconexión digital en los términos establecidos en la legislación vigente en materia de protección de datos personales y garantía de los derechos digitales.

k) A la libertad de expresión dentro de los límites del ordenamiento jurídico.

l) A recibir protección eficaz en materia de seguridad y salud en el trabajo.

m) A las vacaciones, descansos, permisos y licencias.

n) A la jubilación según los términos y condiciones establecidas en las normas aplicables.

o) A las prestaciones de la Seguridad Social correspondientes al régimen que les sea de aplicación.

p) A la libre asociación profesional.

q) A los demás derechos reconocidos por el ordenamiento jurídico.

Se añade la letra j bis) por la disposición final 14 de la Ley Orgánica 3/2018, de 5 de diciembre, de Protección de Datos Personales y garantía de los derechos digitales.

1.1.2. Derechos individuales ejercidos colectivamente

Los empleados públicos tienen los siguientes derechos individuales que se ejercen de forma colectiva:

a) A la **libertad sindical**.

b) A la **negociación colectiva y a la participación** en la determinación de las condiciones de trabajo.

c) Al ejercicio de la **huelga**, con la garantía del mantenimiento de los servicios esenciales de la comunidad.

d) Al planteamiento de **conflictos colectivos** de trabajo, de acuerdo con la legislación aplicable en cada caso.

e) Al de **reunión**, en los términos establecidos en el artículo 46 de este Estatuto.

1.2. Promoción profesional

Como anteriormente ya hemos dicho, este derecho se regula en el Capítulo II del Título III del TREBEP, pero no entrará en vigor hasta que se produzca el desarrollo legislativo del mismo, por tanto se sigue utilizando la normativa anterior cuya norma básica es el Real Decreto 364/1995, de 10 de marzo, por el que se aprueba el Reglamento General de ingreso del personal al servicio de la Administración General del Estado y de provisión de puestos de trabajo y promoción profesional de los funcionarios civiles de la Administración General del Estado cuyo contenido en relación con esta materia, pasamos a exponer.

1.2.1. Regulación actual hasta que entre en vigor el TREBEP

1.2.1.1. Grado personal

Los puestos de trabajo hoy en día se clasifican en **30 niveles.**

Todos los funcionarios de carrera adquirirán un grado personal por el desempeño de uno o más puestos del nivel correspondiente **durante dos años continuados o tres con interrupción**, cualquiera que fuera el sistema de provisión.

No obstante lo dispuesto en el párrafo anterior, los funcionarios que obtengan un puesto de trabajo superior en más de dos niveles al correspondiente a su grado personal, consolidarán cada dos años de servicios continuados el grado superior en dos niveles al que poseyesen, sin que en ningún caso puedan superar el correspondiente al del puesto desempeñado, ni el intervalo de niveles correspondiente a su Cuerpo o Escala.

Los funcionarios consolidarán necesariamente como grado personal inicial el correspondiente al nivel del puesto de trabajo adjudicado tras la superación del proceso selectivo, salvo que con carácter voluntario pasen a desempeñar un puesto de nivel inferior, en cuyo caso consolidarán el correspondiente a este último.

Si durante el tiempo en que el funcionario desempeña un puesto se modificase el nivel del mismo, el tiempo de desempeño se computará con el nivel más alto en que dicho puesto hubiera estado clasificado.

Cuando un funcionario obtenga destino de nivel superior al del grado en proceso de consolidación, el tiempo de servicios prestados en aquél será computado para la referida consolidación.

Cuando un funcionario obtenga destino de nivel inferior al del grado en proceso de consolidación, el tiempo de servicios prestados en puestos de nivel superior podrá computarse, a su instancia, para la consolidación del grado correspondiente a aquél.

Una vez consolidado el grado inicial y sin perjuicio de lo dispuesto en el segundo párrafo, el tiempo prestado en comisión de servicios será computable para consolidar el grado correspondiente al puesto desempeñado siempre que se obtenga con carácter definitivo dicho puesto u otro de igual o superior nivel.

Si el puesto obtenido con carácter definitivo fuera de nivel inferior al del desempeñado en comisión y superior al del grado consolidado, el tiempo de desempeño en esta situación se computará para la consolidación del grado correspondiente al nivel del puesto obtenido.

No se computará el tiempo de desempeño en comisión de servicios cuando el puesto fuera de nivel inferior al correspondiente al grado en proceso de consolidación.

Las previsiones contenidas en este apartado serán de aplicación asimismo cuando se desempeñe un puesto en adscripción provisional en los supuestos previstos en este reglamento.

A los funcionarios que se encuentren en las dos primeras fases de reasignación de efectivos y en la situación de expectativa de destino, así como a los afectados por la supresión de puestos de trabajo o alteración de su contenido, se les computará el tiempo transcurrido en dichas circunstancias a efectos de la adquisición del grado personal que tuviera en proceso de consolidación.

El tiempo de servicios prestado en adscripción provisional por los funcionarios removidos en puestos obtenidos por concurso o cesados en puestos de libre designación no se considerará como interrupción a efectos de consolidación del grado personal si su duración es inferior a seis meses.

El tiempo de permanencia en la situación de servicios especiales será computado, a efectos de adquisición del grado personal, como prestado en el último puesto desempeñado en la situación de servicio activo o en el que durante el tiempo de permanencia en dicha situación se hubiera obtenido por concurso.

El tiempo de permanencia en la excedencia por cuidado de hijos durante el primer año de la misma se computará como prestado en el puesto de trabajo del que se es titular.

El reconocimiento del grado personal se efectuará por el Subsecretario del Departamento donde preste servicios el funcionario, que dictará al efecto la oportuna resolución, comunicándose al Registro central de personal dentro de los tres días hábiles siguientes.

El grado reconocido por los órganos competentes de otra Administración pública será anotado en el Registro central de personal hasta el nivel máximo del intervalo correspondiente a su grupo de titulación, una vez que el funcionario reingrese o se reintegre a la Administración General del Estado en el mismo cuerpo o escala en que le haya sido reconocido el grado personal.

Los servicios prestados en otra Administración pública que no lleguen a completar el tiempo necesario para consolidar el grado personal serán tenidos en cuenta a efectos de consolidación del grado, cuando el funcionario reingrese o se reintegre a la Administración General del Estado, en el mismo cuerpo o escala en el que estuviera dicho grado en proceso de consolidación y siempre dentro de los intervalos de niveles previstos.

Lo dispuesto en el párrafo anterior se realizará de conformidad con las previsiones que, para la consolidación de grado personal, se establecen en este reglamento.

El grado personal comporta el derecho a la percepción como mínimo del complemento de destino de los puestos del nivel correspondiente al mismo.

1.2.1.2. Intervalos de niveles

Los intervalos de los niveles de puestos de trabajo que corresponden a cada Cuerpo o Escala, de acuerdo con el Grupo en el que figuren clasificados, son los siguientes:

Cuerpos o Escalas	Nivel mínimo	Nivel máximo
Grupo A	20	30
Grupo B	16	26
Grupo C	11	22
Grupo D	9	18
Grupo E	7	14

En ningún caso los funcionarios podrán obtener puestos de trabajo no incluidos en los niveles del intervalo correspondiente al Grupo en el que figure clasificado su Cuerpo o Escala.

La promoción interna consiste en el ascenso desde Cuerpos o Escalas de un Grupo de titulación a otro del inmediato superior o en el acceso a Cuerpos o Escalas del mismo Grupo de titulación.

1.2.1.3. Sistemas selectivos

La promoción interna se efectuará mediante el sistema de oposición o concurso-oposición, con sujeción a los principios de igualdad, mérito, capacidad y publicidad.

En el sistema de concurso-oposición las convocatorias podrán fijar una puntuación mínima para acceder a la fase de oposición.

En ningún caso la puntuación obtenida en la fase de concurso podrá aplicarse para superar los ejercicios de la fase de oposición.

1.2.1.4. Convocatorias de promoción interna

Las pruebas de promoción interna, en las que deberán respetarse los principios de igualdad, mérito, capacidad y publicidad, podrán llevarse a cabo en convocatorias independientes de las de ingreso cuando, por conveniencia de la planificación general de los recursos humanos, así lo autorice el Gobierno o el órgano competente de las demás Administraciones públicas.

1.2.1.5. Requisitos de participación

Para participar en pruebas de promoción interna los funcionarios deberán tener una antigüedad de, al menos, dos años en el Cuerpo o Escala a que pertenezcan el día de la finalización del plazo de presentación de solicitudes de participación y poseer la titulación y el resto de los requisitos establecidos con carácter general para el acceso al Cuerpo o Escala en el que aspiran a ingresar.

1.2.2. Derecho a la carrera profesional y a la promoción interna. La evaluación del desempeño en el TREBEP

Los funcionarios de carrera tendrán derecho a la promoción profesional.

La **carrera profesional** es el conjunto ordenado de oportunidades de ascenso y expectativas de progreso profesional conforme a los principios de igualdad, mérito y capacidad.

A tal objeto las Administraciones Públicas promoverán la actualización y perfeccionamiento de la cualificación profesional de sus funcionarios de carrera.

Las leyes de Función Pública que se dicten en desarrollo de este Estatuto regularán la carrera profesional aplicable en cada ámbito que podrán consistir, entre otras, en la aplicación aislada o simultánea de alguna o algunas de las siguientes modalidades:

a) **Carrera horizontal**, que consiste en la progresión de grado, categoría, escalón u otros conceptos análogos, sin necesidad de cambiar de puesto de trabajo y de conformidad con lo establecido en la letra b) del artículo 17 y en el apartado 3 del artículo 20 de este Estatuto.

b) **Carrera vertical**, que consiste en el ascenso en la estructura de puestos de trabajo por los procedimientos de provisión establecidos en el capítulo III del título V de este Estatuto.

c) **Promoción interna vertical**, que consiste en el ascenso desde un cuerpo o escala de un Subgrupo, o Grupo de clasificación profesional en el supuesto de que éste no tenga Subgrupo, a otro superior.

d) **Promoción interna horizontal**, que consiste en el acceso a cuerpos o escalas del mismo Subgrupo profesional.

Los funcionarios de carrera podrán progresar simultáneamente en las modalidades de carrera horizontal y vertical cuando la Administración correspondiente las haya implantado en un mismo ámbito.

1.2.2.1. Carrera horizontal de los funcionarios de carrera

Las leyes de Función Pública que se dicten en desarrollo del presente Estatuto podrán regular la carrera horizontal de los funcionarios de carrera, pudiendo aplicar, entre otras, las siguientes reglas:

a) Se articulará un sistema de grados, categorías o escalones de ascenso fijándose la remuneración a cada uno de ellos. Los ascensos serán consecutivos con carácter general, salvo en aquellos supuestos excepcionales en los que se prevea otra posibilidad.

b) Se deberá valorar la trayectoria y actuación profesional, la calidad de los trabajos realizados, los conocimientos adquiridos y el resultado de la evaluación del desempeño. Podrán incluirse asimismo otros méritos y aptitudes por razón de la especificidad de la función desarrollada y la experiencia adquirida.

1.2.2.2. Promoción interna de los funcionarios de carrera

La promoción interna se realizará mediante procesos selectivos que garanticen el cumplimiento de los principios constitucionales de **igualdad, mérito y capacidad** así como los contemplados en el artículo 55.2 de este Estatuto.

Los funcionarios deberán poseer los requisitos exigidos para el ingreso, tener una antigüedad de, al menos, **dos años de servicio activo** en el inferior Subgrupo, o Grupo de clasificación profesional, en el supuesto de que éste no tenga Subgrupo y superar las correspondientes pruebas selectivas.

Las leyes de Función Pública que se dicten en desarrollo de este Estatuto articularán los sistemas para realizar la promoción interna, así como también podrán determinar los cuerpos y escalas a los que podrán acceder los funcionarios de carrera pertenecientes a otros de su mismo Subgrupo.

Asimismo las leyes de Función Pública que se dicten en desarrollo del presente Estatuto podrán determinar los cuerpos y escalas a los que podrán acceder los funcionarios de carrera pertenecientes a otros de su mismo Subgrupo.

Las Administraciones Públicas adoptarán medidas que incentiven la participación de su personal en los procesos selectivos de promoción interna y para la progresión en la carrera profesional.

Hay que tener en cuenta que transitoriamente, los Grupos de clasificación existentes a la entrada en vigor del Estatuto se integrarán en los Grupos de clasificación profesional de funcionarios que vimos en el tema anterior, de acuerdo con las siguientes equivalencias:

- Grupo A: Subgrupo A1.
- Grupo B: Subgrupo A2.
- Grupo C: Subgrupo C1.
- Grupo D: Subgrupo C2.
- Grupo E: Agrupaciones Profesionales a que hace referencia la disposición adicional séptima del Estatuto.

1.2.2.3. Carrera profesional y promoción del personal laboral

El personal laboral tendrá derecho a la promoción profesional.

La carrera profesional y la promoción del personal laboral se hará efectiva a través de los procedimientos previstos en el Estatuto de los Trabajadores o en los convenios colectivos.

1.2.2.4. La evaluación del desempeño

Las Administraciones Públicas establecerán sistemas que permitan la evaluación del desempeño de sus empleados.

La evaluación del desempeño es el procedimiento mediante el cual se mide y valora la conducta profesional y el rendimiento o el logro de resultados.

Los sistemas de evaluación del desempeño se adecuarán, en todo caso, a criterios de **transparencia, objetividad, imparcialidad y no discriminación** y se aplicarán sin menoscabo de los derechos de los empleados públicos.

Las Administraciones Públicas determinarán los efectos de la evaluación en la carrera profesional horizontal, la formación, la provisión de puestos de trabajo y en la percepción de las retribuciones complementarias.

La continuidad en un puesto de trabajo obtenido por concurso quedará vinculada a la evaluación del desempeño de acuerdo con los sistemas de evaluación que cada Administración Pública determine, dándose audiencia al interesado, y por la correspondiente resolución motivada.

La aplicación de la carrera profesional horizontal, de las retribuciones complementarias derivadas del apartado c) del artículo 24 del presente Estatuto (El grado de interés, iniciativa o esfuerzo con que el funcionario desempeña su trabajo y el rendimiento o resultados obtenidos) y el cese del puesto de trabajo obtenido por el procedimiento de concurso requerirán la aprobación previa, en cada caso, de sistemas objetivos que permitan evaluar el desempeño de acuerdo con lo establecido anteriormente.

1.3. Sistema de retribuciones e indemnizaciones

Como anteriormente ya hemos dicho, este derecho se regula en el Capítulo III del Título III del TREBEP, pero no entrará en vigor hasta que se produzca el desarrollo legislativo del mismo.

Regulación en el TREBEP

A) Determinación de las cuantías y de los incrementos retributivos

Las cuantías de las retribuciones básicas y el incremento de las cuantías globales de las retribuciones complementarias de los funcionarios, así como el incremento de la masa salarial del personal laboral, deberán reflejarse para cada ejercicio presupuestario en la correspondiente ley de presupuestos.

No podrán acordarse incrementos retributivos que globalmente supongan un incremento de la masa salarial superior a los límites fijados anualmente en la Ley de Presupuestos Generales del Estado para el personal.

B) Retribuciones de los funcionarios

Las retribuciones de los funcionarios de carrera se clasifican en:

- Básicas.
- Complementarias.

Las retribuciones básicas son las que retribuyen al funcionario según la adscripción de su cuerpo o escala a un determinado Subgrupo o Grupo de clasificación profesional, en el supuesto de que éste no tenga Subgrupo, y por su antigüedad en el mismo. Dentro de ellas están comprendidas los componentes de:

- Sueldo.
- Trienios de las pagas extraordinarias.

Las retribuciones complementarias son las que retribuyen las características de los puestos de trabajo, la carrera profesional o el desempeño, rendimiento o resultados alcanzados por el funcionario.

Las pagas extraordinarias serán dos al año, cada una por el importe de una mensualidad de retribuciones básicas y de la totalidad de las retribuciones complementarias, **salvo aquéllas** referidas al grado de interés, iniciativa o esfuerzo con que el funcionario desempeña su trabajo y el rendimiento o resultados obtenidos ni los servicios extraordinarios prestados fuera de la jornada normal de trabajo.

No podrá percibirse participación en tributos o en cualquier otro ingreso de las Administraciones Públicas como contraprestación de cualquier servicio, participación o premio en multas impuestas, aun cuando estuviesen normativamente atribuidas a los servicios.

Retribuciones básicas

Las retribuciones básicas, que se fijan en la **Ley de Presupuestos Generales del Estado**, estarán integradas única y exclusivamente por:

a) **El sueldo** asignado a cada Subgrupo o Grupo de clasificación profesional, en el supuesto de que éste no tenga Subgrupo.

b) **Los trienios**, que consisten en una cantidad, que será igual para cada Subgrupo o Grupo de clasificación profesional, en el supuesto de que éste no tenga Subgrupo, por cada tres años de servicio.

Retribuciones complementarias

La cuantía y estructura de las retribuciones complementarias de los funcionarios se establecerán por las correspondientes **leyes de cada Administración Pública** atendiendo, entre otros, a los siguientes factores:

a) La progresión alcanzada por el funcionario dentro del sistema de carrera administrativa. (Complemento de Destino).

b) La especial dificultad técnica, responsabilidad, dedicación, incompatibilidad exigible para el desempeño de determinados puestos de trabajo o las condiciones en que se desarrolla el trabajo. (Complemento Especifico).

c) El grado de interés, iniciativa o esfuerzo con que el funcionario desempeña su trabajo y el rendimiento o resultados obtenidos. (Complemento de productividad).

d) Los servicios extraordinarios prestados fuera de la jornada normal de trabajo. (Gratificaciones).

C) Retribuciones de los funcionarios interinos

Los funcionarios interinos percibirán **las retribuciones básicas y las pagas extraordinarias** correspondientes al Subgrupo o Grupo de adscripción, en el supuesto de que éste no tenga Subgrupo. Percibirán asimismo las retribuciones complementarias a que se refieren los apartados b), c) y d) anteriores y las correspondientes a la categoría de entrada en el cuerpo o escala en el que se le nombre.

Se reconocerán **los trienios** correspondientes a los servicios prestados antes de la entrada en vigor del presente Estatuto que tendrán efectos retributivos únicamente a partir de la entrada en vigor del mismo.

D) Retribuciones de los funcionarios en prácticas

Las Administraciones Públicas determinarán las retribuciones de los funcionarios en prácticas que, **como mínimo**, se corresponderán a **las del sueldo** del Subgrupo o Grupo, en el supuesto de que éste no tenga Subgrupo, en que aspiren a ingresar.

E) Retribuciones del personal laboral

Las retribuciones del personal laboral se determinarán de acuerdo con la legislación laboral, el convenio colectivo que sea aplicable y el contrato de trabajo, respetando en todo caso lo establecido en el artículo 21 del Estatuto (que manifiesta que las cuantías de las retribuciones básicas y el incremento de las cuantías globales de las retribuciones complementarias de los funcionarios, así como el incremento de la masa salarial del personal laboral, deberán reflejarse para cada ejercicio presupuestario en la correspondiente ley de presupuestos. No podrán acordarse incrementos retributivos que globalmente supongan un incremento de la masa salarial superior a los límites fijados anualmente en la Ley de Presupuestos Generales del Estado para el personal)

F) Indemnizaciones

Los funcionarios percibe indemnizaciones por razón del servicio y su regulación se encuentra en el Real Decreto 462/2002, de 24 de mayo, sobre indemnizaciones por razón del servicio

Darán origen a indemnización o compensación los supuestos siguientes, en las circunstancias, condiciones y límites establecidos:

- Comisiones de servicio con derecho a indemnización.
- Desplazamientos dentro del término municipal por razón de servicio.
- Traslados de residencia.
- Asistencias por concurrencia a Consejos de Administración u Órganos Colegiados, por participación en tribunales de oposiciones y concursos y por la colaboración en centros de formación y perfeccionamiento del personal de las Administraciones públicas.

Toda concesión de indemnizaciones que no se ajuste en su cuantía o en los requisitos para su concesión a los preceptos reglamentarios se considerará nula.

1. Comisiones de servicio con derecho a indemnización

Son comisiones de servicio con derecho a indemnización los cometidos especiales que circunstancialmente se ordenen al personal y que deba desempeñar fuera del término municipal donde radique su residencia oficial, entendiéndose como tal el término municipal correspondiente a la oficina o dependencia en que se desarrollen las actividades del puesto de trabajo habitual, salvo que, de forma expresa y según la legislación vigente, se haya autorizado la residencia del personal en término municipal distinto al correspondiente a dicho puesto de trabajo y se haga constar en la orden o pasaporte en que se designe la comisión tal circunstancia.

Dicha autorización no altera el concepto de residencia oficial por lo que, en ningún caso, podrá tener la consideración de comisión de servicio el desplazamiento habitual desde el lugar donde se esté autorizado a residir hasta el del centro de trabajo, aunque éstos se encuentren en términos municipales distintos.

Tampoco darán lugar a indemnización aquellas comisiones que tengan lugar a iniciativa propia, salvo que se deriven de decisiones obligadas por la propia función de alto cargo, o haya renuncia expresa de dicha indemnización.

Toda comisión con derecho a indemnización, salvo casos excepcionales, no durará más de un mes en territorio nacional y de tres en el extranjero.

No obstante, si antes de vencer el plazo marcado para el desempeño de una comisión resultase insuficiente para el total cumplimiento del servicio, el Jefe correspondiente podrá proponer razonadamente a la autoridad competente la concesión de prórroga por el tiempo estrictamente indispensable.

Las comisiones cuya duración se prevea, excepcionalmente, superior a la de los límites establecidos, así como las prórrogas que den lugar a un exceso sobre dichos límites, tendrán la consideración de residencia eventual desde el comienzo de la comisión inicial o de su prórroga, respectivamente.

La duración de la residencia eventual no podrá exceder de un año, salvo que se prorrogue por el tiempo estrictamente indispensable por la autoridad que haya designado la comisión. La duración de la prórroga no podrá en ningún caso exceder de un año.

En el caso de que inicialmente se prevea que los cometidos especiales a realizar van a exigir un tiempo superior al de un año, se procederá a tramitar la creación del correspondiente puesto de trabajo en el Departamento, Organismo o Entidad de que se trate, de acuerdo con la normativa vigente.

2. Clases de indemnizaciones

Las clases de indemnizaciones son las siguientes:

- "Dieta" es la cantidad que se devenga diariamente para satisfacer los gastos que origina la estancia fuera de la residencia. Si la comisión de servicio se desempeña por personal de las Fuerzas Armadas o de las Fuerzas y Cuerpos de Seguridad del Estado, formando unidad, dicho devengo recibirá el nombre de "plus".
- "Indemnización de residencia eventual" es la cantidad que se devenga diariamente para satisfacer los gastos que origina la estancia fuera de la residencia oficial.
- "Gastos de Viaje" es la cantidad que se abona por la utilización de cualquier medio de transporte por razón de servicio.
- La cuantía del importe por indemnización de residencia eventual será fijada por la misma autoridad que confiera la comisión dentro del límite máximo, del 80 por 100 del importe de las dietas enteras, según se trate de comisiones de servicio en territorio nacional o extranjero, respectivamente.

El personal a quien se encomiende una comisión de servicio tendrá derecho a percibir por adelantado el importe aproximado de las dietas, pluses, residencia eventual y gastos de viaje sin perjuicio de la devolución del anticipo, en la cuantía que proceda en su caso, una vez finalizada la comisión de servicios.

3. Asistencias

Se entenderá por "asistencia" la indemnización reglamentaria que proceda abonar por:

- Concurrencia a las reuniones de órganos Colegiados de la Administración, de órganos de Administración de Organismos públicos y de Consejos de Administración de empresas con capital o control públicos.
- Participación en "tribunales de oposiciones y concursos encargados de la selección de personal o de pruebas cuya superación sea necesaria para el ejercicio de profesiones o para la realización de actividades".
- Colaboración con carácter no permanente ni habitual en institutos, escuelas o unidades de formación y perfeccionamiento del personal al servicio de las Administraciones públicas.

Las cantidades percibidas por estos conceptos en ningún caso podrán totalizar, (para el conjunto de los tres tipos de asistencias), un importe por año natural superior al 50 por 100 de las retribuciones anuales, excluidas las de carácter personal derivadas de la antigüedad, que se perciban por el puesto de trabajo desempeñado.

G) Retribuciones diferidas

Las Administraciones Públicas podrán destinar cantidades hasta el porcentaje de la masa salarial que se fije en las correspondientes Leyes de Presupuestos Generales del Estado a financiar aportaciones a **planes de pensiones de empleo o contratos de seguro colectivos** que incluyan la cobertura de la contingencia de jubilación, para el personal incluido en sus ámbitos, de acuerdo con lo establecido en la normativa reguladora de los Planes de Pensiones.

Las cantidades destinadas a financiar aportaciones a planes de pensiones o contratos de seguros tendrán a todos los efectos la consideración de retribución diferida.

H) Deducción de retribuciones

Sin perjuicio de la sanción disciplinaria que pueda corresponder, la parte de jornada no realizada dará lugar a la deducción proporcional de haberes, que **no tendrá carácter sancionador**.

Quienes ejerciten el derecho de huelga no devengarán ni percibirán las retribuciones correspondientes al tiempo en que hayan permanecido en esa situación sin que la deducción de haberes que se efectúe tenga carácter de sanción, ni afecte al régimen respectivo de sus prestaciones sociales.

1.4. Derecho a la negociación colectiva, representación y participación institucional. Derecho de reunión

1.4.1. *Disposiciones generales*

Los empleados públicos tienen derecho a la negociación colectiva, representación y participación institucional para la determinación de sus condiciones de trabajo.

- **Por negociación colectiva**, a los efectos de esta ley, se entiende el derecho a negociar la determinación de condiciones de trabajo de los empleados de la Administración Pública.
- **Por representación**, a los efectos de esta ley, se entiende la facultad de elegir representantes y constituir órganos unitarios a través de los cuales se instrumente la interlocución entre las Administraciones Públicas y sus empleados.
- **Por participación institucional**, a los efectos de esta ley, se entiende el derecho a participar, a través de las organizaciones sindicales, en los órganos de control y seguimiento de las entidades u organismos que legalmente se determine.

El ejercicio de los derechos anteriormente establecidos se garantiza y se lleva a cabo a través de los órganos y sistemas específicos, sin perjuicio de otras formas de colaboración entre las Administraciones Públicas y sus empleados públicos o los representantes de éstos.

Las organizaciones sindicales más representativas en el ámbito de la Función Pública están legitimadas para la interposición de recursos en vía administrativa y jurisdiccional contra las resoluciones de los órganos de selección.

El ejercicio de los estos derechos deberá respetar en todo caso el contenido del TREBEP y las leyes de desarrollo previstas en el mismo.

Los procedimientos para determinar condiciones de trabajo en las Administraciones Públicas tendrán en cuenta las previsiones establecidas en los convenios y acuerdos de carácter internacional ratificados por España.

1.4.2. Negociación colectiva, representación y participación del personal laboral

La negociación colectiva, representación y participación de los empleados públicos con contrato laboral se regirá por la legislación laboral, sin perjuicio de lo que a continuación se recoge.

Se garantiza el cumplimiento de los convenios colectivos y acuerdos que afecten al personal laboral, salvo cuando excepcionalmente y por causa grave de interés público derivada de una alteración sustancial de las circunstancias económicas, los órganos de gobierno de las Administraciones Públicas suspendan o modifiquen el cumplimiento de convenios colectivos o acuerdos ya firmados en la medida estrictamente necesaria para salvaguardar el interés público.

En este supuesto, las Administraciones Públicas deberán informar a las organizaciones sindicales de las causas de la suspensión o modificación.

A los efectos de los previsto en este epígrafe, se entenderá, entre otras, que concurre causa grave de interés público derivada de la alteración sustancial de las circunstancias económicas cuando las Administraciones Públicas deban adoptar medidas o planes de ajuste, de reequilibrio de las cuentas públicas o de carácter económico financiero para asegurar la estabilidad presupuestaria o la corrección del déficit público.

1.4.3. Negociación colectiva

La negociación colectiva de condiciones de trabajo de los funcionarios públicos que estará sujeta a los principios de:

- Legalidad.
- Cobertura presupuestaria.
- Obligatoriedad.
- Buena fe negocial.
- Publicidad.
- Y transparencia.

La negociación colectiva se efectuará mediante el ejercicio de la capacidad representativa reconocida a las organizaciones sindicales.

A este efecto, se constituirán Mesas de Negociación en las que estarán legitimados para estar presentes:

- **Por una parte**, los representantes de la Administración Pública correspondiente,

- **Y por otra**, las organizaciones sindicales más representativas a nivel estatal, las organizaciones sindicales más representativas de comunidad autónoma, así como los sindicatos que hayan obtenido el 10 por 100 o más de los representantes en las elecciones para Delegados y Juntas de Personal, en las unidades electorales comprendidas en el ámbito específico de su constitución.

Las Administraciones Públicas podrán encargar el desarrollo de las actividades de negociación colectiva a órganos creados por ellas, de naturaleza estrictamente técnica, que ostentarán su representación en la negociación colectiva previas las instrucciones políticas correspondientes y sin perjuicio de la ratificación de los acuerdos alcanzados por los órganos de gobierno o administrativos con competencia para ello.

1.4.4. Mesas de negociación

A los efectos de la negociación colectiva de los funcionarios públicos, se constituirá una Mesa General de Negociación en el ámbito de la Administración General del Estado, así como en cada una de las Comunidades Autónomas, ciudades de Ceuta y Melilla y Entidades Locales.

Se reconoce la legitimación negocial de las asociaciones de municipios, así como la de las Entidades Locales de ámbito supramunicipal. A tales efectos, los municipios podrán adherirse con carácter previo o de manera sucesiva a la negociación colectiva que se lleve a cabo en el ámbito correspondiente.

Asimismo, una Administración o Entidad Pública podrá adherirse a los acuerdos alcanzados dentro del territorio de cada comunidad autónoma, o a los acuerdos alcanzados en un ámbito supramunicipal.

Son competencias propias de las Mesas Generales la negociación de las materias relacionadas con condiciones de trabajo comunes a los funcionarios de su ámbito.

Dependiendo de las **Mesas Generales** de Negociación y por acuerdo de las mismas podrán constituirse Mesas Sectoriales, en atención a las condiciones específicas de trabajo de las organizaciones administrativas afectadas o a las peculiaridades de sectores concretos de funcionarios públicos y a su número.

La competencia de las **Mesas Sectoriales** se extenderá a los temas comunes a los funcionarios del sector que no hayan sido objeto de decisión por parte de la Mesa General respectiva o a los que ésta explícitamente les reenvíe o delegue.

El proceso de negociación se abrirá, en cada Mesa, en la fecha que, de común acuerdo, fijen la Administración correspondiente y la mayoría de la representación sindical. A falta de acuerdo, el proceso se iniciará en el plazo máximo de un mes desde que la mayoría de una de las partes legitimadas lo promueva, salvo que existan causas legales o pactadas que lo impidan.

Ambas partes estarán obligadas a negociar bajo el principio de la buena fe y proporcionarse mutuamente la información que precisen relativa a la negociación.

1.4.5. Constitución y composición de las mesas de negociación

Las Mesas quedarán válidamente constituidas cuando, además de la representación de la Administración correspondiente, y sin perjuicio del derecho de todas las organizaciones sindicales legitimadas a participar en ellas en proporción a su representatividad, tales organizaciones sindicales representen, como mínimo, la mayoría absoluta de los miembros de los órganos unitarios de representación en el ámbito de que se trate.

Las variaciones en la representatividad sindical, a efectos de modificación en la composición de las Mesas de Negociación, serán acreditadas por las organizaciones sindicales interesadas, mediante el correspondiente certificado de la Oficina Pública de Registro competente, cada dos años a partir de la fecha inicial de constitución de las citadas Mesas.

La designación de los componentes de las Mesas corresponderá a las partes negociadoras que podrán contar con la asistencia en las deliberaciones de asesores, que intervendrán con voz, pero sin voto.

En las normas de desarrollo del presente Estatuto se establecerá la composición numérica de las Mesas correspondientes a sus ámbitos, sin que ninguna de las partes pueda superar el número de quince miembros.

1.4.6. Mesas Generales de Negociación estudio especifico

Se constituye una **Mesa General de Negociación de las Administraciones Públicas**. La representación de éstas será unitaria, estará presidida por la Administración General del Estado y contará con representantes de las Comunidades Autónomas, de las ciudades de Ceuta y Melilla y de la Federación Española de Municipios y Provincias, en función de las materias a negociar.

La representación de las organizaciones sindicales legitimadas para estar presentes de acuerdo con lo dispuesto en los artículos 6 y 7 de la Ley Orgánica 11/1985, de 2 de agosto, de Libertad Sindical, se distribuirá en función de los resultados obtenidos en las elecciones a los órganos de representación del personal, Delegados de Personal, Juntas de Personal y Comités de Empresa, en el conjunto de las Administraciones Públicas.

Serán materias objeto de negociación en esta Mesa las relacionadas en el artículo 37 de este Estatuto que resulten susceptibles de regulación estatal con carácter de norma básica, sin perjuicio de los acuerdos a que puedan llegar las comunidades autónomas en su correspondiente ámbito territorial en virtud de sus competencias exclusivas y compartidas en materia de Función Pública.

Será específicamente objeto de negociación en el ámbito de la Mesa General de Negociación de las Administraciones Públicas el incremento global de las retribuciones del personal al servicio de las Administraciones Públicas que corresponda incluir en el Proyecto de Ley de Presupuestos Generales del Estado de cada año.

Para la negociación de todas aquellas materias y condiciones de trabajo comunes al personal funcionario, estatutario y laboral de cada Administración Pública, se constituirá en la Administración General del Estado, en cada una de las comunidades autónomas, ciudades de Ceuta y Melilla y entidades locales una Mesa General de Negociación.

Son de aplicación a estas Mesas Generales los criterios establecidos en el apartado anterior sobre representación de las organizaciones sindicales en la Mesa General de Negociación de las Administraciones Públicas, tomando en consideración en cada caso los resultados obtenidos en las elecciones a los órganos de representación del personal funcionario y laboral del correspondiente ámbito de representación.

Además, también estarán presentes en estas Mesas Generales, las organizaciones sindicales que formen parte de la Mesa General de Negociación de las Administraciones Públicas siempre que hubieran obtenido el 10 por 100 de los representantes a personal funcionario o personal laboral en el ámbito correspondiente a la Mesa de que se trate.

1.4.7. Materias objeto de negociación

Según el artículo 37 del TREBEP serán objeto de negociación, en su ámbito respectivo y en relación con las competencias de cada Administración Pública y con el alcance que legalmente proceda en cada caso, las materias siguientes:

a) La aplicación del incremento de las retribuciones del personal al servicio de las Administraciones Públicas que se establezca en la Ley de Presupuestos Generales del Estado y de las comunidades autónomas.

b) La determinación y aplicación de las retribuciones complementarias de los funcionarios.

c) Las normas que fijen los criterios generales en materia de acceso, carrera, provisión, sistemas de clasificación de puestos de trabajo, y planes e instrumentos de planificación de recursos humanos.

d) Las normas que fijen los criterios y mecanismos generales en materia de evaluación del desempeño.

e) Los planes de Previsión Social Complementaria.

f) Los criterios generales de los planes y fondos para la formación y la promoción interna.

g) Los criterios generales para la determinación de prestaciones sociales y pensiones de clases pasivas.

h) Las propuestas sobre derechos sindicales y de participación.

i) Los criterios generales de acción social.

j) Las que así se establezcan en la normativa de prevención de riesgos laborales.

k) Las que afecten a las condiciones de trabajo y a las retribuciones de los funcionarios, cuya regulación exija norma con rango de ley.

l) Los criterios generales sobre ofertas de empleo público.

m) Las referidas a calendario laboral, horarios, jornadas, vacaciones, permisos, movilidad funcional y geográfica, así como los criterios generales sobre la planificación estratégica de los recursos humanos, en aquellos aspectos que afecten a condiciones de trabajo de los empleados públicos.

Quedan excluidas de la obligatoriedad de la negociación, las materias siguientes:

a) Las decisiones de las Administraciones Públicas que afecten a sus potestades de organización.

   Cuando las consecuencias de las decisiones de las Administraciones Públicas que afecten a sus potestades de organización tengan repercusión sobre condiciones de trabajo de los funcionarios públicos contempladas en el apartado anterior, procederá la negociación de dichas condiciones con las organizaciones sindicales a que se refiere este Estatuto.

b) La regulación del ejercicio de los derechos de los ciudadanos y de los usuarios de los servicios públicos, así como el procedimiento de formación de los actos y disposiciones administrativas.

c) La determinación de condiciones de trabajo del personal directivo.

d) Los poderes de dirección y control propios de la relación jerárquica.

e) La regulación y determinación concreta, en cada caso, de los sistemas, criterios, órganos y procedimientos de acceso al empleo público y la promoción profesional.

1.4.8. Pactos y acuerdos

En el seno de las Mesas de Negociación correspondientes, los representantes de las Administraciones Públicas podrán concertar Pactos y Acuerdos con la representación de las organizaciones sindicales legitimadas a tales efectos, para la determinación de condiciones de trabajo de los funcionarios de dichas Administraciones.

Los Pactos se celebrarán sobre materias que se correspondan estrictamente con el ámbito competencial del órgano administrativo que lo suscriba y se aplicarán directamente al personal del ámbito correspondiente.

Los Acuerdos versarán sobre materias competencia de los órganos de gobierno de las Administraciones Públicas. Para su validez y eficacia será necesaria su aprobación expresa y formal por estos órganos. Cuando tales Acuerdos hayan sido ratificados y afecten a temas que pueden ser decididos de forma definitiva por los órganos de gobierno, el contenido de los mismos será directamente aplicable al personal incluido en su ámbito de aplicación, sin perjuicio de que a efectos formales se requiera la modificación o derogación, en su caso, de la normativa reglamentaria correspondiente.

Si los Acuerdos ratificados tratan sobre materias sometidas a reserva de ley que, en consecuencia, sólo pueden ser determinadas definitivamente por las Cortes Generales o las asambleas legislativas de las comunidades autónomas, su contenido carecerá de eficacia directa. No obstante, en este supuesto, el órgano de gobierno respectivo que tenga iniciativa legislativa procederá a la elaboración, aprobación y remisión a las Cortes Generales o asambleas legislativas de las comunidades autónomas del correspondiente proyecto de ley conforme al contenido del Acuerdo y en el plazo que se hubiera acordado.

Cuando exista falta de ratificación de un Acuerdo o, en su caso, una negativa expresa a incorporar lo acordado en el proyecto de ley correspondiente, se deberá iniciar la renegociación de las materias tratadas en el plazo de un mes, si así lo solicitara al menos la mayoría de una de las partes.

Los Pactos y Acuerdos deberán determinar las partes que los conciertan, el ámbito personal, funcional, territorial y temporal, así como la forma, plazo de preaviso y condiciones de denuncia de los mismos.

Se establecerán Comisiones Paritarias de seguimiento de los Pactos y Acuerdos con la composición y funciones que las partes determinen.

Los Pactos celebrados y los Acuerdos, una vez ratificados, deberán ser remitidos a la Oficina Pública que cada Administración competente determine y la Autoridad respectiva ordenará su publicación en el Boletín Oficial que corresponda en función del ámbito territorial.

En el supuesto de que no se produzca acuerdo en la negociación o en la renegociación y una vez agotados, en su caso, los procedimientos de solución extrajudicial de conflictos, corresponderá a los órganos de gobierno de las Administraciones Públicas establecer las condiciones de trabajo de los funcionarios.

Los Pactos y Acuerdos que, de conformidad con lo establecido en el artículo 37, contengan materias y condiciones generales de trabajo comunes al personal funcionario y laboral, tendrán la consideración y efectos previstos en este artículo para los funcionarios y en el artículo 83 del Estatuto de los Trabajadores para el personal laboral.

Los Pactos y Acuerdos en sus respectivos ámbitos y en relación con las competencias de cada Administración Pública, podrán establecer la estructura de la negociación colectiva así como fijar las reglas que han de resolver los conflictos de concurrencia entre las negociaciones de distinto ámbito y los criterios de primacía y complementariedad entre las diferentes unidades negociadoras.

Se garantiza el cumplimiento de los Pactos y Acuerdos, salvo cuando excepcionalmente y por causa grave de interés público derivada de una alteración sustancial de las circunstancias económicas, los órganos de gobierno de las Administraciones Públicas suspendan o modifiquen el cumplimiento de Pactos y Acuerdos ya firmados, en la medida estrictamente necesaria para salvaguardar el interés público.

En este supuesto, las Administraciones Públicas deberán informar a las organizaciones sindicales de las causas de la suspensión o modificación.

A los efectos de los previsto en este apartado, se entenderá, entre otras, que concurre causa grave de interés público derivada de la alteración sustancial de las circunstancias económicas cuando las Administraciones Públicas deban adoptar medidas o planes de ajuste, de reequilibrio de las cuentas públicas o de carácter económico financiero para asegurar la estabilidad presupuestaria o la corrección del déficit público.

Salvo acuerdo en contrario, los Pactos y Acuerdos se prorrogarán de año en año si no mediara denuncia expresa de una de las partes.

La vigencia del contenido de los Pactos y Acuerdos una vez concluida su duración, se producirá en los términos que los mismos hubieren establecido.

Los Pactos y Acuerdos que sucedan a otros anteriores los derogan en su integridad, salvo los aspectos que expresamente se acuerde mantener.

1.4.9. Órganos de representación

Los órganos específicos de representación de los funcionarios son los Delegados de Personal y las Juntas de Personal.

En las unidades electorales donde el número de funcionarios sea igual o superior a 6 e inferior a 50, su representación corresponderá a los **Delegados de Personal**. Hasta 30 funcionarios se elegirá un Delegado, y de 31 a 49 se elegirán tres, que ejercerán su representación conjunta y mancomunadamente.

Las **Juntas de Personal** se constituirán en unidades electorales que cuenten con un censo mínimo de 50 funcionarios.

El establecimiento de las unidades electorales se regulará por el Estado y por cada Comunidad Autónoma dentro del ámbito de sus competencias legislativas. Previo acuerdo con las Organizaciones Sindicales legitimadas en los artículos 6 y 7 de la Ley Orgánica 11/1985, de 2 de agosto, de Libertad Sindical, los órganos de gobierno de las Administraciones Públicas podrán modificar o establecer unidades electorales en razón del número y peculiaridades de sus colectivos, adecuando la configuración de las mismas a las estructuras administrativas o a los ámbitos de negociación constituidos o que se constituyan.

Cada Junta de Personal se compone de un número de representantes, en función del número de funcionarios de la Unidad electoral correspondiente, de acuerdo con la siguiente escala, en coherencia con lo establecido en el Estatuto de los Trabajadores:

- De 50 a 100 funcionarios: 5.
- De 101 a 250 funcionarios: 9.
- De 251 a 500 funcionarios: 13.
- De 501 a 750 funcionarios: 17.
- De 751 a 1.000 funcionarios: 21.
- De 1.001 en adelante, dos por cada 1.000 o fracción, con el máximo de 75.

Las Juntas de Personal elegirán de entre sus miembros un Presidente y un Secretario y elaborarán su propio reglamento de procedimiento, que no podrá contravenir lo dispuesto en el presente Estatuto y legislación de desarrollo, remitiendo copia del mismo y de sus modificaciones al órgano u órganos competentes en materia de personal que cada Administración determine. El reglamento y sus modificaciones deberán ser aprobados por los votos favorables de, al menos, dos tercios de sus miembros.

1.4.10. Funciones y legitimación de los órganos de representación

Las Juntas de Personal y los Delegados de Personal, en su caso, tendrán las siguientes funciones, en sus respectivos ámbitos:

a) Recibir información, sobre la política de personal, así como sobre los datos referentes a la evolución de las retribuciones, evolución probable del empleo en el ámbito correspondiente y programas de mejora del rendimiento.

b) Emitir informe, a solicitud de la Administración Pública correspondiente, sobre el traslado total o parcial de las instalaciones e implantación o revisión de sus sistemas de organización y métodos de trabajo.

c) Ser informados de todas las sanciones impuestas por faltas muy graves.

d) Tener conocimiento y ser oídos en el establecimiento de la jornada laboral y horario de trabajo, así como en el régimen de vacaciones y permisos.

e) Vigilar el cumplimiento de las normas vigentes en materia de condiciones de trabajo, prevención de riesgos laborales, Seguridad Social y empleo y ejercer, en su caso, las acciones legales oportunas ante los organismos competentes.

f) Colaborar con la Administración correspondiente para conseguir el establecimiento de cuantas medidas procuren el mantenimiento e incremento de la productividad.

Las Juntas de Personal, colegiadamente, por decisión mayoritaria de sus miembros y, en su caso, los Delegados de Personal, mancomunadamente, estarán legitimados para iniciar, como interesados, los correspondientes procedimientos administrativos y ejercitar las acciones en vía administrativa o judicial en todo lo relativo al ámbito de sus funciones.

1.4.11. Garantías de la función representativa del personal

Los miembros de las Juntas de Personal y los Delegados de Personal, en su caso, como representantes legales de los funcionarios, dispondrán en el ejercicio de su función representativa de las siguientes garantías y derechos:

a) El acceso y libre circulación por las dependencias de su unidad electoral, sin que se entorpezca el normal funcionamiento de las correspondientes unidades administrativas, dentro de los horarios habituales de trabajo y con excepción de las zonas que se reserven de conformidad con lo dispuesto en la legislación vigente.

b) La distribución libre de las publicaciones que se refieran a cuestiones profesionales y sindicales.

c) La audiencia en los expedientes disciplinarios a que pudieran ser sometidos sus miembros durante el tiempo de su mandato y durante el año inmediatamente posterior, sin perjuicio de la audiencia al interesado regulada en el procedimiento sancionador.

d) Un crédito de horas mensuales dentro de la jornada de trabajo y retribuidas como de trabajo efectivo, de acuerdo con la siguiente escala:

- Hasta 100 funcionarios: 15.
- De 101 a 250 funcionarios: 20.
- De 251 a 500 funcionarios: 30.
- De 501 a 750 funcionarios: 35.
- De 751 en adelante: 40.

Los miembros de la Junta de Personal y Delegados de Personal de la misma candidatura que así lo manifiesten podrán proceder, previa comunicación al órgano que ostente la Jefatura de Personal ante la que aquélla ejerza su representación, a la acumulación de los créditos horarios.

e) No ser trasladados ni sancionados por causas relacionadas con el ejercicio de su mandato representativo, ni durante la vigencia del mismo, ni en el año siguiente a su extinción, exceptuando la extinción que tenga lugar por revocación o dimisión.

Los miembros de las Juntas de Personal y los Delegados de Personal no podrán ser discriminados en su formación ni en su promoción económica o profesional por razón del desempeño de su representación.

Cada uno de los miembros de la Junta de Personal y ésta como órgano colegiado, así como los Delegados de Personal, en su caso, observarán sigilo profesional en todo lo referente a los asuntos en que la Administración señale expresamente el carácter reservado, aún después de expirar su mandato. En todo caso, ningún documento reservado entregado por la Administración podrá ser utilizado fuera del estricto ámbito de la Administración para fines distintos de los que motivaron su entrega.

1.4.12. Duración de la representación

El mandato de los miembros de las Juntas de Personal y de los Delegados de Personal, en su caso, será de **cuatro años**, pudiendo ser reelegidos. El mandato se entenderá prorrogado si, a su término, no se hubiesen promovido nuevas elecciones, sin que los representantes con mandato prorrogado se contabilicen a efectos de determinar la capacidad representativa de los Sindicatos.

1.4.13. Promoción de elecciones a delegados y juntas de personal

Podrán promover la celebración de elecciones a Delegados y Juntas de Personal, conforme a lo previsto en el presente Estatuto y en los artículos 6 y 7 de la Ley Orgánica 11/1985, de 2 de agosto, de Libertad Sindical:

a) Los Sindicatos más representativos a nivel estatal.

b) Los sindicatos más representativos a nivel de comunidad autónoma, cuando la unidad electoral afectada esté ubicada en su ámbito geográfico.

c) Los sindicatos que, sin ser más representativos, hayan conseguido al menos el 10 por 100 de los representantes a los que se refiere este Estatuto en el conjunto de las Administraciones Públicas.

d) Los sindicatos que hayan obtenido al menos un porcentaje del 10 por 100 en la unidad electoral en la que se pretende promover las elecciones.

e) Los funcionarios de la unidad electoral, por acuerdo mayoritario.

Los legitimados para promover elecciones tendrán, a este efecto, derecho a que la Administración Pública correspondiente les suministre el censo de personal de las unidades electorales afectadas, distribuido por organismos o centros de trabajo.

1.4.14. Procedimiento electoral

El procedimiento para la elección de las Juntas de Personal y para la elección de Delegados de Personal se determinará reglamentariamente teniendo en cuenta los siguientes criterios generales:

a) La elección se realizará mediante sufragio personal, directo, libre y secreto que podrá emitirse por correo o por otros medios telemáticos.

b) Serán electores y elegibles los funcionarios que se encuentren en la situación de servicio activo. No tendrán la consideración de electores ni elegibles los funcionarios que ocupen puestos cuyo nombramiento se efectúe a través de real decreto o por decreto de los consejos de gobierno de las comunidades autónomas y de las ciudades de Ceuta y Melilla.

c) Podrán presentar candidaturas las organizaciones sindicales legalmente constituidas o las coaliciones de éstas, y los grupos de electores de una misma unidad electoral, siempre que el número de ellos sea equivalente, al menos, al triple de los miembros a elegir.

d) Las Juntas de Personal se elegirán mediante listas cerradas a través de un sistema proporcional corregido, y los Delegados de Personal mediante listas abiertas y sistema mayoritario.

e) Los órganos electorales serán las Mesas Electorales que se constituyan para la dirección y desarrollo del procedimiento electoral y las oficinas públicas permanentes para el cómputo y certificación de resultados reguladas en la normativa laboral.

f) Las impugnaciones se tramitarán conforme a un procedimiento arbitral, excepto las reclamaciones contra las denegaciones de inscripción de actas electorales que podrán plantearse directamente ante la jurisdicción social.

1.4.15. Solución extrajudicial de conflictos colectivos

Con independencia de las atribuciones fijadas por las partes a las comisiones paritarias previstas en el artículo 38.5 para el conocimiento y resolución de los conflictos derivados de la aplicación e interpretación de los Pactos y Acuerdos, las Administraciones Públicas y las organizaciones sindicales a que se refiere el presente capítulo podrán acordar la creación, configuración y desarrollo de sistemas de solución extrajudicial de conflictos colectivos.

Los conflictos a que se refiere el apartado anterior podrán ser los derivados de la negociación, aplicación e interpretación de los Pactos y Acuerdos sobre las materias señaladas en el artículo 37, excepto para aquellas en que exista reserva de ley.

Los sistemas podrán estar integrados por procedimientos de mediación y arbitraje. La mediación será obligatoria cuando lo solicite una de las partes y las propuestas de solución que ofrezcan el mediador o mediadores podrán ser libremente aceptadas o rechazadas por las mismas.

Mediante el procedimiento de arbitraje las partes podrán acordar voluntariamente encomendar a un tercero la resolución del conflicto planteado, comprometiéndose de antemano a aceptar el contenido de la misma.

El acuerdo logrado a través de la mediación o de la resolución de arbitraje tendrá la misma eficacia jurídica y tramitación de los Pactos y Acuerdos regulados en el presente Estatuto, siempre que quienes hubieran adoptado el acuerdo o suscrito el compromiso arbitral tuviesen la legitimación que les permita acordar, en el ámbito del conflicto, un Pacto o Acuerdo conforme a lo previsto en este Estatuto.

Estos acuerdos serán susceptibles de impugnación. Específicamente cabrá recurso contra la resolución arbitral en el caso de que no se hubiesen observado en el desarrollo de la actuación arbitral los requisitos y formalidades establecidos al efecto o cuando la resolución hubiese versado sobre puntos no sometidos a su decisión, o que ésta contradiga la legalidad vigente.

La utilización de estos sistemas se efectuará conforme a los procedimientos que reglamentariamente se determinen previo acuerdo con las organizaciones sindicales representativas.

1.4.16. Derecho de reunión

Están legitimados para convocar una reunión, además de las organizaciones sindicales, directamente o a través de los Delegados Sindicales:

a) Los Delegados de Personal.
b) Las Juntas de Personal.
c) Los Comités de Empresa.
d) Los empleados públicos de las Administraciones respectivas en número no inferior al 40 por 100 del colectivo convocado.

Las reuniones en el centro de trabajo se autorizarán fuera de las horas de trabajo, salvo acuerdo entre el órgano competente en materia de personal y quienes estén legitimados para convocarlas.

La celebración de la reunión no perjudicará la prestación de los servicios y los convocantes de la misma serán responsables de su normal desarrollo.

1.5. Derecho a la jornada de trabajo, permisos y vacaciones

1.5.1. Jornada de trabajo de los funcionarios públicos

Las Administraciones Públicas establecerán la jornada general y las especiales de trabajo de sus funcionarios públicos. La jornada de trabajo podrá ser a tiempo completo o a tiempo parcial.

1.5.2. Permisos de los funcionarios públicos

Los funcionarios públicos tendrán los siguientes permisos:

a) Por fallecimiento, accidente o enfermedad grave de un familiar dentro del primer grado de consanguinidad o afinidad, tres días hábiles cuando el suceso se produzca en la misma localidad, y cinco días hábiles cuando sea en distinta localidad.

   Cuando se trate del fallecimiento, accidente o enfermedad grave de un familiar dentro del segundo grado de consanguinidad o afinidad, el permiso será de dos días hábiles cuando se produzca en la misma localidad y de cuatro días hábiles cuando sea en distinta localidad.

b) Por traslado de domicilio sin cambio de residencia, un día.

c) Para realizar funciones sindicales o de representación del personal, en los términos que se determine.

d) Para concurrir a exámenes finales y demás pruebas definitivas de aptitud, durante los días de su celebración.

e) Por el tiempo indispensable para la realización de exámenes prenatales y técnicas de preparación al parto por las funcionarias embarazadas y, en los casos de adopción o acogimiento, o guarda con fines de adopción, para la asistencia a las preceptivas sesiones de información y preparación y para la realización de los preceptivos informes psicológicos y sociales previos a la declaración de idoneidad, que deban realizarse dentro de la jornada de trabajo.

f) Por lactancia de un hijo menor de doce meses tendrá derecho a una hora de ausencia del trabajo que podrá dividir en dos fracciones. Este derecho podrá sustituirse por una reducción de la jornada normal en media hora al inicio y al final de la jornada o, en una hora al inicio o al final de la jornada, con la misma finalidad. El permiso contemplado en este apartado constituye un derecho individual de los funcionarios, sin que pueda transferirse su ejercicio al otro progenitor, adoptante, guardador o acogedor. Se podrá solicitar la sustitución del tiempo de lactancia por un permiso retribuido que acumule en jornadas completas el tiempo correspondiente. Esta modalidad se podrá disfrutar únicamente a partir de la finalización del permiso por nacimiento, adopción, guarda, acogimiento o del progenitor diferente de la madre biológica respectivo, o una vez que, desde el nacimiento del menor, haya transcurrido un tiempo equivalente al que comprenden los citados permisos. Este permiso se incrementará proporcionalmente en los casos de parto, adopción, guarda con fines de adopción o acogimiento múltiple.

g) Por nacimiento de hijos prematuros o que por cualquier otra causa deban permanecer hospitalizados a continuación del parto, la funcionaria o el funcionario tendrá derecho a ausentarse del trabajo durante un máximo de dos horas diarias percibiendo las retribuciones íntegras.

   Asimismo, tendrán derecho a reducir su jornada de trabajo hasta un máximo de dos horas, con la disminución proporcional de sus retribuciones.

h) Por razones de guarda legal, cuando el funcionario tenga el cuidado directo de algún menor de doce años, de persona mayor que requiera especial dedicación, o de una persona con discapacidad que no desempeñe actividad retribuida, tendrá derecho a la reducción de su jornada de trabajo, con la disminución de sus retribuciones que corresponda.

   Tendrá el mismo derecho el funcionario que precise encargarse del cuidado directo de un familiar, hasta el segundo grado de consanguinidad o afinidad, que por razones de edad, accidente o enfermedad no pueda valerse por sí mismo y que no desempeñe actividad retribuida.

i) Por ser preciso atender el cuidado de un familiar de primer grado, el funcionario tendrá derecho a solicitar una reducción de hasta el cincuenta por ciento de la jornada laboral, con carácter retribuido, por razones de enfermedad muy grave y por el plazo máximo de un mes.

   Si hubiera más de un titular de este derecho por el mismo hecho causante, el tiempo de disfrute de esta reducción se podrá prorratear entre los mismos, respetando en todo caso, el plazo máximo de un mes.

j) Por tiempo indispensable para el cumplimiento de un deber inexcusable de carácter público o personal y por deberes relacionados con la conciliación de la vida familiar y laboral.

k) Por asuntos particulares, seis días al año.

l) Por matrimonio, quince días.

Se modifica la letra f) por el art. 3.2 del Real Decreto-ley 6/2019, de 1 de marzo, de medidas urgentes para garantía de la igualdad de trato y de oportunidades entre mujeres y hombres en el empleo y la ocupación.

1.5.3. Permisos por motivos de conciliación de la vida personal, familiar y laboral, por razón de violencia de género y para las víctimas de terrorismo y sus familiares directos

En todo caso se concederán los siguientes permisos con las correspondientes condiciones mínimas:

a) Permiso por nacimiento para la madre biológica

Tendrá una duración de dieciséis semanas, de las cuales las seis semanas inmediatas posteriores al parto serán en todo caso de descanso obligatorio e ininterrumpidas. Este permiso se ampliará en dos semanas más en el supuesto de discapacidad del hijo o hija y, por cada hijo o hija a partir del segundo en los supuestos de parto múltiple, una para cada uno de los progenitores.

No obstante, en caso de fallecimiento de la madre, el otro progenitor podrá hacer uso de la totalidad o, en su caso, de la parte que reste de permiso.

En el caso de que ambos progenitores trabajen y transcurridas las seis primeras semanas de descanso obligatorio, el período de disfrute de este permiso podrá llevarse a cabo a voluntad de aquellos, de manera interrumpida y ejercitarse desde la finalización del descanso obligatorio posterior al parto hasta que el hijo o la hija cumpla doce meses. En el caso del disfrute interrumpido se requerirá, para cada período de disfrute, un preaviso de al menos 15 días y se realizará por semanas completas.

Este permiso podrá disfrutarse a jornada completa o a tiempo parcial, cuando las necesidades del servicio lo permitan, y en los términos que reglamentariamente se determinen, conforme a las reglas establecidas en el presente artículo.

En los casos de parto prematuro y en aquellos en que, por cualquier otra causa, el neonato deba permanecer hospitalizado a continuación del parto, este permiso se ampliará en tantos días como el neonato se encuentre hospitalizado, con un máximo de trece semanas adicionales.

En el supuesto de fallecimiento del hijo o hija, el periodo de duración del permiso no se verá reducido, salvo que, una vez finalizadas las seis semanas de descanso obligatorio, se solicite la reincorporación al puesto de trabajo.

Durante el disfrute de este permiso, una vez finalizado el período de descanso obligatorio, se podrá participar en los cursos de formación que convoque la Administración.

b) Permiso por adopción, por guarda con fines de adopción, o acogimiento, tanto temporal como permanente

Tendrá una duración de dieciséis semanas. Seis semanas deberán disfrutarse a jornada completa de forma obligatoria e ininterrumpida inmediatamente después de la resolución judicial por la que se constituye la adopción o bien de la decisión administrativa de guarda con fines de adopción o de acogimiento.

En el caso de que ambos progenitores trabajen y transcurridas las seis primeras semanas de descanso obligatorio, el período de disfrute de este permiso podrá llevarse a cabo de manera interrumpida y ejercitarse desde la finalización del descanso obligatorio posterior al hecho causante hasta que el hijo o la hija cumpla doce meses. En el caso del disfrute interrumpido se requerirá, para cada período de disfrute, un preaviso de al menos 15 días y se realizará por semanas completas.

Este permiso se ampliará en dos semanas más en el supuesto de discapacidad del menor adoptado o acogido y por cada hijo o hija, a partir del segundo, en los supuestos de adopción, guarda con fines de adopción o acogimiento múltiple, una para cada uno de los progenitores.

El cómputo del plazo se contará a elección del progenitor, a partir de la decisión administrativa de guarda con fines de adopción o acogimiento, o a partir de la resolución judicial por la que se constituya la adopción sin que en ningún caso un mismo menor pueda dar derecho a varios periodos de disfrute de este permiso.

Este permiso podrá disfrutarse a jornada completa o a tiempo parcial, cuando las necesidades de servicio lo permitan, y en los términos que reglamentariamente se determine, conforme a las reglas establecidas en el presente artículo.

Si fuera necesario el desplazamiento previo de los progenitores al país de origen del adoptado, en los casos de adopción o acogimiento internacional, se tendrá derecho, además, a un permiso de hasta dos meses de duración, percibiendo durante este periodo exclusivamente las retribuciones básicas.

Con independencia del permiso de hasta dos meses previsto en el párrafo anterior y para el supuesto contemplado en dicho párrafo, el permiso por adopción, guarda con fines de adopción o acogimiento, tanto temporal como permanente, podrá iniciarse hasta cuatro semanas antes de la resolución judicial por la que se constituya la adopción o la decisión administrativa o judicial de acogimiento.

Durante el disfrute de este permiso se podrá participar en los cursos de formación que convoque la Administración.

Los supuestos de adopción, guarda con fines de adopción o acogimiento, tanto temporal como permanente, previstos en este artículo serán los que así se establezcan en el Código Civil o en las leyes civiles de las comunidades autónomas que los regulen, debiendo tener el acogimiento temporal una duración no inferior a un año.

c) Permiso del progenitor diferente de la madre biológica por nacimiento, guarda con fines de adopción, acogimiento o adopción de un hijo o hija

Tendrá una duración de dieciséis semanas de las cuales las seis semanas inmediatas posteriores al hecho causante serán en todo caso de descanso obligatorio. Este permiso se ampliará en dos semanas más, una para cada uno de los progenitores, en el supuesto de discapacidad del hijo o hija, y por cada hijo o hija a partir del segundo en los supuestos de nacimiento, adopción, guarda con fines de adopción o acogimiento múltiples, a disfrutar a partir de la fecha del nacimiento, de la decisión administrativa de guarda con fines de adopción o acogimiento, o de la resolución judicial por la que se constituya la adopción.

Este permiso podrá distribuirse por el progenitor que vaya a disfrutar del mismo siempre que las seis primeras semanas sean ininterrumpidas e inmediatamente posteriores a la fecha del nacimiento, de la decisión judicial de guarda con fines de adopción o acogimiento o decisión judicial por la que se constituya la adopción.

En el caso de que ambos progenitores trabajen y transcurridas las seis primeras semanas, el período de disfrute de este permiso podrá llevarse a cabo de manera interrumpida y ejercitarse desde la finalización del descanso obligatorio posterior al parto hasta que el hijo o la hija cumpla doce meses. En el caso del disfrute interrumpido se requerirá, para cada período de disfrute, un preaviso de al menos 15 días y se realizará por semanas completas.

En el caso de que se optara por el disfrute del presente permiso con posterioridad a la semana dieciséis del permiso por nacimiento, si el progenitor que disfruta de este último permiso hubiere solicitado la acumulación del tiempo de lactancia de un hijo menor de doce meses en jornadas completas del apartado f) del artículo 48, será a la finalización de ese período cuando se dará inicio al cómputo de las diez semanas restantes del permiso del progenitor diferente de la madre biológica.

Este permiso podrá disfrutarse a jornada completa o a tiempo parcial, cuando las necesidades del servicio lo permitan, y en los términos que reglamentariamente se determinen, conforme a las reglas establecidas en el presente artículo.

En los casos de parto prematuro y en aquellos en que, por cualquier otra causa, el neonato deba permanecer hospitalizado a continuación del parto, este permiso se ampliará en tantos días como el neonato se encuentre hospitalizado, con un máximo de trece semanas adicionales.

En el supuesto de fallecimiento del hijo o hija, el periodo de duración del permiso no se verá reducido, salvo que, una vez finalizadas las seis semanas de descanso obligatorio se solicite la reincorporación al puesto de trabajo.

Durante el disfrute de este permiso, transcurridas las seis primeras semanas ininterrumpidas e inmediatamente posteriores a la fecha del nacimiento, se podrá participar en los cursos de formación que convoque la Administración.

En los casos previstos en los apartados a), b), y c) el tiempo transcurrido durante el disfrute de estos permisos se computará como de servicio efectivo a todos los efectos, garantizándose la plenitud de derechos económicos de la funcionaria y, en su caso, del otro progenitor funcionario, durante todo el periodo de duración del permiso, y, en su caso, durante los periodos posteriores al disfrute de este, si de acuerdo con la normativa aplicable, el derecho a percibir algún concepto retributivo se determina en función del periodo de disfrute del permiso.

Los funcionarios que hayan hecho uso del permiso por nacimiento, adopción, guarda con fines de adopción o acogimiento, tanto temporal como permanente, tendrán derecho, una vez finalizado el periodo de permiso, a reintegrarse a su puesto de trabajo en términos y condiciones que no les resulten menos favorables al disfrute del permiso, así como a beneficiarse de cualquier mejora en las condiciones de trabajo a las que hubieran podido tener derecho durante su ausencia.

d) Permiso por razón de violencia de género sobre la mujer funcionaria

Las faltas de asistencia de las funcionarias víctimas de violencia de género, totales o parciales, tendrán la consideración de justificadas por el tiempo y en las condiciones en que así lo determinen los servicios sociales de atención o de salud según proceda.

Asimismo, las funcionarias víctimas de violencia sobre la mujer, para hacer efectiva su protección o su derecho de asistencia social integral, tendrán derecho a la reducción de la jornada con disminución proporcional de la retribución, o la reordenación del tiempo de trabajo, a través de la adaptación del horario, de la aplicación del horario flexible o de otras formas de ordenación del tiempo de trabajo que sean aplicables, en los términos que para estos supuestos establezca el plan de igualdad de aplicación o, en su defecto, la Administración Pública competente en cada caso.

En el supuesto enunciado en el párrafo anterior, la funcionaria pública mantendrá sus retribuciones íntegras cuando reduzca su jornada en un tercio o menos.

e) Permiso por cuidado de hijo menor afectado por cáncer u otra enfermedad grave

El funcionario tendrá derecho, siempre que ambos progenitores, adoptantes, guardadores con fines de adopción o acogedores de carácter permanente trabajen, a una reducción de la jornada de trabajo de al menos la mitad de la duración de aquélla, percibiendo las retribuciones íntegras con cargo a los presupuestos del órgano o entidad donde venga prestando sus servicios, para el cuidado, durante la hospitalización y tratamiento continuado, del hijo menor de edad afectado por cáncer (tumores malignos, melanomas o carcinomas) o por cualquier otra enfermedad grave que implique un ingreso hospitalario de larga duración y requiera la necesidad de su cuidado directo, continuo y permanente acreditado por el informe del servicio público de salud u órgano administrativo sanitario de la comunidad autónoma o, en su caso, de la entidad sanitaria concertada correspondiente y, como máximo, hasta que el menor cumpla los 18 años.

Cuando concurran en ambos progenitores, adoptantes, guardadores con fines de adopción o acogedores de carácter permanente, por el mismo sujeto y hecho causante, las circunstancias necesarias para tener derecho a este permiso o, en su caso, puedan tener la condición de beneficiarios de la prestación establecida para este fin en el Régimen de la Seguridad Social que les sea de aplicación, el funcionario tendrá derecho a la percepción de las retribuciones íntegras durante el tiempo que dure la reducción de su jornada de trabajo, siempre que el otro progenitor, adoptante o acogedor de carácter preadoptivo o permanente, sin perjuicio del derecho a la reducción de jornada que le corresponda, no cobre sus retribuciones íntegras en virtud de este permiso o como beneficiario de la prestación establecida para este fin en el Régimen de la Seguridad Social que le sea de aplicación. En caso contrario, sólo se tendrá derecho a la reducción de jornada, con la consiguiente reducción de retribuciones.

Asimismo, en el supuesto de que ambos presten servicios en el mismo órgano o entidad, ésta podrá limitar su ejercicio simultáneo por razones fundadas en el correcto funcionamiento del servicio.

Reglamentariamente se establecerán las condiciones y supuestos en los que esta reducción de jornada se podrá acumular en jornadas completas.

f) Para hacer efectivo su derecho a la protección y a la asistencia social integral

Los funcionarios que hayan sufrido daños físicos o psíquicos como consecuencia de la actividad terrorista, su cónyuge o persona con análoga relación de afectividad, y los hijos de los heridos y fallecidos, siempre que ostenten la condición de funcionarios y de víctimas del terrorismo de acuerdo con la legislación vigente, así como los funcionarios amenazados en los términos del artículo 5 de la Ley 29/2011, de 22 de septiembre, de Reconocimiento y Protección Integral a las Víctimas del Terrorismo, previo reconocimiento del Ministerio del Interior o de sentencia judicial firme, tendrán derecho a la reducción de la jornada con disminución proporcional de la retribución, o a la reordenación del tiempo de trabajo, a través de la adaptación del horario, de la aplicación del horario flexible o de otras formas de ordenación del tiempo de trabajo que sean aplicables, en los términos que establezca la Administración competente en cada caso.

Dichas medidas serán adoptadas y mantenidas en el tiempo en tanto que resulten necesarias para la protección y asistencia social integral de la persona a la que se concede, ya sea por razón de las secuelas provocadas por la acción terrorista, ya sea por la amenaza a la que se encuentra sometida, en los términos previstos reglamentariamente.

Se modifican los apartados a) a d), con efectos de 1 de abril de 2019, por el art. 3.3 del Real Decreto-ley 6/2019, de 1 de marzo.

Téngase en cuenta que la modificación del apartado c) se aplicará paulatinamente en la forma establecida por la disposición transitoria novena de la presente norma, añadida por el art. 3.4 del citado Real Decreto-ley 6/2019.

Se modifica el primer párrafo de la letra c) por la disposición final 38.3 de la Ley 6/2018, de 3 de julio.

1.5.4. Vacaciones de los funcionarios públicos

Los funcionarios públicos tendrán derecho a disfrutar, durante cada año natural, de unas vacaciones retribuidas de veintidós días hábiles, o de los días que correspondan proporcionalmente si el tiempo de servicio durante el año fue menor.

No se considerarán como días hábiles los sábados, sin perjuicio de las adaptaciones que se establezcan para los horarios especiales.

Cuando las situaciones de permiso de maternidad, incapacidad temporal, riesgo durante la lactancia o riesgo durante el embarazo impidan iniciar el disfrute de las vacaciones dentro del año natural al que correspondan, o una vez iniciado el periodo vacacional sobreviniera una de dichas situaciones, el periodo vacacional se podrá disfrutar aunque haya terminado el año natural a que correspondan y siempre que no hayan transcurrido más de dieciocho meses a partir del final del año en que se hayan originado.

1.5.5. Jornada de trabajo, permisos y vacaciones del personal laboral

Para el régimen de jornada de trabajo, permisos y vacaciones del personal laboral se estará a lo establecido en este capítulo y en la legislación laboral correspondiente.

Es la Resolución 28 de diciembre de 2012, por la que se dictan instrucciones sobre jornada y horarios de trabajo del personal al servicio de la Administración General del Estado y sus organismos públicos modificada por Resolución de 22 de julio de 2015, de la Secretaría de Estado de Administraciones Públicas.

1.6. Deberes de los empleados públicos. Código de conducta

1.6.1. Deberes de los empleados públicos. Código de conducta

Los empleados públicos deberán desempeñar con diligencia las tareas que tengan asignadas y velar por los intereses generales con sujeción y observancia de la Constitución y del resto del ordenamiento jurídico, y deberán actuar con arreglo a los siguientes principios:

- Objetividad.

- Integridad.
- Neutralidad.
- Responsabilidad.
- Imparcialidad.
- Confidencialidad.
- Dedicación al servicio público.
- Transparencia.
- Ejemplaridad.
- Austeridad.
- Accesibilidad.
- Eficacia.
- Honradez.
- Promoción del entorno cultural y medioambiental.
- Y respeto a la igualdad entre mujeres y hombres, que inspiran el Código de Conducta de los empleados públicos configurado por los principios éticos y de conducta que veremos a continuación.

Los principios y reglas que veremos posteriormente informarán la interpretación y aplicación del régimen disciplinario de los empleados públicos.

1.6.2. Principios éticos

Los empleados públicos respetarán la Constitución y el resto de normas que integran el ordenamiento jurídico.

Su actuación perseguirá la satisfacción de los intereses generales de los ciudadanos y se fundamentará en consideraciones objetivas orientadas hacia la imparcialidad y el interés común, al margen de cualquier otro factor que exprese posiciones personales, familiares, corporativas, clientelares o cualesquiera otras que puedan colisionar con este principio.

Ajustarán su actuación a los principios de lealtad y buena fe con la Administración en la que presten sus servicios, y con sus superiores, compañeros, subordinados y con los ciudadanos.

Su conducta se basará en el respeto de los derechos fundamentales y libertades públicas, evitando toda actuación que pueda producir discriminación alguna por razón de nacimiento, origen racial o étnico, género, sexo, orientación sexual, religión o convicciones, opinión, discapacidad, edad o cualquier otra condición o circunstancia personal o social.

Se abstendrán en aquellos asuntos en los que tengan un interés personal, así como de toda actividad privada o interés que pueda suponer un riesgo de plantear conflictos de intereses con su puesto público.

No contraerán obligaciones económicas ni intervendrán en operaciones financieras, obligaciones patrimoniales o negocios jurídicos con personas o entidades cuando pueda suponer un conflicto de intereses con las obligaciones de su puesto público.

No aceptarán ningún trato de favor o situación que implique privilegio o ventaja injustificada, por parte de personas físicas o entidades privadas.

Actuarán de acuerdo con los principios de eficacia, economía y eficiencia, y vigilarán la consecución del interés general y el cumplimiento de los objetivos de la organización.

No influirán en la agilización o resolución de trámite o procedimiento administrativo sin justa causa y, en ningún caso, cuando ello comporte un privilegio en beneficio de los titulares de los cargos públicos o su entorno familiar y social inmediato o cuando suponga un menoscabo de los intereses de terceros.

Cumplirán con diligencia las tareas que les correspondan o se les encomienden y, en su caso, resolverán dentro de plazo los procedimientos o expedientes de su competencia.

Ejercerán sus atribuciones según el principio de dedicación al servicio público absteniéndose no solo de conductas contrarias al mismo, sino también de cualesquiera otras que comprometan la neutralidad en el ejercicio de los servicios públicos.

Guardarán secreto de las materias clasificadas u otras cuya difusión esté prohibida legalmente, y mantendrán la debida discreción sobre aquellos asuntos que conozcan por razón de su cargo, sin que puedan hacer uso de la información obtenida para beneficio propio o de terceros, o en perjuicio del interés público.

1.6.3. Principios de conducta

- Tratarán con atención y respeto a los ciudadanos, a sus superiores y a los restantes empleados públicos.
- El desempeño de las tareas correspondientes a su puesto de trabajo se realizará de forma diligente y cumpliendo la jornada y el horario establecidos.
- Obedecerán las instrucciones y órdenes profesionales de los superiores, salvo que constituyan una infracción manifiesta del ordenamiento jurí-

dico, en cuyo caso las pondrán inmediatamente en conocimiento de los órganos de inspección procedentes.

- Informarán a los ciudadanos sobre aquellas materias o asuntos que tengan derecho a conocer, y facilitarán el ejercicio de sus derechos y el cumplimiento de sus obligaciones.
- Administrarán los recursos y bienes públicos con austeridad, y no utilizarán los mismos en provecho propio o de personas allegadas. Tendrán, asimismo, el deber de velar por su conservación.
- Se rechazará cualquier regalo, favor o servicio en condiciones ventajosas que vaya más allá de los usos habituales, sociales y de cortesía, sin perjuicio de lo establecido en el Código Penal.
- Garantizarán la constancia y permanencia de los documentos para su transmisión y entrega a sus posteriores responsables.
- Mantendrán actualizada su formación y cualificación.
- Observarán las normas sobre seguridad y salud laboral.
- Pondrán en conocimiento de sus superiores o de los órganos competentes las propuestas que consideren adecuadas para mejorar el desarrollo de las funciones de la unidad en la que estén destinados. A estos efectos se podrá prever la creación de la instancia adecuada competente para centralizar la recepción de las propuestas de los empleados públicos o administrados que sirvan para mejorar la eficacia en el servicio.
- Garantizarán la atención al ciudadano en la lengua que lo solicite siempre que sea oficial en el territorio.

1.7. Régimen disciplinario

1.7.1. Responsabilidad disciplinaria

Los funcionarios públicos y el personal laboral quedan sujetos al régimen disciplinario establecido en el Título VII del TREBEP y en las normas que las leyes de Función Pública dicten en desarrollo del Estatuto.

Los funcionarios públicos o el personal laboral **que indujeren a otros** a la realización de actos o conductas constitutivos de falta disciplinaria incurrirán en la misma responsabilidad que éstos.

Igualmente, incurrirán en responsabilidad los funcionarios públicos o personal laboral que **encubrieren las faltas consumadas muy graves o graves**, cuando de dichos actos se derive daño grave para la Administración o los ciudadanos.

El régimen disciplinario del personal laboral se regirá, en lo no previsto en el TREBEP, por la legislación laboral.

1.7.2. Ejercicio de la potestad disciplinaria

Las Administraciones Públicas corregirán disciplinariamente las infracciones del personal a su servicio, cometidas en el ejercicio de sus funciones y cargos, sin perjuicio de la responsabilidad patrimonial o penal que pudiera derivarse de tales infracciones.

La potestad disciplinaria se ejercerá de acuerdo con los siguientes principios:

a) Principio de **legalidad y tipicidad** de las faltas y sanciones, a través de la predeterminación normativa o, en el caso del personal laboral, de los convenios colectivos.
b) Principio de **irretroactividad** de las disposiciones sancionadoras no favorables y de retroactividad de las favorables al presunto infractor.
c) Principio de **proporcionalidad**, aplicable tanto a la clasificación de las infracciones y sanciones como a su aplicación.
d) Principio de **culpabilidad.**
e) Principio de **presunción de inocencia**.

Cuando de la instrucción de un procedimiento disciplinario resulte la existencia de indicios fundados de criminalidad, se suspenderá su tramitación poniéndolo en conocimiento del **Ministerio Fiscal**.

Los hechos declarados probados por resoluciones judiciales firmes vinculan a la Administración.

1.7.3. Faltas disciplinarias

Las faltas disciplinarias pueden ser muy graves, graves y leves.

Son faltas muy graves:

a) El incumplimiento del deber de respeto a la Constitución y a los respectivos Estatutos de Autonomía de las comunidades autónomas y ciudades de Ceuta y Melilla, en el ejercicio de la función pública.
b) Toda actuación que suponga discriminación por razón de origen racial o étnico, religión o convicciones, discapacidad, edad u orientación sexual,

lengua, opinión, lugar de nacimiento o vecindad, sexo o cualquier otra condición o circunstancia personal o social, así como el acoso por razón de origen racial o étnico, religión o convicciones, discapacidad, edad u orientación sexual y el acoso moral, sexual y por razón de sexo.

c) El abandono del servicio, así como no hacerse cargo voluntariamente de las tareas o funciones que tienen encomendadas.

d) La adopción de acuerdos manifiestamente ilegales que causen perjuicio grave a la Administración o a los ciudadanos.

e) La publicación o utilización indebida de la documentación o información a que tengan o hayan tenido acceso por razón de su cargo o función.

f) La negligencia en la custodia de secretos oficiales, declarados así por Ley o clasificados como tales, que sea causa de su publicación o que provoque su difusión o conocimiento indebido.

g) El notorio incumplimiento de las funciones esenciales inherentes al puesto de trabajo o funciones encomendadas.

h) La violación de la imparcialidad, utilizando las facultades atribuidas para influir en procesos electorales de cualquier naturaleza y ámbito.

i) La desobediencia abierta a las órdenes o instrucciones de un superior, salvo que constituyan infracción manifiesta del Ordenamiento jurídico.

j) La prevalencia de la condición de empleado público para obtener un beneficio indebido para sí o para otro.

k) La obstaculización al ejercicio de las libertades públicas y derechos sindicales.

l) La realización de actos encaminados a coartar el libre ejercicio del derecho de huelga.

m) El incumplimiento de la obligación de atender los servicios esenciales en caso de huelga.

n) El incumplimiento de las normas sobre incompatibilidades cuando ello dé lugar a una situación de incompatibilidad.

o) La incomparecencia injustificada en las Comisiones de Investigación de las Cortes Generales y de las asambleas legislativas de las comunidades autónomas.

p) El acoso laboral.

q) También serán faltas muy graves las que queden tipificadas como tales en ley de las Cortes Generales o de la asamblea legislativa de la correspondiente comunidad autónoma o por los convenios colectivos en el caso de personal laboral.

El TREBEP no define las faltas graves ni leves, los artículos 7 y 8 del Real Decreto 33/1986, de 10 de enero, por el que se aprueba el Reglamento de Régimen Disciplinario de los Funcionarios de la Administración del Estado disponen que:

Son faltas graves:

a) La falta de obediencia debida a los superiores y autoridades.

b) El abuso de autoridad en el ejercicio del cargo.

c) Las conductas constitutivas de delito doloso relacionadas con el servicio o que causen daño a la Administración o a los administrados.

d) La tolerancia de los superiores respecto de la comisión de faltas muy graves o graves de sus subordinados.

e) La grave desconsideración con los superiores, compañeros o subordinados.

f) Causar daños graves en los locales, material o documentos de los servicios.

g) Intervenir en un procedimiento administrativo cuando se dé alguna de las causas de abstención legalmente señaladas.

h) La emisión de informes y la adopción de acuerdos manifiestamente ilegales cuando causen perjuicio a la Administración o a los ciudadanos y no constituyan falta muy grave.

i) La falta de rendimiento que afecte al normal funcionamiento de los servicios y no constituya falta muy grave.

j) No guardar el debido sigilo respecto a los asuntos que se conozcan por razón del cargo, cuando causen perjuicio a la Administración o se utilice en provecho propio.

k) El incumplimiento de los plazos u otras disposiciones de procedimiento en materia de incompatibilidades, cuando no suponga mantenimiento de una situación de incompatibilidad.

l) El incumplimiento injustificado de la jornada de trabajo que acumulado suponga un mínimo de diez horas al mes.

m) La tercera falta injustificada de asistencia en un período de tres meses, cuando las dos anteriores hubieren sido objeto de sanción por falta leve.

n) La grave perturbación del servicio.

ñ) El atentado grave a la dignidad de los funcionarios o de la Administración.

o) La grave falta de consideración con los administrados.

p) Las acciones u omisiones dirigidas a evadir los sistemas de control de horarios o a impedir que sean detectados los incumplimientos injustificados de la jornada de trabajo.

A efectos de lo dispuesto anteriormente, se entenderá por mes el período comprendido desde el día primero al último de cada uno de los doce que componen el año.

Son faltas leves:

a) El incumplimiento injustificado del horario de trabajo, cuando no suponga falta grave.
b) La falta de asistencia injustificada de un día.
c) La incorrección con el público, superiores, compañeros o subordinados.
d) El descuido o negligencia en el ejercicio de sus funciones.
e) El incumplimiento de los deberes y obligaciones del funcionario, siempre que no deban ser calificados como falta muy grave o grave.

Sigue el TREBEP manifestando que las faltas graves serán establecidas por ley de las Cortes Generales o de la Asamblea Legislativa de la correspondiente Comunidad Autónoma o por los convenios colectivos en el caso de personal laboral, atendiendo a las siguientes circunstancias:

a) El grado en que se haya vulnerado la legalidad.
b) La gravedad de los daños causados al interés público, patrimonio o bienes de la Administración o de los ciudadanos.
c) El descrédito para la imagen pública de la Administración.

Las leyes de Función Pública que se dicten en desarrollo del Estatuto Básico del Empelado público, determinarán el régimen aplicable a las faltas leves, atendiendo a las anteriores circunstancias.

1.7.4. Sanciones

Por razón de las faltas cometidas podrán imponerse las siguientes sanciones:

a) **Separación del servicio de los funcionarios**, que en el caso de los funcionarios interinos comportará la revocación de su nombramiento, y que sólo podrá sancionar la comisión de faltas muy graves.
b) **Despido disciplinario del personal laboral**, que sólo podrá sancionar la comisión de faltas muy graves y comportará la inhabilitación para ser titular de un nuevo contrato de trabajo con funciones similares a las que desempeñaban.
c) **Suspensión firme de funciones**, o de empleo y sueldo en el caso del personal laboral, con una duración máxima de 6 años.
d) **Traslado forzoso**, con o sin cambio de localidad de residencia, por el período que en cada caso se establezca.

e) **Demérito**, que consistirá en la penalización a efectos de carrera, promoción o movilidad voluntaria.

f) **Apercibimiento.**

g) Cualquier otra que se establezca por ley.

Procederá la readmisión del personal laboral fijo cuando sea declarado improcedente el despido acordado como consecuencia de la incoación de un expediente disciplinario por la comisión de una falta muy grave.

El alcance de cada sanción se establecerá teniendo en cuenta el grado de intencionalidad, descuido o negligencia que se revele en la conducta, el daño al interés público, la reiteración o reincidencia, así como el grado de participación.

1.7.5. Prescripción de las faltas y sanciones

- **Las infracciones muy graves** prescribirán a los **tres años**,
- **Las infracciones graves** prescribirán a los **dos años**
- **Las infracciones leves** prescribirán a los **seis meses**;
- **Las sanciones impuestas por faltas muy graves** prescribirán a los **tres años,**
- **Las sanciones impuestas por faltas graves** a los **dos años**
- **Las sanciones impuestas por faltas leves al año**.
- El plazo de prescripción de las faltas comenzará a contarse desde que se hubieran cometido, y desde el cese de su comisión cuando se trate de faltas continuadas.

El de las sanciones, desde la firmeza de la resolución sancionadora.

1.7.6. Procedimiento disciplinario y medidas provisionales

No podrá imponerse sanción por la comisión de faltas muy graves o graves sino mediante el procedimiento previamente establecido.

La imposición de sanciones por faltas leves se llevará a cabo por procedimiento sumario con audiencia al interesado.

El procedimiento disciplinario que se establezca en el desarrollo del TREBEP se estructurará atendiendo a los principios de **eficacia, celeridad y economía procesal**, con pleno respeto a los derechos y garantías de defensa del presunto responsable.

En el procedimiento quedará establecida la debida separación entre la fase instructora y la sancionadora, encomendándose a órganos distintos.

Cuando así esté previsto en las normas que regulen los procedimientos sancionadores, se podrá adoptar mediante resolución motivada medidas de carácter provisional que aseguren la eficacia de la resolución final que pudiera recaer.

La suspensión provisional como medida cautelar en la tramitación de un expediente disciplinario **no podrá exceder de 6 meses**, salvo en caso de paralización del procedimiento imputable al interesado. La suspensión provisional podrá acordarse también durante la tramitación de un procedimiento judicial, y se mantendrá por el tiempo a que se extienda la prisión provisional u otras medidas decretadas por el juez que determinen la imposibilidad de desempeñar el puesto de trabajo. En este caso, si la suspensión provisional excediera de seis meses no supondrá pérdida del puesto de trabajo.

El funcionario suspenso provisional tendrá derecho a percibir durante la suspensión **las retribuciones básicas y, en su caso, las prestaciones familiares por hijo a cargo.**

Cuando la suspensión provisional se eleve a definitiva, el funcionario **deberá devolver lo percibido** durante el tiempo de duración de aquélla. Si la suspensión provisional no llegara a convertirse en sanción definitiva, la Administración deberá **restituir al funcionario** la diferencia entre los haberes realmente percibidos y los que hubiera debido percibir si se hubiera encontrado con plenitud de derechos.

El tiempo de permanencia en suspensión provisional será de abono para el cumplimiento de la suspensión firme.

Cuando la suspensión no sea declarada firme, el tiempo de duración de la misma se computará como de servicio activo, debiendo acordarse la inmediata reincorporación del funcionario a su puesto de trabajo, con reconocimiento de todos los derechos económicos y demás que procedan desde la fecha de suspensión.

2. El Régimen de la Seguridad Social de los funcionarios

2.1. Disposiciones generales

El Régimen especial de la Seguridad Social de los Funcionarios Civiles del Estado se rige por lo dispuesto en la el Real Decreto Legislativo 4/2000, de 23 de junio, por el que se aprueba el texto refundido de la Ley sobre Seguridad Social de los Funcionarios Civiles del Estado y en sus normas de aplicación y desarrollo, así como por la legislación de Clases Pasivas del Estado.

Los funcionarios de la Administración Civil del Estado, están encuadrados como uno de los regímenes especiales del Sistema de Seguridad Social Español, denominado el Régimen Especial de la Seguridad Social de los Funcionarios Civiles del Estado.

Este Régimen especial utiliza dos mecanismos de cobertura:

a) El Régimen de Mutualismo Administrativo, gestionado por MUFACE (Mutualidad General de Funcionarios Civiles del Estado), organismo público dependiente del Ministerio de Hacienda y Administraciones Públicas.

b) El Régimen de Clases Pasivas de acuerdo con sus normas específicas, gestionado por la Dirección General de Costes de Personal y Pensiones Públicas, que tiene las competencias para el reconocimiento de los derechos pasivos y la concesión de las prestaciones de clases pasivas (jubilación, viudedad, orfandad, y a favor de familiares). Su normativa básica sería el Real Decreto Legislativo 670/1987 de 30 de abril, por el que se aprueba el Texto Refundido de Ley de Clases pasivas del Estado.

Desde el 1 de enero de 2011 quienes acceden a la condición de funcionarios de la Administración Civil del Estado están obligatoriamente incluidos en el Régimen General de la Seguridad Social (Real Decreto Legislativo 8/2015, de 30 de octubre, por el que se aprueba el texto refundido de la Ley General de la Seguridad Social) y a los exclusivos efectos de sus derechos pasivos, por tanto ya no tendrían este mecanismo de cobertura.

2.1.1. Campo de aplicación

Quedan obligatoriamente incluidos en el campo de aplicación de este Régimen especial:

- Los funcionarios de carrera de la Administración Civil del Estado.
- Los funcionarios en prácticas que aspiren a incorporarse a Cuerpos de la Administración Civil del Estado, en la forma que reglamentariamente se determine.

Quedan excluidos de este Régimen especial y se regirán por sus normas específicas:

- Los funcionarios de la Administración Local.
- Los funcionarios de organismos autónomos.

- Los funcionarios de Administración Militar.
- Los funcionarios de la Administración de Justicia.
- Los funcionarios de la Administración de la Seguridad Social.
- Los funcionarios de nuevo ingreso y en prácticas de las Comunidades Autónomas.
- Los funcionarios de carrera de la Administración Civil del Estado transferidos a las Comunidades Autónomas, que hayan ingresado o ingresen voluntariamente en Cuerpos o Escalas propios de la Comunidad Autónoma de destino, cualquiera que sea el sistema de acceso.
- El personal de administración y servicios propio de las universidades.

2.2. Mutualidad General de Funcionarios Civiles del Estado

2.2.1. Competencia y adscripción

El sistema de mutualismo administrativo, se gestionará y prestará a través de la Mutualidad General de Funcionarios Civiles del Estado (MUFACE), dependiente del Ministerio de Administraciones Públicas.

Dicha gestión se llevará a cabo de forma unitaria por la Mutualidad General de Funcionarios Civiles del Estado, sin perjuicio de las obligaciones que corresponden a las Comunidades Autónomas respecto a los funcionarios civiles del Estado transferidos y adscritos a su servicio.

2.2.2. Naturaleza y régimen jurídico

La Mutualidad General de Funcionarios Civiles del Estado es un organismo público con personalidad jurídica pública diferenciada, patrimonio y tesorería propios y autonomía de gestión, y se regirá por las previsiones de la Ley 6/1997, de 14 de abril, de Organización y Funcionamiento de la Administración General del Estado, relativas a los organismos autónomos, salvo lo dispuesto en el apartado siguiente.

El régimen económico-financiero, patrimonial, presupuestario, contable y el de intervención y control financiero de las prestaciones, así como el régimen de los conciertos para la prestación de los servicios de asistencia sanitaria y farmacéutica, será el establecido por Real Decreto Legislativo 4/2000, de 23 de junio, y sus normas de desarrollo; por la Ley General Presupuestaria, en las materias que sea de aplicación, y, supletoriamente, por la Ley de Organización y Funcionamiento de la Administración General del Estado.

La Mutualidad General de Funcionarios Civiles del Estado gozará del mismo tratamiento fiscal que la Ley establezca para el Estado.

Es el Real Decreto 375/2003 de 28 de marzo por el que se aprueba el Reglamento General del Mutualismo Administrativo.

2.2.3. Régimen de personal

El personal al servicio de la Mutualidad General de Funcionarios Civiles del Estado será funcionario o laboral en los mismos términos que los establecidos para la Administración General del Estado.

2.3. Incorporación y cotización

2.3.1. Incorporación

a) Afiliación y altas

Los funcionarios de carrera de la Administración Civil del Estado se incorporarán obligatoriamente, como mutualistas, a la Mutualidad General de Funcionarios Civiles del Estado, en el momento de la toma de posesión de su cargo, cuando adquieran la condición de funcionario, o sean rehabilitados en dicha condición, o reingresen al servicio activo y conservarán la condición de mutualista, con los mismos derechos y obligaciones que en la situación de servicio activo, cuando pasen a alguna de las siguientes situaciones:

- Servicios especiales, salvo los funcionarios que ejerciten el derecho de transferencia establecido en el artículo 11.2 del anexo VIII del Estatuto de los Funcionarios de las Comunidades Europeas, y los funcionarios incluidos en este Régimen especial, que se encuentren en la situación de servicios especiales por prestar servicios como personal de la administración de la Unión Europea o de otra organización internacional en la que España sea parte y que estén acogidos obligatoriamente al régimen de previsión de la mencionada organización, mientras dure dicha situación
- Servicios en Comunidades Autónomas.
- Expectativa de destino.
- Excedencia forzosa.
- Excedencia por el cuidado de familiares.

- Suspensión provisional o firme de funciones.

Igualmente conservarán la condición de mutualista, en los términos y condiciones señalados por el Reglamento General del Mutualismo Administrativo, los funcionarios cuando sean declarados jubilados de carácter forzoso por edad, de carácter voluntario o por incapacidad permanente para el servicio.

Los funcionarios de carrera de la Administración Civil del Estado que accedan por promoción interna a Escalas interdepartamentales o departamentales de Organismos Autónomos, quedarán incluidos obligatoriamente en el Régimen General de la Seguridad Social, sin perjuicio de que puedan mantener la condición de mutualistas, de la Mutualidad General de Funcionarios Civiles del Estado.

Los funcionarios de carrera de la Administración Civil del Estado, transferidos a las Comunidades Autónomas, que accedan por promoción interna a Cuerpos o Escalas propios de la Comunidad Autónoma de destino, y sin perjuicio de su situación de excedencia voluntaria en el Cuerpo de la Administración Civil del Estado, quedarán incluidos obligatoriamente en el Régimen General de la Seguridad Social, sin perjuicio de que puedan mantener la condición de mutualistas de la Mutualidad General de Funcionarios Civiles del Estado.

En el caso de que deseen mantener su condición de mutualistas, deberán ejercitar esta opción, por una sola vez, en el plazo de quince días desde la toma de posesión en el nuevo Cuerpo o Escala.

El mantenimiento de dichos funcionarios en el Mutualismo Administrativo no comportará, en ningún caso, su inclusión en el Régimen de Clases Pasivas del Estado, a efectos de derechos pasivos.

Se añaden los últimos párrafos por la disposición final 6.1 de la Ley 3/2017, de 27 de junio.

b) Baja, mantenimiento facultativo y suspensión de la situación de alta. (art. 8)

Causan baja como mutualistas obligatorios:

a) Los funcionarios que pasen a la situación de excedencia voluntaria, en cualquiera de sus modalidades, salvo que ejerciten la opción de mantener la condición de mutualistas, en los supuestos establecidos en el apartado 3 del artículo 7.

b) Los funcionarios que pierdan tal condición, cualquiera que sea la causa.

c) Los funcionarios que ejerciten el derecho de transferencia establecido en el artículo 11.2 del anexo VIII del Estatuto de los Funcionarios de las Comunidades Europeas.

d) Los funcionarios que sean afiliados obligatoriamente al Régimen especial de la Seguridad Social de las Fuerzas Armadas, en aplicación de la disposición transitoria decimocuarta de la Ley 17/1999, de 18 de mayo, de Régimen del Personal de las Fuerzas Armadas, en tanto persista la causa que dio origen a esta afiliación.

Podrán mantener facultativamente la situación de alta como mutualistas voluntarios, con igualdad de derechos, los funcionarios a que se refieren los párrafos a), b) y c), siempre que abonen exclusivamente a su cargo las cuotas correspondientes al funcionario y al Estado.

El ejercicio de este derecho de opción se ajustará, en cuanto a la forma, plazos y procedimiento, a las normas que se establezcan reglamentariamente.

Podrán optar por suspender el alta en la Mutualidad General de Funcionarios Civiles del Estado, y cesar en sus derechos y obligaciones respecto a la misma, los funcionarios incluidos en este Régimen especial, que se encuentren en la situación de servicios especiales por prestar servicios como personal de la administración de la Unión Europea o de otra organización internacional en la que España sea parte y que estén acogidos obligatoriamente al régimen de previsión de la mencionada organización, mientras dure dicha situación, y siempre que no estén incluidos en el supuesto contemplado en el párrafo c) del apartado 1 de este artículo. (Los funcionarios que ejerciten el derecho de transferencia establecido en el artículo 11.2 del anexo VIII del Estatuto de los Funcionarios de las Comunidades Europeas).

c) Afiliación a más de un Régimen de la Seguridad Social

El Reglamento General del Mutualismo Administrativo determinará el régimen aplicable a los funcionarios que pasen de un Cuerpo a otro, dentro de la Administración Civil del Estado, así como el de aquellos que ocupen simultáneamente varias plazas por estar legalmente establecida su compatibilidad.

Asimismo, se determinarán por vía reglamentaria los supuestos y condiciones para conservar los derechos en curso de adquisición de quienes pasen del Régimen del Mutualismo Administrativo, a otros del sistema de la Seguridad Social, e inversamente, a lo largo de su vida profesional.

Cuando una única prestación de servicios sea causa de la inclusión obligatoria de un funcionario público en más de un Régimen de la Seguridad Social, podrá optar, por una sola vez, por pertenecer exclusivamente al Régimen especial de la Seguridad Social de los funcionarios públicos que le corresponda. Si la doble afiliación afecta a dos regímenes especiales de funcionarios, podrá optar, también por una sola vez, por pertenecer a uno solo de ellos.

2.3.2. Cotización

a) Régimen de cotización de los mutualistas

La cotización a la Mutualidad General de Funcionarios Civiles del Estado será obligatoria para todos los mutualistas, con excepción de los mutualistas jubilados y de quienes se encuentren en la situación de excedencia voluntaria para atender al cuidado de hijos o familiares.

La base de cotización será la que en cada momento se establezca como haber regulador a efectos de cotización de derechos pasivos.

El tipo porcentual de cotización será fijado en la Ley de Presupuestos Generales del Estado para cada ejercicio económico.

La cuota mensual de cotización se obtendrá **dividiendo por catorce la cantidad resultante de aplicar a la base de cotización anual**, reducida en su caso, el tipo porcentual establecido y se abonará doblemente en los meses de junio y diciembre.

No obstante, la cotización correspondiente a las pagas extraordinarias se reducirá, cualquiera que sea la fecha de su devengo, en la misma proporción en que se minore dicha paga como consecuencia de abonarse la misma en cuantía proporcional al tiempo en que se haya permanecido en situación de servicio activo.

Las cuotas correspondientes a los períodos de tiempo en que se disfruten licencias sin derecho a retribución no experimentarán reducción en su cuantía.

El régimen de cotización de los mutualistas, que mantengan facultativamente su situación de alta, será el dispuesto en el apartado 2 del artículo 8.

La obligación de pago de las cotizaciones a la Mutualidad prescribirá a los cuatro años a contar desde la fecha en que preceptivamente debieron ser ingresadas. La prescripción quedará interrumpida por las causas ordinarias y, en todo caso, por cualquier actuación administrativa realizada con conocimiento formal del obligado al pago de la cotización conducente a la liquidación o recaudación de la deuda y, especialmente, por el requerimiento al deudor.

Los mutualistas obligados a cotizar tendrán derecho a la devolución total o parcial de las cuotas o al exceso de las mismas, ingresadas indebidamente. El plazo para ejercitar este derecho será de cuatro años a partir de la fecha en que se hubiesen hecho efectivas. Formarán parte de la cotización a devolver los recargos, intereses y costas que se hubieren satisfecho cuando el ingreso indebido se hubiere realizado por vía de apremio, así como el interés legal aplicado, en su caso, a las cantidades ingresadas.

2.4. Contingencias y prestaciones en general

2.4.1. Contingencias protegidas

Los mutualistas y, en su caso, los familiares o asimilados a su cargo quedan concretamente protegidos, de acuerdo con lo previsto en esta Ley, en las siguientes contingencias:

a) Necesidad de asistencia sanitaria.

b) Incapacidad temporal, derivada bien de enfermedad común o profesional, bien de accidente común o en acto de servicio o como consecuencia de él.

c) Incapacidad permanente en los mismos supuestos del apartado anterior.

d) Cargas familiares.

2.4.2. Prestaciones

Las prestaciones a que tienen derecho los mutualistas o sus beneficiarios, cuando se encuentren en los supuestos de hecho legalmente establecidos, serán las siguientes:

a) Asistencia sanitaria.

b) Subsidios por incapacidad temporal, riesgo durante el embarazo o riesgo durante la lactancia natural.

c) Prestaciones recuperadoras por incapacidad permanente total, absoluta y gran invalidez.

d) Prestaciones para la remuneración de la persona encargada de la asistencia del gran inválido.

e) Indemnizaciones por lesiones, mutilaciones o deformidades causadas por enfermedad profesional o en acto de servicio o como consecuencia de él.

f) Servicios sociales.

g) Asistencia social.

h) Prestaciones familiares por hijo a cargo minusválido.

i) Ayudas económicas en los casos de parto múltiple.

Las prestaciones citadas en el apartado anterior que, una vez reconocidas exijan un pago económico al mutualista o a sus beneficiarios, serán abonadas únicamente en la cuenta corriente o libreta ordinaria abierta a su nombre.

Respecto de las prestaciones de MUFACE, que exijan un pago periódico o vitalicio al mutualista o sus beneficiarios y que hayan sido reconocidas o solicitadas antes de 1 de enero de 2011, los habilitados de Clases Pasivas estarán obligados a abonar a su mandante, ya sea mediante transferencia bancaria o mediante cheque el importe íntegro de la prestación que le haya sido pagado por MUFACE, sin practicar deducción alguna. Las comisiones, gastos de gestión, o impuestos derivados del ejercicio de la actividad profesional que repercuta en su cliente deberán cobrarlos de forma separada.

2.5. Prestaciones en particular

2.5.1. *Asistencia sanitaria*

a) Objeto

La asistencia sanitaria tiene por objeto la prestación de los servicios médicos, quirúrgicos y farmacéuticos conducentes a conservar o restablecer la salud de los beneficiarios de este Régimen especial, así como su aptitud para el trabajo.

Proporcionará también los servicios convenientes para completar las prestaciones médicas y farmacéuticas y, de un modo especial, atenderá a la rehabilitación física para la recuperación profesional de los incapacitados con derecho a ella.

b) Contingencias protegidas

Las contingencias cubiertas por la prestación de la asistencia sanitaria son las de enfermedad común o profesional y las lesiones ocasionadas por accidente común o en acto de servicio o como consecuencia de él, sea por accidente o riesgo especifico del cargo, así como el embarazo, el parto y el puerperio, en la extensión y términos que en esta Ley se establecen y en los que se determinen en el Reglamento General del Mutualismo Administrativo.

c) Beneficiarios de asistencia sanitaria

La asistencia sanitaria se dispensará a todos los mutualistas incluidos en el ámbito de aplicación de este Régimen especial y jubilados mutualistas, así como a los beneficiarios de ambos.

Para la determinación de la condición de beneficiario a cargo de un mutualista de este Régimen, se estará a lo dispuesto en el Reglamento General del Mutualismo Administrativo que, asimismo, establecerá los supuestos y condiciones en que se dispensará la asistencia sanitaria tanto a los viudos como a los huérfanos de mutualistas activos o jubilados.

El reconocimiento o mantenimiento por MUFACE de la condición de beneficiario a cargo de un mutualista será incompatible con la condición de asegurado o beneficiario a efectos de la asistencia sanitaria a través del Sistema Nacional de Salud, reconocida por cualquiera de los otros organismos públicos competentes a tal efecto.

En ningún caso, MUFACE facilitará a su cargo la prestación de asistencia sanitaria a los familiares o asimilados de los mutualistas cuando aquéllos no tengan reconocida la condición de beneficiarios del mutualismo administrativo, salvo en el caso del recién nacido cuando la madre sea mutualista o beneficiaria y en los supuestos de adopción o acogimiento, durante los primeros quince días desde el momento del parto, desde la decisión administrativa o judicial de acogimiento o desde la resolución judicial por la que se constituya la adopción.

d) Contenido de la asistencia sanitaria. (art. 16)

La prestación de asistencia sanitaria comprende:

a) Los servicios de atención primaria, incluida la atención primaria de urgencia en régimen ambulatorio o a domicilio, y la atención especializada, ya sea en régimen ambulatorio u hospitalario e incluidos los servicios de urgencia hospitalaria, todos ellos con un contenido análogo al establecido para los beneficiarios del Sistema Nacional de Salud.

b) La prestación farmacéutica, que incluye las fórmulas magistrales, las especialidades y los efectos y accesorios farmacéuticos, con la extensión determinada para los beneficiarios del Sistema Nacional de Salud. Los beneficiarios participarán mediante el pago de una cantidad porcentual por receta o, en su caso, por medicamento, que se determinará reglamentariamente.

   El modelo receta oficial será el establecido por la Mutualidad, con sujeción a lo previsto en la normativa vigente, y podrá emitirse en soporte papel y en soporte electrónico.

c) Las prestaciones complementarias, cuya definición, extensión y contenido se determinarán reglamentariamente.

e) Forma de la prestación

La asistencia sanitaria se facilitará por la Mutualidad General de Funcionarios Civiles del Estado, bien directamente o por concierto con otras entidades o establecimientos públicos o privados. Estos conciertos se establecerán preferentemente con instituciones de la Seguridad Social.

La Mutualidad General de Funcionarios Civiles del Estado no abonará los gastos que puedan ocasionarse cuando el beneficiario, por decisión propia o de sus familiares, utilice servicios médicos distintos de los que le hayan sido asignados, a no ser en los casos que se establezcan en el Reglamento General del Mutualismo Administrativo.

2.5.2. Incapacidad temporal

a) Contingencias protegidas

Tendrán la consideración de estados o situaciones determinantes de la incapacidad temporal los de enfermedad, accidente y los denominados períodos de observación en caso de enfermedad profesional.

Los permisos o licencias por parto, adopción o acogimiento, tanto preadoptivo como permanente o simple, y de paternidad por el nacimiento, acogimiento o adopción de un hijo, establecidos en el artículo 49 del Texto Refundido 5/2015 de 30 de octubre del Estatuto Básico del empleado Público, no tendrán la consideración de incapacidad temporal. Si al término del permiso por parto continuase la imposibilidad de incorporarse al trabajo, se iniciarán las licencias que dan lugar a la incapacidad temporal.

b) Situación de incapacidad temporal

Se encontrarán en situación de incapacidad temporal los funcionarios que acrediten padecer un proceso patológico por enfermedad o lesión por accidente que les impida con carácter temporal el normal desempeño de sus funciones públicas o que se encuentren en período de observación médica por enfermedad profesional, siempre y cuando reciban la asistencia sanitaria necesaria para su recuperación facilitada por la Mutualidad General de Funcionarios Civiles del Estado y hayan obtenido licencia por enfermedad.

Reglamentariamente se determinará la acreditación del proceso patológico o del periodo de observación médica y la improcedencia de instar la iniciación del procedimiento de jubilación por incapacidad permanente para el servicio.

La concesión de las licencias y sus posibles prórrogas a los que tendrán derecho los funcionarios que se encuadren en la situación establecida en el apartado 1 corresponderá a los órganos administrativos con competencia en materias de gestión de personal.

Para la concesión y control de estas licencias los órganos administrativos con competencia en materias de gestión de personal podrán hacer uso del asesoramiento facultativo propio o ajeno que consideren oportuno.

Sin perjuicio de lo dispuesto en el apartado anterior, la Mutualidad General de Funcionarios Civiles del Estado podrá ejercer el control y seguimiento de la situación de incapacidad temporal del funcionario desde el inicio de la situación mediante el reconocimiento a efectuar por las Unidades Médicas de Seguimiento de las que disponga, propias o dependientes de otras Entidades Gestoras de la Seguridad Social y Servicios Públicos de Salud con los que la Mutualidad establezca acuerdos de colaboración.

Los reconocimientos médicos mencionados en el apartado anterior serán potestativos, pero sus resultados vincularán para la concesión o denegación de las licencias y sus sucesivas prórrogas. Reglamentariamente se determinarán las situaciones, períodos y formas en los que se llevarán a cabo los seguimientos de los distintos procesos patológicos, salvaguardando, en todo caso, el derecho a la intimidad y la dignidad de la persona y la autonomía del paciente, así como a la confidencialidad de las informaciones referentes a su estado de salud sanitario, según lo dispuesto en la Ley Orgánica 3/2018, de 5 de diciembre, de Protección de Datos Personales y garantía de los derechos digitales.

c) Duración y extinción

La duración y extinción de la situación de incapacidad temporal serán las previstas para el Régimen General de la Seguridad Social con las particularidades que se establecen en los apartados siguientes.

La duración de la primera y sucesivas licencias será del tiempo previsiblemente necesario para la curación. Reglamentariamente se determinarán los plazos para la presentación de los partes o informes médicos que acrediten la necesidad de mantener la licencia. A efectos de cómputo de plazos, se considerará que existe nuevo proceso patológico cuando las enfermedades que padezca el funcionario sean diferentes o no tengan relación directa con las del proceso anterior y, en todo caso, cuando se hayan interrumpido las licencias durante un periodo mínimo de 6 meses.

En cualquier momento en que se prevea que la enfermedad o lesión por accidente impedirá definitivamente el desempeño de las funciones públicas, el órgano de jubilación competente iniciará, de oficio o a instancia del interesado, el procedimiento de jubilación por incapacidad permanente para el servicio. Reglamentariamente se establecerán los mecanismos necesarios para coordinar las actuaciones entre la Mutualidad, las Unidades Médicas de Seguimiento o de Valoración de la Incapacidad Permanente y las del órgano de jubilación.

Cuando la situación de incapacidad temporal se extinga por el transcurso del plazo máximo establecido en el Régimen General de la Seguridad Social, se procederá al examen de la situación de incapacidad temporal del funcionario en los mismos términos y plazos establecidos en este Régimen y por parte del correspondiente equipo o unidad de valoración de incapacidades permanentes a la que la Mutualidad General de Funcionarios Civiles del Estado haya encomendado esta función o que resulte procedente de acuerdo con el Cuerpo o Escala del funcionario.

Este examen determinará si el estado de incapacitación del funcionario dará lugar a su calificación de incapacitado con carácter permanente para las funciones propias de su Cuerpo o Escala y a la consiguiente declaración de jubilación por incapacidad permanente para el servicio.

En aquellos casos en los que se dictamine que, continuando la necesidad de tratamiento médico por la expectativa de recuperación o la mejora del estado del funcionario con vistas a su reincorporación al servicio, la situación clínica del interesado hiciera aconsejable demorar la citada calificación, ésta podrá retrasarse por el período preciso, que, en ningún caso, podrá rebasar el tiempo máximo de duración desde la fecha en que se haya iniciado la situación de incapacidad temporal, según lo establecido en el Régimen General. En este período se prorrogarán los efectos de la situación de incapacidad temporal.

d) Prestación económica

La prestación económica en la situación de incapacidad temporal consistirá:

Desde el cuarto mes percibirá las retribuciones básicas, la prestación por hijo a cargo, en su caso, y un subsidio por incapacidad temporal a cargo de la Mutualidad General de Funcionarios Civiles del Estado, cuya cuantía, fija e invariable mientras dure la incapacidad, será la mayor de las dos cantidades siguientes:

1. El 80 por ciento de las retribuciones básicas (sueldo, trienios y grado, en su caso), incrementadas en la sexta parte de una paga extraordinaria, correspondientes al tercer mes de licencia.
2. El 75 por ciento de las retribuciones complementarias devengadas en el tercer mes de licencia.

A efectos de lo establecido anteriormente, los sueldos, trienios, pagas extraordinarias y las retribuciones complementarias, se abonarán con cargo a los mismos conceptos presupuestarios por los que se venían percibiendo.

En ningún caso la suma resultante de las cantidades a cargo del órgano para el que presta sus funciones el mutualista y la del subsidio podrá exceder del importe de las percepciones que el funcionario tuviera en el tercer mes de licencia.

La Mutualidad General de Funcionarios Civiles del Estado podrá encomendar al órgano para el que preste servicio el funcionario la gestión del pago del subsidio por incapacidad temporal al que tenga derecho, sin detrimento de las capacidades de control y seguimiento establecidas anteriormente.

El derecho al subsidio económico por incapacidad temporal, cualquiera que sea la situación que haya dado lugar al mismo, se entenderá, en todo caso, extinguido por el transcurso del plazo máximo de duración, incluido el de prórroga de efectos, desde la fecha en que se haya iniciado la situación de incapacidad temporal establecido en el Régimen General.

e) Situación de riesgo durante el embarazo o riesgo durante la lactancia natural

Las situaciones de riesgo durante el embarazo o durante la lactancia natural de hijos menores de 9 meses tendrán la misma consideración que la situación de incapacidad temporal derivada de enfermedad profesional, por lo que no requerirán de periodo de carencia y sus contenidos asistenciales serán los previstos para esta situación.

La concesión de las licencias por riesgo durante el embarazo o durante la lactancia natural y sus posibles prórrogas corresponderá a los órganos administrativos con competencia en materias de gestión de personal.

Reglamentariamente se establecerá la forma y contenidos de la evaluación médica del riesgo para la salud de la madre, hija o hijo, y de la acreditación de que este riesgo deriva de las funciones habituales del puesto de trabajo, así como que el riesgo no es evitable mediante la modificación temporal de funciones o puesto o el traslado provisional de la funcionaria a otro puesto de trabajo, de conformidad con lo establecido en el artículo 26 de la Ley 31/1995 de 8 de noviembre, de Prevención de Riesgos Laborales.

En las situaciones a que se refiere este artículo, los derechos económicos en toda la duración de la licencia serán los establecidos en el artículo 21 precedente con la particularidad de que la prestación económica equivalente al subsidio por incapacidad temporal consistirá en un subsidio a cargo de la Mutualidad General de Funcionarios Civiles del Estado en cuantía igual al 100 por ciento de las retribuciones complementarias devengadas en el tercer mes de licencia.

2.5.3. Incapacidad permanente

a) Concepto y grados de la incapacidad permanente

Es incapacidad permanente la situación del funcionario que, después de haber estado sometido al tratamiento prescrito y de haber sido dado de alta médicamente, presenta reducciones anatómicas o funcionales graves que disminuyan o anulen su capacidad para el servicio. No obstará a tal calificación la posibilidad de recuperación de la capacidad de trabajo del incapacitado, si dicha posibilidad se estima médicamente como incierta o a largo plazo. La incapacidad permanente habrá de derivarse, cualquiera que sea su causa, de la situación de incapacidad temporal.

La incapacidad permanente se clasifica con arreglo a los siguientes grados:

a) **Incapacidad permanente parcial para la función habitual**: es la que, sin alcanzar el grado de total, produce al funcionario una limitación para el desempeño de las funciones de su Cuerpo, Escala o plaza.

b) **La incapacidad permanente total para la función habitua**l: es la que inhabilita al funcionario para la realización de todas o de las fundamentales funciones de su Cuerpo, Escala o plaza.

c) **Incapacidad permanente absoluta para todo trabajo**: es la que inhabilita por completo al funcionario para toda profesión u oficio.

d) **Gran invalidez**: es la situación del funcionario afecto de incapacidad permanente absoluta que, como consecuencia de pérdidas anatómicas o funcionales, necesita de la asistencia de otra persona para realizar los actos más elementales de la vida, tales como vestirse, desplazarse, comer o análogos.

Se entiende por **función habitual del funcionario**, la desempeñada por éste al tiempo de sufrir el accidente común o en acto de servicio o como consecuencia de él, o la que viniera realizando en caso de enfermedad durante el período de tiempo anterior a la incapacidad, que se determina en el Reglamento General del Mutualismo Administrativo.

b) Efectos de la incapacidad permanente parcial

El funcionario incapacitado permanente parcial percibirá la totalidad de los haberes que correspondan al puesto de trabajo que efectivamente desempeñe. No obstante, y en los supuestos que señale el Reglamento General del Mutualismo Administrativo, deberá sujetarse a los procesos de rehabilitación.

c) Efectos de la incapacidad permanente total y absoluta

La incapacidad permanente total y la incapacidad permanente absoluta darán lugar a la jubilación del funcionario de acuerdo con la legislación en vigor.

En el supuesto de que exista posibilidad razonable de recuperación, el funcionario incapacitado tendrá asimismo derecho a recibir prestaciones recuperadoras a cargo de la Mutualidad General de Funcionarios Civiles del Estado.

d) Efectos de la gran invalidez

La gran invalidez originará la jubilación del funcionario y dará derecho a una cantidad mensual equivalente al 50 % de la pensión de jubilación que le corresponda con arreglo al Régimen de Clases Pasivas, destinada a remunerar a la persona encargada de su asistencia.

e) Revisión de las situaciones de incapacidad permanente

La calificación y, en su caso, la revisión de las situaciones de incapacidad permanente se llevarán a cabo de acuerdo con las normas que regulan el sistema de derechos pasivos y, cuando proceda, con las establecidas en materia de rehabilitación de los funcionarios públicos en el ámbito de la Administración General del Estado, y surtirán efectos respecto de todas las prestaciones que pudieran derivarse de dicha situación.

En los supuestos de incapacidad no previstos en el Régimen de Clases Pasivas del Estado, la calificación de aquélla corresponderá a los órganos que determine el Reglamento General del Mutualismo Administrativo.

f) Lesiones permanentes no invalidantes

Las lesiones, mutilaciones y deformaciones de carácter definitivo causadas por enfermedad profesional o en acto de servicio o como consecuencia de él, sea por accidente o por riesgo específico del cargo, que, sin llegar a constituir incapacidad permanente total o absoluta o gran invalidez, supongan una alteración o disminución de la integridad física del funcionario, darán derecho a la percepción por una sola vez de las cantidades que se establezcan reglamentariamente.

2.5.4. *Protección a la familia: Prestaciones económicas*

Las prestaciones económicas de protección a la familia serán de pago periódico y de pago único. Las primeras corresponden a las prestaciones familiares por hijo a cargo y las segundas a ayudas económicas en los casos de parto múltiple y por nacimiento de hijo.

Las prestaciones de protección a la familia establecidas en la presente Ley son incompatibles con cualesquiera otras análogas fijadas en los restantes regímenes del Sistema de la Seguridad Social.

La prestación por hijo a cargo menor de dieciocho años no minusválido se regirá por lo dispuesto en el texto refundido de la Ley General de la Seguridad

Social y la prestación por nacimiento de hijo se regirá por lo dispuesto en el artículo 2 del Real Decreto-ley 1/2000, de 14 de enero.

Su gestión corresponde a las unidades y órganos administrativos que tenían encomendada la de las extinguidas prestaciones de ayuda familiar, sin perjuicio de que, cuando el beneficiario tenga la condición de pensionista, la consignación y abono de las prestaciones reconocidas se efectúen por los servicios correspondientes de Clases Pasivas del Ministerio de Hacienda.

Las prestaciones por hijo a cargo con discapacidad, cuya gestión corresponde a la Mutualidad General de Funcionarios Civiles del Estado, se regirán, igualmente, por lo dispuesto en el capítulo IX del Título II del texto refundido de la Ley General de la Seguridad Social.

El subsidio especial por maternidad en el supuesto de parto múltiple tendrá el mismo contenido que en el Régimen general de la Seguridad Social.

La prestación económica de pago único por parto múltiple compatible con el subsidio especial a que se refiere el apartado 5, se regirá por lo dispuesto en el artículo 3 del Real Decreto-ley 1/2000, 14 de enero, con las salvedades propias de este Régimen especial.

2.5.5. Servicios Sociales y Asistencia Social

a) Servicios sociales

La acción protectora de este Régimen especial podrá incluir los servicios sociales del Sistema de la Seguridad Social, siempre que las contingencias que atiendan no estén cubiertas por otras prestaciones.

La incorporación de los servicios sociales a que se refiere el apartado anterior se determinará por Orden del Ministro de Administraciones Públicas, previo informe del Ministerio de Trabajo y Asuntos Sociales, en la que se regulará su alcance y régimen financiero.

b) Asistencia social

La Mutualidad General de Funcionarios Civiles del Estado dispensará los servicios y auxilios económicos que, en atención a estados y situaciones de necesidad, se consideren precisos.

Dichos servicios y auxilios económicos tendrán como límite los créditos que a tal fin se consignen en el presupuesto de gastos de la Mutualidad General de

Funcionarios Civiles del Estado, y su concesión no podrá comprometer recursos del ejercicio siguiente a aquel en que la misma tenga lugar.

Las ayudas asistenciales comprenderán, entre otras, las que se dispensen por tratamiento o intervenciones especiales, en casos de carácter excepcional, por un determinado facultativo; las determinadas por inexistencia, pérdida o insuficiencia de prestaciones en su puestos concretos; las debidas a gastos de carácter urgente en casos de importancia extraordinaria debidamente justificados, y, en general, cualesquiera otras análogas cuya percepción no haya sido regulada en las normas aplicables a este Régimen especial.

Las prestaciones asistenciales aludidas en el apartado anterior son independientes de las previstas en el apartado 1 del artículo 67 del texto refundido de la Ley de Funcionarios Civiles del Estado.

c) Beneficiarios

Podrán acogerse a las prestaciones reguladas en esta sección V, siempre que reúnan las condiciones que en cada supuesto se exigen, todos los mutualistas así como los beneficiarios que se determinen reglamentariamente para cada una de las prestaciones.

Tema 14

El presupuesto del Estado en España. Contenido, elaboración y estructura. Fases del ciclo presupuestario

eRodio ediciones

Índice esquemático

1. El presupuesto del Estado en España: concepto y estructura

La actividad financiera pública tiene por objeto satisfacer determinadas necesidades sociales. El punto de partida es un proceso de toma de decisiones sobre la asignación que ha de hacerse de los recursos disponibles. Ello conforma en gran medida la política económica del Gobierno. El presupuesto es, además de exponente, instrumento imprescindible de esta política económica, la cual se desarrollará a través de las medidas concretas que aquél contiene.

Así pues, dentro del marco plurianual que el Gobierno contempla para el establecimiento de una determinada política fiscal y económica, se elaboran, para cada ejercicio, los Presupuestos Generales del Estado.

Además de ser el principal documento económico del ejercicio, su aprobación constituye uno de los más importantes acontecimientos de la actividad del Legislativo. Los Presupuestos Generales del Estado, a tenor de lo establecido en la Constitución, son elaborados por el Gobierno y se remiten a las Cortes Generales para su examen, enmienda y aprobación. Por tanto, se convierten en el resultado final de una estrategia de acción colectiva, definida en función de las relaciones entre las diversas fuerzas políticas y sociales del país.

Los Presupuestos Generales del Estado, elaborados por el Gobierno y aprobados por las Cortes, se plasman jurídicamente en una Ley con unas características especiales, dada su singularidad. En primer lugar, desde el punto de vista formal, la propia Constitución regula el plazo de presentación del Proyecto de Ley a las Cámaras, y los Reglamentos de ambas señalan la preferencia en su tramitación y las peculiaridades de ésta.

En este sentido, la Constitución establece también determinadas limitaciones al derecho de enmienda, ya que toda proposición o enmienda que suponga un aumento de los gastos o una disminución de los ingresos requerirá la conformidad del Gobierno para su tramitación.

Desde la perspectiva material, la Ley de Presupuestos Generales del Estado posee un contenido mínimo, necesario e indisponible, constituido por la previsión anual de la totalidad de gastos e ingresos de sector público y del importe de los beneficios fiscales que afecten a los tributos del Estado. A ello puede unirse la regulación eventual de otras cuestiones, siempre que éstas tengan relación directa con las previsiones de ingresos y los gastos que integran los Presupuestos o con su ejecución. Existe un límite constitucional al posible contenido de la Ley de Presupuestos Generales del Estado, y es que, a través de ésta, no podrán crearse nuevo tributos y sólo será posible la modificación de los existentes cuando su respectiva ley así lo establezca.

1.1. Concepto, naturaleza y contenido

La Ley General Presupuestaria, Ley 47/2003 de 26 de noviembre, define los Presupuestos Generales del Estado en su artículo 32 estableciendo lo que consideramos la definición legal de los Presupuestos:

Los Presupuestos Generales del Estado constituyen la expresión cifrada, conjunta y sistemática de los derechos y obligaciones a liquidar durante el ejercicio por cada uno de los órganos y entidades que forman parte del sector público estatal.

Por su parte el artículo 33 de la LGP, Ley 47/2003, establece el **alcance y contenido de los presupuestos**, y tal efecto prescribe:

a) Los presupuestos de los órganos a que se refiere el artículo 2.3 de esta Ley y de las entidades del sector público estatal a las que resulte de aplicación el régimen de especificaciones y de modificaciones regulado en la presente Ley o cuya normativa específica confiera a su presupuesto carácter limitativo.

b) Los presupuestos estimativos de las entidades de los sectores empresarial y fundacional, los consorcios, las universidades no transferidas, los fondos sin personalidad jurídica y las restantes entidades del sector público administrativo no incluidas en la letra anterior.

Además añade el punto segundo del citado artículo 33 que los presupuestos Generales del Estado determinarán:

a) *Las obligaciones económicas que, como máximo, pueden reconocer* los sujetos referidos en el párrafo a) del apartado anterior.

b) *Los derechos a reconocer durante el correspondiente ejercicio* por los entes mencionados en el párrafo anterior.

c) *Las operaciones no financieras y financieras a realizar* por las entidades contempladas en el párrafo b) del apartado anterior.

d) *Los objetivos a alcanzar* en el ejercicio por cada uno de los gestores responsables de los programas con los recursos que el respectivo presupuesto les asigna.

e) *La estimación de los beneficios fiscales* que afecten a los tributos del Estado.

Por su parte el artículo 34 de la LGP, establece **el ámbito temporal de los presupuestos,** concretando el **principio de anualidad**:

1. **El ejercicio presupuestario coincidirá con el año natural**, *y a él se imputarán:*

   a) Los derechos económicos liquidados durante el ejercicio, cualquiera que sea el período del que deriven.

b) Las obligaciones económicas reconocidas hasta el fin del mes de diciembre, siempre que correspondan a adquisiciones, obras, servicios, prestaciones o, en general, gastos realizados dentro del ejercicio y con cargo a los respectivos créditos.

2. *No obstante lo dispuesto en el apartado anterior, se aplicarán a los créditos del presupuesto vigente en el momento de la expedición de las órdenes de pago, las obligaciones que resulten de la liquidación de atrasos a favor del personal que perciba sus retribuciones con cargo a los Presupuestos Generales del Estado así como las que tengan su origen en resoluciones judiciales.*

3. *Podrán aplicarse a créditos del ejercicio corriente obligaciones contraídas en ejercicios anteriores, de conformidad con el ordenamiento jurídico, para las que se anulara crédito en el ejercicio de procedencia.*

   Asimismo, podrán atenderse con cargo a créditos del presupuesto del ejercicio corriente obligaciones pendientes de ejercicios anteriores, en los casos en que figure dotado un crédito específico destinado a dar cobertura a dichas obligaciones, con independencia de la existencia de saldo de crédito anulado en el ejercicio de procedencia.

4. *En el caso de obligaciones de ejercicios anteriores que fuera necesario imputar a presupuesto y no se hallen comprendidas en los supuestos previstos en los apartados anteriores, la imputación requerirá norma con rango de ley que la autorice.*

5. *Los créditos iniciales dotados en los Presupuestos Generales del Estado para atender obligaciones de ejercicios anteriores solo podrán modificarse mediante el procedimiento previsto en los artículos 55, 56 y 57 de esta ley.*

Por ultimo es necesario precisar lo que la definición del presupuesto de nómina **sector público estatal,** aclaración que efectúan los artículos 2 y 3 de la propia LGP:

1. **A los efectos de esta Ley forman parte del sector público estatal:**
   a) La Administración General del Estado.
   b) El sector público institucional estatal.
2. **Integran el sector público institucional estatal las siguientes entidades:**
   a) Los organismos públicos vinculados o dependientes de la Administración General del Estado, los cuales se clasifican en:
      1. Organismos autónomos.
      2. Entidades Públicas Empresariales.
   b) Las autoridades administrativas independientes.
   c) Las sociedades mercantiles estatales.

d) Los consorcios adscritos a la Administración General del Estado.

e) Las fundaciones del sector público adscritas a la Administración General del Estado.

f) Los fondos sin personalidad jurídica.

g) Las universidades públicas no transferidas.

h) Las entidades gestoras, servicios comunes y las mutuas colaboradoras con la Seguridad Social en su función pública de colaboración en la gestión de la Seguridad Social, así como sus centros mancomunados.

i) Cualesquiera organismos y entidades de derecho público vinculados o dependientes de la Administración General del Estado.

3. Los órganos con dotación diferenciada en los Presupuestos Generales del Estado que, careciendo de personalidad jurídica, no están integrados en la Administración General del Estado, forman parte del sector público estatal, regulándose su régimen económico-financiero por esta Ley, sin perjuicio de las especialidades que se establezcan en sus normas de creación, organización y funcionamiento. No obstante, su régimen de contabilidad y de control quedará sometido en todo caso a lo establecido en dichas normas, sin que les sea aplicable en dichas materias lo establecido en esta Ley.

Sin perjuicio de lo anterior, esta Ley no será de aplicación a las Cortes Generales, que gozan de autonomía presupuestaria de acuerdo con lo establecido en el artículo 72 de la Constitución; no obstante, se mantendrá la coordinación necesaria para la elaboración del Proyecto de Ley de Presupuestos Generales del Estado.

Artículo 3. Sector público administrativo, empresarial y fundacional

A los efectos de esta Ley, el sector público estatal se divide en los siguientes:

1. **El sector público administrativo, integrado por:**

a) La Administración General del Estado, los organismos autónomos, las autoridades administrativas independientes, las universidades públicas no transferidas y las entidades gestoras, servicios comunes y las mutuas colaboradoras con la Seguridad Social, así como sus centros mancomunados, así como las entidades del apartado 3 del artículo anterior.

b) Cualesquiera organismos y entidades de derecho público vinculados o dependientes de la Administración General del Estado, los consorcios y los fondos sin personalidad jurídica, que cumplan alguna de las dos características siguientes:

1. Que su actividad principal no consista en la producción en régimen de mercado de bienes y servicios destinados al consumo individual

o colectivo, o que efectúen operaciones de redistribución de la renta y de la riqueza nacional, en todo caso sin ánimo de lucro.

2. Que no se financien mayoritariamente con ingresos comerciales, entendiéndose como tales a los efectos de esta Ley, los ingresos, cualquiera que sea su naturaleza, obtenidos como contrapartida de las entregas de bienes o prestaciones de servicios.

2. **El sector público empresarial, integrado por:**
   a) Las entidades públicas empresariales.
   b) Las sociedades mercantiles estatales.
   c) Cualesquiera organismos y entidades de derecho público vinculados o dependientes de la Administración General del Estado, los consorcios y los fondos sin personalidad jurídica no incluidos en el sector público administrativo.
3. **El sector público fundacional**, integrado por las fundaciones del sector público estatal.

El **régimen jurídico aplicable al sector público estatal,** viene recogido en el artículo 4º de LGP, que establece:

1. El régimen económico y financiero del sector público estatal se regula en esta Ley, sin perjuicio de las especialidades contenidas en otras normas especiales y lo establecido en la normativa comunitaria.
2. En particular, se someterán a su normativa específica:
   a) El sistema tributario estatal.
   b) Los principios y normas que constituyen el régimen jurídico del sistema de la Seguridad Social, así como el establecimiento, reforma y supresión de las cotizaciones y prestaciones del sistema.
   c) El régimen jurídico general del patrimonio del sector público estatal, así como la regulación de los demanios especiales.
   d) El régimen jurídico general de las relaciones financieras entre el sector público estatal y las Comunidades Autónomas y entidades locales.
   e) El régimen jurídico general de las Haciendas locales.
   f) Los principios básicos y las normas fundamentales que constituyen el régimen jurídico de las ayudas o subvenciones concedidas por las entidades integrantes del sector público estatal con cargo a sus presupuestos o a fondos de la Unión Europea.
   g) El régimen general de la contratación de las entidades integrantes del sector público estatal.

h) El régimen de contracción de obligaciones financieras y de realización de gastos, en aquellas materias que por su especialidad no se hallen reguladas en esta Ley.

3. Tendrán carácter supletorio las demás normas de derecho administrativo y, en su defecto, las normas de derecho común.

1.2. Estructura

La LGP, Ley 47/2003, establece respecto de la estructura en sus artículos 39, 40 y 41 lo siguiente:

Artículo 39. Estructura de los presupuestos del sector público estatal

La estructura de los Presupuestos Generales del Estado y de sus anexos se determinará, de acuerdo con lo establecido en esta Ley, por el Ministerio de Hacienda teniendo en cuenta la organización del sector público estatal, la naturaleza económica de los ingresos y de los gastos y las finalidades y objetivos que se pretenda conseguir.

Artículo 40. Estructura de los estados de gastos de los Presupuestos Generales del Estado

1. Los estados de gastos de los presupuestos a que se refiere el artículo 33.1.a) de esta Ley se estructurarán de acuerdo con las siguientes clasificaciones:

a) **La clasificación orgánica que agrupará por secciones y servicios** los créditos asignados a los distintos centros gestores de gasto de los órganos con dotación diferenciada en los presupuestos, la Administración General del Estado, sus organismos autónomos, entidades de la Seguridad Social y otras entidades, según proceda.

b) **La clasificación por programas,** que permitirá a los centros gestores agrupar sus créditos conforme a lo señalado en el artículo 35 de esta Ley y establecer, de acuerdo con el Ministerio de Hacienda, los objetivos a conseguir como resultado de su gestión presupuestaria. La estructura de programas se adecuará a los contenidos de las políticas de gasto contenidas en la programación plurianual.

c) **La clasificación económica,** que agrupará los créditos por capítulos separando las operaciones corrientes, las de capital, las financieras y el Fondo de Contingencia de ejecución presupuestaria.

En los créditos para operaciones corrientes se distinguirán los gastos de personal, los gastos corrientes en bienes y servicios, los gastos financieros y las transferencias corrientes.

En los créditos para operaciones de capital se distinguirán, las inversiones reales y las transferencias de capital.

El Fondo de Contingencia recogerá la dotación para atender necesidades imprevistas en la forma establecida en el artículo 15 de la Ley 18/2001, de 12 de diciembre, General de Estabilidad Presupuestaria.

En los créditos para operaciones financieras se distinguirán las de activos financieros y las de pasivos financieros.

Los capítulos se desglosarán en artículos y éstos, a su vez, en conceptos que podrán dividirse en subconceptos.

2. Con independencia de la estructura presupuestaria, los créditos se identificarán funcionalmente de acuerdo con su finalidad, deducida del programa en que aparezcan o, excepcionalmente, de su propia naturaleza, al objeto de disponer de una clasificación funcional del gasto.

Artículo 41. Estructura de los estados de ingresos

Los estados de ingresos de los presupuestos a que se refiere el artículo 33.1.a) de esta Ley se estructurarán siguiendo las clasificaciones orgánica y económica:

a) **La clasificación orgánica** distinguirá los ingresos correspondientes a la Administración General del Estado y los correspondientes a cada uno de los organismos autónomos, los de la Seguridad Social y los de otras entidades, según proceda.

b) **La clasificación económica** agrupará los ingresos, separando los corrientes, los de capital, y las operaciones financieras.

En los ingresos corrientes se distinguirán: impuestos directos y cotizaciones sociales, impuestos indirectos, tasas, precios públicos y otros ingresos, transferencias corrientes e ingresos patrimoniales.

En los ingresos de capital se distinguirán: enajenación de inversiones reales y transferencias de capital.

En las operaciones financieras se distinguirán: activos financieros y pasivos financieros.

Los capítulos se desglosarán en artículos y éstos, a su vez, en conceptos que podrán dividirse en subconceptos.

1.3. Estudio de la clasificación o estructura presupuestaria del presupuesto del Estado

En este apartado, se realiza un análisis de la estructura que presentan los estados de gastos y de ingresos de los sujetos integrados en el sector público administrativo.

Estados de gastos

Los estados de gastos que constituyen el conjunto de los Presupuestos Generales del Estado contienen créditos para atender a las obligaciones económicas que como máximo pueden reconocerse por los diferentes agentes integrantes de los mismos. Por tanto, el presupuesto de gastos tiene un carácter limitativo frente al carácter estimativo del de ingresos.

Las estructuras que se incluyen en esta categoría responden a cuatro criterios, de conformidad con lo que se establece en el artículo 40 de la Ley 47/2003, de 26 de noviembre, General Presupuestaria, responde a los siguientes criterios:

- Las finalidades u objetivos que el Presupuesto pretende conseguir (Estructura de programas)
- La organización de los distintos Entes integrantes del sector público estatal (Estructura orgánica)
- La naturaleza económica de los gastos (Estructura económica)
- La distribución territorial de las inversiones públicas (Estructura territorial).

A continuación se analizarán los contenidos y características de las diferentes estructuras de gasto.

a) Clasificación por programas

En la clasificación por programas de gasto, la asignación de recursos será adecuada a los contenidos de las políticas de gasto que delimitan y concretan las distintas áreas de actuación del Presupuesto, y permitirá a los Centros gestores agrupar los créditos presupuestarios atendiendo a los objetivos a conseguir, es decir permite conocer para qué se gasta.

La asignación de recursos financieros se efectúa en función de las necesidades establecidas por las políticas de gastos que delimiten y concreten las distintas áreas de gasto de actuación del presupuesto, es decir, agrupa el gasto atendiendo a la consecución de determinados objetivos preestablecidos que pueden tener por finalidad la producción de bienes y servicios, el cumplimiento de obligaciones específicas o la realización de las demás actividades encomendadas a los centros de gestión.

Se diferencian los programas de gasto de carácter finalista, que son aquellos a los que se pueden asignar objetivos cuantificables e indicadores de ejecución mensurable (es decir medible, y a tal efecto los objetivos se expresarán en unidades físicas cuando ello sea posible, e irán unidos a indicadores que permitan efectuar un seguimiento de su grado de realización); de los programas instrumentales y de gestión, que pueden tener como finalidad la administración de recursos para la ejecución de una actividad para la que no se pueden establecer objetivos cuantificables; o bien el apoyo a un programa finalista.

Las políticas de gasto comprenden un conjunto de programas con objetivos afines. Son un elemento clave de asignación de los recursos públicos, tanto en el proceso de elaboración de los Presupuestos Generales del estado como en el de planificación presupuestaria a medio plazo. A su vez, las políticas de gasto se agrupan en cinco grandes áreas de gasto:

- Área de gasto 1. Servicios públicos básicos.
  - ▷ Justicia.
  - ▷ Defensa.
  - ▷ Seguridad ciudadana e instituciones penitenciarias.
  - ▷ Política exterior.
- Área de gasto 2. Actuaciones de protección y promoción social:
  - ▷ Pensiones.
  - ▷ Otras prestaciones económicas.
  - ▷ Servicios sociales y promoción social.
  - ▷ Fomento del empleo.
  - ▷ Desempleo.
  - ▷ Acceso a la vivienda y fomento de la edificación.
  - ▷ Gestión y administración de la seguridad social.
- Área de gasto 3. Producción de bienes públicos de carácter permanente:
  - ▷ Sanidad.
  - ▷ Educación.
  - ▷ Cultura.
- Área de gasto 4. Actuaciones de carácter económico:
  - ▷ Agricultura, pesca y alimentación.
  - ▷ Industria y energía.

  - ▹ Comercio, turismo y PYMEs.
  - ▹ Subvenciones al transporte.
  - ▹ Infraestructuras.
  - ▹ Investigación, desarrollo e innovación.
  - ▹ Otras actuaciones de carácter económico.
- Área de gasto 9. Actuaciones de carácter general:
  - ▹ Alta Dirección.
  - ▹ Servicios de carácter general.
  - ▹ Administración financiera y tributaria.
  - ▹ Transferencias a otras administraciones públicas.
  - ▹ Deuda pública.

A su vez cada Área de gasto se subdivide en Políticas de gasto grupos de programas y programas de gasto.

Las políticas de gasto es el segundo nivel en el que se desagregan las áreas de gasto. Se identifican por dos dígitos, de los cuales el primero es el correspondiente al área de gasto, en el que se integra la política. Por ejemplo, el código 21 se incluye en el área de gasto 2, que es Actuaciones de protección y promoción social, política de gasto 21, que es pensiones.

Los grupos de programas, se identifican por tres dígitos de los que los dos primeros son el área de gasto, la política de gasto, y el tercero el grupo de programas. Siguiendo con el ejemplo anterior, el código 211, dentro de las pensiones, agrupa el grupo de programas de pensiones contributivas.

Por último los Programas de gasto se identifican por un código alfanumérico, que consta de tres dígitos numéricos y una letra: los dígitos se corresponden con el grupo de programa en el que el programa se integra. Y la Letra se reserva de la "A" a la "L", para programas finalistas, y de la "M" a la "Z", para programas instrumentales o de gestión. Así el programa de gasto será del tipo 211ª.

b) Clasificación económica

En la clasificación económica, los créditos incluidos en los estados de gasto del Presupuesto se ordenarán según su naturaleza económica, con arreglo a la clasificación por capítulos, artículos, conceptos y subconceptos, y se agruparán separando las operaciones corrientes, las de capital, las financieras y el Fondo de Contingencia de ejecución presupuestaria y otros imprevistos.

Los créditos se especificarán conforme el grado de vinculación dispuesto en los artículos 43 y 44 de la Ley 47/2003, de 26 de noviembre, el primero de ellos aplicable al Estado, y el segundo a los Organismos Autónomos y a la Seguridad Social. En ellos se establece que los créditos autorizados en los programas de gastos tienen carácter limitativo y vinculante a nivel de concepto, salvo los créditos destinados a gastos de personal y gastos en bienes corrientes y servicios que tendrán carácter vinculante a nivel de artículos para el Estado y a nivel de capítulo en los restantes entes, así como las inversiones reales que para todos ellos especificarán sus créditos a nivel de capítulo.

Además, se establecen excepciones para determinados créditos que se especificaran conforme a su concreta clasificación económica, siendo estos créditos los detallados a continuación:

a) Los destinados a atenciones protocolarias y representativas.
b) Los declarados ampliables de conformidad con el artículo 54 de la Ley general presupuestaria.
c) Los que establezcan subvenciones nominativas.
d) Los que, en su caso, se establezcan en la Ley de Presupuestos de cada ejercicio.
e) Los créditos extraordinarios que se concedan durante el ejercicio.

El Presupuesto de las Agencias Estatales creadas al amparo de la Ley 28/2006, de 18 de julio, presenta la misma estructura que el del Estado o los Organismos Autónomos, si bien tiene carácter limitativo por su importe total y carácter estimativo para la distribución de los créditos en categorías económicas, con excepción de los correspondientes a gastos de personal que tienen carácter limitativo y vinculante por su cuantía total.

La clasificación en subconceptos se utiliza, en todo caso, para el registro contable de las operaciones de gastos en el momento de la ejecución del presupuesto, y tiene carácter informativo para aquellos casos en los que la vinculación se ha establecido a un nivel más agregado.

De esta manera, en las operaciones corrientes se distinguen los siguientes capítulos:

Operaciones corrientes:

- Capítulo 1: Gastos de personal.
- Capítulo 2: Gastos corrientes en bienes y servicios.
- Capítulo 3: Gastos financieros.
- Capítulo 4: Transferencias corrientes.
- El Capítulo 5 estará constituido por el importe del Fondo de contingencia de ejecución presupuestaria, equivalente al 2% del límite de gasto no financiero del Estado, y otros imprevistos.

Las operaciones de capital incluirán:

- Capítulo 6: Inversiones reales.
- Capítulo 7: Transferencias de capital.

Finalmente, las operaciones financieras estarán constituidas por:

- Capítulo 8: Activos financieros.
- Capítulo 9: Pasivos financieros.

Cada uno de estos capítulos se divide en artículos, y éstos, a su ve, en conceptos que podrán dividirse en subconceptos. Por ejemplo el subconcepto 120.01 significa que nos encontramos con un gasto del capítulo 1, gastos de personal; artículo 12 que recoge las nóminas del personal Funcionario; concepto 120 que recoge las retribuciones básicas; y el subconcepto 120.01, que recoge los sueldos de los funcionarios del grupo B.

c) Clasificación Orgánica

La clasificación orgánica permite distribuir el gasto por centros gestores, entendiendo por tales aquellas unidades orgánicas con diferenciación presupuestaria y con responsabilidad en la gestión del gasto. Nos permite conocer quién gasta, es decir, cuál es el órgano o agente del sector público estatal responsable de la gestión de los créditos presupuestarios. De esta forma, a efectos de la clasificación orgánica del gasto, se pueden distinguir los siguientes subsectores:

a) El Estado, que se divide en secciones y éstas, a su vez, en servicios. Con carácter general, sin perjuicio de algunas peculiaridades, las secciones se corresponden a los Departamentos Ministeriales, y los servicios a unidades con rango igual o superior a Dirección General.

b) Los organismos autónomos del Estado, que se agruparán en función del Ministerio al que estén adscritos.

c) La Seguridad social.

d) Las demás entidades que integren el sector público administrativo estatal, de acuerdo con los términos previstos en el artículo 3.1 de la Ley 47/2003, de 26 de noviembre, General Presupuestaria.

Las secciones de los Presupuestos Generales del Estado para 2017 son las siguientes:

01. Casa de S.M. el Rey.

02. Cortes Generales.

03. Tribunal de Cuentas.
04. Tribunal Constitucional.
05. Consejo de Estado.
06. Deuda Pública.
07. Clases Pasivas.
08. Consejo General del Poder Judicial.
12. Ministerio de Asuntos Exteriores y de Cooperación.
13. Ministerio de Justicia.
14. Ministerio de Defensa.
15. Ministerio de Hacienda y Función Pública.
16. Ministerio de Interior.
17. Ministerio de Fomento.
18. Ministerio de Educación, Cultura y Deporte.
19. Ministerio de Empleo y Seguridad Social.
20. Ministerio de Energía, Turismo y Agenda digital.
23. Ministerio de Agricultura, Pesca, Alimentación y medioambiente.
25. Ministerio de Presidencia y para las Administraciones Territoriales.
26. Ministerio de Sanidad, Servicios Sociales e Igualdad.
27. Ministerio de Economía, Industria y Competitividad.
31. Fastos de diversos Ministerios.
32. Otras relaciones financieras con Entes territoriales.
33. Fondos de compensación Interterritorial.
34. Relaciones Financieras con la Unión Europea.
35. Fondo de Contingencia.
36. Sistemas de financiación de entes territoriales.

A su vez, como hemos dicho al principio, las Secciones se dividen en Servicios, en Organismos autónomos, en Organismos Públicos o en Agencias Estatales; correspondiendo a los Servicios los dos siguientes dígitos de la clasificación orgánica. Así, por ejemplo, la Clasificación orgánica 16.03, indica, con los dos primeros dígitos la sección que es el Ministerio del Interior (16), y el servicio en concreto que normalmente es una Dirección General, o Secretaría de Estado, en este caso la 03 de la sección 16 corresponde a la Dirección General de la Policía.

d) Otras Clasificaciones: La clasificación funcional y territorial

Además de las tres clasificaciones anteriores, la LGP hace mención a otras dos clasificaciones que, sin embargo, no forman parte de la estructura de gastos de los PGE, y que son la clasificación funcional y la territorial.

Así el artículo 40.2 de la LGP dice que "con independencia de la estructura presupuestaria, los créditos se identificarán funcionalmente de acuerdo con su finalidad, deducida del programa en que aparezcan, o excepcionalmente de su propia naturaleza, al objetivo de disponer de una clasificación funcional del gasto"... y añade en el punto d) que se unirá "un anexo de carácter plurianual de los proyectos de inversión pública, que incluirá su clasificación territorial". En este "anexo" se detallan por comunidades Autónomas y provincias los programas y proyectos de inversión con indicación de si el proyecto se inicia en el propio ejercicio.

Estados de ingresos

Los estados de ingresos de los presupuestos de las entidades del sector público administrativo se estructuran, a tenor de lo dispuesto en el artículo 41 de la Ley General Presupuestaria, siguiendo una clasificación orgánica y una clasificación económica.

a) Clasificación Orgánica

El criterio orgánico clasifica los recursos en función del centro gestor encargado de recaudar el ingreso, lo que permite observar la imputación de cada ingreso a los distintos subsectores de los Presupuestos. La clasificación orgánica distingue los ingresos correspondientes a:

a) El Estado.
b) Los Organismos Autónomos, agrupados según el Ministerio al que estén adscritos.
c) Le Seguridad Social.
d) Las Agencias Estatales para la mejora de los servicios públicos.
e) Las demás entidades que integran el Sector público administración estatal, de acuerdo con los términos previstos en el artículo 3.1 de la Ley 47/2003, General Presupuestaria.

De conformidad con el principio de unidad de caja, el Presupuesto de Ingresos del Estado es único, en tanto que en los restantes subsectores se presentan los presupuestos de ingresos de forma individualizada para cada una de las entidades con personalidad jurídica propia.

b) Clasificación económica

La clasificación económica, agrupa los ingresos en función de su origen en corrientes, de capital o financiera.

En los ingresos corrientes, se distinguen los siguientes capítulos:

- Capítulo 1: Impuestos directos y cotizaciones sociales.
- Capítulo 2: Impuestos indirectos.
- Capítulo 3: Tasas, precios públicos y otros ingresos.
- Capítulo 4: Transferencias corrientes.
- Capítulo 5: Ingresos Patrimoniales.

En los ingresos de capital se distinguirán:

- Capítulo 6: Enajenación de inversiones reales.
- Capítulo 7: Transferencias de capital.

Finalmente, en las operaciones financieras se incluyen:

- Capítulo 8: Activos financieros.
- Capítulo 9: Pasivos financieros.

Cada uno de estos capítulos se divide en artículos, y éstos, a su vez, en conceptos que podrán dividirse en subconceptos.

2. Los créditos presupuestarios: características

2.1. Concepto de crédito presupuestario

Podemos definir el crédito presupuestario como la cantidad expresada en euros que cuantifica la partida presupuestaria.

Esta sencilla definición, parece haber tenido cogida en la LGP, ya que su artículo 35 establece:

"Son créditos presupuestarios cada una de las asignaciones individualizadas de gasto, que figuran en los presupuestos de los órganos y entidades a que se refiere el artículo 33.1.a) de esta Ley, puestas a disposición de los centros gestores para la cobertura de las necesidades para las que hayan sido aprobados. Su especificación vendrá determinada, de acuerdo con la agrupación orgánica, por programas y económica que en cada caso proceda, conforme a lo establecido en los artículos 40, 43 y 44 de esta Ley, sin perjuicio de los desgloses necesarios a efectos de la adecuada contabilización de su ejecución."

2.2. Disposiciones generales sobre los créditos presupuestarios

El Capítulo IV, del Título II de la LGP, establece las disposiciones generales respecto de los créditos en sus artículos 42 a 50 y que establecen:

2.2.1. Especialidad de los créditos

Los créditos para gastos se destinarán exclusivamente a la finalidad específica para la que hayan sido autorizados por la Ley de Presupuestos o a la que resulte de las modificaciones aprobadas conforme a esta Ley.

2.2.2. Especificación de los presupuestos del Estado

1. En el presupuesto del Estado los créditos se especificarán a nivel de concepto, salvo los créditos destinados a gastos de personal y los gastos corrientes en bienes y servicios, que se especificarán a nivel de artículo y las inversiones reales a nivel de capítulo.

2. No obstante, se especificarán al nivel que corresponda conforme a su concreta clasificación económica, los siguientes créditos:

a) Los destinados a atenciones protocolarias y representativas y los gastos reservados.

b) Los destinados a arrendamientos de edificios y otras construcciones.

c) Los declarados ampliables conforme a lo establecido en el artículo 54 de esta Ley.

d) Los que establezcan asignaciones identificando perceptor o beneficiario, con excepción de las destinadas atender transferencias corrientes o de capital al exterior.

e) Los que, en su caso, se establezcan en la Ley de Presupuestos de cada ejercicio.

f) Los créditos extraordinarios que se concedan durante el ejercicio.

2.2.3. Especificación del presupuesto de los organismos autónomos y de la Seguridad Social

1. En el presupuesto de los organismos autónomos, de la Seguridad Social y, en su caso, de las demás entidades del apartado 1 del artículo 3 de esta Ley, excepto las relacionadas en el artículo anterior, los créditos se especificarán a

nivel de concepto, salvo los destinados a gastos de personal, gastos corrientes en bienes y servicios y las inversiones reales, que se especificarán a nivel de capítulo.

2. No obstante, se especificarán al nivel que corresponda conforme a su concreta clasificación económica, los siguientes créditos:

a) Los destinados a atenciones protocolarias y representativas.
b) Los destinados a arrendamientos de edificios y otras construcciones.
c) Los declarados ampliables conforme a lo establecido en el artículo 54 de esta Ley.
d) Los que establezcan asignaciones identificando perceptor o beneficiario, con excepción de las destinadas atender transferencias corrientes o de capital al exterior.
e) Los que, en su caso, se establezcan en la Ley de Presupuestos de cada ejercicio.
f) Los créditos extraordinarios que se concedan durante el ejercicio.

3. Los créditos del Presupuesto de la Seguridad Social se especificarán a nivel de grupo de programas, excepto los créditos para la acción protectora en su modalidad no contributiva y universal que se especificarán a nivel de programa.

2.2.4. Disponibilidades líquidas de los organismos autónomos y otras entidades integrantes del sector público estatal

Se autoriza al Ministro de Hacienda para declarar no disponibles las transferencias corrientes o de capital destinadas a las entidades integrantes del sector público estatal, cuando como consecuencia de la existencia de suficientes disponibilidades líquidas, pudieran no resultar necesarias para el ejercicio de su actividad presupuestada.

Asimismo, se autoriza al Ministro de Hacienda para requerir el ingreso en el Tesoro de la totalidad o parte de dichas disponibilidades líquidas, a excepción de las procedentes de cotizaciones sociales y conceptos de recaudación conjunta, cuando pudieran no ser necesarias para financiar el ejercicio de la actividad indicada.

Cuando en dichas entidades existan órganos colegiados de administración, el ingreso habrá de ser previamente acordado por los mismos.

2.2.5. Limitación de los compromisos de gasto

Los créditos para gastos son limitativos. No podrán adquirirse compromisos de gasto ni adquirirse obligaciones por cuantía superior al importe de los créditos autorizados en los estados de gastos, siendo nulos de pleno derecho los actos administrativos y las disposiciones generales con rango inferior a Ley que incumplan esta limitación, sin perjuicio de las responsabilidades reguladas en el título VII de esta Ley.

2.2.6. Compromisos de gasto de carácter plurianual

1. Podrán adquirirse compromisos de gastos que hayan de extenderse a ejercicios posteriores a aquel en que se autoricen, siempre que su ejecución se inicie en el propio ejercicio y que no superen los límites y anualidades fijados en el número siguiente.

2. El número de ejercicios a que pueden aplicarse los gastos no será superior a cuatro. El gasto que se impute a cada uno de los ejercicios posteriores no podrá exceder de la cantidad que resulte de aplicar al crédito inicial a que corresponda la operación los siguientes porcentajes: en el ejercicio inmediato siguiente, el 70 por ciento, en el segundo ejercicio, el 60 por ciento, y en los ejercicios tercero y cuarto, el 50 por ciento.

En los contratos de obra de carácter plurianual, con excepción de los realizados bajo la modalidad de abono total del precio, se efectuará una retención adicional de crédito del 10 por ciento del importe de adjudicación, en el momento en que ésta se realice. Esta retención se aplicará al ejercicio en que finalice el plazo fijado en el contrato para la terminación de la obra o al siguiente, según el momento en que se prevea realizar el pago de la certificación final. Estas retenciones computarán dentro de los porcentajes establecidos en este artículo.

Estas limitaciones no serán de aplicación a los compromisos derivados de la carga financiera de la Deuda y de los arrendamientos de inmuebles, incluidos los contratos mixtos de arrendamiento y adquisición.

3. El Gobierno, en casos especialmente justificados, podrá acordar la modificación de los porcentajes anteriores, incrementar el número de anualidades o autorizar la adquisición de compromisos de gastos que hayan de atenderse en ejercicios posteriores en el caso de que no exista crédito inicial. A estos efectos, el Ministro de Hacienda, a iniciativa del ministerio correspondiente, elevará al Consejo de Ministros la oportuna propuesta, previo informe de la Dirección General de Presupuestos que acredite su coherencia con la programación a que se refieren los artículos 28 y 29 de esta Ley.

4. Los compromisos a que se refiere este artículo se especificarán en los escenarios presupuestarios plurianuales y deberán ser objeto de contabilización separada.

5. No podrán adquirirse compromisos de gasto con cargo a ejercicios futuros cuando se trate de la concesión de subvenciones a las que resulte de aplicación lo dispuesto en el artículo 22.2.a) de la Ley 38/2003, de 17 de noviembre, General de Subvenciones.

6. En el caso de la tramitación anticipada de los expedientes de contratación a que se refiere el artículo 110.2 del texto refundido de la Ley de Contratos del Sector Público, aprobado por el Real Decreto Legislativo 3/2011, de 14 de noviembre, y en la tramitación anticipada de aquellos expedientes de gasto cuya normativa reguladora permita llegar a la formalización del compromiso de gasto, se deberán cumplir los límites y anualidades o importes autorizados a que se refieren los apartados 2 a 5 de este artículo.

Además sobre los gastos plurianuales, se ha añadido a la LGP, un articulo 47 bis que establece:

Artículo 47 bis. Modificación y resolución de compromisos de gasto plurianuales

En relación con las obligaciones nacidas de negocios o actos jurídicos, formalizados de conformidad con el ordenamiento jurídico y de los que derivasen compromisos de gastos de carácter plurianual adquiridos de acuerdo con lo establecido en el artículo 47 de esta Ley, cuando, excepcionalmente, en alguno de los ejercicios posteriores a aquel en que se asumió el compromiso, la correspondiente Ley de Presupuestos Generales del Estado no autorizase créditos suficientes para el cumplimiento de dichas obligaciones, se actuará de la siguiente manera:

1. El órgano competente para aprobar y comprometer el gasto estará obligado a comunicar tal circunstancia al tercero, tan pronto como se tenga conocimiento de ello.
2. Siempre que lo permitan las disponibilidades de los créditos, se acordará, de acuerdo con el procedimiento establecido en las correspondientes normas, la reprogramación de las obligaciones asumidas por cada parte, con el consiguiente reajuste de anualidades, ajustándolo a las nuevas circunstancias.
3. Cuando no resulte posible proceder en los términos indicados en el punto 2.° anterior, el órgano competente acordará la resolución del negocio siguiendo el procedimiento establecido en las correspondientes normas, y fijando las compensaciones que, en su caso, procedan.

En aquellos supuestos en los que la obligación de la Hacienda Pública estuviera condicionada, en el propio negocio o acto jurídico del que derive, a la existencia de crédito adecuado y suficiente en los Presupuestos Generales del Estado de cada uno de los ejercicios para los que se comprometió, el órgano administrativo, con carácter previo a acordar la resolución de la relación jurídica, valorará el presupuesto de gastos autorizado y el grado de ejecución del objeto del negocio, a fin de considerar soluciones alternativas antes de que opere la condición resolutoria, para lo cual deberá notificar de forma fehaciente al tercero tal circunstancia.

2.2.7. Adquisiciones, obras con pago aplazado y otros compromisos de carácter plurianual

1. Podrá ser diferido el vencimiento de la obligación de pago del precio de compra de bienes inmuebles adquiridos directamente cuyo importe exceda de seis millones de euros, sin que, en ningún caso, el desembolso inicial a la firma de la escritura pueda ser inferior al 25 por 100 del precio, pudiendo distribuirse el resto en los cuatro ejercicios siguientes dentro de las limitaciones porcentuales contenidas en el artículo 47 de esta Ley.

2. El procedimiento descrito en el artículo 47 de esta Ley será de aplicación en el caso de los contratos de obras que se efectúen bajo la modalidad de abono total de los mismos, según lo previsto en el artículo 99.2. del Texto Refundido de la Ley de Contratos de las Administraciones Públicas, aprobado por el Real Decreto Legislativo 2/2000, de 16 de junio.

2.2.8. Temporalidad de los créditos

1. Con cargo a los créditos del estado de gastos de cada presupuesto sólo podrán contraerse obligaciones derivadas de adquisiciones, obras, servicios y demás prestaciones o gastos en general que se realicen en el propio ejercicio presupuestario, sin perjuicio de las salvedades establecidas en los apartados 2 y 3 del artículo 34 de esta Ley.

2. Los créditos para gastos que en el último día del ejercicio presupuestario no estén afectados al cumplimiento de obligaciones ya reconocidas, quedarán anulados de pleno derecho, sin perjuicio de lo establecido en el artículo 58 de esta Ley.

2.2.9. Fondo de Contingencia de ejecución presupuestaria

1. El presupuesto del Estado, a fin de hacer frente durante el ejercicio presupuestario a necesidades inaplazables, de carácter no discrecional para las que no se hiciera en todo o en parte, la adecuada dotación de crédito, incluirá una sección bajo la rúbrica «Fondo de Contingencia de ejecución presupuestaria», por importe del dos por ciento del total de gastos para operaciones no financieras, excluidos los destinados a financiar a las comunidades autónomas y entidades locales en aplicación de sus respectivos sistemas de financiación y consignados en una sección presupuestaria independiente de dicho presupuesto.

El Fondo únicamente financiará, cuando proceda, las siguientes modificaciones de crédito salvo que concurran las circunstancias a que se refiere el artículo 59 de esta Ley:

a) Las ampliaciones de crédito reguladas en el artículo 54.

b) Los créditos extraordinarios y suplementos de crédito, de conformidad con lo previsto en el artículo 55.

c) Las incorporaciones de crédito, conforme al artículo 58.

En ningún caso podrá utilizarse el Fondo para financiar modificaciones destinadas a dar cobertura a gastos o actuaciones que deriven de decisiones discrecionales de la Administración, que carezcan de cobertura presupuestaria.

2. La aplicación del Fondo de Contingencia se aprobará, a propuesta del Ministro de Economía y Hacienda, mediante acuerdo del Consejo de Ministros, previamente a la autorización de las respectivas modificaciones de crédito.

El Gobierno remitirá a las Cortes Generales, a través de su Oficina Presupuestaria, un informe trimestral acerca de la utilización del Fondo Regulado en este artículo. La oficina pondrá dicha documentación a disposición de los Diputados, Senadores y las Comisiones parlamentarias.

3. Las modificaciones presupuestarias: créditos extraordinarios y suplementos de créditos

3.1. Las modificaciones presupuestarias: clases

Sobre la base de lo dispuesto en la LGP, las modificaciones presupuestarias pueden clasificarse, por su naturaleza o por el órgano competente para autorizarlas:

A) Por su naturaleza hay que distinguir:

a) Las que constituyen variaciones de su finalidad, centro gestor o cuantía, como las transferencias de crédito.

b) Las que suponen incremento del gasto:

- Créditos extraordinarios y suplementos de crédito
- Transferencias de crédito
- Ampliaciones de crédito.
- Incorporaciones de crédito.
- Generaciones de crédito.

B) Por el órgano competente para autorizarlas

a) Competencia de las Cortes.

b) Competencia del Poder Ejecutivo:

- ▷ Consejo de Ministros.
- ▷ Ministro de Economía y Hacienda.
- ▷ Titular del Departamento ministerial.

La LGP, establece en su artículo 51 una clasificación de los expedientes de modificación de créditos, que como verás recoge la clasificación doctrinal recogida más arriba, y establece:

Modificación de los créditos iniciales

La cuantía y finalidad de los créditos contenidos en los presupuestos de gastos sólo podrán ser modificadas durante el ejercicio, dentro de los límites y con arreglo al procedimiento establecido en los artículos siguientes, mediante:

a) Transferencias.

b) Generaciones.

c) Ampliaciones.

d) Créditos extraordinarios y suplementos de crédito.

e) Incorporaciones.

3.2. Créditos extraordinarios y suplementos de crédito

Respecto a los Crédito extraordinarios y suplementos de crédito la LGP, Ley 47/2003 establece en sus artículos 55 y 56, lo siguiente:

Cuando haya de realizarse con cargo al Presupuesto del Estado **algún gasto que no pueda demorarse hasta el ejercicio siguiente, y no exista crédito adecuado o sea insuficiente y no ampliable el consignado** y su dotación no resulte posible a través de las restantes figuras previstas en el artículo 51, deberá procederse a la tramitación de un crédito extraordinario o suplementario del inicialmente previsto. La financiación de éstos se realizará de la forma que se indica a continuación:

a) Si la necesidad surgiera en operaciones no financieras del presupuesto, el crédito extraordinario o suplementario se financiará mediante baja en los créditos del Fondo de Contingencia o en otros no financieros que se consideren adecuados.

b) Si la necesidad surgiera en operaciones financieras del Presupuesto, se financiará con Deuda Pública o con baja en otros créditos de la misma naturaleza.

El Ministro de Hacienda y Administraciones Públicas propondrá al Consejo de Ministros la remisión de un proyecto de ley a las Cortes Generales, previo informe de la Dirección General de Presupuestos y dictamen del Consejo de Estado en los siguientes casos:

a) Cuando se trate de créditos extraordinarios y suplementos de crédito para atender obligaciones de ejercicios anteriores para las que no se anulara crédito en el ejercicio de procedencia, tanto si se financian con Fondo de Contingencia como con baja en otros créditos.
b) Cuando se trate de créditos extraordinarios o suplementarios para atender obligaciones del propio ejercicio cuando se financien con baja en otros créditos.
c) Cuando se trate de créditos extraordinarios o suplementarios que afecten a operaciones financieras del Presupuesto.

El Consejo de Ministros autorizará los créditos extraordinarios y suplementos de crédito para atender obligaciones del ejercicio corriente o de ejercicios anteriores si se hubiera anulado crédito en el ejercicio de procedencia, cuando se financien con cargo al Fondo de Contingencia.

Reglas para los créditos extraordinarios y suplementarios de los organismos autónomos

1. Cuando la necesidad de un crédito extraordinario o suplementario afecte al presupuesto de un organismo autónomo se tramitará su autorización de conformidad con lo establecido en los apartados siguientes.

2. La financiación de los créditos extraordinarios o suplementarios únicamente podrá realizarse con cargo a la parte del remanente de tesorería al fin del ejercicio anterior que no haya sido aplicada en el presupuesto del organismo, o con mayores ingresos sobre los previstos inicialmente.

En el caso de que la financiación propuesta para la modificación del presupuesto del organismo haga necesaria la modificación del presupuesto de gastos del Estado, ambas modificaciones se acordarán conjuntamente, mediante el procedimiento que le sea de aplicación a la del Estado.

3. La competencia para autorizar créditos extraordinarios o suplementarios corresponderá:

a) A **los Presidentes o Directores de los organismos hasta un importe del 10 % del correspondiente capítulo de su presupuesto**

inicial de gastos, cuando no supere la cuantía de 500.000 euros, excluidos los que afecten a gastos de personal o a los contemplados en el apartado 2 del artículo 44 de esta Ley, dando cuenta de los acuerdos al Ministro de que dependan y al Ministro de Hacienda.

b) Al **Ministro de Hacienda cuando, superándose alguno de los anteriores límites, no se alcance el 20 % del correspondiente capítulo de su presupuesto inicial de gastos ni se supere la cuantía de 1.000.000 de euros.** Asimismo, le corresponderá la autorización de los que se encuentren entre los supuestos de exclusión a que se refiere el párrafo a siempre que su cuantía no supere los límites establecidos en este apartado.

c) **Al Consejo de Ministros en los restantes casos**.

4. Los límites establecidos en el apartado 3 anterior, a los efectos de determinar la competencia para realizar estas modificaciones, se referirán al conjunto de las efectuadas en el ejercicio presupuestario, computándose de forma independiente según afecte a gastos de personal o a los incluidos en el apartado 2 del artículo 44 o se trate del resto de los gastos.

No se computarán para la determinación de dichos límites las modificaciones que se financien con incremento en la aportación del Estado.

5. Cuando un crédito extraordinario deba autorizarse en un capítulo que no exista en el presupuesto de gastos inicial del organismo autónomo, la autorización le corresponderá al Presidente o Director del organismo autónomo cuando no supere la cuantía de 500.000 euros, al Ministro de Economía y Hacienda si excediendo del anterior importe no supera la cuantía de 1.000.000 de euros, y al Consejo de Ministros en los restantes casos.

6. El Ministro de Hacienda y Administraciones Públicas remitirá a las Cortes Generales, a través de su Oficina Presupuestaria, un informe trimestral de los créditos extraordinarios y suplementos de crédito tramitados al amparo de este artículo. La oficina pondrá dicha documentación a disposición de los Diputados, Senadores y las Comisiones parlamentarias.

7. En el supuesto de que el crédito extraordinario o el suplemento de crédito se destinara a atender obligaciones de ejercicios anteriores, para las que no se anulara crédito en el ejercicio de procedencia, se remitirá un proyecto de Ley a las Cortes Generales, de conformidad con el procedimiento previsto en el artículo anterior.

Por último el artículo 57 de la LGP, establece para los **créditos extraordinarios y suplementos de crédito de la Seguridad Social,** lo siguiente:

1. Cuando la necesidad de un crédito extraordinario o suplementario afecte al presupuesto de las entidades de la Seguridad Social, se tramitará su autorización de conformidad con lo establecido en los apartados siguientes.

2. La financiación de los créditos extraordinarios o suplementarios únicamente podrá realizarse con cargo a la parte del remanente de tesorería al fin del ejercicio anterior que no haya sido aplicada en el presupuesto de la entidad o con mayores ingresos sobre los previstos inicialmente. Si los ingresos proceden de aportaciones del Estado mayores a las inicialmente previstas en el presupuesto, el suplemento de crédito o crédito extraordinario podrá autorizarse una vez efectuado el reconocimiento del derecho por parte de la correspondiente entidad.

La competencia para autorizar créditos extraordinarios o suplementarios corresponderá, previo informe del Ministerio de Economía y Hacienda, al Gobierno cuando su importe sea superior al dos por ciento del presupuesto inicial de gastos de la respectiva Entidad y al Ministro de Trabajo y Asuntos Sociales, o al de Sanidad y Consumo cuando la modificación afecte al presupuesto del Instituto Nacional de Gestión Sanitaria, cuando su importe no exceda de dicho porcentaje.

Por excepción, no será preceptivo el informe del Ministerio de Economía y Hacienda previo a la autorización de suplementos y créditos extraordinarios en los presupuestos de las Mutuas de Accidentes de Trabajo y Enfermedades Profesionales. En estos casos, una vez autorizada la modificación presupuestaria, se dará cuenta al Ministerio de Economía y Hacienda.

3. Los límites porcentuales establecidos en el apartado 2 anterior, a los efectos de determinar la competencia para acordar estas modificaciones, se referirán al conjunto de las efectuadas en el ejercicio presupuestario para el respectivo presupuesto, sin que sean computables en su determinación las financiadas con incremento de la aportación del Estado.

4. El Ministro de Empleo y Seguridad Social remitirá a las Cortes Generales, a través de su Oficina Presupuestaria, un informe trimestral de los créditos extraordinarios y suplementos de crédito concedidos al amparo de este artículo. La oficina pondrá dicha documentación a disposición de los Diputados, Senadores y las Comisiones parlamentarias.

5. En el supuesto de que el crédito extraordinario o el suplemento de crédito se destinara a atender obligaciones de ejercicios anteriores, para las que no se anulara crédito en el ejercicio de procedencia que afecte al presupuesto del Instituto Nacional de Gestión Sanitaria o al del Instituto de Mayores y Servicios Sociales, la Ministra de Sanidad, Servicios Sociales e Igualdad propondrá al Consejo de Ministros la remisión de un proyecto de ley a las Cortes Generales, previo informe de la Dirección General de Presupuestos y dictamen del Consejo de Estado. Este mismo procedimiento se aplicará a propuesta de la Ministra de Empleo y Seguridad Social cuando se trate de créditos para atender gastos del resto de entidades de la Seguridad Social.

3.3. Anticipos de tesorería

El artículo 60 de la LGP recoge la posibilidad de conceder **Anticipos de Tesorería,** cuando se esté tramitando un expediente de crédito extraordinario o suplemento de crédito:

1. Con carácter excepcional, el Gobierno, a propuesta del Ministro de Economía, podrá conceder anticipos de Tesorería para atender gastos inaplazables, con el límite máximo en cada ejercicio **del uno por ciento** de los créditos autorizados al Estado por la Ley de Presupuestos Generales del Estado, en los siguientes casos:

a) Cuando, una vez iniciada la tramitación de los expedientes de concesión de créditos extraordinarios o de suplementos de crédito, hubiera dictaminado favorablemente el Consejo de Estado.

b) Cuando se hubiera promulgado una Ley por la que se establezcan obligaciones cuyo cumplimiento exija la concesión de crédito extraordinario o suplemento de crédito.

2. Si el crédito extraordinario o el suplemento de crédito a conceder en el Presupuesto del Estado se destinase a financiar necesidades planteadas en el Presupuesto de los organismos autónomos, la concesión del anticipo de Tesorería comportará la autorización para atender en el organismo el pago de las mencionadas necesidades mediante operaciones de Tesorería.

3. Si las Cortes Generales no aprobasen el proyecto de Ley de Concesión del Crédito Extraordinario o del Suplemento de Crédito el Gobierno, a propuesta del Ministro de Hacienda, dispondrá la cancelación del anticipo de Tesorería con cargo a los créditos del respectivo departamento ministerial u organismo autónomo, en su caso, cuya minoración ocasione menos trastornos para el servicio público.

4. Ampliaciones de crédito

Se trata de modificaciones en créditos presupuestarios cuya cuantía final no puede ser determinada con precisión al comienzo del ejercicio. Por ejemplo, las cuotas de la Seguridad Social, cuyo importe deberá incrementarse como consecuencia de un aumento de los tipos de cotización; respecto a los créditos ampliables, la LGP en su artículo 54 establece:

Créditos ampliables

1. Excepcionalmente tendrán la condición de ampliables los créditos destinados al pago de pensiones de Clases Pasivas del Estado y los destinados a atender obliga-

ciones específicas del respectivo ejercicio, derivadas de normas con rango de ley, que de modo taxativo y debidamente explicitados se relacionen en el estado de gastos de los Presupuestos Generales del Estado **y, en su virtud, podrá ser incrementada su cuantía hasta el importe que alcancen las respectivas obligaciones.**

Asimismo, tendrán la condición de ampliables los créditos destinados a satisfacer obligaciones derivadas de la Deuda del Estado y de sus organismos autónomos, tanto por intereses y amortizaciones de principal como por gastos derivados de las operaciones de emisión, conversión, canje o amortización de la misma.

2. En todo caso se consideran ampliables, en la cuantía resultante de las obligaciones que se reconozcan y liquiden según las disposiciones en cada caso aplicables, los créditos incluidos en los **Presupuestos de la Seguridad Social que se detallan** a continuación:

a) Los destinados al pago de pensiones de todo tipo; prestaciones por incapacidad temporal; protección a la familia; maternidad, paternidad y riesgos durante el embarazo y la lactancia natural; cuidado de menores afectados por cáncer u otra enfermedad grave; así como las entregas únicas, siempre que se encuentren legal o reglamentariamente establecidas y sea obligatorio y no graciable su pago por parte de la Seguridad Social y su cuantía esté objetivamente determinada.

b) Los destinados al pago de los subsidios de garantía de ingresos mínimos, de movilidad y para ayuda de tercera persona, previstos en la Ley de Integración Social de Minusválidos, en la medida en que se hayan ampliado en el Presupuesto del Estado.

c) Los que amparan la constitución de capitales-renta para el pago de pensiones.

d) Los destinados a dotar el Fondo de Reserva de la Seguridad Social y el Fondo de Prevención y Rehabilitación de la Seguridad Social.

e) Los consignados para atender las aportaciones a realizar por las Mutuas de Accidentes de Trabajo y Enfermedades Profesionales de la Seguridad Social para el sostenimiento de los servicios comunes del sistema y para el ingreso en la Tesorería General de la Seguridad Social de sus excedentes en la cuantía y forma legalmente previstas, así como por reaseguro de las mismas entidades.

f) Los destinados al pago de recargos de las prestaciones económicas en los supuestos contemplados en la Ley General de la Seguridad Social, que hayan sido previamente ingresados por los sujetos responsables.

g) Los correspondientes a las transferencias de derechos en curso de adquisición destinadas al sistema de pensiones en la Administración de la Unión Europea, de conformidad con lo establecido en el Anexo VIII del Reglamento 259/1968, de 29 de febrero, del Consejo.

3. Las ampliaciones de crédito que afecten a operaciones del presupuesto del Estado se financiarán con cargo al Fondo de Contingencia, conforme a lo previsto en el artículo 50 de esta ley, o con baja en otros créditos del presupuesto no financiero.

La financiación de las ampliaciones de crédito en el presupuesto de los organismos autónomos podrá realizarse con cargo a la parte del remanente de tesorería al fin del ejercicio anterior que no haya sido aplicada en el presupuesto del organismo, con mayores ingresos sobre los previstos inicialmente o con baja en otros créditos del presupuesto no financiero del organismo.

En el caso de que la financiación propuesta para la modificación del presupuesto del organismo haga necesaria la modificación del presupuesto de gastos del Estado, ambas modificaciones se acordarán mediante el procedimiento que le sea de aplicación a la del Estado.

La financiación de las ampliaciones de crédito en el Presupuesto de las Entidades de la Seguridad Social podrá realizarse con cargo a la parte del remanente de tesorería al fin del ejercicio anterior que no haya sido aplicada en el presupuesto, con mayores ingresos sobre los previstos inicialmente o con baja en otros créditos del presupuesto. Si los ingresos proceden de aportaciones del Estado mayores a las inicialmente previstas en el presupuesto, la ampliación de crédito podrá autorizarse una vez efectuado el reconocimiento del derecho por parte de la correspondiente entidad.

4. No podrán ampliarse créditos que hayan sido previamente minorados, salvo en el ámbito de las entidades que integran el sistema de la Seguridad Social y en el de la sección 06 "Deuda Pública" siempre que su aprobación no reduzca la capacidad de financiación del Estado en el ejercicio, computada en la forma establecida en el artículo 27 de la Ley Orgánica 2/2012, de 27 de abril, de Estabilidad Presupuestaria y Sostenibilidad Financiera o cuando la minoración resulte de un traspaso de competencias a las Comunidades Autónomas.

5. Generaciones de crédito

Consiste en incrementar la dotación asignada a un crédito presupuestario de los estados de gastos, y, a tal fin, la LGP Ley 47/2003 establece en su artículo 53:

1. Las generaciones **son modificaciones que incrementan los créditos como consecuencia de la realización de determinados ingresos no previstos o superiores a los contemplados en el presupuesto inicial.**

2. Podrán dar lugar a generaciones los ingresos realizados en el propio ejercicio como consecuencia de:

a) Aportación del Estado a los organismos autónomos o a las entidades con presupuesto limitativo, así como de los organismos autónomos y las entidades con presupuesto limitativo y otras personas naturales o jurídicas al Estado u otros organismos autónomos o entidades con presupuesto limitativo, para financiar conjuntamente gastos que por su naturaleza estén comprendidos en los fines u objetivos asignados a los mismos.

b) Ventas de bienes y prestación de servicios.

c) Enajenaciones de inmovilizado.

d) Reembolsos de préstamos.

e) Ingresos legalmente afectados a la realización de actuaciones determinadas.

f) Ingresos por reintegros de pagos indebidos realizados con cargo a créditos del presupuesto corriente.

3. La generación sólo podrá realizarse cuando se hayan efectuado los correspondientes ingresos que la justifican. No obstante, en el caso de los organismos autónomos y de la Seguridad Social, la generación como consecuencia del supuesto previsto en el párrafo a) del apartado anterior podrá realizarse una vez efectuado el reconocimiento del derecho por el organismo o entidad correspondiente, o cuando exista un compromiso firme de aportación, siempre que el ingreso se prevea realizar en el propio ejercicio.

4. Cuando los ingresos provengan de la venta de bienes o prestaciones de servicios, las generaciones se efectuarán únicamente en aquellos créditos destinados a cubrir gastos de la misma naturaleza que los que se originaron por la adquisición o producción de los bienes enajenados o por la prestación del servicio.

Cuando la enajenación se refiera a inmovilizado, la generación únicamente podrá realizarse en los créditos correspondientes a operaciones de la misma naturaleza económica.

Los ingresos procedentes de reembolso de préstamos únicamente podrán dar lugar a generaciones en aquellos créditos destinados a la concesión de nuevos préstamos.

5. Con carácter excepcional podrán generar crédito en el Presupuesto del ejercicio los ingresos realizados en el último trimestre del ejercicio anterior.

6. Transferencias de crédito

Las transferencias de crédito no suponen aumento de las dotaciones de los estados de gastos de los presupuestos, sino que son una mera redistribución de créditos encaminada a la cobertura de las insuficiencias que puedan producirse en los importes de uno o varios créditos, mediante la reasignación de los superávits que, por el mismo importe global, se tengan en otros créditos.

Respecto a las Transferencias de Crédito la nueva LGP Ley 47/2003, establece en su artículo 52, lo siguiente:

Artículo 52. Transferencias de crédito

1. Las transferencias **son traspasos de dotaciones entre créditos**. Pueden realizarse entre los diferentes créditos del presupuesto incluso con la creación de créditos nuevos, con las siguientes restricciones:

a) No podrán realizarse desde créditos para operaciones financieras al resto de los créditos, ni desde créditos para operaciones de capital a créditos para operaciones corrientes.

b) No podrán realizarse entre créditos de distintas secciones presupuestarias. Esta restricción no afectará a los créditos del programa de contratación centralizada.

c) No minorarán créditos extraordinarios o créditos que se hayan suplementado o ampliado en el ejercicio.

Esta restricción no afectará a créditos con carácter ampliable de las entidades que integran el sistema de la Seguridad Social o cuando afecten a créditos de la sección 06 Deuda Pública.

d) En el ámbito de las entidades que integran el sistema de la Seguridad Social no podrán minorarse créditos ampliables salvo para financiar otros créditos ampliables.

2. Las anteriores restricciones no afectarán a las transferencias de crédito que hayan de realizarse como consecuencia de reorganizaciones administrativas o traspaso de competencias a comunidades autónomas ; las que se deriven de convenios o acuerdos de colaboración entre distintos departamentos ministeriales, órganos del Estado con secciones diferenciadas en el Presupuesto del Estado u organismos autónomos; las que se efectúen para dar cumplimiento a lo dispuesto en la Ley 16/1985, de 25 de junio, del Patrimonio Histórico Español y las que se realicen desde el programa de imprevistos.

3. En ningún caso las transferencias podrán crear créditos destinados a subvenciones nominativas salvo que sean conformes con lo dispuesto en la Ley General de Subvenciones o se trate de subvenciones o aportaciones a otros entes del sector público.

7. Incorporaciones de crédito

Por último y respecto a las Incorporaciones de crédito, la LGP Ley 47/2003 establece en su artículo 58 lo siguiente:

No obstante lo dispuesto en el artículo 49, se podrán incorporar a los correspondientes créditos de un ejercicio los remanentes de crédito del ejercicio anterior, en los siguientes casos:

a) Cuando así lo disponga una norma de rango legal.

b) Los procedentes de las generaciones a que se refiere el apartado 2 del artículo 53, en sus párrafos a) y e).

c) Los derivados de retenciones efectuadas para la financiación de créditos extraordinarios o suplementos de crédito, cuando haya sido anticipado su pago de acuerdo con el procedimiento previsto en esta Ley y las leyes de concesión hayan quedado pendientes de aprobación por el Parlamento al final del ejercicio presupuestario.

d) Los que resulten de créditos extraordinarios y suplementos de crédito que hayan sido concedidos mediante norma con rango de Ley en el último mes del ejercicio presupuestario anterior.

Las incorporaciones de crédito que afecten al presupuesto del Estado se financiarán mediante baja en el Fondo de Contingencia conforme a lo previsto en el artículo 50 de esta Ley o con baja en otros créditos de operaciones no financieras.

Las incorporaciones de crédito en el Presupuesto de organismos autónomos y entidades de la Seguridad Social únicamente podrán realizarse con cargo a la parte del remanente de tesorería que al fin del ejercicio anterior no haya sido aplicada al presupuesto del organismo.

En el presupuesto de la Seguridad Social podrán incorporarse a los correspondientes créditos, los remanentes que resulten de los créditos extraordinarios y suplementos de crédito autorizados en el último mes del ejercicio anterior.

8. Competencias en materia de expedientes de modificación de crédito

8.1. Competencias del Gobierno

Vienen recogidas en el artículo 61 de la LGP, que establece:

Corresponde al Gobierno, a propuesta del Ministro de Hacienda y a iniciativa de los ministros afectados:

a) Autorizar las transferencias entre distintas secciones presupuestarias como consecuencia de reorganizaciones administrativas.

b) Autorizar, respecto del presupuesto de los organismos autónomos, las modificaciones previstas en el párrafo c) del apartado 3 del artículo 56 de esta Ley.

c) Autorizar, respecto del presupuesto de la Seguridad Social, las modificaciones reservadas al Gobierno en el apartado 2 del artículo 57 de esta Ley.
d) Autorizar los créditos extraordinarios y suplementarios a los que se refiere el apartado 3 del artículo 55.

8.2. Competencias del Ministro de Hacienda

Las establece el artículo 62 de la LGP, que establece que corresponde al Ministro de Hacienda:

Corresponde al Ministro de Hacienda:

1. Autorizar las siguientes modificaciones presupuestarias:
   a) Las transferencias no reservadas a la competencia del Consejo de Ministros que, conforme al artículo 63, no puedan acordarse directamente por los titulares de los departamentos afectados.
   b) Las generaciones previstas en el párrafo c) del apartado 2 del artículo 53 y las que corresponda realizar en el Presupuesto del Estado en los supuestos definidos en los párrafos b) y e) del mismo apartado, aun cuando los ingresos se hubieran realizado en el último trimestre del ejercicio anterior.
   c) Las incorporaciones de remanentes reguladas en el artículo 58.
   d) Las ampliaciones de crédito previstas en el artículo 54.1, sin perjuicio de las competencias asignadas a los Presidentes y Directores de las Entidades de la Seguridad Social en el artículo 63.3.
   e) Las previstas, respecto del presupuesto de los organismos autónomos, en el párrafo b) del apartado 3 del artículo 56.
2. Acordar o denegar las modificaciones presupuestarias, en los supuestos de competencia de los titulares de los ministerios y organismos autónomos, cuando exista informe negativo de la Intervención Delegada y el titular de la competencia lo remita en discrepancia al Ministro de Hacienda.

8.3. Competencias de los ministros

Las establece el artículo 63 de la LGP, que establece:

1. Los titulares de los distintos ministerios podrán autorizar, previo informe favorable de la Intervención Delegada competente en el ministerio o, en su caso, en las entidades a que se refiere el artículo 3.1 de esta ley, las siguientes modificaciones presupuestarias:
   a) Transferencias entre créditos de un mismo programa o entre programas de un mismo servicio, incluso con la creación de créditos nuevos

en el caso de los destinados a compra de bienes corrientes y servicios o inversiones reales, siempre que se encuentren previamente contemplados en los códigos que definen la clasificación económica y no afecten a los de personal o no incrementen los créditos que enumera el apartado 2 del articulo 43 de esta Ley.

b) Generaciones de crédito en los supuestos contemplados en los párrafos a), d) y f) del apartado 2 del artículo 53 de esta ley, aun cuando los ingresos se hubieran realizado en el último trimestre del ejercicio anterior.

El Ministro de Trabajo y Asuntos Sociales ejercerá, respecto del Presupuesto de la Seguridad Social, las competencias que el artículo 62 otorga al Ministerio de Hacienda, salvo en el caso de la ampliación de créditos a que se refiere el párrafo d) de este artículo. No obstante cuando las transferencias incrementen créditos para la acción protectora de la Seguridad Social en su modalidad no contributiva y universal con baja en créditos destinados a la acción protectora de la Seguridad Social en su modalidad contributiva, se requerirá el informe favorable del Ministerio de Hacienda. En la parte relativa al presupuesto de gastos del Instituto Nacional de Gestión Sanitaria, esta competencia será ejercida por el Ministro de Sanidad y Consumo.

Los presidentes de los órganos del Estado con secciones diferenciadas en los Presupuestos Generales del Estado, tendrán las competencias establecidas en este número en relación con las modificaciones presupuestarias del presupuesto de gastos respectivo, sin perjuicio del principio de autonomía presupuestaria de las Cortes Generales. En el caso de los presidentes de los Órganos Constitucionales no será de aplicación la limitación contenida en el párrafo a) de este apartado respecto del incremento de los gastos de personal.

2. Los presidentes y directores de los organismos autónomos, y de las restantes entidades comprendidas en el artículo 3.1 de esta ley, además de las competencias que les otorga el artículo 56 ejercerán, referidas a sus respectivos presupuestos, las relativas a las generaciones contenidas en los párrafos b) y e) del apartado 2 del artículo 53, así como las establecidas en este artículo a favor de los ministros, quienes podrán avocarlas en todo o en parte. Los acuerdos de avocación serán comunicados a la Dirección General de Presupuestos.

3. Corresponderá a los presidentes y directores de las entidades de la Seguridad Social la autorización, en sus respectivos presupuestos, de las modificaciones siguientes:

   a) Las generaciones de crédito a que se refiere el artículo 53, excepto en el supuesto del apartado 2.c), aun cuando los ingresos se hubieran realizado en el último trimestre del ejercicio anterior.

   b) Las ampliaciones del artículo 54.

c) Las transferencias entre un mismo programa y capítulo o programas de la misma entidad y capítulo, incluso con la creación de créditos nuevos en el caso de los destinados a compra de bienes corrientes y servicios e inversiones reales, siempre que no afecten a gastos de personal, a actuaciones protocolarias y representativas o supongan una desviación en los objetivos de los programas.

No obstante, cuando las transferencias incrementen créditos para la acción protectora de la Seguridad Social en su modalidad no contributiva y universal con baja en créditos destinados a la acción protectora de la Seguridad Social en su modalidad contributiva, se requerirá el informe favorable del Ministerio de Hacienda.

Estas competencias podrán ser avocadas, en todo o en parte, por el Ministro de Sanidad y Consumo respecto del presupuesto de Instituto Nacional de Gestión Sanitaria y por el Ministro de Trabajo y Asuntos Sociales con respecto al presupuesto de las restantes Entidades de la Seguridad Social.

4. Una vez autorizadas las modificaciones presupuestarias a que se refiere este artículo los acuerdos que afecten al presupuesto del Estado o de sus organismos se remitirán a la Dirección General de Presupuestos del Ministerio de Hacienda para instrumentar su ejecución.

8.4. Especialidades en materia de competencia para las modificaciones presupuestarias en la ley de presupuestos del presente ejercicio

Debido a la situación política existente, para el actual ejercicio, se prorroga la Ley 6/2018, de 3 de julio, de Presupuestos Generales del Estado para el año 2018.

Dicha ley, establece en su artículo 9 lo siguiente:

Artículo 9. Competencias específicas en materia de modificaciones presupuestarias

Uno. Durante la vigencia de esta Ley, corresponden al Ministro de Hacienda y Función Pública las siguientes competencias específicas en materia de modificaciones presupuestarias:

1. Autorizar las transferencias que afecten a los créditos contemplados en el artículo 8 apartados Uno.3, y Dos.5 de la presente Ley.
2. Autorizar las transferencias que se realicen con cargo al crédito 26.18.231A.227.11 «Para actividades de prevención, investigación, per-

secución y represión de los delitos relacionados con el tráfico de drogas y demás fines a que se refiere la Ley 17/2003, de 29 de mayo», cuando se destinen a otros Departamentos ministeriales.

3. Autorizar las generaciones de crédito en el presupuesto de las entidades referidas en los apartados 1.º, 2.º y 4.º de la letra a) del artículo 1 de la presente Ley, con presupuesto limitativo, que impliquen la creación de conceptos nuevos en los capítulos 4 «Transferencias corrientes» y 7 «Transferencias de capital» o para el resto de capítulos cuando no se encuentren previamente contemplados en los códigos que definen la clasificación económica.
4. Autorizar las transferencias de crédito entre servicios u Organismos autónomos de distintos Departamentos ministeriales, cuando ello fuere necesario para la distribución de los créditos del Fondo para la Investigación Científica y el Desarrollo Tecnológico.
5. Autorizar transferencias de crédito entre servicios u Organismos autónomos de distintos Departamento ministeriales, cuando ello fuere necesario para hacer efectiva la redistribución, reasignación o movilidad de los efectivos de personal o de los puestos de trabajo, en los casos previstos en el Capítulo IV del Título III del Reglamento General de Ingresos del Personal al Servicio de la Administración General del Estado y de Provisión de Puestos de Trabajo y Promoción Profesional de los Funcionarios Civiles de la Administración General del Estado, aprobado por Real Decreto 364/1995, de 10 de marzo, así como para hacer efectiva la movilidad forzosa del personal laboral de la Administración General del Estado de acuerdo con la normativa que les sea de aplicación.
6. Autorizar las modificaciones de crédito a realizar en el presupuesto del Servicio Público de Empleo Estatal que afecten a los créditos que se especifican para este organismo autónomo en el anexo II. Segundo. Nueve.
7. Autorizar en el presupuesto de los organismos autónomos las generaciones de crédito por ingresos del Estado legalmente afectados a financiar actuaciones del organismo autónomo de que se trate.
8. Autorizar las transferencias que se realicen en el presupuesto de las entidades referidas en los apartados 1.º, 2.º y 4.º de la letra a) del artículo 1 de la presente Ley, con presupuesto limitativo, desde créditos para operaciones de capital a créditos para operaciones corrientes.
9. Autorizar las variaciones o modificaciones presupuestarias que se realicen con cargo a remanentes de tesorería de las entidades referidas en el apartado 4.º de la letra a) del artículo 1 de la presente Ley cuando las mismas superen la cuantía de 500.000 euros.

Dicho límite se referirá al conjunto de variaciones o modificaciones efectuadas en el ejercicio presupuestario.

10. Autorizar las variaciones o modificaciones presupuestarias que se realicen en el presupuesto de las entidades referidas en los apartados 1.º, 2.º y 4.º de la letra a) del artículo 1 de la presente Ley, cuando las mismas afecten a créditos del Capítulo 4 «Transferencias corrientes», del Capítulo 7 «Transferencias de capital» o del Capítulo 8 «Activos financieros».

Dos. Durante la vigencia de esta Ley, corresponde a la Ministra de Defensa autorizar las generaciones de crédito contempladas en el artículo 53.2.b) de la Ley 47/2003, de 26 de noviembre, General Presupuestaria, motivadas por ingresos procedentes de ventas de productos farmacéuticos o de prestación de servicios hospitalarios, así como por ingresos procedentes de suministros de víveres, combustibles o prestaciones alimentarias debidamente autorizadas, y prestaciones de servicios a ejércitos de países integrados en la OTAN y los procedentes de las prestaciones de servicios y ventas efectuadas por el Área de Cría Caballar de las Fuerzas Armadas.

Tres. Durante la vigencia de esta Ley, corresponden a la Ministra de Sanidad, Servicios Sociales e Igualdad autorizar las generaciones de crédito contempladas en el artículo 53.2.b) de la Ley 47 /2003, de 26 de noviembre, General Presupuestaria, como consecuencia de los ingresos a que se refiere la disposición adicional décima del Texto Refundido de la Ley General de la Seguridad Social, aprobado por el Real Decreto Legislativo 8/2015, de 30 de octubre.

Al objeto de reflejar las repercusiones que en el Presupuesto de gastos del Instituto Nacional de Gestión Sanitaria hubieran de tener las transferencias del Estado a la Seguridad Social, por la generación de crédito que se hubiera producido como consecuencia de la recaudación efectiva de ingresos a que se refiere la disposición adicional décima del Texto Refundido de la Ley General de la Seguridad Social, la Ministra de Sanidad, Servicios Sociales e Igualdad podrá autorizar las ampliaciones de crédito que fueran necesarias en el Presupuesto de gastos de dicha Entidad.

En todo caso, una vez autorizadas las modificaciones presupuestarias a que se refiere el párrafo anterior, se remitirán al Ministerio de Hacienda y Función Pública, Dirección General de Presupuestos, para su conocimiento.

Cuatro. Durante la vigencia de esta Ley corresponde al Director del Instituto de Salud Carlos III autorizar en el presupuesto del citado organismo las transferencias de crédito que afecten a las transferencia corrientes y de capital entre subsectores, cuanto estas sean consecuencia del otorgamiento de ayudas a organismos públicos en el marco de convocatorias públicas y se financien con cargo a la política 46 «Investigación, desarrollo e innovación».

Cinco. Durante la vigencia de esta Ley, en el caso de modificaciones de crédito en el presupuesto de entidades del apartado 4.º de la letra a) del artículo 1 de la presente Ley cuya financiación se realice con cargo al presupuesto de gastos del Estado, ambas modificaciones se acordarán mediante el procedimiento que le sea de aplicación a la del Estado.

Seis. El Gobierno remitirá a las Cortes Generales, a través de su Oficina Presupuestaria, información trimestral de todas las transferencias a que se refiere este artículo, identificando las partidas afectadas, su importe y finalidad de las mismas. La Oficina pondrá dicha documentación a disposición de los Diputados, Senadores y las Comisiones Parlamentarias.

Tema 15

Políticas de Igualdad de Género. La Ley Orgánica 3/2007, de 22 de marzo, para la Igualdad efectiva en mujeres y hombres. Políticas contra la Violencia de Género. La Ley Orgánica 1/2004, de 28 de diciembre, de Medidas de Protección Integral contra la Violencia de Género. Discapacidad y dependencia

eRodio
ediciones

Índice esquemático

1. La igualdad de género en la Constitución Española: la igualdad formal

La Constitución Española de 1978, recoge el principio de igualdad en su artículo 14 que establece:

"Los españoles son iguales ante la ley, sin que pueda prevalecer discriminación alguna por razón de nacimiento, raza, sexo, religión, opinión o cualquier otra condición o circunstancia personal o social".

Tres cuestiones hay que destacar de este artículo:

a) El carácter preeminente que la Constitución ha otorgado a la igualdad, que declara como un valor superior del ordenamiento jurídico, artículo 1° CE, y que desarrolla en el artículo 14, como frontispicio de todo el capítulo II del Título I, presidiendo incluso a los Derechos Fundamentales y libertades públicas.

b) Que la igualdad como valor superior se concreta en la "ausencia de discriminación".

c) Que en el presente tema nos vamos a referir en exclusiva, a la igualdad por razón de sexo, es decir entre el hombre y la mujer.

Sentadas estas premisas tenemos que decir, que el poder constituyente, y una vez consagrado este principio de igualdad de sexos, debió pensar que ya estaba todo hecho. Reflejado el valor en el texto constitucional, no había más que esperar que esto fuera una realidad social. Es lo que llamamos igualdad "formal", para referirnos, al hecho de que la igualdad de género, estaba ya formalmente recogida desde el año 1978, en nuestra máxima norma.

Pero la cuestión era, ¿Y esta igualdad formal, se ha trasladado a la realidad social? Es decir, materialmente ¿nuestra sociedad es igualitaria, entre hombres y mujeres? Al darse cuenta nuestro legislador que por más que lo consagrara la Constitución, la igualdad de género no progresaba en nuestro país, es por lo que se decidió que era necesaria una norma de desarrollo, que estableciera las bases para que la sociedad caminara hacia una igualdad "real", y se hizo a través de La Ley Orgánica para la igualdad efectiva de mujeres y hombres, Ley Orgánica 3/2007, ¡29 años después de aprobarse el texto constitucional!

2. El desarrollo del principio constitucional, la Ley Orgánica para la Igualdad efectiva de mujeres y hombres: la igualdad material o real

La igualdad de género o sexo, se desarrolla **en la Ley Orgánica 3/2007 de 22 de marzo, Ley Orgánica de Igualdad efectiva de mujeres y hombres,** que como he hemos dicho más arriba pretende conseguir y llevar al terreno de la realidad, la igualdad que formalmente ya existía, pero que no era real.

Dicha ley ha sido modificada, entre otros, por el Real Decreto-ley 6/2019, de 1 de marzo, de medidas urgentes para garantía de la igualdad de trato y de oportunidades entre mujeres y hombres en el empleo y la ocupación.

Así lo recoge la exposición de motivos de la Ley, cuando dice: "*el pleno reconocimiento de **la igualdad formal ante la ley, aun habiendo comportado, sin duda, un paso decisivo, ha resultado ser insuficiente**. La violencia de género, la discriminación salarial, la discriminación en las pensiones de viudedad, el mayor desempleo femenino, la todavía escasa presencia de las mujeres en puestos de responsabilidad política, social, cultural y económica, o los problemas de conciliación entre la vida personal, laboral y familiar muestran cómo **la igualdad plena, efectiva, entre mujeres y hombres**, aquella «perfecta igualdad que no admitiera poder ni privilegio para unos ni incapacidad para otros», en palabras escritas por John Stuart Mill hace casi 140 años, **es todavía hoy una tarea pendiente** que precisa de nuevos instrumentos jurídicos.*

*Resulta necesaria, en efecto, **una acción normativa dirigida a combatir todas las manifestaciones aún subsistentes de discriminación**, directa o indirecta, por razón de sexo y a promover la igualdad real entre mujeres y hombres, con remoción de los obstáculos y estereotipos sociales que impiden alcanzarla. Esta exigencia se deriva de nuestro ordenamiento constitucional e integra un genuino derecho de las mujeres, pero es a la vez un elemento de enriquecimiento de la propia sociedad española, que contribuirá al desarrollo económico y al aumento del empleo.*

Se contempla, asimismo, una especial consideración con los supuestos de doble discriminación y las singulares dificultades en que se encuentran las mujeres que presentan especial vulnerabilidad, como son las que pertenecen a minorías, las mujeres inmigrantes y las mujeres con discapacidad."

La Ley se estructura en un Título preliminar, ocho Títulos, treinta y una disposiciones adicionales, once disposiciones transitorias, una disposición derogatoria y ocho disposiciones finales.

El Título Preliminar establece el objeto y el ámbito de aplicación de la Ley.

El Título Primero define, siguiendo las indicaciones de las Directivas de referencia, los conceptos y categorías jurídicas básicas relativas a la igualdad, como las de discriminación directa e indirecta, acoso sexual y acoso por razón de sexo, y acciones positivas.

En el Título Segundo, Capítulo Primero, se establecen las pautas generales de actuación de los poderes públicos en relación con la igualdad, se define el principio de transversalidad y los instrumentos para su integración en la elaboración, ejecución y aplicación de las normas. También se consagra el principio de presencia equilibrada de mujeres y hombres en las listas electorales y en los nombramientos realizados por los poderes públicos.

El Título III contiene medidas de fomento de la igualdad en los medios de comunicación social, con reglas específicas para los de titularidad pública, así como instrumentos de control de los supuestos de publicidad de contenido discriminatorio.

El Título IV se ocupa del derecho al trabajo en igualdad de oportunidades, incorporando medidas para garantizar la igualdad entre mujeres y hombres en el acceso al empleo, en la formación y en la promoción profesionales, y en las condiciones de trabajo. Se incluye además, entre los derechos laborales de los trabajadores y las trabajadoras, la protección frente al acoso sexual y al acoso por razón de sexo.

El Título V, en su Capítulo I regula el principio de igualdad en el empleo público, estableciéndose los criterios generales de actuación a favor de la igualdad para el conjunto de las Administraciones públicas y, en su Capítulo II, la presencia equilibrada de mujeres y hombres en los nombramientos de órganos directivos de la Administración General del Estado.

El Título VI de la Ley está dedicado a la igualdad de trato en el acceso a bienes y servicios, con especial referencia a los seguros.

El Título VII contempla la realización voluntaria de acciones de responsabilidad social por las empresas en materia de igualdad.

El Título VIII de la Ley establece una serie de disposiciones organizativas, con la creación de una Comisión Interministerial de Igualdad entre mujeres y hombres y de las Unidades de Igualdad en cada Ministerio.

A modo de resumen para preguntas tipo test te plasmamos el siguiente resumen de la estructura de la Ley:

Ley Orgánica 3/2007 de igualdad efectiva de mujeres y hombres, de 22 de marzo

- Título I. El principio de igualdad y tutela contra la discriminación.
- Título II. Políticas Públicas para la igualdad.

- Título III. Igualdad y medios de comunicación.
- Título IV. El derecho al trabajo en igualdad de oportunidades.
- Título V. El principio de igualdad en el empleo público.
- Título VI. Igualdad de trato en acceso a bienes y servicios.
- Título VII. Igualdad en la responsabilidad social de las empresas.
- Título VIII. Disposiciones organizativas.

31 disposiciones adicionales, 11 transitorias, 1 derogatoria, y 8 finales.

2.1. Igualdad de oportunidades y discriminación por razón de sexo. Conceptos previos

2.1.1. Objeto de la ley

Se describe en el artículo 1º de la Ley que establece:

1. *Las mujeres y los hombres* ***son iguales en dignidad humana, e iguales en derechos y deberes. Esta Ley tiene por objeto hacer efectivo el derecho de igualdad de trato y de oportunidades entre mujeres y hombres, en particular mediante la eliminación de la discriminación de la mujer,*** *sea cual fuere su circunstancia o condición, en cualesquiera de los ámbitos de la vida y, singularmente, en las esferas política, civil, laboral, económica, social y cultural para, en el desarrollo de los artículos 9.2 y 14 de la Constitución, alcanzar una sociedad más democrática, más justa y más solidaria.*

2. *A estos efectos, la Ley establece principios de actuación de los Poderes Públicos, regula derechos y deberes de las personas físicas y jurídicas, tanto públicas como privadas, y prevé medidas destinadas a eliminar y corregir en los sectores público y privado, toda forma de discriminación por razón de sexo.*

Con la Ley de Igualdad se produce el reconocimiento de una igualdad efectiva o real. La exigencia de que exista una igualdad real entre hombres y mujeres no solo se deriva de nuestro Ordenamiento Jurídico, sino que también forma parte de una exigencia social, que contribuye al desarrollo económico.

La Ley de Igualdad supone un paso más en la lucha contra la discriminación de las mujeres y en el aseguramiento de una igualdad efectiva. Aunque la ley es muy decisiva, no debería ser el único paso que se haya de adoptar.

2.1.2. El principio de igualdad y la tutela contra la discriminación

La Ley orgánica define a tal efecto que el principio de igualdad de trato entre mujeres y hombres **supone la ausencia de toda discriminación, directa o indirecta**, por razón de sexo, y, especialmente, las derivadas de la maternidad, la asunción de obligaciones familiares y el estado civil.

La igualdad de trato y de oportunidades entre mujeres y hombres es un principio informador del ordenamiento jurídico y, como tal, se integrará y observará en la interpretación y aplicación de las normas jurídicas.

El principio de igualdad de trato y de oportunidades entre mujeres y hombres, aplicable en el ámbito del empleo privado y en el del empleo público, se garantizará, en los términos previstos en la normativa aplicable, en el acceso al empleo, incluso al trabajo por cuenta propia, en la formación profesional, en la promoción profesional, en las condiciones de trabajo, incluidas las retributivas y las de despido, y en la afiliación y participación en las organizaciones sindicales y empresariales, o en cualquier organización cuyos miembros ejerzan una profesión concreta, incluidas las prestaciones concedidas por las mismas.

No constituirá discriminación en el acceso al empleo, incluida la formación necesaria, una diferencia de trato basada en una característica relacionada con el sexo cuando, debido a la naturaleza de las actividades profesionales concretas o al contexto en el que se lleven a cabo, dicha característica constituya un requisito profesional esencial y determinante, siempre y cuando el objetivo sea legítimo y el requisito proporcionado.

Discriminación directa e indirecta: se **considera discriminación directa** por razón de sexo la situación en que se encuentra una persona que sea, haya sido o pudiera ser tratada, en atención a su sexo, de manera menos favorable que otra en situación comparable.

Se **considera discriminación indirecta** por razón de sexo la situación en que una disposición, criterio o práctica aparentemente neutros pone a personas de un sexo en desventaja particular con respecto a personas del otro, salvo que dicha disposición, criterio o práctica puedan justificarse objetivamente en atención a una finalidad legítima y que los medios para alcanzar dicha finalidad sean necesarios y adecuados.

En cualquier caso, se considera discriminatoria toda orden de discriminar, directa o indirectamente, por razón de sexo.

Acoso sexual y acoso por razón de sexo: sin perjuicio de lo establecido en el Código Penal, a los efectos de esta Ley **constituye acoso sexual cualquier comportamiento, verbal o físico, de naturaleza sexual que tenga el pro-**

pósito o produzca el efecto de atentar contra la dignidad de una persona, en particular cuando se crea un entorno intimidatorio, degradante u ofensivo.

Constituye **acoso por razón de sexo cualquier comportamiento realizado en función del sexo de una persona**, con el propósito o el efecto de atentar contra su dignidad y de crear un entorno intimidatorio, degradante u ofensivo.

Se considerarán en todo caso discriminatorios el acoso sexual y el acoso por razón de sexo.

El condicionamiento de un derecho o de una expectativa de derecho a la aceptación de una situación constitutiva de acoso sexual o de acoso por razón de sexo se considerará también acto de discriminación por razón de sexo.

Constituye discriminación directa por razón de sexo todo trato desfavorable a las mujeres relacionado con el embarazo o la maternidad.

2.1.3. El principio de transversalidad: el mainstreaming

La Ley de Igualdad implica la proyección del principio de igualdad sobre los diversos ámbitos del ordenamiento de la realidad social, cultural y artística en que pueda generarse o perpetuarse la desigualdad.

A este respecto conviene recordar que el artículo 9.2 de la Constitución Española, establece un mandato a los Poderes públicos, para que hagan real y efectivo lo que digan las normas, establece:

"Corresponde a los Poderes Públicos promover las condiciones para que la libertad ***y la igualdad del individuo*** *y de los grupos en que se integra* ***sean reales y efectivas; remover los obstáculos que impidan o dificulten su plenitud*** *y facilitar la participación de todos los ciudadanos en la vida política, económica, cultural y social".*

Este mandato constitucional, se concreta en el principio de transversalidad que establece el artículo 15 de la ley,

El principio de igualdad de trato y oportunidades entre mujeres y hombres ***informará, con carácter transversal, la actuación de todos los Poderes Públicos.*** *Las Administraciones públicas lo integrarán, de forma activa, en la adopción y ejecución de sus disposiciones normativas, en la definición y presupuestación de políticas públicas en todos los ámbitos y en el desarrollo del conjunto de todas sus actividades.*

Entendemos que lo quiere la transversalidad, es que la idea de la igualdad atraviese toda la actuación administrativa, desde los que hacen normas jurídicas en todos los ministerios, a quienes las aplican. Sea de lo que sea, el tipo de Proyecto de ley, o Reglamento, o Política publica en la que se esté trabajando, quien lo haga se tiene que plantear, ¿Esto que estamos haciendo puede afectar a la igualdad?¿Y en ese caso, como lo puedo hacer para que mejore la situación?

La idea de transversalidad es contraria a que en un ministerio haya un pequeño equipo o servicio que se dedique a la igualdad. La transversalidad quiere que TODOS en el ministerio o Ayuntamiento, o Consejería, estemos trabajando por la igualdad. (A modo de ejemplo: se está trabajando en un tema de seguridad social en el Ministerio de Agricultura, y alguien podía pensar "este tema es muy específico y no tiene nada que ver con la igualdad", o alguien aplicando la transversalidad se preocupó de pensar ¿Esto puede afectar a la Igualdad? ¿Cómo se hace ahora? Y de esa reflexión nació una formidable política pública, por la que se modificó el régimen especial agrario de los trabajadores del campo, permitiendo que las mujeres (Copropietarias de las explotaciones agrarias, al estar en régimen de gananciales) se pudieran dar de alta en la seguridad social.)

Estableciendo en el artículo 14 los siguientes criterios generales de actuación de los poderes públicos:

1. El compromiso con la efectividad del derecho constitucional de igualdad entre mujeres y hombres.
2. **La integración del principio de igualdad de trato y de oportunidades en el conjunto de las políticas económica, laboral, social, cultural y artística, con el fin de evitar la segregación laboral** y eliminar las diferencias retributivas, así como potenciar el crecimiento del empresariado femenino en todos los ámbitos que abarque el conjunto de políticas y el valor del trabajo de las mujeres, incluido el doméstico.
3. La colaboración y cooperación entre las distintas Administraciones públicas en la aplicación del principio de igualdad de trato y de oportunidades.
4. **La participación equilibrada de mujeres y hombres en las candidaturas electorales** y en la toma de decisiones.
5. La adopción de las **medidas necesarias para la erradicación de la violencia de género, la violencia familiar** y todas las formas de acoso sexual y acoso por razón de sexo.
6. La consideración de las singulares dificultades en que se encuentran las mujeres de colectivos de especial vulnerabilidad como son las que pertenecen **a minorías**, las mujeres inmigrantes, las niñas, las mujeres con discapacidad, las mujeres mayores, las mujeres viudas y las mujeres víctimas de violencia de género, para las cuales los poderes públicos podrán adoptar, igualmente, medidas de acción positiva.

7. La **protección de la maternidad**, con especial atención a la asunción por la sociedad de los efectos derivados del embarazo, parto y lactancia.
8. El establecimiento de medidas que aseguren **la conciliación del trabajo y de la vida personal y familiar de las mujeres y los hombres**, así como el fomento de la corresponsabilidad en las labores domésticas y en la atención a la familia.
9. El fomento de instrumentos de colaboración entre las distintas Administraciones públicas y los agentes sociales, las asociaciones de mujeres y otras entidades privadas.
10. El fomento de la efectividad del principio de igualdad entre mujeres y hombres en las relaciones entre particulares.
11. La implantación de un **lenguaje no sexista** en el ámbito administrativo y su fomento en la totalidad de las relaciones sociales, culturales y artísticas.
12. Todos los puntos considerados en este artículo se promoverán e integrarán de igual manera en la política española de cooperación internacional para el desarrollo.

2.2. Políticas públicas para la igualdad

El Gobierno, en las materias que sean de la competencia del Estado, aprobará periódicamente **un Plan Estratégico de Igualdad de Oportunidades, que incluirá medidas para alcanzar el objetivo de igualdad entre mujeres y hombres** y eliminar la discriminación por razón de sexo.

En los términos que reglamentariamente se determinen, el Gobierno elaborará **un informe periódico sobre el conjunto de sus actuaciones** en relación con la efectividad del principio de igualdad entre mujeres y hombres. De este informe se dará cuenta a las Cortes Generales.

Los proyectos de disposiciones de carácter general y los planes de especial relevancia económica, social, cultural y artística que se sometan a la aprobación del Consejo de Ministros **deberán incorporar un informe sobre su impacto por razón de género.** (Es decir todos los proyectos de ley, o de reglamentos, deben incorporar entre la documentación a aportar este informe de impacto por razón de género de la norma que se pretende aprobar).

Al objeto de hacer efectivas las disposiciones contenidas en esta Ley y que se garantice la integración de modo efectivo de la perspectiva de género en su actividad ordinaria, **los poderes públicos, en la elaboración de sus estudios y estadísticas, deberán**:

a) Incluir sistemáticamente la variable de sexo en las estadísticas, encuestas y recogida de datos que lleven a cabo.

b) Establecer e incluir en las operaciones estadísticas nuevos indicadores que posibiliten un mejor conocimiento de las diferencias en los valores, roles, situaciones, condiciones, aspiraciones y necesidades de mujeres y hombres, su manifestación e interacción en la realidad que se vaya a analizar.

c) Diseñar e introducir los indicadores y mecanismos necesarios que permitan el conocimiento de la incidencia de otras variables cuya concurrencia resulta generadora de situaciones de discriminación múltiple en los diferentes ámbitos de intervención.

d) Realizar muestras lo suficientemente amplias como para que las diversas variables incluidas puedan ser explotadas y analizadas en función de la variable de sexo.

e) Explotar los datos de que disponen de modo que se puedan conocer las diferentes situaciones, condiciones, aspiraciones y necesidades de mujeres y hombres en los diferentes ámbitos de intervención.

f) Revisar y, en su caso, adecuar las definiciones estadísticas existentes con objeto de contribuir al reconocimiento y valoración del trabajo de las mujeres y evitar la estereotipación negativa de determinados colectivos de mujeres.

Sólo excepcionalmente, y mediante informe motivado y aprobado por el órgano competente, podrá justificarse el incumplimiento de alguna de las obligaciones anteriormente especificadas.

Respecto a la **Colaboración entre las Administraciones públicas** el Artículo 21 de la Ley establece que la Administración General del Estado y las Administraciones de las Comunidades Autónomas cooperarán para integrar el derecho de igualdad entre mujeres y hombres en el ejercicio de sus respectivas competencias y, en especial, en sus actuaciones de planificación. **En el seno de la Conferencia Sectorial de la Mujer podrán adoptarse planes y programas conjuntos de actuación con esta finalidad.**

Las Entidades Locales integrarán el derecho de igualdad en el ejercicio de sus competencias y colaborarán, a tal efecto, con el resto de las Administraciones públicas.

La Ley prevé **acciones específicas para la igualdad** en los siguientes ámbitos:

- En la Política educativa.
- En la creación y producción artística.

- En la salud.
- En la sociedad de la información.
- En deportes.
- En el desarrollo rural.
- En la ordenación del territorio y vivienda.
- En la cooperación al desarrollo.
- En contratos y subvenciones públicas.
- Etc.

2.3. Igualdad y medios de comunicación

La Ley orgánica de Igualdad establece que los medios de comunicación social de **titularidad pública velarán por la transmisión de una imagen igualitaria, plural y no estereotipada de mujeres y hombres en la sociedad**, y promoverán el conocimiento y la difusión del principio de igualdad entre mujeres y hombres.

A tal efecto, la Corporación RTVE, en el ejercicio de su función de servicio público, perseguirá en su programación los siguientes objetivos:

a) Reflejar adecuadamente la presencia de las mujeres en los diversos ámbitos de la vida social.

b) Utilizar el **lenguaje en forma no sexista**.

c) Adoptar, mediante la autorregulación, códigos de conducta tendentes a transmitir el contenido del principio de igualdad.

d) Colaborar con las campañas institucionales dirigidas a fomentar la igualdad entre mujeres y hombres y a erradicar la violencia de género.

En el mismo sentido que lo anterior, la Agencia EFE velará por el respeto del principio de igualdad entre mujeres y hombres y, en especial, por la utilización no sexista del lenguaje.

Respecto de los **medios de comunicación social de titularidad privada**, la Ley Orgánica de Igualdad establece:

- Todos los medios de comunicación **respetarán la igualdad** entre mujeres y hombres, evitando cualquier forma de discriminación.
- Las Administraciones públicas promoverán la adopción por parte de los medios de comunicación de acuerdos de autorregulación que contribuyan al cumplimiento de la legislación en materia de igualdad entre muje-

res y hombres, incluyendo las actividades de venta y publicidad que en aquellos se desarrollen.

- La publicidad que comporte una conducta discriminatoria de acuerdo con esta Ley se considerará publicidad ilícita, de conformidad con lo previsto en la legislación general de publicidad y de publicidad y comunicación institucional.

2.4. El derecho al trabajo en igualdad de oportunidades

Las políticas de empleo tendrán como uno de sus objetivos prioritarios aumentar la participación de las mujeres en el mercado de trabajo y avanzar en la igualdad efectiva entre mujeres y hombres. Para ello, se mejorará la empleabilidad y la permanencia en el empleo de las mujeres, potenciando su nivel formativo y su adaptabilidad a los requerimientos del mercado de trabajo.

Los Programas de inserción laboral activa comprenderán todos los niveles educativos y edad de las mujeres, incluyendo los de Formación Profesional, Escuelas Taller y Casas de Oficios, dirigidos a personas en desempleo, se podrán destinar prioritariamente a colectivos específicos de mujeres o contemplar una determinada proporción de mujeres.

De acuerdo con lo establecido legalmente, **mediante la negociación colectiva** se podrán establecer **medidas de acción positiva para favorecer el acceso de las mujeres al empleo** y la aplicación efectiva del principio de igualdad de trato y no discriminación en las condiciones de trabajo entre mujeres y hombres.

Los derechos de *conciliación de la vida personal, familiar y laboral* se reconocerán a los trabajadores y las trabajadoras en forma que fomenten la asunción equilibrada de las responsabilidades familiares, evitando toda discriminación basada en su ejercicio.

El permiso y la prestación por maternidad se concederán en los términos previstos en la normativa laboral y de Seguridad Social.

Para contribuir a un reparto más equilibrado de las responsabilidades familiares, se reconoce a los padres el derecho a un permiso y una prestación por paternidad, en los términos previstos en la normativa laboral y de Seguridad Social.

Las empresas están obligadas a respetar la igualdad de trato y de oportunidades en el ámbito laboral y, con esta finalidad, deberán adoptar medidas dirigidas a evitar cualquier tipo de discriminación laboral entre mujeres y hombres, medidas que deberán negociar, y en su caso acordar, con los representantes legales de los trabajadores en la forma que se determine en la legislación laboral.

En el caso de las empresas de cincuenta o más trabajadores, las medidas de igualdad a que se refiere el apartado anterior deberán dirigirse a la elaboración y aplicación de un plan de igualdad, con el alcance y contenido establecidos en este capítulo, que deberá ser asimismo objeto de negociación en la forma que se determine en la legislación laboral.

Sin perjuicio de lo dispuesto en el apartado anterior, las empresas deberán elaborar y aplicar un plan de igualdad cuando así se establezca en el convenio colectivo que sea aplicable, en los términos previstos en el mismo.

Las empresas también elaborarán y aplicarán un plan de igualdad, previa negociación o consulta, en su caso, con la representación legal de los trabajadores y trabajadoras, cuando la autoridad laboral hubiera acordado en un procedimiento sancionador la sustitución de las sanciones accesorias por la elaboración y aplicación de dicho plan, en los términos que se fijen en el indicado acuerdo.

La elaboración e implantación de planes de igualdad será voluntaria para las demás empresas, previa consulta a la representación legal de los trabajadores y trabajadoras.

Se modifica este artículo 45 por el art. 1.1 del Real Decreto-ley 6/2019, de 1 de marzo.

Los planes de igualdad de las empresas son un conjunto ordenado de medidas, adoptadas después de realizar un diagnóstico de situación, tendentes a alcanzar en la empresa la igualdad de trato y de oportunidades entre mujeres y hombres y a eliminar la discriminación por razón de sexo.

Los planes de igualdad fijarán los concretos objetivos de igualdad a alcanzar, las estrategias y prácticas a adoptar para su consecución, así como el establecimiento de sistemas eficaces de seguimiento y evaluación de los objetivos fijados.

Los planes de igualdad contendrán un conjunto ordenado de medidas evaluables dirigidas a remover los obstáculos que impiden o dificultan la igualdad efectiva de mujeres y hombres. Con carácter previo se elaborará un diagnóstico negociado, en su caso, con la representación legal de las personas trabajadoras, que contendrá al menos las siguientes materias:

a) Proceso de selección y contratación.

b) Clasificación profesional.

c) Formación.

d) Promoción profesional.

e) Condiciones de trabajo, incluida la auditoría salarial entre mujeres y hombres.

f) Ejercicio corresponsable de los derechos de la vida personal, familiar y laboral.

g) Infrarrepresentación femenina.

h) Retribuciones.

i) Prevención del acoso sexual y por razón de sexo.

La elaboración del diagnóstico se realizará en el seno de la Comisión Negociadora del Plan de Igualdad, para lo cual, la dirección de la empresa facilitará todos los datos e información necesaria para elaborar el mismo en relación con las materias enumeradas en este apartado, así como los datos del Registro regulados en el artículo 28, apartado 2 del Estatuto de los Trabajadores.

Los planes de igualdad incluirán la totalidad de una empresa, sin perjuicio del establecimiento de acciones especiales adecuadas respecto a determinados centros de trabajo.

Se garantiza el acceso de la representación legal de los trabajadores y trabajadoras o, en su defecto, de los propios trabajadores y trabajadoras, a la información sobre el contenido de los Planes de igualdad y la consecución de sus objetivos.

Lo previsto en el párrafo anterior se entenderá sin perjuicio del seguimiento de la evolución de los acuerdos sobre planes de igualdad por parte de las comisiones paritarias de los convenios colectivos a las que éstos atribuyan estas competencias.

Las empresas deberán promover condiciones de trabajo que eviten el acoso sexual y el acoso por razón de sexo y arbitrar procedimientos específicos para su prevención y para dar cauce a las denuncias o reclamaciones que puedan formular quienes hayan sido objeto del mismo.

Con esta finalidad se podrán establecer medidas que deberán negociarse con los representantes de los trabajadores, tales como la elaboración y difusión de códigos de buenas prácticas, la realización de campañas informativas o acciones de formación.

El Ministerio de Trabajo y Asuntos Sociales creará un distintivo para reconocer a aquellas empresas que destaquen por la aplicación de políticas de igualdad de trato y de oportunidades con sus trabajadores y trabajadoras, que podrá ser utilizado en el tráfico comercial de la empresa y con fines publicitarios.

Con el fin de obtener este distintivo, cualquier empresa, sea de capital público o privado, podrá presentar al Ministerio de Trabajo y Asuntos Sociales un balance sobre los parámetros de igualdad implantados respecto de las relaciones de trabajo y la publicidad de los productos y servicios prestados.

2.5. El principio de igualdad en el empleo público

Las Administraciones públicas, en el ámbito de sus respectivas competencias y en aplicación del principio de igualdad entre mujeres y hombres, deberán:

a) Remover los obstáculos que impliquen la pervivencia de cualquier tipo de discriminación con el fin de ofrecer condiciones de igualdad efectiva entre mujeres y hombres en el acceso al empleo público y en el desarrollo de la carrera profesional.

b) Facilitar la conciliación de la vida personal, familiar y laboral, sin menoscabo de la promoción profesional.

c) Fomentar la formación en igualdad, tanto en el acceso al empleo público como a lo largo de la carrera profesional.

d) Promover la presencia equilibrada de mujeres y hombres en los órganos de selección y valoración.

e) Establecer medidas efectivas de protección frente al acoso sexual y al acoso por razón de sexo.

f) Establecer medidas efectivas para eliminar cualquier discriminación retributiva, directa o indirecta, por razón de sexo.

g) Evaluar periódicamente la efectividad del principio de igualdad en sus respectivos ámbitos de actuación.

Además el Gobierno atenderá al principio de **presencia equilibrada de mujeres y hombres en el nombramiento de las personas titulares de los órganos directivos de la Administración General del Estado** y de los organismos públicos vinculados o dependientes de ella, considerados en su conjunto, cuya designación le corresponda.

Todos los tribunales y órganos de selección del personal de la Administración General del Estado y de los organismos públicos vinculados o dependientes de ella responderán al principio de presencia equilibrada de mujeres y hombres, salvo por razones fundadas y objetivas, debidamente motivadas.

La aprobación de **convocatorias de pruebas selectivas** para el acceso al empleo público **deberá acompañarse de un informe de impacto de género**, salvo en casos de urgencia y siempre sin perjuicio de la prohibición de discriminación por razón de sexo.

Sin perjuicio de las mejoras que pudieran derivarse de acuerdos suscritos entre la Administración General del Estado o los organismos públicos vinculados o dependientes de ella con los representantes del personal al servicio de la Administración Pública, la normativa aplicable a los mismos establecerá un régimen de excedencias, reducciones de jornada, permisos u otros beneficios **con el fin de proteger la maternidad y facilitar la conciliación de la vida personal, familiar y laboral.** Con la misma finalidad se reconocerá un permiso de paternidad, en los términos que disponga dicha normativa.

En las bases de los concursos para la provisión de puestos de trabajo se computará, a los efectos de valoración del trabajo desarrollado y de los correspondientes méritos, el tiempo que las personas candidatas hayan permanecido en las situaciones a que se refiere el artículo anterior.

Cuando las condiciones del puesto de trabajo de una funcionaria incluida en el ámbito de aplicación del mutualismo administrativo pudieran influir negativamente en la salud de la mujer, del hijo e hija, **podrá concederse licencia por riesgo durante el embarazo, en los mismos términos y condiciones previstas en la normativa aplicable.** En estos casos, se garantizará la plenitud de los derechos económicos de la funcionaria durante toda la duración de la licencia, de acuerdo con lo establecido en la legislación específica.

Sin perjuicio de las mejoras que pudieran derivarse de acuerdos suscritos entre la Administración General del Estado o los organismos públicos vinculados o dependientes de ella con la representación de los empleados y empleadas al servicio de la Administración Pública, **cuando el periodo de vacaciones coincida con una incapacidad temporal derivada del embarazo, parto o lactancia natural, o con el permiso de maternidad, o con su ampliación por lactancia, la empleada pública tendrá derecho a disfrutar las vacaciones en fecha distinta**, aunque haya terminado el año natural al que correspondan.

Gozarán de este mismo derecho quienes estén disfrutando de permiso de paternidad.

Con el objeto de actualizar los conocimientos de los empleados y empleadas públicas, **se otorgará preferencia, durante un año**, en la adjudicación de plazas para participar en los cursos de formación **a quienes se hayan incorporado al servicio activo procedentes del permiso de maternidad o paternidad,** o hayan reingresado desde la situación de excedencia por razones de guarda legal y atención a personas mayores dependientes o personas con discapacidad.

Todas las pruebas de acceso al empleo público de la Administración General del Estado y de los organismos públicos vinculados o dependientes de ella **contemplarán el estudio y la aplicación del principio de igualdad entre mujeres y hombres** en los diversos ámbitos de la función pública.

Para la **prevención del acoso sexual y del acoso por razón de sexo**, las Administraciones públicas negociarán con la representación legal de las trabajadoras y trabajadores, un protocolo de actuación que comprenderá, al menos, los siguientes principios:

a) El compromiso de la Administración General del Estado y de los organismos públicos vinculados o dependientes de ella de prevenir y no tolerar el acoso sexual y el acoso por razón de sexo.

b) La instrucción a todo el personal de su deber de respetar la dignidad de las personas y su derecho a la intimidad, así como la igualdad de trato entre mujeres y hombres.

c) El tratamiento reservado de las denuncias de hechos que pudieran ser constitutivos de acoso sexual o de acoso por razón de sexo, sin perjuicio de lo establecido en la normativa de régimen disciplinario.

d) La identificación de las personas responsables de atender a quienes formulen una queja o denuncia.

El Gobierno aprobará, al inicio de cada legislatura, un Plan para la Igualdad entre mujeres y hombres en la Administración General del Estado y en los organismos públicos vinculados o dependientes de ella. El Plan establecerá los objetivos a alcanzar en materia de promoción de la igualdad de trato y oportunidades en el empleo público, así como las estrategias o medidas a adoptar para su consecución. El Plan será objeto de negociación, y en su caso acuerdo, con la representación legal de los empleados públicos en la forma que se determine en la legislación sobre negociación colectiva en la Administración Pública y su cumplimiento será evaluado anualmente por el Consejo de Ministros.

3. La protección de las mujeres contra la violencia de género

3.1. La Ley Orgánica de medidas de protección contra la violencia de género

La exposición de motivos de la **Ley Orgánica 1/2004 de 28 de diciembre de medidas de protección contra la violencia de género,** nos indica que La violencia de género no es un problema que afecte al ámbito privado. Al contrario, se manifiesta como el símbolo más brutal de la desigualdad existente en nuestra sociedad. Se trata de una violencia que se dirige sobre las mujeres por el hecho mismo de serlo, por ser consideradas, por sus agresores, carentes de los derechos mínimos de libertad, respeto y capacidad de decisión.

Nuestra Constitución incorpora en su **artículo 15 el derecho de todos a la vida y a la integridad física y moral, sin que en ningún caso puedan**

ser sometidos a torturas ni a penas o tratos inhumanos o degradantes. Además, continúa nuestra Carta Magna, estos derechos vinculan a todos los poderes públicos y sólo por ley puede regularse su ejercicio.

Los poderes públicos no pueden ser ajenos a la violencia de género, que constituye uno de los ataques más flagrantes a derechos fundamentales como la libertad, la igualdad, la vida, la seguridad y la no discriminación proclamados en nuestra Constitución. Esos mismos poderes públicos tienen, conforme a lo dispuesto en el artículo 9.2 de la Constitución, la obligación de adoptar medidas de acción positiva para hacer reales y efectivos dichos derechos, removiendo los obstáculos que impiden o dificultan su plenitud.

La presente Ley tiene por *objeto*: actuar contra la violencia que, como manifestación de la discriminación, la situación de desigualdad y las relaciones de poder de los hombres sobre las mujeres, se ejerce sobre éstas por parte de quienes sean o hayan sido sus cónyuges o de quienes estén o hayan estado ligados a ellas por relaciones similares de afectividad, aun sin convivencia.

Por esta Ley se establecen medidas de protección integral cuya finalidad es prevenir, sancionar y erradicar esta violencia y prestar asistencia a sus víctimas.

La violencia de género a que se refiere la presente Ley comprende todo acto de violencia física y psicológica, incluidas las agresiones a la libertad sexual, las amenazas, las coacciones o la privación arbitraria de libertad.

Principios rectores: a través de esta Ley se articula un conjunto integral de medidas encaminadas a alcanzar los siguientes fines:

a) Fortalecer las medidas de sensibilización ciudadana de prevención, dotando a los poderes públicos de instrumentos eficaces en el ámbito educativo, servicios sociales, sanitario, publicitario y mediático.

b) Consagrar derechos de las mujeres víctimas de violencia de género, exigibles ante las Administraciones Públicas, y así asegurar un acceso rápido, transparente y eficaz a los servicios establecidos al efecto.

c) Reforzar hasta la consecución de los mínimos exigidos por los objetivos de la ley los servicios sociales de información, de atención, de emergencia, de apoyo y de recuperación integral, así como establecer un sistema para la más eficaz coordinación de los servicios ya existentes a nivel municipal y autonómico.

d) Garantizar derechos en el ámbito laboral y funcionarial que concilien los requerimientos de la relación laboral y de empleo público con las circunstancias de aquellas trabajadoras o funcionarias que sufran violencia de género.

e) Garantizar derechos económicos para las mujeres víctimas de violencia de género, con el fin de facilitar su integración social.

f) Establecer un sistema integral de tutela institucional en el que la Administración General del Estado, a través de la Delegación Especial del Gobierno contra la Violencia sobre la Mujer, en colaboración con el Observatorio Estatal de la Violencia sobre la Mujer, impulse la creación de políticas públicas dirigidas a ofrecer tutela a las víctimas de la violencia contemplada en la presente Ley.

g) Fortalecer el marco penal y procesal vigente para asegurar una protección integral, desde las instancias jurisdiccionales, a las víctimas de violencia de género.

h) Coordinar los recursos e instrumentos de todo tipo de los distintos poderes públicos para asegurar la prevención de los hechos de violencia de género y, en su caso, la sanción adecuada a los culpables de los mismos.

i) Promover la colaboración y participación de las entidades, asociaciones y organizaciones que desde la sociedad civil actúan contra la violencia de género.

j) Fomentar la especialización de los colectivos profesionales que intervienen en el proceso de información, atención y protección a las víctimas.

k) Garantizar el principio de transversalidad de las medidas, de manera que en su aplicación se tengan en cuenta las necesidades y demandas específicas de todas las mujeres víctimas de violencia de género.

3.2. Los derechos de las mujeres víctimas de la violencia de género

Todas las mujeres víctimas de violencia de género, con independencia de su origen, religión o cualquier otra condición o circunstancia personal o social, tienen garantizados los derechos reconocidos en esta Ley.

La información, la asistencia social integral y la asistencia jurídica a las víctimas de la violencia de género, en los términos regulados en este capítulo, contribuyen a hacer reales y efectivos sus derechos constitucionales a la integridad física y moral, a la libertad y seguridad y a la igualdad y no discriminación por razón de sexo.

3.2.1. Derecho a la información

Las mujeres víctimas de violencia de género tienen derecho a recibir plena información y asesoramiento adecuado a su situación personal, a través de los servicios, organismos u oficinas que puedan disponer las Administraciones Públicas.

Dicha información comprenderá las medidas contempladas en esta Ley relativas a su protección y seguridad, y los derechos y ayudas previstos en la misma, así como la referente al lugar de prestación de los servicios de atención, emergencia, apoyo y recuperación integral.

3.2.2. Derecho a la asistencia social integral

Las mujeres víctimas de violencia de género **tienen derecho a servicios sociales de atención, de emergencia, de apoyo y acogida y de recuperación integral.** La organización de estos servicios por parte de **las Comunidades Autónomas y las Corporaciones Locales**, responderá a los principios de atención permanente, actuación urgente, especialización de prestaciones y multidisciplinariedad profesional.

La atención multidisciplinar implicará especialmente:

a) Información a las víctimas.

b) Atención psicológica.

c) Apoyo social.

d) Seguimiento de las reclamaciones de los derechos de la mujer.

e) Apoyo educativo a la unidad familiar.

f) Formación preventiva en los valores de igualdad dirigida a su desarrollo personal y a la adquisición de habilidades en la resolución no violenta de conflictos.

g) Apoyo a la formación e inserción laboral.

Los servicios adoptarán fórmulas organizativas que, por la especialización de su personal, por sus características de convergencia e integración de acciones, garanticen la efectividad de los indicados principios.

Estos servicios actuarán coordinadamente y en colaboración con los Cuerpos de Seguridad, los Jueces de Violencia sobre la Mujer, los servicios sanitarios y las instituciones encargadas de prestar asistencia jurídica a las víctimas, del ámbito geográfico correspondiente. Estos servicios podrán solicitar al Juez las medidas urgentes que consideren necesarias.

3.2.3. Asistencia jurídica

Las mujeres víctimas de violencia de género que acrediten insuficiencia de recursos para litigar, en los términos establecidos en la Ley 1/1996, de 10 enero, de **Asistencia Jurídica Gratuita, tienen derecho a la defensa y representación gratuitas por abogado y procurador en todos los procesos y**

procedimientos administrativos que tengan causa directa o indirecta en la violencia padecida. En estos supuestos una misma dirección letrada asumirá la defensa de la víctima. Este derecho asistirá también a los causahabientes en caso de fallecimiento de la víctima. En todo caso, se garantizará la defensa jurídica, gratuita y especializada de forma inmediata a todas las víctimas de violencia de género que lo soliciten, sin perjuicio de que si no se les reconoce con posterioridad el derecho a la asistencia jurídica gratuita, éstas deberán abonar al abogado los honorarios devengados por su intervención.

3.2.4. Derechos laborales y de Seguridad Social

La trabajadora víctima de violencia de género tendrá derecho, en los términos previstos en el Estatuto de los Trabajadores, **a la reducción o a la reordenación de su tiempo de trabajo, a la movilidad geográfica, al cambio de centro de trabajo, a la suspensión de la relación laboral** con reserva de puesto de trabajo y a la extinción del contrato de trabajo.

En los términos previstos en la Ley General de la Seguridad Social, la suspensión y la extinción del contrato de trabajo previstas en el apartado anterior darán lugar a situación legal de desempleo. El tiempo de suspensión se considerará como período de cotización efectiva a efectos de las prestaciones de Seguridad Social y de desempleo.

Las ausencias o faltas de puntualidad al trabajo motivadas por la situación física o psicológica derivada de la violencia de género se considerarán justificadas, cuando así lo determinen los servicios sociales de atención o servicios de salud, según proceda, sin perjuicio de que dichas ausencias sean comunicadas por la trabajadora a la empresa a la mayor brevedad.

A las trabajadoras por cuenta propia víctimas de violencia de género que cesen en su actividad para hacer efectiva su protección o su derecho a la asistencia social integral, **se les suspenderá la obligación de cotización durante un período de seis meses, que les serán considerados como de cotización efectiva a efectos de las prestaciones de Seguridad Social**. Asimismo, su situación será considerada como asimilada al alta.

3.2.5. Derechos de las funcionarias públicas

La funcionaria víctima de violencia de género **tendrá derecho a la reducción o a la reordenación de su tiempo de trabajo, a la movilidad geográfica de centro de trabajo y a la excedencia** en los términos que se determinen en su legislación específica.

Las ausencias totales o parciales al trabajo motivadas por la situación física o psicológica derivada de la violencia de género sufrida por una mujer funcionaria se considerarán justificadas en los términos que se determine en su legislación específica.

Cuando las víctimas de violencia de género careciesen de rentas superiores, en cómputo mensual, al 75 por 100 del salario mínimo interprofesional, excluida la parte proporcional de dos pagas extraordinarias, **recibirán una ayuda de pago único,** siempre que se presuma que debido a su edad, falta de preparación general o especializada y circunstancias sociales, la víctima tendrá especiales dificultades para obtener un empleo y por dicha circunstancia no participará en los programas de empleo establecidos para su inserción profesional. **El importe de esta ayuda será equivalente al de seis meses de subsidio por desempleo**. Cuando la víctima de la violencia ejercida contra la mujer tuviera reconocida oficialmente una minusvalía en grado igual o superior al 33 por 100, el importe **sería equivalente a 12 meses de subsidio por desempleo.**

Estas ayudas, financiadas con cargo a los Presupuestos Generales del Estado, serán concedidas por las Administraciones competentes en materia de servicios sociales.

En el caso de que la víctima tenga responsabilidades familiares, su importe podrá alcanzar el de un período equivalente al de 18 meses de subsidio, o de 24 meses si la víctima o alguno de los familiares que conviven con ella tiene reconocida oficialmente una minusvalía en grado igual o superior al 33 por 100, en los términos que establezcan las disposiciones de desarrollo de la presente Ley.

Estas ayudas serán compatibles con cualquiera de las previstas en la Ley 35/1995, de 11 de diciembre, de Ayudas y Asistencia a las Víctimas de Delitos Violentos y contra la Libertad Sexual, así como con cualquier otra ayuda económica de carácter autonómico o local concedida por la situación de violencia de género.

Las mujeres víctimas de violencia de género serán consideradas colectivos prioritarios en el acceso a viviendas protegidas y residencias públicas para mayores, en los términos que determine la legislación aplicable.

3.3. Formas de tutelar y vigilar el cumplimiento de las políticas contra la violencia de género

3.3.1. Tutela institucional

Como tutela institucional la Ley orgánica de Medidas de protección contra la violencia de género crea dos organismos:

- La delegación especial del gobierno contra la violencia de género.

– El observatorio Estatal de violencia sobre la mujer.

La Delegación Especial del Gobierno contra la Violencia sobre la Mujer, adscrito al Ministerio de Trabajo y Asuntos Sociales, formulará las políticas públicas en relación con la violencia de género a desarrollar por el Gobierno, y coordinará e impulsará cuantas acciones se realicen en dicha materia, trabajando en colaboración y coordinación con las Administraciones con competencia en la materia.

El titular de la Delegación Especial del Gobierno contra la Violencia sobre la Mujer estará legitimado ante los órganos jurisdiccionales para intervenir en defensa de los derechos y de los intereses tutelados en esta Ley en colaboración y coordinación con las Administraciones con competencias en la materia.

Se constituirá **el Observatorio Estatal de Violencia sobre la Mujer, como órgano colegiado adscrito al Ministerio de Trabajo y Asuntos Sociales, al que corresponderá el asesoramiento, evaluación, colaboración institucional, elaboración de informes y estudios, y propuesta**s de actuación en materia de violencia de género. Estos informes, estudios y propuestas considerarán de forma especial la situación de las mujeres con mayor riesgo de sufrir violencia de género o con mayores dificultades para acceder a los servicios. En cualquier caso, los datos contenidos en dichos informes, estudios y propuestas se consignarán desagregados por sexo.

El Observatorio Estatal de Violencia sobre la Mujer remitirá al Gobierno y a las Comunidades Autónomas, con periodicidad anual, un informe sobre la evolución de la violencia ejercida sobre la mujer en los términos a que se refiere el artículo 1 de la presente Ley, con determinación de los tipos penales que se hayan aplicado, y de la efectividad de las medidas acordadas para la protección de las víctimas. El informe destacará asimismo las necesidades de reforma legal con objeto de garantizar que la aplicación de las medidas de protección adoptadas puedan asegurar el máximo nivel de tutela para las mujeres.

3.3.2. Tutela Penal

Se refiere a las distintas medidas que se han introducido en el código penal para garantizar una eficaz respuesta en la lucha contra la violencia de género.

a) Suspensión de Penas

El párrafo segundo del apartado 1, 6.ª, del artículo 83 del Código Penal, en la redacción dada por la Ley Orgánica 15/2003, queda redactado de la forma siguiente:

«Si se tratase de delitos relacionados con la violencia de género, el Juez o Tribunal condicionará en todo caso la suspensión al cumplimiento de las obligaciones o deberes previstos en las reglas 1.ª, 2.ª y 5.ª de este apartado.» (Se refiere al alejamiento).

b) Comisión de delitos durante el período de suspensión de la pena

El apartado 3 del artículo 84 del Código Penal, en la redacción dada por la Ley Orgánica 15/2003, queda redactado de la forma siguiente:

«3. En el supuesto de que la pena suspendida fuera de prisión por la comisión de delitos relacionados con la violencia de género, el incumplimiento por parte del reo de las obligaciones o deberes previstos en las reglas 1.ª, 2.ª y 5.ª del apartado 1 del artículo 83 **determinará la revocación de la suspensión de la ejecución de la pena.»**

c) Sustitución de penas

El párrafo tercero del apartado 1 del artículo 88 del Código Penal, en la redacción dada por la Ley Orgánica 15/2003, queda redactado de la forma siguiente:

«**En el caso de que el reo hubiera sido condenado por un delito relacionado con la violencia de género, la pena de prisión sólo podrá ser sustituida por la de trabajos en beneficio de la comunidad**. En estos supuestos, el Juez o Tribunal impondrá adicionalmente, además de la sujeción a programas específicos de reeducación y tratamiento psicológico, la observancia de las obligaciones o deberes previstos en las reglas 1.ª y 2.ª, del apartado 1 del artículo 83 de este Código.»

d) Protección contra las lesiones

Se modifica el artículo 148 del Código Penal que queda redactado de la siguiente forma:

«**Las lesiones previstas en el apartado 1 del artículo anterior podrán ser castigadas con la pena de prisión de dos a cinco años, atendiendo al resultado causado o riesgo producido**:

1. Si en la agresión se hubieren utilizado armas, instrumentos, objetos, medios, métodos o formas concretamente peligrosas para la vida o salud, física o psíquica, del lesionado.
2. Si hubiere mediado ensañamiento o alevosía.
3. Si la víctima fuere menor de doce años o incapaz.

4. Si la víctima fuere o hubiere sido esposa, o mujer que estuviere o hubiere estado ligada al autor por una análoga relación de afectividad, aun sin convivencia.
5. Si la víctima fuera una persona especialmente vulnerable que conviva con el autor.»

e) Protección contra los malos tratos

El artículo 153 del Código Penal, queda redactado como sigue:

«**1.** El que por cualquier medio o procedimiento causare a otro menoscabo psíquico o una lesión no definidos como delito en este Código, o golpeare o maltratare de obra a otro **sin causarle lesión, cuando la ofendida sea o haya sido esposa, o mujer que esté o haya estado ligada a él por una análoga relación de afectividad aun sin convivencia, o persona especialmente vulnerable que conviva con el autor, será castigado con la pena de prisión de seis meses a un año o de trabajos en beneficios de la comunidad de treinta y uno a ochenta días y**, en todo caso, privación del derecho a la tenencia y porte de armas de un año y un día a tres años, así como, cuando el Juez o Tribunal lo estime adecuado al interés del menor o incapaz, inhabilitación para el ejercicio de la patria potestad, tutela, curatela, guarda o acogimiento hasta cinco años.

f) Protección contra las amenazas

Se añaden tres apartados, numerados como 4, 5 y 6, al artículo 171 del Código Penal, que tendrán la siguiente redacción:

«**4.** El que de modo leve amenace a quien **sea o haya sido su esposa, o mujer que esté o haya estado ligada a él por una análoga relación de afectividad aun sin convivencia, será castigado con la pena de prisión de seis meses a un año o de trabajos en beneficio de la comunidad de treinta y uno a ochenta días** y, en todo caso, privación del derecho a la tenencia y porte de armas de un año y un día a tres años, así como, cuando el Juez o Tribunal lo estime adecuado al interés del menor o incapaz, inhabilitación especial para el ejercicio de la patria potestad, tutela, curatela, guarda o acogimiento hasta cinco años.

Igual pena se impondrá al que de modo leve amenace a una persona especialmente vulnerable que conviva con el autor.

5. El que de modo leve amenace con armas u otros instrumentos peligrosos a alguna de las personas a las que se refiere el artículo 173.2, exceptuadas las contempladas en el apartado anterior de este artículo, será castigado con la pena de prisión de tres meses a un año o

trabajos en beneficio de la comunidad de treinta y uno a ochenta días y, en todo caso, privación del derecho a la tenencia y porte de armas de uno a tres años, así como, cuando el Juez o Tribunal lo estime adecuado al interés del menor o incapaz, inhabilitación especial para el ejercicio de la patria potestad, tutela, curatela, guarda o acogimiento por tiempo de seis meses a tres años.

g) Protección contra las coacciones

El contenido actual del artículo 172 del Código Penal queda numerado como apartado 1 y se añade un apartado 2 a dicho artículo con la siguiente redacción:

«**2.** El que de **modo leve coaccione a quien sea o haya sido su esposa, o mujer que esté o haya estado ligada a él por una análoga relación de afectividad, aun sin convivencia, será castigado con la pena de prisión de seis meses a un año o de trabajos en beneficio de la comunidad de treinta y uno a ochenta días** y, en todo caso, privación del derecho a la tenencia y porte de armas de un año y un día a tres años, así como, cuando el Juez o Tribunal lo estime adecuado al interés del menor o incapaz, inhabilitación especial para el ejercicio de la patria potestad, tutela, curatela, guarda o acogimiento hasta cinco años.

h) Quebrantamiento de condena

Se modifica el artículo 468 del Código Penal que queda redactado de la siguiente forma:

«**1.** Los que quebrantaren su condena, medida de seguridad, prisión, medida cautelar, conducción o custodia serán castigados con la pena de prisión de seis meses a un año si estuvieran privados de libertad, y con la pena de multa de doce a veinticuatro meses en los demás casos.

2. Se impondrá en todo caso la pena de prisión de seis meses a un año a los que quebrantaren una pena de las contempladas en el artículo 48 de este Código o una medida cautelar o de seguridad de la misma naturaleza impuestas en procesos criminales en los que el ofendido sea alguna de las personas a las que se refiere el artículo 173.2.»

i) Protección contra las vejaciones leves

El artículo 620 del Código Penal queda redactado como sigue:

«Serán castigados con la pena de multa de diez a veinte días:

1. Los que de modo leve amenacen a otro con armas u otros instrumentos peligrosos, o los saquen en riña, como no sea en justa defensa, salvo que el hecho sea constitutivo de delito.

2. Los que causen a otro una amenaza, coacción, injuria o vejación injusta de carácter leve, salvo que el hecho sea constitutivo de delito.

3.3.3. *Tutela Judicial*

Dentro de la tutela Judicial quiero destacar dos aspectos importantes, en primer lugar **la Creación de los Juzgados de violencia sobre la mujer, y en segundo lugar la creación de la Fiscalía de violencia sobre la mujer**.

a) De los Juzgados de Violencia sobre la Mujer

En cada partido (judicial) habrá uno o más Juzgados de Violencia sobre la Mujer, con sede en la capital de aquél y jurisdicción en todo su ámbito territorial. Tomarán su designación del municipio de su sede.

El Consejo General del Poder Judicial podrá acordar, previo informe de las Salas de Gobierno, que, en aquellas circunscripciones donde sea conveniente en función de la carga de trabajo existente, el conocimiento de los asuntos referidos en el artículo 87 ter de la presente Ley Orgánica, corresponda a uno de los Juzgados de Primera Instancia e Instrucción, o de Instrucción en su caso, determinándose en esta situación que uno solo de estos Órganos conozca de todos estos asuntos dentro del partido judicial, ya sea de forma exclusiva o conociendo también de otras materias.

En los partidos judiciales en que exista un solo Juzgado de Primera Instancia e Instrucción será éste el que asuma el conocimiento de los asuntos a que se refiere esta Ley.

Competencia: los Juzgados de Violencia sobre la Mujer conocerán, en el orden penal, de conformidad en todo caso con los procedimientos y recursos previstos en la Ley de Enjuiciamiento Criminal, **de los siguientes supuestos:**

a) De la instrucción de los procesos para exigir responsabilidad penal por los delitos recogidos en los títulos del Código Penal relativos a homicidio, aborto, lesiones, lesiones al feto, delitos contra la libertad, delitos contra la integridad moral, contra la libertad e indemnidad sexuales o cualquier otro delito cometido con violencia o intimidación, siempre que se hubiesen cometido contra quien sea o haya sido su esposa, o mujer que esté o haya estado ligada al autor por análoga relación de afectividad, aun sin convivencia, así como de los cometidos sobre los descendientes, propios o de la esposa o conviviente, o sobre los menores o incapaces que con él convivan o que se hallen sujetos a la potestad, tutela, curatela, acogimiento o guarda de hecho de la esposa o conviviente, cuando también se haya producido un acto de violencia de género.

b) De la instrucción de los procesos para exigir responsabilidad penal por cualquier delito contra los derechos y deberes familiares, cuando la víctima sea alguna de las personas señaladas como tales en la letra anterior.

c) De la adopción de las correspondientes órdenes de protección a las víctimas, sin perjuicio de las competencias atribuidas al Juez de Guardia.

d) Del conocimiento y fallo de las faltas contenidas en los títulos I y II del libro III del Código Penal, cuando la víctima sea alguna de las personas señaladas como tales en la letra a) de este apartado.

Los Juzgados de Violencia sobre la Mujer podrán conocer en el orden civil, en todo caso de conformidad con los procedimientos y recursos previstos en la Ley de Enjuiciamiento Civil, de los siguientes asuntos:

a) Los de filiación, maternidad y paternidad.

b) Los de nulidad del matrimonio, separación y divorcio.

c) Los que versen sobre relaciones paterno filiales.

d) Los que tengan por objeto la adopción o modificación de medidas de trascendencia familiar.

e) Los que versen exclusivamente sobre guarda y custodia de hijos e hijas menores o sobre alimentos reclamados por un progenitor contra el otro en nombre de los hijos e hijas menores.

f) Los que versen sobre la necesidad de asentimiento en la adopción.

g) Los que tengan por objeto la oposición a las resoluciones administrativas en materia de protección de menores.

Los Juzgados de Violencia sobre la Mujer tendrán de forma exclusiva y excluyente competencia en el orden civil cuando concurran simultáneamente los siguientes requisitos:

a) Que se trate de un proceso civil que tenga por objeto alguna de las materias indicadas en el número 2 del presente artículo.

b) Que alguna de las partes del proceso civil sea víctima de los actos de violencia de género, en los términos a que hace referencia el apartado 1 a) del presente artículo.

c) Que alguna de las partes del proceso civil sea imputado como autor, inductor o cooperador necesario en la realización de actos de violencia de género.

d) Que se hayan iniciado ante el Juez de Violencia sobre la Mujer actuaciones penales por delito o falta a consecuencia de un acto de violencia sobre la mujer, o se haya adoptado una orden de protección a una víctima de violencia de género.

El Gobierno, el Consejo General del Poder Judicial y las Comunidades Autónomas, en el ámbito de sus respectivas competencias, asegurarán una **formación específica relativa a la igualdad y no discriminación por razón de sexo y sobre violencia de género en los cursos de formación de Jueces y Magistrados, Fiscales, Secretarios Judiciales, Fuerzas y Cuerpos de Seguridad** y Médicos Forenses. En todo caso, en los cursos de formación anteriores se introducirá el enfoque de la discapacidad de las víctimas.

b) Del Fiscal contra la Violencia sobre la Mujer

El Fiscal General del Estado nombrará, oído el Consejo Fiscal, como delegado, un Fiscal contra la Violencia sobre la Mujer, con categoría de Fiscal de Sala, que ejercerá las siguientes **funciones:**

a) Practicar las diligencias a que se refiere el artículo 5 del Estatuto Orgánico del Ministerio Fiscal, e intervenir directamente en aquellos procesos penales de especial trascendencia apreciada por el Fiscal General del Estado, referentes a los delitos por actos de violencia de género comprendidos en el artículo 87 ter.1 de la Ley Orgánica del Poder Judicial.

b) Intervenir, por delegación del Fiscal General del Estado, en los procesos civiles comprendidos en el artículo 87 ter.2 de la Ley Orgánica del Poder Judicial.

c) Supervisar y coordinar la actuación de las Secciones contra la Violencia sobre la Mujer, y recabar informes de las mismas, dando conocimiento al Fiscal Jefe de las Fiscalías en que se integren.

d) Coordinar los criterios de actuación de las diversas Fiscalías en materias de violencia de género, para lo cual podrá proponer al Fiscal General del Estado la emisión de las correspondientes instrucciones.

e) Elaborar semestralmente, y presentar al Fiscal General del Estado, para su remisión a la Junta de Fiscales de Sala del Tribunal Supremo, y al Consejo Fiscal, un informe sobre los procedimientos seguidos y actuaciones practicadas por el Ministerio Fiscal en materia de violencia de género.

En la Fiscalía de la Audiencia Nacional y en cada Fiscalía de los Tribunales Superiores de Justicia y de las Audiencias Provinciales, existirá una Sección de Menores a la que se encomendarán las funciones y facultades que al Ministerio Fiscal atribuye la Ley Orgánica Reguladora de la Responsabilidad Penal de los Menores y otra Sección Contra la Violencia sobre la Mujer en cada Fiscalía de los

Tribunales Superiores de Justicia y de las Audiencias Provinciales. A estas Secciones serán adscritos Fiscales que pertenezcan a sus respectivas plantillas, teniendo preferencia aquellos que por razón de las anteriores funciones desempeñadas, cursos impartidos o superados o por cualquier otra circunstancia análoga, se hayan especializado en la materia. No obstante, cuando las necesidades del servicio así lo aconsejen podrán actuar también en otros ámbitos o materias.

En las Fiscalías de los Tribunales Superiores de Justicia y en las Audiencias Provinciales podrán existir las adscripciones permanentes que se determinen reglamentariamente.

A la Sección Contra la Violencia sobre la Mujer se atribuyen las siguientes funciones:

a) Intervenir en los procedimientos penales por los hechos constitutivos de delitos o faltas cuya competencia esté atribuida a los Juzgados de Violencia sobre la Mujer.

b) Intervenir directamente en los procesos civiles cuya competencia esté atribuida a los Juzgados de Violencia sobre la Mujer.

En la Sección Contra la Violencia sobre la Mujer deberá llevarse un registro de los procedimientos que se sigan relacionados con estos hechos que permitirá la consulta de los Fiscales cuando conozcan de un procedimiento de los que tienen atribuida la competencia, al efecto en cada caso procedente.

4. Discapacidad y dependencia: la Ley de Promoción de la Autonomía Personal y Atención a las personas en situación de dependencia

Dos mil siete fue un año fundamental en la construcción, mediante medidas concretas y determinadas del Estado Social y Democrático Social de Derecho, con la entrada en vigor de la ley 39/2006, de 14 de Diciembre, de **Promoción de la Autonomía Personal y Atención a las personas en situación de dependencia** conocida ya cariñosamente por muchos como la Ley de Dependencia.

Y es una ley importante que está incluida en la agenda de todos los países europeos, como una de las políticas más importantes para perfilar el estado del bienestar en el siglo XXI.

Como todos sabemos la concreción del artículo 1 de la Constitución Española en un Estado Social y Democrático de Derecho se reafirma en el 9.2 cuando establece de forma imperativa que "corresponde a los poderes públicos promover las condiciones para que la libertad y la igualdad del individuo y de los grupos en que se integran sean reales y efectivos; removiendo los obstáculos que impidan o dificulten su plenitud y facilitar la participación de todos los ciudadanos en la vida política, económica, cultural y social".

4.1. Exposición de motivos y estructura de la ley

La exposición de motivos es suficientemente aleccionadora de los objetivos que acomete dicha ley destacando, "*La atención a las personas en situación de dependencia* y la promoción de su autonomía personal constituye uno de los principales retos de la política social de los países desarrollados. **El reto no es otro que atender las necesidades de aquellas personas que por encontrarse en situación de especial vulnerabilidad, requieren apoyos para desarrollar las actividades esenciales de la vida diaria, alcanzar una mayor autonomía personal y poder ejercer plenamente sus derechos de ciudadanía"**.

Es importante destacar que la filosofía que impregna la Ley, configura el derecho de asistencia a personas en situación de dependencia, c**omo un auténtico derecho de la ciudadanía sistema que se presta en base a los criterios de universalidad, alta calidad y sostenibilidad en el tiempo**.

La Ley es corta, 47 artículos divididos en 3 títulos: el primero, el título preliminar que incluye las disposiciones generales, definición y principios generales de la ley; a continuación, el Título I configura el Sistema para la autonomía y atención a la dependencia (SAAD) estableciendo como se configura el Sistema, que prestaciones y catálogos de servicios va a dar, en qué grados se establece la valoración de la dependencia, como se reconoce ésta y finalmente como se financia, en tercer lugar el Título II regula ciertas medidas para garantizar la calidad y eficacia del sistema para la autonomía y atención a la dependencia. Y por último, el Título III regula las infracciones y sanciones, que se puedan ejercer respecto del ámbito de aplicación de la ley.

4.2. Título competencial

Aunque todos sabemos que la asistencia social se incluye en el artículo 148.2, es decir, competencias de las Comunidades Autónomas, también es cierto que el artículo 149.1 regula que es competencia exclusiva del Estado, la regulación de las condiciones básicas que garanticen la igualdad de todos los españoles en el ejercicio de los derechos y en el cumplimiento de los deberes constitucionales. En este artículo el 149.1.1ª CE basa la disposición final 8ª, el fundamento constitucional de la Ley, que no obstante haber tenido una tremenda adhesión parlamentaria, (se aprobó con más de 300 votos a favor).

Realmente la competencia primera del artículo 149 ha sido muy desarrollada por el Tribunal Constitucional, en el sentido de que dicho artículo habilita al Estado al establecimiento por entero de las condiciones básicas que garanticen la igualdad; condiciones básicas que se predicarían de los derechos y deberes en si mismos considerados, no de los sectores o materias en que aquellos se insertan.

En este sentido el propio artículo 1º de la Ley establece que **"La presente Ley tiene por objeto regular las condiciones básicas que garanticen la igualdad en el ejercicio del derecho subjetivo de ciudadanía a la promoción de la autonomía personal y atención a las personas en situación de dependencia**... creando a tal efecto un sistema para la autonomía y atención a la dependencia", al que me referiré a lo largo de este trabajo como **"El Sistema o el SAAD**" indistintamente.

4.3. El sistema para la autonomía y atención a la dependencia

El sistema se configura como una red de utilización pública que integra de forma coordinada todos los centros y servicios tanto sean públicos como privados. Su finalidad en consecuencia es servir de cauce de colaboración y participación de las administraciones públicas, en el ejercicio de sus respectivas competencias, optimizando los recursos públicos y privados disponibles y por último contribuir a la mejora de las condiciones de vida de los ciudadanos.

El sistema establece **3 niveles de protección**:

a) **Nivel mínimo:** es el establecido y garantizado por la Administración General del Estado.

b) **Nivel acordado**: es el nivel de protección que se acuerde entre la AGE y la administración de cada una de las Comunidades Autónomas a través de los correspondientes convenios.

c) **Nivel adicional:** es el que adicionalmente a lo anterior puede añadir cada Comunidad Autónoma.

Literalmente al articulo 7 de la Ley los define así: la protección de la situación de dependencia por parte del Sistema se prestará en los términos establecidos en esta Ley y de acuerdo con los siguientes niveles:

1. El nivel de protección mínimo establecido por la Administración General del Estado en aplicación del artículo 9.
2. El nivel de protección que se acuerde entre la Administración General del Estado y la Administración de cada una de las Comunidades Autónomas a través de los Convenios previstos en el artículo 10.
3. El nivel adicional de protección que pueda establecer cada Comunidad Autónoma.

Simplemente añadir que desde 2012, la aplicación del nivel 2 se va aplazando sucesivamente, dejándose sin efecto su aplicación en la Ley de presupuestos de cada año, así en este año: se suspende para el año 2017 la aplicación del apartado 2 por la disposición adicional 91 de la Ley 3/2017, de 27 de junio .

El órgano de cooperación para la articulación del sistema es el Consejo Territorial del Sistema para la autonomía y atención para la dependencia. Está constituido por el titular del Ministerio de Trabajo, representantes de los Departamentos Ministeriales, representantes de las Comunidades Autónomas y de las Entidades Locales.

El **catálogo de servicios que el sistema va a ofrecer** son los siguientes:

1. Servicios de prevención de situaciones de dependencia.
2. Servicios de teleasistencia.
3. Servicio de ayuda a domicilio.
    - Atención a las necesidades del hogar.
    - Cuidados personales.
4. Centros de día y de noche.
    - Centros de día para mayores.
    - Centros de día para menores de 65 años.
    - Centros de día de atención especializada.
    - Centros de noche.
5. Residencias.
    - Residencia de personas mayores dependientes.
    - Centros de atención a personas discapacitadas.

La red de centros estará formada tanto por los centros públicos, de la AGE, de las Comunidades Autónomas y de las Entidades Locales; como de Centros Privados concertados debidamente acreditados. La acreditación a los centros privados la otorga la Comunidad Autónoma.

Este catálogo de servicios es el objetivo prioritario de la Ley, es decir, entre las alternativas posibles de soluciones al problema, referidas a la posibilidad de prestar servicios, a transferir prestaciones económicas y que el usuario utilice el servicio que desee, la Ley se inclina decididamente por los servicios; pero no obstante mantiene la posibilidad de realizar transferencias mediante prestaciones económicas de carácter periódico cuando al usuario no le sea posible el acceso a un servicio público concertado por razones geográficas o de cualquier otra índole o naturaleza y normalmente referidas para la prestación de cuidados en el entorno familiar y el apoyo a través de cuidadores no profesionales.

Se establecen **tres grados de dependencia:**

a) **Grado I. Dependencia moderada**: cuando la persona necesita Ayuda para realizar varias actividades básicas para la vida diaria, al menos una vez al día o tiene necesidades de apoyo intermitente o limitado para su autonomía personal.

b) **Grado II. Dependencia severa:** cuando la persona necesita ayuda para realizar varias actividades básicas de la vida diaria dos o tres veces al día pero no quiere el apoyo permanente de un cuidador o tiene necesidades de apoyo generalizado para su autonomía personal.

c) **Grado III. Gran dependencia:** cuando la persona necesita ayuda para realizar varias actividades básicas de la vida diaria varias veces al día, y por su pérdida total de autonomía física, mental, intelectual o sensorial, necesita el apoyo indispensable y continuo de otra persona o tiene necesidades de apoyo generalizado para su autonomía personal.

Pues bien, la determinación de en qué grado de dependencia se encuentra cada persona se establece en un baremo que va del 1 al 100 y que implica que en cada Comunidad Autónoma deberá haber unos órganos de valoración, órganos que serán multidisciplinares que a la vista de la solicitud del interesado baremarán en que grado de dependencia se encuentra.

Estos grados de dependencia se han establecido en el Real Decreto 504/2007 de 20 de Abril con el siguiente baremo.

PUNTOS	PUNTOS
Grado I 25-49	Nivel 1 25-39 Nivel 2 40-49

.../...

.../...

Grado II 50-74	Nivel 1 50-64 Nivel 2 65-74
Grado III 74-100	Nivel 1 75-89 Nivel 2 90-100

Como hemos dicho anteriormente el procedimiento para el reconocimiento del derecho se inicia a instancia de la persona que pueda estar afectada por algún grado de dependencia o por quien ostente su representación. Su tramitación se ajustará a las normas procedimentales de la Ley de Procedimiento Administrativo, y el reconocimiento de la situación de dependencia se efectuará mediante resolución expedida por la administración autonómica correspondiente, la cual deberá determinar los servicios o prestaciones que corresponden al solicitante según el grado y nivel de dependencia.

4.4. Desarrollo reglamentario

Como desarrollo de la Ley y a lo largo del año 2007 se han dictado los siguientes Reales Decretos de desarrollo de la misma:

- Real Decreto 504/2007 de 20 de Abril, por el que se aprueba el baremo de valoración de la situación de dependencia establecida en la ley 39/2006.
- Real Decreto 614/2007 de 11 de Mayo, sobre el nivel mínimo de protección del sistema para la autonomía y atención a la dependencia garantizado por la Administración General del Estado.
- Real Decreto 615/2007 de 11 de Mayo por el que se regula la Seguridad Social de los cuidadores de las personas en situación de dependencia.
- Real Decreto 727/2007 de 8 de Junio, sobre criterios para determinar las intensidades de protección de los servicios, y la cuantía de las prestaciones económicas de la Ley.

Además, se suspendió:

- *Para el año 2018, la aplicación de los arts. 7.2, 8.2.a), 10 y 32.3.1, por Ley 6/2018, de 3 de julio.*
- *La aplicación de los arts. 7.2, 8.2.a), 10 y 32.3.1, por Ley 3/2017, de 27 de junio.*
- *Para el año 2016, la aplicación del art. 7.2, 8.2.a), 10, 32.3, por Ley 48/2015, de 29 de octubre.*
- *Y se modificó el art. 14, por Ley 26/2015, de 28 de julio.*

4.5. Aplicación de la ley

Aunque la ley ha recibido una adhesión parlamentaría arrolladora, no significa que desde diversos foros no se hayan planteado algunas cuestiones pendientes de vital importancia para la correcta aplicación de la Ley, entre los que se pueden señalar:

A) Financiación

Las Comunidades Autónomas se quejan de que con la aplicación de la Ley al final la responsabilidad de la financiación va a ser suya, ya que va a ser la Administración que los ciudadanos vamos a visualizar como prestadora del servicio cuando el Estado, solo garantiza unos mínimos que algunas Comunidades Autónomas han tachado de insuficientes.

B) El copago

La participación de los beneficiarios en el coste de las prestaciones no se concreta en forma alguna en la Ley, ya que el artículo 33 sólo establece que los beneficiarios participarán también en la financiación de las mismas pero no se establece como, ni en base a que criterios, debiéndose establecer si es con criterios de renta o de patrimonio o mixtos y a mi juicio debiendo establecer criterios que no sean excluyentes.

C) Escasa relevancia de las entidades locales

Aunque la competencia de los servicios sociales corresponde a las Comunidades Autónomas, los grandes prestadores directos de los servicios sociales a través de los planes concertados son los Ayuntamientos a los que se menciona ocasionalmente y de pasada una vez más olvidando la autonomía municipal.

D) Los cuidados familiares

Sin duda será la cuestión más difícil y conflictiva y es el desarrollo de en qué circunstancias se van a producir las ayudas económicas cuando es un familiar el que se hace cargo de la atención; los flecos sin resolver de aspectos relativos al alta en la Seguridad Social cuando el cuidador sea jubilado o persona en alta y qué mecanismos se van a establecer para garantizar que la transferencia económica se dedique al cuidado de la persona dependiente y no a otros aspectos.

E) La suspensión de los acuerdos

La suspensión de los acuerdos o convenios con las Comunidades Autónomas que cada año la Ley de Presupuestos hace para la aplicación del nivel 2 de dependencia, hacen que se esté retrasando une efectiva y plena aplicación de la Ley en la realidad social, para la que fue aprobada.

Made in the USA
Monee, IL
05 November 2026

67858271R00437